Sozialkapital und Netzwerkökonomik

# Hohenheimer Volkswirtschaftliche Schriften



Band 41

PETER LANG
Frankfurt am Main · Berlin · Bern · Bruxelles · New York · Oxford · Wien

Jürgen M. Schechler

# Sozialkapital und Netzwerkökonomik

PETER LANG
Frankfurt am Main · Berlin · Bern · Bruxelles · New York · Oxford · Wien

Die Deutsche Bibliothek - CIP-Einheitsaufnahme

Schechler, Jürgen M.:

Sozialkapital und Netzwerkökonomik / Jürgen M. Schechler. -
Frankfurt am Main ; Berlin ; Bern ; Bruxelles ; New York ;
Oxford ; Wien : Lang, 2002
(Hohenheimer Volkwirtschaftliche Schriften ; Bd. 41)
Zugl.: Hohenheim, Univ., Diss., 2001
ISBN 3-631-39235-4

D 100
ISSN 0721-3085
ISBN 3-631-39235-4



www.peterlang.de

*„Ökonomie ist die Kunst, das Beste aus dem Leben zu machen"*

*GEORGE BERNARD SHAW*

## Tabellenverzeichnis

## Abkürzungsverzeichnis

| | |
|---|---|
| ACM | *Association for Computing Machinery* |
| AOL | *American Online* |
| ARPA | *Advanced Research Projects Agency* |
| B2B | *business to business* |
| BIP | Bruttoinlandsprodukt |
| CD | *compact disk* |
| CERN | *Conseil Européen pour la Recherche Nucléaire* |
| COIN | *Community of Interest Network* |
| EDI | *electronic data interchange* |
| EMB | *Electronic Mall* Bodensee |
| FuE | Forschung und Entwicklung |
| HTML | *Hypertext Markup Language* |
| IKT | Informations- und Kommunikationstechnologie(n) |
| ILO | *International Labour Organization* |
| IP | *Internet Protocol* |
| IQ | Intelligenzquotient |
| KMU | kleine und mittlere Unternehmen |
| MAIT | *Mutual Aid Investment Theory* |
| MITI | *Ministry for International Trade and Industry* |
| NGO | *Non-governmental Organization* |
| NQ | Netzwerkquotient |
| OECD | *Organisation for Economic Co-operation and Development* |
| PC | *Personal Computer* |
| TCP | *Transmission Control Protocol* |
| TV | Television |
| UNCED | *United Nations Conference on Ecology and Development* |
| UNO | *United Nations Organisation* |
| WWW | *World Wide Web* |

## Symbolverzeichnis

| | |
|---|---|
| A | Stand der Technologie |
| $A_1,A_2,A_3$ | Situationsmechanismen im Drei-Ebenen-Modell |
| AB | relativer Abweichungsgrad von Normen |
| $B_1,B_2,B_3$ | Mechanismen zur Handlungsbildung im Drei-Ebenen-Modell |
| $C_1,C_2,C_3$ | Wirkungsmechanismen im Drei-Ebenen-Modell |
| $D_1$ | Aggregation des Sozialkapitals im Drei-Ebenen-Modell |
| $D_2$ | Wirkungsmechanismen auf der Makro-Ebene im Drei-Ebenen-Modell |
| DI | Dichte eines Netzwerks |
| E | Produktionselastizität |
| $E_1$ | Wirkungsmechanismen auf der Mikro-Ebene im Drei-Ebenen-Modell |
| $E_2$ | Aggregation ökonomischer Größen im Drei-Ebenen-Modell |
| FHB | freiwillige Herrschaftsbeziehungen |
| FTP | *file transfer protocol* |
| FU | Netzwerkfunktion |
| G | Gewinn |
| GR | Größe sozialer Netzwerke |
| HK | Humankapital |
| IP | Informationspotenzial |
| K | Stock aller Kapitalformen |
| N | Bevölkerungszahl, Anzahl der Akteure in einem sozialen Netzwerk |
| NO | Normen und wirksame Sanktionen |
| M | Anzahl von sozialen Vereinigungen in einer Volkswirtschaft |
| L | Verlust |
| PK | physisches Kapital |
| RN | Räumliche Nähe |
| SK | Sozialkapitalbestand |
| $SK_{quant}$ | Sozialkapitalbestand im Sinne der Mitgliederzahl sozialer Vereinigungen |
| $SK_{bridging}$ | Bestand des *bridging social capital* |
| SN | Netzwerkstruktur |
| SO | übereignungsfähige soziale Organisationen |

| | |
|---|---|
| ST | Netzwerkstabilität |
| T | Niveau des generellen Vertrauens |
| $T_1$, $T_2$, $T_3$ | relevante Punkte auf der Transformationskurve |
| TY | Beziehungstyp |
| U | Nutzenniveau |
| V | Anzahl der Verpflichtungen |
| VE | Verpflichtungen |
| W | Einkommen |
| ZO | zielgerichtete Organisationen |
| | |
| b | Lageparameter |
| $b_i$ | Qualifikationskoeffizient für den Verbundenheitsgrad von Person i |
| $c_j$ | Qualifikationskoeffizient für den Verbundenheitsgrad in einer soz. Vereinigung |
| d | Abschreibungsrate |
| e | Vertrauenskoeffizient |
| f | Funktion |
| hk | Humankapital |
| i | Index (Person) |
| j | Index (Person, soziale Vereinigung) |
| $n_i$ | Anzahl von Mitgliedschaften bei sozialen Vereinigungen der Person i |
| p | Wahrscheinlichkeit der Treuebestätigung |
| r | Verlust-Gewinn-Relation (COLEMAN-Modell) |
| sk | Qualitätskoeffizient bezüglich sozialen Beziehungen |
| u | Anteil der Arbeitszeit an der Nicht-Freizeit |
| vw | Wert der Vertrauenswürdigkeit |
| z | Risikoneigung |
| | |
| $\alpha$ | Produktionselastizität |
| $\beta$ | Produktionselastizität |
| $\beta_1$, $\beta_2$, $\beta_3$ | Gewichtungsparameter |
| $\chi$ | Produktionselastizität |

| | |
|---|---|
| $\gamma$ | Wachstumsrate |
| $\theta$ | Effizienzparameter zur Wissensakkumulation |

# 1 Einleitung

> *„Mag man den Menschen für noch so egoistisch halten, es liegen doch offenbar gewisse Prinzipien in seiner Natur, die ihn dazu bestimmen, an dem Schicksal anderer Anteil zu nehmen, und die ihm selbst die Glückseligkeit dieser anderen zum Bedürfnis machen, obgleich er keinen anderen Vorteil daraus zieht, als das Vergnügen, Zeuge davon zu sein."*
>
> *ADAM SMITH*[1]

## 1.1 Problemstellung

### 1.1.1 Missing link und gesellschaftliche Herausforderungen

Wie ist es zu erklären, dass Individuen bei gleicher qualitativer Ausbildung häufig ein sehr unterschiedliches Lebenseinkommen erzielen? Wie ist es möglich, dass in einigen Volkswirtschaften große Unternehmen Massenproduktionsvorteile erwirtschaften, während in anderen Ökonomien nahezu ausschließlich kleine und mittlere Unternehmen (KMU) agieren? Warum existieren in bestimmten Branchen ökonomische Austauschprozesse per Zuruf oder Handschlag, während in anderen Wirtschaftsbereichen komplexe Vertragstexte zwischen den Marktpartnern notwendig sind? Wie können zwischen Unternehmen zur gleichen Zeit sowohl Kooperationen als auch Konkurrenzbeziehungen existieren? Und wie ist es zu erklären, dass Menschen in bestimmten Ländern der Erde, die medizinisch schlechter versorgt sind und auf einem niedrigeren technologischen Niveau produzieren, älter werden als Menschen in anderen Ländern?

Wohlstand im weitesten Sinne muss demnach neben physisch-technologischem Kapital und Humankapital[2] von einem Faktor abhängen, der in vielen ökonomischen Theorien unberücksichtigt bleibt. Diese Erklärungslücke kann durch die Berücksichtigung sozialer Beziehungen geschlossen werden. Es ist das Sozialkapital einer Gesellschaft, das sowohl auf die politische und soziale als auch auf die ökonomische

---

1 ADAM SMITH (1759); zitiert nach PUTNAM (1996a).

2 Dabei wird Humankapital in einem weiten Sinn als die Gesamtheit der individuellen Merkmale verstanden, welche zu ökonomischen Vorteilen führen können. Dazu gehören Wissen, Talent, Kompetenzen, Gesundheit und persönliches Erscheinungsbild.

Leistungsfähigkeit wirkt. Diese Tatsachen legen nahe, dass Sozialkapital als ein zentraler Wirtschaftsfaktor jeder Ökonomie angesehen werden muss.

Spätestens seit PUTNAMs empirischen Studien zur Entwicklung des Sozialkapitalbestandes in den USA,[3] in welchen der Wissenschaftler zu aufsehenerregenden Ergebnissen hinsichtlich des Absinkens des Sozialkapitalbestandes kommt, wird den sozialen Beziehungen – auch von Ökonomen – eine wachsende Aufmerksamkeit zuteil. Insbesondere vor dem Hintergrund der aktuell zunehmenden politischen, gesellschaftlichen und ökonomisch-technologischen Dynamik wird der Wirtschaftsfaktor Sozialkapital an Bedeutung gewinnen.

Während auf politischer Ebene die Transformation ehemaliger Diktaturen sowie die wachsende Bedeutung von Nichtregierungs-Organisationen (NGO) in lokalen, nationalen und auch internationalen Entscheidungsfindungen auf einen zunehmenden Demokratisierungsprozess hindeuten, besteht auf der Mikro-Ebene der Gesellschaft eine ungebremste Individualisierungstendenz im BECK'schen Sinne.[4] Darüber hinaus findet auf der wirtschaftlich-technologischen Ebene ein gewaltiger Strukturbruch statt, dessen Ausprägungen in der Literatur häufig mit Schlagworten wie *New Economy*, Internet-Ökonomie oder Netzwerkökonomik erfasst werden. Insbesondere sind es digitale Netzwerke, welche die Kommunikationsstrukturen und -prozesse fundamental beeinflussen, wobei die Dezentralisierung und die Demokratisierung ein wesentliches Charakteristikum dieser Entwicklung ist. Die Digitalisierung des Wissenstransfers und der kommunikativen Austauschprozesse wirkt sich grundlegend auf die sozialkapitaltheoretisch relevanten gesellschaftlichen Beziehungen in Form von veränderten Kontaktstrukturen und Kontaktknüpfungsprozessen, erweiterter Leistungsfähigkeit der sozialen Relationen sowie dadurch höherem Anspruch an diese Beziehungen aus.

Auf allen genannten Ebenen – der politischen, der gesellschaftlichen und der netzwerkökonomischen – wird damit sukzessive ein Großteil bestehender hierarchischer Beziehungen durch horizontale Sozialkontakte ersetzt. Auf diese Weise nimmt die individuelle Entscheidungsfreiheit über soziale Kontakte zu.

Die zunehmende Bedeutung sozialer Kontakte vor dem Hintergrund einer netzwerkökonomischen Entwicklung stellt die Gesellschaft vor neue Herausforderungen. Herkömmliche Steuerungsmechanismen von Gesellschaft, Politik und Ökonomie verlieren an Effektivität. Neue Wirkungszusammenhänge zwischen soziokommunikativer und wirtschaftspolitischer Ebene stellen wichtige Determinanten für

---

3 Vgl. u.a. PUTNAM (1996a) und siehe Unterabschnitt 2.3.2.

4 Vgl. BECK (1993), S. 150.

die Leistungsfähigkeit einer Volkswirtschaft dar. Die Sozialkapitaltheorie versucht Antworten auf die zu Beginn gestellten Fragen zu finden und empfiehlt eine gegenseitige Horizonterweiterung der einzelnen sozialwissenschaftlichen Disziplinen.

### 1.1.2 Theoretische Problemstellung

Die grundlegenden Herausforderungen der Sozialkapitaltheorie sind vielschichtig: Die ursächliche Verknüpfung von sozialen Beziehungen und ökonomischen Wirkungen bedeutet zunächst einen hohen Grad an Interdisziplinarität. Des Weiteren wird das Sozialkapital in der Literatur von unterschiedlichen Explikationen geprägt. Daher ist die Lösung der Definitionsproblematik ein zentraler Punkt der vorliegenden Untersuchung. Eng mit der Definitionsfrage hängt die Problematik der Operationalisierung des Sozialkapitals zusammen. Ferner ist das Sozialkapital in bestehende wirtschaftstheoretische Konzeptionen einzubinden, um die ökonomischen Wirkungen von Sozialkapital untersuchen zu können. Darüber hinaus existiert ein prinzipieller Wettbewerbsnachteil der Sozialkapitaltheorie gegenüber herkömmlichen Wirtschaftstheorien hinsichtlich der Akzeptanz politischer Handlungsanweisungen. Dies ist im Bestehen von vorwiegend qualitativen Merkmalen des Sozialkapitals und in der langfristigen Wirkungsweise dieser Kapitalform begründet.

Es existieren mehrere Optionen, den Mangel an Verknüpfungspunkten zwischen den sozialwissenschaftlichen Teildisziplinen zu beseitigen. Entweder die ökonomische Forschung erweitert, wobei die bereits bestehende Dominanz der Ökonomik gegenüber angrenzenden sozialwissenschaftlichen Teildisziplinen beibehalten wird, oder aber die Wirtschaftswissenschaften erkennen die Gleichberechtigung anderer sozialwissenschaftlicher Disziplinen an.[5] BECKERs *Extending Capital Theory* kann in sozialkapitaltheoretischer Hinsicht beispielhaft als konsequente Fortführung des Humankapitalansatzes gelten.[6]

Darüber hinaus besteht eine Vielzahl an Zwischenformen interdisziplinärer Methoden. Von Seiten der Soziologie existiert diesbezüglich ein methodisches Entgegenkommen: COLEMANs unten zu erörternder *rational choice*-Ansatz zeigt, wie sich die Verhaltensannahmen der soziologischen Theorien modifizieren lassen, um dem methodologi-

---

5 SWEDBERG (1990, S. 5) bezeichnet in diesem Zusammenhang die Trennung der sozialwissenschaftlichen Disziplinen als unnormal.

6 Siehe HABISCH (1998): Sozialkapitaltheorie als konsequente Fortführung des Humankapitalansatzes (S. 39). Siehe auch den Begriff *„moral capital"* von LINDBECK (1995).

schen Individualismus der Mikro-Ökonomik möglichst nahe zu kommen, ohne dessen Isolationismus zu übernehmen.

Die Operationalisierung des Sozialkapitals ist eine der größten Herausforderungen im Rahmen der Sozialkapitaltheorie. Die bekanntesten Indikatoren sind das allgemeine Vertrauensniveau in einer Volkswirtschaft, die Anzahl von Vereinsmitgliedschaften in einer Gesellschaft sowie die Anzahl der sozialen Beziehungen einer Person auf der Mikro-Ebene.[7]

Bisher nimmt der Sozialkapitalansatz trotz exponentieller Verbreitung sowohl in der sozialwissenschaftlichen Literatur als auch im wirtschaftspolitischen Kontext lediglich eine periphere Stellung ein. Auch in der Formulierung wirtschaftspolitischer Ziele bleibt die Förderung von Sozialkapital jedoch politischen Absichtserklärungen wie der präsidialen Antrittsrede von GEORGE W. BUSH,[8] der „Berliner Rede" des früheren Bundespräsidenten ROMAN HERZOG[9] oder Politikerbeiträgen auf wissenschaftlichen Konferenzen mit sozio-politischer Fragestellung[10] vorbehalten.

Die *mainstream*-Ökonomik besitzt in diesem Zusammenhang zentrale Mängel, da gesellschaftliche Faktoren vernachlässigt werden. Es ist die selbstgesetzte Aufgabe der Ökonomik, auf der Basis von Soll-Ist-Abweichungen und entsprechenden Prognosen Handlungsanweisungen an die Wirtschaftssubjekte und politischen Entscheidungsträger zu richten, um die erkannte Diskrepanz zu reduzieren.[11] Voraussetzung dafür ist jedoch nicht die formale Eleganz eines Modells, sondern die Realitätsnähe einer

---

7 Aber auch die Operationalisierung herkömmlicher ökonomischer Größen weist eine Vielzahl von Schwierigkeiten auf. So sind quantitativer Vermögensaufbau, Kapitalbildung und Wohlstandssteigerung die Endziele ökonomischer (Forschungs)-Aktivitäten. Doch die Gleichsetzung von qualitativer Wohlstandssteigerung und ökonomischen Wachstumsraten ist unbefriedigend. Die Ursachen hierfür liegen in der Problematik der Ermittlung der tatsächlichen Wachstumsraten des Bruttoinlandprodukts und des Wachstums des Produktionspotenzials, insbesondere der Bewertung des wachsenden Kapitalstocks. Die Problematik ergibt sich einerseits daraus, dass sich der intangible Kapitalanteil stetig erhöht – ABRAMOVITZ und DAVID haben dies 1996 empirisch für die USA herausgearbeitet – andererseits daraus, dass die Vernachlässigung sozialer Wohlstandsindikatoren ein eindimensionales und damit unbefriedigendes Bild der Realität darstellt. Vgl. ABB (1989), S. 239. Die Ursachen liegen aber auch in der Schwierigkeit, geeignete Wohlstandsindikatoren zu ermitteln und zu operationalisieren. Notwendig ist eine zunehmende Berücksichtigung qualitativer Einflussgrößen für die ökonomische Performanz, was mit Hilfe einer Konvergenz der sozialwissenschaftlichen Disziplinen in Aussicht gestellt werden kann. Die Sozialkapitaltheorie ist hierfür ein vielversprechendes Beispiel.

8 Vgl. BUSH (2001).

9 Vgl. HERZOG (1997).

10 Siehe beispielsweise SIMONIS (2000).

11 Zu den Aufgaben der Volkswirtschaftslehre und die Bedeutung der Wirtschaftstheorie siehe u.a. HERDZINA (2001).

Theorie. Eine Überbewertung quantitativer, beobachtbarer Variablen in der Theorie bei gleichzeitiger Bedeutungszunahme von intangiblem Kapital und unsichtbaren Strukturen, Mechanismen und Tendenzen,[12] die selbstzweckorientierte methodische Anlehnung an naturwissenschaftliche Exaktheit sowie eine Vernachlässigung gesellschaftlicher, politischer und kultureller Determinanten und Zielgrößen[13] sind deshalb abzulehnen.[14]

Eine Vielzahl von Ökonomen und Wirtschaftspolitikern verbindet jedoch mit dem Sozialkapitalbegriff und den sozialkapitaltheoretischen Ansätzen – wie bei vielen interdisziplinären Konzepten – qualitative und damit vage, nicht messbare und „weichzeichnerische" Elemente. SOLOWs Anmerkungen zur Sozialkapitaltheorie spiegeln diese Haltung wider: Einerseits hebt SOLOW die ökonomische Relevanz dieses Phänomens hervor und schreibt ihm sämtliche Kapitaleigenschaften zu. In der Diskussion über eine konkrete Einbindung dieser Kapitalform in ein ökonomisches Modell lehnt SOLOW dies jedoch aufgrund von absoluten und relativen Messproblemen ab.[15] Repräsentativ für die Phalanx von Vertretern der Sozialkapitaltheorie gegen diese Ansicht sei hier auf COHEN und PRUSAK verwiesen, die aufzeigen, dass Sozialkapital stets an bestimmte Normen als Grundlage für soziale Beziehungen gebunden ist.[16] Dadurch erscheinen die Folgen von Normverstößen einzelner Akteure bei hohem Sozialkapitalniveau keinesfalls als nachsichtiger Umgang des Netzwerks gegenüber dem „Abweichler".

Ferner existiert die weitverbreitete Annahme, „Soziales" und „Ökonomisches" seien Begriffsgegenpaare hinsichtlich der Skalierung mit den beiden Endwerten ‚vollkommen qualitative' und ‚vollkommen quantitative' Vorgehensweise. Es herrscht die Vorstellung, die soziale Sphäre habe lediglich etwas mit Unterstützung und Solidarität

---

12 LAWSON (1997) kritisiert die positivistische Wissenschaftstheorie und strebt in seinem Ansatz des kritischen Realismus unter anderem an, derartige Mängel zu beseitigen.

13 Allerdings existieren auch unter renommierten Ökonomen Ausnahmen. So sieht ARROW (1962) das Lernen als Produktivitätsdeterminante als sozial motiviert. Auch DALY und COBB (1990, S. 63) konstatieren, dass das Bruttosozialprodukt lediglich einige wenige Aspekte der Wohlfahrt berücksichtigt. Eine relative Übergewichtung einzelner Wohlfahrtsaspekte macht die Menschen nicht glücklicher, wie SEABROOK (1978; S. 95-96) herausfand.

14 Insbesondere die genannte Vernachlässigungstendenz ist hervorzuheben, da auch Modelle innerhalb enger wirtschaftstheoretischer Rahmen in der Regel ohne die drei folgenden nicht-ökonomischen Aspekte nicht auskommen würden: (a) Ein Vertrag kommt zwischen Menschen zustande und bedarf Zeit. (b) Ein gewisses Moralbewusstsein lässt Vertragspartner üblicherweise ihre Verpflichtung einhalten. (c) Normen und Institutionen gehorchen nicht kurzfristigen Marktregeln.

15 Vgl. SOLOW (1999), S. 7.

16 Vgl. COHEN und PRUSAK (2001), S. 14-15.

So sind für ADAM SMITH ökonomisches und sozialpsychologisches Verhalten untrennbar miteinander verknüpft. Die hohe Bedeutung dieser Werte wird darin deutlich, dass SMITH in seinem ersten Werk *The Theory of Moral Sentiments* die Analyse der Sympathie-, bzw. Empathiefähigkeit[23] an den Beginn seiner Ausführungen stellt.[24] SMITH erkennt des Menschen soziale „Natur"[25], seinen Mitmenschen nicht gleichgültig gegenüberzustehen, sondern sich durch Vorstellungskraft und Nachdenken in andere Menschen hineinzudenken, um mit ihnen mitfühlen zu können. Das Entstehen und das Ausmaß dieser Veranlagung hängen nach ADAM SMITH in erster Linie von der Nähe der sozialen Umgebung ab, wobei ebenso Wirkungen des Einzelnen auf seine Umgebung existieren.[26]

Bei der Erklärung von gesamtgesellschaftlichen Ergebnissen durch individuelle Verhaltensweisen ergibt sich das so genannte Mikro-Makro-Problem, das durch eine Makro-Mikro-Makro-Modellierung gelöst werden kann.[27] Demnach werden die individuellen Handlungen durch die vorliegenden sozialen Rahmenbedingungen des Einzelnen bestimmt (Makro-Mikro-Mechanismus), während die Verhaltensweisen auf der Mikro-Ebene auf Variablen einer höheren Aggregationsebene mittels Mikro-Makro-Mechanismen (Wirkungsmechanismen) wirken.[28] In der vorliegenden Untersuchung wird diese Modellierung im Drei-Ebenen-Modell um zwei Aspekte erweitert. Zum einen wird durch die Berücksichtigung der Meso-Ebene sowohl eine

---

Stelle erwähnt, dass Beziehungen zwischen den Wirtschaftsakteuren eine zentrale Rolle spielen. Gerade diese in der Realität ständig präsenten und handlungsbeeinflussenden Beziehungen werden von einem Großteil der Wirtschaftswissenschaftler ignoriert. Sie bestehen allenfalls in indirekter Weise über den Gütertausch oder die Güterproduktion. Diese Sichtweise ist jedoch erst mit der mechanistisch-neoklassischen Schwerpunktverschiebung innerhalb der Nationalökonomik aufgekommen, da qualitative Determinanten wie soziale Bindungen, deren Änderung sowie deren Bewertung ein formal-elegantes, eindeutiges Gleichgewichtsergebnis verhindern. Im Gegensatz dazu wurden bei den frühen Klassikern zwischenmenschliche Abhängigkeiten thematisiert.

23 Zur begrifflichen Diskussion sowie der damit verbundenen Übersetzungsdebatte siehe u.a. HOTTINGER (1998), S. 68-75.

24 Siehe A. SMITH (1759/1994), S. 1-7.

25 A. SMITH (1759/1994), S. 1

26 In *The Wealth of Nations* betont SMITH diese Wechselwirkungen in seinem Kapitel über die öffentlichen Ausgaben. Siehe A. SMITH (1776). Andererseits erkennt SMITH mit der Zuordnung der Beziehungsproblematik zum Abschnitt der öffentlichen Ausgaben, deren ökonomische Bedeutung und einen entsprechenden (finanz-, bzw. bildungspolitischen) Handlungsbedarf, der die gesellschaftlichen Strukturen zu berücksichtigen hat. Dabei ist der Begriff der Bildungseinrichtung bei ADAM SMITH weit gefasst, da diese ebenso erzieherische wie auch disziplinarische Aufgaben zu erfüllen hat.

27 Vgl. COLEMAN (1995), Bd. 1, S. 7-16 und ESSER (1993), S. 98.

28 Dabei ist dieser Mikro-Makro-Mechanismus nicht mit einer reinen Aggregation von Ereignissen oder Ergebnissen vergleichbar. Siehe hierzu insbesondere die Erörterungen in Abschnitt 3.5 sowie die Abbildung 3-6.

theoretische Vergleichbarkeit verschiedener Organisationsformen wie Unternehmen, Familien und Vereinen erreicht als auch die Bedeutung dieser Organisationen für die Effektivität bzw. Kontraproduktivität des Wirkungsmechanismus berücksichtigt. Zum anderen werden neben den sozialen Situationen auch biopsychische Handlungsbeschränkungen als Selektionsmechanismen angenommen. Das Drei-Ebenen-Modell wird in Kapitel 3 auf der Basis der Kritik an den bestehenden Sozialkapitalkonzepten aus ökonomischer Sicht hergeleitet.

### 1.2.2 Zum Sozialkapitalbegriff

Die Definition des Sozialkapitals unterliegt einer ähnlichen Problematik, wie sie SCHMIDTCHEN für den Wettbewerbsbegriff hinsichtlich der mangelnden Beobachtbarkeit des Phänomens und der damit verbundenen Schwierigkeit einer positiven Explikation erkennt.[29] Die Schwierigkeit der Sozialkapitaldefinition begleitet die vorliegende Untersuchung bis zum Ende des dritten Kapitels. Die in der Literatur verwendeten Definitionen von Sozialkapital sind durch zahlreiche Schwachpunkte gekennzeichnet, wie in Kapitel 2 erörtert wird. Dabei wenden die Autoren in der Regel den methodologischen Essentialismus an, der auf PLATON und ARISTOTELES zurückgeht und bereits von POPPER als Mittel der Erfahrungswissenschaft kritisiert wird.[30] Statt der Frage nach den wesentlichen Eigenschaften des Sozialkapitals nachzugehen, sollte die Suche nach regelmäßigem Verhalten des Sozialkapitals im Vordergrund stehen. Dieser in der vorliegenden Arbeit zugrundegelegte methodologische Nominalismus zielt auf die Formulierung von Gesetzmäßigkeiten ab.[31]

Ähnlich problematisch wie die Definition von Sozialkapital nach dem methodologischen Essentialismus ist die funktionalistische Definition. Zur Analyse der ökonomischen Wirkungen von Sozialkapital ist die funktionalistische Definition kontraproduktiv, da sie offensichtliche Tautologien erzeugt. Ein Phänomen lässt sich nicht auf der Basis seiner Funktion definieren, wenn die Erörterung der Funktionsmechanismen angestrebt wird. Diese Definitionsmethode wird dennoch von einer Vielzahl sozialkapitaltheoretischer Vertreter bevorzugt, wie im folgenden Kapital gezeigt wird.

---

[29] Vgl. SCHMIDTCHEN (1978), S. 35-46.

[30] Vgl. POPPER (1957/1958 und 1971); zitiert in SCHMIDTCHEN (1978), S. 35-36.

[31] Vgl. POPPER (1957), S. 60-61 und SCHMIDTCHEN (1978), S. 36.

Der in der Ökonomik vernachlässigte Wirtschaftsfaktor Sozialkapital muss aus den oben genannten Gründen nominalistisch, disfunktional und problemorientiert definiert werden. Diese Vorgehensweise stellt ökonomische Problemstellungen als zentrale Definitionsbedingungen in den Mittelpunkt der ökonomischen Sichtweise der Sozialkapitaltheorie. Makroökonomische Probleme manifestieren sich in den Größen Wirtschaftswachstum, Beschäftigung, Allokation und Verteilung. Da zwischen diesen Größen teilweise Zielkonflikte existieren, ist zu erwarten, dass Sozialkapital keineswegs positive Wirkungen auf alle genannten Variablen besitzt. Auch diese Erkenntnis spricht sowohl gegen eine essentialistische als auch gegen eine funktionalistische Sichtweise des Sozialkapitals. Die entsprechende Wirkungsseite des sozialkapitaltheoretischen Drei-Ebenen-Modells wird in Verbindung mit netzwerkökonomischen Problemstellungen in Kapitel 5 erörtert.

Um die Greifbarkeit des Phänomens Sozialkapital bereits an dieser Stelle zu gewährleisten, werden im Folgenden fünf gesellschaftliche Situationen kurz dargestellt, an denen die Relevanz von Sozialkapital aufgezeigt wird. Die Situationen beziehen sich auf verschiedene Formen, die so genannte „Kehrwoche" durchzuführen. Die Kehrwoche signalisiert einem Mieter bzw. einem Bewohner, dass dieser die turnusmäßige Reinigung des inner- und außerhäuslichen Nutzungsbereichs zu erledigen hat.[32] Da der Autor Stuttgarter ist, liefert diese traditionelle Tätigkeit ein hervorragendes Beispiel für die Verbindung von sozial und ökonomisch orientierten Verhaltensweisen.

(a) Die schlichteste Form der Erledigung der Kehrwoche ist die Eigenarbeit. Hierbei tritt keine direkte soziale Beziehung in Kraft. Der Reinigende handelt letztlich nach einer Norm, die eine mittelbare soziale Beziehung zu anderen Akteuren in der Gesellschaft bedeutet. Es entstehen außerdem unter Umständen externe Effekte, da Nachbarn einen positiven Nutzen aus der Sauberkeit des Wohnungsbereiches ziehen.

(b) Wenn die Kehrwoche auch auf Abwesenheitszeiten wie eine Urlaubsreise fällt, sollte sich der Bewohner um eine terminliche Ausweichmöglichkeit bemühen. Hierzu ist die Kontaktaufnahme mit Mitbewohnern notwendig, um einen Termintausch zu erreichen. Die Norm der Kehrwoche unterstützt demnach die Entstehung von sozialen Beziehungen als notwendige Voraussetzung für die Bildung von Sozialkapital.

---

[32] Im Jahr 1492 führt GRAF EBERHARD IM BART in Stuttgart die Kehrwoche als Teil der Stadtverordnung ein.

(c) Eine Alternative der oben beschriebenen Problemlösung ist der Leistungstausch. Wenn der Bewohner einem Nachbarn beispielsweise bei der letztjährigen Steuererklärung geholfen hat, dann möchte der Nachbar sich erkenntlich zeigen, indem er dem Bewohner die Übernahme der Kehrwoche(n) anbietet. Diese Tauschakte können mit Hilfe lokaler Tauschbörsen institutionalisiert werden.

(d) Mit dem Aufkommen von lokalen Tauschbörsen als hochgradig organisierte Nachbarschaftshilfe kann die Übernahme der Kehrwoche durch einen anderen Bewohner des Ortes oder Stadtteils übernommen werden. Eine Möglichkeit der Gegenleistung besteht in der Überweisung von lokalen Verrechnungseinheiten. Inwieweit dies positiv zur Sozialkapitalbildung beiträgt, ist im weiteren Verlauf der vorliegenden Untersuchung zu klären.

(e) Schließlich kann die Kehrwoche auch von einem kommerziellen Reinigungsdienst übernommen werden. Dies bedeutet eine Lösung des Problems durch Marktkoordination. Die Sozialkapitalbildung hängt in diesem Fall von zusätzlichen Beziehungselementen zwischen den Akteuren ab.

Während in einigen Fällen Sozialkapital gebildet wird, entsteht in anderen kein Sozialkapital oder diese Kapitalform wird sogar vernichtet. Die Eigenarbeit in Fall (a) besitzt keinen Aspekt der sozialen Interaktion und ist daher aus sozialkapitaltheoretischer Sicht irrelevant. In Fall (b) kann die Kehrwochenvorschrift zwar einer Knüpfung sozialen Kontakts Vorschub leisten, jedoch besteht auch in diesem Fall keine sozialkapitaltheoretische Bedeutung. Auch wenn eine zeitlich befristete Verpflichtung seitens des Bewohners existiert, wird diese nach seiner Abwesenheit äquivalent entgolten.

Im Fall der gegenseitigen Unterstützung – Fall (c) – wird Sozialkapital gebildet. Die Beratung in den Steuerangelegenheiten des Nachbarn setzt eine gewisse Vertrauensbeziehung zwischen den Akteuren voraus, da dabei vertrauliche Daten transparent werden. Aufgrund der Hilfeleistung empfindet der Nachbar eine Verpflichtung, die er durch das Angebot, die Kehrwoche zu übernehmen, einlösen möchte. Aus der Perspektive des Bewohners führt die erfolgte Hilfeleistung zu einer Erwartung der Gegenleistung, die unter der Norm der Reziprozität eine Art Vermögensposition darstellt, die der eines Bankguthabens gleichkommt. Das Verlustrisiko hängt von der Treuewahrscheinlichkeit des Nachbarn ab. Die erbrachten Leistungen des Bewohners und des Nachbars sind nicht exakt gegeneinander aufrechenbar. Unter Umständen besitzen beide Akteure auch nach ihren erbrachten Leistungen ein Gefühl der Verpflichtung. Wenn dies der Fall ist, dann entsteht Sozialkapital. Darüber hinaus kann eine gewohnheitsorientierte Erwartungshaltung entstehen, dass sich diese Interaktion wiederholt. Wird die Erwartung bestätigt, erhöht sich die gegenseitige Einschätzung der Treuewahrscheinlichkeit. Sowohl die sozialen Verpflichtungen als auch die Treuewahrscheinlichkeiten zwischen den Akteuren stellen die zentralen Elemente des Sozialkapitals dar.[33]

Die Fälle (d) und (e) sind äquivalente Tauschprozesse, bei denen die erbrachten Leistungen durch entsprechende Verrechnungsmöglichkeiten exakt – im Sinne beiderseitiger Akzeptanz – abgegolten werden. Es findet ein Markttausch statt, der keinerlei Verpflichtungen „hinterlässt". Auch die Einrichtung der Tauschbörse – deren Ziel in der Regel die Integration von Menschen in abgegrenzten Wohngebieten ist – wirkt hier kontraproduktiv auf die Entstehung von Sozialkapital. Lediglich gewohnheitsorientierte Austauschprozesse führen zu Veränderungen in der Einschätzung der Treuewahrscheinlichkeit. In diesem Fall hat die Tauschbörse als Kontakthilfe fungiert. Andererseits kann die Einrichtung der Tauschbörse eine funktionierende Nachbarschaftshilfe durch die Entgeltung der gegenseitigen Verpflichtungen auf ein niedrigeres Sozialkapitalniveau führen.

Es ist auch Ziel der Arbeit, aufzuzeigen, inwieweit Sozialkapital ökonomische Relevanz besitzt, die über die lokalen Austauschprozesse hinausgehen. Dabei fördern insbesondere die Informations- und Kommunikationstechnologien der Netzwerkökonomik soziale Beziehungen, welche die Entfernungsbarrieren nahezu aufheben.

### 1.2.3 Zum Begriff der Netzwerkökonomik

Die sozialkapitaltheoretischen Zusammenhänge werden in der vorliegenden Arbeit vor dem Hintergrund des ökonomisch-technologischen Strukturbruchs betrachtet, welchem die Ökonomien zur Zeit unterworfen sind. Diese aktuelle Entwicklung erfährt in Wissenschaft und Praxis eine unterschiedliche Bezeichnung. Dabei wird der in der Literatur vielfach verwendete Begriff der *New Economy* im Folgenden abgelehnt, da es in der Geschichte mit dem Auftreten einer Basisinnovation stets eine „neue Wirtschaft" gegeben hat. Vielmehr sollte die Begrifflichkeit einer Situation die konstitutiven Merkmale beinhalten. Die zentrale Eigenschaft der zukünftigen Wirtschaftsstruktur ist die zunehmende quantitative und qualitative Vernetzung von Akteuren, Informationen und Technologien. Aus diesem Grund wird die Situation, in

---

33 Siehe die finale Erörterung zur Sozialkapitaldefinition in Abschnitt 3.5.

der ein Bündel der genannten Merkmale an ökonomischer Bedeutung gewinnt, als Netzwerkökonomik bezeichnet.[34]

Mit der Verbreitung, Kompatibilisierung und zunehmenden Benutzerfreundlichkeit digitaler Netzwerke lassen sich Daten und Informationen in effizienter und beschleunigter Form über weite Distanzen hinweg übertragen. Der rasante Fortschritt dieser Querschnittstechnologie, welche nahezu sämtliche Branchen der Volkswirtschaften erfasst, bedeutet eine grundsätzliche Neuausrichtung der Strategien der Wirtschaftsakteure. Die zunehmende Bedeutung von Informations- und Netzwerkgütern sowie die damit verbundenen Kostenstrukturänderungen auf Seiten der Produzenten und Änderungen von Nutzendeterminanten auf Seiten der Konsumenten führen zu Effizienzsuchprozessen aller Akteure. Im Zentrum dieser Entwicklung steht die Konvergenz von digitalen und sozialen Netzwerken. Die Kommunikationsnetzwerke bilden die Schnittmenge der digitalen und der sozialen Netzwerke. In Abbildung 1-1 wird dieser Trend dargestellt.

Abbildung 1-1 verdeutlicht außerdem die vermehrte Nutzung der digitalen Netzwerke, die für die soziale und ökonomische Kontaktaufnahme von zunehmender Bedeutung sind. Darüber hinaus sind digitale Netzwerke in zunehmendem Maße für sozialkapitaltheoretische Wirkungen auf ökonomische Größen relevant. Da sich Netzwerke vor diesem Hintergrund als konstituierende Merkmale der ökonomischen Zusammenhänge verstehen lassen, wird dieses Paradigma als Netzwerkökonomik bezeichnet.[35]

---

34 Siehe Kapitel 4; insbesondere Abschnitt 4.1.

35 Während in der ersten Hälfte der 1990er Jahre zumeist von neuen Regeln und Gesetzmäßigkeiten der „*New Economy*" die Rede war, erkennen die Vertreter dieses Forschungszweigs in jüngster Vergangenheit, dass „viele der so genannten neuen Regeln (...) durchaus bereits länger bekannt" sind. Allerdings sind die Kombinationen und die Akzentuierung der Regeln neu. Vgl. u.a. PICOT und NEUBERGER (2000), S. 591. Im nicht-wissenschaftlichen Bereich wird der Begriff der „*New Economy*", den BUCHHORN, MÜLLER und RICKENS (2001, S. 168) von der US-Zeitschrift „*Business Week*" prägten, insbesondere mit dem Aufkommen der „*Dotcom*"-Firmen, der Internet-*startups* und der Software-„Schmieden" gleichgesetzt, deren Erfolg von der Existenz und der wachsenden Bedeutung des Internets abhängt. Vgl. PRINZ (2000), S. 596.

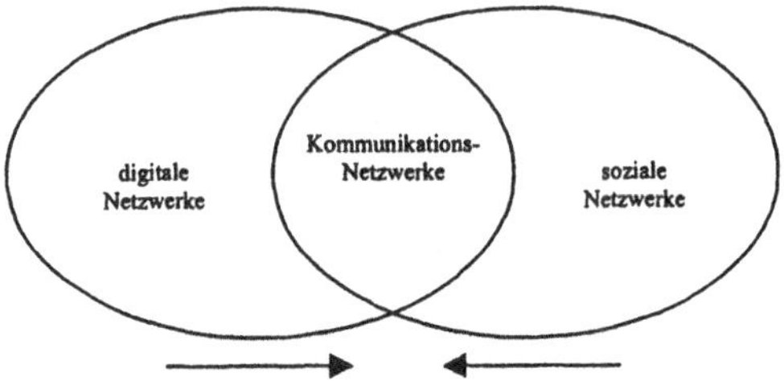


**Abbildung 1-1: Konvergenz der Netzwerkdimensionen**

Quelle: eigene Darstellung

Darüber hinaus ist festzuhalten, dass auch die sozialkapitaltheoretische Sichtweise einer netzwerkökonomischen Perspektive im weiteren Sinne entspricht, da hierbei die sozialen Beziehungen im Zentrum der Untersuchung stehen. Diese Beziehungen bilden wiederum ein soziales Netzwerk innerhalb einer Volkswirtschaft. In der vorliegenden Arbeit bezieht sich jedoch das Netzwerk-Attribut weitgehend auf die technologische Ebene bzw. auf die Vernetzung von Wissen und Informationen.

## 1.3 Vorgehensweise

### 1.3.1 Ziele der Arbeit

Die vorliegende Untersuchung sieht ihre Aufgabe auf sechs Ebenen:

(a) Die folgenden Kapitel sollen Licht in das konzeptionelle Dickicht des noch jungen Forschungszweigs der Sozialkapitaltheorie bringen, der teilweise von widersprüchlichen Argumentationsketten und Sichtweisen geprägt ist. Ein systematischer Forschungsüberblick und eine Darstellung des aktuellen Forschungsstandes ist daher eine notwendige Voraussetzung sowohl für die Entwicklung eines integrativen Sozialkapitalansatzes als auch für eine instrumentelle Verwendung des Phänomens Sozialkapital.

(b) Die zentralen sozialkapitaltheoretischen Konzepte gilt es aus ökonomischer Sicht systematisch zu erläutern und zu bewerten, um auf diese Weise die Grundlagen für ein arbeitsfähiges Modell des Sozialkapitals zu bilden.

(c) In einem interdisziplinären sozialkapitaltheoretischen Modell sollen die Determinanten und Wirkungen der Sozialkapitalbildung verdeutlicht werden. Ziel ist ein theoretisches Gerüst für die Untersuchung der netzwerkökonomischen Wirkungsmechanismen.

(d) Darüber hinaus wird beabsichtigt, sowohl die grundsätzliche Bedeutung von Sozialkapital für den ökonomischen Wertschöpfungsprozess auf den verschiedenen Aggregationsebenen (Mikro-, Meso- und Makro-Ebene) als auch die spezielle netzwerkökonomische Relevanz dieser Kapitalform herauszuarbeiten.

(e) Vor dem Hintergrund der Nachhaltigkeit dieser Untersuchung, ihrer Ergebnisse sowie ihrer wirtschaftspolitischen Handlungsempfehlungen stellt sich die Aufgabe, die Wirkungsmechanismen auf ihre Bedeutungsänderung durch die Netzwerkökonomik zu analysieren.

(f) Die langfristige Sichtweise ist wiederum eine notwendige Voraussetzung für realistische politische Implikationen und Handlungsanweisungen, da diese im sozialkapitaltheoretischen Kontext mit einem ausgeprägten *time lag* verbunden sind. Daher sollten die aktuellen ökonomischen Entwicklungen, die sich gegenwärtig in der Netzwerkökonomik niederschlagen, berücksichtigt werden.

### 1.3.2 Aufbau der Arbeit

Vor dem Hintergrund dieser Erfordernisse ergibt sich folgende Vorgehensweise für die vorliegende Arbeit:

**Kapitel 2** erörtert sowohl die theoretischen und wissenschaftshistorischen Wurzeln als auch den aktuellen Forschungsstand der Sozialkapitaltheorie. Der Hauptteil dieses Kapitels wird der Systematisierung der vier zentralen sozialkapitaltheoretischen Ansätze aus ökonomischer Perspektive gewidmet. Insbesondere werden der vermögenstheoretische Ansatz von BOURDIEU, der empirische Ansatz von PUTNAM, die kulturökonomische Perspektive von FUKUYAMA sowie der *rational choice*-Ansatz von COLEMAN diskutiert und bewertet. Dabei wird ein konzeptioneller Vergleich der Ansätze hinsichtlich ihrer Verwendbarkeit für das zu entwickelnde sozialkapitaltheoretische Drei-Ebenen-Modell diskutiert.

In **Kapitel 3** wird dieses sozialkapitaltheoretische Drei-Ebenen-Modell entwickelt, welches die Schwächen der im vorangegangenen Kapitel dargestellten Konzeptionen von BOURDIEU, PUTNAM, FUKUYAMA und COLEMAN größtenteils beseitigt – gleichzeitig jedoch deren Erkenntnisse integriert. Auf der Basis der idealtypischen Handlungsprinzipien Kooperation, Solidarität, Wettbewerb und Gewohnheit werden Selektionsmechanismen erörtert, die als Determinanten für die tatsächlichen Verhaltensweisen von Akteuren herangezogen werden, um die Bildung von Sozialkapital zu beschreiben. Die systematische Unterscheidung zwischen Determinanten, sozialkapitalbildenden Handlungen und sozialkapitaltheoretischen Wirkungszusammenhänge dient als konzeptionelle Grundlage für Anwendung dieser Kapitalform in den folgenden Kapiteln. Kapitel 3 schließt mit der anzuwendenden Definition des Sozialkapitalbestandes und der Sozialkapitalbildung.

Im Hinblick auf die politischen Implikationen der Sozialkapitaltheorie werden in **Kapitel 4** die aktuellen Entwicklungen in den ökonomisch entwickelten Volkswirtschaften hin zu einer Netzwerkökonomik aufgezeigt. Dabei stehen die digitalen Netzwerke als zentrale Determinante der Veränderung von Kommunikationsprozessen und –strukturen im Mittelpunkt der Betrachtung. Des Weiteren werden die Auswirkungen der modernen Kommunikationspotenziale auf gesellschaftliche Größen wie Beziehungsstruktur und Vertrauensbildung analysiert.

**Kapitel 5** integriert die Sozialkapitaltheorie und die Netzwerkökonomik mittels einer wirkungsseitigen Untersuchung. Insbesondere wird die netzwerkökonomische Wirkungsseite des Sozialkapitals hinsichtlich der zentralen makroökonomischen Größen Wirtschaftswachstum, Beschäftigung, Allokation und Verteilung diskutiert. Dabei werden verschiedene Möglichkeiten der interdisziplinären Integration angewendet. Herauszufinden ist dabei, auf welche der gesamtwirtschaftlichen Größen das Sozialkapital und die netzwerkökonomischen Aspekte positive Auswirkungen besitzen und auf welche Größen negative oder uneindeutige Effekte identifiziert werden können.

Die politischen Implikationen aus den vorangegangenen theoretischen Überlegungen werden in **Kapitel 6** formuliert. Nach einer Erläuterung der Rechtfertigung für ein staatliches Eingreifen bei der Bildung von Sozialkapital werden die politischen Handlungsfelder aufgezeigt, mit denen die Determinanten der Sozialkapitalbildung ordnungspolitisch und prozesspolitisch beeinflusst werden können. Dabei besteht insbesondere in der Beziehung von Netzwerkökonomik, Sozialkapitalbildung und gerechte Verteilung ein Spannungsfeld, welches gesondert zu erörtern ist. Darüber hinaus ist die politische Realisierbarkeit der aus sozialkapitaltheoretischer Sicht notwendigen Maßnahmen kritisch zu hinterfragen.

**Kapitel 7** schließt mit einer Zusammenfassung der Ergebnisse der vorliegenden Untersuchung. Dabei gilt es jedoch auch, die verbliebenen Schwächen des sozialkapitaltheoretischen Ansatzes zu benennen und hieraus zukünftigen Forschungsbedarf abzuleiten.

# 2 Die Sozialkapitaltheorie: aktueller Forschungsstand und Systematisierung aus ökonomischer Sicht

> *„Whereas economic capital is in people's bank account and human capital is in their hands, social capital inheres in the structure of their relationships."*
>
> *ALEJANDRO PORTES*[1]

## 2.1 Theoriegeschichtliche Wurzeln, Begriff und Anwendung

### 2.1.1 Wurzeln der Sozialkapitaltheorie

Die Sozialkapitaltheorie besitzt ein weit verzweigtes und tiefes theoriegeschichtliches Wurzelwerk. In diesem Abschnitt wird eine Auswahl von Theorien und Thesen erörtert, in welchen Elemente des Sozialkapitals als ökonomisch bedeutungsvoll erkennbar sind und Analogien zur aktuellen Sozialkapitaldebatte bestehen.

Akzeptiert man, dass im 18. Jahrhundert anstatt des Sozialkapitalbegriffs „moralisches Verhalten" und „Sympathiebeziehungen" verwendet werden, so steht bei den klassischen Ökonomen die Frage im Vordergrund, inwieweit diese Aspekte neben dem Eigeninteresse für das Funktionieren des Marktmechanismus notwendig sind. Besteht die *invisible hand* nur aus Eigeninteresse? **ADAM SMITH** selbst verneint dies. In seinem ersten Hauptwerk „Theorie der ethischen Gefühle" argumentiert er, dass den Selbstheilungskräften des Marktes ohne die Unterstützung von sympathieorientierten Normen Grenzen gesetzt sind.[2] Demnach ist das Individuum stets als Mitglied der Gesellschaft und nicht als isolierter Akteur zu betrachten. Die Erreichung gesellschaftlicher Ziele setzt einen gemeinschaftlichen Zusammenhalt voraus, der zunächst nicht durch die Verfolgung des individuellen Eigeninteresses, sondern durch Wohlwollen und Selbstlosigkeit erreicht wird.[3]

In seinem zweiten Hauptwerk „Wohlstand der Nationen" spielen diese Aspekte jedoch nur noch eine untergeordnete Rolle. Hier steht die materialistische Sichtweise im

---

1 PORTES (2000), S. 48.

2 Vgl. WOOLCOCK (1998; S. 160), der sich auf ADAM SMITH (1759) bezieht und darüber hinaus in diesem Zusammenhang auf EVENSKY (1992 und 1993) sowie MULLER (1993) verweist.

3 Vgl. SMITH (1759); zitiert in HOTTINGER (1998), S. 94-95.

Vordergrund.[4] Daraus ist nach HOTTINGERs These jedoch nicht zu schlussfolgern, dass die beiden Monographien ADAM SMITH' diesbezüglich im Widerspruch zueinander stehen.[5]

Die **Utilitaristen** und politischen Ökonomen des 19. Jahrhunderts konzentrieren sich vorwiegend auf die ökonomisch-materialistischen Zusammenhänge einer Nationalökonomie.[6] Allerdings existiert mit JOHN STUART MILL ein temporäres Aufbäumen gegen die BENTHAM'sche ökonomistische Verengung des Menschenbildes, nach welchem die Akteure lediglich nach Freud und Leid Handlungsentscheidungen treffen.[7] MILL setzt auf die Bedeutung von sozialen Beziehungen, indem den Akteuren nicht nur das eigene Interesse, sondern auch das der Mitmenschen „am Herzen lag". Dennoch setzte sich im Laufe des 19. Jahrhunderts die ökonomistisch-isolative Sichtweise gesellschaftlicher, bzw. wirtschaftlicher Akteure durch.

Die SMITH'sche Perspektive der „*Theory of Moral Sentiments*" hochzuhalten, verblieb damit vor allem der französischen Soziologietradition des 19. Jahrhunderts und deutschen Wirtschaftshistorikern.[8] Darüber hinaus intensivierte die aufkommende **Marginalökonomik** die feindliche Haltung der Anhänger DURKHEIMs, WEBERs und der MARXistischen Methodik gegenüber der Denkweise eines JEVONS und MARSHALL, so dass sich der Graben zunehmend vertiefte.[9]

So fand vor über einem Jahrhundert eine Sozialkapitaldebatte mit anderen Begrifflichkeiten aber denselben Inhalten statt, wie sie heute wieder geführt wird: Sind soziale

---

4 Vgl. ADAM SMITH (1776). Die Betrachtung der Schwerpunkte der beiden Hauptwerke von ADAM SMITH scheint doch auf eine sehr ambivalente Sichtweise des Verfassers hinsichtlich der Rolle des Zusammenhangs zwischen sozialen Beziehungen und ökonomischen Ergebnissen zu deuten. Nichtsdestotrotz kommen – wie bereits im vorangegangenen Kapitel angesprochen – auch marktpessimistische Töne in dem Sinne vor, dass ein idealtypischer Marktmechanismus in der Realität nicht funktionieren kann.

5 Vgl. HOTTINGER (1998), S. 75.

6 Zu nennen sind hierbei vor allem MILL, BENTHAM und RICARDO. Interessanterweise verwendet zu Beginn des 19. Jahrhunderts der Sozialkritiker der Deutschen Romantischen Schule ADAM MÜLLER den Begriff des „spirituellen Kapitals" einer Gemeinschaft, das die Hauptdeterminante für das volkswirtschaftliche Ergebnis darstellt. Vgl. REICH (1987), S. 561. Als einer der ersten, der die soziale Frage aufwirft, ist MÜLLER jedoch eine Ausnahmeerscheinung hinsichtlich der kritischen Einstellung zur materialistisch orientierten Ökonomik seiner Zeit. Eine ähnliche Erkenntnis macht der Politikwissenschaftler ALEXIS DE TOCQUEVILLE, der Mitte des 19. Jahrhunderts die Erkenntnisse aus seiner USA-Reise veröffentlichte. Auf ihn wird im Rahmen des PUTNAM'schen Sozialkapitalansatzes in Unterabschnitt 2.2.2 noch einzugehen sein, da PUTNAM sich selbst als TOCQUEVILLEianer bezeichnet.

7 Vgl. MILL (1969), S. 95. Zitiert in HOTTINGER (1998), S. 343.

8 Vgl. WOOLCOCK (1998), S. 160.

9 Vgl. SWEDBERG (1987).

Aspekte eigenständige Faktoren der ökonomischen Entwicklung? In diesem Zusammenhang lässt sich die SCHUMPETER'sche Analyse von **KARL MARX** als Soziologe anführen. SCHUMPETER weist seine Leser darauf hin, dass MARX im Rahmen seiner ökonomischen Geschichtsauffassung den Akteuren keine ökonomischen Handlungsmotive unterstellt, sondern dass die Handlungen ausschließlich nicht-ökonomischen Motiven entspringen, aber durch wirtschaftliche, insbesondere Produktionsbedingungen bestimmt werden.[10] Insofern sind nach MARX soziale Aspekte zwar eigenständige, aber nicht die alleinigen Determinanten der wirtschaftlichen Entwicklung.

Ohne zu tief in die Geschichte der Ökonomik und der Soziologie „einzutauchen", seien im Folgenden weitere **herausragende Vertreter** ihrer Disziplinen genannt, die bereits sozialkapitaltheoretische Zusammenhänge beschrieben und analysiert haben.

Von SIMMEL stammt der Begriff der *„reciprocity transactions"*. Reziproke Normen und Verpflichtungen in persönlichen Netzwerken spielen in der Sozialkapitaltheorie eine zentrale Rolle.[11] Neben SIMMEL setzen sich HOMANS und auch BLAU mit der klassischen Analyse des sozialen Austauschs auseinander, in der die Reziprozitätsnorm als Prinzip der Gegenseitigkeit als Zeit- und Objekttransformator die zentrale Rolle für das Funktionieren dieser sozialen Prozesse spielt.[12]

DURKHEIM und PARSONS denken über moralische Wertvorstellungen und soziale Beziehungen nach, die zu bestimmten Vertragsbeziehungen zwischen Akteuren führen. Insbesondere DURKHEIMs Theorie der sozialen Integration kann als direkter Vorläufer der Sozialkapitaltheorie gelten. Hierbei untersucht DURKHEIM die strategische Motivation eines Akteurs, eine Leistung für ein anderes Gesellschaftsmitglied zu erbringen, ohne dabei auf eine Gegenleistung desselben, sondern eines weiteren Akteurs zu hoffen. Diese generelle Reziprozitätsnorm ist – insbesondere nach PUTNAM – ein zentraler Aspekt des Sozialkapitals.[13]

**MAX WEBER** stellt wohl die berühmteste Untersuchung kultureller Determinanten der wirtschaftlichen Entwicklung an. In „Die protestantische Ethik und der Geist des Kapitalismus" erkennt er die ökonomische Bedeutung religiös-kultureller Normen.[14] Im Mittelpunkt seiner Problemstellung steht die Frage, warum sich gerade in der

---

10 Vgl. SCHUMPETER (1942/1950), S. 26-27. Da diese Handlungen wiederum die Produktionsbedingungen bestimmen, verwendet bereits MARX ein Makro-Mikro-Modell, wie es in Abschnitt 2.3 dargestellt wird.

11 Siehe SIMMEL (1902b).

12 Siehe HOMANS (1961) und BLAU (1964).

13 Siehe DURKHEIM (1893).

14 Siehe WEBER (1922).

westlichen Hemisphäre der wirtschaftliche Rationalismus in so vielen gesellschaftlichen Bereichen durchgesetzt hat: Wissenschaft, Verwaltung, Rechtswesen, Unternehmensführung, bis hin zur privaten Haushaltsführung. Empirisch unterstützt zeigt WEBER, dass die normative Umgebung eines Akteurs und dessen religiös orientierten Motive Handlungsentscheidungen hervorrufen, die zu ökonomischem Erfolg führen.[15]

Auch im SCHUMPETER'schen Erklärungsansatz zur wirtschaftlichen Entwicklung gibt es Platz für gesellschaftliche Determinanten. SCHUMPETER stellt – in Verbindung mit den langfristigen KONDRATIEFF-Zyklen – die Innovationen in den Mittelpunkt der ökonomischen Wachstumsforschung.[16] Er erörtert dabei neben dem wirtschaftlichen Antriebsmotiv der Gewinnerzielung das gesellschaftliche Motiv des sozialen Aufstiegs als Innovationsdeterminante.[17] Während sich die Vorstellung der Handlungsmotivation im sozialkapitaltheoretischen Drei-Ebenen-Modell in Kapitel 3 widerspiegelt, wird die Wirkungsweise gesellschaftlicher Beziehungen auf die Wirtschaftsentwicklung in Abschnitt 5.1 untersucht.

Im vorliegenden Abschnitt wurde die stetige Auseinanderentwicklung der unterschiedlichen Sichtweisen seit den beiden SMITH'schen Hauptwerken angesprochen und es wurde aufgezeigt, inwieweit soziale Aspekte wie gesellschaftliche Normen oder Verpflichtungsbeziehungen in ökonomische Theorien aufgenommen werden oder nicht. Dabei verdeutlicht diese sehr kurze historische Betrachtung, dass die Sozialkapitaltheorie eine Rückbesinnung auf diese Perspektive einzuläuten scheint.

---

15 HABERMAS (1981; S. 235) fasst die Folgewirkungen bzw. Tendenzen der protestantischen Ethik wie folgt zusammen: Rationalismus, Aktivismus, Individualismus, Isolationismus, Aufwertung des Berufs, Pragmatismus, Diesseitsorientierung, Aufhebung von Solidarität und Zunahme von Konkurrenzdenken. Zitiert in BUß (1985), S. 43.

16 Siehe KONDRATIEFF (1926) sowie SCHUMPETER (1961 und 1964).

17 Vgl. BUß (1985), S. 55.

## 2.2 Begriff und Begriffsentwicklung

> *„Paradigmatische Begriffsbildungen sind nicht zu trennen von dem Entwicklungsstand einer Gesellschaft und den darin begründeten sozialen Problemen."*[18]

In dem noch jungen Forschungszweig zum Sozialkapital existieren äußerst unterschiedliche Definitionen, Ansätze, Perspektiven und Vorgehensweisen. Um im Folgenden begriffliche Missverständnisse zu vermeiden, ist es notwendig, die zentralen Begriffe der vorliegenden Untersuchung zu erläutern. Dazu gehören unter anderem sowohl das Begriffpaar „Vermögen und Kapital" als auch das Präfix „Sozial".

Die in manchem sozialkapitaltheoretischen Ansatz fehlende, aber aus wirtschaftswissenschaftlicher Sicht notwendige Unterscheidung zwischen **Vermögen und Kapital** kann als eine der Hauptursachen für die Diversität der jungen Sozialkapitaltheorie gelten.[19] Dies liegt sicherlich einerseits an sprachlichen Problemen bei Übersetzungen französischer und insbesondere englischsprachiger Literatur,[20] aber auch an der inkonsequenten Verwendung der Begriffe von deutschsprachigen Autoren, die den Sozialkapitalbegriff in entsprechenden Konzepten nicht durch einen Vermögensbegriff substituieren wollten, um die Zugehörigkeit zum sozialkapitaltheoretischen Forschungskomplex zu demonstrieren.

Kapital wird in der vorliegenden Untersuchung aus einer gesamtgesellschaftlichen Perspektive als Produktionsfaktor verstanden, der als Bestand der Produktionsausrüstung zur Herstellung von Zwischen- und Endprodukten verwendet wird. Dabei wird der Produktionsbegriff sehr weit ausgelegt. Der Produktionsprozess umfasst neben der Herstellung von Gütern auch die Transformation von physischen und immateriellen Ressourcen. Dies schließt beispielsweise auch die Herstellung eines Verpflichtungsgefühls eines Akteurs durch eine Handlung eines anderen Akteurs als Grundlage einer

---

18 Handbuch der Wirtschaftsethik (1999), Bd. 4, S. 472.

19 Ausnahmen von dieser begrifflichen Vermengung im sozialkapitaltheoretischen Zusammenhang sind u.a. KALETSCH (1998) sowie OFFE (1999).

20 Dabei stehen die Übersetzungen Werke der zentralen Vertreter der Sozialkapitaltheorie im Mittelpunkt: Beispielsweise BERND SCHWIBS und ACHIM RUSSER bei BOURDIEU (1982/1999) oder MICHAEL SUKALE bei COLEMAN (1991/1995).

sozialen Bindung mit ein.[21] Der **Kapitalbegriff** impliziert stets die Intention der Investition mit dem Ziel der Renditeerwirtschaftung. In dem genannten Beispiel hat der zweite Akteur unter Umständen dem ersten Akteur einen Gefallen getan mit der Absicht, ein Verpflichtungsgefühl beim Gegenüber zu erreichen. Diese Handlung entspricht einer Investition in Sozialkapital. Die potenzielle Erleichterung der Zielerreichung des zweiten Akteurs ist demnach die Rendite. Sozialkapital entsteht jedoch – dies wird in diesem Kapitel noch näher ausgeführt – nicht in jedem Fall absichtlich. Sehr häufig ist diese Kapitalform ein Nebenprodukt bzw. ein „Abfallprodukt" gesellschaftlicher, politischer oder wirtschaftlicher Tätigkeiten.[22] Die Absichtlichkeit ist daher keine notwendige Bedingung für die Entstehung von Sozialkapital. Auch physisches Kapital oder Humankapital kann akkumuliert werden, ohne dass von Seiten der jeweiligen Produzenten bewusst darauf abgezielt wird. OFFE teilt diese Ansicht jedoch nicht. Zudem verlangt er auch, dass Kapital beim Produktionseinsatz stets einer Abnutzung unterliegt. Die entsprechenden Abschreibungen erfordern demnach Ersatzinvestitionen. OFFE plädiert daher in der Sozialkapitaltheorie grundsätzlich für den Vermögensbegriff, dessen Hauptcharakteristikum er in seiner wohlstandssteigernden Funktion sieht.[23] Doch die Anforderungen von OFFE sind bei immateriellem Kapital nicht erforderlich. So kann die produktive Nutzung immaterieller Kapitalarten wie Sozial- oder Humankapital gar Zuschreibungen erfahren. Dies wird in diesem Kapitel noch ausführlich erläutert.

Ebenso wie Kapital wird in der vorliegenden Untersuchung auch „Vermögen" sozialwissenschaftlich verstanden. Als Bestandsgröße ist **Vermögen** die Summe der bewerteten Vermögensgegenstände. Dabei sind folgende Aspekte diskussionswürdig:

(a) Vermögen existiert sowohl auf einzel- als auch auf gesamtwirtschaftlicher Ebene. Dabei kann es bezüglich der Bewertung der Vermögensgegenstände zu Problemen hinsichtlich der individuell unterschiedlichen Bewertungsmethoden[24] als auch der Aggregation der einzelwirtschaftlichen Vermögensbestände kommen.

---

21 Sie stellt gleichzeitig eine Ressource für den zweiten Akteur dar, auf die er gegebenenfalls zurückgreifen kann, um eine Erleichterung der Erreichung eines beliebigen Ziels zu ermöglichen.

22 ARROW (1999; S. 3) sieht den Großteil der sozialen Interaktion als intrinsisch und nicht ökonomisch motiviert.

23 Vgl. OFFE (1999), S. 116-118.

24 Siehe hierzu Abschnitt 3.3.

(b) Vermögensgegenstände umfassen neben Sachgütern und Rechten[25] im engen ökonomischen Sinn auch immaterielle Ressourcen, denen die einzelnen Akteure einen Wert beimessen.

(c) Und schließlich kann der Vermögensbegriff im Vergleich zu „Kapital“ als der umfassendere Begriff gelten, da letzterem stets eine potenzielle investive Verwendung unterstellt wird. Damit ist Kapital eine Teilmenge des Vermögens.[26]

Abschließend ist das Präfix des Sozialkapitalbegriffs noch in kurzer Form zu erläutern. Der Begriff „sozial“ ist mit „gesellschaftlich“ bzw. „die ganze Gesellschaft betreffend“ gleichzusetzen.[27] Somit steht weder ein Gerechtigkeits- noch ein Verteilungsaspekt, die mit diesem Präfix häufig assoziiert werden, sondern eine wertfreie Abgrenzung zu weiteren Kapitalformen im Mittelpunkt der sozialkapitaltheoretischen Untersuchung. Basis der hier untersuchten Kapitalform sind die Phänomene, die eine Gesellschaft im Kern ausmachen: die einfachen und komplexen Beziehungen zwischen den Akteuren.[28]

Der Begriff des Sozialkapitals entstammt ursprünglich dem Forschungsbereich der **Stadtsoziologie**. Demnach versteht HANIFAN unter Sozialkapital "*good will, fellowship, sympathy, and social intercourse among the individuals and families*".[29] Aus wissenschaftshistorischer Sicht ist bemerkenswert, dass der Sozialkapitalbegriff demnach älter als der Humankapitalbegriff ist. Er wird in der jüngsten Vergangenheit, in welcher der Begriff in verschiedenen sozialwissenschaftlichen Disziplinen Verwendung findet, mehr und mehr funktionalistisch interpretiert.[30] Daher wird Sozialkapital identifiziert, wenn bestimmte – in der Regel wünschenswerte – Ergebnisse erzielt werden. Diese Sichtweise besitzt jedoch äußerst problembehaftete Folgewirkungen, die in diesem Kapitel noch anzusprechen sind.

---

25 Zum Vermögen gehören auch Güter, Wertgegenstände und Geld, die nicht am ökonomischen Produktionsprozess beteiligt sind.

26 Diese Unterscheidung entspricht der Systematisierung von Vermögen in Konsumtiv- und Produktivvermögen.

27 HERDER-DORNEICH (1994), S. 11

28 Zur Definitionsproblematik siehe folgenden Unterabschnitt.

29 HANIFAN (1920), S. 78

30 Vgl. u.a. PORTES (2000).

Obwohl die moderne Sozialkapitaltheorie noch jung ist, haben sich verschiedene sozialwissenschaftliche Teildisziplinen mit dieser Theorie beschäftigt.[31] Es lässt sich allerdings zeigen, dass in den verschiedenen Ansätzen noch **keine einheitliche Definition** für diesen Begriff existiert.[32] Das Phänomen Sozialkapital ist darüber hinaus auch nicht einfach zu greifen, da sich Bildung und Reduzierung des Bestandes dieser Kapitalform im Gegensatz zu anderen Formen auf einer höchst abstrakten Ebene abspielen. Basis dieser Kapitalart sind weder physische Gegenstände noch einzelne Wirtschaftssubjekte, sondern die Beziehungen zwischen den Akteuren. Diese sind in einer modernen, arbeitsteiligen Gesellschaft komplex und mehrdimensional. Entsprechende Beziehungsdeterminanten und deren Wirkungsweise sind dadurch schwer zu analysieren. Obwohl derartige Phänomene schwer fassbar sind, weisen sie eine hohe Relevanz für ökonomische Prozesse auf. Wie zahlreiche Theorien zeigen, lässt sich mit Sozialkapital als zusätzlicher Determinante Wachstum, Beschäftigung, Allokation und Verteilung wesentlich besser erklären. Die ökonomische Sozialkapitaltheorie plädiert daher dafür, soziale Aspekte als Produktionsfaktoren zu behandeln. Das zentrale Argument für die These, dass Sozialkapital als Kapitalform zu akzeptieren sei, ist die zukünftige Erhöhung des Einkommens durch die Existenz von Sozialkapital. Dabei ist zunächst irrelevant, in welcher Form dieser Einkommensanteil existiert. Im weiteren Verlauf dieses Abschnitts wird hierauf einzugehen sein.

Wie der vorangegangene Unterabschnitt 2.1.1 gezeigt hat, finden sich zwar bereits seit über zwei Jahrhunderten Überlegungen und Konzepte, die sich mit dem Gedankengut der Sozialkapitaltheoretiker der vergangenen Jahre decken. Dennoch ist es aufschlussreich, die Begriffsoriginalität und entsprechende Entwicklung des Sozialkapitalbegriffs aufzuzeigen. Tabelle 2-1 zeigt zentrale Vertreter dieses Forschungszweigs und deren erstmalige Begriffsverwendungen.

---

[31] Ein Politikwissenschaftler wird Sozialkapital sicherlich auf eine andere Weise definieren als ein Ökonom oder ein Soziologe. Je nach sozialwissenschaftlicher Teildisziplin und Untersuchungsgegenstand wird der Begriff unterschiedlich interpretiert.

[32] Vgl. auch dazu Anhang A, in welchem sich eine Zusammenstellung und Kategorisierung der Sozialkapitaldefinitionen der wichtigsten Vertreter dieses Ansatzes befinden.

**Tabelle 2-1: Übersicht über erste Begriffsnutzungen von Sozialkapital**

| Autor | Jahr | (ursprüngl.) Forschungsbereich |
|---|---|---|
| LYDA J. HANIFAN | 1920 | Stadtsoziologie |
| JANE JACOBS | 1961 | Stadtsoziologie |
| GLENN C. LOURY | 1977 | Bildungsökonomik |
| PIERRE BOURDIEU | 1983 | Philosophische Soziologie |
| JAMES S. COLEMAN | 1988 | Lernsoziologie |
| JAMES S. COLEMAN | 1990 | *rational choice*-Soziologie |
| RONALD S. BURT | 1992 | Organisationstheorie |
| ROBERT D. PUTNAM | 1993 | Demokratieforschung |
| FRANCIS FUKUYAMA | 1995 | Kulturökonomik |
| JOHN HELLIWELL u. R.D. PUTNAM | 1995 | Ökon. Wachstumstheorie |

Quelle: eigene Darstellung

**LYDA HANIFAN** verwendet den Begriff „*social capital*" als erste.[33] Bereits zu Beginn des 20. Jahrhunderts argumentiert sie in einer offensichtlich wenig beachteten stadtsoziologischen Studie mit Sozialkapital als Determinantenbündel für die Bildung sozialer Gruppen.[34]

**JANE JACOBS** untersucht in ihrer stadtsoziologischen Analyse die Ursachen für die steigende Kriminalitätsrate in den amerikanischen Großstädten der fünfziger Jahre. Sie kommt zu der Erkenntnis, dass monofunktionale Stadtviertel, wie sie häufig in so genannten Trabantenstädten anzutreffen sind, Normabweichungen bzw. ein soziales Defektieren fördern, während – sowohl in architektonischer als auch soziokultureller Hinsicht - historisch gewachsene Stadtviertel den Raum für Gewalt durch soziale Kontrolle einschränken. Als Hauptgrund für diesen positiven Einfluss sieht JACOBS das Vertrauensniveau in die gegenseitigen Unterstützungsleistungen zwischen auch nur flüchtigen Bekannten, das lediglich darauf beruht, dass die Adressaten Mitglieder dieses Stadtviertels sind. JACOBS bezeichnet in erster Linie diese Nachbarschaftsnetzwerke als Sozialkapital.[35]

**GLENN LOURY** versteht unter sozialem Kapital die Menge der Ressourcen, die in Familienbeziehungen und sozialen Organisationen der Gesellschaft enthalten sind und

33 Vgl. HANIFAN (1920), S. 78.
34 Vgl. HANIFAN (1916 und 1920).
35 Vgl. JACOBS (1961), S. 138.

die zur kognitiven und sozialen Entwicklung eines Heranwachsenden beitragen.[36] Mit LOURY taucht somit zum ersten Mal eine funktionale Definition des Sozialkapitalbegriffs in der wirtschaftswissenschaftlichen Literatur auf. Seiner These nach bestimmen nicht nur individuelle Kompetenzen, sondern auch das soziale Umfeld – insbesondere die soziale Position – indirekt die ökonomischen Erfolgsaussichten des Einzelnen hinsichtlich des zukünftigen Einkommens. Ein Sozialkapitalkonzept sollte nach LOURY genau diese Tatsache berücksichtigen: Sozialkapital kann also strategisch auf der Mikro-Ebene eingesetzt werden, um den individuellen Bestand an Humankapital in weitestem Sinne zu erhöhen. Diese Sichtweise impliziert eine Art Hierarchie unter den Kapitalformen in der Form, dass Sozialkapital per Definition zur Akkumulation von (ausschließlich) Humankapital dient. Eine direkte Produktionsbeziehung zwischen sozialem und physischem Kapitalstock besteht bei LOURY nicht.

**PIERRE BOURDIEU** kategorisiert in seinem vermögenstheoretischen Ansatz Kapital- bzw. Vermögensarten und versteht diese sowohl als historische Entwicklungsprinzipien einer Gesellschaft, die konvertierbar und pfadabhängig sind, als auch als Größen mit einem Trägheitsmoment als herausragendem Merkmal.[37] Hierbei umfasst Sozialkapital bzw. soziales Beziehungsvermögen alle gegenwärtigen und potenziellen Ressourcen, die in Verbindung mit einem sozialen Netzwerk oder institutionalisierten Beziehungen stehen.[38] Als ein zentraler Ansatz der Sozialkapitaltheorie wird das BOURDIEU'sche Konzept in diesem Kapitel gesondert analysiert. BOURDIEU lehnt die Hierarchiethese ab und erörtert vielmehr die Konvertierbarkeit der Kapital- bzw. Vermögensformen. Zehn Jahre nach seiner ersten Untersuchung – und dadurch vier Jahre nachdem sich BOURDIEU in die sozialkapitaltheoretische Debatte einmischt – greift LOURY dessen Pfadabhängigkeits- bzw. Vererbungspostulat auf, indem er die Humankapitalbildung als auf der Weitergabe von Sozialkapital von einer Generation an die nachfolgende als „ökonomischen Selektionsmechanismus" beschreibt.[39]

Zwei Jahre nach der Weiterentwicklung des LOURY'schen Ansatzes[40] entwickelt **JAMES S. COLEMAN** mit seinem *rational choice*-Ansatz und dem zentralen Makro-Mikro-Makro-Modell das umfassendste Sozialkapitalkonzept.[41] Er definiert Sozialkapital funktionalistisch, aber auch als Bündel verschiedener sozialer Aspekte wie

---

36 Vgl. LOURY (1977), S. 176.
37 Vgl. BOURDIEU (1983, 1986 und 1988).
38 Vgl. BOURDIEU (1983), S. 184.
39 Vgl. LOURY (1987), S. 254.
40 Vgl. COLEMAN (1988).
41 Vgl. COLEMAN (1990).

Verpflichtungen, Erwartungen, Informationspotenziale, Normen, freiwillige Herrschaftsbeziehungen sowie übereignungsfähige und zielgerichtete Organisationen.[42] Dieses Konzept wird im weiteren Verlauf dieses Abschnitts detailliert untersucht. Es ist aufgrund seiner Ganzheitlichkeit die Basis für das zu entwickelnde sozioökonomisch-mechanistische Sozialkapitalkonzept, das wiederum die Grundlage der weiteren Untersuchungen darstellt. Eines der herausragenden Merkmale und Neuerungen des COLEMAN'schen Modells ist die systematische Berücksichtigung unterschiedlicher gesellschaftlicher Handlungsebenen und Beziehungstypen für die Sozialkapitaltheorie.

**ROBERT D. PUTNAM** darf für sich in Anspruch nehmen, dass er den Sozialkapitalbegriff durch seine empirischen Untersuchungen über die Wirkungsweise dieser Kapitalform zunächst auf die politische und später auch auf die ökonomische Leistungsfähigkeit in Italien und in den USA populär gemacht hat.[43] Seine politische Beratungsfunktion, seine Beziehungen zu nicht-wissenschaftlichen Zeitschriften sowie die Wahl populistischer Titel für seine Veröffentlichungen sind sicherlich zu einem Großteil hierfür verantwortlich. Seine nahezu zielgruppenorientierten Publikationen, die sich gleichermaßen an konservative wie progressiv eingestellte Interessenten richten, komplettieren die Ursachen seines Erfolgs. Sozialkapital ist seiner Definition nach die Verknüpfung von Vertrauen, Normen der Reziprozität sowie Netzwerken bürgerschaftlichen Engagements. PUTNAM kommt zu dem Ergebnis, dass der Bestand an Sozialkapital einerseits pfadabhängig bzw. historisch bestimmt ist und gleichzeitig in den Industrieländern – vorwiegend in den USA – erodiert.[44] Auch dieser Ansatz steht im Mittelpunkt der vorliegenden Untersuchung, da PUTNAM die Sozialkapitaldebatte in höchstem Maße beeinflusst hat.

**FRANCIS FUKUYAMA** kann als Bindeglied zwischen den Ansätzen der Hauptvertreter BOURDIEU, COLEMAN und PUTNAM angesehen werden. Einerseits spielen pfadabhängige, kulturelle Entwicklungen – ähnlich wie bei PUTNAM und BOURDIEU – andererseits auch systematische Beziehungstypologien – wie bei COLEMAN – in FUKUYAMAS Ansatz eine Rolle. Sowohl empirische Beobachtungen als auch theorieorientierte Rückschlüsse werden in das Konzept einbezogen. In seinem kulturökonomischen Ansatz stellt er die spontane Soziabilität als Unterform des Sozialkapitals in das Zentrum der Wirkungskette, deren Anfangsglied die kulturelle Entwicklung und deren Endpunkt die Wettbewerbsfähigkeit eines Landes ist. Diese Reorganisationsfähigkeit einer Gesellschaft findet in erster Linie ihre Ursache im herrschenden generellen

---

42 Vgl. COLEMAN (1995), Bd. 1, S. 398-407.
43 Vgl. PUTNAM (1993a und 1995).
44 Vgl. PUTNAM (1993a).

Vertrauensniveau.[45] Die Untersuchungsebene ist zunächst das Unternehmen. Damit kommt dieser Ansatz betriebswirtschaftlichen Organisationstheorien[46] und Konzepten zu Wettbewerbsvorteilen wie von PORTER[47] sehr nahe.

Die hier umrissene, vielschichtige **Entwicklung der Sozialkapitaltheorie,** die mit diesem kurzen Überblick längst nicht alle Forschungszweige innerhalb dieser Theorie genannt hat, macht die Notwendigkeit sowohl einer Explikation als auch einer sinnvollen, ökonomisch orientierten Synthese der Ansätze – wie sie in Abschnitt 2.3 vorgenommen wird – deutlich.

Zu Beginn einer stufenweisen Explikation des Sozialkapitalbegriffs ist es vorteilhaft, Sozialkapital von anderen ausgewählten Begriffen abzugrenzen. Dazu gehören Humankapital, *social capability*, soziale Kosten und soziale Kompetenz. Insbesondere BOURDIEU und COLEMAN legen Wert auf eine exakte Abgrenzung der Human- und Sozialkapitalarten, indem sie als Unterscheidungskriterium die Kapitalbasis nennen. Träger des Humankapitals sind die Akteure selbst.[48] Dagegen sind die Beziehungen zwischen den Akteuren Basis für das Sozialkapital.[49] Nach FUKUYAMA ist die konstitutionelle Eigenschaft von Sozialkapital der Übertragungs- bzw. – in BOURDIEUs Worten – Vererbungsmechanismus. Weder Humankapital noch eine andere Kapitalform wird laut FUKUYAMA von kulturellen Mechanismen wie Religion, Tradition oder historischen Gewohnheiten transformiert.[50]

Der Begriff ***social capability*** geht auf ADELMAN und MORRIS zurück, die ihn in den 1960er Jahren zum ersten Mal verwenden.[51] Er wird auf zwei unterschiedliche Weisen in der Gegenwart verwendet. ABRAMOVITZ führt den Begriff in die ökonomische Wachstumstheorie ein, um die Nicht-Konvergenz von Volkswirtschaften unterschiedlicher Produktivitätsniveaus trotz Kapitalmobilität zu erklären.[52] Der Begriff der *social*

---

45 Vgl. FUKUYAMA (1995).

46 Gemeinsam mit BURT (1992) und BAKER (1994) steht FUKUYAMA am Beginn einer Publikationsflut der sozialkapitaltheoretischen Organisationsforschung in den USA, an deren vorläufigem Ende COHEN und PRUSAK (2001) stehen. Dieser Forschungszweig sieht sich mehr und mehr als strategische Beratung für das betriebliche Management.

47 Siehe PORTER (1990).

48 Interessanterweise verschwimmt bei dieser Kapitalform die anthropologische Grundunterscheidung zwischen Sein und Haben. Sämtliche Unterformen von Humankapital wie beispielsweise Bildungsniveau oder persönliche Erscheinung und Ausstrahlung bilden sich komplementär aus biologischen Voraussetzungen (Sein) und aneignungsfähigen Aspekten (Haben). Physisches und soziales Kapital dagegen existieren stets in der „Haben-Form".

49 Vgl. COLEMAN (1995), Bd. 1, S. 395.

50 Vgl. FUKUYAMA (1995), S. 26.

51 Vgl. NARAYAN (1998), S. 3 sowie ADELMAN und MORRIS (1967).

52 Vgl. ABRAMOVITZ (1986).

*capability* bezieht sich nicht auf soziale Beziehungen zwischen einzelnen Akteuren, sondern vorwiegend auf institutionelle und kulturelle Voraussetzungen für die Akzeptanz wachstumsfördernder Technologien. Doch gerade soziale Beziehungen machen Sozialkapital oder die spezielle Form der *spontaneous sociability* aus. Der Nobelpreisträger SEN macht den Begriff der *social capability* jedoch als Aggregat von individuellen „*human capabilities*“ bekannt, das die Fähigkeit eines Akteurs ausdrückt, sich an sozialen Aktivitäten zu beteiligen.[53] Dies stellt jedoch in der vorliegenden Systematik eine Unterform des Humankapitals dar, da hier die Person Basis des Kapitals ist – und nicht die Beziehung zwischen den Personen.

Der Sozialkapitalbegriff ist schließlich auch vom Konstrukt der **sozialen Kompetenz**[54] zu unterscheiden. Während die Fachkompetenz die Fähigkeit eines Akteurs mit der Sachproblematik beschreibt, stellt die Sozialkompetenz die Fähigkeit eines Menschen dar, organisatorischen Umstrukturierungen und gesellschaftlichem Wertewandel erfolgreich zu begegnen. Insbesondere die Fähigkeit zu Reorganisationsprozessen stimmt damit zum größten Teil mit der spontanen Soziabilität im FUKUYAMA'schen Sinne überein.[55] Diese wiederum ist in dessen Konzept ein Hauptaspekt von Sozialkapital. In anderen Ansätzen spielt die spontane Soziabilität jedoch lediglich eine untergeordnete Rolle. Der Unterschied zwischen den Begriffen „Sozialkapital“ und „soziale Kompetenz“ besteht letztlich darin, dass soziale Kompetenz ein Merkmal eines Akteurs ist, während Sozialkapital – wie bereits oben im Zusammenhang mit der SEN'schen Sichtweise der *social capability* erörtert – die Beziehung zwischen Akteuren beschreibt. Nach dieser Systematik ist die soziale Kompetenz eine Unterform des Humankapitals.

In der Gegenwart ist sicherlich der Kapitalaspekt des Begriffs in den Vordergrund gerückt. Die **Dreiteilung des Kapitals** in die Formen physisches Kapital und Human- sowie Sozialkapital ist in der sozialwissenschaftlichen Literatur allgemein akzeptiert.[56]

---

53 Vgl. SEN (1992 und 1997).

54 Die Popularität dieses Begriff beruht laut SCHULER und BARTHELME (1995; S. 78) auf der zunehmenden organisatorischen und technologischen Dynamik des Beschäftigungsumfeldes.

55 Vermögenstheoretisch aufgefasst, ist die soziale Kompetenz ein Aspekt des Vitalvermögens, was wiederum eine Unterform des Humanvermögens darstellt. Vgl. KALETSCH (1998), S. 76.

56 Vgl. OSTROM (1999), S. 174-176.

### 2.2.1 Anwendungs- und Methodenvielfalt

*„The concept of social capital is both useful and problematic."*

*LUIZA BAZAN und HUBERT SCHMITZ*[57]

Der Fokus der vorliegenden Arbeit ist eindeutig auf jene sozialkapitaltheoretischen Konzepte gerichtet, die diese Kapitalform mit systematischen Ansätzen als ökonomischen Faktor erkennen, beschreiben und untersuchen. Dazu gehören vermögenstheoretische, handlungstheoretische und empirische Ansätze. In diesem Zusammenhang stehen insbesondere die Vertreter BOURDIEU, PUTNAM, FUKUYAMA und COLEMAN im Mittelpunkt der Betrachtung. Während die drei erstgenannten in ihren Konzepten einzelne Schwerpunkte setzen, gilt COLEMAN als derjenige, der dieses Phänomen am umfassendsten analysiert. Sein *rational choice*-Ansatz ist aus diesem Grund Dreh- und Angelpunkt der Sozialkapitaltheorie und muss bei einer sinnvollen Konvergenz dieses Forschungszweigs in Form einer Modellsynthese in besonderem Maße berücksichtigt werden.[58]

Aufgrund ihrer interdisziplinären Natur wird die Sozialkapitaltheorie neben den hier behandelten Ansätzen in den unterschiedlichsten sozialwissenschaftlichen Bereichen angewendet. Dabei existieren äußerst unterschiedliche Definitionen, Methoden und Schlussfolgerungen. Neben den hier behandelten Anwendungsbereichen werden der Begriff Sozialkapital bzw. entsprechende Konzeptionen in folgenden Themenkomplexen verwendet: (a) Rechtswissenschaft, (b) Migrationstheorie in Verbindung mit ethnologischen Erklärungsansätzen, (c) Entwicklungspolitik in Verbindung mit der Armutstheorie, (d) Konzepte im Zusammenhang mit der Lokalen Agenda, moderne Stadt- bzw. *community*-Forschung, (e) Familien- und Jugendverhaltensforschung sowie Schul- und Bildungsforschung, (f) Arbeits- und Organisationsforschung, (g) Demokratie- und *governance*-Forschung, (h) Infrastrukturtheorie sowie in der sozioökonomischen und politökonomischen Forschung, deren Konzepte den Untersuchungsgegenstand der vorliegenden Arbeit bilden.[59]

---

57 BAZAN und SCHMITZ (1997), S. 5

58 Siehe das Drei-Ebenen-Modell in Kapitel 3.

59 Über die in der vorliegenden Arbeit nicht behandelten Themengebiete werden im Folgenden jeweils kurze Hinweise gegeben.

(a) Im Rahmen **rechtswissenschaftlicher Untersuchungen** werden in Nordamerika empirische Zusammenhänge zwischen dem Rückgang an Sozialkapitalbestand und einem steigenden Trend der aggregierten Kriminalitätsrate beobachtet. Diese Korrelation ist signifikant.[60] Als gemeinsame Ursache wird die zunehmende zeitliche und räumliche Verzerrung der natürlichen Lebensphasen ausgemacht.[61] Auch der bereits in kurzer Form umrissene Ansatz von JACOBS in Unterabschnitt 2.2 zielt in diese Richtung.[62]

(b) Darüber hinaus hält das Sozialkapitalkonzept seit einigen Jahren Einzug in die **Migrationstheorie** in enger Verbindung mit ethnologischen Konzepten. Unlängst fragte sich der Migrationstheoretiker STRAUBHAAR, ob es nicht in Anbetracht der Tatsache, dass nur zwei Prozent der Weltbevölkerung in einem fremden Land leben,[63] sinnvoller sei, statt von einer Migrationstheorie von einer Analyse der Immobilität der Arbeitskräfte zu sprechen.[64] Überwiegend verantwortlich dafür sind keineswegs irrationales Verhalten oder politische Zwänge. Vielmehr spielen produktions- und konsumorientierte Vorteile als Wert der Immobilität eine zentrale Rolle. Erstens ziehen die Wirtschaftssubjekte ihre Vorteile aus der Einkommenserzielung. Dies geschieht in Form von gesellschafts-, orts- und firmenspezifischen *insider*-Vorteilen. Bei der Konsumorientierung, also der Einkommensverwendung existieren orts- und gesellschaftsspezifische Vorteile.[65] Zweitens sind es die sozialen Verbindungen und die Eingebundenheit in das soziale Umfeld, welche die rationale Entscheidung zum Bleiben herbeiführen, auch wenn vordergründig ein höheres monetäres Lohnniveau in einer anderen Region attraktiv erscheint. Das soziale Kapital in Form der Beziehungen zum sozialen Umfeld ist somit immobil und damit ein Standortfaktor für Humankapital.[66]

---

60 Vgl. MACMILLAN (1995), S. 51.

61 Vgl. u.a. überblickend NEUGARTEN, MOORE und LOWE (1965), ELDER (1974) sowie SAMPSON (1993).

62 Siehe hierzu beispielsweise BOEHNKE, MERKENS und HAGAN (1996) zum Thema Rechtsextremismus bei Jugendlichen. Des Weiteren sind DIIULIO (1996) und KARSTEDT (1997) als Vertreter dieses Bereichs zu nennen.

63 D.h. in einem Land, in dem sie nicht geboren sind.

64 Vgl. STRAUBHAAR (2000), S. 15.

65 Produktionsorientierte, gesellschaftsspezifische Insidervorteile sind soziale, politische und politökonomische Vorteile aus lokalen, sozialen Netzwerken sowie gesellschaftsspezifische Kenntnisse. Konsumorientierte, gesellschaftsspezifische Insidervorteile sind der Nutzengewinn aus gesellschaftlicher Integration, Anerkennung sowie Netzwerken. Letzteres bezeichnet STRAUBHAAR als Sozialkapital. Vgl. STRAUBHAAR (2000), S. 18-20.

66 Siehe hierzu beispielsweise CHEN (1993), CORNELL und HARTMANN (1998), GOULD (1994) sowie SANDERS und NEE (1996).

(c) Sowohl die OECD als auch die Weltbank verknüpfen *„social capital"* eng mit der **Entwicklungspolitik** bzw. mit der **Armutstheorie**, wobei auch die Agrarwirtschaft eine zentrale Rolle spielt.[67] Innerhalb der Industrieländer wird Sozialkapital bezüglich der Minderung von (relativer) Armut bzw. Reduzierung von Problemfeldern,[68] die sich aus der Ungleichverteilung von Einkommen und Vermögen ergeben, im weiteren Aufgabenbereich der Lokalen Agenda gesehen.[69] Hier sind es insbesondere auf privater Basis initiierte Einrichtungen wie soziale Unterstützungsnetzwerke sowie Tausch- oder Ehrenamtsbörsen. Diese Konzepte setzen in der Regel auf einer sehr praktischen Ebene an und haben doch sozialkapitaltheoretische Ansätze als konzeptionelle Basis.[70]

(d) Ein weiterer Anwendungsbereich ist die lokale Gemeinschaft bzw. Gemeinde. In der Stadt- oder ***community*-Forschung** im Rahmen der Sozialkapitaltheorie spielt die *community*-Kapazität eine zentrale Rolle. Sie umfasst sämtliches Transferwissen sowie alle Fähigkeiten, Systeme und Ressourcen, die sowohl auf der Ebene der *community* als auch des Individuums Veränderungen hervorrufen.[71] Um die *community*-Kapazität zu erhöhen, eignen sich in erster Linie Alltagsbeziehungen in sozialen Netzwerken. JACOBS[72] und GRANOVETTER[73] argumentieren, dass insbesondere diejenigen Personen, die nicht nur Beziehungen im engen Verwandtschafts-, Freundes- oder Nachbarschaftskreis besitzen, sondern darüber hinaus schwache Beziehungen (*weak ties*) zu anderen Individuen auch außerhalb der *community* pflegen, sich in vorteilhaften Positionen befinden. Diese Positionen können beispielsweise genutzt werden, um die eigene Beschäftigungssituation zu verbessern.[74] Hiernach ist Sozialkapital ein Produkt der Beziehungen und drückt sich in den Unterstützungsleistungen innerhalb dieses sozialen Netzwerks aus.[75]

(e) Inhaltlich eng verknüpft mit der *community*-Forschung sind die Themenfelder der **Verhaltensforschung von Familie und Jugendlichen** sowie das **Schul- und**

---

67 Siehe hierzu beispielsweise COOPER (1993) und BUTLER FLORA (1995).

68 Siehe u.a. NARAYAN (1997 und 1998).

69 Zur Lokalen Agenda siehe auch Unterabschnitt 5.4.1.

70 Siehe u.a. HEINZE und OFFE (1990) sowie BAUKHAGE und WENDL (1998).

71 Vgl. ROGERS, HOWARD-PITNEY und LEE (1995), S. 5.

72 Siehe JACOBS (1961).

73 Siehe GRANOVETTER (1973) und Unterabschnitt 5.2.1.

74 WARREN und WARREN (1977) unterscheiden dementsprechend verschiedene Nachbarschaftstypen in Abhängigkeit des Interaktivitätsgrades und der externen Verbindungen.

75 Vgl. BACKMAN und SMITH (2000). Zum Themengebiet *„community life* (WOOLCOCK 1998; S. 191) sind u.a. folgende Literaturquellen zu nennen: FARKAS (1996), FERNANDEZ-KELLEY (1995), CLARK (1996) und GREELEY (1997) sowie SCHNUR (1999).

**Bildungswesen.** Im erstgenannten Forschungsbereich lassen sich einerseits ökonomische, sozio-strukturelle und milieu-orientierte Familiensituationen und deren Auswirkung auf die Erziehung und damit die Zukunftschancen von Heranwachsenden untersuchen,[76] andererseits existieren Themenüberschneidungen mit rechtswissenschaftlichen Ansätzen, wenn Tendenzen zum politischen Extremismus insbesondere bei Jugendlichen erforscht werden.[77] Dem Bildungssektor kommt in der sozialkapitaltheoretischen Entwicklung eine zentrale Rolle zu. Dieser Sektor verknüpft soziale Voraussetzungen in Form von Beziehungsnetzwerken mit Milieu-Überlegungen zur Bildung von Humankapital, das wiederum eine wichtige Determinante der ökonomischen Wachstumsfunktion ist. Dieser Wirkungskette ist beispielsweise auch COLEMAN in seinen Forschungsaktivitäten gefolgt.[78]

(f) Der Forschungsbereich **„Arbeit und Organisation“** im Rahmen der Sozialkapitaltheorie spaltet sich in der Gegenwart in einen volkswirtschaftlich orientierten[79] und in einen einzelwirtschaftlich orientierten Zweig [80] auf. Während sich ersterer mit den ökonomischen Auswirkungen auf der Makro-Ebene einer Gesellschaft beschäftigt, formuliert letzterer gewinnorientierte Unternehmensstrategien. So stehen innerbetriebliche Organisations- oder Gesellschaftsstrukturen im Mittelpunkt der Betrachtung, die einerseits für den Informationsfluss förderlich sind und andererseits bestimmten Akteuren innerhalb der Organisationsstruktur relative Vorteile gegenüber den anderen Akteuren verschaffen. Diese Analysen spielen insbesondere für die Effizienz der Informationsdiffusion und der damit verbundenen Beschäftigungseffekte, die in Abschnitt 5.2 erörtert werden, aber auch in den Untersuchungen zu den Verteilungswirkungen des Sozialkapitals in Abschnitt 5.4 eine maßgebliche Rolle. Nach BAKER nimmt Sozialkapital, das aus einer Kombination von persönlichen und geschäftlichen Netzwerkbeziehungen besteht, auch Einfluss auf den Erfolg eines Unternehmens. Insbesondere bei unternehmerischen Aktivitäten wie Fusionen, Kooperationen und Finanzierungsbeschaffung wirkt sich diese

---

76 Vgl. u.a. PARCEL und MENAGHAN (1993), MCLANAHAN und SANDEFUR (1994), BOISJOLY, DUNCAN und HOFFERTH (1995) sowie STECHER (2000). Siehe auch Unterpunkt (a) in diesem Unterabschnitt.

77 Vgl. u.a. HAGAN, MERKENS und BOEHNKE (1995) sowie FURSTENBURG und HUGHES (1995).

78 Vgl. COLEMAN und HOFFER (1987) sowie COLEMAN (1988 und 1990). Vgl. zu diesem Themengebiet darüber hinaus u.a. CRANE (1991), SMITH, BEAULIEU und ISRAEL (1992), VALENZUELA und DORNBUSH (1994) sowie SMITH, BEAULIEU und SERAPHINE (1995).

79 Vgl. u.a. FLAP und DE GRAAF (1986), BOXMANN, DE GRAAF und FLAP (1991) sowie SCHIFF (1992) und auch BURT (1992).

80 Vgl. u.a. BAKER (1994 und 2000) sowie COHEN und PRUSAK (2001).

Kapitalform aus.[81] Dabei wird – in Anlehnung an BURT – nicht auf die Quantität der Netzwerkbeziehungen bzw. auf die Netzwerkdichte, sondern auf dessen Netzwerkstruktur Wert gelegt. Dabei sind – so ein zentrales Ergebnis dieser Analysen – strukturelle Löcher und schwache Beziehungen in egozentrierten Netzwerken weitaus nützlicher als Netzwerke mit hoher Beziehungsdichte.[82]

(g) Der **Demokratie- und *governance*-Forschungsbereich**, der sich im Rahmen der Sozialkapitaltheorie befindet, befasst sich vorwiegend mit der Effektivität der demokratischen Regierungsform und sekundärer, insbesondere zivilgesellschaftlicher Institutionen und Organisationsformen. Dieser Forschungszweig war inhaltlich bis zur PUTNAM-Ära in der ersten Hälfte der 1990er Jahre noch eng mit der „ökonomischen Fraktion" der Sozialkapitaltheoretiker verknüpft, bevor sich die beiden Sichtweisen in erster Linie aus methodischen Gründen und aus Gründen der unterschiedlichen Wahl des Analyseobjekts voneinander lösten.[83] Dieser Forschungsbereich konzentriert sich in der Gegenwart auf die Untersuchung der *civil society*.

(h) Häufig wird Sozialkapital auch vereinfachend als Synonym für andere, bereits seit Jahrzehnten ausführlich erforschte ökonomische Größen gewählt. So existieren beispielsweise Arbeiten japanischer Wirtschaftswissenschaftler, die mit dieser Kapitalform lediglich die Ausstattung mit von der öffentlichen Hand bereitgestellten Güter bezeichnen, womit insbesondere die für die volkswirtschaftliche Wertschöpfung wichtige **Infrastruktur** gemeint ist.[84]

Es gibt unterschiedliche Methoden, das Phänomen Sozialkapital wissenschaftstheoretisch zu erörtern. Während die vermögenstheoretischen, handlungstheoretischen und empirischen Methoden und Sichtweisen im folgenden Abschnitt sehr ausführlich analysiert werden, werden aus den tauschtheoretischen,[85] kapitaltheoretischen sowie kollektivhandlungstheoretischen[86] Vorgehensweisen nur partielle Zusammenhänge

---

81 Vgl. BAKER (1994).

82 Vgl. BURT (1992).

83 Vgl. u.a. COHEN und ROGERS (1992), VERBA, SCHLOZMAN und BRADY (1995), MISHLER und ROSE (1994 und 1995) sowie PORTA und SCAZZIERI (1997 und 1998).

84 Der Vollständigkeit halber sei an dieser Stelle auf die spezifische Bedeutung des Sozialkapitalbegriffs in Österreich hingewiesen. Hier versteht man unter dieser Kapitalform eine betriebliche Bilanzposition der Pensionsrückstellung.

85 Siehe MATIASKE (1999).

86 Siehe TAYLOR (1993). Wird Sozialkapital als öffentliches Gut betrachtet, ergeben sich daraus sämtliche Problemfelder aus der Theorie des kollektiven Handelns. Vgl. CHIRINKO (1990).

und Untersuchungsergebnisse insbesondere in die Untersuchung der Wirkungsweise des Sozialkapitals auf die ökonomischen Größen einbezogen. Diese unterschiedliche Gewichtung der Methoden liegt in erster Linie an der Diversität des Forschungsstandes der Sozialkapitaltheorie.

Die aus ökonomischer Sicht wichtigste **Systematisierung der Sozialkapitaltheorie** – die gleichzeitig auch aufgrund der hier verwendeten Modellierung und Funktionszuordnung Sinn macht – ist jene, die auf einer Unterscheidung der Aggregations- bzw. Handlungsebene basiert. Insbesondere ist die Differenzierung der einzelwirtschaftlichen (Mikro-Ebene) und der gesamtwirtschaftlichen Betrachtungsweise (Makro-Ebene) von zentraler Bedeutung. Allerdings wird ebenso die so genannte Meso-Ebene eine Rolle spielen. Aus dieser Unterscheidung ergeben sich mehrere Vorteile: Zum Ersten werden hierdurch Missverständnisse bezüglich der Verortung des Sozialkapitals beseitigt.[87] Zweitens wird diese Unterscheidung weitere Problemkomplexe verdeutlichen: die Aggregationsproblematik und die Wirkungsmechanismen des Sozialkapitals auf gesamtwirtschaftliche Größen. Drittens ist die Unterscheidung verschiedener Handlungsebenen eine notwendige Voraussetzung für eine nicht-funktionale Definition dieser Kapitalform.[88] Eine funktionale Definition des Sozialkapitals birgt die Gefahr der Tautologie in sich, welche die negativen Auswirkungen dieser Kapitalform verschleiert.[89] Des Weiteren – dies ist die wesentliche Intention COLEMANS – kann auf der einzelwirtschaftlichen Handlungsebene durch die Annahme rationaler Entschei-

---

87 Dies ist nicht das einzige Missverständnis unter den Vertretern der Sozialkapitaltheorie sowie zwischen ihnen und beispielsweise *mainstream*-Ökonomen – wie der weitere Verlauf dieses Kapitels noch aufzeigen wird. Teilweise beruhen Verständigungsprobleme auch auf Übersetzungsschwächen zwischen dem Englischen, Französischen und Deutschen. HAUG (1997; S. 9) hegt die Vermutung, dass etwaige Missverständnisse und Parallelentwicklungen der sozialkapitaltheoretischen Ansätze auf die generelle Ignoranz von Seiten der US-amerikanischen Wissenschaftler gegenüber französischen und europäischen Studien zurückzuführen sind.

88 Vgl. HAUG (1997). Von Bedeutung ist diese Überlegung für die Erkenntnis, dass Sozialkapital nicht nur positive Wirkungen auf die ökonomische Performanz hat, sondern zu strukturellen Problemen wie etwa einer ungleichen Vermögens- und Einkommensverteilung führen kann. Siehe Abschnitt 5.4.

89 Eine typisch funktionalistische Sichtweise der Sozialkapitaldefinition beschreibt WOOLCOCK (1998; S. 155), der sich dabei auf PUTNAM (1995) bezieht: *„Ceteris paribus, one would expect communities blessed with high stocks of social capital to be safer, cleaner, wealthier, more literate, better governed, and generally „happier" than those with low stocks, because their members are able to find and keep good jobs, initiate projects, serving public interests, costlessly monitor one another's behavior, enforce contractual agreements, use existing resources more efficiently, resolve disputes more amicably, and respond to citizens' concerns more promptly."* Diese Perspektive blendet sowohl negative Eigenschaften bzw. Wirkungen des sozialen Kapitals auf andere sozialen und ökonomischen Größen als auch unterschiedliche Wirkungsrichtungen dieser Kapitalform auf makroökonomische Variablen aus.

dungen seitens der Akteure eine gewisse Modellstabilität erreicht werden. Und schließlich ist diese Unterscheidung eine notwendige Voraussetzung, um politische Handlungsanweisungen in Form von Instrumenteneinsätzen zu formulieren.

Die Hauptlinien der verschiedenen Konzeptionen lassen sich unter anderem entsprechend der **Berücksichtigung der unterschiedlichen Handlungsebenen** ziehen. Auf der Mikro-Ebene kann BOURDIEU[90] als Vertreter der vermögenstheoretischen Sichtweise beschrieben werden. PUTNAM und seine Anhänger dagegen favorisieren die empirische Analyse und die Wirkungsweise von Sozialkapital schwerpunktmäßig auf der Makro-Ebene. Mit seinem *rational choice*-Ansatz geht COLEMAN einer Vereinfachung bzw. einseitigen Schwerpunktsetzung aus dem Wege, indem er versucht die verschiedenen Perspektiven zu vereinen bzw. eine ganzheitliche Sichtweise einzunehmen. Ein Makro-Mikro-Makro-Modell ist das Resultat seiner Überlegungen. Gesellschaftliche Rahmenbedingungen beeinflussen die Handlungen der einzelnen Akteure, die wiederum Auswirkungen auf Variablen der Makro-Ebene haben.[91]

Wie die aufgeführte Anwendungs- und Methodenvielfalt zeigt, hat Sozialkapital viele Facetten. An dieser Stelle sei beispielhaft auf TARDOS verwiesen, der eine unsystematische Aufzählung verschiedener Sozialkapitalarten darstellt, wie sie in der Literatur bis 1996 existieren: Familie, Sippe, Name, Mitgliedschaft, Verhaltensnormen, Status, Medienpräsenz, persönliche Netzwerke, Autonomie, Handelsposition, Position in einem sozialen Netzwerk, effektive Norm, gegenseitige Verpflichtung, Vertrauenswürdigkeit, Solidarität, bürgerschaftliches Engagement, Beziehungsdichte, Gruppenkohäsion, Vereinsnetzwerk, interorganisationale Verbindungen, soziale Integration, sowie Verbundenheit im Pluralismus.[92] Es ist offensichtlich, dass eine Systematisierung und „Ausdünnung" dieser Aspekte eine notwendige Voraussetzung für den Erfolg des sozialkapitaltheoretischen Forschungszweigs ist.[93] Bevor die zentralen Sozialkonzepte beleuchtet und analysiert werden, um danach in einem integrativen Ansatz eine endgültige Definition für dieses Phänomen abzuleiten, wird nunmehr eine **Arbeitsdefinition** erstellt, die den Anforderungen an eine zu Humankapital und physischem Kapital gleichberechtigte Kapitalform gerecht wird.

---

90 Siehe BOURDIEU (1983) und mit ihm auch KALETSCH (1998) als weiterer Vertreter dieser Sichtweise.

91 Dieser wissenschaftstheoretischen Entwicklung wird im Folgenden Rechnung getragen, auch wenn diese mit der wissenschaftshistorischen Entwicklung nicht vollständig übereinstimmt, da der Ansatz von COLEMAN zeitlich vor dem Ansatz von PUTNAM entwickelt wurde.

92 Die Reihenfolge der Aufzählung wurde vom Verfasser beibehalten.

93 Vgl. TARDOS (1996), S. 55.

Für die ökonomische Auswirkung von sozialem Kapital sind zunächst bestimmte Aspekte zu erörtern: (a) Kapitalcharakter, (b) soziale Netzwerke, (c) Vertrauen, (d) soziale Normen und (e) die Kollektivgutproblematik.

(a) Als Kapitalform muss Sozialkapital einerseits **Kapitaleigenschaften** besitzen[94] und andererseits klar von anderen Kapitalformen abgrenzbar sein.[95] Kapital ist in einem ökonomischen Produktionsprozess Inputgröße und kann gleichzeitig Output sein. Wenn in diese Kapitalform investiert wird, muss eine Rendite beabsichtigt sein. Zudem muss jede Kapitalform als Ressource bezüglich seiner Verfügungsgewalt einer Person oder einer Personengruppe zuordenbar sein. Sozialkapital ist insbesondere von ökonomischem Kapital und Humankapital abzugrenzen, wobei das nominalistische Abgrenzungsmerkmal insbesondere mit der Vorsilbe „Sozial" vorgenommen wird.[96] Essenzialistisch handelt es sich bei sozialem Kapital um eine immaterielle Kapitalart, deren Basis weder ein Gegenstand noch ein Individuum sein kann. Vielmehr beruht diese Kapitalart auf den sozialen Beziehungen zwischen den gesellschaftlichen Akteuren, wie bereits oben erörtert wurde.

(b) **Soziale Netzwerke** müssen in der Explikation von Sozialkapital eine entscheidende Rolle spielen: als Ressourcenbasis, als Strukturmerkmal, als Aggregationszwischenebene (Meso-Ebene). Außerdem spielt diese Sichtweise eine zentrale und verbindende Rolle für die Verknüpfung der Sozialkapitaltheorie mit der Netzwerkökonomik. Die Elemente eines Netzwerks sind die Akteure als Knotenpunkte, während die sozialen Beziehungen die Verbindungen zwischen diesen Knoten darstellen. Diese Verbindungslinien sind die eigentliche Basis des Sozialkapitals.[97] Allerdings bedeutet die Existenz von Beziehungen nicht automatisch die Existenz

---

94 Laut FUKUYAMA (2000; S. 4) taucht in der Sekundärliteratur zu dieser Thematik immer wieder die These auf, dass Sozialkapital aufgrund seiner vielfältigen negativen externen Effekte nicht als Kapitalform angesehen werden kann. Dem erwidert FUKUYAMA, dass ebenso physisches Kapital als auch Humankapital in negativer Weise eingesetzt werden kann, d.h. zur Zerstörung statt zur Herstellung.

95 Vgl. HAUG (1997), S. 10-11.

96 PALDAM und SVENDSEN (2000; S. 345) bezeichnen die Überlegung Sozialkapital als Kapital in Form eines Produktionsfaktors einzuführen als Hauptidee der Sozialkapitaltheorie. Auf die kapitaltheoretische Problematik wird nochmals in Abschnitt 5.1 in Verbindung mit den Wachstums- und Beschäftigungswirkungen des sozialen Kapitals einzugehen sein.

97 LESSER (2000; S. 4-5) beispielsweise unterscheidet die sozialkapitaltheoretischen Ansätze hinsichtlich ihrer egozentrierten und ihrer soziozentrierten Ausrichtung. Als zentrale Vertreter der erstgenannten „Schule" nennt er SANDEFUR und LAUMANN (1998) sowie GRANOVETTER (1973). Dagegen ordnet er BURT (1997) folgerichtig in die letztgenannte Sichtweise ein. Nach Ansicht des Verfassers ist diese Systematisierung der Sozialkapitaltheorie lediglich auf ein äußerst kleines Segment des gesamten Forschungszweigs gerichtet.

dieser Kapitalform. Insbesondere Vertrauens- und Verpflichtungsbeziehungen gelten als qualitative Grundlage von Sozialkapital.

(c) **Vertrauen** als eine in erster Linie transaktionskostensenkende Determinante spielt in nahezu sämtlichen ökonomischen Funktionen des Sozialkapitals eine zentrale Rolle. Bei der Analyse der Interdependenzen zwischen den sozialkapitaltheoretischen Aspekten ist das Phänomen Vertrauen jene Variable, die positive Feedbacks in diesen Zusammenhängen bewirkt. Dadurch kommt es im Hinblick auf das Niveau des Sozialkapitalbestands zu multiplen Gleichgewichten. Der Bestand dieser Kapitalform tendiert c.p. auf ein Minimal- oder ein Maximalniveau.

(d) **Soziale Normen** sind wesentliche Determinanten menschlicher Verhaltensmuster. Insbesondere der Reziprozitätsnorm kommt nach PUTNAM eine wesentliche Aufgabe bei der Bildung von Sozialkapital zu.[98] Sowohl durch die Reziprozitätsnorm als auch durch Vertrauensbeziehungen entstehen Verpflichtungen zwischen den Akteuren, die nach COLEMAN ein Hauptaspekt des Sozialkapitalbestandes einer Gesellschaft sind.[99]

(e) Aufgrund der besonderen Basis von Sozialkapital durch Beziehungen zwischen Akteuren existiert die grundsätzliche Frage der Verfügungsgewalt über diese Ressource. Erstreckt sich das Sozialkapital in aggregierter Form über ein soziales Netzwerk, so taucht die gesamte Problemphalanx der **Kollektivgüter** auf. Dabei steht insbesondere die tendenzielle Unterversorgung mit dieser Kapitalform im Vordergrund. Diese Überlegungen finden ihren Niederschlag in Unterabschnitt 5.3.3 der vorliegenden Arbeit, der die Allokationswirkungen von sozialem Kapital behandelt.

Um die genannten Aspekte zu berücksichtigen, wird an dieser Stelle eine Arbeitsdefinition von Sozialkapital erstellt, die insbesondere in Kapitel 3 – einer Modellsynthese der Hauptansätze der Sozialkapitaltheorie – spezifiziert wird. Unter Sozialkapital werden demnach die Merkmale bilateraler und multilateraler sozialer Beziehungen verstanden, die sich mittels sozialer Austausch- und Produktionsprozesse direkt oder indirekt auf ökonomische Größen auswirken.[100]

---

98 Vgl. PUTNAM (1993a). Siehe auch Unterabschnitt 2.3.2.

99 Vgl. COLEMAN (1990).

100 Damit ist die Funktionalitätsebene sowohl auf der Mikro- als auch auf der Meso-Ebene angesiedelt, wodurch die Gefahr der tautologischen Schlussfolgerungen bei der Erarbeitung von ökonomischen Funktionen auf der Makroebene vermieden wird. Basis der Kapitalform sind

## 2.3 Systematisierung zentraler Sozialkapitalkonzepte

*"It is a dirty job, but someone has to do it."*

ROBERT M. SOLOW[101]

Als **Hauptvertreter der Sozialkapitaltheorie** gelten BOURDIEU (vermögenstheoretische Perspektive), PUTNAM (vorwiegend empirische Sichtweise), FUKUYAMA (kulturökonomische Konzeption) sowie insbesondere COLEMAN (*rational choice*-Ansatz). Sie haben durch ihre Beiträge den theoriegeschichtlichen Entwicklungspfad der Sozialkapitaltheorie aus ökonomischer Sicht geprägt und sind deshalb bei der Herleitung eines anwendungsfähigen Drei-Ebenen-Modells zu berücksichtigen.

Zur Unterstützung dieses Vorhabens wird mit Abbildung 2-1 eine Referenz der sozialen Mechanismen sowohl jeweils auf als auch zwischen der Mikro-, Meso- und Makro-Ebene aufgezeigt. Auf diese Weise lassen sich die sozialkapitaltheoretischen Ansätze grafisch einbinden, die in den folgenden Abschnitten dieses Kapitels erörtert werden. Dabei stellen die Pfeile die möglichen Zusammenhänge bzw. sozialen Mechanismen zwischen den gesellschaftlichen Variablen dar. Abbildung 2-1 orientiert sich dabei an das in Kapitel 3 ausführlich erörterte sozialkapitaltheoretische Drei-Ebenen-Modell, das gleichzeitig theoretische Grundlage für die makroökonomischen Auswirkungen des Sozialkapitals ist.

Abbildung 2-1 ist folgendermaßen zu interpretieren:

(a) Die so genannten **Situationsmechanismen** $A_1$, $A_2$ und $A_3$ beschreiben den selektiven Einfluss von Variablen auf der Makro-Ebene direkt auf den Einzelakteur ($A_1$) oder auf eine soziale Organisation oder Gruppe ($A_3$). $A_2$ zeigt den Einfluss einer derartigen Organisation oder Gruppe auf den Einzelnen und bestimmt so dessen Handlungssituation. Diese Situation beschreibt die Handlungsoptionen aus Sicht eines Akteurs, die sich aus dessen Umfeld ergeben.

---

demnach nicht einzelne Akteure – wie im Fall von ökonomischem Kapital oder Humankapital – sondern der soziale Austausch- oder Produktionsprozess, der auf dem Verhältnis zwischen den Beteiligten beruht.

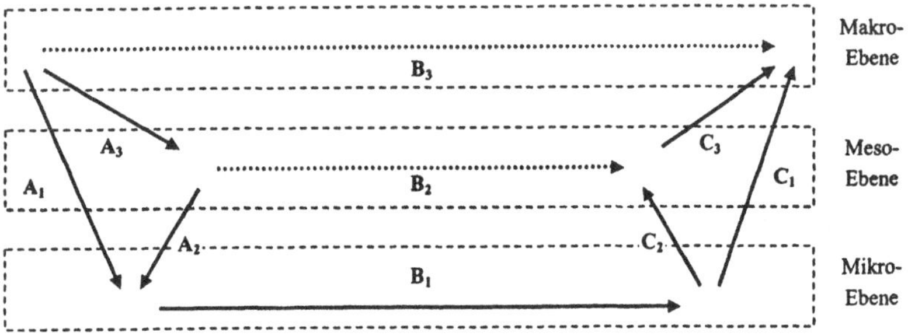


**Abbildung 2-1: Drei-Ebenen-Modell als konzeptionelle Referenz**

Quelle: eigene Darstellung

(b) Die **Mechanismen zur Handlungsbildung** $B_1$ bestehen aus der Wahl der Entscheidung aus dem Spektrum der Handlungsmöglichkeiten, welche die selektive Wirkung der Situationsmechanismen übrig gelassen haben. Auch diese Mechanismen besitzen einen Selektionsaspekt, da sich der Akteur rational vor dem Hintergrund von biopsychischen Motiven und gesellschaftlich-normativen Rahmenbedingungen für eine Handlung oder ein Handlungsbündel entscheidet bzw. entscheiden muss. $B_2$ und $B_3$ sind lediglich abstrakte Handlungen auf der Meso- bzw. Makro-Ebene, die auf diese Weise in der Realität nicht existieren, da hinter jeder Kollektivhandlung letztlich individuelle Aktivitäten stehen. Sie besitzen lediglich einen didaktischen Erklärungsgehalt.

(c) Die so genannten Wirkungs- oder Transformationsmechanismen $C_1$, $C_2$ und $C_3$ stellen die Auswirkungen entsprechender Handlungen auf die gesellschaftlichen Variablen anderer Ebenen dar – sowohl in direkter Weise auf Makro-Größen ($C_1$) als auch auf soziale Organisationen und Gruppen ($C_2$). Die Auswirkungen der Meso-Ebene auf gesamtgesellschaftliche Variablen sind durch den $C_3$-Mechanismus gekennzeichnet.[102]

[101] SOLOW (1999; S. 6) bezieht sich mit dieser Aussage auf die schwierige, aber wichtige Aufgabe, die Aspekte des Sozialkapitals in ökonomische Zusammenhänge einzubinden.

In den folgenden vier Unterabschnitten wird der aktuelle sozialkapitaltheoretische Forschungsstand anhand der aus ökonomischer Perspektive wichtigsten Konzeptionen ausführlich erörtert. Dabei stehen die bereits angesprochenen Hauptvertreter der Sozialkapitaltheorie im Mittelpunkt der Untersuchung. BOURDIEUs vermögenstheoretischer Ansatz wird in Unterabschnitt 2.3.1, PUTNAMs empirische Sichtweise in Unterabschnitt 2.3.2, FUKUYAMAs kulturökonomische Perspektive in Unterabschnitt 2.3.3 und schließlich COLEMANs *rational choice*-Ansatz in Unterabschnitt 2.3.4 analysiert.

### 2.3.1 Der vermögenstheoretische Ansatz: Sozialkapital als Ressource

*„Die gesellschaftliche Welt ist akkumulierte Geschichte."*

*PIERRE BOURDIEU*[103]

Als erster zentraler Ansatz der Sozialkapitaltheorie aus ökonomischer Perspektive wird aus wissenschaftshistorischen Gründen der vermögenstheoretische Ansatz von PIERRE BOURDIEU untersucht. BOURDIEU hebt einerseits neben dem Ressourcencharakter des sozialen Vermögens auch die Bedeutung des historischen Aspekts von sozialwissenschaftlichen Untersuchungen hervor, was durch die von ihm wiederholte Metapher, die gesellschaftliche Welt mit akkumulierter Geschichte gleichzusetzen,[104] deutlich wird: Sozialvermögen definiert sich seiner Meinung nach als „Gesamtheit der aktuellen und potentiellen Ressourcen, die mit dem Besitz eines dauerhaften Netzwerkes von mehr oder weniger institutionalisierten Beziehungen gegenseitigen Kennens oder Anerkennens verbunden sind. Demnach handelt es sich um Ressourcen, die auf der Zugehörigkeit einer Gruppe beruhen."[105] Damit setzt BOURDIEU die Existenz des Sozialkapitals eindeutig auf der **individuellen Handlungsebene** bzw. Mikro-Ebene an: Die Netzwerkperspektive ist egozentriert. Die Ressourcen sind jedoch trotz dieser

---

102 Die Mechanismus-Begriffe stammen von HEDSTRÖM und SWEDBERG (1998).
103 BOURDIEU (1988)
104 BOURDIEU (1983), S. 183
105 BOURDIEU (1983), S. 190-191

Fokussierung auf das Individuum von anderen Akteuren abhängig, was ein konstituierendes Merkmal des Sozialkapitals bzw. des Sozialvermögens ist.[106]

BOURDIEU[107] und in der Folge auch KALETSCH[108] erweitern im Vergleich zur aktuellen *mainstream*-Ökonomik hierbei sowohl den Vermögensbegriff als auch den Anwendungsbereich von Tauschhandlungen auf die soziale Ebene. Klassische Vertreter der Ökonomik wie beispielsweise ADAM SMITH erkannten jedoch bereits in den vorangegangenen Jahrhunderten die hohe Bedeutung des Vermögens im weitesten Sinne nicht nur für das Individuum und die Gesellschaft sondern auch für die ökonomischen Zusammenhänge. SMITH spricht dabei von persönlichem Vermögen[109] an der Arbeit, das seiner Meinung nach „in höchstem Maße heilig und unverletzlich" sei, da es die Grundlage jeder Vermögensart ist.[110] Humanvermögen wird demnach in andere Vermögensarten durch Arbeit umgewandelt.[111] Warentausch ist somit nur ein Unterfall des sozialen Tauschs.[112]

Das vermögenstheoretische Konzept versteht sich als Alternative zum neoklassischen, einkommensorientierten Ansatz. Statt der Betonung auf ökonomischen Stromgrößen werden hier die Bestandsgrößen als zentrale Wirtschaftsfaktoren angesehen. Darüber hinaus stellt es einen interdisziplinären Ansatz dar, der weder ein rein wirtschaftswissenschaftliches noch ein rein soziologisches Ziel verfolgt, sondern eine interdisziplinäre, sozialtheoretische Sichtweise einnimmt. Ziel der Vertreter dieses Ansatzes ist es eine *„general science of the economy of practices"* zu entwickeln.

Zu Beginn dieser positiven Sozialtheorie BOURDIEUs steht die Frage nach dem Grund bzw. **Motiv für menschliches Handeln.**[113] Das Hauptmotiv jeder menschlichen Verhaltensweise ist der Aufbau von Vermögen im weitesten Sinne. Vermögensaufbau bedeutet dabei die Erweiterung des eigenen Handlungspotenzials. Wie bereits

---

106 Bereits an dieser Stelle wird eine Problematik ersichtlich, die es im weiteren Verlauf dieser Untersuchung noch ausführlich zu diskutieren gilt: Ist Sozialvermögen als nicht individuell kontrollierbare Ressource ein privates oder ein Kollektivgut? Basis – im Gegensatz zu weiteren Vermögensarten, wie ökonomisches Vermögen und Humanvermögen – ist die Beziehung zwischen zwei Personen bzw. das Beziehungsgeflecht einer Gruppe.

107 Siehe BOURDIEU (1983).

108 Siehe KALETSCH (1998).

109 Fallweise wird Vermögen auch mit „Eigentum" übersetzt.

110 Vgl. ADAM SMITH (1776), S. 106.

111 Diese Argumentation verfolgt auch BOURDIEU, wie im weiteren Verlauf dieses Unterabschnitts beschrieben.

112 Vgl. BOURDIEU (1986); zitiert nach SMART (1993), S. 388.

113 WEBER (1922/1988; S. 550) definiert ‚Motiv' als „Sinnzusammenhang, welcher dem Handelnden selbst oder dem Beobachtenden als sinnhafter ‚Grund' eines Verhaltens erscheint."

angesprochen ist Ziel des vermögenstheoretischen Ansatzes die Betonung von Bestandswerten als Grundlage für den Wohlstand einer Gesellschaft.[114] Die *mainstream*-Ökonomik dagegen legt ihren Schwerpunkt auf Stromgrößen, wie Einkommen und Gewinn, als zu maximierende Zielgrößen der Wirtschaftssubjekte. Die BOURDIEU'sche Zielgröße des sozialen Vermögens eines gesellschaftlichen Akteurs wird dagegen als Gesamtheit der Aktiva definiert,[115] die ihm zur Verfügung steht und zu Handlungszwecken eingesetzt wird,[116] und gleichzeitig als Quelle allen Einkommens gilt.[117]

Da BOURDIEU jedoch den Ressourcen- bzw. Vermögenscharakter von Kapital mit Macht assoziiert, bedeutet die Verfügungsgewalt über Kapital ein **Handlungspotenzial**. Damit ist BOURDIEUs Kapitalbegriff mit dem hier verwendeten Vermögensbegriff gleichzusetzen. BOURDIEU transferiert den ökonomischen Kapital- bzw. Vermögensbegriff in die „soziale Welt", indem er insbesondere zwei Aspekte im Blickpunkt hat: die Akkumulationsfähigkeit und das Trägheitsmoment des Vermögens. Eine korrekte Erklärung der gesellschaftlichen Prozesse ist seiner Meinung nach nur auf diese Weise möglich. Letztendlich setzt er die „soziale Welt" mit der Gesamtheit aller Vermögensformen gleich. Damit ist jegliches Bestandsphänomen in Vermögensform darstellbar. Die unglückliche Verwendung des Kapitalbegriffs in der deutschen Übersetzung des genannten Werks von BOURDIEU ist wahrscheinlich mitverantwortlich für einige Missverständnisse in der sozialkapitaltheoretischen Debatte. Um zukünftige Begriffsmissverständnisse zu vermeiden, wird in der vorliegenden Arbeit der BOURDIEU'sche Kapitalbegriff durch „Vermögen" ersetzt.

Für die weitere Untersuchung des vermögenstheoretischen Konzepts zum Sozialkapital ist eine genauere **Systematisierung der Vermögensarten** von zentraler Bedeutung. Hierzu werden nach der Darstellung der Vermögensarten nach KALETSCH, KRÜSSELBERG und BOURDIEU insbesondere die verschiedenen Kategorisierungen von BOURDIEU und KALETSCH[118] miteinander verschmolzen, da beide für sich genommen

---

114 Bereits ADAM SMITH (1776) verfolgt in „Wohlstand der Nationen" einen vermögenstheoretischen Ansatz, in dem er „nach der Quelle, nach dem Fonds" fragt, „aus denen ein Volk versorgt werden kann". Als weiteren Vertreter derjenigen Wissenschaftler des 20. Jahrhunderts, die diese „Fehlentwicklung" (KALETSCH 1998; S. 70) der Fokussierung auf Flussgrößen explizit korrigieren, ist insbesondere BOULDING (1950 und 1992) zu nennen.

115 Vgl. KRÜSSELBERG (1994a), S. 33.

116 Vgl. KALETSCH (1998), S. 71.

117 Vgl. ADAM SMITH (1776), S. 1.

118 KALETSCH (1998) verfeinert dabei die Klassifikation von KRÜSSELBERG (1988 und 1989).

Systematisierungsschwächen besitzen. Eine Synthese ist deshalb für den weiteren Verlauf der Untersuchung sinnvoll.

KALETSCH und KRÜSSELBERG unterscheiden drei Hauptkategorien: (a) Humanvermögen, (b) materielles Vermögen (Realvermögen und Geldvermögen) sowie (c) soziales Beziehungsvermögen.

(a) **Humanvermögen** lässt sich unterteilen in Vital- und Arbeitsvermögen. Dabei stellt das Vitalvermögen die soziale Daseinsorientierung des Menschen im jeweiligen Gesellschaftssystem dar.[119] Der Bestand dieser Vermögensart wird durch das zuordenbare Wissen und die Werte des nahen sozialen Umfeldes eines heranwachsenden Kindes durch Sozialisierungsprozesse aufgebaut. Dies drückt sich in Verhaltenssicherheit auf der Basis von Werthaltungen, Handlungsorientierungen und Gesundheit aus.[120] Unter Arbeitsvermögen wird neben dem Erwerbs-Humanvermögen ebenso das Nichterwerbs-Humanvermögen verstanden. Damit wird der Problematik der für die Sozialkapitaltheorie zu engen ökonomischen Definition des Arbeitsbegriffs Rechnung getragen. Unter Arbeit wird hierbei jegliche Handlung eines oder mehrerer Akteure verstanden mit dem Ziel oder der Auswirkung eines Vermögensumwandlungsprozesses.

(b) **Materielles Vermögen** umschließt reales und monetäres Vermögen: Realvermögen umfasst die materiellen Aktiva, die insbesondere als Ergebnis aus dem traditionell-ökonomischen Investitionsprozess hervorgehen. Geldvermögen ist die Menge an Zahlungsmitteln, die dem Akteur zur Verfügung steht.[121]

(c) **Soziales Beziehungsvermögen** fügt KALETSCH gänzlich neu in die KRÜSSELBERG´sche Kategorisierung ein, wobei er sich dabei an die Definition des „BOURDIEU´schen" sozialen Vermögens anlehnt.[122]

BOURDIEU selbst unterscheidet ebenso drei Vermögensarten:[123] (a) Ökonomisches Vermögen, (b) kulturelles Vermögen und (c) soziales Vermögen.[124]

119 Dies entspricht weitestgehend dem Phänomen der sozialen Kompetenz.

120 Vgl. KRÜSSELBERG (1979), S. 166.

121 Dazu gehören ebenso Kreditmittel. Vgl. KALETSCH (1998), S. 72 und 76.

122 Vgl. KALETSCH (1998), S. 76-79 und siehe unten.

123 Vgl. BOURDIEU (1983), S. 184.

124 Dabei ist zu beachten, dass in verschiedenen deutschen Übersetzungen von Kapitalarten die Rede ist.

(a) **Ökonomisches Vermögen** ist nach BOURDIEU „unmittelbar und direkt in Geld konvertierbar“.[125]

(b) **Kulturelles Vermögen** wird definiert als körpergebundene Fertigkeiten (inkorporiertes Kulturvermögen), materiell übertragbare Güter, wie Bücher, Maschinen (objektiviertes Kulturvermögen) sowie die Unterform von rechtlichen und schulischen (Bildungs-)Titeln (institutionalisiertes Kulturvermögen).[126]

(c) Die Definition des **sozialen Vermögens** konzentriert sich – wie bereits zu Beginn dieses Unterabschnitts ausgeführt – auf die Verfügbarkeit von allen Formen von Ressourcen durch die Nutzung dauerhafter sozialer Beziehungen.[127]

Um eine arbeitsfähige Systematisierung der Vermögensarten innerhalb des handlungstheoretischen Ansatzes vornehmen zu können, werden in einer Synthese die jeweiligen argumentativen Stärken der Kategorisierungen von BOURDIEU und KALETSCH genutzt. Zu unterscheiden sind deshalb (a) Sachvermögen, (b) Humanvermögen und (c) Sozialvermögen. Damit konzentriert sich die BOURDIEU'sche Sichtweise auf Sozialvermögen als *enabler* bzw. soziale Machtkomponente hinsichtlich der Verfügungsgewalt über Ressourcen Dritter.

(a) Das **Sachvermögen** entspricht im weitesten Sinne der Kategorie ‚materielles Vermögen' von KALETSCH bzw. KRÜSSELBERG. Dies beinhaltet demnach auch das Geldvermögen als abgeleitete Vermögensform des Realvermögens, da Geld einen Anspruch auf einen realen Gegenwert verbrieft. Der BOURDIEU'sche Begriff des „ökonomischen Vermögens“ ist an dieser Stelle nicht sinnvoll, da das attributive Unterscheidungskriterium hierbei nicht die Wertträger sind, sondern der Konvertierungsgrad in Geld. Dadurch kategorisiert BOURDIEU nicht konsequent und nimmt Überschneidungen der Kategorien in Kauf.

(b) Als **Humanvermögen** wird weitestgehend die gleichnamige Vermögenskategorie von KALETSCH bzw. KRÜSSELBERG übernommen. Damit ist diese Vermögensform umfassender als die definitorische Grundlage von Humankapital, das sich üblicherweise auf das *know how* von Akteuren bezieht und zum Erwerb von Einkommen eingesetzt wird.

---

125 BOURDIEU (1983), S. 185.

126 Vgl. BOURDIEU (1983), S. 186ff.

127 KAPPELHOFF (1989; S. 41-43) verknüpft beispielsweise den Ansatz von BOURDIEU mit GRANOVETTERs Konzept der erfolgreichen Arbeitssuche innerhalb sozialer Netzwerke, wobei Netzwerke als egozentrierte Beziehungsbündel verstanden werden. Vgl. GRANOVETTER (1974).

(c) Das **Sozialvermögen** stimmt sowohl mit dem Konzept von BOURDIEU als auch mit der Sichtweise von KALETSCH überein. Darüber hinaus umfasst dieses Vermögen jedoch auch Kulturvermögensaspekte im Sinne BOURDIEUs, die direkt oder indirekt auf sozialen Beziehungen beruhen, bzw. Merkmale von Personen, die von Dritten abhängig sind, wie Bildungstitel oder Reputation.

Nach ANHEIER, GERHARDS und ROMO hat das Sozialvermögen die Maßeinheit *„social contacts and connections".*[128] Als Indikator für die Existenz dieser Vermögensart dient vorrangig die Mitgliedschaft in sozialen Verbänden im weitesten Sinn. Hierdurch können inhaltliche Verbindungen zu den sozialkapitaltheoretischen Ansätzen von PUTNAM und COLEMAN, die im weiteren Verlauf der Arbeit analysiert werden, geknüpft werden.

Die **Vermögensformen stehen in Beziehung** zueinander: Zum einen besitzen Sachvermögen, Humanvermögen und Sozialvermögen eine hochgradig heterogene Vermögensbeziehung, da sie eindeutig voneinander abgrenzbar sind, und weil sie – was die Möglichkeiten zur Ausübung der Verfügungsgewalt betrifft – unterschiedliche Ansatzpunkte haben. Zum anderen handelt es sich um eine begrenzt substituierbare Vermögensbeziehung, da ein Akteur statt eigenem Wissen als Humanvermögen in seinen Handlungen auch auf das Humanvermögen von Beziehungspartnern zurückgreifen kann. Letzteres stellt somit Sozialvermögen dar.

Das Sozialvermögen hat der Akteur aber unter Umständen auch durch Einsatz von Humanvermögen erlangt, indem er durch *know how* beispielsweise eine Führungsposition in einem Unternehmen erlangt hat und nun durch seine Stellung in der Organisation auf Ressourcen anderer Akteure zurückgreifen kann. Im vermögenstheoretischen Konzept der Sozialkapitaltheorie sind demnach vielfältige Konvertierungsprozesse zwischen Vermögensarten denkbar.

Doch gerade die **Konvertierbarkeit der Vermögensarten** ermöglicht Tausch- und Produktionshandlungen, welche wiederum die Grundlage für die Vermögensvermehrung und damit wohlstandssteigernd sind.[129] All diese Vermögensformen sind knapp. Dies liegt zum einen an der Knappheit von natürlichen Ressourcen im Vergleich zur hohen Anzahl der potenziellen Vermögensbesitzer, aber insbesondere auch an biologischen Kapazitätsgrenzen, wie der Knappheit der Zeit, die den Akteuren zur Verfügung steht, und die für Handlungen zum Vermögensaufbau oder -tausch

---

[128] Vgl. ANHEIER, GERHARDS und ROMO (1995), S. 867.

eingesetzt werden müssen, sowie an soziopsychischen Kapazitätsgrenzen, wie der Fähigkeit, nur eine limitierte Anzahl von sozialen Beziehungen zu pflegen. Die Knappheit der materiellen Ressourcen ist in erster Linie für den Warentausch von Bedeutung,[130] während die objektive Begrenztheit der Lebenszeit und ein limitiertes soziales, egozentriertes Netzwerk erster Ordnung[131] der Akteure der relevante Indikator für den sozialen Austausch und damit für den Aufbau von Sozialvermögen sind.[132] Diese Knappheit an direkten, persönlichen Beziehungen ist Grundlage für sozialkapitaltheoretische Konzeptionen, nach denen es das Ziel von Akteuren ist, diese Beziehungen strategisch aufzubauen. Diese Perspektive wird insbesondere in Abschnitt 5.2 über die Wirkungsmechanismen des Sozialkapitals auf die Beschäftigungssituation erörtert.[133]

Für die **Vermögensverwendung** ergeben sich unterschiedliche Optionen: Im einfachsten Fall kann das Vermögen brach liegen. Das bedeutet, dass es nicht verwendet wird bzw. entsprechend abgeleitete Handlungsoptionen werden nicht genutzt, wobei die Gefahr der teilweisen oder vollständigen Entwertung des Vermögensbestandes besteht. So kann beispielsweise *know how*, das keine Anpassung an veränderte Anwendungsbedingungen erfährt, in Vergessenheit geraten oder durch technologische Weiterentwicklungen ökonomisch obsolet werden. Soziales Beziehungsvermögen, das nicht „gelebt oder gepflegt“ wird, kann erodieren, indem gegenseitige Verpflichtungsgefühle oder das Vertrauen sinken. Sachvermögen kann sich durch physische Einflüsse (materielle Entwertung), durch technologischen Fortschritt (technologische Entwertung) oder Inflation (monetäre Entwertung) reduzieren.

Des Weiteren sind Vermögensbestände übertragbar, ohne dass eine Gegenleistung fließt (Schenkung). Vermögen kann sich jedoch auch verzinsen oder eine Rendite einbringen, wenn es investiv eingesetzt wird. Dann besitzt es Kapitalcharakter.[134] Leicht nachvollziehbar ist dies bei Finanzvermögen als monetär abgeleitetem Sachvermögen, das auf dem Kapitalmarkt angelegt wird. Aber auch Sozial- und Humanvermögen können entsprechend eine materielle oder immaterielle Rendite einbringen. Beziehungspflege beispielsweise erhöht das Vertrauensniveau einer

---

129 Die Umwandlung der Vermögensarten erfolgt durch Arbeit im sozialwissenschaftlichen Sinn.

130 In einer Marktwirtschaft fungiert der Preis bzw. die Preisänderung als Knappheitsindikator. Vgl. u.a. HERDZINA (2001), S. 10-13.

131 D.h. direkte soziale Beziehungen.

132 Ob und in welchem Ausmaß die Zeit als knapp erlebt wird, hängt jedoch im Wesentlichen von soziokulturellen Voraussetzungen ab.

133 Siehe hierzu auch GRANOVETTER (1974), BURT (1992) und BAKER (1994).

134 Zur kapitaltheoretischen Diskussion in der Sozialkapitaltheorie siehe Unterabschnitt 5.1.3.

sozialen Verbindung und die Anwendung von Wissen als Humanvermögensform im engsten Sinn und es erhöht den Erfahrungsschatz und damit das Humanvermögen eines Akteurs. Eine Steigerung des Gesamtvermögens ist auch durch Transformation einer Vermögensform in eine andere möglich, wobei der Vermögenswert individuell hinsichtlich der Erweiterung der Handlungsoption gemessen wird. Der Vermögensaustausch kann hinsichtlich des Sachvermögens analog zum Markttausch von Gütern stattfinden. Aber sowohl Human- als auch Sozialvermögen können durch entsprechende Tauschhandlungen automatisch reproduziert werden.

Ebenso kann eine Vermögensform zur Gewinnung einer anderen Form eingesetzt werden, ohne dass hierbei der eingesetzte Vermögensbestand dezimiert wird bzw. werden muss. Dies kann als Sonderform des Vermögenstauschs angesehen werden. Hierbei zeigt sich, dass der bereits oben kritisierte BOURDIEU'sche Begriff des „ökonomischen Vermögens" problematisch ist. Letztlich kann er auf alle Vermögensformen angewendet werden. Schließlich sind Verwendungskombinationen aus allen vorgenannten Optionen denkbar.

Vorhandenes soziales Vermögen kann demnach von den Akteuren, die an einer derartig ressourcenreichen Beziehung beteiligt sind, gewinnbringend bei der Verwendung anderer Vermögensformen eingesetzt werden. Dieser Aspekt ist insbesondere für die sozialkapitaltheoretische Verteilungswirkung von Bedeutung.[135] Dabei ist es unerheblich, wie die Ressource entstanden ist. Dieser Umstand spielt für den Wirkungsmechanismus des Sozialvermögens bzw. Sozialkapitals eine wesentliche Rolle.

Eine weitere Möglichkeit, Vermögen auf der Mikro-Ebene zu erwerben, ist das Erbe als Sonderform der Schenkung. Dies gilt für alle Vermögensarten in unterschiedlicher Intensität je nach Übertragbarkeit der Ressource. BOURDIEUs Betonung des historischen Akkumulationsprozesses in Form einer **Vererbung der verschiedenen Vermögensformen** auch in der Gegenwart[136] lässt verschiedene Schlussfolgerungen zu: Gegenwärtige Erklärungen der gesellschaftlichen Wirklichkeit sowie entsprechende Schlussfolgerungen dürfen nicht die Vergangenheit bzw. den historischen Entwicklungspfad unberücksichtigt lassen. In neueren wirtschaftswissenschaftlichen Veröffentlichungen wird dies unter der Bezeichnung Pfadabhängigkeit subsummiert.[137]

---

135 Siehe Abschnitt 5.4.

136 BOURDIEUs theoretische Argumente zur Sozialvermögensdiskussion *history matters* werden vielfach empirisch untermauert: Vgl. u.a. ENGEL und HURRELMANN (1987), MANSEL (1993), ROLFF et al. (1995) und MANNHAUPT (1996)

137 Dieses Merkmal wird von evolutionstheoretischen Ansätzen aufgegriffen. Zwar liegt hier der Schwerpunkt auf technologischen Entwicklungspfaden, jedoch ist der von ARTHUR (1990) erst-

Damit wendet sich BOURDIEU explizit gegen die Beschreibung der Realität als „Aneinanderreihung kurzlebiger und mechanischer Gleichgewichtszustände".[138]

Von Bedeutung ist die von ihm bezeichnete Eigenschaft der „Überlebenskraft" (Vermögen als Bestandsgröße) und die Fähigkeit zur Eigenreproduktion.[139] Ersteres impliziert ein gewisses Trägheitsmoment sämtlicher Vermögensarten, was in der Vererbungssichtweise deutlich wird. BOURDIEU geht sogar so weit, dass er das **Trägheitsmoment** als grundlegendes Prinzip der gesellschaftlichen Entwicklung erkennt. Er nennt dies die „innere Regelmäßigkeit der sozialen Welt", was sich auch auf gewohnheitsorientierte Handlungsmuster übertragen lässt, da das Verhalten auch aus den Handlungsoptionen als Vermögensaspekt resultiert.[140]

Der Anspruch an die sozialkapitaltheoretische Konzeption nach **allgemeingültigen Prinzipien** und damit nach Bausteinen einer allgemeinen Sozialtheorie verbindet den vermögenstheoretischen Ansatz mit dem *rational choice*-Ansatz COLEMANs. Gleichzeitig ist die Wahl unterschiedlicher Prinzipien bei den beiden Sozialkapitaltheoretikern das wesentliche Unterscheidungsmerkmal ihrer Ansätze. Die Entscheidung BOURDIEUs für das Trägheits- bzw. **Vererbungsprinzip** als konstituierendes Merkmal seiner Sichtweise verschließt die Möglichkeit der Prognose ohne notwendige Kenntnis des Laufs der Geschichte vornehmen zu müssen. COLEMAN dagegen konzentriert sich auf die stabilen Handlungsprinzipien auf der Mikro-Ebene unter der Annahme rationaler Entscheidungen innerhalb eines sozialen Handlungsrahmens. COLEMANs Prinzipien sind daher generell auf unterschiedliche historische und kulturelle Rahmenbedingungen übertragbar.

Mit der Aussage, dass für die Akkumulation und die Reproduktion von sozialem Vermögen „unaufhörliche Beziehungsarbeit in Form von ständigen Austauschakten" zur stetigen Bestätigung gegenseitiger Anerkennung notwendig ist,[141] unterstellt

---

malig dargestellte Mechanismus auf soziokulturelle Aspekte wie Sprach- oder Normentwicklung anwendbar. Siehe auch DAVID (1997).

138 BOURDIEU (1992), S. 7. Diese Formulierung wendet sich deutlich gegen die neoklassische Sichtweise.

139 Die Fähigkeit der Eigenproduktion bezieht sich nicht auf das materielle Vermögen im BOURDIEU'schen Sinn. Doch die daraus abgeleitete Form des Finanzvermögens besitzt diese Eigenschaft auf einem Kapitalmarkt.

140 Vgl. Unterabschnitt 3.3.4.

141 Vgl. BOURDIEU (1983), S. 193. Die gegenwärtig wachsende Bedeutung der Beziehungsarbeit in Form von gegenseitiger Wertschätzung zum Aufbau von Sozialvermögen zeigt GROSS (1997; S. 173-175), indem er derartige Handlungsanweisungen an Wirtschaftsakteure für ihre inter- und intraorganisationalen Aktivitäten formuliert und diese als einen der wichtigsten Erfolgsfaktoren beschreibt.

BOURDIEU dieser Vermögensform trotz Trägheitsmoment eine gewisse autonome Abschreibungs- bzw. Schwundrate.

Soziales Vermögen wird aufgebaut, indem **Beziehungsarbeit** erfolgt.[142] „Das Beziehungsnetz ist das Produkt individueller oder kollektiver Investitionsstrategien, die bewusst oder unbewusst auf die Schaffung und Erhaltung von Sozialbeziehungen gerichtet sind, die früher oder später einen unmittelbaren Nutzen versprechen."[143] Die „Akkumulationsrate" hängt dabei in erster Linie davon ab, welches Bestandsniveau des Sozialvermögens bereits existiert. Damit ist die Akkumulationsrate nach BOURDIEU – wie nicht anders zu erwarten – historisch bedingt bzw. pfadabhängig.[144] Je höher das Vermögen bereits ist, desto effektiver ist die Beziehungsarbeit. Nicht nur das Pfadabhängigkeitspostulat, sondern auch die positiven Rückkopplungseffekte übernimmt PUTNAM in seinem Sozialkapitalansatz zur Erklärung der empirischen Zusammenhänge zwischen dieser Kapitalform und der politischen und ökonomischen Leistungsfähigkeit einer Region.[145] Die Reproduktionsfähigkeit von sozialem Vermögen bzw. Kapital wird insbesondere für die verteilungsökonomischen Wirkungen gesellschaftlicher Beziehungen eine maßgebliche Rolle spielen.[146]

Der Bestand an individuellem Sozialvermögen bemisst sich nach dem vermögenstheoretischen Ansatz von BOURDIEU einerseits nach der Ausdehnung des Beziehungsnetzes, in dem sich der Akteur befindet, und andererseits nach dem Umfang an Besitz aller Vermögensformen der Beziehungspartner.[147] Damit bewirkt das soziale Vermögen aus einzelwirtschaftlicher Sicht eine Art Multiplikatoreffekt[148] für das ökonomische Vermögen bzw. positive externe Effekte,[149] da es mit Hilfe von ökonomischen

---

142 Die ständigen materiellen und symbolischen Austauschakte zwischen den Akteuren führen zu dauerhaften Verpflichtungen. Vgl. BOURDIEU (1983), S. 193. Auch die Betonung der Relevanz der Verpflichtungen zwischen den Akteuren ist ein verbindendes Element dieses Sozialkapital- bzw. -vermögensansatzes mit dem *rational choice*-Ansatz von COLEMAN.

143 Vgl. BOURDIEU (1983), S. 192. An dieser Stelle könnte der Vermögensbegriff durch den Kapitalbegriff ersetzt werden.

144 CUSACK (1997) greift diesen Aspekt in einem erweiterten Modell zu PUTNAMs empirischen Ansatz wieder auf.

145 Siehe Unterabschnitt 2.3.2.

146 Siehe Abschnitt 5.4.

147 Vgl. BOURDIEU (1992), S. 64.

148 Vgl. BOURDIEU (1983), S. 186.

149 Dies erscheint als geeigneter Ansatzpunkt, das soziale Vermögen bzw. das Sozialkapital in Modelle der Neuen Wachstumstheorie einzubinden. Siehe dazu Abschnitt 5.1.

oder sozialen Austauschbeziehungen auch für die Beziehungspartner des „Besitzers“ zur Verfügung steht.[150]

BOURDIEU bleibt in der Regel mit seinem Erklärungsansatz auf der Mikro-Ebene. Lediglich kurzzeitig argumentiert er auf der Ebene einer Gruppe oder eines sozialen Verbandes (Meso-Ebene). Als „Gesamtvermögen“ gilt nach BOURDIEU demnach die aggregierte Größe aller Mitgliedsvermögensbestände. Es dient wiederum den einzelnen Mitgliedern als Sicherheit und kann als Kreditwürdigkeit der Gruppe im weitesten Sinne verstanden werden. Das Gesamtvermögen stellt demnach ein Clubgut dar. Diese Kreditwürdigkeit kann ihrerseits vorteilhaft bei Tauschhandlungen eingesetzt werden.[151] Ausdruck findet der vorhandene Bestand an Sozialvermögen einer sozialen Gruppe – also auf der Meso-Ebene – in einem gemeinsamen Namen.[152] Derartige Identifikationsmerkmale werden im weiteren Verlauf der Arbeit als Reputation der Gruppe sowie seiner Mitglieder verstanden.

Um eine **Vergleichbarkeit der Konzepte** hinsichtlich der sozialen Mechanismen zwischen und innerhalb der Handlungsebenen herstellen zu können, sind in Abbildung 2-2 die untersuchten Mechanismen (breite Pfeillinien) besonders gekennzeichnet. Das vermögenstheoretische Konzept beschreibt vorwiegend die möglichen Handlungen von Akteuren, die sich aus den Vermögenswerten des Akteurs selbst und der sozialen Umgebung ergeben. Dies entspricht den Situationsmechanismen des in Kapitel 3 erörterten Drei-Ebenen-Modells $A_1$ und $A_2$. Darüber hinaus beschäftigen sich BOURDIEU mit den eigentlichen Handlungen, in welcher Weise die Vermögensformen eingesetzt werden können. Dies entspricht $B_1$ in Abbildung 2-2. Soweit hier das soziale Vermögen zum Einsatz kommt, entsprechen die Handlungen sozialer Interaktionen, die den Sozialkapitalbestand beeinflussen werden.

---

150 Dies gilt unter der Annahme einer symmetrischen Verfügungsgewalt über die Ressource, die auf der Beziehung zwischen den Akteuren beruht.

151 Vgl. BOURDIEU (1992), S. 63-64. Diese Anmerkungen können als einer der wenigen Verknüpfungspunkte mit dem COLEMAN'schen Ansatz gesehen werden, der diese Überlegungen in Form von Vertrauens- und Herrschaftsbeziehungen ausbaut.

152 Vgl. BOURDIEU (1992), S. 64.

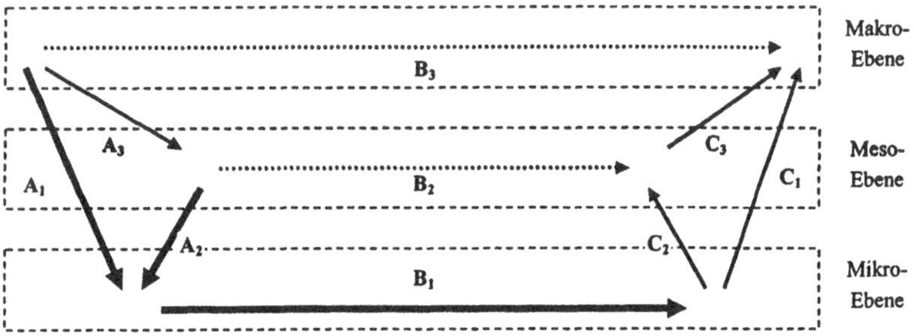


**Abbildung 2-2: Der vermögenstheoretische Ansatz im Drei-Ebenen-Modell**

Quelle: eigene Darstellung

Wie bereits oben erörtert, lassen sich nach BOURDIEU unabhängig von der Aggregationsebene grundsätzlich alle Vermögensformen in andere umwandeln. In Analogie an das physikalische Energieerhaltungsgesetz bezeichnet er dies als (Trägheits-)Prinzip der Erhaltung sozialer Energie.[153] Die Vermögensumwandlung erfolgt durch eine spezifische Arbeitsform. BOURDIEU verdeutlicht dies exemplarisch an der persönlichen und zeitaufwendigen Gestaltung eines Geschenkes, das aus einer ökonomisch-monetären Sichtweise zwar eine Ressourcenverschwendung darstellt, im Rahmen einer sozialen Austauschlogik jedoch eine Einzahlung in Sozialvermögen ist.[154]

Abweichend von der Analogie zum physikalischen Energieerhaltungsgesetz existiert jedoch im Ansatz von BOURDIEU ein **Vermögensschwund bei der Vermögenstransformation**:[155] So kann – um das oben genannte Beispiel fortzuführen – die persönliche Gestaltung eines Geschenkes beim Beschenkten keine oder eine geringere Anerken-

---

153 Vgl. BOURDIEU (1983), S. 195. Der Rückgriff eines Sozialwissenschaftlers auf die Naturwissenschaften ist nicht neu. KRAUS (1999; S. 9), die sich auf BIERVERT und HELD (1994; S. 12-13) sowie auf HSIEH und YE (1991; S. xiii) bezieht, bemerkt treffend, dass sich Wissenschaften niemals isoliert entwickeln, und dass insbesondere die Naturwissenschaften das Bild gesellschaftlicher Prozesse beeinflussen und nachhaltig beeinflusst haben. In diesem Zusammenhang sei auf die Sichtweise hingewiesen, das ökonomische System als entropischen Prozess zu verstehen. Vgl. KRAUS (1999), S. 31-37.

154 Vgl. BOURDIEU (1983), S. 195.

155 Vgl. BOURDIEU (1983), S. 196. Diese Überlegung ist von der autonomen Abschreibungsrate zu unterscheiden.

nung hervorrufen als vom Schenkenden erwartet. Der Vermögensaustausch ist somit risikobehaftet, insbesondere wenn die beiden Teilhandlungen zeitlich auseinanderfallen. Der Vermögensschwund basiert in diesem Fall zweifellos auf etwaigen unterschiedlichen, subjektiven Wertzuweisungen seitens der Tauschpartner hinsichtlich der ausgetauschten Ressource als Vermögensbasis. Dagegen kann physikalische Energie objektiv gemessen werden. Wenn Handlungen von Akteuren unterschiedlich bewertet werden, wird sich der gesellschaftliche Vermögensbestand der Beteiligten ändern.[156]

Während Sozialvermögen bisher in der Regel positive Wirkungen auf die Handlungen der Individuen in Form von Handlungserleichterungen dieser Aktivitäten besessen hat, ist die Wirkung auf die Ressourcenverteilung in einem sozialen Verband nach BOURDIEU äußerst kritisch zu beurteilen. Zum einen existiert eine Art Anziehungskraft von Sozialvermögen bei den Individuen, die bereits einen hohen Bestand an dieser Vermögensform haben. Das Konzept der sozialen Gravitation spielt bei den Wirkungsmechanismen des Sozialkapitals eine maßgebliche Rolle.[157] Andererseits wird innerhalb von Gruppen durch Delegation eine zentralistische Sozialvermögensstruktur mit dem Ziel der Erleichterung des kollektiven Handelns erzeugt. Diesen Aspekt greift COLEMAN in seinem *rational choice*-Ansatz wieder auf. Im Gegensatz zu BOURDIEU und PUTNAM untersucht er diese Vergabe von Kontrollrechten hinsichtlich der sozialkapitaltheoretischen Wirkungen sehr detailliert und kritisch. Sowohl die soziale Gravitation als auch der Delegationsaspekt verstärken die Ungleichverteilung des Vermögens.

**Fazit**

Insgesamt besitzt der vermögenstheoretische Ansatz von BOURDIEU als Erweiterung gegenüber neoklassischen, einkommensorientierten Ansätzen mehrere Vorteile. Erstens ist es ein ganzheitliches Konzept, das nach ökonomischen und nichtökonomischen Ursachen für Wohlstand fragt. Deshalb ist es für interdisziplinäre Fragestellungen besser geeignet. Insbesondere wird dem Anspruch einer sozialwissenschaftlichen Theorie an eine realitätsnahe Abbildung Rechnung getragen. Des Weiteren ist das Vermögenskonzept langfristiger als das Einkommenskonzept angelegt, da Einkommen zwar kurzfristig auf Kosten einer Substanzverringerung von

---

156 Siehe hierzu die Erörterung der Reziprozitätskonzepte in Unterabschnitt 3.3.1.

157 Siehe insbesondere Abschnitt 5.4.

Vermögen stattfinden kann, langfristig jedoch dieser Vermögensabbau zu Einkommenseinbußen führt.[158] Schließlich ist Einkommen ohne Vermögen nicht denkbar.[159]

Jedoch existieren ebenso einige zu kritisierende Theorieelemente im dargestellten vermögenstheoretischen Konzept. BOURDIEUs Ansatz kann nur im Gesamtzusammenhang mit dem Erklärungsversuch, sozialökonomische Zusammenhänge aus einer vermögenstheoretischen Perspektive zu betrachten, gesehen werden. Dabei befreit BOURDIEU den Vermögensbegriff aus seinem engen ökonomischen Korsett und wendet ihn auf soziale Produktions- und Austauschbeziehungen an. Außerdem bringt er den Begriff mit Vererbungs- bzw. Trägheitsprinzipien in Verbindung. Bereits die Aussage, die gesellschaftliche Welt sei akkumulierte Geschichte, mit der er mehrmals seine Erörterungen beginnt,[160] verdeutlicht seine Intention. So wäre konsequenterweise zu erwarten, dass eine historische bzw. pfadabhängige Sichtweise des Vermögens in Verbindung mit dem Anspruch der ganzheitlichen Verwendung des Vermögensbegriffs sämtliche Vermögensformen in die Konzeption mit aufgenommen werden. Dazu gehören auch biopsychische Aspekte und daraus resultierende Bedürfnisstrukturen,[161] die einerseits Handlungsziele und andererseits auch die Ressourcenstruktur der Individuen bestimmen können.[162]

Insofern sind die Ansprüche aus wirtschaftstheoretischer Sicht, eine Einbindung in bestehende ökonomische Konzepte oder zumindest eine strukturierte Darstellung ökonomischer Funktionen des Phänomens Sozialvermögen in diesem Modell zu finden, zu hoch gegriffen. Vielmehr liegt der Wert der sozioökonomischen Vermögenstheorie BOURDIEUs in der logisch konsequenten Erweiterung und der gleichberechtigten Systematisierung des Vermögensbegriffs, Überlegungen zur Transformation der Vermögensarten und damit in der Einladung an die Wirtschaftstheorie, konkrete Analysen hinsichtlich ökonomischer Determinanten auch auf der Ebene sozialer Beziehungen zu starten.

Die begrifflichen und inhaltlichen Kategorisierungen sind jedoch bei BOURDIEU nicht immer eindeutig. So „vergisst" er einerseits bei der Vermögenssystematisierung das Humanvermögen. Außerdem benennt er die „erste" Kategorie als „ökonomisches Vermögen", was bezüglich seiner weiteren Ausführungen hinsichtlich der Konvertier-

---

158 Vgl. KALETSCH (1998), S. 71.

159 Vgl. KRÜSSELBERG (1994b), S. 11.

160 Siehe u.a. BOURDIEU (1983), S. 183.

161 Auch KASEMIR (1997) stellt sich genau diese Frage hinsichtlich des BOURDIEU'schen Ansatzes, ohne eine Antwort darauf zu finden.

barkeit des Vermögensarten eine äußerst unsystematische Vorgehensweise ist. KALETSCH und KRÜSSELBERG heilen diese Mängel durch eine verbesserte begriffliche und auch inhaltliche Systematisierung sowie durch die Verwendung des Sachvermögensbegriff.

Auch ist die Gleichberechtigung der Vermögensarten letztlich nur begrifflicher Natur, da soziales Vermögen lediglich als machtbezogener Zugang zu Ressourcen Dritter darstellt und nicht die soziale Beziehung als solche Vermögensbasis ist.

Darüber hinaus erfolgt in diesem Konzept keine scharfe Trennung zwischen den verschiedenen Handlungsebenen. Die angesprochenen Zielkonflikte zwischen diesen Ebenen werden lediglich am Rande als Eventualitäten angesprochen, sind aber vor dem Hintergrund einer komplexen Gesellschaftsstruktur und der Diskussion um die Entstehung, Wirkung und Bedeutung von sozialem Kapital bzw. Vermögen von zentraler Bedeutung. Nur vereinzelt werden Wirkungen von Sozialvermögen auf der gesamtgesellschaftlichen Ebene betrachtet. Dies führt dazu, dass der vermögenstheoretische Ansatz lediglich als Vorleistung für die noch zu analysierenden Sozialkapitalansätze sowie für das hier zu verwendende Modell dienen kann.

Theoriegeschichtlich besteht BOURDIEUs Hauptleistung in der **perspektivischen Ideengebung** in Form einer konzeptionellen Vorarbeit für die folgenden Ansätze der Sozialkapitaltheorie. Doch gerade diese Leistung ist schwierig nachzuweisen, da die englischsprachigen Vertreter dieses Forschungszweigs den Franzosen BOURDIEU kaum oder überhaupt nicht zitieren, obwohl die bereits angedeuteten Verknüpfungspunkte zwischen ihm einerseits und PUTNAM als auch COLEMAN andererseits nicht zu übersehen sind.

[162] Diese Kritik verstärkt sich durch die wiederholte Verwendung des Begriffs des „ererbten Vermögens". Siehe BOURDIEU (1999), S. 143-145.

### 2.3.2 Der empirische Ansatz: der Rückgang von Sozialkapital

*„Your corn is ripe today; mine will be so tomorrow. 'Tis ... profitable for us both, that I should labour with you today, and that you should aid me tomorrow. I have no kindness for you, and know you have as little for me. I will not, therefore, take any pains upon your account; and should I labour with you upon my own account, in expectation of a return, I know I should be disappointed, and that I should in vain depend upon your gratitude. Here then I leave you to labour alone; You treat me in the same manner. The seasons change; and both of us lose our harvests for want of mutual confidence and security."*

*David Hume*[163]

Als Hauptvertreter des empirischen Ansatzes untersucht PUTNAM die **Wirkungsweise von Sozialkapital**. Er verwendet eine vergleichende Methode der empirischen Beobachtung, wonach er über seine Erkenntnisse zu einer wissenschaftlichen Verallgemeinerung gelangt. Nicht nur methodisch, sondern auch hinsichtlich des Untersuchungsgegenstands knüpft PUTNAM damit an Klassiker wie ALEXIS DE TOCQUEVILLE, aber auch an ADAM SMITH an. Seiner Theorie nach verbessern Vertrauen, Reziprozitätsnormen und Netzwerke bürgerschaftlichen Engagements als wesentliche Aspekte des Sozialkapitals die politische und ökonomische Leistungsfähigkeit eines Landes oder einer Region.[164]

Neben PUTNAMs Analysen existiert eine Vielzahl von empirischen Studien im Rahmen dieses Forschungszweigs. Es wurden in historischer Reihenfolge Auswirkungen von Sozialkapital auf die Humankapitalbildung,[165] auf individuelle Beschäftigungsverhältnisse,[166] auf die Demokratie-Performanz,[167] auf die Effizienz des

163 Zitiert nach PUTNAM (1993b), S. 35.

164 Siehe PUTNAM (1993a, 1993b, 1995 und 1996) sowie HELLIWELL und PUTNAM (1995).

165 Siehe LOURY (1977 und 1987), BOURDIEU, BOLTANSKI und DE SAINT MARTIN (1981), BOURDIEU (1983 und 1987), COLEMAN und HOFFER (1987) sowie COLEMAN (1988).

166 Siehe u.a. LIN, ENSEL und VAUGHN (1981), LIN (1982) sowie MARSDEN und HURLBERT (1988). Dabei kann GRANOVETTER (1974) als Ideengeber gelten, obwohl er selbst den Sozialkapitalbegriff nicht verwendet.

kollektiven Handelns,[168] auf soziale Wohlfahrtsdimensionen wie Zufriedenheit,[169] auf Kooperationsfähigkeit,[170] auf die Kriminaliätsquote,[171] auf die Integrationsfähigkeit einer Gesellschaft[172] sowie auf das Wirtschaftswachstum[173] analysiert.

Trotz der Vielzahl an Wissenschaftlern, die sich mit dem Phänomen Sozialkapital empirisch auseinandersetzen, gilt PUTNAM als wichtigster Vertreter unter ihnen. Dies mag in erster Linie daran liegen, dass er für die steigende Popularität dieses Forschungszweigs maßgeblich verantwortlich ist. Zum anderen sind seine Untersuchungen auch die umfassendsten, seine Ergebnisse eindeutig sowie seine Argumentation nachvollziehbar und doch gleichzeitig diskussions- bzw. interpretationswürdig.[174]

Er untersucht zunächst die Wirkungsweise des Sozialkapitals auf die **Leistungsfähigkeit der italienischen Demokratie.**[175] Hierbei erkennt er signifikante regionale Unterschiede. Er stellt durch seine empirischen Untersuchungen eine positive Korrelation zwischen

- der Reziprozitätsnorm,
- Vertrauen und
- Netzwerken bürgerschaftlichen Engagements

als sozialkapitaltheoretische Aspekte einerseits und der Qualität der politischen Performanz andererseits fest.[176] Die drei genannten Aspekte verarbeitet PUTNAM in seinem Sozialkapitalkonzept als die wichtigsten und gleichzeitig interdependenten Determinanten dieser Kapitalform. Darüber hinaus überträgt er seine Überlegungen auf die US-amerikanische Entwicklung von sozialem Kapital nach dem Zweiten Weltkrieg, wobei er eine deutliche Reduzierung dieser Kapitalform erkennt.[177] In der Folgezeit erweitert PUTNAM sein Forschungsinteresse, indem er neben der politischen

---

167 Siehe u.a. PUTNAM (1993a und 1995), FUKUYAMA (1995), PUTTERMAN (1995), KOLANKIEWICZ (1995), CUSACK (1996) und HELLIWELL (1996).

168 Siehe u.a. JACOBS (1961) sowie USLANER (1995 und 1996).

169 Siehe u.a. CUSACK (1996).

170 Siehe u.a. FLAP (1988), DIEKMANN (1993) sowie OSTROM (1994).

171 Siehe u.a. HAGAN, MERKENS und BOEHNKE (1995) sowie MACMILLAN (1995).

172 Siehe u.a. LIANG (1994), ZHOU und BANKSTON (1994) sowie FAIST (1995).

173 Siehe u.a. HELLIWELL (1996).

174 PUTNAM sieht sich angesichts seiner einfachen theoretischen Überlegungen einer großen Zahl von Kritikern gegenüber, von welchen einige in diesem Unterabschnitt aufgegriffen werden.

175 Siehe PUTNAM (1993a).

176 Unter der politischen Performanz versteht PUTNAM die Effektivität der politischen Verwaltung und das Funktionieren politischer Institutionen in einer Region. Vgl. PUTNAM (1993a).

177 Siehe PUTNAM (1995).

auch die ökonomische Leistungsfähigkeit einer bestimmten Region als Folge von Veränderungen des Sozialkapitalbestandes beschreibt. In neueren Artikeln analysiert PUTNAM gemeinsam mit HELLIWELL die Wirkungsweise von Sozialkapital auf makroökonomische Größen wie das Wirtschaftswachstum.[178]

**Entwicklung der Sozialkapitaldefinition**

PUTNAM versteht in seinen frühen Untersuchungen unter Sozialkapital die gesellschaftlichen Aspekte Vertrauen, Normen der Reziprozität und Netzwerke bürgerschaftlichen Engagements.[179] Nach und nach erweitert er diese Elemente, indem er sie weiterfasst. So bezieht er Sozialkapital in seinen jüngsten Überlegungen auf „Netzwerke, Normen und soziales Vertrauen, die Koordination und Kooperation zum gegenseitigen Nutzen fördern".[180] Zuvor sprach er lediglich von „Netzwerken bürgerschaftlichen Engagements" und von „Normen der Reziprozität". Mit dieser umfassenden Vorgehensweise versucht der Autor erstens den hohen Komplexitätsgrad der gesellschaftlichen Zusammenhänge zu berücksichtigen, zweitens die Funktionalität des Phänomens Sozialkapital zu betonen,[181] und drittens eine wissenschaftstheoretische Konvergenz der wachsenden Zahl von Sozialkapitalkonzepten zu erreichen, um den gesamten Theoriekomplex aufzuwerten.

Diese Intention wird auch darin deutlich, dass PUTNAM in der jüngsten Vergangenheit durch entsprechende Zitierung und Querverweise versucht, das sozialkapitaltheoretische Forschungsgebiet zu homogenisieren. Während PUTNAM in seinen sozialkapitaltheoretischen Frühschriften den Ansatz von COLEMAN nur „streifte", verdient der Soziologe nach Ansicht PUTNAMs nun „Anerkennung für die Entwicklung der theoretischen Grundstruktur von ‚*social capital*'".[182] Dabei unterlässt PUTNAM es jedoch auch in der Gegenwart nicht, darauf hinzuweisen, dass seine wissenschaftliche Arbeiten eine „lebhafte öffentliche Debatte über den Zustand des Zivillebens" hervorrief.[183] Neben der soziologischen *rational choice*-Schule existiert ein weiterer Forschungszweig, der PUTNAM einen Teilanspruch der Originalität nimmt: die deutschsprachige Wirtschaftsethik. So formuliert bereits im Jahr 1992 FELS – ohne den

178 Vgl HELLIWELL und PUTNAM (1995) sowie HELLIWELL (1996). Und siehe Abschnitt 5.1.

179 Vgl. PUTNAM (1993a), S. 170-173.

180 PUTNAM (1999), S. 28

181 Zu Beginn der neunziger Jahre beruhte Sozialkapital enumerativ auf beobachteten Variablen. Siehe PUTNAM (1993a).

182 Vgl. PUTNAM (1999), S. 28.

183 Vgl. PUTNAM (1999), S. 21.

Sozialkapitalbegriff zu verwenden – die These, dass „(j)e mehr sich die Menschen von moralischen Vorstellungen leiten lassen, um so besser erfüllen Institutionen und Marktprozesse ihre Funktionen“.[184] Bereits hier wird eine essenzielle ökonomische Wirkung von sozialen Einstellungen als Element des Sozialkapitals formuliert: der Wirkungsmechanismus auf die allokative Effizienz. PUTNAM stellt jedoch erst 1995 gemeinsam mit HELLIWELL auf ökonomische Wirkungen von Sozialkapital ab.[185]

**Putnams Wurzeln**

PUTNAM selbst bezieht seine wissenschaftlichen Aussagen auf die Überlegungen aus der ersten Hälfte des vorigen Jahrhunderts von TOCQUEVILLE zur Ursache einer positiven Demokratiegestaltung, wie sie offensichtlich zu dieser Zeit in den USA vorbildhaft für die ganze Welt war: „Die Amerikaner jeden Alters, jedes Standes, jeder Geistesrichtung schließen sich fortwährend zusammen. Sie haben nicht nur kaufmännische und gewerbliche Vereine, denen alle angehören, sie haben auch noch unzählige andere Arten: religiöse, sittliche, ernste, oberflächliche, sehr allgemeine und sehr besondere, gewaltige und ganz kleine.“[186] In diesen sozialen Verbänden existieren vitale Sitten und Gebräuche einer Gesellschaft. Für TOCQUEVILLE sind diese die hauptsächliche Einflussgröße für die Stabilität einer Demokratie, die durch formale Institutionen nicht ersetzt werden kann. Neben TOCQUEVILLE erkennt auch MILL die wesentliche Bedeutung von extensiver Partizipation in sozialen Vereinigungen für die Qualität einer Demokratie.[187] Etwas mehr als hundert Jahre später schließt sich ARENDT angesichts der historischen Ereignisse dieser Meinung uneingeschränkt an.[188]

Als **Neo-TOCQUEVILLEianer**[189] versucht PUTNAM zu zeigen, dass derartige gesellschaftliche Zusammenschlüsse auch in der Gegenwart die Funktion haben, „gemeinsam das Ziel ihres gemeinschaftlichen Begehrens zu erstreben“.[190] Seine Untersuchungen der regionalen Disparitäten in Italien hinsichtlich der Effektivität von Institutionen, sozioökonomischem Modernisierungsgrad und zivilem Engagement in Form

---

184 FELS (1992), S. 109
185 Vgl HELLIWELL und PUTNAM (1995).
186 TOCQUEVILLE (1976), S. 595
187 Vgl. MILL (1831).
188 Vgl. ARENDT (1948).
189 Vgl. PUTNAM (1999), S. 21.
190 TOCQUEVILLE (1976), S. 595

freiwilliger Mitgliedschaften in horizontalen Assoziationen[191] haben die These des signifikanten Nord-Süd-Gefälles bestätigt.[192]

Daraus leitet PUTNAM folgende **Thesen** ab:

(a) Netzwerke bürgerschaftlichen Engagements fördern Kooperation und damit die Wirkungsweise von Institutionen aufgrund der horizontalen Organisationsstruktur, wie sie beispielsweise in kulturellen Assoziationen existieren.

(b) Hierarchische Organisationsstrukturen, wie sie in der Kirche oder in mafiösen Vereinigungen vorkommen, verhindern eine effektive Regierungsleistung in der Region.

(c) Wirkungsvolle Entscheidungsprozesse in Regierungsinstitutionen sind damit nach Meinung PUTNAMs ein „Abfallprodukt" der Aktivitäten in freiwilligen Vereinigungen.

(d) Der Hierarchiegrad der Mehrzahl der gesellschaftlichen Vereinigungen einer Region ist kultur- und polithistorisch bestimmt, wobei formale Institutionen bzw. deren Veränderung die Effektivität von Regierungsinstitutionen ebenso beeinflussen können.[193]

**Die USA-Studie**

Nach seinen Untersuchungen im Süden Europas wendet sich PUTNAM seiner wichtigsten Untersuchung im Hinblick auf das „Erbe TOCQUEVILLEs" zu: Er untersucht die Veränderung des Sozialkapitalbestands der USA und stellt in einer vielbeachteten Studie fest, dass dieser Bestand seit den fünfziger Jahren stark rückläufig ist, was er metaphorisch und auf den ersten Blick populärwissenschaftlich als „*bowling alone*" bezeichnet.[194] Dieser Ausdruck soll die zunehmende Individualisierung im Sinne einer

---

[191] Vgl. HAUG (1997), S. 32. Die empirische Verknüpfung zwischen freiwilligen sozialen Vereinigungen als Ursache und politischer Partizipation als Wirkung haben bereits vor PUTNAM wissenschaftliches Interesse gefunden: VERBA, NIE und KIM (1978) sowie WOLFINGER und ROSENSTONE (1980).

[192] Vgl. PUTNAM (1993a), S. 86. Die erste Studie liegt jedoch bereits zehn Jahre zurück: PUTNAM et al. (1983).

[193] Vgl. PUTNAM (1993a).

[194] Nach PUTNAM (1995) sank die Zahl der Personen, die in organisierten Ligen kegelten, zwischen 1980 und 1993 um 40 Prozent. Gleichzeitig nahm die Anzahl derer, die alleine dieser Sportart nachgingen um zehn Prozent zu.

Vereinzelung im Freizeitverhalten verdeutlichen.[195] Der hohe Grad an öffentlichem Interesse in den USA für diese Schlussfolgerungen lässt sich durch die Diskrepanz zwischen traditionsorientierter Werthaltung und beobachtbarem, defektierendem, also abweichendem Verhalten einer zunehmenden Zahl von Menschen in der US-amerikanischen Gesellschaft erklären.[196] Letzteres umfasst beispielsweise Tendenzen, wie wachsende Kriminalität, hohe Scheidungsraten, politisches Desinteresse und steigender Drogenkonsum.[197]

So ermittelt PUTNAM mit Hilfe des *General Social Survey* zwischen 1974 und 1994 Rückgänge bei der mittleren Zahl der Vereinsmitgliedschaften und ebenso bei der Häufigkeit von geselligem Beisammensein mit Nachbarn. Noch deutlicher sinkt das soziale Vertrauen. Seit 1960 reduzierte sich diese Größe um annähernd 50 Prozent.[198] Diese Negativmeldungen können fortgesetzt werden. So sanken zwischen 1965 und 1985 folgende Aktivitäten: Zeitverwendung für die informelle Beziehungspflege wie Besuche um 25 Prozent, Zeitverwendung in Vereinen und ähnlichen Organisationen um 50 Prozent, politische Partizipation um 36 Prozent und Parteiarbeit gar um 56 Prozent. Dies ist auf allen Ebenen des Bildungsniveaus und unabhängig vom Geschlecht beobachtbar.[199] Die Ursachen hierfür sind nach PUTNAM die wachsende örtliche Mobilität,[200] die wachsende Frauenerwerbstätigkeit, Wandlungen in der Familienstruktur[201] sowie ein verändertes Freizeitverhalten.[202] Letzteres wird auch durch den ideologischen Wandel der Individualisierung bestimmt.[203] Bemerkenswert ist dabei, dass Tätigkeiten, die für die Bildung des Sozialkapitals relevant sind, bei der älteren Generation ausgeprägter sind, wobei diese Aktivitäten im Laufe des Lebens aus

---

195 Dies ist nicht zu verwechseln mit dem Trend zum *„cacooning"*, also der zunehmenden Freizeitgestaltung in der eigenen Wohnung, da hier Familie, Verwandtschaft, Freundes- und Nachbarkreis einbezogen werden können.

196 PUTNAM versteht hierbei den Menschen – ethisch ausgedrückt – als sittliches Subjekt, der die Fähigkeit besitzt, seine Handlungen moralisch zu bewerten.

197 Vgl. MEIER (1996), S. 6. SCHULZE (1995) bezeichnet diese Entwicklungen als „nachtechnische Erlebniswelt".

198 Vgl. PUTNAM (1999), S. 54-59 in Verbindung mit Uslaner (1993), S. 79. Die Ergebnisse resultieren aus den Fragen „Den meisten Menschen kann man vertrauen?" und „Im Umgang mit anderen Menschen kann man nicht vorsichtig genug sein?" T.W. SMITH (1997) unterstreicht diesen Trend durch seine empirischen Ergebnisse, die bis in das Jahr 1948 zurückreichen.

199 Vgl. PUTNAM (1996a).

200 Damit meint PUTNAM sowohl die Altersmigration in den Süden der USA als auch die Entstehung von Trabantenstädten für Berufspendler.

201 Der Autor nennt hier weniger Eheschließungen bei gleichzeitiger Zunahme von Scheidungen.

202 Mehr und mehr Freizeitaktivitäten werden „privatisiert", d.h. sie finden isoliert statt, was durch technologische Trends ermöglicht und verstärkt wird. Vgl. PUTNAM (1995), S. 74-75.

203 Vgl. PUTNAM (1996a), S. 48.

Sicht des Einzelnen nicht zunehmen. Das zeigt die Gefahr, dass der Sozialkapitalbestand auch in der nahen Zukunft aus demographischen Gründen sinken wird.[204]

Seit den Studien PUTNAMs werden zahlreiche empirische Erhebungen in vielen Ländern und Regionen der Welt vorgenommen, die in der Regel zu folgendem Schluss kommen: Sozialkapital ist nicht nur politisch, gesellschaftlich und ökonomisch positiv zu bewerten, sondern unabdingbar für die Leistungsfähigkeit einer modernen, arbeitsteiligen Gesellschaft. Gleichzeitig ist eine grundsätzliche Tendenz zur Reduzierung dieser Kapitalform festzustellen.[205] Dieser Soll-Ist-Vergleich führt zu der eindeutigen Schlussfolgerung, dass dringender politischer Handlungsbedarf besteht. Mit dieser normativen Sichtweise geht PUTNAM über den rein erklärenden Anspruch von BOURDIEUs vermögenstheoretischen Ansatz hinaus.

### Die Indikatoren

Die Beobachtung und Messung des Phänomens Sozialkapital setzt operationalisierbare Indikatoren für die PUTNAM'schen Bestandteile dieser Kapitalform (Vertrauen, Reziprozität und Netzwerke bürgerschaftlichen Engagements) voraus, da Sozialkapital selbst ein theoretisches Konstrukt ist. Auf der Basis des Ansatzes von PUTNAM kann folgende Operationalisierung vorgenommen werden: Sozialkapital $SK$ ist eine Größe auf der Makro-Ebene. Seine quantitativen Determinanten sind die Bevölkerungszahl $N$, die Anzahl der sozialen Vereinigungen[206] in einer Volkswirtschaft $M$ und die Anzahl der Mitgliedschaften bei diesen sozialen Vereinigungen – entweder pro Person $y_i$ oder pro Vereinigung $z_i$.[207] Die Variable $z_j$ erfasst die Mitgliederzahl der sozialen Vereinigung $j$. Insgesamt ergibt sich dadurch eine quantitative Beteiligungsintensität in einer Volkswirtschaft $SK_{quant}$.

---

204 Vgl. PUTNAM (1996a), S. 40-48.

205 COX (1995) stellt dies auch für Australien fest. Analoge Ergebnisse existieren für Indien (PATHAN, ARUL und PAFFENBERGER 1993) und Somalia (BUCKLEY 1996). BURT, HOGARTH und MICHAUD (2000) untersuchen Sozialkapital bei französischen Managern. In Deutschland befindet sich laut einer EMNID-Umfrage (1992) insbesondere das Vertrauenselement des Sozialkapitals in einem deutlichen Abwärtstrend. Ebenso werden die persönlichen Netzwerke der Deutschen kleiner; Vgl. SCHRÖDER und DUTTENHÖFER (1996), S. 81. ROSE, MISHLER und HAERPFER (1997) erwarten von dieser Kapitalform wenig Unterstützung für neue demokratische Regimes in post-kommunistischen Staaten.

206 Voraussetzungen sind horizontale Beziehungen und individuelles Engagement.

207 Vgl. PALDAM (2000) und FUKUYAMA (2000), S. 12. Entsprechend der Messmethode ist die empirische Datenerhebung zu gestalten.

$$(1) \qquad SK_{quant} = \frac{\sum_{i=1}^{N} y_i}{N}$$

$$(2) \qquad SK_{quant} = \frac{\sum_{j=1}^{M} z_j}{N}$$

Im nächsten Schritt gilt es, eine qualitative Größe einzubinden; ein Qualitätskoeffizient der Mitgliedschaftsbeziehungen ist erforderlich. Dabei wird bei Gleichung (1) von der Meso-Ebene, d.h. in diesem Fall von den sozialen Vereinigungen selbst, gänzlich abstrahiert. Implizit werden hinsichtlich der Sozialkapitalqualität homogene soziale Vereinigungen angenommen. Dies ist grundsätzlich auch bei Gleichung (2) der Fall. Ein entsprechender Koeffizient für die jeweilige Qualität der Beziehungen $c_j$ kann diese Realitätsferne korrigieren:

$$(3) \qquad SK = \frac{\sum_{j=1}^{M} c_j z_j}{N}$$

Bewertet man die einzelnen Mitgliedschaften der Akteure, so wird eine Art qualitatives Aktivitätsniveau $b_i$ der Person i impliziert:[208]

$$(4) \qquad SK = \frac{\sum_{i=1}^{N} b_i y_i}{N}$$

### Die externen Effekte

Der aggregierte Bestand an sozialem Kapital ergibt sich jedoch nicht aus einer simplen Addition der Kapitalbestände auf der Meso- bzw. Gruppen-Ebene. Vielmehr sind es gerade die auftretenden *spill overs* von Beziehungen und Handlungen in einem

[208] Im weiteren Verlauf wird angenommen, dass die empirische Datenerhebung bei den Mitgliedern selbst ansetzt. Die Problemfelder, die sich aus einer alternativen Perspektive ergeben – wie unterschiedliche Aktivitätsgrade der Mitglieder innerhalb eines sozialen Verbandes, fehlende Ziel- und Normkongruenz von sozialen Gruppen mit der Volkswirtschaft sowie die *bonding social capital*- und die *bridging social capital*-Problematik werden erst an späterer Stelle modelliert. PALDAM (2000; S. 646) nennt drei generelle Hauptprobleme bezüglich PUTNAMs Vorgehensweise: (a) Welche sozialen Vereinigungen kommen letztlich in Frage? (b) Wie soll die Qualität der Kontakte von Akteur zum jeweiligen sozialen Verband gemessen werden? (c) Wie berücksichtigt man soziale Gruppen, die kontraproduktiv auf den volkswirtschaftlichen Bestand des sozialen Kapitals wirken.

Netzwerk in Form externer Effekte auf Außenstehende oder andere Gruppen. Dies ist beispielsweise durch Mehrfachmitgliedschaften Einzelner oder die Übertragung erlernter Handlungsmuster denkbar, die für den Sozialkapitalbestand auf der Makro-Ebene verantwortlich sind.[209] Im Folgenden ist eine konsequente Fortführung der bisherigen quantitativen Interpretation von PUTNAMs sozialkapitaltheoretischem Ansatz durch PALDAM und FUKUYAMA möglich. Hinsichtlich der Wirkungsmechanismen des Sozialkapitals ökonomischer Größen auf höheren Aggregationsebenen ist die Berücksichtigung dieser externen Effekte hilfreich.

Um die externen Effekte aus Sicht der einzelnen Gruppen zu berücksichtigen, wird die Gleichung in Anlehnung an das Konzept des Vertrauensradius[210] um den Koeffizienten *e* erweitert.[211] Dieser drückt das Verhältnis, insbesondere den sozialen Kohäsionsgrad zwischen Mitgliedern einerseits und Nichtmitgliedern andererseits aus. Dabei wird die Kohäsionsbasis Vertrauen um die Reziprozitätsnorm und auch die Netzwerkbeziehungen erweitert.[212] Der gesamte Sozialkapitalstock einer Volkswirtschaft ist somit:

$$(5) \qquad SK = \frac{\sum_{i=1}^{N} e_i b_i y_i}{N}$$

Dabei gilt folgender Zusammenhang:

| | | |
|---|---|---|
| (6) | $e > 1$ | positiver externer Effekt |
| (7) | $e = 1$ | kein externer Effekt |
| (8) | $e < 1$ | negativer externer Effekt |

Das Ausmaß des externen Effekts hängt davon ab, wie das Verhältnis zwischen so genanntem ***bonding social capital*** und ***bridging social capital*** ist. Während das *bonding social capital* für die Bindungsstärke eines Mitglieds an eine bestimmte

209 Dieser Entstehungsprozess von sozialem Kapital wird im Folgenden noch detaillierter untersucht.

210 Das noch zu beschreibende Konzept stammt ursprünglich von HARRISON (1985) und wurde erweitert bzw. formalisiert von FUKUYAMA (2000).

211 Der Koeffizient *e*, der die externen Effekte der Gruppen anzeigt, ist der Einfachheit halber eine Resultante aus den Außenwirkungen sämtlicher drei sozialkapitaltheoretischen Aspekte nach PUTNAM. In diesem Modell hängt *e* nicht nur von der sozialen Kohäsion von Gruppenmitgliedern und Außenstehenden, sondern auch von der internen Gruppenstruktur ab, die PUTNAM vernachlässigt. Je höher die Ungleichverteilung innerhalb einer Gruppe ist, desto geringer ist der Koeffizient.

212 PAXTON (1999; S. 97) entwickelt auf der *community*-Ebene ein Modell, in dem die externen Effekte beschrieben werden.

soziale Gruppe und gleichzeitig den hohen Isolationsgrad dieses Mitglieds hinsichtlich Mitgliedern anderer Gruppen verantwortlich ist, kennzeichnet *bridging social capital* gerade soziale Bindungen zwischen Akteuren verschiedener sozialer Netzwerke. So werden durch *bonding social capital* Vertrauenslücken zwischen Akteuren geschaffen und durch *bridging social capital* diese verringert.[213] Vertrauensbeziehungen werden demnach als Transfermittel von externen Effekten verstanden.[214]

Darüber hinaus wird dies auch in Verbindung mit den Wirkungsmechanismen von Sozialkapital insbesondere auf das ökonomische Wachstum einer Volkswirtschaft noch in Abschnitt 5.1 zu diskutieren sein. Die externen Effekte auf der Mikro- und Meso-Ebene haben Auswirkungen auf das Ausmaß an Skalenerträgen ökonomischer Produktionsprozesse auf der Makro-Ebene.

PUTNAM zielt in seinem Konzept in erster Linie auf die Veränderung des Sozialkapitalbestands ab. Unter der Annahme, dass die Qualität der einzelnen sozialen Vereinigungen im Prinzip beibehalten wird, ergibt sich in einer dynamischen Sichtweise der Sozialkapitalbestand aus der Vorperiode nach Maßgabe des Koeffizienten $e$, der für die externen Effekte verantwortlich ist, sowie der **Abschreibungsrate** $d$ – unter der Annahme, dass die Zahl der Mitgliedschaften bei horizontalen sozialen Verbänden konstant geblieben ist:

$$(9) \qquad SK_{t1} = e \cdot d \cdot SK_{t0}$$

Da Sozialkapital immer dann einer Abschreibungsrate unterliegt, wenn Vertrauensbeziehungen nicht erneuert werden, Reziprozitätsnormen nicht angewendet werden und Netzwerke bürgerschaftlichen Engagements nicht aktiv sind, kann der Faktor $d$ als verhaltensabhängig angesehen werden. Hierin sieht PUTNAM die Hauptursache für den Rückgang des Sozialkapitalbestandes in den USA, wie bereits oben erörtert wurde.

---

213 Damit werden die beiden Begriffe etwas enger gefasst als von PUTNAM und seinen Schülern. Vgl. GITTELL und VIDAL (1998), S. 15. Die Unterscheidung zwischen *bonding social capital* und *bridging social capital* bezieht sich demnach lediglich darauf, ob die beiden beteiligten Akteure sich vor ihrer Interaktion gekannt haben (*bonding social capital*) oder nicht (*bridging social capital*). In der vorliegenden Arbeit wird das Unterscheidungskriterium schwerpunktmäßig darauf gelegt, ob die beiden interagierenden Akteure demselben sozialen Netzwerk bzw. derselben sozialen Organisation angehören (*bonding social capital*) oder nicht (*bridging social capital*). Dadurch werden die beiden Begriffe zum zentralen Instrument zur Erklärung von Wirkungsrichtungsänderungen auf der Meso-Ebene. In Kapitel 3 wird im Zusammenhang mit dem Drei-Ebenen-Modell auf diese Überlegungen zurückzukommen sein. Auch WARREN, THOMPSON und SAEGERT (1999) sowie NARAYAN (1999) von der Weltbank schließen sich dieser Perspektive an.

214 Siehe auch Abschnitt 3.4.

Die Veränderung der Anzahl der sozialen Gruppen und die externen Effekte sind dagegen Strukturmerkmale.[215]

**Vertrauen**

Im Folgenden werden die einzelnen qualitativen Aspekte der PUTNAM'schen Sichtweise von Sozialkapital in Vereinigungen untersucht. Der Koeffizient b als Kennzeichen der Qualität der sozialen Beziehungen in einer sozialen Gruppe *i* wird durch die Aspekte Vertrauen $\beta_{1,i}$, Reziprozitätnormen $\beta_{2,i}$ und Netzwerke bürgerschaftlichen Engagements $\beta_{3,i}$ beeinflusst.

$$(10) \quad b_i = \beta_{1,i} + \beta_{2,i} + \beta_{3,i}$$

Laut PUTNAM spielt Vertrauen die zentrale Rolle in der Sozialkapitaltheorie, da es die notwendige Koordination zwischen Gesellschaftsmitgliedern erleichtert und der sozialen Gruppe Stabilität verleiht.[216] Wenn Vertrauen Sozialkapital als Ganzes und gleichzeitig andere Sozialkapitalaspekte beeinflusst, dann muss der Vertrauensaspekt höher als die beiden anderen Elemente gewichtet werden.

$$(11) \quad \beta_1 > \beta_2$$

$$(12) \quad \beta_1 > \beta_3$$

Die notwendige Voraussetzung für die Existenz von Vertrauen sind soziale Beziehungen. Diese wiederum sind noch keine hinreichende Bedingung für ein hohes Vertrauensniveau.[217] Damit sind Beziehungen *per se* kein Sozialkapital, sondern lediglich die Basis dieser Kapitalform. Vielmehr müssen es Vertrauensbeziehungen sein, damit Sozialkapital entsteht. Nach PUTNAM ist eine weitere Voraussetzung, dass diese Beziehungen weitgehend horizontal, d.h. ohne Machtbeziehungen, verlaufen. Die letztgenannte Bedingung ist insbesondere für die Demokratiefunktion des Sozialkapitals erforderlich, was in der vorliegenden Arbeit jedoch nur eine Nebenrolle spielt. Für rein ökonomische Wirkungsweisen ist die PUTNAM'sche Fokussierung auf horizontale Beziehungen unzureichend.[218] BARBER definiert Vertrauen deshalb auch in einem

---

215 Zur Problematik der Abschreibungsrate des sozialen Kapitals siehe Unterabschnitt 3.5.3.

216 Vgl. PUTNAM (1993a), S. 170. NEIDHARDT (1980) verwendet in diesem Zusammenhang gar den Begriff der Ultrastabilität; BIERHOFF und BUCK (1984; S. 3) erkennen in Vertrauen einen robusten sozialen Steuerungsmechanismus.

217 Vgl. GRANOVETTER (1985), S, 491-492.

218 COLEMAN (1990) berücksichtigt in seinem sozialkapitaltheoretischen Ansatz ebenso hierarchische Beziehungen.

weiteren Sinn als „*socially learned and socially confirmed expectations that people have of each other, of the organizations and institutions in which they live, and of the natural and moral social orders, that set the fundamental understandings for their lives*".[219] Er kategorisiert dabei Vertrauen nach der Art der Beziehungsbesetzung: die isolierte bilaterale Beziehung, die bilaterale Beziehung, bei der eine dritte Partei präsent ist, und eine Beziehung zwischen einem Einzelnen und einer Gruppe von Personen bzw. einer Institution.[220]

PUTNAM bezieht sich hinsichtlich dieser Systematisierung in seinem Erklärungsansatz vorwiegend auf die beiden letztgenannten, jedoch ohne diese zu unterscheiden. In seinen empirischen Erhebungen vermengt er gar beide Beziehungstypen, ohne zu hinterfragen, ob sie unter Umständen unterschiedliche Wirkungen bezüglich der politischen oder ökonomischen Performanz oder aber Dauerhaftigkeit und Stabilität des Sozialkapitalbestandes besitzen, obwohl gerade dies sein zentraler Untersuchungsgegenstand ist. Wie sowohl der *rational choice*-Ansatz von COLEMAN als auch das Drei-Ebenen-Modell in Kapitel 3 zu dieser Kapitalform zeigen werden, spielt aber gerade diese Unterscheidung hinsichtlich der politischen Implikationen eine entscheidende Rolle.

Während die handlungstheoretische Perspektive bilaterale Vertrauensbeziehungen auf der Mikro-Ebene zur Grundlage der Sozialkapitalbildung nennt,[221] bezieht sich PUTNAM eindeutig auf das soziale Vertrauen bzw. Vertrauensniveau auf der Gruppen- bzw. Meso-Ebene, d.h. innerhalb einer Gruppe wird ein homogenes Vertrauensniveau impliziert. Alle internen, bilateralen Beziehungen besitzen dieselbe Qualität. Diese Vorstellung lässt eine bestimmte Fragestellung bei der Datenerhebung zu. Nach Meinung PUTNAMs ist seit über drei Jahrzehnten folgende Fragestellung die geeignetste, um dieses Niveau messen zu können: „Manche meinen, dass man den meisten Leuten vertrauen könne. Andere sagen, dass man im Umgang mit anderen Menschen nicht vorsichtig genug sein kann. Was meinen Sie?"[222] Demnach sank der Anteil der Amerikaner, die dem Vertrauen den Vorzug geben, von 58 Prozent im Jahr 1960 kontinuierlich auf 36 Prozent im Jahr 1994.[223] Dieser Anteil an der Gesamtbevölkerung entspricht dem Koeffizienten $\beta_l$ in den Gleichungen (10) bis (12).

219 BARBER (1983), S. 165
220 Vgl. BARBER (1983), S. 165.
221 Siehe u.a. COLEMAN (1990).
222 Vgl. PUTNAM (1999), S. 57-58.
223 Vgl. USLANER (1993), S. 79 und General Social Survey.

Auf theoretischer Ebene wird die Erklärungslücke zwischen einem gewissen Vertrauensniveau innerhalb eines Netzwerkes und dem generellen Vertrauensniveau auf Makro-Ebene durch das bereits oben erwähnte Konzept des Vertrauensradius geschlossen. Nach HARRISON wird das generelle Vertrauensniveau durch positive externe Effekte des Vertrauensbestandes in einzelnen Netzwerken erzeugt.[224] Jede Gruppe erzeugt demnach bei ihren Mitgliedern durch ihre Normen einen bestimmten Vertrauensradius, was weitestgehend dem Ausmaß an *bridging social capital* entspricht und in Abschnitt 3.4 im Rahmen der Theorie der sozialen Kreise detailliert erörtert wird.

Reicht dieser Radius über die Gruppe hinaus, werden Akteure in den Vorteil von vertrauensvorschüssigen Handlungen kommen, obwohl sie nicht Mitglied dieser Gruppe sind und eventuell diese vertrauensbildende Norm nicht mittragen bzw. mitgetragen haben. Da diese Nichtmitglieder unter Umständen Mitglieder anderer Gruppen sind, können etwaige Lern- oder Nachahmungseffekte dazu führen, dass es zu *spill overs* kommt.[225] Dies ist umso wahrscheinlicher, je mehr Netzwerke existieren, die auf horizontalen und damit Vertrauensbeziehungen aufgebaut sind, und je mehr Akteure existieren, die Mitglied in mehreren Gruppen sind, oder sich zumindest in deren sozialen Nähe aufhalten.

Große Gruppen können jedoch auch leicht negative Vertrauenseffekte auslösen, wenn zum einen horizontale Beziehungen nicht ausreichen, um ein Netzwerk dieser Größe aufrecht zu erhalten, und andererseits die Normen nicht den großen Vertrauensradius erzeugen, dass entsprechende Vertrauenshandlungen eines Individuums alle Mitglieder erreicht. Entsprechendes Misstrauen kann somit ebenso wie Vertrauen in andere Netzwerke „getragen" werden.

### Reziprozität

Der zweite wesentliche Aspekt des Sozialkapitals ist nach PUTNAM die Norm der Reziprozität. Er unterscheidet zwischen balancierter und genereller Reziprozität.[226] Ressourcenaustausch erfolgt im ersten Fall stets unter der Annahme, dass sich am Ende der verketteten Tauschhandlungen letztlich Geben und Nehmen ausbalancieren. Aus spieltheoretischer Perspektive entspricht dies der *tit for tat*-Strategie der einzelnen

224 Vgl. HARRISON (1985), S. 7-8.
225 Dies wird auch als *bridging social capital* bezeichnet.
226 Vgl. PUTNAM (1993a), S. 172.

Akteure.[227] Unter der Annahme der Existenz einer Norm genereller Reziprozität muss nicht notwendigerweise ein Ausgleich von Kosten und Nutzen bei den Individuen das stabile Gleichgewicht sein. In einer hochgradig arbeitsteiligen Gesellschaft sind die Interaktionen zwischen Akteuren geprägt von Kosten- und Nutzeneffekten, die auch über die direkte Tauschbeziehung hinausgehen. Die Konsequenz ist, dass ein derartiges Beziehungssystem, das von genereller Reziprozität geleitet ist, niemals auf Kosten einzelner Akteure existieren kann.[228] Daher sind die Beziehungen dieses Systems dauerhaft.[229] Zu beachten ist tatsächlich, dass Gruppen basierend auf dem generellen Reziprozitätsprinzip nicht automatisch auf ein Gleichgewicht am Ende des Prozesses von Geben und Nehmen hinauslaufen, wie es lange Zeit in der einfachen Tauschtheorie angenommen wurde.[230] Hierdurch entstehen Verpflichtungsgefühle, die als konstitutiv für eine dauerhafte soziale Beziehung gelten und von COLEMAN in seinem *rational choice*-Ansatz als Ausprägung des Sozialkapitals erkannt wird.[231] Eine Tauschbeziehung, die auf balancierter Reziprozität beruht, ist demnach nicht dauerhaft, da nach erfolgter Leistung und Gegenleistung keine Verpflichtung entstanden ist. Damit ist nach Beendigung des Tauschprozesses im Normalfall auch die Beziehung beendet.[232] Eine genauere Untersuchung der Bedeutung der Reziprozität für die Bildung von vertrauensbasierten Kooperationshandlungen findet sich in Unterabschnitt 3.3.1.

Nach PUTNAM ist die generelle Reziprozität eine hochgradig produktive Komponente von Sozialkapital, denn in Gesellschaften, in welchen diese Norm herrscht, wird opportunistisches Verhalten verhindert, und die Probleme des kollektiven Handelns werden reduziert.[233] Gleichzeitig basiert die generelle Reziprozität auf generellem Vertrauen,[234] was zu einer Verstärkung der Interdependenz zwischen den einzelnen

---

227 Die *tit for tat*-Strategie geht in dieser Form auf AXELROD (1984) zurück.

228 GOULDNER (1960); zitiert in ALT (1994), S. 197.

229 TILBURG (1991); zitiert in ALT (1994), S. 197.

230 Vgl ALT (1994), S. 198. Vertreter dieses tauschtheoretischen Ansatzes sind unter anderem HOMANS (1961).

231 Siehe folgenden Unterabschnitt.

232 Dies ist ein Hauptkritikpunkt gegen die soziale Nachhaltigkeit von lokalen Tauschbörsen mit oder ohne Ersatzwährungen, wie sie beispielsweise von BAUKHAGE und WENDL (1998) oder HOFFMANN (1998) dargestellt werden.

233 Vgl. PUTNAM (1993a), S. 172. TAYLOR beschreibt die Einstellung, nach der generellen Reziprozität zu handeln, als Kombination von kurzfristigem Altruismus und langfristigem Eigeninteresse. Nach TAYLOR (1982; S. 173) können durch diese Einstellung öffentliche Güter effektiv bereitgestellt werden.

234 Vgl. KOLLOCK (1994), S. 319; aber auch LUHMANN (1988) und MISZTAL (1996), S. 18. Dieser Ursache-Wirkungs-Zusammenhang kann ebenso umgekehrt werden: Im Drei-Ebenen-Modell des

sozialkapitaltheoretischen Aspekten nach PUTNAM führt. Diese ist verantwortlich für dessen Schlussfolgerungen, dass eine historische Entwicklung des Sozialkapitalbestandes letztlich zwei stabile Gleichgewichte und damit Optionen besitzt: Entweder eine Volkswirtschaft besitzt einen sehr hohen oder aber einen sehr niedrigen Bestand an Sozialkapital. Dies spielt in erster Linie für die Wirkungsmechanismen des Sozialkapitals eine maßgebliche Rolle, wobei vor allem die Wirkungen dieser Kapitalform auf das ökonomische Wachstum und die allokative Effizienz zu nennen sind[235]

PUTNAM selbst untersucht weder in seiner Italien- noch in seiner USA-Analyse die Reziprozität bzw. Reziprozitätsnorm in der Gesellschaft. Diese Größe taucht lediglich in der theoretischen Begründung auf, wobei ein sehr enger Zusammenhang in Form von Wechselwirkungen mit Vertrauen und bürgerschaftlichen Netzwerken geknüpft wird.[236] Auf diese Weise umgeht PUTNAM die Problematik der Operationalisierung. Für die Ermittlung des Qualitätskoeffizienten $\beta_2$ aus den o.g. Gleichungen ist dies jedoch unumgänglich. ALT schlägt zur Messung der Reziprozität folgende Indexbildung vor, die auf der Bedeutung der Beziehungen beruht: Unabhängig von der Art der ausgetauschten Leistung wird die Anzahl der Personen des egozentrierten Netzwerks in das Verhältnis zur der Personenanzahl gesetzt, die tatsächlich in den Tauschprozess involviert sind.[237] Alternativ kann auch der Grad der Ausgeglichenheit von sozialen Tauschbeziehungen zwischen Akteuren innerhalb einer Zeitperiode als Reziprozitätsmaß angesehen werden.[238] Dadurch besteht jedoch das Problem der zeitlichen Abgrenzung, was einer langfristigen Betrachtung widersprechen würde.

### Bürgerschaftliches Engagement

Der dritte Aspekt von Sozialkapital in der Sichtweise PUTNAMs ist die Strukturkomponente der Netzwerke bürgerschaftlichen Engagements,[239] die in den USA eine

Kapitels 3 werden die unterschiedlichen Reziprozitätsformen als Determinanten für unterschiedliche Vertrauenstypen erörtert, welches wiederum als Hauptaspekt des idealtypischen Handlungsprinzips der Kooperation fungiert.

235 Siehe hierzu die Abschnitte 5.1 und 5.3.

236 Vgl. PUTNAM (1993a), S. 172.

237 Vgl. ALT (1994), S. 202. Durch isolierte Betrachtungen in Abhängigkeit von den Leistungsbereichen können detailliertere Aussagen getroffen werden.

238 Vgl ALT (1994), S. 201-202.

239 Im deutschsprachigen Raum existiert der Oberbegriff „bürgerschaftliches Engagement“, der PUTNAMs *„civic engagement“* sehr nahe kommt.

weitaus bedeutendere Rolle spielten als in Europa.[240] Die Bezeichnung des „bürgerschaftlichen Engagements" ist äußerst unbestimmt.[241] Zudem ist zu klären, welche Tätigkeiten oder Strukturen nach PUTNAM für die Bildung von Sozialkapital in Frage kommen. Hauptkriterien sind sowohl horizontale Beziehungsstrukturen als auch Kooperationsbereitschaft. Bürgerschaftliches Engagement findet statt, wenn die Bedeutung des Gemeinwesens in das Bewusstsein seiner Mitglieder gerückt ist und wertgeschätzt wird; Handlungsrahmen ist die zivile Verfassung.[242]

Engagement ist der persönliche Einsatz, mit dem entschieden und aktiv für eine Sache bzw. ein Interesse eingetreten und sich freiwillig auf Aktivitäten eingelassen wird. Dieses Engagement umfasst verschiedene Tätigkeitsfelder: das „alte" und das „neue" Ehrenamt,[243] semiprofessionelle Tätigkeiten, Selbsthilfegruppen,[244] Bürgerinitiativen[245] sowie die genossenschaftliche Selbsthilfe.[246] Jedoch sind ebenso andere Kategorisierungen möglich.[247] Das Attribut „bürgerschaftlich"[248] schränkt diese Aufzählung

---

240 KATZ (1997) erklärt dies durch die besondere politische Philosophie der USA, in der private Aktivitäten stets Priorität vor staatlichen Maßnahmen haben. Dies bestätigen auch ANHEIER, SALAMON und ARCHAMBAULT (1997). Dadurch hat sich ein sehr breitgefächertes Stiftungswesen etabliert, das beinahe anachronistische Züge einer „primitiven Gesellschaft" im Sinne POLANYIS (1944) hat, in welcher Wohlhabende direkt und in öffentlicher Form Bedürftigen Ressourcen zukommen lassen.

241 Zu den Themenbereichen „bürgerschaftliches Engagement" und „Zivilgesellschaft" („*civil society*"), d.h. der Bewegung einer demokratischen Gesellschaft, in der die Bürger durch Selbstorganisation und vielfältige Mitwirkung Mitverantwortung tragen, existiert eine Vielzahl politphilosophischer Literaturquellen. Dies wird unten näher ausgeführt.

242 Vgl. WENDT (1996).

243 Beim „alten" oder „echten" Ehrenamt existieren Aktivitäten ohne direkte Gegenleistung. Dagegen stehen beim „neuen" Ehrenamt kompetenzgesteuerte Angebote nach individuellem Nutzen im Vordergrund. Dieses Engagement ist lediglich motiviert, entsprechende Tätigkeiten als Teil des eigenen biographischen Projekts zu machen. Individualisierungsrisiken bergen diese Handlungen in gleichem Maße wie reine Markttauschhandlungen. Vgl GUGGENBERGER (1980), S. 18-19.

244 Darunter sind Gemeinschaften zu verstehen, deren Mitglieder mit gleichartigen Problemen konfrontiert sind. Vgl GUGGENBERGER (1980), S. 18-19.

245 GUGGENBERGER (1980) beschreibt diese als „spontane, zeitlich begrenzte, organisatorisch lockere Zusammenschlüsse von Bürgern, die sich außerhalb der traditionellen Institutionen und Beteiligungsformen der repräsentativen Parteiendemokratie zumeist aus konkretem Anlass als unmittelbar Betroffene zu Wort melden". Vgl GUGGENBERGER (1980), S. 18-19.

246 Diese Kooperationsform bildet sich v.a. dann heraus, wenn sich durch den Zusammenschluss wirtschaftliche Vorteile ergeben. Vgl BROSCH (1995), S. 18-19.

247 Formen, bzw. Typen von bürgerschaftlichem Engagement können auch nach Interaktionsebene bzw. Reichweite in der Gesellschaft (privat, gruppenorientiert oder teilgesellschaftlich), nach der Netzwerkstruktur (individuell bzw. egozentriert, sektoral bzw. gruppenzentriert oder lokal bzw. gemeinwesenzentriert) sowie nach der Interessenebene (territorial, kategorial oder funktional) unterschieden werden. In dieser Kategorisierung setzt PUTNAM (1993a) seinen Schwerpunkt auf ein gruppenorientiertes, aber gleichzeitig gemeinwesenzentriertes und territoriales Engagement.

insofern ein, als dies lediglich jene Aktivitäten umschließt, welche die Gesamtheit der Bürger (*citizenry*) bzw. die Staatsbürgerschaft (*citizenship*) betrifft. Dies trifft auf Selbsthilfegruppen und die genossenschaftliche Selbsthilfe nicht zu. Hier steht nur der Vorteil einer bestimmten Gruppe im Vordergrund, wobei in hohem Maße die Gefahr der Gruppenabgrenzung nach außen besteht.[249] Das bedeutet, dass keine positiven externen Effekte existieren. Der entsprechende Koeffizient $e$ aus den Gleichungen (5) bis (9) ist demnach nicht größer als 1.

Das Einbringen in die Gemeinschaft sowie die Verpflichtungs- und Verantwortungsübernahme für andere sowie allgemeine Anliegen stehen im Vordergrund des bürgerschaftlichen Engagements.[250] Der konkrete individuelle Nutzen ist dabei zweitrangig. Die Existenz solcher Netzwerke ermöglicht es, entsprechende Motive in Handlungen umzusetzen. Diese Handlungen wiederum können direkte oder indirekte positive externe Effekte außerhalb des Netzwerks auslösen. Der dafür verantwortliche Koeffizient $e$ ist größer 1. Diese Netzwerkeffekte im weitesten Sinne erzeugen bei anderen Individuen die Voraussetzung für ein eigenes Engagement: die bürgerschaftliche Kompetenz. Sie beinhaltet sämtliche Eigenschaften, Fähigkeiten und Ressourcen, wie Kontaktfähigkeit, Kontaktbereitschaft, Wunsch und Wille, etwas zu bewegen oder zu verändern, Aufgeschlossenheit gegenüber Neuem sowie Flexibilität.[251]

An dieser Stelle überschneiden sich der PUTNAM'sche Ansatz und der politphilosophische Forschungskomplex der *civil society*,[252] auf den PUTNAM selbst sich lediglich rudimentär beruft, da dies seinem Ziel der Vereinfachung der Zusammenhänge

---

248 Der Bürgerschaftsbegriff kann auch mit „Zivil" gleichgesetzt werden, was soviel wie „sich öffentlich um (gemeinsame Angelegenheiten kümmern" bedeutet. Vgl. WENDT (1996)

249 BALKE und VON WEIZSÄCKER vertreten diese These allerdings nicht. Vgl. BALKE (1999) und VON WEIZSÄCKER (1990). Die meisten Selbsthilfegruppen arbeiten jedoch im Gesundheitsbereich und wirken dort sicherlich auf volkswirtschaftlicher Ebene kostensenkend. Dies ist jedoch keine hinreichende Voraussetzung für soziales Kapital.

250 Insbesondere wird der dargestellte Verpflichtungsaspekt im sozialkapitaltheoretischen Konzept von COLEMAN (siehe Unterabschnitt 2.3.4) eine zentrale Rolle spielen.

251 Vgl. UELTZHÖFFER (1996), S. 129. Dabei existieren jedoch auch Gefahren und Grenzen in Form einer Überforderung des Einzelnen, also einer Überschreitung der persönlichen Kapazität.

252 Die bedeutendsten Vertreter sind LOCKE (1690), der auf die *civil society* als Schutzraum des Individuums vor staatlicher Willkür abzielt; MONTESQUIEU (1748), der als „Vater der Gewaltenteilung" gilt und Institutionen und Organisationen in dieser Hinsicht mehr Effektivität als (tugendhaften) informellen Verhaltensweisen zuweist; TOCQUEVILLE (1835/1840), der die zivile Schulung der Bürger und die entsprechende Rekrutierung der politischen Eliten in Form von „freien Assoziationen" als Garanten eines freien Gemeinwesens fordert; sowie HABERMAS (1992), der für die Nutzung des öffentlichen Raums als Medium demokratischer Selbstreflexion in Form von Interessenartikulation und -aggregation verlangt.

ansonsten entgegenwirken würde. Jedoch versuchen einige Autoren[253] die Forschungszweige des *social capital* und der *civil society* zu verknüpfen, wobei das verbindende Element das bürgerschaftliche Engagement bildet, das in beiden Konzepten einen wesentlichen Bestandteil der theoretischen Basis darstellt.

Determinanten für den Aktivitätsgrad im Bereich bürgerschaftliches Engagement sind die gesellschaftliche Situation, die demographische Komponente,[254] die Veränderung der Familienstruktur (insbesondere die Auflösung traditioneller Bindungen, die sich in zunehmender Isolation des Einzelnen, aber auch in der Zunahme von Alleinerziehung zeigen, sowie die Zunahme der Frauenerwerbstätigkeit[255]), der Wertewandel in der Gesellschaft, der Verlust sinnstiftender Ideologien und Instanzen,[256] sowie die Pluralisierung von Lebenslagen und Individualisierung von Lebensführung.[257] Als weitere Einflussgrößen können die veränderte politische[258] und wirtschaftliche[259] Situation als auch sich ändernde Handlungsmotive[260] auf der Mikro-Ebene herangezogen werden.

### Konzeptuelle Vergleichbarkeit

In der schematischen Abbildung 2-3 ist erkennbar, dass PUTNAM mit seinen drei wesentlichen Aspekten des Sozialkapitals jeweils auch eine Handlungsebene des Drei-

---

253 Zu nennen sind hier u.a. MISHLER und ROSE (1995), HYDEN (1997), KENWORTHY (1997), MINKOFF (1997), WOOD (1997), SACCO und ZAMAGNI (1998). Aber es gibt ebenso Autoren, welche die Zivilgesellschaft als wesentlichen Faktor für die ökonomische Performanz erkennen, ohne den Forschungszweig der Sozialkapitaltheorie zu streifen. Dazu gehören u.a. PORTA und SCAZZIERI (1997 und 1998).

254 PUTNAM (1999; S. 64) nennt hierzu verschiedene demographisch-ökonomische Einflussgrößen, wie beispielsweise mehr Scheidungen und weniger Kinder.

255 Laut PUTNAM (1999; S. 63) sind insbesondere Frauen jene Personengruppe, die horizontale Beziehungen als Grundlage für soziales Kapital am intensivsten pflegen.

256 Vgl. HINTE (1998), S. 106. Hier verliert insbesondere die Kirche, die BOURDIEU dem kulturellen Kapital zurechnet, an Einfluss und Symbolhaftigkeit.

257 THIERSCH (1997) versteht darunter die Möglichkeiten zur eigenen Lebensgestaltung, die ihrerseits zwar Verantwortungsbewusstsein erzeugen, aber nicht in jedem Fall an die Allgemeinheit adressiert sind.

258 Neue politische Erfahrungshintergründe sowie die Übernahme von mehr und mehr Verantwortungsbereichen sind hier in erster Linie zu nennen.

259 Auswirkungen auf den Sozialkapitalbestand haben im besonderem Maße zunehmende Besitzstandsunterschiede, das allgegenwärtige Arbeitslosigkeitsproblem und auch das Wohlfahrtsstaat-Problem (beispielsweise die sinkende Initiative zur Institutionsbildung).

260 ETZIONI (1993; S. 150-153), UELTZHÖFFER (1996; S. 131-133) sowie WENDT (1996; S. 49) sind sich darüber einig, dass hierbei das Pflichtbewusstsein als Handlungsmotiv von eigennutzenorientierten Motiven wie Selbstverwirklichung, Identifikationssuche sowie Minderung des Mitleidgefühls oder schlechten Gewissens abgelöst wurden.

Ebenen-Systems anspricht. Auf der Makro-Ebene existiert vorwiegend die Reziprozitätsnorm. Die Netzwerke bürgerschaftlichen Engagements drücken bei PUTNAM eine strukturelle Komponente auf der Meso-Ebene aus, während der Vertrauensaspekt in PUTNAMs Sichtweise dagegen in erster Linie auf der Mikro-Ebene existiert. Das bedeutet, dass PUTNAM zwar auf allen drei Aggregationsebenen Aspekte des Sozialkapitals anspricht, aber die Wahl von jeweils nur einer Bestimmungsgröße pro Ebene deutet auf eine willkürliche Partialanalyse der sozialkapitaltheoretischen Zusammenhänge hin.

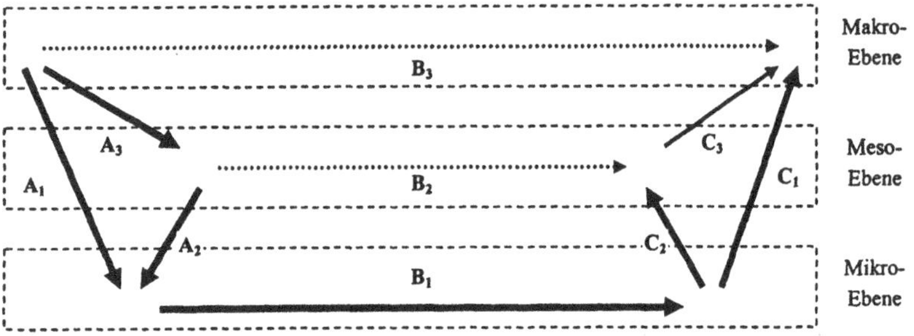


**Abbildung 2-3: Der empirische Ansatz im Drei-Ebenen-Modell**

Quelle: eigene Darstellung

Darüber hinaus ermittelt PUTNAM empirisch die Auswirkungen dieser sozialkapitaltheoretischen Aspekte auf die Performanz der öffentlichen Einrichtungen auf der Meso-Ebene ($C_2$), der Demokratie-Performanz und dem gesamtwirtschaftlichen Wachstum ($C_3$) auf der Makro-Ebene. Auch hierbei handelt es sich um ausgewählte Wirkungsvariablen. Dahingehend erscheint die PUTNAM'sche Konzeption in Abbildung 2-3 auf den ersten Blick umfassend. Allerdings ist die jeweilige Analyse sozialer Mechanismen unsystematisch und unvollständig. Darüber hinaus nimmt PUTNAM weder eine eindeutige, konkrete Verortung der Sozialkapitalentstehung vor noch expliziert er die Aggregationsebene des sozialen Mechanismus der Handlungsbildung ($B_1$, $B_2$ oder $B_3$).

**Interdependenzen und positive Rückkopplungen**

Die oben erörterten Interdependenzen zwischen den sozialkapitaltheoretischen Aspekten Vertrauen, Reziprozität und Netzwerken bürgerschaftlichen Engagements sowie die positiven *feedbacks* innerhalb der einzelnen Aspekte müssen zwangsläufig entweder zu einer Entwicklung hin zu einem hohen Bestand an Sozialkapital mit all seinen Konsequenzen für die politische und ökonomische Leistungsfähigkeit führen – oder zum Gegenteil. SCHELLING hat bereits im Jahr 1978 – und damit wesentlich früher als PUTNAM in seinen Frühschriften – ein derartiges Modell der kritischen Masse für den Vertrauensaspekt in Gemeinschaften erarbeitet.[261] Darüber hinaus ist zu klären, wie diese Wechselwirkungen und positiven Feedbacks aussehen. Sobald die genannten drei Aspekte des Sozialkapitals jeweils positive Wirkungen auf die anderen beiden und unter Umständen auch auf sich selbst haben, genügt ein kleiner positiver „Anstoß", um eine Entwicklung hin zum Gleichgewicht auf hohem Sozialkapitalniveau einzuleiten.[262] Zu berücksichtigen ist weiterhin, von welchem Niveau aus dieser Anstoß erfolgt. Je höher das Ausgangsniveau ist, desto wahrscheinlicher ist das Erreichen des positiven Gleichgewichts. Diese selbstverstärkenden Prozesse hat bereits BOURDIEU in seinem Ansatz zum Sozialvermögen beschrieben.[263] Sobald die Aspekte Vertrauen, Reziprozität und bürgerschaftliches Engagement jeweils positive Feedbacks bzw. selbstverstärkende Prozesse aufweisen und die Aspekte untereinander positive Wirkungszusammenhänge besitzen, existiert theoretisch gesehen ein derartiges Modell mit zwei Extremen als stabile Gleichgewichte. Dabei müssen notwendigerweise nicht alle Wirkungsbeziehungen positiv sein, einzelne indifferente Beziehungen sind ebenso denkbar wie relativ schwache negative Effekte.

Das generelle Vertrauen wirkt positiv auf sich selbst[264], auf die generelle Reziprozität[265] und auch auf die Partizipationsbereitschaft der Akteure in sozialen Vereinigungen.[266] Reziprozitätsnormen besitzen bereits nach ARISTOTELES ein positives Feedback. Er erkennt, dass der Bestand an Reziprozität durch die häufige Anwendung dieser Norm erhöht wird.[267] Außerdem beeinflussen sie sowohl Vertrauen[268] als auch

---

261 Vgl. SCHELLING (1978), S. 91-110.
262 Dabei ist die Prozessdauer vorerst nicht von Belang.
263 Vgl. BOURDIEU (1983) und siehe Unterabschnitt 2.3.1.
264 Vgl. COLEMAN (1988).
265 Vgl. LUHMANN (1971), KOLLOCK (1994) sowie MISZTAL (1996).
266 Vgl. MILL (1831) und TOCQUEVILLE (1835/1840).
267 Vgl. ARISTOTELES (1963).

Netzwerke bürgerschaftlichen Engagements. Ersteres jedoch nur, wenn die Norm der Reziprozität nicht strategisch-manipulativ zum Vorteil eines Einzelnen eingesetzt wird.[269] Netzwerke bürgerschaftlichen Engagements unterliegen nach PATEMAN einem selbstverstärkenden Prozess. PATEMAN ist davon überzeugt, dass Akteure *„learn to participate by participating"*.[270] Dies kann als spezielle Form des *learning by doing*-Konzepts angesehen werden, wie es bei ARROW und in der Neuen Wachstumstheorie angewendet wird.[271] Darüber hinaus unterstützen diese Netzwerke nach OSTROM die generelle Reziprozität.[272] Auch das Vertrauensniveau erhöht sich, da ein Netzwerk aus horizontalen Beziehungen erstens Informationen über die Vertrauenswürdigkeit anderer Mitglieder abgibt, zweitens die Vertrauensbildung durch gemeinsame Aktivitäten fördert[273] und drittens durch die Dauerhaftigkeit und Eingebundenheit – spieltheoretisch ausgedrückt – aus jeder Interaktion ein Mehrperiodenspiel macht, das die Tendenz des Defektierens einzelner Akteure reduziert.

Als Schlussfolgerung sind diese prinzipiell positiven Wechselwirkungen und Rückkopplungen ein Indiz für auf die Existenz zweier Entwicklungspfade, die umso schwieriger zu verlassen sind, je weiter man sich einem Gleichgewicht genähert hat. Sobald eine „kritische Masse" an Sozialkapital erreicht ist, ist es nahezu unmöglich, die Entwicklungsrichtung rückgängig zu machen. Die Kosten hierfür wären extrem hoch.[274]

Gleichzeitig wirft diese Sichtweise aber die Frage auf, wie der von PUTNAM beobachtete Rückgang von Sozialkapital in den USA zu erklären ist, wenn das Niveau dieser Kapitalform nach TOCQUEVILLE im 19. Jahrhundert so hoch war. Eine Erklärungsmöglichkeit ist in der Unterscheidung zwischen Vertrauensniveau personeller und institutioneller Art zu suchen. Aufgrund der zunehmenden Arbeitsteilung und Komplexität der sozialen Strukturen und Handlungen ersetzt das Vertrauen in (meist formale) Institutionen das interpersonelle Vertrauen, da mehr und mehr Tauschhandlungen unpersönlich stattfinden. Institutionelles Vertrauen hat aber nicht dieselben positiven Wirkungen auf sich selbst und auf Reziprozitätsnormen und Netzwerke bürgerschaftlichen Engagements wie persönliches Vertrauen.

---

268 Vgl. GOULDNER (1984).

269 Vgl. BIERHOFF und BUCK (1984), S. 3.

270 PATEMAN (1970), S. 105.

271 Siehe u.a. ARROW (1962).

272 Vgl. OSTROM (1990), S. 206.

273 Siehe hierzu Abschnitt 3.3, in dem Vertrauen als Grundlage des idealtypischen Handlungsprinzips der Kooperation erörtert wird.

274 Empirisch unterstreicht dies PUTNAM mit dem Vergleich Nord- und Süditaliens.

Darüber hinaus sind positive Vertrauensnetze durch eine höhere Stabilität gekennzeichnet als das institutionelle Vertrauen. Durch die ausschließliche Existenz institutionellen Vertrauens ist sogar ein selbständiges Absinken des Sozialkapitalbestands jenseits der vermeintlich kritischen Masse denkbar.[275]

**Fazit**

Nach dieser ausführlichen Erörterung des empirischen Ansatzes, in dessen Mittelpunkt PUTNAM steht, sowie der konsequenten Einbindung sachlich und inhaltlich angrenzender Überlegungen wird diese Konzeption im Folgenden kritisch gewürdigt:

PUTNAMs Verdienst besteht zunächst darin, die sozialkapitaltheoretischen Zusammenhänge in das wissenschaftliche Rampenlicht zu stellen. Aufgrund seiner diskussionswürdigen Thesen beschäftigt sich eine große Zahl von Politologen, Rechtswissenschaftlern, Philosophen, Soziologen und auch Ökonomen zum Teil sehr kritisch mit diesem umfassenden Problemfeld. Zunächst werden kritische Einwendungen hinsichtlich der empirischen Methode dargestellt. Anschließend folgen die theoretische Kritikpunkte, die zum Teil gleichzeitig Modellerweiterungen beinhalten.

Die **Kritik an den empirischen Methoden** lassen sich in drei Bereiche gliedern: (a) Datengrundlage bzw. Messung, (b) Datenerfassung und (c) direkte Schlussfolgerungen.

(a) BANKS kritisiert die zu **enge Datengrundlage** in kategorischer Hinsicht. In den USA nehmen die sozialen Aktivitäten in großen Organisationen zwar ab. Insofern wird PUTNAMs These bestätigt. Jedoch nehmen Aktivitäten in kleinen Gruppen (bis zehn Personen; *mutual aid groups*) zu. Die *mutual aid groups* ersetzen darüber hinaus bis zu einem gewissen Grad Familienaktivitäten. Obwohl sich die Struktur von Sozialkapital so wohl ändert, muss der Bestand deshalb jedoch nicht zwangsläufig sinken.[276] Zudem entsteht seit etwa 1970 eine Vielzahl neuer zivilbürgerlicher Organisationen, die so genannten *special agenda organizations*. HUNTER schätzt ihre Zahl auf ungefähr 3000.[277] Demnach hat die Variable $N$ aus den Gleichungen (1) bis (5) stark zugenommen. *Ceteris paribus* dürfte damit der Sozialka-

---

275 Damit ist Sozialkapital, schließt man das Vertrauen in formale Institutionen mit ein, eine Größe, die politisch beeinflussbar ist.

276 Vgl. BANKS (1997), S. 31.

277 Vgl. HUNTER (1997), S. 44. Dazu gehören beispielsweise Friedens-, Umwelt- und Bürgerrechtsgruppen, aber auch Homosexuellen- und Konsumenten-Interessengruppen.

pitalbestand in den USA nicht gesunken, sondern gestiegen sein. Zudem bleiben informelle Treffpunkte wie Kaffeebars und Bistros unberücksichtigt.[278]

Einen Einwand zur qualitativen Datengrundlage, der qualitativen Bewertung der Vereinigungen, nennt FUKUYAMA. Insbesondere die für PUTNAM relevanten Gruppen, in denen vorwiegend horizontale Beziehungen existieren, sind nicht in einem Markt im engen ökonomischen Sinn involviert. Damit besteht auch keine marktliche Bewertung dieser Vereinigung als Ganzes, die als Grundlage für einen gemeinsamen Qualitätskoeffizienten, wie in den Gleichungen (5) und (10) dargestellt, gelten könnte. Eine derartige Bewertungsmethode ist lediglich bei Unternehmungen sinnvoll, wobei der Übernahmepreis einer Organisation, wie beispielsweise einem Unternehmen, zumeist über der Summe des physischen und finanziellen Kapitalwertes liegt. Diese Differenz abzüglich des Markenwerts ist nach Ansicht FUKUYAMAs der Wert des Sozialkapitalbestands eines Unternehmens.[279] Allerdings müsste hierbei zusätzlich der Humankapitalbestand berücksichtigt werden. Zur Messung der Determinanten und der Wirkungsgrößen von Sozialkapital weist TARROW auf die Willkür der Operationalisierung hin; inwieweit beispielsweise die politische Leistungsfähigkeit in Form einer effektiven Verwaltung ein Indikator für die Qualität der Demokratie ist, bleibt fraglich.[280]

(b) Die Datenerfassung ist die zweite Säule der **Kritik an der empirischen Vorgehensweise** von PUTNAM. Generell besteht bei empirischen Erhebungen in Form von Befragungen die Gefahr, dass sowohl die Art der Fragestellung als auch strategische Antworten von Seiten der Interviewten das Ergebnis verzerren. Insbesondere ist die Annahme der Homogenität der egozentrierten Vertrauensbeziehungen, die PUTNAMs „Vertrauensfrage" impliziert, nicht realistisch. Das Phänomen verschiedener sozialer Vereinigungen mit ähnlichen, aber doch unterschiedlichen Normen schließt diese Fragestellung aus. Sie müsste daher differenzierter gestellt werden.[281]

---

278 Dieses Versäumnis von PUTNAM liegt unter Umständen an seiner Eingebundenheit in die amerikanische Kultur, in der Marktplätze als historische Treffpunkte nicht oder nur kaum existieren, wie dies in europäischen, insbesondere südeuropäischen Gesellschaften seit Jahrhunderten der Fall ist.

279 Dieser Bewertungsvorschlag stammt von FUKUYAMA (2000), S. 12. Auf gleiche Weise vernachlässigt PUTNAM virtuelle Gemeinschaften, die durch das Internet möglich sind, sowie deren Auswirkungen auf den Sozialkapitalbestand. Siehe hierzu SCHECHLER (1998) sowie insbesondere Kapitel 4.

280 Vgl. TARROW (1996).

281 Siehe auch einen ähnlichen Einwand von FUKUYAMA (2000), S. 12.

(c) **PUTNAMs Schlussfolgerungen** aus korrelierenden Daten auf Ursache-Wirkungs-Zusammenhänge ist grundsätzlich zu kritisieren. PUTNAM erkennt in seinen italienischen Studien eine signifikante Korrelation zwischen dem Vertrauensniveau und der Anzahl von horizontalen, sozialen Vereinigungen auf der einen Seite und der Effizienz von Regierungshandeln auf der anderen Seite. Daraus schließt er auf einen Ursache-Wirkungs-Zusammenhang, wobei die politische Performanz die Wirkung darstellt. LEVI kritisiert zu Recht, dass der Staat bzw. staatliche Instanzen beispielsweise auf das Vertrauensniveau einwirken können.[282] Dies wird von FUKUYAMA sowie YAMAGISHI und YAMAGISHI auf unterschiedlichste Weise konkretisiert: Während die letztgenannten Autoren auf die Funktion des Staates aufmerksam machen, in Form staatlicher Instanzen und Institutionen das fehlende interpersonelle Vertrauen zwischen Fremden zu ersetzen,[283] stellt FUKUYAMA dauerhafte zentralistische Politikstrukturen als Hauptursache für fehlendes generelles Vertrauen in einer Volkswirtschaft fest.[284]

Ein weiterer Kritikpunkt betrifft die Übertragung der Sozialkapitalstudien in den USA und in Italien auf andere Staaten, Volkswirtschaften bzw. Kulturen. Abhängig von ihrer historischen Entwicklung sind in verschiedenen Gesellschaften formale und informelle Institutionen auf unterschiedlichste Weise miteinander verknüpft und vermengt. Je stärker entsprechende Überschneidungen sind, umso schwächer ist das Substitutionsverhältnis zwischen gesellschaftlich informellen und staatlich-rechtlichen Normen. Dadurch müssen nicht nur die theoretischen Zusammenhänge des Sozialkapitalkonzepts, sondern auch die empirischen Datenerhebungen angepasst werden. Beide Ebenen können nicht ohne weiteres auf unterschiedliche politische Kulturen angewendet werden. Die US-amerikanische Kultur gründet sich beispielsweise auf ideologisch-religiöse Institutionen,[285] wobei es bis in die jüngere Vergangenheit keine ideologische Vielfalt gab.[286] In den meisten europäischen Staaten steht hingegen die Nation im Vordergrund der Staaten-

---

282 Vgl. LEVI (1996), S. 50.

283 Vgl. YAMAGISHI und YAMAGISHI (1994).

284 Vgl. FUKUYAMA (1995). Auf diese Ursachenerkennung wird im weiteren Verlauf der Untersuchung noch mehrmals einzugehen sein.

285 Vgl. HOFSTADTER (1962), S. 43.

286 Vgl. LIPSET (1998), S. 31. Als amerikanische Werte gelten die individuelle Freiheit, Chancengleichheit, konstitutionelle Demokratie, Privateigentum, Wettbewerb sowie Unternehmertum. LEIPOLD (2000; S. 21) nennt hierzu bekannte Vertreter, die diese im gesamten Verlauf der US-amerikanischen Geschichte beobachten, so dass sich eine historische Verfestigung dieser Werte begründen lässt: CRÈVECOEUR (1782), TOCQUEVILLE (1831), WEBER (1972), SOMBART (1906) sowie MYRDAL (1944).

bildung, während mehrere Ideologien nebeneinander existieren. Die ideologische Homogenität in den USA wird jedoch seit dem vermehrten Aufkommen der bereits genannten *spezial agenda organizations* seit Beginn der siebziger Jahre empfindlich gestört. Hier sammeln sich Anhänger einer progressiv-liberalen Einstellung, die sich kontrovers zur traditionell-religiösen Wertvorstellung verhält.[287] HUNTER spricht in diesem Zusammenhang von einem „Kulturkrieg“.[288] Dieser kann den gesellschaftlichen Konsens auf der Makro-Ebene schwächen.[289] Damit nehmen zwar die sozialen Vereinigungen quantitativ (Variable $N$) und auf der Meso-Ebene qualitativ (Qualitätskoeffizienten $\beta_1$, $\beta_2$ und $\beta_3$ aus Gleichung (10)) zu, jedoch sinkt der Koeffizient $e$, der die externen Effekte ausdrückt, unter den Wert 1. Das bedeutet, dass PUTNAMs These der Reduzierung des Sozialkapitalbestands in den USA korrekt ist. Seine Studien basieren jedoch auf der Datengrundlage und der Vernachlässigung ideologischer Tendenzen auf der Makro-Ebene.

Derartige Zusammenhänge zwischen quantitativen und qualitativen Determinanten auf den verschiedenen Ebenen einer Volkswirtschaft lassen sich in dieser Form nicht ohne Weiteres verallgemeinern bzw. auf andere polit-gesellschaftliche Regionen übertragen.[290] Hierzu ist es sinnvoller, sich auf Mechanismen und Verhaltensweisen sowie deren Zusammenhänge zu konzentrieren, die unabhängig von den landesspezifischen Rahmenbedingungen und Tendenzen sind. COLEMAN versucht in seinem *rational choice*-Ansatz diese Voraussetzung für einen allgemeineren Ansatz zu erfüllen.

PUTNAMs Ansatz ist letztlich eine überwiegend strukturelle Betrachtung der sozialen Beziehungen und Netzwerke. Zwar beschreibt er in seinen Schriften Verhaltensweisen, wie reziproke Handlungen. Jedoch erfahren Verhaltensmuster in den empirischen Erhebungen seiner Studien lediglich eine untergeordnete Bedeutung. FUKUYAMA nähert sich in seinem Ansatz bereits Flussgrößen als Sozialkapitaldeterminanten, indem er Reorganisationsprozesse als positive Ausprägungen dieser Kapitalform beschreibt. COLEMAN stellt die Verhaltensmuster der einzelnen Akteure in den Mittelpunkt der Zusammenhänge zur Bildung von Sozialkapital.

---

287 Vgl. LEIPOLD (2000), S. 27.

288 HUNTER (1991)

289 Die verhärteten Fronten während und nach der Präsidentenwahl des Jahres 2000 lassen erahnen, inwieweit diese Spaltung die zentralen Wertvorstellungen der US-Bürger betrifft. LÖSCHE (1989; S. 46-48) spricht in diesem Zusammenhang bereits von einem gesellschaftlichen Segmentierungsprozess.

290 Für Deutschland beispielsweise sind die spezifischen Rahmenbedingungen und historischen Entwicklungen in beiden Landesteilen vor und nach der Wiedervereinigung zu berücksichtigen.

Die **Kritikpunkte auf der Theorieebene** lassen sich in vier Bereiche gliedern: (a) grundsätzliche Annahme eines Menschenbildes, (b) Definition und Aspekte des Phänomens Sozialkapital, (c) Wirkungsweise sowie (d) Entwicklung dieser Kapitalform.

(a) LEVI ist einerseits eine Bewunderin von PUTNAMs Italienstudie *„in the praise of its empirical richness and theoretical interest"*.[291] Gleichzeitig ist sie eine seiner härtesten Kritiker. Zunächst bemängelt sie PUTNAMs **positiv-romantisches Menschenbild**, das er insbesondere in den Thesen über lokale Gemeinschaften bzw. Lokalregierungen einfließen lässt.[292] Er scheint demnach zu vernachlässigen, dass auch diese Teil eines Staatsapparates sind, der – um es in den Worten von NORTH auszudrücken – sowohl der wesentliche Faktor für ökonomisches Wachstum als auch für wirtschaftlichen Niedergang ist.[293] Gleichzeitig sind dichte soziale Netzwerke, wie Nachbarschaftsbeziehungen, nicht nur Quelle der Vertrauensbildung, sondern auch mögliche Ursache für interpersonelles Misstrauen.[294] Empirische Unterstützung erhält LEVI von den Studien GRANOVETTERs, der als Ursache für positive Beschäftigungseffekte auf der Mikro-Ebene nicht dichte Netzwerke oder starke soziale Beziehungen, sondern die *weak ties* ausmacht.[295]

(b) Die **Kritikpunkte zum Sozialkapitalbegriff und der Struktur** dieser Kapitalform sind ebenso vielfältig, da sie einerseits das Phänomen samt seinen Merkmalen als Ganzes angreifen als auch die einzelnen Aspekte des Sozialkapitals PUTNAMs betreffen. So verwundert es CUSACK, dass PUTNAM den Sozialkapitalbestand gleichmäßig über die Bevölkerung oder zumindest innerhalb sozialer Gruppen verteilt, und nicht der in den sozialwissenschaftlichen Disziplinen weitgehend anerkannten besonderen Betrachtung der Eliten Rechnung trägt.[296] Diese Vernachlässigung führt zum einen zu einer vollständigen Ignoranz der Ungleichverteilung von (sämtlichen) Ressourcen(-arten) und damit Macht und hierarchischen Beziehungen sowie andererseits zur Nichtberücksichtigung der Bedeutung von Eliten in Gruppenbildungs- und Entscheidungsprozessen.

---

291 LEVI (1996), S. 45

292 Vgl. LEVI (1996), S. 51.

293 Vgl. NORTH (1981), S. 20.

294 Vgl. LEVI (1996), S. 51.

295 Auf GRANOVETTERs (1973 und 1974) Erklärungsansatz der Beschäftigungsfindung durch schwache Beziehungen wird in Unterabschnitt 5.2.1 einzugehen sein.

296 Vgl. CUSACK (1997), S. 5.

LEVI vertritt weiter die These, dass PUTNAMs Modell exogene Größen enthält, was als unbefriedigend erachtet wird. So werden weder die Herkunft[297] noch die Arten und die Definition des wichtigsten Aspekts von Sozialkapital, dem Vertrauen, geklärt. COLEMAN analysiert dagegen diese Zusammenhänge sehr detailliert.[298]

Darüber hinaus besteht ein Widerspruch in PUTNAMs Argumentationsweise, dass er auf der einen Seite soziale Netzwerke mit horizontalen Beziehungen als sozialkapitalfördernd beschreibt, gleichzeitig jedoch funktionierende Familien als Quelle dieser Kapitalform fordert. Dabei sind in der Regel Familien durch vertikale soziale Beziehungen gekennzeichnet.

(c) **Auf theoretischer Ebene** sind die von PUTNAM behandelten Wirkungsweisen jenes Untersuchungsgebiet, das Vertreter der Sozialkapitalkonzepts für Weiterentwicklungen des PUTNAM'schen Ansatzes nutzen. Hier sind insbesondere die Frage des kollektiven Handelns und die Wirkungszusammenhänge zwischen den Determinanten, auf der Meso-Ebene zwischen verschiedenen Gruppen und den dazugehörenden externen Effekten sowie die Frage nach der generellen positiven Wirkung von Sozialkapital zu nennen.

Zwar deutet PUTNAM an, dass Sozialkapital als öffentliches Gut sämtliche Problemfelder der kollektiven Handelns nach sich zieht, wesentlichen Einfluss auf die theoretische Erklärung der Wirkungszusammenhänge haben die entsprechenden Merkmale jedoch nicht.[299] So spielt für PUTNAM nicht die Gruppengröße als Determinante für effektives, kollektives Handeln,[300] sondern die Zahl der sozialen Verbände bzw. die Anzahl der Mitgliedschaften in diesen Verbänden innerhalb einer bestimmten Region eine Rolle. Ebenso ignoriert PUTNAM, dass Asymmetrien innerhalb der relevanten Gruppe ein Hemmnis für eine effiziente Handlungsperformanz darstellen können.[301] Er weist lediglich auf die Gefahr der Unterversorgung von Sozialkapital als öffentliches Gut hin.[302] Zudem ist bei PUTNAM die

---

297 Zudem existiert eine Vertrauensbeziehung bei PUTNAM lediglich in nicht-hierarchischen Beziehungen, obwohl die hierarchische, primäre Familienstruktur als wesentliche Quelle für die Fähigkeit zur Vertrauensvergabe gilt. Vgl. SCHWEER und THIES (1999), S. 28. Darüber hinaus sind Vertrauensbeziehungen auch von höchster Relevanz für die Performanz von ökonomischen und politischen Organisationen. SCHWEER und THIES (1999; S. 134-152) untersuchen die Determinanten für den notwendigen Vertrauensaufbau. Siehe hierzu Abschnitt 3.3.

298 Siehe insbesondere die Unterabschnitt 2.3.4 und Abschnitt 3.3.

299 Vgl. PUTNAM (1993b), S. 39-39. Demnach kann sich kein Individuum Sozialkapital allein aneignen.

300 Vgl. OLSON (1965).

301 Vgl. OLSON (1965), S. 35.

302 Vgl. PUTNAM (1993b), S. 39. COLEMAN geht hierauf in seinem Ansatz detaillierter ein.

Unterscheidung zwischen Clubgut und öffentlichem Gut nicht zu erkennen. Sozialkapital auf der Meso-Ebene ist ein Clubgut, das sich eine bestimmte Gruppe aneignen kann, und von deren Nutzung bestimmte sozialen Gruppen ausgeschlossen werden können. Jedoch handelt es sich hierbei nicht um ein öffentliches Gut auf der Makro-Ebene.[303]

Der nächste Kritikpunkt knüpft an der klaren Differenzierung der Aggregationsebenen an. In PUTNAMs Ansatz wird nicht deutlich, auf welcher Ebene letztlich das soziale Kapital und seine Entstehung zu verorten ist. In der Regel bezieht er sich im Hinblick auf die Wirkung auf die Makro-Ebene. Seine Ausführungen zeigen jedoch, dass er das Sozialkapital als Aggregat der verschiedenen sozialen Verbände ansieht.[304] Die Meso-Ebene kann zwar unter Berücksichtigung externer Effekte weitestgehend erfasst werden, dennoch gibt es auch Gruppen, die sich bewusst gegen die Ziele der übergeordneten (Makro-)Ebene richten, wodurch die sozialkapitaltheoretischen Wirkungen unterbrochen werden.[305] Daraus ergibt sich einerseits die Kritik der unvollständig durchdachten Aggregationsproblematik und andererseits besteht in diesem Zusammenhang stets die Frage der Ebenenzuordnung des Sozialkapitals. Sobald Sozialkapital auf der Makro-Ebene funktional definiert ist, existiert die Gefahr der Tautologie.[306] Aus ökonomischer Sicht ist es ein argumentativer Zirkelschluss, Sozialkapital ergebnisorientiert zu definieren und danach die Wirkungsmechanismen dieser Kapitalform auf ökonomische Größen zu untersuchen. PUTNAM lässt diese Frage (vielleicht bewusst) offen.

(d) Schließlich wird die Darstellung der **historischen Entwicklung**, bzw. die Pfadabhängigkeit, die in gewissem Maße auch an Überlegungen bei BOURDIEU erinnert,[307] im Konzept PUTNAMs kritisiert. Er wählt die historische Phase des Mittelalters als prägende Anfangssituation für den heutigen Entwicklungsstand Italiens, wobei die geopolitische und soziokulturelle Struktur der Stadtstaaten Norditaliens im Vordergrund steht. Dies ist nach TARROW willkürlich und beschönigend, da beispielsweise die historische Phase des Faschismus in Italien nicht berücksichtigt wird.[308] Die daraus resultierende Argumentation der Pfadabhängigkeit mag theoretisch richtig sein, doch sind neben einem willkürlich gewählten

303 Siehe hierzu auch die Ausführungen in den Abschnitten 5.1 und 5.3.
304 In Abschnitt 3.5 wird die Aggregationsproblematik der Sozialkapitaltheorie erörtert.
305 Vgl. PORTES und LANDOLT (1996), S. 20-21 und siehe auch Abschnitt 3.4.
306 Vgl. HAUG (1997) sowie zu der hierbei gestellten Frage, inwieweit Sozialkapital stets positiv zu bewerten ist: IMMERFALL (1999).
307 Vgl. Unterabschnitt 2.3.1.
308 Vgl. TARROW (1996).

Startdatum dieser Entwicklung auch die Auswahl der „sich vererbenden“ Merkmale, Strukturen und Mechanismen im BOURDIEU'schen Sinne willkürlich.[309] Andere Kritiker sprechen in diesem Zusammenhang schlicht von einer Überbewertung der Vergangenheit.[310] Darüber hinaus werden die Auswirkungen von aktuellen Regierungsmaßnahmen bzw. dem Verhältnis der Akteure zu bestehenden Regierungen vernachlässigt.[311]

Aus diesen zahlreichen Kritikpunkten folgt, dass PUTNAMs Untersuchungen und Erklärungskonzepte durch willkürliche Annahmen über Indikatoren und Wirkungszusammenhänge sowie der lediglich empirisch begründeten Auswahl von Aspekten des Sozialkapitals und die daraus abgeleitete Sozialkapitaltheorie einer generellen wissenschaftlichen Überprüfung nicht standhalten. Deshalb kann dieses **vereinfachende Sozialkapitalkonzept** auch in Verbindung mit diversen Weiterentwicklungen von Schülern PUTNAMs nur als Bündel von Vorüberlegungen für eine weitere Forschung zur politischen und insbesondere zur ökonomischen Relevanz von Sozialkapital gelten. PUTNAMs Leistung – dies betont er auch selbst – liegt vor allem in der Verbreitung des sozialkapitaltheoretischen Forschungszweigs, in dessen Rahmen sich in der Folge seiner Untersuchungen eine Vielzahl von Wissenschaftlern aus den verschiedensten Fachbereichen beteiligt haben.

Somit bedeutet die Kritik am empirischen Ansatz der Sozialkapitaltheorie eine Gratwanderung der Bewertung zwischen der Leistung, den Ansatz in der Wirtschaftstheorie bekannt zu machen, und der generellen Aufweichung des Sozialkapitalbegriffs und des sozialkapitaltheoretischen Inhalts.

### 2.3.3 Der kulturökonomische Ansatz: spontane Soziabilität

Der kulturökonomische Ansatz, in dessen Zentrum FUKUYAMA als bedeutendster Vertreter steht,[312] ist in vieler Hinsicht mehr als nur eine einfache Weiterentwicklung der PUTNAM'schen Sichtweise. Vielmehr besteht eine komplementäre Beziehung zwischen dem empirischen und dem kulturökonomischen Ansatz der Sozialkapitalthe-

---

309 Vgl. GOLDBERG (1996).
310 Vgl. LEVI (1996), S. 46 und LENCI (1997), S. 28.
311 BREHM und RAHN (1997; S. 1002) betonen dies in ihrem Strukturmodell.
312 Siehe FUKUYAMA (1995).

orie. FUKUYAMA konzentriert sich dabei auf einen zentralen Aspekt des Sozialkapitals: die spontane Soziabilität.[313] Darunter wird die Fähigkeit der gesellschaftlichen Akteure verstanden, außerhalb der eigenen Familienstrukturen Gruppen zu bilden und diese zu reorganisieren. Dies können soziale Verbände unterschiedlicher Größe, Zusammensetzung, Zielsetzung und Hierarchiegrades sein.[314] Hierdurch erweitert FUKUYAMA die PUTNAM'sche Bemessungsgrundlage des Sozialkapitals, denn PUTNAM konzentriert sich lediglich auf horizontale Unterstützungs- und Engagement-Netzwerke. In FUKUYAMAs Konzept steht die spontane Gemeinschaftsfähigkeit im Mittelpunkt der zu erklärenden Wirkungskette, an dessen Beginn die kulturellen Rahmenbedingungen und an dessen Ende makroökonomische Variablen stehen. Hauptdeterminante für die spontane Soziabilität ist das Niveau des generellen Vertrauens in einer Gesellschaft. Diese Determinante stellt ein verbindendes Element der theoretischen Ansätze von FUKUYAMA, PUTNAM und COLEMAN. Des Weiteren steht in FUKUYAMAs Überlegungen – wie auch bei BOURDIEU und PUTNAM – die historische Entwicklung als eine der wichtigsten Einflussgrößen im Vordergrund, wobei die Sichtweise eine abstraktere als die von PUTNAM ist. Auf diese Weise wird der Kritik der Willkür bei der Wahl und der Bewertung historischer Ereignisse und Phasen entgegengewirkt.

FUKUYAMAs Ansatz wird in der Literatur vielfach als **Gegenpol** zu und als Reaktion auf PUTNAMs Konzeption gesehen, da er die Makro-Ebene in Form von kulturellen Bedingungen und kulturabhängiger Politik als Ursache und nicht als Wirkungsebene modelliert. Jedoch existieren zwischen diesen Konzepten neben kontroversen auch komplementäre Beziehungen. Eine Gemeinsamkeit besteht in der Erkenntnis, dass in der Familie bzw. Familienstruktur die Quelle für die Bildung von Sozialkapital zu finden ist, da diese Primärinstitution sowohl für die Sozialisierung der Akteure am prägendsten ist als auch die Vielzahl von komplexen Institutionen einer zivilen Gesellschaft letztlich auf den kulturellen Strukturen der Familie aufbaut.[315] Der abstrakte Faktor Kultur als Einflussgröße für prinzipielle Familienstrukturen ist nach FUKUYAMA jedoch im PUTNAM'schen Ansatz zu wenig berücksichtigt. Gleichzeitig hebt er den Vertrauensaspekt als direkte Determinante von sozialem Kapital im Vergleich zu den Größen Reziprozität und bürgerschaftliches Engagement in PUT-

[313] Bei LOWE (1937) finden sich bereits mit dem Begriff der *spontaneous confirmity* analoge Gedankengänge, die jedoch weniger auf die ökonomische Leistungsfähigkeit einer Volkswirtschaft abzielen, sondern eher die Stabilität einer Gesellschaft durch die Balance zwischen privater und öffentlicher Freiheit als Untersuchungsgegenstand besitzen.

[314] Vgl. FUKUYAMA (1995), S. 27.

[315] Vgl. FUKUYAMA (1995), S. 18-19. Zur wirtschaftlichen Relevanz der Familie siehe auch BURGHARDT (1979).

NAMs Ansicht deutlich hervor. Er modifiziert somit die Wirkungszusammenhänge auf der Seite der Determinanten. In der Sprache späterer Modelle, insbesondere des Drei-Ebenen-Modells, verbessert und vertieft er die Sichtweise des Makro-Meso-Mechanismus. Auch in dieser Hinsicht ist der kultur-historische Ansatz eine Art Zwischenschritt von der Sichtweise des empirischen Ansatzes hin zu einer ganzheitlichen Betrachtung. Auf der Wirkungsseite des Sozialkapitals konzentriert sich FUKUYAMA auf den ökonomischen Bereich, wobei er die Industriestruktur eines Landes als Zwischenvariable einführt.

### Kultur als Wirtschaftsfaktor

Grundsätzliche Annahmen in FUKUYAMAs Erklärungsansatz sind zum einen, dass die Kultur[316] einen stärkeren Einfluss auf das Vertrauensniveau hat als Ideologien,[317] und zum anderen, dass sich hinsichtlich der Methodik FUKUYAMAs ein sogar messbarer Zwischenschritt vom empirischen Ansatz PUTNAMs mit zivilgesellschaftlichen Zügen hin zum *rational choice*-Ansatz von COLEMAN ausmachen lässt, den FUKUYAMA selbst quantifiziert. So bewertet er den neoklassischen Ansatz als zu 80 Prozent korrekt, womit er eine Vernachlässigung des gesellschaftlichen Rahmens verdeutlichen will, in den das wirtschaftliche Handeln eingebettet ist.[318] So können kulturabhängige Verhaltensmuster und Gewohnheiten sowie die gesellschaftliche Moral in Wirtschaftsprozessen nicht unberücksichtigt bleiben.[319] Eine zivile Gesellschaft besteht aus einer komplexen Institutionenstruktur, zu der FUKUYAMA neben Vereinigungen, Wohltätigkeitsorganisationen und Kirchen auch Unternehmen, Verbände und Gewerkschaften zählt. Doch das primäre Instrument zur kulturellen Sozialisierung bildet die Familie. Der Grund hierfür liegt erstens in der familienstrukturellen Basis der Institutionen und zweitens in der Sozialisierungsaufgabe der Familie.[320] Eine für die Sozialisierung und effiziente Wirtschaftsprozesse vorteilhafte Familienstruktur kann jedoch nicht staatlich verordnet werden. Sie hängt von den kulturellen Gegeben-

316 Unter Kultur versteht FUKUYAMA (1995; S. 34) jene Bedeutungen, Symbole, Werte und Ideen, die in der Religion und Ethik eingebettet sind.

317 FUKUYAMA baut damit auf Untersuchungen von HUNTINGTON (1994) auf.

318 Neben FUKUYAMA hat es insbesondere ADAM SMITH sehr gut verstanden, die Einbettung des ökonomischen in das soziale Leben darzustellen. Kaum eine ökonomische Aktivität kann auf das soziale Zusammenspiel von Menschen verzichten. Vgl. FUKUYAMA (1995), S. 14.

319 Vgl. FUKUYAMA (1995), S. 13.

320 Vgl. FUKUYAMA (1995), S. 18.

heiten ab, insbesondere von Verhaltensweisen, Gewohnheiten und Moral,[321] sowie nicht zuletzt vom BOURDIEU'schen Vererbungsmechanismus.[322]

Die komplementäre Beziehung zwischen den beiden Sozialkapitalansätzen von PUTNAM und FUKUYAMA besteht darin, dass letzterer einerseits die kultur-historischen Ursachen für die **Familienstruktur** als bedeutenden Sozialkapitalfaktor und andererseits die industrielle Struktur in einer Volkswirtschaft als Zwischenvariable in der Wirkungskette von Sozialkapital auf die wirtschaftliche Leistungsfähigkeit in die Sozialkapitaltheorie einführt und näher untersucht. Als ökonomische Zielgröße auf der Makro-Ebene nennt FUKUYAMA in erster Linie die Wettbewerbsfähigkeit einer Volkswirtschaft, die in der Gegenwart die zentrale Determinante für den gesellschaftlichen Wohlstand ist. Aber damit zusammenhängend sind die makroökonomischen Größen Beschäftigung und Wachstum von Bedeutung, die stets durch den Effizienzfaktor einer Ökonomie beeinflusst werden.[323] Gegenwärtige Familienstrukturen und das daraus resultierende generelle Vertrauensniveau sind nach FUKUYAMA das Ergebnis einer Entwicklung über Generationen hinweg. Die kulturellen Rahmenbedingungen eines Landes oder einer Region bestimmen moralische Verhaltensnormen und reziproke Verpflichtungen in dieser Gesellschaft. Und diese sind wiederum für das generelle Vertrauensniveau verantwortlich, d.h. für das Vertrauen zwischen Akteuren, die nicht demselben Familienverband angehören. Dieses inhärente Vertrauen einer Gesellschaft ist für die Bildung von sozialen Verbänden, Organisationen und Gemeinschaften verantwortlich – und nicht explizite Regeln.[324] Diese Fähigkeit zur Reorganisation nennt FUKUYAMA die spontane Soziabilität. Die These, dass diese Größe eine Unterform des Sozialkapitals darstellt, bezieht sich auf eine Definition von COLEMAN in einem Artikel über die bildungstheoretischen Auswirkungen von Sozialkapital, in der Sozialkapital als Fähigkeit zur Zusammenarbeit für gemeinsame Ziele in Gruppen und Organisationen erklärt wird.[325]

FUKUYAMA untersucht – in gleicher Weise wie PUTNAM – drei Bereiche seines Theoriegebäudes: die Wahl und die Beobachtung der Indikatoren, die Zusammenhän-

---

[321] Vgl. FUKUYAMA (1995), S. 4-5. GARY S. BECKER (1996; S. 30) argumentiert schwerpunktmäßig umgekehrt. Seiner Ansicht nach wird die Kultursphäre durch ökonomische Aktivitäten beeinflusst.

[322] Vgl. Unterabschnitt 2.3.1.

[323] Vgl. FUKUYAMA (1995), S. 9. Die Effizienzgröße in FUKUYAMAs Modell kann als eine Art Überbleibsel aus den Überlegungen PUTNAMs zur effizienten Verwaltung in einer Demokratie interpretiert werden.

[324] Vgl. FUKUYAMA (1995), S. 9.

[325] Vgl. COLEMAN (1988). In seinem Hauptwerk wählt er jedoch eine umfassendere Definition. Vgl. Unterabschnitt 2.3.4.

ge der Determinanten auf der Ursachenseite sowie die ökonomischen Effekte der relevanten Sozialkapitalform.

### Indikatoren

Indikatoren für das generelle Vertrauensniveau sind für FUKUYAMA beispielsweise Entwicklungen in der Gewaltkriminalität, die Anzahl der Zivilprozesse, Mitgliedschaften in der Kirche, die Anzahl von karitativen Vereinigungen, aber auch im Sinne von PUTNAM soziale Vereinigungen bzw. Netzwerke mit horizontalen Beziehungen, wie Vereine und Nachbarschaftsbeziehungen.[326] FUKUYAMAs empirische Untersuchungen umfassen sowohl einen Ländervergleich als auch – in Anlehnung an die PUTNAM'schen Studien und aufbauend auf der TOCQUEVILLE'schen Tradition – Ergebnisse zur Entwicklung des Vertrauensniveaus in den USA. Nach FUKUYAMAs Forschungen besitzen Deutschland, Japan[327] und die USA ein hohes Maß an generellem Vertrauen, während Italien,[328] Frankreich und China[329] hierbei relative Mängel aufweisen.[330] Als Begründung für das fehlende generelle Vertrauen in einem Land nennt FUKUYAMA länger andauernde Entwicklungsphasen einer politischen Zentralmacht.[331]

Das weitere empirische Interesse FUKUYAMAs gilt der Entwicklung des Vertrauensniveaus in den USA. Hierbei kommt er zu den gleichen Ergebnissen wie PUTNAM: Der

326 Vgl. FUKUYAMA (1995), S. 10.

327 Im Falle Japans widerspricht FUKUYAMA der vereinfachenden Ansicht von DORE (1983), die Gesellschaften auf einer zweidimensionalen Skala mit den Endpunkten „individualistisch“ und „gruppenorientiert“ aufzuteilen. Diese Dichotomie ist laut FUKUYAMA irreführend, da es bezüglich der ökonomischen Wirkungen auf den Grad der Familienorientierung ankommt. Dieser ist die relevante Einflussgröße für Vertrauen außerhalb des eigenen Familienverbandes mit allen wirtschaftlichen Konsequenzen. Japan ist zwar nach DORE gruppenorientiert, aber nach FUKUYAMA nicht familienbezogen, sondern mit einem hohen Niveau an generellem Vertrauen ausgestattet.

328 Hierbei verweist FUKUYAMA in erster Linie auf süditalienische Regionen.

329 FUKUYAMA (1995; S. 20) erkennt hierbei die Heterogenität der asiatischen Kulturen, in dem er beispielsweise einerseits die chinesische und koreanische Gesellschaft als äußerst familienbezogen beschreibt, in der es in der Regel einer dritten Partei bedarf, um Kontakte zu nicht-familiären Personen herzustellen, andererseits die Japaner als traditions-, aber nicht sippenorientiert darstellt.

330 Siehe dazu auch CHEE KIONG (1996), CHEN und HAMILTON (1996), CHENG-SHU (1996), HAMILTON (1996) sowie PARK (1999).

331 Dies zeigt sich nach FUKUYAMA (1995; S. 28) insbesondere am Beispiel Frankreichs. So existierte dort im Mittelalter ein starkes Netzwerk an bürgerlichen Vereinigungen, das durch einen jahrhundertelangen politischen und auch kulturellen Zentralismus zerstört wurde. In der Gegenwart vermeiden Franzosen *face to face*-Beziehungen, was sich unter anderem in einer

Bestand an Vertrauen und damit an Sozialkapital sinkt in der jüngeren Vergangenheit. Die Kriminalität nimmt tendenziell zu, Familienstrukturen wandeln sich zum Nachteil hinsichtlich ihrer Sozialisierungsaufgabe, weitere soziale Strukturen wie Nachbarschaftsnetzwerke brechen auseinander, die Mitgliedschaften in und die Anzahl von sozialen Vereinigungen geht drastisch zurück.[332] Konkret äußert sich diese Entwicklung beispielsweise darin, dass zur Zeit mehr als ein Prozent der Gesamtbevölkerung der USA inhaftiert ist, dass die öffentlichen und privaten Ausgaben für Polizeischutz und ähnliche Dienste steigen, und dass die Anzahl der Zivilprozesse zunimmt.[333]

**Serielle Wirkungskette**

Der Zusammenhang der für das Sozialkapital relevanten Determinanten ist im Konzept von FUKUYAMA tendenziell nicht interdependent, sondern seriell. Diese „eindimensionale" Wirkungskette sieht in grober Darstellung wie folgt aus: Kultur beeinflusst gesellschaftliche Verhaltensweisen und Normen. Diese wiederum sind für das generelle Vertrauensniveau in Verbindung mit Familienstrukturen verantwortlich, woraus sich die Fähigkeit zu sozialen Zusammenschlüssen ableiten lässt, was ihrerseits ökonomische Effekte besitzt. Folglich müssten die kulturellen Bedingungen und ihre historischen Ursachen im Blickpunkt der Forschung stehen. Diese nehmen zwar in FUKUYAMAs Monographie einen großen Anteil ein, sie sind jedoch überwiegend historisch-deskriptiver Natur, woraus sich das Problem des Allgemeingültigkeitsanspruch dieses Ansatzes ergibt.

Starke Familienstrukturen sind *per se* keine Grundlage für Sozialkapital auf der Makro-Ebene, da diese sowohl vom institutionell-ökonomischen Rahmen auf dieser Ebene als auch von den global-ökonomischen Anforderungen abhängen. So sind mafiöse Familienstrukturen, die über kein *bridging social capital* verfügen, das für die positiven externen Effekte verantwortlich ist, für eine freie Marktwirtschaft ungeeignet.[334]

Hinsichtlich der Wirkungsseite des Sozialkapitalkonzepts erhebt FUKUYAMA jedoch den Anspruch der Allgemeingültigkeit. Die ökonomischen Effekte der spontanen Soziabilität lassen sich in (a) Beschäftigungs-, (b) Wachstums- und in (c) Effizienzef-

vergleichsweise formalen Arbeitsplatzbeschreibungen widerspiegelt. Vgl. FUKUYAMA (1995), S. 20.

332 Vgl. FUKUYAMA (1995), S. 10.

333 Vgl. FUKUYAMA (1995), S. 11.

334 Vgl. auch GAMBETTA (1988b, S. 173) und siehe insbesondere Abschnitt 3.4.

fekte kategorisieren, die sich aus der Industriestruktur ergeben. Dabei existiert ein enger Wirkungszusammenhang zwischen der Industrie- und der Familienstruktur eines Landes. Dieser Zusammenhang besteht durch das Niveau des generellen Vertrauens und der dadurch abgeleiteten spontanen Soziabilität. Solange das Vertrauensniveau niedrig ist, und eine starke Familienbezogenheit existiert, besteht entweder eine Industriestruktur, die überwiegend von kleinen und mittleren Unternehmen (KMU) geprägt ist, oder es bilden sich mafiöse Strukturen, um ein Gegengewicht zur zentralen politischen Gewalt zu schaffen. Geringes Vertrauen führt in einer Volkswirtschaft auch zu einer Tendenz der vertikalen Integration. Dadurch werden horizontale marktliche, netzwerk- und verhandlungsorientierte Beziehungen durch Hierarchien ersetzt. Große Unternehmen auf einer Wertschöpfungsebene werden hierbei in der Regel erst von staatlicher Verordnung oder künstliche *incentives* geschaffen, da es an spontaner Gemeinschaftsfähigkeit mangelt.

(a) Im Fall der **Beschäftigungswirkungen** verknüpft FUKUYAMA seine Ergebnisse mit denen des *embeddedness*-Ansatzes von GRANOVETTER, in dem schwache soziale Beziehungen von größerer Relevanz für die Besetzung des Arbeitsplatzes sind als starke Beziehungen.[335]

(b) Bezüglich der **Wachstumseffekte** unterstreicht FUKUYAMA zunächst die auch zukünftige Notwendigkeit von Großunternehmen, da diese Skaleneffekte ermöglichen. Die Organisationsgröße kann entweder durch Autorität oder durch eine ausgeprägte spontane Soziabilität erreicht werden. Während asiatische Staaten auf der Basis religiös-ethischer Normen in der Regel den erstgenannten Weg beschreiten, sind westliche Industrienationen demokratischer Ausprägung diesbezüglich auf diese Sozialkapitalform angewiesen. Sobald letzteres nur in unzureichendem Maße oder in asymmetrischer Weise[336] existiert, müssen industriepolitische Maßnahmen getroffen werden, die – wie in den Fällen von Italien und Frankreich geschehen – im Aufbau meist ineffizienter Staatsunternehmen münden.[337] Allerdings sind dementsprechende Aussagen nur für jene Volkswirtschaften relevant, die bereits eine bestimmte Entwicklungsstufe erreicht haben. So besitzen beispielsweise Schwellenländer in der gegenwärtigen weltwirtschaftlichen Situation komparative Vortei-

---

[335] Vgl. GRANOVETTER (1973, 1974 und 1985). Darauf gilt es vertiefend in Unterabschnitt 5.2.1 einzugehen.

[336] So bestehen nach FUKUYAMA (1995; S. 28) kulturabhängig Kooperationsneigungen mit unterschiedlichem Hierarchiegrad.

[337] Vgl. FUKUYAMA (1995), S. 25.

le, wenn ihre Industriestruktur verstärkt KMU aufweist.[338] Des Weiteren hebt FUKUYAMA die positiven Wirkungen von Sozialkapital auf den Innovationsgrad von Unternehmen hervor.[339] Sobald ein hohes Vertrauensniveau in der Organisation existiert, nehmen einerseits Quantität und Qualität der Interaktion zu, und andererseits werden in diesem Unternehmen keine Informationsasymmetrien und –hemmnisse aufgebaut.

(c) Sobald ökonomische Erfordernisse existieren, die organisatorische Anpassungen notwendig machen, ist eine **effiziente Reorganisation** von Unternehmen ein entscheidender Wettbewerbsvorteil. Diese Reorganisationsfähigkeit drückt sich in unterschiedlicher Weise aus: in der Beendigung und Neugründung von Organisationen, in der Änderung der Organisationsstruktur (qualitativ), in der Änderung der Organisationsgröße (quantitativ) oder in einer Kombination der beiden letztgenannten Punkte. Die Reorganisationsfähigkeit ist dabei – wie bereits erläutert – vom Vertrauensniveau der Beteiligten abhängig. Je geringer dieses ist, desto formalisierter und gleichzeitig inflexibler sind die Anpassungsprozesse, Interaktionen und Informationsflüsse, was bei Maßnahmen zur Modifikation einer Organisationsstruktur zu hohen Installations- und Kontrollkosten führt.[340]

Letztlich münden alle positiven ökonomischen Wirkungen des sozialkapitaltheoretischen Aspekts der spontanen Soziabilität in eine Steigerung der Wettbewerbsfähigkeit der Volkswirtschaft und damit in eine Erhöhung des Wohlstandes. Als theoretische Erweiterung der klassisch-liberalen Handelstheorie schlägt FUKUYAMA vor, Sozialkapital als ergänzenden Standortfaktor anzuerkennen.[341]

### Konzeptuelle Vergleichbarkeit

Abbildung 2-4 verdeutlicht die dargestellten Zusammenhänge der Sichtweise FUKUYAMAS: Die kulturelle Vergangenheit und Gegenwart beeinflussen das generelle Vertrauensniveau, das sich in der Familienstruktur niederschlägt ($A_3$). Die dadurch beeinflussten Interaktionen und Vertrauensmuster führen zu einem bestimmten Ausmaß an spontaner Soziabilität und dadurch zu einer kompatiblen Industriestruktur

338 FUKUYAMA (1995; S. 30) nennt in diesem Zusammenhang den wirtschaftlichen Erfolg Taiwans, das eine so beschriebene Wirtschaftsstruktur besitzt.

339 Vgl. FUKUYAMA (1995), S. 27.

340 Vgl. FUKUYAMA (1995), S. 27-28.

341 Vgl. FUKUYAMA (1995), S. 31.

($B_2$), was wiederum – je nach ökonomischen Rahmenbedingungen – Einfluss auf die makroökonomischen Größen hat ($C_3$). Im Hinblick auf das Drei-Ebenen-Modell kann die FUKUYAMA'sche Sichtweise in erster Linie als Ideengeber fungieren, da sie die individuelle Handlungsebene nahezu vollständig ausblendet. Doch gerade auf der Mikro-Ebene wird in Kapitel 3 die Entstehung des Sozialkapitals verortet.

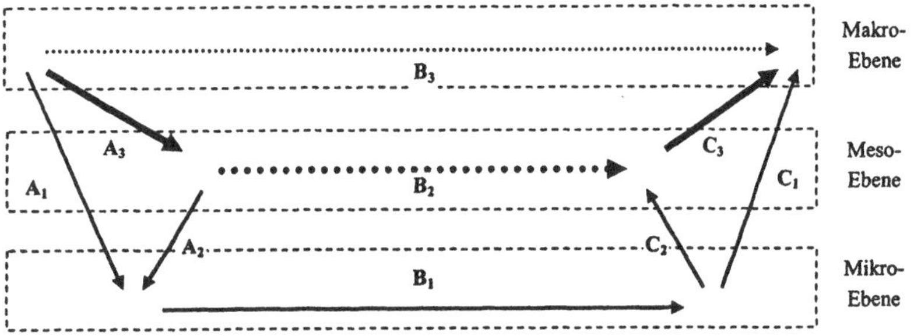


**Abbildung 2-4: Der kulturökonomische Ansatz im Drei-Ebenen-Modell**

Quelle: eigene Darstellung

### Industriepolitik

Die politischen Implikationen, die sich aus FUKUYAMAs Überlegungen ziehen lassen, sind in kurzer Form zu umschreiben. Industriepolitik muss in gewissem Maße stets auch Kulturpolitik sein, wenn die entsprechenden Maßnahmen effektiv sein sollen. Kulturelle Gegebenheiten müssen berücksichtigt werden, indem einerseits keine kontraproduktiven Instrumente eingesetzt werden und andererseits kulturabhängige Mängel erforscht und kurzfristig durch formale Regelungen ersetzt werden. Auf lange Frist sollte eine Kultur gefördert werden, die den Erfordernissen der ökonomischen Dynamik in Form von spontaner Soziabilität gerecht wird. Dies kann außerordentlich langwierig und schwierig durchzusetzen sein.[342]

[342] So lässt das MITI beispielsweise erkennen, dass es in Japan wirtschaftliche Netzwerke zwischen Unternehmen gibt, die an ihren sippen- oder ethnisch orientierten Handelsbeziehungen festhalten, obwohl billigere Anbieter auf dem internationalen Markt existieren. Ethnizität kann nach BANKSTON, CALDAS und ZHOU (1997) als soziales Netzwerk und damit als Sozialkapitalform gelten. Die Asiaten stehen zu ihrem kulturellen Erbe: Ehrerbietung gegenüber Autoritäten, Beto-

**Fazit**

Zu würdigen ist FUKUYAMAs Theorie insofern, als er als erster im sozialkapitaltheoretischen Forschungsprogramm auf die Zusammenhänge zwischen der Familien- und der Industriestruktur hinweist. Die herausragende Bedeutung der Meso-Ebene – sowohl in soziokultureller als auch in ökonomischer Dimension – stellt die zentrale Leistung FUKUYAMAs dar. Seine wirtschaftspolitischen und unternehmensstrategischen[343] Schlussfolgerungen zeigen die wirtschaftsstrategische Relevanz seiner Überlegungen.

Dennoch sind verschiedene Aspekte dieses Konzepts zu kritisieren – sowohl hinsichtlich (a) der Prämissen, (b) der Linearität der Wirkungskette als auch (c) den Ergebnissen:

(a) Die These, dass die kulturellen, und nicht die ideologischen Rahmenbedingungen für die Entwicklung der spontanen Soziabilität verantwortlich sind, verfolgt FUKUYAMA nicht konsequent. So argumentiert er für Deutschland mit dem Einfluss der Ideologie in Ostdeutschland auf die Effizienz von Wirtschaftsprozessen. Des Weiteren können nach FUKUYAMA Investitionen in Sozialkapital nicht auf einer rationalen Entscheidung beruhen, da das Sozialkapital in seinem Ansatz lediglich in der Familie entsteht. Dort sind jedoch Beziehungen und Verhaltensmuster in extremer Weise kulturabhängig. Eine Investition in diese Kapitalform auf Unternehmensebene würde demnach denselben Problemfeldern gegenüberstehen wie die Errichtung eines privaten Angebots öffentlicher Güter.[344]

(b) Die von FUKUYAMA unterstellte **Wirkungskette ist zu stark vereinfacht** und berücksichtigt in keiner Weise soziale und ökonomische Interdependenzen zwischen den einzelnen „Kettengliedern". Dabei reicht der bloße Hinweis auf die kulturhistorische Vergangenheit einer Volkswirtschaft als exogene Determinante nicht aus, um dem Anspruch gerecht zu werden, entsprechende Handlungsanweisungen zur Zukunftsgestaltung an wirtschafts- und unternehmenspolitische Entscheidungsträger zu formulieren.

---

nung der Bildung und Wertschätzung der Familie. Vgl. FUKUYAMA (1995), S. 5. Eine Änderung von vertrauensvollen, aber gleichzeitig ineffizienten und unflexiblen Bindungen hin zu einem idealtypischen Markttausch ist wohl nur im Verlauf von Generationen möglich. Dabei werden nach Ansicht FUKUYAMAs kulturelle Unterschiede zwischen den Volkswirtschaften erst durch die zunehmende Globalisierung deutlich.

343 Die Anregung auf der Ebene der Handelstheorie ist, dass Sozialkapital als Standortfaktor relevant ist, weil diese Kapitalform weitgehend immobil ist.

344 Vgl. FUKUYAMA (1995), S. 26-27. Dies ist jedoch eine unnötige Einschränkung, da sie die Ergebnisse nicht beeinflusst und zudem unrealistisch ist. Schließlich ist die Gemeinschaftsfähig-

(c) Die **empirischen Ergebnisse** FUKUYAMAs finden sich bereits bei NORTH und KNIGHT, welche die Bedeutung der Kultur für die Spielregeln sozialer Interaktion und damit für die ökonomische Auszahlungsstruktur von Akteuren bereits früher erkannt haben.[345] Den positiven Zusammenhang zwischen einerseits der Fähigkeit von Institutionen im Sinne von sozialen Organisationen, sich an die sich ständig wandelnden Marktbedingungen anzupassen, und andererseits dem ökonomischen Erfolg erörtert VEBLEN bereits am Ende des 19. Jahrhunderts.[346] FUKUYAMAs wissenschaftliche Leistung besteht daher primär in der Darstellung der sozialkapitaltheoretisch orientierten Wirkungszusammenhänge. Darüber hinaus problematisiert er allerdings nicht, dass das Ergebnis eines hohen Sozialkapitalbestandes – also der Reorganisationsfähigkeit von Akteuren – die tatsächliche Durchführung von Reorganisationsprozessen hemmen kann. Hierdurch werden jedoch funktionierende persönliche Beziehungen zwischen den Akteuren abgebrochen, was wiederum eine Erosion des Sozialkapitalbestandes bedeutet.[347] Ein Unternehmen würde demnach bei wiederholten organisatorischen Anpassungsprozessen entsprechenden Bestandsschwankungen dieser Kapitalform unterliegen. Ebenso würde ein volkswirtschaftlicher Strukturwandel, der von Reorganisationsprozessen in Unternehmen sowie von Unternehmensschließungen und Neugründungen begleitet wird, entsprechende Sozialkapitalzyklen auslösen. Diese Überlegung wird für die Struktur der sozialen Beziehungen in einer Netzwerkökonomie ebenfalls relevant sein.[348]

Letztlich ist der kultur-historische Ansatz von FUKUYAMA **eine Art *missing link*** in der Reihe der bisherigen Sozialkapitalansätze. Er wird in dieser Hinsicht in der Literatur unterschätzt. Gleichzeitig sind insbesondere die Überlegungen FUKUYAMAs hinsichtlich der gesellschaftlichen Strukturkomponenten auf der Meso-Ebene für die Entwicklung des Drei-Ebenen-Modells zum Sozialkapital relevant. Auch für die Anwendung der Sozialkapitaltheorien auf die Netzwerkökonomie spielt das Konzept eine wichtige Rolle.

---

keit als zentraler Aspekt in diesem Modell bis zu einem gewissen Grad erlernbar. Und damit sind die Lehraufwendungen Investitionen in diese Kapitalform.

345 Vgl. NORTH (1990) und KNIGHT (1992).

346 Vgl. VEBLEN (1898).

347 Vgl. NARAYAN (1999) sowie COHEN und PRUSAK (2001), S. 19.

348 Siehe Kapitel 4.

### 2.3.4 Der *rational choice*-Ansatz: Theorie des sozialen Handelns

> *„Ein zentrales Problem der Sozialwissenschaft besteht darin, zu erklären, wie ein soziales System funktioniert."*
>
> *JAMES COLEMAN*[349]

Der *rational choice*-Ansatz von JAMES COLEMAN weist die umfassendste Einbindung des Phänomens Sozialkapital in die sozialwissenschaftliche Theorie auf. In seiner Handlungstheorie sind Akteure, Ressourcen, Kontrolle und Interessen die vier konstituierenden Elemente jeglicher sozialen Handlung. Die Akteure sind demnach mit Ressourcen ausgestattet, „über die sie Kontrolle ausüben und an denen sie irgendein Interesse haben."[350] Wesentlich für die Existenz sozialer Beziehungen ist die Tatsache, dass die Kontrolle über eine Ressource und das Interesse an einer Ressource für einen Akteur nicht übereinstimmen. Transaktionen zwischen den Akteuren sind erforderlich, um die individuellen Interessen zu verwirklichen. Neben privaten Gütern, Ereignissen[351] und Informationen ist nach COLEMAN Sozialkapital die vierte Form der Ressourcen. Damit drückt diese Kapitalform nicht nur eine Sozialstruktur, sondern auch eine einzelwirtschaftliche Ressource aus.[352] Dabei unterstellt er jenen Akteuren, die gerade nicht unabhängig voneinander handeln, die Verwirklichung von nicht völlig eigennützigen Interessen, sondern die Berücksichtigung von Normen und von Interessen anderer in ihren Verhaltensweisen.[353]

Darüber hinaus wird die PUTNAM'sche Einschränkung, Sozialkapital nur auf horizontale Beziehungen zu begrenzen, aufgehoben. Macht bzw. vertikale Beziehungen werden von COLEMAN explizit in die Definition dieser Kapitalform mit aufgenommen. FUKUYAMA nimmt dies nur implizit vor. Zentraler Stützpfeiler des COLEMAN'schen Ansatzes ist jedoch der Anspruch durch die Annahme stabiler Handlungsprinzipien, die auf der Basis rationaler Entscheidungen beruhen, einen hohen Grad an Allgemein-

---

349 COLEMAN (1995), Bd. 1, S. 1

350 COLEMAN (1995), Bd. 1, S. 34

351 Darunter versteht COLEMAN Handlungen und spezifische Fähigkeiten, die letztlich im ökonomischen Sinn Dienstleistungen und Humankapital darstellten.

352 Vgl. COLEMAN (1995), Bd. 1, S. 389. Er greift mit seiner Perspektive demnach auf LOURY (1977 und 1987), BEN-PORATH (1980) sowie GRANOVETTER (1985) zurück.

353 Vgl. COLEMAN (1995), Bd. 1, S. 390.

gültigkeit des Modells zu erreichen.[354] Damit stellt dieser Ansatz eine Erweiterung des vermögenstheoretischen Ansatzes von BOURDIEU dar. Nach SOLOW erfüllt COLEMAN auf diese Weise die **Notwendigkeit eines systematischen Sozialkapitalkonzepts.** Dabei sollten die Verhaltensmuster im Mittelpunkt einer Sozialkapitalanalyse stehen.[355] Der in diesem Unterabschnitt behandelte Ansatz stellt somit das am weitesten entwickelte sozialkapitaltheoretische Modell in der Literatur dar. Aus diesem Grunde wird sein Konzept in Verbindung mit den oben besprochenen Ansätzen die Basis des zu entwickelnden Modells bilden. Darüber hinaus nimmt COLEMAN mit seiner *rational choice*-Sichtweise und der Analogie zum Humankapitalansatz sowie der von ihm aufgeworfenen Kollektivgutproblematik eine nahe Position zur ökonomischen Perspektive ein.

Der in der Soziologie noch junge *rational choice*-Ansatz grenzt sich von der *mainstream*-Soziologie in erster Linie durch den **methodologischen Individualismus** ab. Das Untersuchungsziel bleibt zwar weiterhin auf der Makro-Ebene, die Erklärungen für entsprechende Phänomene sind hierbei jedoch nicht ohne Einbezug von individuellem Handeln möglich. Diese Vorgehensweise verleiht dem Ansatz einerseits eine durch das nahezu konstante Wesen der Natur des Menschen eine gewisse Stabilität, ruft andererseits jedoch Prämissen auf den Plan, die erstens diskussionswürdig sind (Rationalverhalten) und zweitens qualitative Probleme bei der Verknüpfung gesellschaftlicher Variablen auf unterschiedlichen Aggregationsebenen aufwerfen (Makro-Mikro-Makro-Problematik).[356] Methodologischen Individualismus in eine derartige Sichtweise einzubetten bedeutet nicht – wie in der Ökonomik, – den Akteur und sein Handeln isoliert zu betrachten. Vielmehr sind seine Entscheidungen von seinem Beziehungsumfeld und den entsprechenden Normen abhängig.

Um die oben genannte Stabilität in den Erklärungsmustern der Verhaltensweisen der Akteure zu erreichen, ist eine Handlungstheorie mit klar definierten Handlungsprinzipien notwendig. Hierzu übernimmt der soziologische *rational choice*-Ansatz das

---

354 Dieses Ziel versucht COLEMAN durch die Wahl von stabilen Prinzipien auf der Handlungsebene zu erreichen. Prinzipien haben die Funktion, die Vielfalt von Erscheinungen und Erfordernissen auf simple Grundzusammenhänge zu reduzieren sowie deren Bedeutung herauszustreichen.

355 Vgl. SOLOW (1999), S. 7.

356 Neben COLEMAN (1990) sind weitere Vertreter BOUDON (1987), ESSER (1993) sowie WIPPLER und LINDENBERG (1987). BRAUN (1998; S. 147-10) erkennt in GARY S. BECKER (1957, 1964, 1976 u.a.) den Ökonomen, der die *rational choice*-Perspektive in der Soziologie populär gemacht hat.

wirtschaftswissenschaftliche Prinzip der Entscheidung des Wirtschaftssubjekts für jene Tätigkeit, die seinen Nutzen maximiert.[357]

Der gewonnene Nutzen für den Einzelnen hängt seinerseits vom Zielerreichungsgrad der Handlung ab. Eine Kategorisierung von Handlungen in dieser teleologischen Sichtweise ist somit nach der Art des Zieles sinnvoll: Für COLEMAN sind die zu untersuchenden Aspekte die Akteure, die Interessen, die Ressourcen und die Kontrollen in der Gesellschaft sowie die sich aus dem Zusammenwirken dieser Elemente ergebenden sozialen Handlungen. Sobald ein Akteur Interesse an einer Ressource besitzt, die er selbst nicht kontrolliert, ist sein Handlungsziel, unter Einsatz eigener Ressourcen Kontrolle über die Ressource zu erhalten, an der er mehr Interesse hat. Dadurch erhöht er seinen Nutzen entweder direkt oder indirekt, da er entweder der Ressource selbst einen Nutzen zuschreibt oder die gewonnene Ressource einsetzen kann, um weitere Ziele zu erreichen.[358]

Die Nutzenzuschreibung bzw. die Zielsetzung muss ihrerseits Ursachen besitzen. Diese sind einerseits biopsychisch bedingt,[359] andererseits durch die Normen der sozialen Umwelt – und damit durch die Makro-Ebene – bestimmt.

**Konzeptuelle Vergleichbarkeit**

Abbildung 2-5 zeigt den Anspruch COLEMANs den Zusammenhang zweier Variablen auf der Makro-Ebene ($B_3$) über Handlungen bzw. über die Mikro-Ebene zu erklären. Das Makro-Mikro-Makro-Modell (Zwei-Ebenen-Modell) COLEMANs dient als Vorlage der in dem Modellschema (Abbildung 2-1) dargestellten Zusammenhänge. Aufgrund der Form der zusammengesetzten Mechanismen in COLEMANs *rational choice*-Ansatz wird dieses Modell auch als „Badewannen-Modell“ bezeichnet.

---

[357] COLEMAN (1995; Bd. 1, S. 23) führt als Hauptbegründung für diese Entscheidung an, dass eine Sozialtheorie, die aus den Komponenten Makro-Mikro, individuelle Handlungen und Mikro-Makro besteht, diesen Teil möglichst einfach halten sollte.

[358] Vgl. COLEMAN (1995), Bd. 1, S. 39-41.

[359] Auf die biopsychischen Motive wird in Abschnitt 3.3 eingegangen.

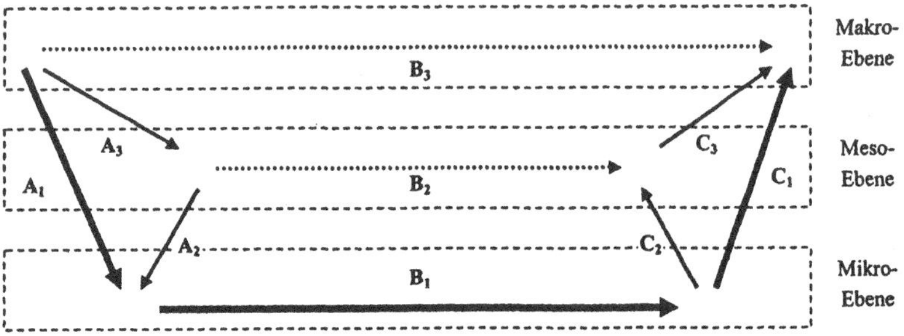


**Abbildung 2-5: Der *rational choice*-Ansatz im Drei-Ebenen-Modell**

Quelle: eigene Darstellung

**Definition**

Obwohl PIERRE BOURDIEU den Sozialkapitalbegriff bereits 1972 zum ersten Mal auf international beachteter Ebene verwendet,[360] bezieht sich COLEMAN definitorisch auf GLENN LOURY, der den Begriff „erst" im Jahr 1977 systematisiert.[361] Während COLEMAN in seinen sozialkapitaltheoretischen Frühschriften LOURYs Sozialkapitalfunktion der Humankapitalbildung übernimmt[362], trägt er durch sein umfassendes Werk *„Foundations of Social Theory"* aus dem Jahr 1990[363] vorrangig dazu bei, dass der Begriff einen Bedeutungswandel erfährt, was einen weiteren Schritt zur Emanzipation dieser Kapitalform mit physischem Kapital und Humankapital bedeutet.

Zunächst verdeutlicht COLEMAN sowohl die Abgrenzung als auch die Beziehung des Sozialkapitals zum Humankapital: So wie Humankapital als Knotenpunkte innerhalb einer gesellschaftlichen Netzwerkstruktur betrachtet werden könne, bildet Sozialkapital deren Verbindungslinien.[364] Soziale Beziehungen sind demnach die Basis dieser Kapitalform. Humankapital und Sozialkapital stehen demnach in einem interaktiven

---

360 Vgl. BOURDIEU (1972).

361 Vgl. LOURY (1977). Siehe hierzu auch die kurzen Ausführungen in Unterabschnitt 2.2.

362 Beispielhaft steht hierfür COLEMANs Artikel aus dem Jahr 1988 mit dem bezeichnenden Titel *„Social Capital in the Creation of Human Capital"*.

363 In dieser Arbeit wird in erster Linie die deutsche Übersetzung von COLEMANs Werk in drei Bänden aus dem Jahr 1995 (Grundlagen der Sozialtheorie) zitiert.

bzw. komplementären Verhältnis zueinander, das im weiteren Verlauf dieser Untersuchung näher betrachtet werden müssen.

COLEMAN definiert Sozialkapital zunächst funktional als „Vielzahl verschiedener Gebilde (...), die zwei Merkmale gemeinsam haben. Sie alle bestehen nämlich aus irgendeinem Aspekt einer Sozialstruktur, und sie begünstigen bestimmte Handlungen von Individuen, die sich innerhalb der Struktur befinden."[365]

Damit stehen die wichtigsten Pfeiler des Phänomens Sozialkapital fest: Die strukturelle Komponente zeigt auf, dass Sozialkapital eine gesellschaftlich verankerte Bestandsgröße ist. Zum zweiten kann diese Bestandsgröße zielorientiert mit Hilfe von Handlungen eingesetzt werden, womit einerseits der (strategische) Investitionscharakter und das Kostensenkungsmerkmal sowie andererseits die Funktionalität dieses Phänomens beschrieben wird.

COLEMAN verwendet den Sozialkapitalbegriff insbesondere aufgrund seiner **Funktionalität**. Der Begriff selbst zeigt keine neuen gesellschaftlichen Zusammenhänge auf. Vielmehr fasst er strukturelle Merkmale zusammen, um sie funktionell bzw. instrumentell einzusetzen.[366]

Mit der Anerkennung dieser Definition darf Sozialkapital in ökonomischen Modellen nicht mehr unberücksichtigt bleiben, sobald Beziehungen zwischen Akteuren eine Rolle spielen, was in einer arbeitsteiligen Gesellschaft stets der Fall ist. Auf die detaillierten Konsequenzen dieser Überlegungen ist im Drei-Ebenen-Modell in Kapitel 3 ausführlicher einzugehen.

**Sozialkapitalformen**

Nach COLEMAN existieren verschiedene Sozialkapitalformen: Verpflichtungen und Erwartungen (Vertrauen) *VE*, Informationspotenzial *IP*, Normen und wirksame Sanktionen *NO*, freiwillige Herrschaftsbeziehungen *FHB*, übereignungsfähige soziale Organisationen *SO* sowie zielgerichtete Organisationen *ZO*. COLEMANs Determinanten lassen sich in einer Funktion darstellen:

$$SK = f(VE, IP, NO, FHB, SO, ZO) \quad (13)$$

[364] Vgl. COLEMAN (1995), Bd. 1, S. 395.
[365] COLEMAN (1995), Bd. 1, S. 392
[366] Vgl. COLEMAN (1995), Bd. 1, S. 395.

Sozialkapital in Form von **Verpflichtungen und Erwartungen** hängt nach COLEMAN von zwei Aspekten ab: Der Bestand ist umso höher, je höher die Vertrauenswürdigkeit der sozialen Umgebung, wie die in einer Volkswirtschaft oder einer sozialen Gruppe, und je größer die Anzahl an einzulösenden Verpflichtungen ist. Die Vertrauenswürdigkeit $p_U$ ist die Wertgröße, während die Anzahl der Verpflichtungen $V$ die Mengengröße darstellt.

$$(14) \quad VE = p_U \sum V_i$$

Sowohl die Vertrauenswürdigkeit bzw. die **Treuewahrscheinlichkeit** von Akteuren als auch die Verpflichtungen zwischen den Akteuren sind die wesentlichen Bestimmungsfaktoren des Sozialkapitals im Drei-Ebenen-Modell, das in Kapitel 3 erarbeitet wird.

Die Anzahl der Verpflichtungen hängt von Hilfsbedürftigkeiten, Hilfsquellen (wie Wohlstandsniveau und Institutionen), kulturellen Unterschieden bei der Hilfeleistung sowie Geschlossenheit (erleichtert Normenentstehung; zur Beschränkung negativer externer Effekte und zur Förderung positiver externer Effekte[367]) und Dichte der Netzwerke ab.[368] Eine Vertrauensvorleistung, d.h. das Schaffen einer Verpflichtung erhöht den Bestand an Sozialkapital, da die Vorleistung in der Regel (bei rationalen Handlungen stets) einen geringeren Aufwand bedeutet als die implizit entstandene Leistungsforderung. Es entsteht eine Verpflichtung.

Sozialkapital in Form von **Informationspotenzial** *IP* begünstigt Handlungen. Schließlich schaffen erst Informationen eine Handlungs- bzw. Entscheidungsgrundlage.[369] In dieser Hinsicht ist eine enge Verbindung zur Akkumulation von Humankapital mit Hilfe von Sozialkapital zu sehen. Das Informationspotenzial ist abhängig von der Verfügbarkeit von Information und Wissen und damit von der Fähigkeit und Bereitschaft der Informations- und Wissensträger Informationen bereitzustellen. Gleichzeitig ist auf der Nutzerseite die Fähigkeit und Bereitschaft notwendig diese Informationen anzuwenden. Hierzu sind Informations- und Kommunikationsnetzwerke auf technischer und sozialer Ebene nötig. Die neuen Informations- und Kommunikationstechnologien (IKT) erhöhen generell das Informationspotenzial und damit c.p. den Bestand an sozialem Kapital.[370]

---

367 Vgl. COLEMAN (1988), S. 105.

368 Vgl. COLEMAN (1995), Bd. 1, S. 398.

369 Vgl. COLEMAN (1995), Bd. 1, S. 402-403.

370 PUTNAM teilt diese Ansicht nicht; er identifiziert die neuen Medien als einen Faktor, der den Sozialkapitalbestand verringert. ES LÄSST SICH jedoch zeigen, dass PUTNAM sich bei seiner Ar-

Sozialkapital in Form von **Normen und wirksamen Sanktionen** *NO* begünstigt bestimmte Handlungen und verbietet andere Handlungen. Dies geschieht insbesondere in Verbindung mit öffentlichen Gütern, wie rechtliche Rahmenbedingungen. Diese Form von Sozialkapital ist nach COLEMAN zwar einflussreich, aber auch labil.[371] Der Grund für die Labilität liegt im Kollektivgutcharakter dieser Kapitalart und den damit verbundenen Problematiken.[372]

Sozialkapital in Form von **freiwilligen Herrschaftsbeziehungen** *FHB* bedeutet die Übertragung von Kontrollrechten über Handlungen. Somit kann es zu Konzentrationen bzw. zu einer zunehmenden Ungleichverteilung von Sozialkapital kommen. Unter Umständen werden jedoch dadurch Kollektivgutprobleme effizienter gelöst.[373] Freiwillige Herrschaftsbeziehungen sind im Gegensatz zu marktlichen Gütertauschbeziehungen dauerhaft und entstehen, da Handlungen unveräußerlich sind und trotzdem für Interessen Dritter eingesetzt werden. Dabei existiert grundsätzlich eine Interessenübereinstimmung zwischen Kontrollrechtsgeber und –nehmer.[374] COLEMAN unterscheidet zwischen konjunkten und disjunkten Herrschaftsbeziehungen, da sie unterschiedliche Problemfelder besitzen und in unterschiedlicher Weise zum Sozialkapitalbestand beitragen.[375] Konjunkte Herrschaftsbeziehungen zeichnen sich durch eine gemeinsame Unterstützung der Normen aus. Damit können sie im sozialkapitaltheoretischen Kontext prinzipiell wie Vertrauensbeziehungen behandelt werden. Beispiele sind Kommunen, Gewerkschaften, Vereine, aber auch der Staat. Die Problemfelder hierbei sind die Gefahr des so genannten Trittbrettfahrens, die Gefahr des exzessiven Handelns bezüglich des Gemeinschaftsinteresses und die systematische Tendenz zu einer zentralen Autorität. Disjunkte Herrschaftsbeziehungen sind durch extrinsische Entgeltung charakterisiert, wie sie in formalen Organisationen, wie beispielsweise der Bürokratie, vorkommen. Das zentrale Problem hierbei ist die Prinzipal-Agent-Beziehung, in der unterschiedliche Interessenlagen und eine Informationsasymmetrie herrschen.[376] In der Realität beobachtet COLEMAN eine quantitative Verschiebung von konjunkten zu disjunkten Herrschaftsbeziehungen.

---

gumentation in erster Linie auf den Unterhaltungsbereich und nicht auf die Informationsfunktion von Medien beschränkt. Vgl. SCHECHLER (1998).

371 Vgl. COLEMAN (1995), Bd. 1, S. 403-404.

372 Siehe hierzu Unterabschnitt 5.3.3.

373 Vgl. COLEMAN (1995), Bd. 1, S. 404.

374 Vgl. COLEMAN (1995), Bd. 1, S. 99.

375 Vgl. COLEMAN (1995), Bd. 1, S. 93.

376 Vgl. COLEMAN (1995), Bd. 1, S. 94-101.

Sozialkapital in Form von **übereignungsfähigen sozialen Organisationen** *SO* sind freiwillige Vereinigungen, die Sozialkapital bereitstellen. Dabei bezieht sich das Merkmal der Übereignungsfähigkeit auf den Zweck der Organisation; d.h. die Organisation eignet sich auch für Zwecke, die nicht der ursprünglichen Gründungsmotivation zugrunde lag.[377] So können Kollegenkreise gemeinsam den Urlaub verbringen oder Freundeskreise ein Unternehmen gründen.

Sozialkapital in Form von **zielgerichteten Organisationen** *ZO* stellt Sozialkapital als Nebenprodukt von Aktivitäten zu anderen Zwecken her. Eigentliches Ziel kann beispielsweise die Produktion materieller Güter sein. Dafür ist eine Organisation bestehend aus Finanzkapital, Humankapital (von Personen, welche die Positionen besetzen), aber auch Sozialkapital (Erwartungen und Verpflichtungen zwischen den Personen, welche die Positionen in diesem Unternehmen besetzen) notwendig, obwohl dies nicht die originäre Intention der Unternehmensgründung gewesen sein muss.[378]

### Mikro-Makro-Problematik

Die Problematik der Verknüpfung der Makro- mit der Mikro-Ebene zieht sich durch verschiedene sozialwissenschaftliche Disziplinen. So existiert beispielsweise in der Ökonomik die Problematik der Aggregation individuellen Nutzens zu einer gesamtwirtschaftlichen Nutzenfunktion. Vergleichbare Hürden hat der *rational choice*-Ansatz zu nehmen, da nach diesem Konzept ein Zusammenhang zweier Makro-Phänomene nur handlungstheoretisch zu erklären ist.[379] Die Handlungsstrukturen auf der Makro-Ebene wirken auf die Handlungsprozesse der Akteure auf der Mikro-Ebene. Diese Mechanismen werden durch die Ressourcenverteilung in Verbindung mit der Kontrolle über und dem Interesse an Ressourcen übertragen. Ein stabiles Handlungsmuster auf der Mikro-Ebene ist beispielsweise die Entscheidung über die Vertrauensvergabe bei zeitlich divergierenden Ressourcenaustauschhandlungen und eine damit entstehende Verpflichtung. In einem zunächst einfach konstruierten Fall existieren zwei Akteure,

---

377 Vgl. COLEMAN (1995), Bd. 1, S. 404-405.

378 Vgl. COLEMAN (1995), Bd. 1, S. 406-407.

379 COLEMAN (1995; Bd. 1, S. 10-12) zeigt dies anschaulich und beispielhaft anhand einer religiösen Doktrin (Makro-Ebene), die ein bestimmtes Wirtschaftssystem (wiederum Makro-Ebene) hervorruft. Die Wirkungskette nimmt den „Umweg“ über die Mikro-Ebene: Hier werden soziale Normen erzeugt, welche die individuellen (ökonomischen) Handlungen beeinflussen. Diese wiederum ergeben auf der gesamtwirtschaftlichen Ebene Prinzipien, die in ihrer Gesamtheit ein ökonomisches System darstellen. In geeigneter Weise ist dies an WEBERs These (1905) nachzuvollziehen, dass die protestantische Ethik mittels ihrer Werte und den darauf basierten ökonomischen Handlungen die Entstehung einer kapitalistischen Ordnung gefördert hat.

die jeweils Interesse an Ressourcen des Gegenübers haben.[380] Die notwendigen Handlungen sind demnach Transaktionen dieser Ressourcen, wenn die Akteure ihren Nutzen steigern wollen.[381] Der Beziehungstyp wiederum ergibt sich aus dem sozialen Umfeld, insbesondere aus den Werten und Normen, die wiederum ihre Ursache auf der Makro-Ebene haben. Die Werte und Normen bestimmen die Verpflichtungen und Erwartungen der Beziehungspartner. Eine Handlung findet demnach stets innerhalb eines sozialen Umfeldes statt, die durch gesellschaftliche Normen bestimmt ist. Damit rückt die soziale Beziehung und damit die Abhängigkeiten zwischen den Akteuren in den Mittelpunkt dieses Konzepts.[382]

**Beziehungsformen**

Beziehungen können unterschieden werden nach ihrem Komplexitätsgrad (einfache und komplexe Beziehungen) oder nach ihrem Hierarchiegrad (Vertrauens- oder Herrschaftsbeziehungen): COLEMAN versteht unter einfachen Beziehungen informelle soziale Bindungen, bei denen die Beteiligten einen Anreiz zur Fortführung dieser Beziehung haben. Im Gegensatz dazu bedarf es bei komplexen Beziehungen eines Dritten, der diese aufrecht erhält. Der Großteil einer historisch gewachsenen, sozialen Organisation ist durch einfache Beziehungen aufgebaut. In jeder einfachen, bilateralen Beziehung erkennt jeder Beteiligte einen Nutzengewinn. In einer komplexen Beziehung[383] können einzelne bilaterale Beziehungen einen negativen Saldo von Verpflichtungen und Erwartungen ergeben. In ihrer Gesamtheit muss jedoch jeder Akteur einen Nutzengewinn besitzen, da er sonst keinen Anreiz besitzt, in dieser formalen Organisation zu bleiben. Entsprechende Überlegungen zur zugrundeliegenden Reziprozitätsnorm finden sich in Abschnitt 3.3.

Sowohl einfache als auch komplexe Beziehungen können unterschiedliche Hierarchiegrade besitzen. Als Extremformen gelten hierbei Herrschafts- sowie Vertrauensbezie-

---

380 Eine detaillierte Darstellung dieser Vertrauenshandlung findet sich in Abschnitt 3.3.

381 Die Art der Handlung hängt von der Beziehung zwischen den Akteuren ab; dies können Bestechungen, Drohungen, Versprechen oder aber die Investition von eigenen Ressourcen sein. Vgl. COLEMAN (1995), Bd. 1, S. 29.

382 Damit unterscheidet sich der *rational choice*-Ansatz in grundlegender Weise von seinem Ideengeber; der neoklassischen Methode: Schließlich wird in dem rein ökonomischen Ansatz von unabhängigen Individuen ausgegangen. In einer derartigen Denkweise gibt es für ein Phänomen wie Sozialkapital keinen Platz.

383 Dies sind in der Regel formale Organisationen von Positionen. Vgl. COLEMAN (1995), Bd. 1, S. 54.

hungen.[384] Insbesondere die Vertrauensbeziehungen werden für die Sozialkapitaltheorie eine entscheidende Rolle spielen. Und sowohl in gesellschaftlichen als auch in ökonomischen Austauschprozessen erfolgen die gegenseitigen Leistungen weder zu einem abstrakten Zeitpunkt noch gleichzeitig. Eine Tauschseite hat somit meist eine Vorleistung zu erbringen. Die Entscheidung, ob ein rationaler Akteur, eine Tauschbeziehung eingehen wird, hängt damit von der Wahrscheinlichkeit, mit der ein Tauschpartner (Treuhänder) seine Gegenleistung erbringt (Vertrauensbestätigung), von der Risikoneigung des Vorleistenden (Treugebers) und vom Verhältnis des möglichen Verlustes zum möglichen Gewinn aus dieser Tauschbeziehung ab.[385]

**Fazit**

Eine umfassende Theorie, wie die Theorie des sozialen Handelns von COLEMAN, zieht viele Kritiken nach sich, weil sie erstens eine große Angriffsfläche bietet, und weil sich zweitens viele Wissenschaftler mit einer solchen Theorie befassen, was die Zahl der Kritiker tendenziell steigen lässt. Die kritischen Einwände in der Literatur sind im Folgenden nach den Konzeptelementen (a) Prämissen, (b) Sozialkapitaldefinition und -elemente, (c) Inhalt und (d) (fehlende) Ergebnisse gegliedert.

(a) Die **Prämissen** des Rationalverhaltens sind insofern zu kritisieren, als die Zielsetzung der Akteure letztlich von deren Normsetzung bzw. Normenumfeld abhängt. Dies lässt die Anwendung dieser Methodik auf jegliche Situation und kulturelle Gegebenheit zu, wenn die jeweils gewünschten Normen herausgegriffen werden. Allerdings – das zeigt auch die Diskussion in Abschnitt 3.2 – ist die Berücksichtigung von Normen eine notwendige Voraussetzung für die Einbindung soziokultureller Determinanten in ein sozialwissenschaftliches Modell.

Mit der starken Vereinfachung des COLEMAN'schen Modells auf die Mikro- und die Makro-Ebene abstrahiert er von der Strukturperspektive auf der Meso-Ebene, die er doch eigentlich durch seine Determinantenwahl implizit in sein Modell einbezieht. Übertragungsfähige und zielorientierte soziale Organisationen sind hierbei auf dieser Ebene zu lokalisieren. Gerade dieser Umstand führt zu Fehlschlüssen hinsichtlich des Zusammenhangs zwischen der Netzwerkdichte und des Sozialkapitalbestands, was insbesondere in Abschnitt 3.4 noch näher ausgeführt wird.

---

384 Siehe COLEMAN (1995), Bd. 1, S. 81 und 115.

385 Diese zentrale Überlegung COLEMANs wird in Unterabschnitt 3.3.1 im Rahmen des Drei-Ebenen-Modells näher erläutert.

(b) Ein zentraler Kritikpunkt setzt an COLEMANs funktionaler Sichtweise von Sozialkapital an. Hierbei besteht die Gefahr der Tautologie. Wird Sozialkapital hinsichtlich seiner Ergebnisse abgeleitet, dann vermengen sich zum einen Ursache und Wirkung des Konzepts und zum anderen reduziert sich die inhaltliche Aussagekraft auf Null. Darüber hinaus lassen sich politische Implikationen und Handlungsanweisungen nicht ableiten.[386]

Auch COLEMAN **definiert Sozialkapital enumerativ** bzw. nennt verschiedene Sozialkapitalformen, wie insbesondere Gleichung (13) auf Seite 101 aufzeigt. Dabei formuliert er teilweise die **Funktion** einer sozialen Beziehung als Zugriffsoptionen anderer Ressourcenformen wie Informationen oder Finanzkapital. Daneben finden sich in COLEMANs Sozialkapitaldefinition Strukturaspekte wie die Organisationsstruktur. Lediglich die vertrauensorientierten Aspekte der Verpflichtungen und Erwartungen in Verbindung mit der Einschätzung der Treuewahrscheinlichkeit zwischen den Akteuren bezieht sich auf die soziale Beziehung *per se*. Aus diesem Grund knüpft das Drei-Ebenen-Modell in Kapitel 3 an diesen definitorischen Aspekt an, während die Organisationsstruktur als sozialkapitaltheoretische Determinante und Informationen als Wirkungen des Sozialkapitals angesehen werden.

COLEMAN sieht Vertrauen lediglich als objektive Glaub- bzw. Vertrauenswürdigkeit, d.h. es hängt von der Einschätzung des Verhaltens des Gegenübers ab. Vertrauen besitzt darüber hinaus jedoch weitere Aspekte:[387] Vertrauen als wohlwollende Intention;[388] Vertrauen als Fehlen einer manipulativen Absicht;[389] Vertrauen bei hohen Kosten der Unehrlichkeit. Sobald der Partner bei Vertrauensmissbrauch mit hohen Kosten bei der Entdeckung rechnen muss, ist das Vertrauen hoch.

Eine wichtige Determinante für die Entstehung bzw. Akkumulation von Sozialkapital ist aus Sicht COLEMANs der Geschlossenheitsgrad eines sozialen Netzwerks.[390] Dem widerspricht RONALD S. BURT in seiner Theorie der *structural*

---

386 Vgl. u.a. PORTES und LANDOLT (1996), S. 2 sowie BROWN (2000).

387 Vgl. BIERHOFF, BUCK und SCHREIBER (1983), S. 8.

388 Der Grad des Vertrauens hängt davon ab, wie sehr man dem Gegenüber eine wohlwollende Absicht unterstellt.

389 Ausschlaggebend ist in diesem Fall der Glaube an versteckte Motive und manipulative Absichten des Partners.

390 Hierbei ist ebenso die FUKUYAMA'sche Sichtweise zu berücksichtigen, dass es dabei insbesondere auf die Fähigkeit der organisatorischen Anpassung der Akteure an veränderte Bedingungen ankommt. Gerade in diesem Zusammenhang finden GARGIALO und BENASSI heraus, dass vor allem soziale Netzwerke mit einem hohen Geschlossenheitsgrad diesen Anpassungserfordernissen entsprechen. Vgl. GARGIALO und BENASSI (2000).

*holes*. Demnach hemmen zusammenhängende soziale Beziehungen die notwendige Koordination zur Lösung komplexer Aufgaben.[391] Auch BAKER weist auf die positive Abhängigkeit von Sozialkapital und „strukturellen Löchern“ eines sozialen Netzwerks hin.[392] Ökonomischer Erfolg eines Akteurs im weitesten Sinne hängt demnach nicht von der Geschlossenheit der Netzwerke ab. Allerdings muss diese Kritik insofern abgeschwächt werden, als BURT und auch BAKER eine rein egozentrierte, COLEMAN jedoch zum Teil auch eine soziozentrierte Sichtweise einnehmen. Dadurch sind beide wissenschaftlichen Ergebnisse hinsichtlich ihrer Gültigkeit denkbar.

(c) Eng verbunden mit diesem Einwand ist die **inhaltliche Kritik** an COLEMAN, er wechsle in seinem Konzept auf relativ willkürliche Art und Weise die Perspektive bzw. die Handlungsebene seiner Analyse, auf deren Unterscheidung er doch eigentlich per Annahme viel Wert legt. Teilweise nimmt er eine „subjektbezogene Sichtweise“[393] ein, indem er Sozialkapital auf der Mikro-Ebene definiert. Teilweise argumentiert er jedoch auch systembezogen, d.h. er anerkennt Sozialkapital auch als öffentliches Gut.[394]

Des Weiteren unterscheidet COLEMAN nicht zwischen ein- und mehrdimensionalen Netzwerken. Dieser Kritikpunkt ist mit der Diskrepanz zwischen einzel- und gesamtwirtschaftlicher Rationalität nicht abzuwehren. Schließlich ist die Existenz mehrdimensionaler Netzwerkbeziehungen ein Indikator für einen hohen Grad an sozialer Einbettung der Akteure in ihr soziales Umfeld, wodurch ein höheres Vertrauens- und Verpflichtungsniveau erreicht werden kann. Dies ist jedoch für das COLEMAN'sche Sozialkapital von hoher Relevanz.

COLEMAN wird insbesondere von LEU eine zu starke Normenlastigkeit unterstellt.[395] Demnach wird die individuelle Entwicklung von Wertorientierungen vernachlässigt und Handlungen vorwiegend von Gruppen- und Gesellschaftsnormen beeinflusst. Doch gerade eine pluralistische Gesellschaft ist durch die Her-

---

391 Vgl. BURT (1992) und siehe insbesondere Unterabschnitt 5.2.2.

392 Siehe BAKER (1994).

393 STECHER (2000), S. 53. Brown (2000) bezeichnet diese Perspektive als *„embedded ego perspective“*.

394 Damit kommt COLEMAN dem PUTNAM'schen Konzept am nächsten – aber auch der Tautologieproblematik.

395 Vgl. LEU (1997), S. 33.

ausbildung unterschiedlicher Wertorientierungen und nicht durch einen Trend zu homogenen Werten gekennzeichnet.[396]

In Verbindung mit der Normenlastigkeit und der oben genannten Tautologieproblematik, die durch eine funktionale Sichtweise und Definition von Sozialkapital herrührt, ist auch das Problem der Harmonielastigkeit in dem diskutierten Konzept ein ernstzunehmender Kritikpunkt. So dürften auch Konflikte, d.h. die Existenz unterschiedlicher Wertorientierungen und die daraus folgenden Interessenkonflikte, „eine produktive Rolle spielen können."[397] Wechselseitige Anerkennung kommt oftmals weniger durch Harmonie als durch entsprechende Eigenständigkeiten zustande.[398]

(d) Neben der Vernachlässigung historischer Veränderungen in der Sozialkapitalstruktur[399] sind insbesondere das Modell der Vertrauensvergabe von COLEMAN sowie seine **Schlussfolgerungen** zu kritisieren. Seine Überlegungen hierzu, dass die Bildung von Sozialkapital von der Vertrauenswürdigkeit des Vertrauensnehmers und von der Risikoneigung der Vertrauensgebers abhängt, kritisiert ZIEGLER. Er zeigt spieltheoretisch, dass der Vertrauensnehmer in der Regel einen grundsätzlichen Anreiz zur Defektion besitzt.[400] Das würde bedeuten, dass die Sanktionsnormen bzw. deren Reputation eine größere Rolle als das informelle bzw. bilaterale Vertrauen zwischen den Akteuren hinsichtlich der Stabilität der Wirkungsmechanismen auf ökonomische Größen spielt. Dieser Kritikpunkt wird jedoch inhaltlich durch den offensichtlich unterschiedlichen Einbettungsgrad der Akteure und deren Handlungen in die sozialen Normen abgeschwächt.

Trotz der vielschichtigen Kritikpunkte ist der *rational choice*-Ansatz von COLEMAN **das umfassendste Konzept** der Sozialkapitaltheorie, da hierin eine breite Basis möglicher sozialer Beziehungen systematisch untersucht wird. COLEMANs Zwei-Ebenen-Modell ist daher eine der wichtigsten methodischen und inhaltlichen Grundlagen für das im Folgenden beschriebene Drei-Ebenen-Modell.

---

396 Vgl. STECHER (2000), S. 47. Neben der individuellen Entwicklung ist nach Meinung von BATESTON (1988) auch die biologische Entwicklung von Vertrauen zu wenig berücksichtigt.

397 LEU (1997), S. 33

398 Vgl. STECHER (2000), S. 48.

399 Vgl. COLEMAN (1995), Bd. 2, S. 426ff.

400 Vgl. ZIEGLER (1998).

# 3 Die Sozialkapitaltheorie: Synthese durch das Drei-Ebenen-Modell

*"Niemand ist eine Insel."*

*JOHN DONNE*[1]

In den Abschnitten 2.1 und 2.3 wurde ein Überblick über den aktuellen Forschungsstand der Sozialkapitaltheorie aus ökonomischer Sicht gegeben. Die Untersuchung der Hauptansätze von BOURDIEU, PUTNAM, FUKUYAMA und COLEMAN haben einerseits Schwächen aufgezeigt, andererseits vollbringen diese Ansätze die bedeutende Leistung, die sozialen Beziehungen und Netzwerke wieder in das wirtschaftswissenschaftliche Rampenlicht zu rücken. Dies wurde seit den klassischen Nationalökonomen weitgehend vernachlässigt. Jeder der genannten Autoren hat hierzu einen spezifischen Beitrag geleistet. Herausragend ist jedoch der *rational choice*-Ansatz von COLEMAN, der seine Analyse äußerst systematisch und umfassend verfolgt.

COLEMANs Makro-Mikro-Makro-Modell dient deshalb als Grundlage für die folgende Vertiefung des zuvor unter Abschnitt 2.3 skizzierten Drei-Ebenen-Modells, mit dessen Hilfe die Ansätze von BOURDIEU, PUTNAM und FUKUYAMA systematisch eingeordnet werden konnten und das deshalb zur Synthese der Sozialkapitalansätze aus ökonomischer Sicht verwendet werden kann. In dieser Synthese werden die Schwerpunkte darüber hinaus auf die Mechanismen zur Handlungsbildung in Verbindung mit idealtypischen Handlungsprinzipien sowie auf die Auswirkungen der Strukturkomponenten auf der Meso-Ebene sowohl auf die Situations- als auch auf die Wirkungsmechanismen gelegt.[2] Diese Vorgehensweise ist eine notwendige Voraussetzung zur Untersuchung der Wirkungszusammenhänge von sozialem Kapital auf makroökonomische Größen.[3]

---

1 Zitiert nach GARY S. BECKER (1993), S. 282.

2 DEDERICHS (1999; S. 92) unterscheidet die drei genannten Analyseebenen in gleicher Weise.

3 Siehe hierzu Kapitel 4.

## 3.1 Das Grundkonzept: Drei Ebenen und drei Typen sozialer Mechanismen

### 3.1.1 Drei Ebenen

Die konsequente Fortführung der Entwicklung der Sozialkapitaltheorie bildet die handlungstheoretische Integration der Hauptkonzepte unter besonderer Berücksichtigung des Makro-Mikro-Makro-Modells von COLEMAN bei gleichzeitiger Verknüpfung der gesellschaftlichen Variablen auf den unterschiedlichen Aggregationsebenen durch soziale Mechanismen sowie der Betonung der sozialen Handlungen, wie es auch von SOLOW gefordert wird.[4] COLEMANs Schwerpunktsetzung auf das rationale Verhalten[5] kann durch die Erkenntnisse der Wechselwirkungen zwischen den Handlungsebenen von BOURDIEU, PUTNAM und FUKUYAMA sowie der Berücksichtigung biopsychischer Motivationsaspekte ergänzt werden.[6] Des Weiteren wird die **Meso-Ebene als strukturelle Komponente** und Perspektive eine größere Rolle spielen bzw. explizit im Modell zu berücksichtigen sein, da sie die Wirkungsrichtung des Sozialkapitals auf makroökonomische Größen umkehren kann. Somit existieren in diesem Modell explizit drei Handlungsebenen, was in den sozialkapitaltheoretischen Ansätzen in Kapitel 2 von BOURDIEU, PUTNAM, FUKUYAMA und COLEMAN allenfalls implizit behandelt wurde, jedoch in Kapitel 2 bereits in die nunmehr vertiefende Systematik gebracht wurde. Hierdurch werden ebenenübergreifend soziale Handlungen von Einzelnen und Kollektiven miteinander in Form von Mechanismen in Beziehung gesetzt. Sowohl Akteure und Handlungen als auch soziale Netzwerke werden somit aus einer Perspektive der gesellschaftlichen Abhängigkeiten betrachtet.

Auf der Mikro-Ebene stehen die Handlungen und Handlungsprinzipien der einzelnen Akteure im Vordergrund der Betrachtung. Rationales Verhalten führt hier u.a. dazu, dass das soziale Beziehungsvermögen und andere Vermögensarten in ihrem Umfang steigen, indem unterschiedliche Ressourcen zum Einsatz kommen. Die Meso-Ebene

---

[4] Siehe auch Fußnote 355.

[5] Sowohl bei COLEMAN als auch im folgenden Synthesemodell wird dem Akteur rationales Verhalten im Sinne einer „weichen Theorie der Rationalität" unterstellt. Vgl. OPP (1993), S. 209, der sich konzeptionell auf TAYLOR (1988; S. 66-69) bezieht. Dies erlaubt die Annahme, dass Normen Anreize für individuelle Handlungen sind. Vgl. BARRY (1970), S. 31. Unter der Annahme, dass Normen – insbesondere die Reziprozitätsnorm – Determinanten des sozialen Kapitals sind, ist dies eine notwendige Voraussetzung dieser Sichtweise. In diesem Zusammenhang sind auch Ideologien, Religionen und andere Wirklichkeitsbilder einzelner, aber auch kollektiver Akteure anzuführen, die einerseits die Wertorientierungen und Handlungsziele bestimmen sowie andererseits die Spannweite der Handlungsoptionen darstellen.

[6] Dadurch wird eine Gleichgewichtung verschiedener gesellschaftlicher Prozesse erreicht.

stellt als strukturorientierte Sichtweise eine Art Zwischenebene im Vergleich zu COLEMANs Modell dar. Auf dieser Ebene werden soziale Organisationen bzw. Gruppen mit unterschiedlichsten Zielsetzungen betrachtet. Hierzu gehören beispielsweise Unternehmen, Vereine und Kommunen. Die Wahl einer Zwischenebene ist zwar mit verschiedenen Problemfeldern behaftet, dennoch ist diese Vorgehensweise für die Vergleichbarkeit unterschiedlicher sozialer Organisationsformen in den verschiedenen sozialkapitaltheoretischen Ansätzen notwendig. Die Makro-Ebene stellt die gesellschaftliche oder volkswirtschaftliche Perspektive bzw. die sozioökonomische oder kulturökonomische Einbettung der gesellschaftlichen Teilsysteme dar.[7]

Eine **integrative Sichtweise** aller sozialkapitaltheoretischen Mechanismen sollte einer Reihe von Anforderungen genügen und Fragen beantworten, welche die in Abschnitt 2.3 beschriebenen Konzepte bzw. deren Kritiker aufgeworfen haben.[8] Insbesondere sollte das Drei-Ebenen-Modell ein logisch-geschlossenes Modell darstellen, das die beobachtbaren Tatsachen und Wirkungszusammenhänge in einer Gesellschaft in abstrakter Form abbildet. Wie bereits erörtert sind die drei Aggregationsebenen sowie die sozialen Mechanismen (Situations-, Handlungs- und Wirkungsmechanismen), die der Verknüpfung der Variablen dienen, die zentralen Aspekte dieses Modells. Auf diese Weise lassen sich Ausmaß und Formen des Einflusses sozialer Beziehungen auf ökonomische Größen aufzeigen.

Im folgenden Modell werden alle Beziehungstypen berücksichtigt. Während PUTNAM lediglich horizontale soziale Beziehungen als sozialkapitaltheoretisch relevante Aspekte aufführt, systematisiert COLEMAN das gesamte Spektrum zwischenmenschlicher Beziehungen. Dazu gehören auch soziale Gruppen im weitesten Sinn. FUKUYAMA hat in diesem Zusammenhang auch Unternehmen als soziale Organisationsformen und Sozialkapitalträger in sein Sozialkapital-Konzept einbezogen. An dieser Stelle ist wiederum PUTNAM zu kritisieren, der diesbezüglich eine zu starke Einengung bei der Auswahl der sozialkapitalrelevanten sozialen Vereinigungen vornimmt.

Die Berücksichtigung einer sozialen Gruppe auf der Meso-Ebene und ihrer Rolle hinsichtlich der Gesamtgesellschaft bzw. der sozialen und ökonomischen Größen auf der Makro-Ebene ist ein vieldiskutiertes Problemfeld nicht nur innerhalb der Sozialkapitaltheorie. So können beispielsweise enge Beziehungen innerhalb einer

7 BROWN (2000) kategorisiert die Ebenen der sozialkapitaltheoretischen Analysen ebenso und weist ihnen die Begriffe *„embedded ego perspective"*, *„structural perspective"* und *„embedded structure perspective"* zu.

8 Auch TURNER (1999; S. 94-95) vertritt die These, dass enge Sichtweisen von „Sozialkapital" nicht ausreichen, die Sozialkapitaltheorie in den Dienst ökonomischer Theorien zu stellen. Vielmehr ist eine *„broad conception of social capital"* notwendig.

pitaltheorie. So können beispielsweise enge Beziehungen innerhalb einer sozialen Organisation auf der Meso-Ebene bewirken, dass deren Mitglieder keine Beziehungen zu Mitgliedern anderer Organisationen haben. Das hohe *bonding social capital* beeinflusst das *bridging social capital* in negativer Weise. Dadurch ist der Isolationsgrad dieser Organisation relativ hoch. Sowohl Ursache als auch Folge hiervon können unterschiedliche Normen oder Wertorientierungen im Vergleich zu anderen Organisationen sein. Dieses Phänomen wird im weiteren Verlauf der Arbeit als Beziehungs- oder Vertrauenslücken zwischen sozialen Gruppen bezeichnet.

Diese Beziehungslücken in Folge eines hohen Isolationsgrades einer Organisation können zu einem selbstverstärkenden Isolationsprozess führen. Auf diese Weise sind unterschiedliche Zielsetzungen zwischen der isolierten Organisation und der Gesamtgesellschaft denkbar, woraus sich letztlich Segmentierungstendenzen in der Gesellschaft ergeben können. Im Extremfall sind dies Korruptionsphänomene und mafiöse Gesellschaftsstrukturen. Es kommt demnach hinsichtlich der ökonomischen Wirkungen von Sozialkapital darauf an, welche Struktur das Sozialkapital aufweist. Diese Struktur ist durch Anzahl und Umfang der Beziehungslücken in einer Volkswirtschaft bestimmt. Derartige kontraproduktive Strukturkomponenten werden sowohl in Abschnitt 3.4 untersucht als auch in den Kapiteln 4 und 5 zu berücksichtigen sein.

Weiterhin ist im Drei-Ebenen-Modell das rationale Verhalten auf der Mikro-Ebene zu berücksichtigen, um entsprechende stabile Handlungsprinzipien anwenden zu können. COLEMANs Überlegungen hinsichtlich dieser Voraussetzung für eine zufriedenstellende Verallgemeinerung sind hinsichtlich des theoretischen Erklärungsgehalts äußerst vorteilhaft für die Sozialkapitaltheorie. Rationales Verhalten orientiert sich aber im PARSONS'schen Sinne an gesellschaftlichen Normen und ist deshalb nicht in einem engen Verständnis der neoklassischen Sichtweise zu verstehen.[9] Er orientiert sich damit an einer Gleichzeitigkeit von wert- und zweckrationalem Verhalten im WEBER'schen Sinn.[10] Jedoch wird im Drei-Ebenen-Modell von seiner funktionalen Sozialkapital-Definition Abstand genommen. Diese würde zu einer zirkulären Argumentation in diesem Forschungszweig führen, die keinen ökonomisch verwertbaren Aussagegehalt mehr besitzt.

Das Sozialkapital wird im Drei-Ebenen-Modell als **gleichberechtigte Kapitalform** im BOURDIEU'schen Sinne neben Humankapital und physischem Kapital verstanden. Grundsätzlich kann in Sozialkapital investiert werden. Die Kapitalform kann eine

9 Vgl. STAUBMANN (1995), S. 36.
10 Vgl. WEBER (1922).

Rendite bringen. Zwar sind sowohl Investitionen als auch die erwartete Rendite äußerst risikobehaftet. Dies ändert jedoch nichts am Kapitalcharakter des Sozialkapitals. Gleichzeitig wird zwischen den Kapitalarten ein hoher Grad an Konvertierbarkeit angenommen. Entsprechende Transformations- oder Tauschhandlungen werden mit Hilfe von Arbeit (im sozialwissenschaftlichen Sinn) sowie durch unterschiedliche Tauschmedien vorgenommen. Das sind neben Geld beispielsweise Erwartungen und Verpflichtungen an Tauschpartner.

Da soziale Beziehungen – gleichgültig, ob in einfacher, komplexer, ein- oder mehrdimensionaler Form – die eigentliche Basis des Sozialkapitals sind und durch kulturbasierte, normgeleitete und biopsychisch motivierte Handlungen entstehen, besitzt diese Kapitalform ein hohes Trägheitsmoment. BOURDIEU beschreibt den gegenwärtigen Ressourcen- bzw. Vermögensbestand als akkumulierte Geschichte. Dies trifft insbesondere auf die sozialen Komponenten des Vermögens zu. Kulturelle Normen sind historisch gewachsen bzw. pfadabhängig. Sie wirken ständig auf sich bildende und umbildende Familien sowie andere sich reorganisierende soziale Gruppen. Diese so genannten Situationsmechanismen wirken jedoch nicht gleichzeitig. Die Akzeptanzprozesse einer Norm auf der Mikro-Ebene finden vielmehr sequenziell statt. Die Akteure selbst sind darüber hinaus auch Träger der Normen. Damit erreichen die sozialen Normen eine Art informellen Standardisierungsgrad mit allen netzwerkökonomischen Charakteristika, etwa *lock in*-Effekte.[11] Aus diesem Grund sind Normänderungen in einer Gesellschaft dezentral nur schwer durchsetzbar.[12]

Diese Überlegungen deuten bereits die herausragende ökonomische Bedeutung von sozialen Beziehungen bzw. Netzwerken in diesem Modell an. Aber erst die systematische Untersuchung der Zusammenhänge in Form von sozialen Mechanismen verdeutlicht die Wirkungsrichtung und Stärke des Zusammenhangs zwischen den einzelnen gesellschaftlichen Variablen – insbesondere zwischen den ökonomischen Größen Wachstum, Beschäftigung, Allokation und Verteilung. Die Zielsetzung der Sozialkapitaltheorie aus ökonomischer Sicht wird auf diese Weise vom Drei-Ebenen-Modell erfüllt.

---

[11] Analoge Überlegungen werden in Kapitel 4 und 5 wieder aufgegriffen und in stärkerem Maße in die Untersuchung einbezogen.

[12] Letztlich sind dabei die informellen Normen und die daraus abgeleiteten informellen Institutionen dauerhafter als formale Einrichtungen, welche sich den informellen anpassen müssen, um ein Mindestmaß an Dauerhaftigkeit zu erreichen.

### 3.1.2 Drei Typen sozialer Mechanismen

Im Folgenden werden jene drei Typen sozialer Mechanismen vertiefend vorgestellt,[13] welche die gesellschaftlichen und ökonomischen Variablen auf den drei Aggregationsebenen miteinander verknüpfen:[14] (a) Situationsmechanismen, (b) Mechanismen der Handlungsbildung und (c) Wirkungs- bzw. Transformationsmechanismen. Abbildung 2-1 auf Seite 42 hat dieses Zusammenwirken bereits in den Grundzügen aufgezeigt. Der Situationsmechanismus wirkt grundsätzlich von der Makro-Ebene – unter

---

13 Der im vorliegenden Modell verwendete Begriff des sozialen Mechanismus ersetzt den Begriff des Gesetzes. Hinsichtlich des Zieles der Allgemeingültigkeit der Theorie wird so der Anspruch reduziert. Damit erscheint die mechanistische Sichtweise der gesellschaftlichen Zusammenhänge als eine Art Kompromiss zwischen den Vertretern der neoklassischen Methodik der Gleichgewichtsfindung und deren Gegnern, da zum einen Abstriche am Anspruch der Naturgesetzmäßigkeit gemacht werden, zum anderen jedoch stabile Zusammenhänge zwischen den betrachteten Variablen in Form von Prinzipien auf der Handlungsebene angenommen werden. Gleichwohl besitzt die mechanistische Sichtweise einen höheren Allgemeinheitsanspruch als die rein deskriptive, herkömmliche Soziologie, die in erster Linie das Ziel hat, eine einmalige Erklärungskette zwischen zwei Situationen oder Ereignissen darzustellen. Vielmehr existieren in diesem Modell allgemeine Mechanismustypen, die von den jeweiligen sozialen Gegebenheiten abhängen, welche wiederum mit gleichartigen logischen Prinzipien zusammenhängen. Vgl. HEDSTRÖM und SWEDBERG (1998), S. 2. Der Nobelpreisträger für Biologie aus dem Jahre 1962 FRANCIS CRICK grenzte zum ersten Mal Ursache-Wirkungs-Zusammenhänge in seinem Fachgebiet von denen der Physik ab, indem er statt *„law"* den Begriff des *„mechanism"* verwendete. Da der Versuchsaufbau in (molekular-) biologischen Experimenten üblicherweise nach und nach modifiziert wird, führen die jeweils spezifischen Rahmenbedingungen nicht zu Gesetzmäßigkeiten im Sinne naturwissenschaftlicher, allgemeingültiger Gesetze, sondern lediglich zu Anstoß-Effekt-Erkenntnissen. Vgl. CRICK (1989), S. 138. Im Extremfall impliziert die mechanistische Weltanschauung die Reduzierung aller natürlichen und gesellschaftlichen Prozesse auf mechanische Vorstellungen. Sämtliche Vorgänge besitzen eine Ursache in Bewegung, Stoß oder Druck. Die Verwendung des Mechanismusbegriffs in den Sozialwissenschaften geht zurück auf SMALL (1905), wobei der Begriff nicht eindeutig definiert wird. Implizit werden jedoch quasiautomatische Ursache-Wirkungs-Zusammenhänge im Sinne des alltäglichen Sprachgebrauchs beschrieben. Auch WEBER verstand unter „Mechanismus" lange Zeit eine Art maschinellen Zusammenhang, bevor er den „kausalen Mechanismus" sozialwissenschaftlich anwendete. Vgl. WEBER (1921-2), S. 961 und WEBER (1946), S. 350. Aber erst STINCHCOMBE beschrieb die Funktion eines Mechanismus für die Sozialwissenschaften, wie er heute verwendet wird: Der Mechanismus wird auf der Mikro- oder Meso-Ebene als Theorieelement angewendet, um theoretische Zusammenhänge auf einer höheren gesellschaftlichen Ebene (beispielsweise der Makro-Ebene) „geschmeidiger, genauer und allgemeingültiger" zu machen. Vgl. STINCHCOMBE (1991), S. 367. Dies ist exakt der Zweck der Mechanismen im vorliegenden Modell. In einer gemäßigten Perspektive, die dem folgenden Modell zugrunde liegt, werden die Handlungen der Akteure nicht ausschließlich durch soziomechanistische Ursachen, sondern auch durch biopsychisch-mechanistische Determinanten bestimmt. Die Modelle in der Ökonomik bauen häufig auf Mechanismen auf, die in einem gegebenen institutionellen Rahmen ablaufen. Vgl. SCHUMPETER (1989), S. 293. Der zentrale Mechanismus ist dabei der Marktmechanismus. Die nähere Bezeichnung eines Mechanismus deutet demnach auf die (institutionellen) Rahmenbedingungen hin. Diese Sichtweise geht auf das 18. Jahrhundert zurück.

14 Vgl. COLEMAN (1986) und HEDSTRÖM und SWEDBERG (1998), S. 21.

Umständen über die Meso-Ebene – auf die Mikro-Ebene. Der Mechanismus der Handlungsbildung betrifft ausschließlich die Mikro-Ebene. Sowohl Situations- als auch Handlungsmechanismen besitzen eine Selektionsleistung.[15] So filtern die Situationsmechanismen die möglichen Handlungen auf der Meso- und der Makro-Ebene im Rahmen des Institutionengefüges und deren Normen sowie der kulturellen Normen, während die Mechanismen zur Handlungsbildung aus dem verbleibenden Optionsspektrum die tatsächlichen Handlungen eines Akteurs bestimmen. Hierbei kommt die Annahme des Rationalverhaltens der Akteure zum Tragen. Stabile Handlungsmuster auf dieser Ebene erlauben einen befriedigenden Grad an Allgemeingültigkeit des Modells. Schließlich repräsentiert der Transformationsmechanismus als Wirkung von der Mikro-Ebene – unter Umständen über die Meso-Ebene – auf die Makro-Ebene die politischen, ökonomischen und gesellschaftlichen Auswirkungen des Sozialkapitals auf gesellschaftliche und ökonomische Variablen der beiden höheren Aggregationsebenen.

Im Folgenden werden die drei Typen der sozialen Mechanismen vorgestellt, bevor sie in den folgenden Abschnitten ausführlich erörtert werden:

(a) **Situationsmechanismen** verdeutlichen den Zusammenhang zwischen sozialen Rahmenbedingungen und Situationen auf der Makro- und Meso-Ebene auf der einen Seite sowie den dadurch eingeschränkten Handlungsmöglichkeiten der Akteure auf der Mikro-Ebene auf der anderen Seite.[16] Dieser Zusammenhang basiert auf den so genannten Brückenhypothesen als typisierte Prämissen über die jeweilige Situation aus der Perspektive eines Einzelnen.[17] Die sozialen Situationen sind in der modernen Gesellschaft durch das vorhandene Institutionengefüge bestimmt.

Politisch-ideologische und ökonomisch-ordnungspolitische Rahmenbedingungen, aber auch Sitte, Moral und Recht als die SCHMOLLER'sche Sichtweise für soziale Institutionen,[18] bilden einen gesellschaftlichen Raum, in welchem Handlungsmuster gesteuert bzw. selektiert werden. Damit sind die gesellschaftlichen Institutionen auf der Makro-Ebene sowie die organisationalen Institutionen und deren

---

15 Der Begriff der Selektion wird als *„sorting"* (als evolutionstheoretischer Begriff) auf der Basis eines Effizienzkriteriums verstanden. Vgl. GOWDY (1992), S. 3ff.; zitiert in KNOTTENBAUER (2000), S. 296.

16 Vgl. WEISE (1989), S. 149 und siehe die Mechanismen $A_1$, $A_2$ und $A_3$ in Abbildung 2-1 auf Seite 44.

17 Vgl. MATIASKE (1999), S. 91. So stimmt beispielsweise die Annahme, dass die Akteure die objektiven Wahlmöglichkeiten der jeweiligen gesellschaftlichen Situation kennen, mit der Annahme der vollständigen Information überein.

18 Vgl. SCHMOLLER (1900), S. 61 und 64 und siehe Fußnote 21.

Wertorientierungen auf der Meso-Ebene das auslösende Moment für den Situationsmechanismus, der die Handlungsoptionen der Akteure auf der Mikro-Ebene bestimmt.[19] Normen und Institutionen sind demnach kein sozialkapitaltheoretischer Aspekt – wie dies beispielsweise PUTNAM in seinem Konzept konstatiert – sondern wesentliche Determinanten für die eigentliche Handlungsentscheidung, die den Sozialkapitalbestand beeinflussen können. Es existiert somit ein mehrstufiger Selektionsmechanismus der Handlungsoptionen sowie der Handlungsentscheidung der Akteure. Abbildung 3-1 verdeutlicht, dass der Selektionsmechanismus sowohl den Situations- als auch den Mechanismus zur Handlungsbildung umfasst. Diese Überlegung spielt insbesondere für die in Abschnitt 3.5 zu diskutierenden Verortung der Sozialkapitalbildung und Definition von Sozialkapital eine wesentliche Rolle.

Vorweggenommen sei hier bereits, dass Institutionen nicht nur Ursache, sondern auch Folge der Handlungen auf der Mikro-Ebene und demnach das Ergebnis des Wirkungsmechanismus $C_2$ aus Abbildung 3-1 sind. Dadurch existiert ein zirkulärer Prozess, der unter Umständen zu einem selbstverstärkenden Prozess werden kann, da die neue oder modifizierte Institution gleichwohl wieder Ausgangspunkt eines Situationsmechanismus im folgenden Modellzyklus ist. Die Schlussfolgerung ist, dass die zeitliche Abfolge dieser Prozesse bzw. die Pfadabhängigkeit von herausragender Bedeutung ist. Dieses Ergebnis stimmt mit der These multipler Gleichgewichte des Institutionenökonoms GREIF,[20] aber auch mit der Erklärung PUTNAMs und ebenso FUKUYAMAs bezüglich unterschiedlicher Sozialkapitalbestände in verschiedenen Regionen und Kulturen überein. Dabei ist anzunehmen, dass eine Modifikation informeller (formungebundener) Institutionen schwieriger, aber

---

19 Vgl. u.a. ALEXANDER (1993), S. 213. Hierbei wird der Institutionenbegriff weit gefasst, der neben der „Ordnung des Gemeinschaftslebens" (SCHMOLLER 1900; S. 61) auch „weitverbreitete Denkgewohnheiten" (VEBLEN 1997; S. 190) umfasst. Grundsätzlich sind demnach Institutionen in dem vorliegenden Modell die sozialen Strukturkomponenten in Form von „Erwartungen" und „Organisationen" (GREIF 1997; S. 84). Damit wird eine gegenläufige These zu COMMONS (1934) eingenommen, der die Handlungen der Individuen in den Mittelpunkt der Institutionen stellt. Doch gerade mit dem vorliegenden Modell wird die „*black box*" der sozialen Zusammenhänge auf Mikro- und Makro-Ebene „aufgebrochen". Am nächsten kommt die Institution der Sichtweise von NORTH, der diese als Begrenzung der Handlungsoptionen des Einzelnen sieht. Vgl. NORTH (1990), S. 4. Da sich die Kultur eines gesellschaftlichen Systems in seinen Institutionen manifestiert (vgl. KREPS 1990), konstituieren diese Regeln soziale Interaktionen und bestimmen die Auszahlungsstruktur der Beteiligten. Vgl. NORTH (1990) und KNIGHT (1992).

20 Vgl. GREIF (1997), S. 84.

dafür von nachhaltiger Wirkung ist.[21] Dagegen besitzen formgebundene Institutionen ein geringeres Trägheitsmoment.

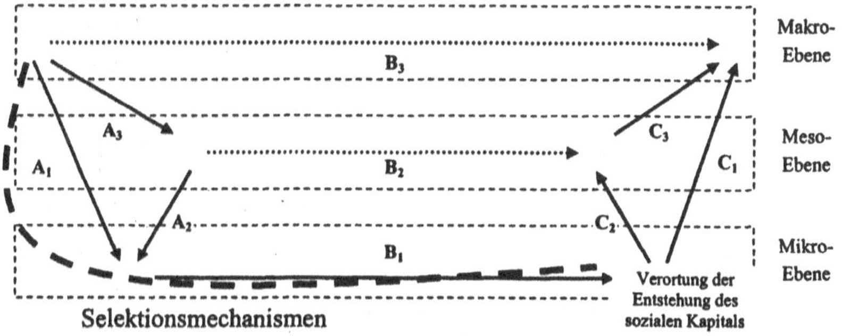


**Abbildung 3-1: Selektionsmechanismen im Drei-Ebenen-Modell**

Quelle: eigene Darstellung

Da Institutionen den Rahmen für Handlungsmuster darstellen, die ihrerseits die Determinanten für Sozialkapital bilden, sind Überlegungen zur Veränderbarkeit der Institutionen für die entsprechenden politischen Implikationen von Bedeutung. Je mehr formgebundene Institutionen in einer Gesellschaft vorherrschen, desto eher ist der Bestand an Sozialkapital durch entsprechende politische Maßnahmen – insbesondere durch Normsetzung – beeinflussbar. Dabei ist jedoch zu beachten, dass formgebundene und noch wirksame Institutionen mit informellen Institutionen keinen normorientierten Zielkonflikt darstellen dürfen. Eine willkürliche Institutionengestaltung bleibt den politischen Entscheidungsträgern damit verwehrt. Somit kann das Niveau des Sozialkapitals in einer Gesellschaft auch nur in einem gewissen Ausmaß verändert werden. HAYEK erkennt nahezu alle Institutionen (wobei er den Begriff der Ordnung verwendet) als Mischform spontaner, nicht beeinflussbarer (*kosmos*) und konstruierter, gestaltbarer Idealtypen (*taxis*) an.

21 SCHELLINGs Akkumulationsmodell zum Sozialkapital wird bei den Wirkungsmechanismen – insbesondere der Wachstumswirkung in Abschnitt 5.1 – erörtert. Vgl. SCHELLING (1978), S. 91-110.

Auch hier ist die Schlussfolgerung, dass Institutionen in der Realität nur zu einem begrenzten Grad politisch zu gestalten sind.[22]

Die Situationsmechanismen brechen damit die Perspektive der Makro-Ebene auf die einzelwirtschaftliche Handlungsebene herunter. Zwar ist dieser Mechanismustyp lediglich ein Teil der *rational choice*-Methodik, da das Explanandum letztlich wieder auf der gesamtgesellschaftlichen Ebene zu finden ist. Aber eine Verkürzung der mechanistischen und Ebenen übergreifenden Zusammenhänge allein auf die Makro-Ebene, würde eine makroökonomische Produktionsfunktion in der Form

$$(15) \quad Y = f(PK, HK, SK)$$

bedeuten, in der die Kapitalformen physisches Kapital *PK*, Humankapital *HK* und Sozialkapital *SK* Berücksichtigung fänden.[23] Doch dabei wird implizit angenommen, dass es sich bei der Form des Sozialkapitals um nichts anderes als die oben beschriebenen institutionellen Rahmenbedingungen handelt. Eine *black box* ersetzt die Überlegungen zu den Mechanismen zwischen den Ebenen und zu den Handlungsprinzipien auf der Mikro-Ebene. Damit wird Sozialkapital zu einer Rest- oder *catch all*-Variable degradiert, die letztlich – ähnlich der Wachstumskomponente „*social capability*" in der *catching up*-Theorie von ABRAMOVITZ[24] – einen Indikator für die Stärke der Diskrepanz zwischen Modell und Wirklichkeit darstellt.

Die Situationsmechanismen spielen sich somit in erster Linie in Form von Restriktionen ab, die bei Überschreitung Sanktionen in unterschiedlichster Form nach sich ziehen. Damit wird der Situationsmechanismus in Form des Verhältnisses zwischen Erwartungshaltung des Einzelnen und der institutionellen Restriktion ausgelöst. Die Normen der Gesellschaft bzw. der Institutionen bestimmen letztlich die „Logik der Selektion".[25]

Nach WEISE wird damit der *homo sociologicus* unterstellt, der „außerindividuelle Zwänge und Werte" vollständig verinnerlicht. Im Gegensatz dazu besitzt der *homo oeconomicus* eine Bewertungsfunktion, die unabhängig von anderen Menschen ist.[26]

---

22 Vgl. HAYEK (1973; S. 37 und 46).

23 Das entspricht dem abstrakten Mechanismus $B_3$ in Abbildung 2-1 auf Seite 44.

24 Vgl. Unterabschnitt 2.2.

25 MATIASKE (1999), S. 91

26 Vgl. WEISE (1989).

(b) Verantwortlich für den **Mechanismus zur Handlungsbildung** (Handlungsmechanismus) bzw. für die Wahl der tatsächlichen Handlungen der Akteure sind die Handlungsprinzipien, die sich einerseits aus den Wahlmöglichkeiten der Handlungen, die durch den Situationsmechanismus bestimmt werden, und andererseits aus den individuellen Interessen bzw. Motiven ergeben.

Diese Motive sind oftmals bio- und soziopsychisch determiniert.[27] Die Gesamtheit der tatsächlichen Handlungen[28] lässt sich als Kombination aus idealtypischen Handlungsprinzipien formulieren. Die tatsächlich vorgenommene Handlung ist in der Regel eine Mischform dieser Idealtypen. Diese Vorgehensweise stellt eine Stabilisierung der sozioökonomischen Zusammenhänge zwischen den Variablen auf unterschiedlichen Ebenen dar und erhöht deren Operationalisierung.

Interaktionen setzen sich aus vier idealtypischen Handlungsprinzipien zusammen. Diese sind das Kooperations-, das Solidaritäts-, das Gewohnheits- und das Wettbewerbsprinzip.[29] Diese realtypischen Interaktionen als Mischform der Idealtypen bestimmen je nach Kombination die Entstehung von Sozialkapital.

(c) Die **Wirkungsmechanismen** haben die Aufgabe, die Logik der Aggregation ausgehend von der einzelwirtschaftlichen Handlungsebene auf ein gesamtgesellschaftliches Ergebnis zu transferieren. Dabei kann dieser Transformationsmechanismus auch gesellschaftliche oder ökonomische Strukturen auf der Meso-Ebene berücksichtigen.[30] Bei der Aggregation wird sowohl auf einfache, additive Methoden aber auch auf verschiedene komplexe theoretische Zusammenhänge zurückgegriffen.[31] In der vorliegenden Arbeit stehen insbesondere die ökonomischen Größen Wachstum, Beschäftigung, Allokation und Verteilung im Zentrum der Untersuchung. In Kapitel 4 werden entsprechende Theorien, Modelle und Untersuchungen analysiert, welche die Wirkung des Sozialkapitals auf die genannten Variablen bzw. in modifizierter Form erklären.

---

27 Nach WIPPLER und LINDENBERG (1987) sollten psychologische und physiologische Thesen die Handlungstheorie beeinflussen können.

28 Siehe Mechanismus $B_1$ in Abbildung 2-1 auf Seite 44.

29 Siehe Abschnitt 3.3.

30 Siehe die Mechanismen $C_1$, $C_2$ und $C_3$ in Abbildung 2-1 auf Seite 44.

31 Vgl. MATIASKE (1999), S. 93.

## 3.2 Die Rolle der Meso-Ebene für die Situationsmechanismen

Grundsätzlich kann der Situationsmechanismus kultureller Normen[32] in direkter ($A_1$ in Abbildung 2-1 auf Seite 42) oder indirekter Weise ($A_2$ und $A_3$ in Abbildung 2-1), d.h. über Strukturelemente auf der Meso-Ebene, wirken.[33] Der Pfeil $A_3$ stellt das Ereignis dar, wenn die Akteure ihre Normen „von draußen mit in eine Gruppe" hineinbringen.[34] Diese sozialen Gruppen im weitesten Sinn geben die Normen modifiziert oder gefiltert an die Akteure weiter.[35] Diese Veränderung findet in der Regel in Form (a) einer Einschränkung, (b) einer Erweiterung der Handlungsoptionen eines Gruppenmitglieds oder (c) einer Kombination daraus statt.[36]

(a) Eine **Einschränkung der Handlungsoptionen** – und damit eine Reduzierung des Beziehungsvermögens im BOURDIEU'schen Sinn – im Vergleich zu den Optionen, die der Akteur auf der ausschließlichen Basis von Institutionen und Normen auf der Makro-Ebene hätte, wird einerseits durch enger gefasste Normen bei gleichzeitig funktionsfähigen Sanktionsmechanismen innerhalb der Gruppe und andererseits durch ein hohes Maß an *bonding social capital* hervorgerufen. Diese regelgesteuerten Handlungsbeschränkungen sind weitgehend dem gesellschaftlichen Zielspektrum angepasst.[37]

Die Einschränkung der Handlungsoptionen ist jedoch stets mit einer Stabilisierung der Erwartungen hinsichtlich der Handlungen der Beziehungspartner verbunden. Dies vermindert prinzipiell das Risiko des Defektierens des Gegenübers. Damit steigt die Bereitschaft, Vorleistungen zu erbringen. Dies ist aus Sicht des Drei-

---

32 Der Kulturbegriff beschreibt ein „historisch überliefertes System expliziter Lebensentwürfe", die „dazu tendieren, von allen oder von besonders herausgehobenen Mitgliedern einer Gruppe geteilt zu werden." KLUCKHOHN und KELLY (1945), S. 98. Normen werden dagegen definiert als Aussagen „über das, was sein sollte". Vgl. HOMANS (1978), S. 138.

33 Untersuchungen zur Wechselwirkung von Gruppenstruktur und dem Verhalten von Akteuren gehen bereits auf HOMANS (1950/1978) zurück.

34 HOMANS (1978), S. 139

35 Bereits COMMONS (1934; S. 69) erkennt Institutionen als kollektives Kontrollinstrument in der Gesellschaft. North (1990; S. 3) zielt auf die Institutionen als Strukturkomponente ab, welche die Spielregeln einer Gesellschaft bestimmen.

36 DAHRENDORF unterscheidet bei den Handlungsmöglichkeiten, die sich aus den Situationsmechanismen ergeben, zwischen „Optionen" und „Ligaturen". Dies entspricht in weiten Teilen der Unterscheidung zwischen direkten und indirekten Situationsmechanismen bzw. deren Ergebnissen. Ligaturen sind demnach analog zu den Handlungsoptionen, die sich aus den strukturellen Bedingungen des sozialen Umfelds auf der Meso-Ebene herleiten lassen, wie die soziale Position oder Rolle eines Akteurs. Vgl. DAHRENDORF (1979), S. 51.

37 Ohne diese Regeln, die auch eine Voraussetzung für kooperatives Verhalten sind, würde die Gesellschaft in ihren „Naturzustand" zurückfallen, in der ein Krieg aller gegen alle herrschen würde. Vgl. HOBBES (1651).

Ebenen-Modells eine der wichtigsten Voraussetzungen für die Akkumulation von Sozialkapital.[38]

(b) Eine **Erweiterung der Handlungsoptionen** wird durch die relativ stärkere soziale Nähe des Akteurs zu anderen Mitgliedern der Gruppe ermöglicht, die beispielsweise durch dauerhafte Interaktionen erreicht werden kann. Dadurch besitzt ein Gruppenmitglied einen höheren Grad an Verfügungsgewalt über die Ressourcen anderer Mitglieder dieses sozialen Verbandes im Vergleich mit einer Situation, in welcher der Akteur kein Mitglied eines derartigen sozialen Netzwerks wäre. Durch die potenzielle Ressourcensteigerung erhöht sich das soziale Beziehungsvermögen der einzelnen Akteure.

Innerhalb einer sozialen Gruppe erweitern jedoch nicht alle Akteure in gleichem Maße ihr soziales Beziehungsvermögen im Sinne der Verfügungsgewalt über Ressourcen anderer Gruppenmitglieder. Die Hierarchie- bzw. Machtbeziehungen innerhalb des sozialen Netzes sind hierbei von maßgeblicher Bedeutung.[39] Entsprechende Machtbeziehungen schlagen sich häufig in der Netzwerkstruktur nieder. So sind beispielsweise Akteure, die im Zentrum einer sternförmigen Beziehungsstruktur stehen und damit über mehr direkte Beziehungen verfügen, im Vorteil gegenüber anderen Akteuren.[40] Diese Überlegung ist mit dem BURT'schen Konzept der „*structural holes*" konsistent.[41] Sie spielen insbesondere für die Beschäftigungswirkungen in Abschnitt 5.2 und für die Verteilungswirkungen in Abschnitt 5.4 eine große Rolle.

(c) Eine **Veränderung der Handlungsoptionen** für einen Akteur **ohne eindeutige Veränderungsrichtung** ergibt sich aus einer Kombination der einschränkenden und erweiternden Effekte. Hierbei können starke Normen zwar die Handlungsoptionen einschränken. Wenn diese jedoch zum Inhalt haben, dass Akteure Beziehungen zu anderen sozialen Gruppen knüpfen dürfen, bedeutet dies aus sozialkapitaltheoretischer Sicht eine optimale Normsetzung, welche die Sozialkapitalbildung fördert. Auf der einen Seite existieren Normen, welche die Treuewahrscheinlichkeit steigern und auf der anderen Seite wird die Bildung von *bridging social capi-*

---

38 Siehe die detaillierte Untersuchungen in Abschnitten 3.3 und 3.5.

39 Allerdings kann die Frage der Freiwilligkeit der Hierarchieverhältnisse im COLEMAN'schen Sinne vernachlässigt werden.

40 Diese Ungleichverteilung des sozialen Beziehungsvermögens wird ebenso eine Rolle für die Verteilungswirkungen des sozialen Kapitals auf der Makro-Ebene (Abschnitt 5.4) spielen.

41 BURT (1992) erkennt in diesem Zusammenhang die Bedeutung nicht-redundanter sozialer Beziehungen als Effizienzfaktor für den Informationszugang.

*tal* ermöglicht, welche die sozialkapitaltheoretischen Wirkungsmechanismen auf der Meso-Ebene nicht hemmt oder gar stoppt.

Diese Sichtweise korrespondiert mit der funktionalistischen Tradition bzw. Weiterentwicklung der Handlungstheorie, zu welcher in erster Linie PARSONS als Hauptvertreter zu zählen ist.[42] Demnach bedeutet die Auflösung von Gemeinschaften im TÖNNIES'schen Sinn (hier auf der Meso-Ebene) eine Erweiterung der Handlungsfreiheit. Oben wurde aus didaktischen Gründen mit dem Umkehrschluss argumentiert.

Um die Situationsmechanismen auf einen Akteur zu untersuchen, ist die Methode der egozentrierten sozialen Netzwerke geeignet.[43] Hiernach bestimmen sich die Handlungsoptionen nach der interpersonalen Umgebung des einzelnen Akteurs. Das Ausmaß des Sozialkapitals bzw. des sozialen Beziehungsvermögens bestimmt sich durch die Anzahl der Personen im egozentrierten Netzwerk und deren Ressourcen.[44] Diese Beziehungen setzen sich zusammen aus direkten und indirekten, ein- oder mehrdimensionalen[45] Beziehungen zu anderen Akteuren, aus denen sich potenzielle Interaktionen oder andere Handlungsmöglichkeiten ergeben. Die zentralen Determinanten für dieses soziale Beziehungsvermögen sind demnach die Beziehungen selbst in Verbindung mit den Ressourcen der Beziehungspartner. In diesem Zusammenhang sei vor allem auf die Untersuchung von GRANOVETTER hingewiesen. Seine Ergebnisse zeigen, dass es keineswegs enge, mehrdimensionale soziale Kontakte, sondern schwache Beziehungen sind, die zu ökonomischem Erfolg führen.[46] Darüber hinaus beschäftigen sich BURT und BAKER mit den wirtschaftlich optimalen Beziehungskonstellationen aus Sicht eines Akteurs.[47]

---

42 Vgl. DEDERICHS (1999), S. 30-31.

43 Dabei werden Netzwerke nach dem Bezugspunkt der Datenerhebung unterschieden. Im Gegensatz zur Gesamtnetzwerkperspektive ist bei egozentrierten oder auch persönlichen Netzwerken das soziale Netzgeflecht einer Person zu erfassen und zu analysieren. Vgl. PFENNING (1995), S. 12 und PAPPI (1987), S. 13.

44 Dabei können diese Ressourcen wiederum Bestandteil des sozialen Beziehungsvermögens dieser Personen sein (Beziehungen zweiter oder höherer Ordnung).

45 Die Mehrdimensionalität der sozialen Beziehung äußert sich nach KNOKE und KUKLINSKI (1982; S. 15-16) in einer Vielzahl unterschiedlicher Beziehungsinhalte: Tauschbeziehungen oder Transaktionen, Kommunikationsbeziehungen, Grenzüberschneidungen (wie zwischen Unternehmen und Personalverflechtungen), instrumentelle Beziehungen zum Aufbau von Kontakten zur Erreichung eines bestimmten Zwecks, Gefühlsbeziehungen, Autoritäts- bzw. Machtbeziehungen sowie Verwandtschafts- bzw. Abstammungsbeziehungen.

46 Siehe hierzu GRANOVETTER (1973) sowie Unterabschnitt 5.2.1.

47 Siehe BURT (1992) sowie BAKER (1994).

Für das gesamte Drei-Ebenen-Modell sind in erster Linie die **Strukturen der sozialen Netzwerke** als sozialkapitaltheoretische Determinanten relevant, welche Rückschlüsse auf die gesamtgesellschaftliche und auch auf die volkswirtschaftliche Organisationsstruktur zulassen. Dies gilt nicht nur im Sinne einer mengenmäßigen Erfassung der Gesellschaftselemente, sondern auch für die Betrachtung der Beziehung, in der diese Elemente zueinander stehen (systemtheoretische Sichtweise). Hierzu gehört vor allem der Isolationsgrad einzelner Netzwerke. Falls überwiegend Netzwerke vorliegen, deren Akteure Beziehungspartner erster Ordnung (direkte Beziehung) besitzen, die wiederum untereinander vorwiegend direkte soziale Kontakte unterhalten, dann existieren in dieser Gesellschaft vorwiegend geschlossene, isolierte soziale Gruppen, die für sich betrachtet einen hohen Bestand an Sozialkapital besitzen können. Allerdings mangelt es in diesem Fall an *bridging social capital*, was zur Folge hat, dass große Vertrauenslücken und dadurch niedrige Treuewahrscheinlichkeiten zwischen den Einzelnetzwerken existieren.

Nach FUKUYAMA besitzen „familistische" Gesellschaften wie Taiwan, Hongkong und die Volksrepublik China ein sehr niedriges Niveau an generellem Vertrauen.[48] Da die Soziabilität in diesen Volkswirtschaften nur aus Verwandtschafts- bzw. Sippenbeziehungen besteht, existieren zwischen den „Klans und Stämmen" große Vertrauenslücken. So bezeichnet HAMILTON die chinesische Wirtschaftsordnung als *guanxi*-Kapitalismus.[49] Dieser Begriff kennzeichnet die hohe Relevanz persönlicher Beziehungen in den ökonomischen Tausch- und Wertschöpfungsprozessen.[50]

Aus gesamtgesellschaftlicher Perspektive ist das Fehlen von *bridging social capital* eine äußerst negativ zu bewertende Situation, da beispielsweise kollektives Handeln und die Erstellung kollektiver Güter auf der Makro-Ebene erschwert werden.[51] Das soziale Kapital auf gesamtwirtschaftlicher Ebene ergibt sich daher nicht aus einer rein additiven Aggregation der Kapitalbestände auf der Meso-Ebene. So sind negative externe Effekte auf der Meso-Ebene denkbar, die auf einer höheren Aggregationsebene abnehmende Skalenerträge ökonomischer Handlungen auslösen.

In der Sozialkapitaltheorie stellen nahezu alle Vertreter die Familie als „Zentralinstitution" moderner Gesellschaften,[52] die im Rahmen des Drei-Ebenen-Modells auf der

48 Vgl. FUKUYAMA (1995), S. 47.

49 Vgl. HAMILTON (1989).

50 Nach WEGGEL (1991) sind die persönlichen Kontakte sicherheitsstiftende Interaktionsfaktoren. Im *guanxi*-Kapitalismus sind lediglich die verwandtschaftlichen Treuewahrscheinlichkeiten hoch.

51 Siehe hierzu Unterabschnitt 5.3.3.

52 DIEWALD (1991), S. 33

Meso-Ebene angesiedelt ist, an eine zentrale Position ihrer Argumentationskette: Für BOURDIEU ist die Familie die Vererbungsinstanz des kulturellen und des sozialen Vermögens. PUTNAM sieht die Familie neben Netzwerken bürgerschaftlichen Engagements als zentralen Vertrauensgenerator in der Gesellschaft an. FUKUYAMA geht sogar so weit, dass die Familienstruktur die Hauptdeterminante für die Industriestruktur einer Volkswirtschaft ist. COLEMAN interpretiert in frühen Ansätzen – in denen Sozialkapital in erster Linie eine Humankapitaldeterminante darstellt – die Familie als *enabler* für den Erwerb von Bildung. Insbesondere die Erziehungsfunktion des Sozialkapitals spielt eine maßgebliche Rolle für die Verteilungseffekte dieser Kapitalform.

Die Familie dient aber auch als Beispiel für negative bzw. einschränkende Wirkungen in Form von indirekten Situationsmechanismen von Strukturkomponenten auf der Meso-Ebene auf den einzelnen Akteur. Soziale Unterstützung in einer Familie kann auch mit Verpflichtungen auf der Basis von Machtbeziehungen verbunden sein. Deshalb können entsprechende Interaktionen auch auf Kosten eines Beziehungspartners gehen.[53] Insbesondere stehen dabei auch Behinderungen hinsichtlich der sozialen Orientierung nach anderen sozialen Gruppen – vor allem, wenn es sich dabei um einen Statuswechsel handelt – im Vordergrund der negativen und handlungseinschränkenden Wirkungen eines Familiennetzwerks.

Derartige Mechanismen sind prinzipiell auf andere soziale Gruppen übertragbar. Ebenso können sich derartige Zusammenhänge negativ auf künftige Vertrauensvergaben des Leidtragenden auswirken. Demnach sind auch derartige „negative soziale Unterstützungen"[54] mit den oben genannten Vertrauenslücken zu vergleichen. In analoger Weise existieren hier negative externe Effekte, was auf einer höheren Aggregationsebene zu sinkenden Skalenerträgen bei der Bildung von gesamtgesellschaftlichem Sozialkapitalbestand führt.[55] Des Weiteren kann unterstellt werden, dass in stark hierarchischen Familien durch Restriktionen und Zwang eine Diskriminierung der jüngeren Generation erfolgt. Dies würde tendenziell die Innovationskraft einer Gesellschaft hemmen, wenn nicht gleichzeitig gegenläufige Anreize zur Humankapitalbildung existieren, wie beispielsweise in konfuzianisch orientierten Gesellschaften. In den Fällen der Existenz negativer externer Effekte werden die Handlungsoptionen

---

53 Vgl. DIEWALD (1991), S. 81.

54 DIEWALD (1991), S. 81

55 Strukturell besteht hierbei die Gefahr einer Parzellierung der Gesellschaft.

verringert, ohne dass die Adressaten in anderer Weise einen Ressourcenzuwachs verzeichnen können.[56]

### 3.3 Mechanismen der Handlungsbildung: die idealtypischen Prinzipien

Das zentrale Element des vorliegenden Modells sind die Handlungen der Individuen. Sie sind der zu erklärende Stabilitätsfaktor und der eigentliche Generator für Sozialkapital im vorliegenden Drei-Ebenen-Modell. Auch stehen die interaktiven Verhaltensweisen im Mittelpunkt der definitorischen Diskussion in Abschnitt 3.5. Dabei wird angenommen, dass die Zielsetzungen menschlicher Aktivitäten nach der individuellen Wertschätzung, die durch das Institutionengefüge und durch kulturelle Normen (Situationsmechanismen) bestimmt wird, vorgenommen werden und dass es grundsätzlich bestimmte, stabile, idealtypische Handlungsprinzipien gibt, aus denen sich die tatsächlichen Handlungen als Mischform ergeben. Bezüglich der Diskussion um ideal- und realtypische Verhaltensweisen formuliert GAMBETTA die These, dass eine Gesellschaft, die rein auf idealtypisches Konkurrenzverhalten ausgerichtet ist, genauso wenig funktionsfähig wäre wie eine reine Kooperationsökonomie.[57]

Die angesprochenen **idealtypischen Handlungsprinzipien** mit sozialer Wirkung werden im Folgenden erörtert: (a) das Kooperationsprinzip, basierend auf Vertrauen und Reziprozitätsnormen, (b) das Solidaritätsprinzip, (c) das Wettbewerbsprinzip sowie (d) das Gewohnheitsprinzip.[58] Alle vier Handlungsprinzipien beruhen auf der Selektion durch die Situationsmechanismen, der biopsychischen Motivation[59] und der Tatsache, dass der Mensch als soziales Wesen ohne Interaktionen mit Mitmenschen nicht lebensfähig ist. Je komplexer und differenzierter eine Gesellschaft ist, desto höher sind die Anforderungen an die Akteure, entsprechende Handlungen zielorientiert im interpersonalen und institutionell geprägten Umfeld einzusetzen.

---

56 Zur sozialkapitaltheoretischen Bedeutung der Familie siehe insbesondere den Exkurs in Abschnitt 3.4 sowie auch Abschnitt 3.5.

57 Vgl. GAMBETTA (1988a), S. 214-216.

58 WEBER argumentiert ebenso handlungstheoretisch, um die TÖNNIES'sche Dichotomie von Gemeinschaft und Gesellschaft zu erklären. Dabei verwendet er auch vier Handlungstypen: Während affektuelles und traditionales Verhalten Wesensmerkmale der Gemeinschaft sind, verkörpern wertrationales und zweckrationales Handeln die gesellschaftliche Dimension. Vgl. WEBER (1922); zitiert in DEDERICHS (1999), S. 28.

59 Bereits PARSONS verknüpft in seiner Handlungstheorie „situationale" und „motivationale" Aspekte. Vgl. DEDERICHS (1999), S. 32.

Als generelles individuelles Handlungsziel gilt die persönliche Nutzensteigerung[60] durch Bedürfnisbefriedigung, wobei die Bedürfnisse unterschiedlicher Art sein können.[61] Güter im weitesten Sinne stiften diesen Nutzen. Darüber hinaus steigert auch die Zunahme von Handlungsoptionen – was auch als Vermögenszunahme im weitesten Sinne verstanden werden kann – das Wohlbefinden der Akteure. Die Verfügungsgewalt über Güter zur Bedürfnisbefriedigung bedeutet eine derartige Handlungsoption. Daher ist jede Vermögenszunahme im Sinne einer Optionserweiterung mit einer Wohlbefindenssteigerung gleichzusetzen. Gleichzeitig impliziert eine individuelle Entscheidung für eine Handlung auch eine Entscheidung gegen alternative Aktivitäten. Dies ist die letzte Stufe des Selektionsprozesses aus dem Spektrum der Handlungsoptionen bis hin zur eigentlichen Handlungsentscheidung, was in Abbildung 3-1 auf Seite 119 verdeutlicht wird. Die tatsächlichen Handlungen – im Gegensatz zu den Handlungsoptionen – leiten sich aus den idealtypischen Handlungsprinzipien ab, die in den nächsten vier Unterabschnitten erörtert werden. In Unterabschnitt 3.3.5 werden danach mit Hilfe eines Kräftefeldes dieser idealtypischen Handlungsprinzipien die eigentlichen Handlungen hinsichtlich ihres Gehalts an sozialkapitalfördernden Aspekten überprüft.

### 3.3.1 Das idealtypische Handlungsprinzip Kooperation

Das idealtypische Handlungsprinzip der Kooperation ist ein konstitutives Merkmal des Sozialkapitals und eine notwendige Voraussetzung für die Bildung dieser Kapitalform. Aus diesem Grund wird dieses Handlungsprinzip an erster Stelle und auch ausführlicher als die folgenden Prinzipien behandelt.

Unter Kooperation wird jede Art gleichberechtigter Zusammenarbeit verstanden. JANSEN beschreibt dieses Phänomen als „Koordination gemeinsamer Operationen".[62] GAMBETTA geht definitorisch über diese vereinfachende Sichtweise hinaus, indem er zusätzlich die kooperierenden Akteure über den Verlauf der Interaktion Regeln

---

60 Dabei bezieht sich diese Zielsetzung auf die summarische Bewertung logisch zusammenhängender Einzelhandlungen. Vgl. RAMB (1993), S. 3.

61 Zur Einteilung der Bedürfnisse existieren verschiedene Theorien der humanistischen Psychologie. Die wohl bekannteste ist die der so genannten Bedürfnispyramide von MASLOW (1977). Doch die Einteilung von ALDERFER (1972) ist für die Sozialkapitaltheorie geeigneter, da er zwischen materiellen, sozialen und Wachstums- bzw. Leistungsbedürfnissen unterscheidet. Damit ist der Aufbau von Sozialkapital und Sozialvermögen ein intrinsisches Motiv der Akteure.

62 JANSEN (2000), S. 37

vereinbaren lässt.[63] Allerdings kann diese Vereinbarung auch eine stillschweigende Akzeptanz übergeordneter Normen durch beide Parteien sein. Im Zentrum des kooperativen Handelns steht jedoch die Interessenkongruenz. Kooperation ist dabei nicht nur ein soziales Konstrukt. Dieses Handlungsprinzip geht aus Sicht der modernen Evolutionsbiologie ebenso auf die biopsychische Motivation der Selbsterhaltung durch Gruppenverhalten bzw. -orientierung zurück.[64] Kooperatives Verhalten setzt Vertrauen – im Sinne der Einschätzung von Treuewahrscheinlichkeiten einzelner Akteure – zur Stabilisierung unsicherer Erwartungen bezüglich des potenziellen Kooperationspartners voraus.[65] Dieses Vertrauen wird durch Reziprozität geschaffen.

In diesem Kontext wird demnach vom PUTNAM'schen Konzept abgewichen, der die Reziprozitätsnorm und vertrauensvolle Beziehungen als sozialkapitaltheoretische Aspekte gleichen Ranges betrachtet.[66] Im Drei-Ebenen-Modell ist die Reziprozität jedoch eine Determinante des Vertrauens, welches wiederum das kooperative Verhalten bestimmt.

Dabei existieren unterschiedliche Vertrauensformen und Vertrauensbildungsprozesse, die mit unterschiedlichen Reziprozitätsnormen korrespondieren. In Abhängigkeit von diesen Vertrauenstypen in den tatsächlich vorgenommenen Handlungen ergeben sich Merkmale des Sozialkapitals wie Stabilität und Dauerhaftigkeit, aber auch Aspekte dieser Kapitalform wie die Struktur des sozialen Netzwerks und die Verfügungsgewalt über Ressourcen der Beziehungspartner. Darüber hinaus spielen Reziprozitätsnormen, die auf Vertrauen beruhen bzw. deren Ergebnis von der Vertrauensvergabe eines Akteurs abhängen, eine herausragende Rolle bei sozialen Interaktionen.

Grundsätzlich umfassen kooperative Handlungen nicht nur die Zusammenarbeit von Akteuren im ökonomischen Produktionsprozess in Form von horizontalen und

---

63 Vgl. GAMBETTA (1988a), S. 213.

64 Vgl. HAMILTON (1964) sowie DAWKINS (1988).

65 Als ontogenetische Koordinationsform spielt für Kooperationen die gemeinsame Zukunft der Beteiligten eine zentrale Rolle (Mehrperiodenspiel). Vertrauensniveau und Vertrauensbrüche sind demnach die Hauptdeterminanten für kooperatives Verhalten. Vgl. JANSEN (2000), S. 35-36. Die Wissenschaft nähert sich dem Phänomen Vertrauen auf unterschiedlichste Weise. Zentrale Theorien sind das Erwartungs x Wert-Modell von DEUTSCH (1958 und 1973), der Lernansatz bzw. die Sichtweise des Vertrauens als Persönlichkeitsdisposition von ROTTER (1967), attributionstheoretische Ansätze u.a. von KELLEY (1972), Stufenmodelle von Partnerbeziehungen u.a. von REMPEL, HOLMES und ZANNA (1985), der funktionalistische Ansatz von LUHMANN (1973) sowie die Dissonanztheorie u.a. von KOLLER (1988). Im vorliegenden Drei-Ebenen-Modell wird auf den funktionalistischen Ansatz zurückgegriffen. Vertrauen reduziert demnach Komplexität (Selektion), ist in die Zukunft gerichtet (Erwartung) und spielt eine Rolle bei Entscheidungen für eine riskante Vorleistung (Treugabe).

66 Vgl. Unterabschnitt 2.3.2.

vertikalen Kooperationen, sondern auch **Tauschhandlungen**. Hinsichtlich der Austauschprozesse sind die beteiligten Partner auf die jeweilige Kooperationsbereitschaft des Gegenübers angewiesen, was die Leistungserbringung der Tauschhandlung anbelangt.[67] Werden ökonomische Produktions- und Tauschprozesse als spezifische Formen sozialer Austauschprozesse verstanden, so lässt sich auch Kooperation im sozialen Kontext erörtern. Kooperation ermöglicht grundsätzlich einen Leistungsaustausch. Sobald die gegenseitige Leistungsübergabe nicht gleichzeitig stattfindet, muss der Akteur, der die erste (Teil-)Leistung erbringt, einen Vertrauensvorschuss leisten.[68] Diese einseitige Vertrauensvergabe unterliegt unter der Annahme rationalen Verhaltens bestimmter Regeln. Die Voraussetzungen und Determinanten einer solchen Kooperationshandlung bzw. eines derartigen Austauschprozesses werden im Folgenden untersucht. Das Ausmaß an Handlungen, welches durch das Kooperationsprinzip (mit-)bestimmt wird, dient tendenziell als Indikator für den Sozialkapitalbestand einer Gesellschaft, da sowohl eine positive Einschätzung der Treuewahrscheinlichkeit zwischen den Akteuren vorhanden sein muss als auch soziale Verpflichtungen entstehen. Kooperationshandlungen sind eine Voraussetzung der Funktionsfähigkeit der sozialen und damit auch der ökonomischen Austauschprozesse – also auch des Marktmechanismus – und bestimmen daher maßgeblich die Quantität und Qualität des ökonomischen Ergebnisses auf der Makro-Ebene.[69]

Zunächst ist die Rolle der Vertrauenshandlungen für den ökonomischen Prozess zu erörtern. Grundsätzlich ist ein Akteur vor einer Tauschhandlung, die mit einem Vorschuss an Vertrauen verbunden ist, mit drei Variablen konfrontiert. Besitzt dieser

---

67 Dabei wird bezüglich der Austauschprozesse das ökonomische Vertragsverständnis zugrunde gelegt. Hier erkennen die Beteiligten die Interessen des Tauschpartners an und koordinieren „ihr Verhalten zum beidseitigen Vorteil bindend". RIPPERGER (1998), S. 28.

68 Diese Problematik taucht nicht nur bei Kontraktgütern auf, die im Gegensatz zu Austauschgütern erst nach dem Kaufzeitpunkt erstellt werden. Vgl. ALCHIAN und WOODWARD (1988), S. 66 sowie SCHADE und SCHOTT (1993), S. 17. Vielmehr beinhalten die jeweiligen Leistungen des Akteurs sämtliche Handlungen, die zu einer Transaktion führen. Dies umfasst auch die Kontaktknüpfung. Dadurch existieren in der Regel auch bei Austauschgütern unterschiedliche Leistungszeitpunkte.

69 Dabei ist jene Reziprozitätsnorm zu identifizieren, welche die Vertrauensvergabe in einer Weise erleichtert, dass egoistisch orientierte, sich rational verhaltende Akteure quasiautomatisch eine Vertrauensvergabe in ausreichendem Maße vornehmen. AXELROD untersuchte diese Problematik spieltheoretisch. Aus dieser Perspektive existiert bei einer unterlassenen Kooperation eine nachteilige Situation für alle Beteiligten („Gefangenendilemma"), die jedoch in einem Mehrperiodenspiel durch die *tit for tat*-Strategie prinzipiell zu lösen ist. Die dazugehörigen Handlungsanweisungen an die Akteure lauten: (i) Sei nicht neidisch. (ii) Defektiere nicht als erster. (iii) Erwidere sowohl Kooperation als auch Defektion. (iv) Sei nicht zu raffiniert. Vgl. AXELROD (2000), S. 99, 131 und 153. MATIASKE drückt dies folgendermaßen aus: Sobald Reziprozität als Norm in Erscheinung tritt, wird auch von egoistisch motivierten Akteuren eine Vertrauensvergabe notwendig. Vgl. MATIASKE (1999), S. 134.

Akteur Informationen über die Höhe des erwarteten Gewinnes $G$ bzw. Verlustes $L$, die sich aus dieser Handlung ergeben können, so hängt die Entscheidung für den Tausch von der Treuewahrscheinlichkeit $p$ des Treunehmers[70] und/oder wird von äußeren Umständen wie den Reziprozitätsnormen bestimmt.[71] Der rationale Investor wird sich für die Vertrauensvergabe entscheiden, wenn der mit der Treuewahrscheinlichkeit gewichtete Gewinn mindestens so groß ist wie der mit der Untreuewahrscheinlichkeit gewichtete Verlust aus der Tauschhandlung.

$$(16) \qquad p \cdot G \geq (1-p)L$$

Die Ungleichung kann auch folgendermaßen dargestellt werden:

$$(17) \qquad \frac{p}{1-p} \geq \frac{L}{G} = r$$

Daraus ergibt sich ein einfacher Zusammenhang zwischen der Treuewahrscheinlichkeit $p$ und der Verlust-Gewinn-Relation $r$: Ist die Wahrscheinlichkeit des Vertrauensmissbrauches genau so hoch wie die der Vertrauenswürdigkeit, dann wird in Sozialkapital investiert, wenn der zu erwartende Verlustbetrag den des Gewinns nicht übersteigt.

---

70 Die Erwartung des Treugebers bezüglich der Treuewahrscheinlichkeit des Treunehmers kann letzterer durch den Aufbau einer eigenen Reputation beeinflussen. Da er ebenso an der vorteilhaften Kooperation mit dem Treugeber interessiert ist, wird er als rational handelnder Akteur in seine Reputation investieren, bis diese für das Zustandekommen der gewünschten Kooperation ausreicht. Damit stellt diese Reputation eine Art Anspruch auf soziales Kapital in Form von kooperationswilligen potenziellen Treugebern dar. Wenn verschiedene Akteure eines Netzwerks unterschiedliche Reputationsqualitäten aufweisen, ist dies ein Indiz für eine Ungleichverteilung des sozialen Kapitals in dieser Gruppe. Die Auswirkungen eines derartigen Zustandes werden in Abschnitt 5.4 erörtert.

71 Vertrauen ist ein Phänomen, das bei Tauschbeziehungen in erster Linie die Einschätzung des Treugebers hinsichtlich der Wahrscheinlichkeit der Leistungserfüllung seitens des Treuhänders beeinflusst. Diese Einschätzung besteht aus zwei Komponenten; einer objektiven sowie einer subjektiven Einschätzung. Die objektive Risikoeinschätzung wird bestimmt von den Rahmenbedingungen, in denen sich die beiden Tauschpartner befinden. Es existiert bereits eine Zweierbeziehung zwischen den Tauschpartnern, die auf zukünftige Erwartungen schließen lassen. Bewegen sich beide – insbesondere der Treuhänder – in einem gesellschaftlich-institutionellen Raum, so dass rationale Nutzenüberlegungen den Treuhänder veranlassen werden, seine Leistung zufriedenstellend zu erfüllen. Diese Rahmenbedingungen können formaler Natur oder informeller Natur sein. Geschriebene Gesetze sind ein Beispiel für ersteres. Letzteres können kulturell gewachsene Normen sein. In Sozialkapital investieren heißt damit in erster Linie, dass der Treugeber dem Treuhänder einen Handlungsspielraum (Überlassung von Ressourcen) eröffnet, den er vor der Vertrauensvergabe nicht besaß. Es existiert eine Art Erwartungshaltung seitens des Treugebers hinsichtlich zukünftiger Aktivitäten des Treuhänders. Wird das Vertrauen des Treugebers vom Treuhänder bestätigt, erzielt der Treugeber einen Vorteil. Andernfalls erleidet er einen Verlust. Die Handlung des Treugebers ist der des Treuhänders zeitlich deutlich vorgelagert.

(18) $\frac{p}{1-p} \geq r$

(19) $p \geq \frac{r}{r+1}$

Abbildung 3-2 kann auf diese Weise interpretiert werden, dass das Handlungsspektrum für rational handelnde Akteure mit Zunahme der Treuwahrscheinlichkeit in Form der $p$-Kurve steigt, wenn es sich um vertrauensvolle Interaktionen handelt. Je höher die Treuewahrscheinlichkeit ist, umso höher darf die Relation von erwartetem Verlust bei Treuebruch zu erwartetem Gewinn bei Treuhaltung sein.

Wenn sich der Treugeber hinsichtlich der Vertrauenswürdigkeit des Treunehmers vollkommen sicher ist ($p = 1$), dann spielt die Verlust-Gewinn-Relation keine Rolle. Das bedeutet, dass in diesem Fall sämtliche Tauschhandlungen zustande kommen. Je niedriger der Wert $p$ jedoch ist, um so weniger vertrauensabhängige Tauschhandlungen kommen zustande, obwohl beide Interaktionspartner einen Nutzen gehabt hätten. Bei sinkender Treuewahrscheinlichkeit fallen hierunter zunächst ökonomische Transaktionen, da hier Vorleistungen in der Regel mit der Übergabe von Wirtschaftsgütern einhergehen, die im Falle des Treuebruchs den möglichen Verlust darstellen.

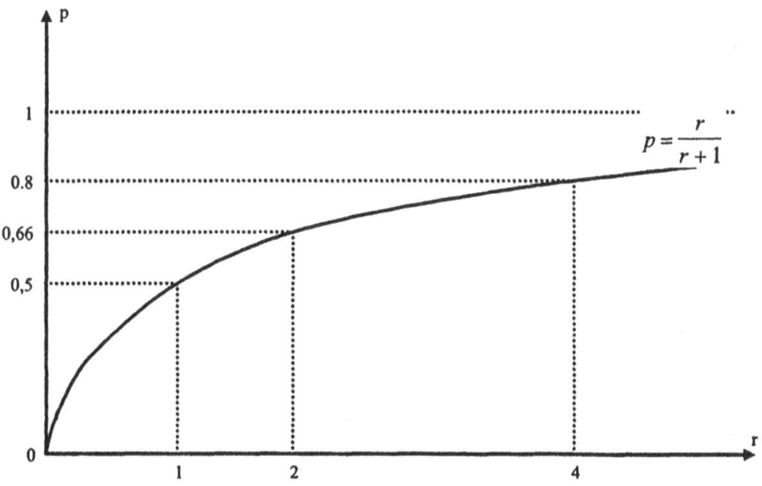


**Abbildung 3-2: Vertrauensvergabe bei rationalem Verhalten**

Quelle: eigene Darstellung

Der Grund für dieses Interaktionshindernis liegt demnach allein im zu hohen Misstrauen des Treugebers. Deshalb ist nach den Determinanten für die Einschätzung des Treunehmers durch den Treugeber zu suchen. Jene Aspekte, die zu einem hohen Wert für $p$ beitragen, sind demnach Variablen, welche die Bildung von Sozialkapital begünstigen. Hierzu gehören sowohl der Anreiz zum Reputationsaufbau als auch die Existenz von Normen, die der Treuewahrscheinlichkeit förderlich sind.

Die Treuewahrscheinlichkeit ist abhängig von der Vertrauenswürdigkeit des Treunehmers. Diese beruht wiederum auf der Reziprozitätsnorm, in welche beide beteiligten Akteure eingebunden sind. GOULDNER definiert Reziprozität als wechselseitige Austauschbeziehungen zwischen einzelnen Akteuren oder Gruppen.[72] Dabei bleibt offen, in welcher Form, in welchem Zeitraum (Mittelbarkeit der Reziprozität) und in welchem Ausgleichsverhältnis (Äquivalenzkriterium) der Austausch stattfindet. Die

---

72 Vgl. GOULDNER (1960), S. 163. JACOBSEN und SADRIEH (1996; S. 1) schließen mit ihrer Definition einen Bewertungsaspekt mit ein, indem sie von *„fairness in reaction"* im Sinne einer zeitlichen Abfolge sprechen. Zitiert in OCKENFELS (1999), S. 67.

Austauschform kann neben Sachgütern und Dienstleistungen auch die Vermittlung von Bewusstseins- oder Gefühlszuständen sein.[73]

Ist der Zeitraum der Austauschhandlungen nahezu punktuell, so wird dies als unmittelbare Reziprozität bezeichnet, bei der in der Regel keinerlei Verbindlichkeit bzw. soziale Verpflichtung entsteht. Sie spielt somit für das sozialkapitaltheoretische Konzept lediglich eine untergeordnete Rolle.[74] Verpflichtungsbildend und damit im Sinne COLEMANs für den Sozialkapitalbestand relevant sind vielmehr die mittelbare Reziprozität, die entweder in aufgeschobener oder in generalisierter Form auftreten kann.

Äquivalenz bedeutet die absolute Gleichheit der ausgetauschten Leistungen, wobei dies von allen Beteiligten in diesem Maße erkannt werden muss. Hierbei können keine dauerhaften Verpflichtungen zwischen den Akteuren entstehen, da die Gegenleistung stets das vollständige Entgelt der Vorleistung darstellt. Soweit diese Leistungen zeitlich auseinanderfallen, können im besten Fall temporäre Verpflichtungen entstehen. Die Anzahl der sozialen Beziehungen und damit der Sozialkapitalbestand nehmen nach erfolgter Gegenleistung wieder ab. Herrschen kooperative Handlungsprinzipien auf der Basis aufgeschobener oder generalisierter Reziprozität vor, so wird Sozialkapital gebildet, da Verpflichtungen und damit soziale Beziehungen geschaffen (oder vertieft bzw. stabilisiert) werden.

Tabelle 3-1 gibt einen zusammenfassenden Überblick über die Entstehung von sozialen Verpflichtungen vor dem Hintergrund des bestehenden Reziprozitätstyps und der Existenz von Äquivalenznormen.

Die **aufgeschobene Reziprozität** bedeutet, dass die Zeitpunkte der einzelnen Austauschhandlungen nicht zusammenfallen. Hierzu existieren drei theoretische Ansätze: COLEMANs rationale Vertrauensvergabe, die bereits oben behandelt wurde, die *Mutual Aid Investment Theory* (MAIT) von EVANS und NORTHWOOD[75] sowie das Konzept der *Support Bank* von ANTONUCCI und JACKSON[76].

---

73 Vgl. DIEWALD (1991), S. 117.
74 Vgl. WENTOWSKI (1981), S. 603.
75 EVANS und NORTHWOOD (1979)
76 ANTONUCCI und JACKSON (1986), insbesondere S. 15.

**Tabelle 3-1: Äquivalenz und Reziprozität**

| | **unmittelbare Reziprozität** | **mittelbare Reziprozität** |
|---|---|---|
| **Äquivalenz** | keine Verpflichtungen entstehen | Verpflichtungen entstehen temporär |
| **keine Äquivalenz** | keine Verpflichtungen entstehen | Verpflichtungen entstehen dauerhaft |

Quelle: eigene Darstellung

Die MAIT ähnelt in gewissem Maße COLEMANs Ansatz, betont darüber hinaus jedoch das historische Ablaufschema, d.h. die eventuellen Handlungen zwischen den Akteuren vor der betrachteten Austauschhandlung. Demnach ist die aufgeschobene Reziprozität das summarische bzw. historische Ergebnis einzelner Austauschhandlungen der Vergangenheit.[77] Die auf Erfahrung beruhende Erwartung des langfristigen Ausgleichs aller Leistungen zwischen diesen Akteuren führt zur Bereitschaft, Vorleistungen zu erbringen. Diese Form der Reziprozität erhöht demnach die Treuewahrscheinlichkeit $p$ in Form von Vertrautheit, wenn zwischen den beteiligten Akteuren bereits eine bilaterale soziale Beziehung besteht.

Das Konzept der Unterstützungsbank erweitert die bilaterale Beziehung des vorgenannten Konzepts auf ein soziales Netzwerk und damit auf ein multilaterales Beziehungsgeflecht. Jede Person besitzt mit jedem anderen Mitglied des Netzwerks eine Art zweiseitiges Leistungskonto, das entweder ausgeglichen ist, im „Soll" oder im „Haben" steht. Letzteres gilt, wenn der Austauschpartner eine Verpflichtung gegenüber der eigenen Person besitzt. Nach ANTONUCCI und JACKSON besteht eine Tendenz der Akteure, das Konto langfristig auszugleichen, kurz- und mittelfristig jedoch einen „Haben"-Bestand zu halten. Dies setzt voraus, dass die getauschten Leistungen vom Empfänger tendenziell höher als vom Geber bewertet werden. Rational handelnde Akteure werden sich insbesondere dann für einen Leistungstausch entscheiden, wenn die eingetauschte Leistung mindestens dem subjektiven Wert der erbrachten Leistung entspricht. Daher ist die beschriebene Situation denkbar.

---

[77] Das MAIT-Konzept ist ebenso eine Erweiterung der in PUTNAMs Ansatz erörterten „balancierten Reziprozität", indem der zeitliche Aspekt nun mit berücksichtigt wird. Siehe Unterabschnitt 2.3.2.

Ein positiver Haben-Saldo stellt eine Art Versicherung oder „Notgroschen" dar, Unterstützung aus dem Netzwerk zu erhalten. Dies würde die Akkumulation von Sozialkapital begünstigen. Zu beachten ist bei diesem Konzept, dass jeder einzelne Akteur sein Konto mit subjektiven Wertzuweisungen der ausgetauschten Objekte führt.[78] Diese Form der Reziprozität erhöht demnach die Treuewahrscheinlichkeit $p$, wenn beide Akteure in ein soziales Netzwerk eingebunden sind, in welchem im Fall einer Defektion seitens des Treunehmers entsprechende Sanktionsmechanismen greifen.

Die Existenz **generalisierter Reziprozität** ermöglicht einem sozialen Netzwerk, dass sich komplexe Austauschhandlungen ohne hohe Transaktionskosten vollziehen. Die einzelnen Mitglieder dieses Netzwerks führen keine bilateralen Konten – um mit den Worten des *support bank*-Konzepts zu sprechen, – sondern ein generelles Konto, welches das „Geben und Nehmen" zwischen dem Einzelnen und den restlichen Akteuren symbolisiert. Damit steht die Systembeziehung im Vordergrund.[79] Im Fall der generalisierten Reziprozität ist der einzelne Akteur bereit eine Leistung für einen anderen Akteur zu erbringen, obwohl keine Verpflichtung dazu bestanden hat und obwohl unter Umständen keine Gegenleistung vom Gegenüber zu erwarten ist. Vielmehr geht dieser Akteur davon aus, dass er von Dritten ebenso Leistungen erhält, ohne dass er eine spezifische Gegenleistung bereits erbracht oder noch zu erbringen hat.

Diese Form der Reziprozität unterstützt einerseits das Solidaritätsprinzip und besitzt andererseits einen fließenden Übergang zu altruistischen Verhaltensmustern.[80] Des Weiteren erhöht sie die Treuewahrscheinlichkeit $p$ in Form von Systemvertrauen im LUHMANN'schen Sinn. Dies ermöglicht komplexe Austauschprozesse, was in einer hochdifferenzierten Gesellschaft mit hohem Arbeitsteilungsgrad notwendig ist, um positive ökonomische Effekte zu erreichen. Damit gilt diese Reziprozitätsnorm als eine der Hauptdeterminanten für die Erleichterung der Akkumulation von sozialem

---

78 Die Wertzuweisungen durch die Akteure unterscheiden sich eher, wenn es sich um heteromorphe Handlungs- bzw. Tauschformen handelt. Vgl. GOULDNER (1960), S. 172. Sind die ausgetauschten Güter nicht gegeneinander aufrechenbar oder mit einem *numéraire* bewertbar, ist das Äquivalenzprinzip nicht zu verwirklichen. Dadurch entsteht Sozialkapital.

79 Vgl. GOULDNER (1960), SAHLINS (1965), EMERSON (1972) und EKEH (1974) sowie die empirischen Untersuchungen von WENTOWSKI (1981), insbesondere S. 604.

80 ADAM SMITH (1759) beschreibt die Vergabe von Leistungen im Rahmen generalisierter Reziproitätsnormen als Empathie, also der Fähigkeit eines Menschen, sich in eine bestimmte Bedarfssituation oder Lebenslage von anderen Menschen hineinversetzen zu können, und die Möglichkeit der Reflexion auf eigene Eventualitäten zu erkennen.

Kapital.[81] Durch die generalisierte Reziprozität wird ein hohes Systemvertrauen geschaffen, das die Entscheidungsmöglichkeiten eines Akteurs für eine bestimmte Handlung erweitert. Der Selektionsmechanismus führt demnach zu einem ökonomischen Tauschergebnis, das für beide beteiligten Parteien vorteilhaft ist.[82]

Allerdings ist diese Reziprozitätsnorm in der Realität vorwiegend in sozialen Gruppen und Netzwerken mit hoher Beziehungsdichte und einem hohen Geschlossenheitsgrad zu beobachten. Doch gerade derartige Gruppen zeichnen sich durch einen hohen Bestand an *bonding social capital* und einen geringen Anteil an *bridging social capital* aus, wodurch der Sozialkapitalbestand auf der gesamtgesellschaftlichen Ebene negativ beeinflusst werden kann. Folglich existiert eine Dilemmasituation, die nur durch Normen auf der Makro-Ebene oder kompensierende Institutionen gelöst werden können, die einerseits die Treuewahrscheinlichkeit erhöhen, gleichzeitig aber keine kontraproduktiven Sozialkapitalformen erzeugen. Diese Aspekte werden in Abschnitt 3.4 näher untersucht.

### 3.3.2 Das idealtypische Handlungsprinzip Solidarität

Im Gegensatz zur Reziprozitätsmotivation hilft der Einzelne nach dem Solidaritätsprinzip einem „Bedürftigen“, der selbst auch helfen würde, wenn er die Ressourcen dazu hätte.[83] Solidarität ist demnach ein „einseitiger Beistand, wobei die Gegenseitigkeit mitgedacht“ wird.[84] Damit wird der Solidaritätsbegriff enger gefasst als in der wirtschaftsliberalen Sichtweise der „Interessensolidarität“.[85] Deren Vertreter berufen

---

81 Auf den ersten Blick entspricht diese Schlussfolgerung der Argumentationsweise PUTNAMs. Allerdings unterstellt dieser, dass die angewendeten Normen in sozialen Vereinigungen ohne Reibungsverluste nach „außen“ getragen werden; in den (verwaltungs-)politischen Bereich und in das alltägliche Wirtschaftsleben. Im Drei-Ebenen-Modell ist diese Transformation der Einstellung mittels einer Person nicht notwendig.

82 Die direkten Vorteile lassen sich in eingesparten Ressourcen in Form von Zeitersparnis, Informationskostensenkung und der Schonung psychosozialer Ressourcen ausdrücken. Vgl. DEDERICHS (1997), S. 65-66.

83 Vgl. OCKENFELS (1999), S. 67.

84 HONDRICH und KOCH-ARZBERGER (1992), S. 14. Nach WALLITZEK (1979; S. 15) ist Solidarität ein spezifisch französischer Begriff, der als Grundlage gemeinschaftlichen Handelns verstanden wird. So stellt CROISET für das 19. Jahrhundert fest, dass *„solidarité“* das am häufigsten gebrauchte Schlagwort Frankreichs war. Vgl. CROISET (1902), S. VI ; zitiert in SCHMELTER (1991), S. 4. Dennoch kann auch bereits die menschliche Motivation der „sympathy“ aus ADAM SMITH's „Theorie der ethischen Gefühle“ als Interesse am Glück anderer als solidarische Einstellung und Handlungsmotiv gesehen werden.

85 SCHMELTER (1991), S. 29.

sich auf den wirtschaftsethischen Aspekt aus ADAM SMITHs zweitem Hauptwerk „Wohlstand der Nationen", in dem bereits ein reiner Markttausch als solidarisches Verhalten angesehen wird, weil Interessenharmonie vorliegt.[86] In der vorliegenden Untersuchung wird solidarisches Verhalten im Sinne der Interessensolidarität bereits durch das kooperative Handlungsprinzip abgedeckt.

In TÖNNIES' dichotomischer Auffassung zwischen Gemeinschaft und Gesellschaft spielt das solidarische Verhalten als wesentliches Merkmal einer Gemeinschaft eine maßgebliche Rolle.[87] Allerdings ist der TÖNNIES'sche Ansatz soziohistorischer Natur. Die zunehmende Individualisierung führt zur Beziehungsorganisation der „Gesellschaft", die nach TÖNNIES' These unumkehrbar ist. Eine realtypische Sichtweise im Sinne einer Mischform der Beziehungsmerkmale von Gemeinschaft und Gesellschaft lässt diese Theorie nicht zu.

Nach KORFF beruht die Solidarität auf dem biopsychischen Handlungsantrieb der Fürsorge.[88] Solidarität impliziert stets etwas Gemeinsames auf der Meso- oder der Makro-Ebene. Dies können gemeinsame Überzeugungen, ein gemeinsamer Nutzen, gegenseitige Sympathie oder eine gemeinsame Gegnerschaft sein. In PUTNAM'scher Sichtweise entspricht dieses Handlungsprinzip dem Sozialkapitalaspekt des bürgerschaftlichen Engagements, wobei der Leistungsempfänger die gesamte Gesellschaft sein kann. Diese enge Sichtweise erweitert FUKUYAMA implizit durch die Setzung gemeinsamer Ziele von Organisationen und der daraus erforderlichen Fähigkeit der Akteure zur Reorganisation.

Solidarische Handlungen in Form von **bürgerschaftlichem Engagement** sind demnach keine direkten Investitionen in das einzelwirtschaftliche Sozialkapital bzw. soziale Beziehungsvermögen, sondern wirken in der Regel nur direkt auf die Meso- oder Makro-Ebene, da der Integrationsgrad der Gesellschaft oder der sozialen Gruppe erhöht wird. Dagegen kann das Verpflichtungsgefühl des Leistungsadressaten gegenüber der gesamten Gesellschaft erhöht werden. Wenn dieser Akteur diese wertschätzende Einstellung auf einzelne Gesellschaftsmitglieder projiziert, wirkt die solidarische Handlung Sozialkapital bildend.

Eine direkte solidarische Leistungsvergabe, bei welcher der Leistungsempfänger den Leistungsgeber identifizieren kann, wird in der Regel eine soziale Verpflichtung

---

86 GIDE und RIST (1923), S. 664.
87 Vgl. TÖNNIES (1887); zitiert in DEDERICHS (1999), S. 25.
88 Vgl. KORFF (1985), S. 97.

erzeugen oder erhöhen. Hier wird der Sozialkapitalbestand mit großer Sicherheit gesteigert.

Allerdings ist in diesem Zusammenhang zwischen **„mechanischer" und „organischer Solidarität"** zu unterscheiden.[89] Solange die Differenzierung einer Gesellschaft gering ist, genügt die Ähnlichkeit von Lebenslagen und Wertorientierungen, um das Solidaritätsprinzip in der Gesellschaft beobachten zu können. In einer modernen, stark arbeitsteiligen Gesellschaft ist deren Verschiedenheit eine notwendige Voraussetzung für das Funktionieren aller sozialer Teilsysteme und der Gesamtgesellschaft. Die Integrationsmechanismen dürfen keine Nivellierung der Wertorientierungen bedeuten. Ansonsten wird das für die makroökonomischen Wirkungen des Sozialkapitals wichtige *bridging social capital* unterminiert.

Solidarisches Verhalten ist deshalb grundsätzlich Sozialkapital bildend. Dieses Handlungsprinzip wirkt sich darüber hinaus auch förderlich auf die Leistungsfähigkeit anderer idealtypischer Verhaltensweisen aus. Das Solidaritätsprinzip erleichtert beispielsweise das Kooperationsprinzip. Sobald ein „Bedürftiger" bzw. ein soziales Netzwerk, das die Unterstützungsleistungen einzelner Akteure erfährt, im Laufe der Zeit einen Ressourcenzuwachs verzeichnet und dadurch eigenleistungsfähig wird, entsteht im Nachhinein eine (Gegen-) Leistungsverpflichtung. In diesem Fall wandelt sich die solidarische Handlung in eine reziproke Kooperationsbeziehung. Nach EMERSON ist die Voraussetzung für eine organische Solidarität ein Rahmen von generalisierter Reziprozität.[90] Dies unterstreicht sowohl die komplexe Interdependenz der idealtypischen Handlungsprinzipien als auch die Pfadabhängigkeit der Entwicklung des sich aus den tatsächlichen Handlungen der Akteure ergebenden Sozialkapitalbestandes.[91]

Bei COLEMAN findet sich der Solidaritätsaspekt in Form gegenseitiger Verpflichtungen. Weiter verallgemeinernd bedeutet das Handlungsprinzip der Solidarität in diesem Modell eine zu gegenseitiger Verantwortung motivierende Einstellung. Damit existieren über horizontale Verpflichtungen hinaus auch Verpflichtungen gegenüber der Gemeinschaft. Hierdurch wird das kollektive Handeln durch Reduzierung der Kosten erleichtert, die erforderlich wären, um defektierendes Verhalten – wie beispielsweise *free rider*-Verhalten – zu verhindern. Allerdings kann die funktionale Wechselabhängigkeit in einer modernen Gesellschaft als Grundlage für solidarisches

---

89 Vgl. DURKHEIM (1977), S. 172.

90 Vgl. EMERSON (1981), S. 33.

91 Insbesondere dieses Solidaritätsprinzip ist der zentrale Ansatzpunkt kommunitaristischer Lösungskonzepte, die in Kapitel 6 erläutert werden.

Verhalten nicht ausreichen,[92] obwohl gerade hier die gesellschaftlichen Subsysteme stark aufeinander angewiesen sind. Deshalb kann die direkte Verfolgung von Eigeninteresse als Ausschlussprinzip für die Identifikation des Solidaritätsprinzips angesehen werden.

### 3.3.3 Das idealtypische Handlungsprinzip Wettbewerb

Wettbewerbliches Verhalten beruht in erster Linie auf der Tatsache der Ressourcenknappheit und dem biopsychischen Handlungsantrieb der Selbstbehauptung.[93] Das Wettbewerbsprinzip ist kein ausschließlich ökonomisches Verhaltensmerkmal. Es existiert auch im alltäglichen, „nicht-ökonomischen" Leben.[94] Die Akteure stehen sich dabei im Hinblick auf ein gleichzeitig angestrebtes Ziel bzw. Interesse in einer rivalisierenden Beziehung gegenüber.[95] Ein Interessenaustausch ist dadurch prinzipiell nicht möglich. Während diese Sichtweise von Wettbewerb struktureller Natur ist, existiert darüber hinaus eine Verhaltensdefinition von Wettbewerb im Sinne von Streben und Übertreffen.[96]

Aus der Überlegung zur Verhaltensdefinition heraus ist die Frage interessant, welche tatsächliche Kombination von Handlungsprinzipien von zwei Akteuren gewählt wird, wenn sowohl ein rivalisierendes Interesse als auch ein Tausch- bzw. Koordinationsinteresse zwischen ihnen vorliegt. Als Beispiel können hier zwei Unternehmen dienen, die sich beide in der Phase der Entwicklung ähnlicher Produkte oder Technologien befinden, grundsätzlich nach der Marktreife dieses Produkts aber als Konkurrenten am Markt auftreten, da ihre potenzielle Nachfrageklientel dieselbe ist. In der Entwicklungsphase ist es für beide Unternehmen vorteilhaft zu kooperieren. Diese Situation beschreibt AXELRODs Gefangenendilemma. Sie erfordert ein hohes Maß an gemeinsamer Wertorientierung, da die Treuewahrscheinlichkeit hinsichtlich der bilateralen Beziehung nicht hoch ist. Schließlich besteht bei Vertrauensvorleistungen stets die Gefahr, dass wettbewerbsorientierte Zielsetzungen den Treunehmer dazu veranlassen, sich durch Vertrauensmissbrauch einen Vorteil gegenüber dem Konkurrenten zu verschaffen. In dieser Situation müssen komplexe Normen die Akteure dazu motivie-

---

92 Vgl. DURKHEIM (1973), S. 155.

93 Vgl. KORFF (1985), S. 97. VEBLEN nennt hier als grundlegendes Handlungsmotiv das Prestigemotiv; „das Bedürfnis, sich vor anderen Menschen auszuzeichnen." Vgl. VEBLEN (1997), S. 9.

94 Es findet sich beispielsweise sowohl in der Familie als auch in demokratischen Wahlen.

95 Vgl. OTT (1959), S. 44.

ren, fallweise beide Handlungsprinzipien erwartungsgerecht zu verfolgen. Dies erfordert wiederum eine hohe soziale Kompetenz der Beteiligten.

Das wettbewerbliche Handlungsprinzip bedeutet, dass die Leistungserbringung eines Akteurs die in einem Konkurrenzverhältnis stehenden Beteiligten unter Zugzwang setzt.[97] Demnach rücken die unterschiedlichen wettbewerblichen Verhaltensweisen nun in den Vordergrund der Betrachtung: Es sind sowohl die agierenden als auch die reagierenden Akteure für die Analyse der Wirkungsweisen relevant. ARNDT und CLARK kategorisierten dies als Vorstoß- und Verfolgungsverhalten.[98]

Zwar steht das personenorientierte Kooperationsprinzip dem sach- bzw. objektorientierten Wettbewerbsprinzip entgegen. Dennoch wirkt sich das wettbewerbliche Ergebnis auf die Beziehung der Konkurrenten aus: Der erfolgreiche Akteur erntet üblicherweise einen relativen Prestigezuwachs. Wenn sich der ökonomische Erfolg ordinal messen lässt, ist eine Rangliste der Beteiligten möglich.[99] Je stärker der Leistungserfolg in die gesellschaftlichen Normen oder die Wertorientierungen des sozialen Netzwerks eingebettet ist, desto stärker wirkt sich dieser Prestigezuwachs aus. Er ist in der Regel mit einem Reputationsgewinn verbunden, was wiederum einen Anspruch auf Sozialkapital darstellt.

Bezüglich des wettbewerblichen Handlungsprinzips existieren demnach zwei sozialkapitaltheoretische Zusammenhänge: Einerseits ist eine ähnliche Wertorientierung notwendig, um dieses Handlungsprinzip in die tatsächlichen Handlungen einzubeziehen. Verhaltensweisen, die nur auf dem Wettbewerbsprinzip aufgebaut sind, würden den Zusammenhalt der Gesellschaft gefährden. Zwischen den Konkurrenten entstehen weder soziale Verpflichtungen noch werden diese erhöht. Treuewahrscheinlichkeiten zwischen den Beteiligten bestehen lediglich in Form von Drohungen hinsichtlich Handlungen, die gegen den Mitbewerber gerichtet sind. Diese Treuewahrscheinlichkeiten beziehen sich dann jedoch auf gemeinsame Verhaltensnormen, auf die sich beide Konkurrenten im Vorfeld ihrer Beziehungsentstehung eingelassen haben. Demnach existiert lediglich bezüglich der Normeinhaltung eine Treuewahrscheinlichkeit, was keine Sozialkapitalbildung zwischen den beiden Akteuren im engeren Sinn darstellt.

---

96 Vgl. HERDZINA (1999), S. 9-10.
97 Vgl. BUß (1985), S. 113.
98 Vgl. ARNDT (1976) und CLARK (1961). Zitiert in HERDZINA (1999), S. 60.
99 Vgl. BUß (1985), S. 119-120.

Sozialkapital entsteht durch Wettbewerbshandlungen nur, wenn erfolgreiche Akteure in einem leistungsorientierten Normumfeld agieren oder wenn konkurrierendes Verhalten erfolgreich mit kooperativen Verhaltensweisen verbunden ist.

### 3.3.4 Das idealtypische Handlungsprinzip Gewohnheit

Das Gewohnheitsprinzip ist das Trägheitsmoment in den Handlungsentscheidungen der Akteure.[100] Es besteht ein gewisser *bias* insbesondere bei den alltäglichen Verhaltensentscheidungen dahingehend, dass vorwiegend jene Aktivitäten durchgeführt werden, die bereits in der Vergangenheit erfolgreich waren.

MISZTAL erkennt als Determinante von gewohnheitsorientiertem Verhalten eine besondere Form des Vertrauens, die sie als Habitus bezeichnet.[101] Sie beschreibt dies als *„routine background to everyday interaction through which the predictability, legibility and uncertainty is restricted.“*[102] Dies führt zu positiven Wechselwirkungen zwischen den Handlungsprinzipien Gewohnheit und Kooperation. BOURDIEU geht sogar so weit, die Gewohnheit bzw. Trägheit der Verhaltensweisen als konstitutives Gesellschaftsmerkmal darzustellen. Demnach wirkt das Trägheitsmoment der verschiedenen Vermögensformen in gleichgerichteter Weise auf die Handlungsmuster der Akteure.[103]

Durch **wiederholte Handlungsmuster** bauen Akteure Vertrauenswürdigkeit und Reputation auf. SZTOMPKA beschreibt daher letzteres als *„record of past deeds.“*[104] Reputation seinerseits erleichtert kooperatives Handeln, da die Interaktionspartner dem Reputationsträger eine hohe Treuewahrscheinlichkeit zuweisen.[105]

Gewohnheitsorientiertes Handeln bedeutet ein konservatives Festhalten an Verhaltensweisen, Sitten und Gebräuchen.[106] Es spielt sowohl in kommunitaristischen

---

[100] Dieses Prinzip der Mikro-Ebene ist streng vom BOURDIEU'schen Vererbungsprinzip zu unterscheiden. Letzteres ist für die ökonomische und kulturelle Weitergabe von verschiedenartigen Ressourcentypen zumeist zwischen Generationen im weitesten Sinn verantwortlich.

[101] MISZTAL (1996; S. 101) unterscheidet darüber hinaus zwischen den Vertrauensformen *passion* und *policy*, welche die gesellschaftlichen Funktionen Kohäsion respektive Kooperation erfüllen.

[102] MISZTAL (1996), S. 97

[103] Vgl. Unterabschnitt 2.3.1.

[104] SZTOMPKA (1999), S. 71

[105] Siehe Unterabschnitt 3.3.1.

[106] GEIGER grenzt die Begriffe „Brauch“ und „Sitten“ voneinander ab, indem gebräuchliche Verhaltensweisen keinerlei sozialer Norm bedürfen. Dagegen ruft ein Sittenverstoß eine unmit-

Gesellschaftstheorien als auch in der Tradition TOCQUEVILLEs eine maßgebliche Rolle. Allerdings ist das Gewohnheitsprinzip hinsichtlich seiner sozialkapitaltheoretischen Wirkungen äußerst ambivalent:[107] Auf der einen Seite stabilisiert dieses Prinzip Erwartungen und Handlungsmuster, womit es den Funktionsmechanismus von Unterstützungsnetzwerken und damit solidarisches und kooperatives Verhalten erleichtert. Auf der anderen Seite steht dieses Prinzip jedoch auch der FUKUYAMA'schen Sichtweise von Sozialkapital konträr gegenüber, da innovative Verhaltensweisen und Reorganisationsprozesse gehemmt werden.[108] Ebenso trägt Gewohnheit tendenziell zur Schließung sozialer Netzwerke bei, wodurch die Bildung von *bridging social capital* gehemmt wird.

Darüber hinaus teilt auch VEBLEN die Auffassung, dass der Mensch das „Ergebnis von Gewohnheiten und Verhaltenstendenzen" ist.[109] Neben der kulturellen Prägung im BOURDIEU'schen Sinn spielen hier auch die Erfahrungen des Akteurs eine entscheidende Rolle. Der Akteur erlernt durch *trial and error* Handlungsroutinen und Gewohnheiten, die er in der sozialen Umwelt stets erprobt und fallweise anpasst.[110] In dieser Tradition forscht auch COMMONS, der den Selektionsmechanismus der Handlungsentscheidungen in der „Wiederkehr ähnlicher Erfahrungen" sieht und diese als „Basis für zukünftige Erwartungen" zugrundelegt.[111] NELSON und WINTER konzipieren Unternehmen als miteinander verknüpfte Netzwerke von Verhaltensroutinen.[112] VANBERG überträgt diese Idee auf sämtliche Institutionen im weitesten Sinne.[113]

Auch HOMANS widmet dem „Brauch", wie er wiederholte Verhaltensweisen zu verschiedenen Zeiten bezeichnet, eine ausführliche Erörterung in der Beschreibung der Verhaltenselemente seiner „Theorie der sozialen Gruppe". Dabei weist er sowohl auf die Vernachlässigung dieses Handlungsprinzips in der Literatur als auch auf die sicherheitsstiftende Wirkung hin.[114] Wiederkehrende, gewohnheitsorientierte Verhal-

telbare Reaktion der Betroffenen hervor. Vgl. GEIGER (1964), S. 95-96; zitiert in BUß (1983), S. 52.

107 Vgl. BELLAH et al. (1987).

108 Vgl. Unterabschnitt 2.3.3.

109 VEBLEN (1919), S. 79

110 Vgl. VEBLEN (1919), S. 74-75; zitiert in VANBERG (1998), S. 382.

111 Vgl. MITCHELL (1935), S. 640.

112 Vgl. NELSON und WINTER (1982).

113 Vgl. VANBERG (1998), S. 411.

114 Vgl. HOMANS (1978), S. 52-53.

tensmuster sind nach HOMANS die wesentlichen Determinanten für vertrauensvolle Beziehungen.[115]

Das idealtypische Handlungsprinzip der Gewohnheit ist demnach insbesondere dann Sozialkapital fördernd, wenn es sich um reine Unterstützungsnetzwerke handelt, in welchen andere Verhaltensweisen zur Bildung von *bridging social capital* und zur Pflege sozialer Beziehungen auch außerhalb des Netzwerks bereits existieren. Sobald jedoch Handlungen in ökonomischen Organisationen einem hohen Anpassungsdruck der ökonomisch-technologischen Rahmenbedingungen unterliegen, hat das Gewohnheitsprinzip in der Regel negative Auswirkungen auf den wirtschaftlichen Erfolg dieser Organisationen und auch auf die ökonomische Größen der Makro-Ebene.[116]

### 3.3.5 Realtypische Handlungen

Die tatsächlich vorgenommenen Handlungen resultieren aus der Kombination der idealtypischen Handlungsprinzipien. Abbildung 3-3 zeigt ein vierpoliges Kräftefeld mit den idealtypischen Handlungsprinzipien als Pole sowie beispielhaft eine realtypische Verhaltensweise. In diesem Kräftefeld können die Profile jeglicher realtypischer Handlung dargestellt werden.[117] Je weiter die Koordinationspunkte auf den Achsen vom Mittelpunkt entfernt sind, desto höher ist das jeweilige Gewicht des idealtypischen Handlungsprinzips für die jeweils dargestellte tatsächliche Handlung. Angesichts der Messproblematik können die Darstellungen der jeweiligen realtypischen Handlungen diese aber nur vergleichsweise grob illustrieren. Es ist daher von einer lediglich tendenziellen Aussagekraft der Abbildung auszugehen.

---

[115] Vgl. HOMANS (1978), S. 57.

[116] Siehe insbesondere Unterabschnitt 2.3.3.

[117] Diese Illustrationsmethode verwendet HERDZINA (2001; S. 29) bezüglich der Darstellung der tatsächlichen Koordinationsprinzipien als Kombination idealtypischer Koordinationsprinzipien.

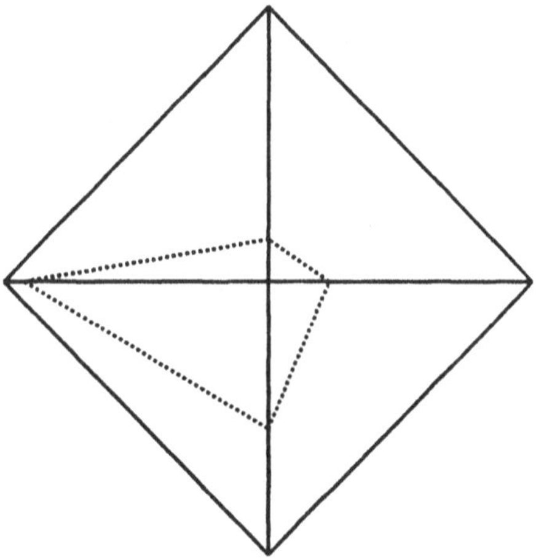


**Abbildung 3-3: Kräftefeld der idealtypischen Handlungsprinzipien**

Quelle: eigene Darstellung

Es stellt sich die Frage, welches realtypische Handlungsprofil durch Sozialkapital entsteht und gleichzeitig den Bestand dieser Kapitalform erhöhen kann. Grundsätzlich sind die Handlungsprinzipien – mit Ausnahme des solidarischen Verhaltens – hinsichtlich dieses sozialkapitaltheoretischen Zusammenhangs ambivalent. Trotzdem können einige Tendenzaussagen getroffen werden:

(a) Ein hoher „**Solidaritätsanteil**" einer Handlung bedeutet grundsätzlich, dass ein hoher Bestand an sozialem Kapital vorliegt, der in der Regel durch entsprechende Verhaltensweisen weiter erhöht wird, da soziale Verpflichtungen neu geschaffen werden bzw. gesteigert werden.

(b) Ein hoher „**Kooperationsanteil**" einer Handlung beweist zunächst, dass ein gemeinsames Interesse die Hauptmotivation für dieses Handeln ist. Die vertrauensvolle Vorleistung deutet auf einen Mindestbestand an Sozialkapital in Form bestehender Treuewahrscheinlichkeiten hin. Darüber hinaus schaffen Kooperationshandlungen soziale Verpflichtungen und damit Sozialkapital. Ist dies noch mit einem hohen Anteil an solidarischem Verhalten verbunden, so wird das soziale Kapital durch starke Integrationsprozesse und kollektives Handeln positiv beeinflusst.

Allerdings bedeutet Kooperation unter Umständen auf der Mikro-Ebene die Bildung von Sozialkapital, während sich auf einer höheren Aggregationsebene die Wirkungsrichtung durch die Existenz von Vertrauenslücken zwischen einzelnen sozialen Gruppen umkehren kann. Darauf ist in Abschnitt 3.4 detailliert einzugehen.

(c) Ein hoher „**Wettbewerbsanteil**" einer Handlung ohne gleichzeitige Mindestanteile an solidarischem oder kooperativem Handeln bedeutet eine Erosion der sozialen Beziehungen und damit eine Reduzierung des Sozialkapitalbestands. Sobald jedoch in der Handlung die Handlungsprinzipien der Solidarität und der Kooperation in ausreichendem Maße vorliegen, zeugt dies von starker, gemeinsamer Wertorientierung. Solange hierbei kein defektierendes Verhalten auftritt, wirkt sich dies positiv auf das soziale Kapital aus.

Was das Verhältnis von Kooperation zu Konkurrenz angeht, so ist die Annahme falsch, dass konkurrenzfreie Räume mit Sozialkapital oder deren Bildung gleichzusetzen sind. In modernen Gesellschaften besteht vielmehr eine Übereinkunft – und damit eine Interessenkongruenz im Sinne einer Interessenkooperation – Wettbewerb als wohlstandsmaximierendes Koordinationsprinzip einzusetzen.[118] Liegt hierbei zwischen den Akteuren Handlungssicherheit insbesondere durch *co-opetition*-fördernde soziale Normen vor, ist dies sozialkapitalbildend.[119]

(d) Ein hoher „**Gewohnheitsanteil**" einer Handlung bedeutet in der Regel, dass die Auswirkungen durch die anderen Anteile der Handlungsprinzipien verstärkt werden. So ist insbesondere die Kombination des Gewohnheitsprinzips mit einem hohen Anteil an solidarischem Handeln als positive Wirkung auf den Sozialkapitalbestand hervorzuheben.

Sozialkapital wird durch realtypische Verhaltensweisen auf der Mikro-Ebene gebildet, indem entweder die bilaterale Treuewahrscheinlichkeit oder die sozialen Verpflichtun-

---

118 Vgl. u.a. MESSNER (1929), PIES (1993) sowie HOMANN und KIRCHNER (1995).

119 Der Begriff „*co-opetition*" wurde von NALEBUFF und BRANDENBURGER (1996) als Komponente der Unternehmensführung geprägt. Auf die Besonderheit der *co-opetition* wird in Unterabschnitt 5.3.1 eingegangen.

gen zwischen den Akteuren im positiven Sinne beeinflusst werden.[120] Dabei können Tendenzaussagen hinsichtlich der Ausgestaltung der realtypischen Handlungen nur in dem Maße getroffen werden, dass wettbewerbliche Verhaltensweisen ohne soziale Normen bezüglich des Sozialkapitalbestandes destruktive sowie kooperative und solidarische Handlungen aufgrund ihrer Verpflichtungswirkung konstruktive soziale Interaktionen darstellen.

## 3.4 Die Rolle der Meso-Ebene für die Wirkungsmechanismen

*„Soziales Kapital ist kein additives Wirkungsmodell."*

*Ludwig Stecher*[121]

Die Folgen der tatsächlichen Handlungen – im Gegensatz zu den Handlungsoptionen – und damit auch des Sozialkapitals wirken auf die ökonomischen Größen der Makro-Ebene in direkter oder indirekter Weise. Die sozialkapitaltheoretischen Wirkungsmechanismen sind nicht als ökonomischer Produktionsprozess im engeren Sinn zu verstehen. Vielmehr handelt es sich hierbei um eine Verkettung von Wirkungen zwischen verschiedenen gesellschaftlichen Variablen, an deren Beginn die Sozialkapitalbildung und an deren Ende die Veränderung makroökonomischer Größen steht.

Beim **indirekten Wirkungsmechanismus** ($C_2$ und $C_3$ in Abbildung 2-1 auf Seite 42) kann die Strukturkomponente auf der Meso-Ebene eine Veränderung der Effekte bewirken. Im Extremfall kehrt sie die Wirkungsrichtung auf den volkswirtschaftlichen Sozialkapitalstock und/oder die makroökonomischen Variablen vollständig um. Diese Problematik wird im folgenden Abschnitt untersucht.[122] Als Beispiele dienen Korruption,[123] Cliquen und mafiöse Strukturen sowie Kombinationen hieraus. So wirken zwar

---

120 Siehe hierzu die sozialkapitaltheoretische Definitionsdebatte in Abschnitt 3.5.

121 STECHER (2000), S. 309

122 Abzugrenzen ist diese Perspektive vom DIEKMANN'schen Begriff des „sozialen Dilemmas". Vgl. DIEKMANN (1993), S. 22. Eigennützig handelnde Akteure erlauben in der Dilemma-Situation kein PARETO-optimales Ergebnis auf der nächsthöheren Aggregationsebene. Im Fall der vorliegenden Untersuchung existieren jedoch kontraproduktive Wirkungsproblematiken zwischen der ersten und der zweiten Aggregationsstufe.

123 Nach IMHOF versteht man unter Korruption „das abweichende Verhalten von rechtlichen und/oder ethisch-moralischen Normen." Durch Handlungen, Unterlassungen oder Machtmiss-

bestimmte Verhaltensweisen von Akteuren bezüglich eines sozialen Netzwerks zwar sozialkapitalsteigernd, andererseits existieren aufgrund der Vertrauenslücken zwischen den Akteuren verschiedener sozialer Netzwerke, der Normabweichung dieses Beziehungsnetzes und auch der Geschlossenheit durch die notwendige Geheimhaltung neben den negativen ökonomischen Effekten für die Volkswirtschaft auch sinkende Skalenerträge für den gesamtgesellschaftlichen Sozialkapitalbestand. Dies geht mit tiefen Beziehungs- und Interaktionslücken zwischen den Akteuren verschiedener Netzwerke einher, so dass es zu Segmentierungstendenzen in der Gesellschaft kommen kann.

Doch es müssen keine Extrembeispiele wie mafiöse Gesellschaftsstrukturen sein, um die Wirkungsmechanismen wesentlich zu modifizieren: Alle Gesellschaften bestehen aus sozialen Gruppen, die mehr oder weniger heterogene Wertvorstellungen und Normen besitzen. Um entsprechende Wirkungsweisen der Mikro- auf die Makro-Ebene zu untersuchen, ist die Meso-Ebene, auf der diese Gruppen zu lokalisieren sind, in ausreichendem Maße zu berücksichtigen.

Auf dieser „Zwischenebene" kann der Wirkungsmechanismus gebremst oder verstärkt werden. Beispiele hierfür sind das *bonding social capital* oder das *bridging social capital*. Ein zu hohes *bonding social capital* bindet die Individuen so stark an eine Gruppe, dass deren Mitglieder im Extremfall keine sozialen Bindungen zu anderen sozialen Netzwerken herstellen können.

In diesem Zusammenhang wird auf die Weiterentwicklung der PUTNAM'schen Sichtweise zurückgegriffen, die in den Gleichungen (5) bis (9) in Unterabschnitt 2.3.2 dargestellt und erörtert wurden. Vertrauensbasierte Interaktionen zwischen Mitgliedern verschiedener sozialer Netzwerke sind dabei Träger der positiven externen Effekte.

Das *bridging social capital*, das die Vernetzung der Gruppen durch soziale Verpflichtungen oder aktive Einschätzungen über die Treuewahrscheinlichkeiten zwischen den Akteuren untereinander abbildet, weist daher Lücken auf.[124] HOMANS beschreibt diesen sozialen Entfernungsprozess als Meidung von Interaktionen zwischen Menschen unterschiedlicher Werteeinstellungen und Normansichten.[125] Daraus entstehen entsprechend große **Vertrauenslücken** zwischen Gruppen, die sich unterschiedliche Normen setzen. Ein hohes *bridging social capital* dagegen bewirkt durch seine

brauch „wird das öffentliche durch das private Interesse verletzt. Der ganze Vorgang wird geheimgehalten." IMHOF (1998), S. 36.

124 Vgl. GITTELL und VIDAL (1998) sowie WARREN, THOMPSON und SAEGERT (1999).

125 Vgl. HOMANS (1978), S. 294.

positiven externen Effekte auf andere soziale Gruppen steigende Skalenerträge bei vertrauensabhängigen Wirtschaftsprozessen auf der Makro-Ebene.

Vertrauenslücken zwischen den sozialen Netzwerken sind folglich dafür verantwortlich, dass die Aggregation von Sozialkapital aufgrund negativer externer Effekte nicht in additiver Form möglich ist, bzw. dass Sozialkapital auf der Meso-Ebene eine andere Wirkungsrichtung hinsichtlich bestimmter ökonomischer und gesellschaftlicher Variablen auf der Makro-Ebene besitzt. Die zentrale Frage ist, wie diese Vertrauenslücken entstehen.

HERRMANN-PILLATH erörtert in diesem Zusammenhang ein Modell, in dem **Clubgüter** durch die Internalisierung positiver externer Effekte entstehen, die durch Interaktionen hervorgerufen werden. Diese Clubgüter bilden sich vorwiegend durch bestimmte Handlungsweisen, gemeinsame Merkmale sowie durch wiederkehrende Handlungsmuster, Gewohnheiten und Rituale heraus. Auf diese Weise entstehen Unterschiede zwischen Netzwerkmitgliedern und Nicht-Mitgliedern die mit differenzierten Normen und Werteeinstellungen außerhalb dieser sozialen Gruppe einhergehen.[126] Empirisch unterstreichen MCADAM und PAULSEN diese Argumentation, indem sie feststellen, dass die Unterstützungsbereitschaft positiv vom Übereinstimmungsgrad der Werteeinstellungen abhängt.[127] FORSGREN et al. übertragen diese Sichtweise auf ökonomische Transaktionen. In diesen wird eine bestimmte „Atmosphäre" geschaffen, die sowohl die Herausbildung von Verhaltensstandards innerhalb eines Netzwerks fördert als auch eine Abgrenzung von Außenseitern erzeugt.[128]

Die Sichtweise von HERRMANN-PILLATH korrespondiert mit der **Theorie der sozialen Kreise** von SIMMEL,[129] in der die egozentrierten sozialen Netzwerke als Kreise illustriert werden, die auf verschiedenen Funktionsebenen und mit unterschiedlichem Interaktions- oder Beziehungsradius existieren können. Die Analogie zu Vertrauenslücken besteht im Fehlen von Berührungs- und Schnittpunkten der Kreise verschiedener Akteure. In Abbildung 3-4 stellen große Kreise jeweils soziale Netzwerke aus soziozentrierter Perspektive mit Individuen *x* und *y* dar, während die kleinen Kreise

---

126 Vgl. HERRMANN-PILLATH (2000), S. 16 sowie auch WIMMER (1996), DASGUPTA (1999), insbesondere S. 375 und BAECKER (2000).

127 Vgl. MCADAM und PAULSEN (1993); zitiert in PANTHER (1998), S. 81.

128 Vgl. FORSGREN *et al.* (1995), S. 24. Diese Sichtweise besitzt eine gewisse Ähnlichkeit mit dem Konzept der *industrial districts*, das auf MARSHALL zurückgeht. Vgl. MARSHALL (1919), S. 284-285. In diesem Konzept wird die „Atmosphäre" durch die gemeinsame Herkunft bzw. die gemeinsame lokale Lebenswelt und die damit verbundenen normativen und institutionellen Rahmenbedingungen bestimmt.

129 Vgl. SIMMEL (1992), S. 460-463.

den Vertrauensradius um den Akteur *x* und demnach egozentrierte Netzwerke abbilden:

(a) **Fall A** zeigt, wie sich verschiedene Akteurskreise exakt überdecken. Im Falle einer derartigen vollständigen Kongruenz der egozentrierten Netzwerke, bzw. kleinen Kreise existiert zwischen den Akteuren ein Netzwerk mit einer Beziehungsdichte von 1, wobei gleichzeitig keine Berührungsmöglichkeiten mit Akteuren bestehen, die nicht Teil des betrachteten Netzwerks sind. Die Existenz von *bridging social capital* ist hierbei undenkbar.

(b) Auch in **Fall B** fehlt die Möglichkeit derartiger Berührungspunkte zu netzwerkexternen Akteuren. Allerdings besitzt das Netzwerk hier eine Beziehungsdichte kleiner 1, da es innerhalb des Gesamtnetzwerks Vertrauenslücken gibt. Nicht alle netzwerkinternen Akteure befinden sich innerhalb der kleinen Kreise der Akteure *x*. Hier spielt die Netzwerkstruktur eine Rolle für die sozialkapitaltheoretischen Wirkungsmechanismen.[130] Insbesondere können so genannte strukturelle Löcher im BURT'schen Sinne existieren, was für die einzelnen Mitglieder von Vorteil sein kann, wie noch zu zeigen ist.[131]

(c) **Fall C** deutet auf die Möglichkeit hin, dass im Vergleich zu A und B das *bonding social capital* weitaus niedriger ist, da Berührungspunkte mit Außenstehenden möglich sind.

(d) **Fall D** beschreibt eine Situation, in der Akteure unterschiedliche Netzwerke mittels sozialer Beziehungen bzw. Verpflichtungen miteinander verbinden können. Hier sind das *bridging social capital* und damit die positiven externen Effekte zwischen des Strukturkomponenten auf der Meso-Ebene am größten.

---

[130] Siehe Abschnitt 3.4.

[131] Siehe Unterabschnitt 5.2.2.

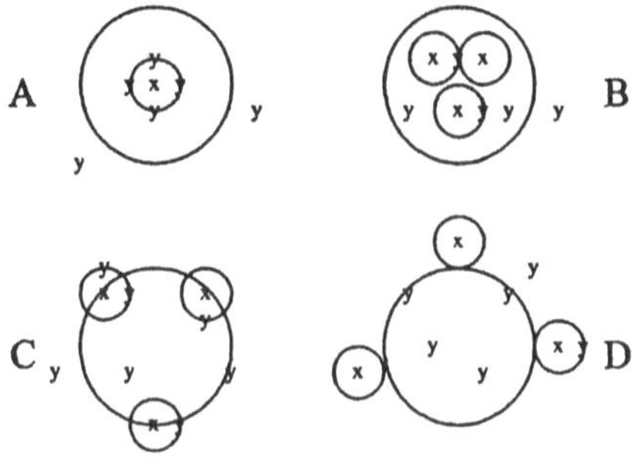

**Abbildung 3-4: soziale Kreise**

*Quelle: in Anlehnung an SERAGELDIN und GROOTAERT (1996), S. 52*

SERAGELDIN und GROOTAERT haben das Konzept der sozialen Kreise in ein dynamisches Modell übertragen. Sie illustrieren die unterschiedlichen Entwicklungen von sozialen Organisationen auf der Meso-Ebene hinsichtlich ihrer normorientierten Integration in der Gesamtgesellschaft.[132]

Durch **selbstverstärkende Prozesse**, die bereits PUTNAM und FUKUYAMA aufgezeigt haben[133] und auf die noch detaillierter in Abschnitt 5.1 einzugehen ist, erfahren soziale Netzwerke, deren Normen komplementär mit den Werten der Gesamtgesellschaft sind, eine integrative Wirkung. Sobald soziale Gruppen außerhalb einer gewissen Toleranzgrenze der Normabweichung stehen, erfolgt eine Disintegration, die weitere abweichende Verhaltensweisen und –motive hervorruft. Dieser Fragmentierungsprozess in der Gesellschaft führt zu großen Vertrauenslücken und starken negativen externen Effekten der interaktiven Handlungen auf der Meso-Ebene.

Auch diese Prozesse lassen sich mit Hilfe von Abbildung 3-4 illustrieren. Hierbei sind die dargestellten Kreistypen jedoch auf andere Weise zu interpretieren als oben. Während die großen Kreise das jeweilige Normbündel auf der Makro-Ebene darstellen, sind die kleinen Kreise mit den Gruppennormen gleichzusetzen. Der oben

132 Vgl. SERAGELDIN und GROOTAERT (1999), S. 50-52.

133 Siehe Unterabschnitte 2.3.2 und 2.3.3.

beschriebene Fragmentierungsprozess entspricht demnach der Entwicklung von C nach D. Darüber hinaus sind auch Zentripetalkräfte hinsichtlich der Normentwicklung denkbar. Dabei kommt es zu einer Konvergenz verschiedener Normen auf der Meso-Ebene, wenn bereits zuvor Ähnlichkeiten vorlagen. Dieser Prozess wird durch die Veränderung von B nach A aufgezeigt. Der Grund für diese Entwicklung liegt in den Vertrauensbeziehungen zwischen den Akteuren jener sozialer Gruppen, die ähnliche Normen besitzen. Die externen Effekte eines Netzwerks betreffen damit auch andere Netzwerke, wodurch es zu gleichgerichteten Entwicklungen hinsichtlich der normorientierten Institutionen kommt.[134]

Die Frage, inwieweit sich das soziale Kapital positiv auf die Makro-Ebene auswirkt, konzentriert sich damit auf die Vertrauenslücken und deren Determinanten: (a) Geschlossenheit bzw. Beziehungsdichte des Netzwerks *DI*, (b) Abweichungsgrad von Normen der Makro-Ebene *AB*, (c) Größe der Vereinigungen *GR*, (d) Funktion der Gruppe *FU*, (e) Alter bzw. Stabilitätsgrad des Netzwerks *ST*, (f) Typ der sozialen Beziehungen innerhalb des Netzwerks *TY*, (g) räumliche Nähe der Akteure *RN* sowie (h) Struktur des Netzwerks *SN*.

$$SK_{bridging} = f(DI, AB, GR, FU, ST, TY, RN, SN) \qquad (20)$$

Im Folgenden werden diese Determinanten kurz erörtert:

(a) Eine hohe **Beziehungsdichte** des sozialen Netzwerks *DI* bedeutet, dass die Akteure enge Beziehungen untereinander besitzen. Hierbei werden in erster Linie soziale Identitäten betont. Das soziale Kapital ist nach COLEMAN innerhalb der sozialen Gruppe tendenziell hoch,[135] da Geborgenheit und sozialer Rückhalt bestehen und Krisensituationen leichter überwunden werden können.[136] Potenzielle Mitglieder haben Probleme, Beziehungen aufzubauen. Die sozialen Eintrittsbarrieren sind hoch, da durch gewohnheitsorientierte Verhaltensweisen die Akteure innerhalb dieses Netzwerks häufig nur noch Verpflichtungen mit ihnen bekannten Personen eingehen. Auch tendieren sie dazu, nur Personen aus dem eigenen sozialen Netzwerk eine ausreichende Treuewahrscheinlichkeit als Vorbedingung für vertrauensvolle Vorleistungen zuzuweisen.

---

[134] Dies ist eine besondere Form der sozialen Gravitation, auf die in Abschnitt 5.4 zurückzukommen ist.

[135] Siehe Unterabschnitt 2.3.4.

[136] Vgl. WALKER, MACBRIDE und VACHON (1977); zitiert in DIEWALD (1991), S. 104.

Dennoch zeigen GRANOVETTERs *embeddedness*-Ansatz[137] und BURTs Theorie der *structural holes*,[138] dass schwache Beziehungen respektive fehlende Beziehungen in den sozialen Netzwerken das Sozialkapital aus Sicht einzelner Akteure im betrachteten Netzwerk erhöhen. Demnach ist die Wirkung der Netzwerkdichte auf das *bridging social capital* eng mit der Wirkungsweise (f) des Typs der sozialen Beziehung sowie (h) der Struktur des Netzwerks verbunden.

Beziehungen zu Akteuren aus anderen Netzwerken existieren bei einer hohen Beziehungsdichte kaum, was Fall A in Abbildung 3-4 im Konzept der sozialen Kreise entspricht. Damit bestehen große Vertrauenslücken durch niedriges *bridging social capital* und hohes *bonding social capital*, das aus einem relativ hohen Maß an sozialer Kontrolle resultiert.

(b) Je stärker die **Normen** des sozialen Netzwerks von den kulturellen Normen auf der Makro-Ebene abweichen *AB*, desto geringer ist *c.p.* das *bridging social capital*. Dies entspricht dem Fragmentierungsprozess von SERAGELDIN und GROOTAERT, der in Abbildung 3-4 dargestellt wird (von C nach D). Die großen Vertrauenslücken sind jedoch aufgrund der unterschiedlichen Normen auch von Akteuren außerhalb des betrachteten Netzwerks gewollt. Die Determinante der Normabweichung korreliert in der Regel mit der Geschlossenheit und Beziehungsdichte einer sozialen Gruppe.

(c) Die **Größe** der sozialen Gruppe *GR* besitzt eine positive Wirkungsrichtung auf das *bridging social capital*. Je größer die Gruppe ist, desto problematischer gestaltet sich die Produktion von Kollektivgütern,[139] zu denen auch die Normen dieser Gruppe gehören. Die *free rider*-Problematik innerhalb der Gruppe wird durch die sinkende soziale Kontrolle verstärkt.

(d) Die Wirkungsrichtung der Determinante „**Funktion** der Gruppe" *FU* auf das *bridging social capital* hängt davon ab, inwieweit wechselseitige Sicherheit hinsichtlich der Interessenkonformität produziert wird. ZINTL unterscheidet in diesem Zusammenhang zwischen den Netzwerktypen Clubs, Klans und Cliquen:[140]

- **Cliquen** entstehen, indem deren potenzielle Mitglieder die Absicht haben, über Nicht-Mitglieder Dominanz auszuüben. Hier existiert in der Regel ein hohes Vertrauensniveau innerhalb der Gruppe, während zwischen den Cliquen

[137] Siehe GRANOVETTER (1985).
[138] Siehe BURT (1992), insbesondere S. 25-28.
[139] Vgl. OLSON (1965) und BUCHANAN (1965).
[140] Vgl. ZINTL (1993).

große Vertrauenslücken und negative externe Effekte existieren. Mafiöse Vereinigungen sind hierfür ein typisches Beispiel.

- **Klans** produzieren nach ZINTLs Terminologie positive externe Effekte auch außerhalb ihrer sozialen Netzwerke. Soweit keine Gruppeneintrittsbarrieren existieren, formiert sich der Klan entsprechend seiner externen Effekte. Als Beispiel können hier offene Kommunikationsnetzwerke genannt werden.
- **Clubs** sind gekennzeichnet durch die gemeinsame Nutzung von Ressourcen, welche die Eigenschaft der Rivalität im Konsum vorweisen. Hier existieren über den Club hinaus keine externen Effekte, da potenzielle Ressourcennutzer Clubmitglieder werden.

Transformationen von Funktionen der genannten Netzwerke sind denkbar. So kann sich beispielsweise ein Club zu einer Clique entwickeln, wenn im Laufe der Zeit ein Dominanzziel entsteht bzw. in den Vordergrund rückt.

(e) Die **Stabilität** sozialer Netzwerke *ST* wird vom Integrationsgrad und damit von der Beziehungsdichte innerhalb der sozialen Gruppe positiv bestimmt. Gleichzeitig spielt auch die Art der sozialen Beziehung eine Rolle. Je früher die soziale Einbindung unterhalb der Bewusstseinsschwelle über ritualisierte Alltagshandlungen stattfindet, desto stabiler ist das Netzwerk. Es ist am wahrscheinlichsten, dass Verwandtschaftsbeziehungen ökonomistisches Zweck-Mittel-Denken neutralisieren.

(f) **Schwache soziale Beziehungen** (*TY*) erlauben eher ein heterogenes Netzwerk im Sinne verschiedener Sozialmerkmale oder Wertorientierungen. Dadurch lassen sich einfacher „Brücken zu andersartigen Lebenszusammenhängen und –welten“ schlagen.[141] Je homogener und stärker die sozialen Beziehungen sind, umso größer sind demnach die Vertrauenslücken.[142]

(g) Die **räumliche Nähe** von Akteuren *RN* eines sozialen Netzwerks erlaubt eine hohe Interaktionshäufigkeit bei niedrigem Aufwand. Dadurch erhöht sich die Wahrscheinlichkeit einer hohen Beziehungsdichte. Bestehen in einer Volkswirtschaft jedoch nur abgegrenzte räumlich orientierte Netzwerke, so wirkt sich dies negativ auf das *bridging social capital* aus. Darüber hinaus existieren negative Verteilungseffekte in regionaler Hinsicht.

---

141 DIEWALD (1991), S. 105

142 Dies spielt insbesondere in GRANOVETTERs Ansatz eine herausragende Rolle. Siehe hierzu insbesondere Abschnitt 5.2.

(h) Die Wirkungsrichtung der **Beziehungsstruktur** eines sozialen Netzwerks *SN* hängt grundsätzlich vom Zentralisationsgrad und von der Position eventueller *gatekeeper* ab. Je zentralistischer die Netzwerkstruktur ist – im Extremfall eine sternförmige Organisationsstruktur, – desto unwahrscheinlicher sind Außenorientierungen der Mitglieder. Es sei denn, dass die zentrale Position des Netzwerks von einem *gatekeeper* nach außen besetzt ist, welcher die Kommunikation und den normorientierten sozialen Austauschprozess nach außen nicht hemmt. *Gatekeeper* können aber auch in anderen Positionen als in der zentralen das *bridging social capital* beeinflussen.

Die enge Wirkungsverbundenheit zwischen den oben erörterten Variablen führt dazu, dass die *ceteris paribus*-Regel für die Betrachtung der Funktion aus Gleichung (20) ungeeignet ist. Das *bridging social capital*, das für die positiven externen Effekte in den sozialkapitaltheoretischen Wirkungsmechanismen verantwortlich ist, spielt deshalb – in Abhängigkeit der Kombination der einzelnen Netzwerkmerkmale und der Wirkungsziele auf der Makro-Ebene – im Drei-Ebenen-Modell eine differenzierte Rolle.

**Exkurs: Familie als Sonderfall sozialer Netzwerke**

Familiäre und gruppenorientierte Netzwerke sind in der Regel die stabilsten sozialen Gebilde einer Gesellschaft. Sie stellen allerdings hinsichtlich der Wirkungsmechanismen des Sozialkapitals eine äußerst ambivalente Handlungs- und Strukturkomponente in der Gesellschaft dar.[143] Auf der einen Seite schafft die Institution Familie durch ihre Sozialisierungsfunktion die Voraussetzung für sozialkapitalförderliche Handlungskompetenzen. Gleichzeitig wirken die positiven Effekte dieser Handlungen aufgrund der starken Beziehungen innerhalb der Familie in Verbindung mit *bonding social capital* nicht in jedem Fall auf die Makro-Ebene.

FUKUYAMA erklärt dieses Phänomen indirekt über die vertrauensbasierte Industriestruktur.[144] Aber auch ohne den „Umweg" über die Industriestruktur lässt sich eine analoge Argumentationskette aufbauen: Starke Beziehungen in ge-

[143] Familismus bedeutet gegenseitige Loyalität und Solidarität der Familie bzw. Sippe. Eine Übertragung dieser Ausprägungen ist jedoch auch auf andere gesellschaftliche Bereiche möglich. Vgl. FUKUYAMA (1995) und PARK (1999), insbesondere S. 78.

[144] Vgl. FUKUYAMA (1995).

schlossenen sozialen Netzwerke mit hoher Beziehungsdichte, die gleichzeitig dauerhaft Normen über Generationen hinweg weitergeben, führen dazu, dass Normabweichungen hinsichtlich der gesellschaftlichen Wertorientierungen vorliegen können. Folglich werden Vertrauensbeziehungen über dieses Netzwerk hinaus nur in geringem Maße geknüpft. Wie oben bereits ausführlich erörtert, bewirken diese Vertrauenslücken unter Umständen die Umkehrung der Wirkungsrichtung von sozialkapitalförderndem Verhalten. In extremer Weise ist dies in Gesellschaften mit mafiösen Strukturen, wie Süditalien, aber auch in chinesisch orientierten Gesellschaften zu beobachten. Dies wurde bereits in Abschnitt 3.2 erörtert. Die Wirkungsmechanismen dieser Familien entsprechen somit denen der Cliquen im ZINTL'schen Sinne.

Dieser Antagonismus zwischen Familie und Gesellschaft in Form von Parzellierungen und kontraproduktiven Wirkungsmechanismen entsteht jedoch nur, wenn die familiären Netzwerke die beschriebenen Merkmalausprägungen besitzen. Sobald die Familien in ein weiteres soziales Umfeld eingebettet sind, schwächt sich die negative Wirkung des Sozialkapitals auf die Makro-Ebene ab.[145]

Diese Schlussfolgerungen decken sich allerdings in keiner Weise mit der Forderung PUTNAMs nach einer prinzipiellen Stärkung der Familie zur Förderung der Akkumulation von Sozialkapital.[146] PUTNAM hat in diesem Zusammenhang – was auch ein Hauptkritikpunkt an seinem Konzepts darstellt – die Neigung zu einer familiär-romantischen Perspektive,[147] die dem Antagonismus derartiger Netzwerke hinsichtlich der ökonomischen Wirkungen nicht gerecht wird. BOURDIEUs Sichtweise der Familie als (wertfreier) Vererbungsbasis des Sozialkapitals sowie COLEMANs These der Familie als wesentlicher Faktor der Humankapitalakkumulation sind daher realistischer als die PUTNAM'sche Vorstellung der Familie.

Die Bildung von familistischen Netzwerken ist nach HERRMANN-PILLATH ökonomisch nur exogen bzw. historisch[148] zu erklären. Die im BOURDIEU'schen Sinne vererbte Sozialkapitalstruktur kann ein starkes Trägheitsmoment besitzen,

---

145 Darüber hinaus wirken Individualisierungstendenzen in die gleiche Richtung.

146 Vgl. Unterabschnitt 2.3.2.

147 Vgl. LEVI (1996), S. 51. Insbesondere die Neigung familiärer Beziehungen zum Aufbau von Statusbarrieren besitzt negative ökonomische Wirkungen, wie in Abschnitt 5.4 zu erörtern sein wird.

148 Siehe PUTNAM (1993) und FUKUYAMA (1995).

die dem Rationalismus westlicher Prägung keinen Raum zur Entfaltung gibt. Demnach dürfte die Entstehung von *bridging social capital* in Gesellschaften, wie im konfuzianistisch orientierten China, aufgrund der tiefen Verwurzelung ethischer Normvorstellungen eine Frage von mehreren Generationen sein.

## 3.5 Sozialkapitaldefinition: Aggregation, Bestand und Ströme

*„People are constituted by their relations."*

*HERMAN E. DALY und JOHN B. COBB JR.*[149]

Die bisherigen Ergebnisse lassen sich wie folgt zusammenfassen: Das vorliegende sozialkapitaltheoretische Drei-Ebenen-Modell hat

(a) in systematischer Weise eine Synthese der aus ökonomischer Sicht relevanten sozialkapitaltheoretischen Konzeptionen gebildet,

(b) aufgrund von komplexen Beziehungsstrukturen und verschiedenen Handlungsebenen explizit die Meso-Ebene in die Sozialkapitaltheorie einbezogen,

(c) die sozialen Mechanismen in eine sinnvolle Beziehung zueinander gesetzt, so dass

(d) die Voraussetzung für ein sinnvolle Verortung des Sozialkapitals nach Beendigung der Selektionsmechanismen geschaffen ist und

(e) die Voraussetzung dafür geschaffen ist, dass keine Tautologiegefahr in diesem Forschungsbereich besteht.

(f) Schließlich können die unterschiedlichen Wirkungsmechanismen des Sozialkapitals auf Variablen der Makro-Ebene angewendet werden, was in den folgenden Kapiteln erörtert wird.

Im Folgenden ist nun eine **abschließende Sozialkapitaldefinition** zu erwarten: Aus dem Drei-Ebenen-Modell ist eindeutig zu schließen, dass sich die Entstehung des tatsächlich vorhandenen Sozialkapitals nach den selektierenden Situationsmechanismen (Selektion von Handlungsoptionen) und den ebenfalls selektiven Mechanismen zur Handlungsbildung (Selektion durch Entscheidung für eine Verhaltensweise) ergibt. Gleichzeitig ist die Bildung des Sozialkapitals jedoch vor Beginn der Wirkungsmechanismen zu verorten. In Abbildung 3-1 auf Seite 119 ist die Entstehung des Sozialkapitals demnach zwischen den Pfeilen $B_1$ sowie $C_1$ und $C_2$ anzusiedeln. Erst die Ausprägungen der tatsächlichen Handlungen bilden die eigentlichen Sozialkapitalaspekte.

Normen und Institutionen – die in der Literatur teilweise selbst als Sozialkapital bezeichnet werden[150] – sind demnach lediglich Determinanten des Sozialkapitals. Sie sind Bestandteil der Selektionsmechanismen, welche die eigentlichen Handlungsentscheidungen bestimmen. Erst die tatsächlich vorgenommene Handlung kann den Bestand des Sozialkapitals verändern. Dies gilt ebenso für die sozialen Netzwerke, die Auswirkungen auf die Situationsmechanismen besitzen. Auch die Handlungsprinzipien sind letztlich „nur" idealtypische Bestimmungsgrößen, welche die eigentlichen Handlungen systematisch erläutern.

Die **Entstehung von Sozialkapital** wird im Drei-Ebenen-Modell auf der Mikro-Ebene nach den Selektionsmechanismen und vor den Wirkungsmechanismen verortet. Es ist also zu beachten, dass auf der Wirkungsseite des Drei-Ebenen-Modells an sich kein Sozialkapital geschaffen wird. Diese Wirkungsmechanismen sind weder als (a) Aggregationsmethode für das Sozialkapital noch als (b) ökonomischer Produktionsprozess im engeren Sinn zu verstehen.

(a) Für die Auswirkungen der Sozialkapitalbildung auf makroökonomische Größen gibt es mehrere Argumentationsalternativen, wie Abbildung 3-5 verdeutlicht, wobei links der gestrichelten Linie das Sozialkapital auf den verschiedenen Aggregationsebenen abgebildet ist, während rechts dieser Linie ökonomische Zielgrößen dargestellt werden.

    Sobald die gestrichelte Linie von einem Pfeil durchkreuzt wird, handelt es sich um einen Wirkungsmechanismus ($C_1$, $D_2$, $E_1$ sowie $C_2$ in Verbindung mit $C_3$). Die Pfeile $D_1$ und $E_2$ zeigen dagegen Aggregationsmöglichkeiten von Sozialkapital respektive ökonomischer Zielgrößen auf.[151]

---

149 DALY und COBB (1990), S. 161

150 Siehe beispielsweise PUTNAM (1993).

151 Die Abbildung 3-5 stellt einen Ausschnitt aus Abbildung 2-1 von Seite 44 dar, wobei der Fokus auf die Wirkungsmechanismen $C_1$, $C_2$ und $C_3$ gelegt ist und gleichzeitig alternative Wirkungsketten aufgezeigt werden.

Sozialkapital kann erstens nach der Entstehung auf der Mikro-Ebene auf die Makro-Ebene aggregiert werden, was jedoch mit diversen Problemen verbunden ist. Das Sozialkapital wird dann als Determinante für makroökonomische Zielgrößen analysiert. Diese Vorgehensweise wird von einer Vielzahl sozialkapitaltheoretischer Vertreter wahrgenommen, ohne die Aggregationsproblematik in ausreichendem Maße zu problematisieren.[152] Gleichzeitig wird die Gefahr der tautologischen Argumentation durch eine funktionalistische Definition des Sozialkapitals auf der Makro-Ebene hinsichtlich der Wirkungszusammenhänge zwischen dieser Kapitalform und makroökonomischen Zielgrößen unterschätzt.[153]

Zweitens kann sich die Sozialkapitalbildung auf der Mikro-Ebene ebenso auf ökonomische Zielgrößen derselben Aggregationsebene auswirken. Die Aggregation entsprechender ökonomischer Größen auf die Makro-Ebene schließt die zweite Alternative der Wirkungsweise der Sozialkapitalbildung auf makroökonomische Zielgrößen ab.

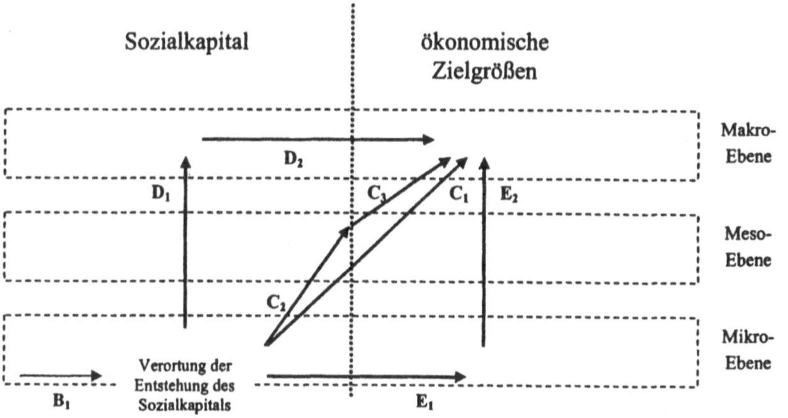


**Abbildung 3-5: alternative Wirkungsketten**

Quelle: eigene Darstellung

---

152 Vgl. hierzu vor allem PUTNAMs empirischen Ansatz in Unterabschnitt 2.3.2.

153 Vgl. insbesondere COLEMANs Vorgehensweise, die in Unterabschnitt 2.3.4 ausführlich erörtert wurde. Eine makro-funktionalistische Definition von Sozialkapital wäre nur vorstellbar, wenn die sozialkapitaltheoretischen Wirkungsmechanismen auf die ökonomischen Größen der Makro-Ebene zielharmonisch ablaufen würden. Das folgende Kapitel zeigt jedoch, dass dies nicht der Fall ist.

(b) Die Wirkungsmechanismen sind nicht als ökonomischer Produktionsprozess im folgenden engeren Sinne zu verstehen, dass das Sozialkapital als *input* und makroökonomische Zielgrößen als *output* gelten. Vielmehr handelt es sich bei der sozialkapitaltheoretischen Perspektive um Kapitalformen, die durch soziale Austauschprozesse in andere Kapitalformen umgewandelt werden können. Somit sind die Wirkungsmechanismen als Wirkungsketten zwischen gesellschaftlichen Phänomenen bzw. Variablen auf den verschiedenen Aggregationsebenen zu verstehen.[154]

Trotz dieser erweiterten Sichtweise hinsichtlich des Kapital- und Produktionsbegriffes ist eine analytische Trennung von Bestands- und Stromgrößen für die Sozialkapitaltheorie erforderlich. Aus diesem Grund wird diese Unterscheidung in den folgenden Unterabschnitten erörtert.

### 3.5.1 Der Bestand an Sozialkapital

Der Bestand des Sozialkapitals ergibt sich aus dem Bestand an Verpflichtungen der Akteure untereinander sowie den Treuewahrscheinlichkeiten, welche den Akteuren von anderen zugewiesen werden. Eine Beziehung zwischen zwei Akteuren $i$ und $j$ stellt demnach Sozialkapital in Höhe der gegenseitigen Verpflichtungen $V$ und der Treuewahrscheinlichkeiten $p$ der Akteure dar. Besitzt beispielsweise Akteur $i$ gegenüber Akteur $j$ eine Verpflichtung $V_{ji}$ und besteht umgekehrt die Verpflichtung $V_{ij}$ und existieren die Treuewahrscheinlichkeit von Akteur $i$ aus der Sicht von Akteur $j$ in Höhe von $p_{ji}$ sowie von Akteur $j$ analog $p_{ij}$, dann lässt sich das soziale Kapital dieser Beziehung $SK_{i,j}$ folgendermaßen darstellen:

$$(21) \qquad SK_{i,j} = f\left(p_{ij}, p_{ji}, V_{ij}, V_{ji}\right)$$

Damit besteht eine enge Anlehnung der Sichtweise des Drei-Ebenen-Modells mit einer bestimmten Form des „COLEMAN'schen Sozialkapitals". Dies wurde bereits ausführlich in Unterabschnitt 2.3.4 erörtert.[155] Dabei ist zu betonen, dass entweder die Existenz von sozialen Verpflichtungen oder das Bestehen von positiven Treuewahrscheinlichkeiten eine hinreichende Bedingung für das Vorhandensein von Sozialkapi-

---

[154] Siehe hierzu auch die Erörterungen zu „sozialen Mechanismen" in Fußnote 13.

[155] Siehe insbesondere Gleichung (13) auf Seite 104.

tal sind. Die Verwendung des Sozialkapitalbestandes als Ausgangspunkt der ökonomischen Wirkungsmechanismen erzeugt im Vergleich zur Sichtweise, die Bildung dieser Kapitalform ins Zentrum der Wirkungsweise zu stellen, mehrere Problemfelder:

(a) Es existiert eine **hohe Anzahl unüberschaubarer Beziehungen** in großen sozialen Netzwerken, von denen ein Großteil niemals genutzt werden kann. Damit stellt $SK_{i,j}$ aus Gleichung (21) ein Kapitalpotenzial dar, das nicht unter Vollauslastung im sozialen Austauschprozess genutzt wird. Der tatsächlich in sozialen und ökonomischen Austauschprozessen verwendete Teil des Sozialkapitals ist aufgrund der Vielzahl an potenziellen Beziehungen in einem großen Netzwerk lediglich ein Bruchteil dieses Potenzials, so dass eine Berücksichtigung des gesamten Kapitalstocks zur Erklärung ökonomischer Phänomene wenig Sinn macht. Vielmehr sollten hierbei die tatsächlichen Interaktionen berücksichtigt werden, die den Sozialkapitalbestand verändern.

(b) Darüber hinaus ist der Sozialkapitalbestand $SK_{i,j}$ von zwei Größen abhängig, die **in keiner funktionalen Beziehung** zueinander stehen. So kann *i* gegenüber *j* eine Verpflichtung besitzen, die bei jeder Höhe von gleichzeitiger Treuewahrscheinlichkeit von *i* aus Sicht von *j* denkbar ist. Dadurch ist eine arithmetische Verknüpfung der sozialkapitaltheoretischen Determinanten nicht möglich.

(c) Die Existenz der Beziehung hängt darüber hinaus auch von der Existenz der Beziehungspartner ab. So entsteht die Frage, inwieweit insbesondere der sozialkapitaltheoretische Faktor „Verpflichtung" **vererbbar** ist.

(d) Des Weiteren ergeben sich Treuewahrscheinlichkeiten aus **Reputationsmerkmalen** der Beziehungspartner. Diese können sich durch soziale Zirkelschlüsse oder erweiterte Informationszugänge ändern, ohne dass eine Interaktion stattgefunden hat. So kann ein Akteur *i* über verschiedene Beziehungskanäle unterschiedliche Informationen über den Akteur *j* erhalten, was eine Beurteilung hinsichtlich der Treuewahrscheinlichkeit $p_{ij}$ erschwert oder gar unmöglich macht.

Der Bestand an Sozialkapital ist somit zum einen von den oben erörterten Verpflichtungen und von den Treuewahrscheinlichkeiten abhängig. Zum anderen ist Sozialkapital in diesen Verpflichtungen und Treuewahrscheinlichkeiten verkörpert. Aufgrund der dargestellten Probleme bezüglich des Sozialkapitals und seiner Ermittlung ist es sinnvoll, die Veränderungen dieser Kapitalform zu untersuchen. Im Folgenden werden deshalb die Investitionen in das Sozialkapital und die Abschreibungen dieser Kapitalform aus ihrem Bestand abgeleitet.

### 3.5.2 Investitionen in Sozialkapital

Die Definitionsproblematik konzentriert sich im Drei-Ebenen-Modell auf die Frage, welche Ausgestaltungen tatsächlicher Verhaltensweisen Sozialkapital hervorbringen. Die zentrale Frage lautet daher: Welche Kombinationen idealtypischer Handlungsprinzipien bilden Sozialkapital?[156]

> **Sozialkapital erhöht sich durch jene interaktiven Verhaltensweisen, durch die entweder bewusst oder unbewusst dauerhafte soziale Verpflichtungen von mindestens einem Interaktionspartner entstehen bzw. zunehmen und/oder die Treuewahrscheinlichkeit eines Akteurs steigt.**

Diese Definition der Sozialkapitalentstehung besitzt die Aspekte (a) der sozialen Interaktion als Anknüpfungspunkt, (b) die Bezogenheit auf tatsächlich vorgenommene Verhaltensweisen, (c) den Bewusstseinsaspekt, (d) die Verpflichtungsentstehung oder -zunahme sowie (e) die Steigerung der Treuewahrscheinlichkeit. Diese Aspekte gilt es im Folgenden kurz zu erörtern:[157]

(a) Durch die Restriktion der Handlungen auf Interaktionen sind – wie auch bei COLEMAN – die **Interaktionsbeziehungen** Basis des Sozialkapitals. Allerdings kommt das Beziehungskapital nur zum Einsatz, wenn dieses Grundlage einer Handlung ist. Andernfalls existiert diese Beziehung lediglich als Sozialkapitalpotenzial.[158] So bleibt trotz der handlungstheoretischen Methodik das soziale Kapital eine Bestandsgröße, während die Handlungen bestandsverändernde Stromgrößen darstellen.

    Die Entstehung des Sozialkapitals wird ausschließlich auf der Ebene der Individualhandlungen definiert und verortet. Dies verhindert jedoch keineswegs Aggregationsmöglichkeiten dieser Kapitalform. Das Drei-Ebenen-Modell fördert deshalb durch die Ablehnung einer Definition des Sozialkapitals auf der Makro-Ebene die systematische Vermeidung von Tautologien durch funktionalistische Definitionen

---

156 Die folgende Definition ist auf der Mikro-Ebene angesiedelt.

157 Die Definition bezieht sich auf die Nettoinvestitionen in Sozialkapital.

158 Siehe hierzu Unterabschnitt 3.5.1.

auf der Makro-Ebene sowie von Missverständnissen bei der Unterscheidung von Determinanten und der Wirkungsweise des Sozialkapitals.[159]

(b) Sozialkapital erhöht sich durch die Vielzahl **tatsächlich vorgenommener interaktiver Handlungen**, die sich aus den in Abschnitt 3.3 erörterten idealtypischen Handlungsprinzipien zusammensetzen. Hierbei wird auch der Diskussion Rechnung getragen, dass wettbewerbliches Verhalten sowohl effizienzsteigernd als auch sozialkapitalfördernd sein kann und nicht prinzipiell konträr zur Kooperation stehen muss.[160]

Des Weiteren wird der gesamte Selektionsprozess, der sich sowohl über die Situations- als auch über die Handlungsmechanismen erstreckt, als Basis der sozialkapitaltheoretischen Determinanten berücksichtigt.

(c) Diese **Berücksichtigung unbewusster Verpflichtungsgefühle** als sozialkapitaltheoretisch relevante Faktoren trägt den Ergebnissen vieler Untersuchungen Rechnung, die bereits vor der Entstehung des sozialkapitaltheoretischen Forschungszweigs durchgeführt wurden. Die Anfänge dieser Forschungen gehen auf das erste Hauptwerk von ADAM SMITH „Theorie der ethischen Gefühle" und reicht bis zu ELSTERs aktuellen Studien zum gesellschaftlichen Zusammenhalt.[161] In diesen Arbeiten werden auch biopsychische Handlungsmotive und gewohnheitsorientierte Verhaltensweisen berücksichtigt, die sich zum Teil auf einer tieferen Bewusstseinsebene abspielen. Der Großteil an alltäglichen Verhaltensweisen sind gewohnheits- und normorientierte Handlungen, die sich einer explizit rationalen Entschei-

---

159 Als Beispiel sei hierzu KRISHNA aufgeführt. Er bezeichnet die Voraussetzungen für die positiv zu bewertenden Handlungsprinzipien als relatives Kapital (im Sinne von Beziehungskapital), während deren Voraussetzungen – und damit die Grundlage für die sozialen Mechanismen – als institutionelles Kapital tituliert werden. Vgl. KRISHNA (1999).

160 Die Frage nach den sozialkapitalförderlichen Handlungen lässt sich dahingehend beantworten, dass jene Aktivitäten unkritisch sind, die überwiegend durch das kooperative und das solidarische Handlungsprinzip bestimmt werden. Sie sind darauf ausgelegt, dass die Kooperationspartner respektive der solidarisch Unterstützte, wie auch der Agierende selbst, einen Vorteil durch die vorgenommene Aktivität erhalten. Das bedeutet jedoch nicht, dass diese Handlungen quasiautomatisch positive Makro-Wirkungen nach sich ziehen. In diesem Zusammenhang sei lediglich beispielhaft auf die negativen Allokationswirkungen eines Kartells als Ergebnis kooperativer Handlungen verwiesen. Noch problematischer sind Handlungen, die einen großen Anteil an Gewohnheits- und Konkurrenzprinzipien besitzen. Hier existiert bereits eine Bewertungsproblematik auf der individuellen Handlungsebene. Dadurch verschiebt sich die Frage nach dem *surplus* für die beteiligten Parteien auf vorgelagerte Determinanten, wie Normen und Institutionen.

161 Siehe ELSTER (1989).

dung entziehen.[162] Im Drei-Ebenen-Modell werden auch diese Interaktionen für die Sozialkapitalbildung berücksichtigt.

(d) Die definitorische Forderung nach einer **dauerhaften Verpflichtungsentstehung** bzw.
–erhöhung in der oben genannten sozialkapitaltheoretischen Definition schließt zunächst idealtypische Markttauschprozesse aus. Nutzensteigerungen auf beiden Marktseiten durch die Aneignung von Konsumenten- respektive Produzentenrente im preistheoretischen Sinne führen nicht zur Bildung von Sozialkapital. PANTHER kommt zwar zu dem Ergebnis, dass Verhaltensmuster zum gegenseitigen Vorteil im Gedächtnis der Akteure bleiben und dadurch von den Akteuren eines sozialen Netzwerks in das andere „getragen" werden können, aber hierbei wird nicht interaktives Verhalten im Sinne einer Vertrauens- oder Verpflichtungsbildung erlernt, sondern die Methodik zur Zielerreichung. Im Falle eines idealtypischen Markttauschs wird die Beziehung durch Leistungsabgeltung prinzipiell beendet.[163] Es entsteht weder eine dauerhafte Verpflichtung noch wird eine bestehende Verpflichtung erhöht.

Zudem ist es keine Voraussetzung für Sozialkapital bildendes Verhalten, dass alle Beteiligten Vorteile von einer Interaktion erhalten. Eine einseitige Verpflichtungsentstehung bedeutet in der Regel, dass ein Akteur zwar einerseits eine nutzensteigernde Leistung empfangen hat, aber andererseits eine nutzenmindernde Verpflichtung eingegangen ist. Gleichzeitig hat der Interaktionspartner eine Vorleistung erbracht und noch keine Gegenleistung erhalten. Während der Treunehmer tendenziell einen Nutzengewinn erzielt hat, verzeichnet der Treugeber zunächst eine Nutzenminderung.

Darüber hinaus werden auch Interaktionen innerhalb hierarchischer Beziehungen durch die Definition berücksichtigt. So entsteht auch in Machtbeziehungen Sozialkapital, wenn diese in eine übergeordnete Norm eingebunden ist, wonach auch Machtinhaber Verpflichtungen gegenüber ihren Untergebenen erfüllen müssen. In diesem Zusammenhang spielen gesellschafts- und unternehmenspolitische Verfassungen, aber auch Vereinssatzungen und informelle Gruppennormen eine maßgebliche Rolle als sozialkapitaltheoretische Determinanten.

(e) Derartige Normen sind auch hinsichtlich ihres Einflusses auf die **Treuewahrscheinlichkeit** der Akteure von Bedeutung. Dabei stehen insbesondere Sanktions-

---

162 Siehe hierzu auch Unterabschnitt 3.3.4.

163 Vgl. PANTHER (1998), S. 87.

normen und deren Glaubwürdigkeit im Mittelpunkt der Betrachtung. Darüber hinaus erhöhen auch akteursgebundene Identifikationsmerkmale von Glaubwürdigkeit bzw. Reputation die Treuewahrscheinlichkeit dieser Akteure. Diese Determinanten erweitern die vertrauensabhängigen Handlungsmöglichkeiten rational handelnder Akteure.[164]

Realtypische Verhaltensweisen müssen demnach Verpflichtungen erhöhen oder entstehen lassen oder aber die bilateralen Treuewahrscheinlichkeiten positiv beeinflussen. Insbesondere kooperations- und solidaritätsorientierte Verhaltensweisen besitzen diese Tendenz. Sowohl wettbewerbs- als auch gewohnheitsorientierte Handlungen sind hinsichtlich dieser Anforderungen ambivalent. Deshalb steht an dieser Stelle die Frage im Vordergrund, welche Verhaltensweisen den Sozialkapitalbestand reduzieren können.

### 3.5.3 Abschreibungen des Sozialkapitals

Abschreibungen des Sozialkapitals können auf zwei Weisen erfolgen. Einerseits indem (a) Disinvestitionen erfolgen und andererseits indem (b) soziale Beziehungen nicht mehr reaktiviert werden.

(a) Sozialkapitaltheoretische **Disinvestitionen** zeichnen sich durch Verhaltensweisen aus, die sich hinsichtlich ihrer Wirkung auf die sozialen Verpflichtungen und Treuewahrscheinlichkeiten konträr zu den investiven Interaktionen verhalten. Dies kann wiederum auf zwei Weisen geschehen. Sobald eine entgegengebrachte Treueleistung missbraucht wird, sinkt die Einschätzung der Treuewahrscheinlichkeit des Akteurs. Hinsichtlich der sozialen Verpflichtungen entspricht die abschließende Erfüllung einer sozialen Verpflichtung ebenso einer Reduzierung des Sozialkapitalbestandes, da diese Verpflichtung nach der Entgeltung nicht mehr besteht.

---

164 Vgl. Unterabschnitt 3.3.1. Hinsichtlich der Wirkungen sozialer Normen auf die Veränderung von Handlungsoptionen bestehen ambivalente Schlussfolgerungen aus sozialkapitaltheoretischer Sicht, da die Anzahl von Normübertretungen bei gut funktionierenden Sanktionsinstitutionen aus rationalen Erwägungen der Akteure sinkt, während durch die dadurch erhöhte Treuewahrscheinlichkeit der Akteure eine höhere Zahl an sozialen Interaktionen vorgenommen werden. Normen besitzen daher sowohl ein handlungseinschränkendes als auch ein handlungserweiterndes Moment.

Damit stellt sich die Frage, ob ein Markttausch sozialkapitalreduzierend ist oder nicht. Grundsätzlich ist ein idealtypischer Marktkontakt im neoklassisch-anonymen Sinn kein sozialkapitaltheoretischer Tatbestand, da für diese Art des Gütertauschs keine soziale Beziehung notwendig ist. Allerdings kann es auch bei realtypischen Marktinteraktionen, bei denen das getauschte Gut das verbindende Element der beiden Marktseiten darstellt, der Bestand an Sozialkapital beeinflusst werden. Es existieren lediglich zeitlich begrenzte Leistungsverpflichtungen. Sie entstehen nach der ersten Vorleistung einer Marktseite und werden durch die letzte Entgeltzahlung prinzipiell wieder vernichtet.[165]

Allerdings kann der zweite sozialkapitaltheoretische Aspekt – die Treuewahrscheinlichkeit zwischen den Akteuren – durch wiederholte Tauschprozesse erhöht werden, solange kein Treuebruch seitens eines Tauschpartners vorliegt.

(b) Wenn soziale Beziehungen, die durch sozialkapitalbildende Interaktionen erzeugt wurden, **zu lange nicht reaktiviert** werden, können entsprechende Verpflichtungsempfindungen der Beteiligten abnehmen. Ebenso ist eine Minderung der Einschätzung der Treuewahrscheinlichkeit zwischen den Akteuren denkbar. Dadurch sinkt der Sozialkapitalbestand.

Damit spielt die Zeit, in der keine soziale Interaktion stattfindet, die maßgebliche Rolle für die kontinuierliche Abnahme des Sozialkapitalbestandes. Allein durch den Zeitablauf können Beziehungen sozial obsolet werden.[166] PUTNAM untersuchte diese in der Realität augenfällige Entwicklung, was bereits in Unterabschnitt 2.3.2 ausführlich erörtert wurde.[167]

---

165 Aus diesem Grunde sind lokale Tauschbörsen, die den sozialen Zusammenhalt in insbesondere urbanen Wohnzentren stärken wollen, häufig ein kontraproduktives Instrument. Anstatt soziale Beziehungen durch gegenseitige Verpflichtungsgefühle zu vertiefen, ermöglichen diese lokalen Börsen von Waren und Dienstleistungen die grundsätzliche Abgeltung von erbrachten Leistungen mit Hilfe von Hilfs- bzw. Verrechnungswährungen. Dagegen wären in reinen Nachbarschaftsbeziehungen ein sukzessiver Aufbau gegenseitiger Verpflichtungen ohne diese Tauscheinrichtungen erleichtert, bzw. zumindest nicht verhindert worden.

166 Dabei ist zu beachten, dass sowohl Verpflichtungsgefühle und Treuewahrscheinlichkeiten als auch deren Bestandsänderungen rein subjektiv zu fassen sind.

167 Siehe insbesondere Gleichung (9) auf Seite 69.

### 3.5.4 Zwischenfazit

Aufgrund der erörterten Problematiken hinsichtlich der Erfassung des Sozialkapitals als Bestandsgröße ist die Sozialkapitalbildung als handlungstheoretischer Ausdruck sozialer Interaktionen sowie als Ausgangspunkt für die zu untersuchenden Wirkungsmechanismen auf die makroökonomischen Zielgrößen sinnvoll. Aus den erörterten Problemfeldern ist auch ersichtlich, dass es sich beim Sozialkapitalbestand um eine potenzialorientierte Sichtweise geht, die letztlich keine Auswirkungen auf die ökonomische Leistungsfähigkeit der beteiligten Akteure und damit auf die eigentliche volkswirtschaftliche Performanz besitzt. Erst die Investitionen in Sozialkapital in Form von tatsächlichen Handlungen mit der Folge der Verpflichtungsentstehung, Verpflichtungserweiterung und Steigerung von Treuewahrscheinlichkeiten besitzen ökonomische Auswirkungen. Aus diesem Grund werden die Wirkungsmechanismen der Sozialkapital**bildung** untersucht.

**Dass** Investitionen in Sozialkapital eine hohe ökonomische Relevanz besitzen, wurde in diesem Kapitel bereits ausführlich aufgezeigt. Zu zeigen, **wie** sich die entsprechenden Verhaltensweisen auf die Wirtschaft auswirken, ist die Aufgabe der folgenden Kapitel.

# 4 Netzwerkökonomik

## 4.1 Netzwerk als Strukturprinzip

*„Don't say ‚new economy'."*

*The Economist*[1]

Mit der expansiven Anwendung der digitalen Netzwerke und der zunehmenden Bedeutung von Informations- und Netzwerkgütern müssen die Wirtschaftsakteure ihre Strategien an die neu geschaffenen Rahmenbedingungen anpassen. Gegen Null tendierende Grenzkosten bei der Herstellung digitaler Güter, fixe Komplementaritätsbeziehungen von Komponenten komplexer Leistungssysteme und die wachsende Bedeutung von Netzwerkexternalitäten in der Nutzung von Netzwerkgütern erlauben neuartige Kooperationsmodelle zwischen Herstellern, zwischen Konsumenten und auch zwischen den beiden Marktseiten. Insbesondere durch die Verbreitung der Netzwerktechnologien des Internets ist eine globale Informationssphäre entstanden, mit der die Ökonomie in eine grundlegende Phase der Effizienzsuche hinsichtlich der Bündelung neuer Produkt- und Leistungskomponenten sowie der Allokation neuer Technologien eingetreten ist.

In der Literatur werden diese neuen Entwicklungen sowohl im realen Wirtschaftsablauf als auch in der Wirtschaftstheorie mit dem Begriff *„New Economy"* betitelt. Allerdings bezieht sich das Attribut „neu" stets in relativer Weise auf den gegenwärtigen Standpunkt. So hat es in der Vergangenheit immer wieder Basisinnovationen gegeben,[2] die den Beginn einer „neuen Ökonomie" markiert haben.[3] Aus diesem Grunde ist es sinnvoll, hinsichtlich eines aufkommenden wirtschaftstheoretischen Paradigmas dessen konstituierende Prinzipien zu benennen, um eine eindeutige Identifikation des ökonomischen Entwicklungsstadiums zu erreichen.

---

1 So lautet der Titel eines einseitigen Artikels in *The Economist* vom 6. Januar 2001, S. 69.

2 Siehe in diesem Zusammenhang insbesondere die Theorie der langen Wellen von KONDRATIEFF (1926).

3 Statt des Begriffsgegenpaares *„New Economy"* und *„Old Economy"* wird in der Literatur letzterer mehr und mehr durch *„Real Economy"* ersetzt, der erstens eine positivere Bewertung erfährt, da die Kurseinbrüche der Aktien des „Neuen Marktes" in den Jahren 2000 und 2001 offensichtlich eine relative Überbewertung der *„Dotcom"*-Firmen signalisieren. Zweitens zeigt die Wahl des *Real Economy*-Begriffs, dass mit der *„New Economy"* eigentlich eine Art *„Virtual Economy"* oder *„Virtual Network Economy"* gemeint ist. Vgl. u.a. BUCHHORN, MÜLLER und RICKENS (2000), S. 155.

Die zentrale Frage beim gegenwärtigen Stand der netzwerkökonomischen Forschung besteht in der Identifizierung eines zentralen Merkmals oder mehrerer Prinzipien, welche die „aktuelle *New Economy*“ kennzeichnen. „Das Neue“, so formuliert es der Sachverständigenrat in seinem neuesten Jahresgutachten zur Begutachtung der gesamtwirtschaftlichen Entwicklung, „ergibt sich daraus, dass jetzt eine auf digitalen Netzen gründende Querschnittstechnologie zur Verfügung steht.“[4] Das wesentliche Strukturprinzip dieser neuen Ökonomie ist aus Sicht des Sachverständigenrats demnach die Informations- und Technologiediffusionsfunktion digitaler Netzwerke.

Eng mit dem Digitalisierungsprozess verknüpft ist eine Beschleunigung nahezu sämtlicher ökonomischer Prozesse, was zum einen durch die hohe Leistungsfähigkeit der digitalen Netzwerke bezüglich des Datendurchsatzes ermöglicht wird. Zum anderen ist durch die zunehmende Bedeutung von Netzwerkexternalitäten und der damit verbundenen Relevanz von *historical events*[5] für die Wettbewerbsfähigkeit eines Unternehmens oder für den Markterfolg einer Technologie notwendig.[6] Aufgrund der zentralen Bedeutung eines hohen Marktanteils in einer frühen Marktentwicklungsphase spielt die rasche Marktdurchdringung eine zentrale Rolle für eine erfolgreiche Unternehmensstrategie.

In einer Volkswirtschaft, die durch digitale Netzwerke geprägt ist, sind Informationen und **Informationsgüter** von zentraler Bedeutung. Bei der Produktion dieser Güterart sind die Grenzkosten einer digitalisierten Produktionseinheit nahezu Null,[7] wodurch steigende Skalenerträge (*economies of scale*) durch Fixkostendegression entstehen. Dies wirkt sich wiederum auf die mindestoptimale Betriebsgröße aus, die damit unendlich groß ist. Auf diese Weise wird die Unternehmensstrategie aus den oben genannten Pfadabhängigkeitscharakteristika verstärkt, das kurzfristige Gewinnmaximierungsziel in einer anfänglichen Marktentwicklungsphase dem Marktanteilmaximierungsziel unterzuordnen.

Neben Informationen wird Wissen sowie die **Diffusionsgeschwindigkeit** und der mögliche Zugangszeitpunkt der Informationen in der Netzwerkökonomik eine immer größere Rolle spielen.[8] Digitale Netzwerke transportieren sämtliche Daten und

---

4 Sachverständigenrat (2000), S. 182

5 Eine alternative Begrifflichkeit lautet *„first mover advantage“*. Siehe MAI (2000), S. 128.

6 Siehe Abschnitt 4.4.

7 KELLY beziffert beispielsweise die Entwicklung des WWW-Browsers Netscape Navigator auf ca. 30 Mill. US-Dollar. Die zweite Kopie dagegen kostete nur ca. einen US-Dollar. Vgl. KELLY (1998), S. 54.

8 Vgl. SANDEFUHR und LAUMANN (1998). Dies hängt auch mit der Tatsache zusammen, dass sowohl Kopier- als auch Transportkosten von Informationen gegen Null tendieren

Informationen, die durch die Ziffern 0 und 1 dargestellt werden können, von einem Knotenpunkt des Netzwerks zum anderen. Die Knoten stellen Sender, Empfänger, Speicher- und Verarbeitungseinheiten dar und sind daher entweder menschliche Akteure oder maschinelle Speicher- oder Verarbeitungssysteme. Aus diesem Grund müssen neben technologischen Netzwerken die sich ändernden Anforderungen an die netzwerkökonomischen Akteure in fachlicher und sozio-kommunikativer Hinsicht berücksichtigt werden.

Daraus folgt die These, dass **Netzwerke als zentrale Strukturprinzipien** in der Wirtschaft nicht nur an Bedeutung gewinnen, sondern sich zum konstitutiven Merkmal wandeln, wobei sowohl technologische als auch soziale Netzwerke eingeschlossen werden. Unter einem Netzwerk werden prinzipiell Übertragungs- und Austauschsysteme verstanden, die aus Teilnehmereinrichtungen, Teilnehmern, Übertragungs- bzw. Austauschwegen, Übertragungs- bzw. Austauschverfahren und eventuell Vermittlern bestehen.[9]

In diesem Zusammenhang stellt sich auch die Frage, inwieweit technologische Netzwerke Veränderungen auf der Ebene der sozialen Beziehungen hervorrufen. Wie bereits in Unterabschnitt 1.2.3 angesprochen,[10] werden die digitalen Netzwerke vermehrt als Kommunikationsnetzwerke verwendet, wodurch sich ein wachsender Anteil der gesellschaftlichen Beziehungen in der „digitalen Netzwelt" abspielt. Damit bewegt sich die Netzwerkökonomik in „wissenschaftlicher Reichweite" zur Sozialkapitaltheorie.

Die geringen Transportkosten digitaler Güter in Verbindung mit der Kompatibilität und Komplementarität zwischen digitalen Produktionseinheiten führen zu Verbundvorteilen (*economies of scope*) und verändern in der Suchphase von Unternehmen nach geeigneten Strategien die herkömmliche Wertschöpfungskette. Diese Entwicklung wird durch den zunehmenden Wettbewerbsdruck verstärkt, der sich aus den Globalisierungswirkungen der Netzwerktechnologien ergibt. Dabei steht in erster Linie die organisatorische und kommunikative Verknüpfung von Unternehmen und Unternehmenseinheiten im Vordergrund des Umwandlungsprozesses.[11] Hierbei spielen Technologie- und Kommunikationsstandards eine wesentliche Rolle für die

---

9 Netzwerke sind in der Tat keine „Erfindung" des Informationszeitalters. Sie sind ein Prinzip menschlichen Zusammenlebens und technologischer Kompatibilitäten. Allerdings nimmt die Bedeutung von Netzwerken für die Gesellschaft insgesamt und die Ökonomie im Besonderen sowie die Interdependenzen unterschiedlicher Netzwerkdimensionen zu.

10 Siehe hierzu insbesondere Abbildung 1-1.

Realisierung neuer Wertschöpfungsketten bei gleichzeitiger Verfolgung des Effizienzzieles. Das Argument der Standardsteuerung komplettiert die These, Netzwerke als Strukturmerkmal eines neuen wirtschaftstheoretischen Paradigmas anzuerkennen: Digitale und soziale Netzwerke erfordern Standards in techno-kommunikativer aber auch in sozio-kommunikativer Hinsicht. Gleichzeitig nehmen komplementäre Beziehungen zwischen Gütern und Anwendungskompetenzen zu. Damit spielen aus ökonomischer Sicht die Netzwerkeffekte, insbesondere die Netzwerkexternalitäten und deren marktprozessuale Folgewirkungen, eine immer größere Rolle in den volkswirtschaftlichen Untersuchungen.

Die **Vernetzung ökonomischer Akteure** und die organisatorische Neuausrichtung von Individuen, Unternehmensteilen und Gesamtorganisationen wirkt sich sowohl auf die Beziehungen zwischen den Marktseiten als auch auf das Verhältnis der Akteure auf derselben Marktseite aus. Im Folgenden werden zunächst die verschiedenen Netzwerkdimensionen der Netzwerkökonomik im Einzelnen untersucht. Dabei werden die Netzwerke systematisiert in *business to business*-Netzwerke (Abschnitt 4.2), in *consumer to consumer*-Netzwerke (Abschnitt 4.3) und in *business to consumer*-Netzwerke[12] (Abschnitt 4.4). Soweit diese Netzwerke auf einem elektronischen Treffpunkt beruhen, der dem Informationsaustausch und Transaktionen dient, werden sie als virtuelle Gemeinschaften bezeichnet. Voraussetzung für eine virtuelle Gemeinschaft ist eine gemeinsame Interessenlage, ein dauerhafter Nutzen für die einzelnen Akteure sowie eine entsprechende elektronische Plattform.[13]

Die oben genannte Systematisierung ist begrifflich an die Geschäftsmodelltypologie von WIRTZ angelehnt.[14] Allerdings besteht eine modifizierte Sichtweise in zwei Punkten: Die Kontakte zwischen den Akteuren sind nicht wie bei WIRTZ auf güterbezogene, idealtypische Marktkontakte reduziert. Vielmehr impliziert der *to*-Begriff in den Netzwerk-Bezeichnungen eine soziale Beziehung, in welcher der Akteur als Person bzw. seine Eigenschaften eine entscheidende Position in der Netzwerkbildung einnimmt.

Aufbauend auf den Erörterungen dieser Netzwerkkategorien werden in Abschnitt 4.5 netzwerkökonomische Auswirkungen der Neuausrichtung der oben genannten

---

11 Die Informationsnetzwerke und deren Leistungsfähigkeit sind unabhängig von intra- und zwischenbetrieblichen Netzwerken.

12 Der *business*-Begriff steht für den unternehmerischen Anbieter als Gegenpol zu „*consumer*".

13 Vgl. NIEMEIER (2000), S. 4. Die Verwendung des Gemeinschaftsbegriffs unterscheidet sich damit von der TÖNNIES'schen Sichtweise.

14 Siehe WIRTZ (2000), S. 23.

Beziehungen auf die gesellschaftlichen Variablen Kommunikation, Örtlichkeit, Gemeinschaft und Vertrauen im sozialkapitaltheoretischen Kontext erörtert.

## 4.2 Business to business-Netzwerke

*„Make or cooperate."*

*KOGUT, SHAN und WALKER*[15]

Die verbesserte Leistungsfähigkeit digitaler Netzwerke in der Netzwerkökonomik wirkt sich auf die Kooperationen zwischen Unternehmen auf zwei Weisen aus. Einerseits erlauben diese Netzwerke den Unternehmen, im Produktionsprozess auf effiziente Weise miteinander zu kommunizieren und damit zu kooperieren. Andererseits zwingen die aufgrund dieser Querschnittstechnologie relevanten Netzwerkgüter und die daraus resultierenden Netzwerkexternalitäten bestimmte Produzenten zu unterschiedlichen Kooperationsstrategien, wie im Folgenden noch zu erörtern ist. Die Aussage des dichotomischen Transaktionskostenansatzes von WILLIAMSON *„make or buy"* kann deshalb durch eine weitere Handlungsoption erweitert werden: *make or buy or cooperate.*[16] Die Informationsbeschaffung und –verarbeitung ist dabei ein bedeutender Entscheidungsfaktor.[17] Bereits vor der Expansionsphase der netzwerkökonomischen Technologien existierte hinsichtlich der Schaffung von Unternehmensnetzwerken die Leitidee der Datenintegration. Das verknüpfende Element von *business to business*-Beziehungen waren bereits damals Datenbanksysteme, welche die Redundanz von Produkt- und Kundendaten vermindern und gleichzeitig deren Verfügbarkeit sowie Fluss verbessern. Darüber hinaus werden durch derartige Systeme Datenverarbeitungen automatisiert und beschleunigt.[18] Mit der Expansion und Verbesserung der digitalen Netzwerke sowie der weitgehenden Kompatibilität der Informationsnetzwerke durch Standardisierungsmaßnahmen wird die Leistungsfähigkeit der *business to business*-Netzwerke verbessert. Unternehmensnetzwerke erringen deshalb durch den Einsatz von *electronic data interchange* (EDI) strategische Wettbewerbsvorteile.

---

15 KOGUT, SHAN und WALKER (1992), S. 348

16 Vgl. KOGUT, SHAN und WALKER (1992), S. 348 und siehe u.a. WILLIAMSON (1985).

17 Vgl. KLODT, MAURER und SCHIMMELPFENNIG (1997), S. 70.

18 Vgl. HOFMANN (2001), S. 133.

Die veränderten Rahmenbedingungen und technologischen Optionen der Netzwerkökonomik zwingen die Anbieter zu kooperativem Verhalten, denn die effiziente Nutzung der von Kooperationspartnern erhaltenen Informationen ist notwendig, um im Wettbewerb zu bestehen. Dieser Zwang resultiert aus der erfolgsentscheidenden Tatsache, aufgrund von positiven Netzwerkexternalitäten im ARTHUR'schen Sinn möglichst rasch einen hohen Marktanteil zu erreichen. Vor dem Hintergrund der wachsenden Bedeutung von Netzwerkgütern und von Komplementaritäten zwischen Leistungssystemkomponenten in der Netzwerkökonomik ist dieses strategische Ziel am besten durch Kooperationen zwischen sich ergänzenden Unternehmen bzw. Unternehmensteilen zu erreichen. Gleichzeitig sind neben den Kooperationsbeziehungen auch Wettbewerbsrelationen zwischen den Akteuren denkbar.

Die ***co-opetition*** im Sinne einer Gleichzeitigkeit von Kooperation und Konkurrenz erfordert in organisatorischer und sozialer Hinsicht hohe Kompetenzen vonseiten der unternehmerischen Entscheidungsträger sowie adäquate Kommunikationsnetzwerke innerhalb der Betriebe und zwischen den Kooperationspartnern. Dabei spielt es aus volkswirtschaftlicher Perspektive eine untergeordnete Rolle, ob es sich bei den Unternehmensnetzwerken um rein innerbetriebliche, zwischenbetriebliche Netzwerke oder Mischformen handelt. In der Netzwerkökonomik verschwimmen in dieser Hinsicht die Grenzen eines Unternehmens (*boundaries of the firm*), da aufgrund der netzwerktechnologischen Potenziale eine große Vielfalt an Kooperationsformen und Kommunikationskanälen existiert.

*Business to business*-Netzwerke stellen in der Netzwerkökonomik virtuelle Gemeinschaften zwischen Produzenten bzw. Anbietern dar. Dabei gehen diese Netzwerke hinsichtlich der Qualität sozialer Kontakte über reine Beschaffungsmarktplätze hinaus. Die netzwerkökonomische Verknüpfung der Akteure auf der Anbieterseite existiert auf unterschiedliche Weise: In Abhängigkeit von den Beziehungen zwischen den angebotenen Gütern und erbrachten Leistungen bestehen Verknüpfungen der Akteure sowohl vertikal zwischen Produktionsstufen als auch in horizontaler Marktdimension. Neben diesen beiden Netzwerkformen zwischen Unternehmen wird in den folgenden Unterabschnitten die Bedeutung der digitalen Infrastruktur für die *business to business*-Netzwerke erörtert.

### 4.2.1 Vertikale Unternehmensnetzwerke

Entlang der Produktionsstufen bzw. der Wertschöpfungskette existieren informative und produktionstechnische Abhängigkeiten in Form von *value chains*, die sich aus der Eingangslogistik (*supply chain management*) und der Ausgangslogistik (*customer relationship management*) zusammensetzen. Ziel ist die Erreichung eines hohen Grades an organisatorischer und datenbasierter Integration. Je nach Spezifizierungsgrad und Datenintensität sind unterschiedliche Kooperationsbeziehungen denkbar. Starke Abhängigkeiten der Kooperationspartner setzen eine Beziehung auf hohem Vertrauensniveau voraus, da das ökonomische Risiko in diesen Fällen hoch ist.

Güter- bzw. leistungsbasierte Netzwerke entlang der Wertschöpfungskette[19] gründen auf Gütern bzw. Leistungen, die nacheinander im Produktionsprozess eingehen, um ein Leistungsbündel zu erstellen, das als Fertigprodukt auf dem Markt angeboten wird. Die Informations- und Kommunikationstechnologien der Netzwerkökonomik ermöglichen die informationsbasierte Verknüpfung von nacheinandergelagerten Produktionsstufen, ohne dass eine rechtliche vertikale Integration zwischen Akteuren vonstatten gehen muss.

Ein netzwerkökonomisches Beispiel für ein vertikales Unternehmensnetzwerk ist die Erstellung der Leistung „digitale Nachrichtenübermittlung". Die Informationsbeschaffung, -aufarbeitung und –vermittlung sowie die digitalen Vertriebsstrukturen stellen ein derartiges Leistungssystem dar. Die ausgetauschten Informationen sind jedoch in der Regel Erfahrungsgüter,[20] so dass die Beziehung zwischen den beteiligten Produzenten durch ein entsprechendes Vertrauensniveau flankiert sein muss.

Die strategische Entscheidungsoption „*make or buy*" von Unternehmen in der vertikalen Wertschöpfungskette wird durch *network*-Strategien erweitert. Aufgrund der zunehmenden Bedeutung von unternehmerischen Kooperationsstrategien kann das eingangs dieses Abschnitts angeführte Zitat modifiziert werden in „*make or trust*". Der Grund hierfür liegt in der Transaktionskosten minimierenden und Kontakt fördernden sozialen Größe des bilateralen Vertrauens, wie in den Kapiteln 2 und 3 ausführlich erörtert wurde. Der Einfluss von Vertrauensbeziehungen auf die ökonomische Leistungsfähigkeit netzwerkökonomischer Akteure wird dabei deutlich. Kooperations-

---

19 Komplementäre Güter- und Technologiebeziehungen stellen in der Regel indirekte Netzwerke dar. Im Gegensatz zu direkten Netzwerken, in welchen Austauschbeziehungen im Sinne eines Daten- oder Informationsflusses stattfinden, kommt ein indirektes Netzwerk allein durch die Komplementaritätseigenschaften verschiedener Güter zustande. THUM (1995; S. 5-6) nimmt eine ähnliche Netzwerkkategorisierung vor, indem er die Direktheit der Netzwerkeffekte analysiert.

20 Vgl. NELSON (1970) sowie SHAPIRO und VARIAN (1999), S. 16-17.

strategien haben zudem den Vorteil, dass die Unternehmen sich weiterhin auf ihre Kernkompetenzen beschränken, so dass eine hohe Produktivität durch einen hohen Arbeitsteilungsgrad erhalten bzw. erreicht werden kann.[21]

Abnehmer und Zulieferer werden in vertikalen *business to business*-Netzwerken demnach informativ in den Produktionsprozess einbezogen. Informationen über Herstellungsmethoden und unter Umständen auch über Geschäftsbeziehungen zu Dritten müssen den Kooperationspartnern zugänglich sein, um einen effizienten Herstellungsprozess im *business to business*-Netzwerk zu ermöglichen. Es muss deshalb die Bereitschaft bestehen, auch sensible Informationen an Außenstehende weiterzugeben. Dies erfordert eine Vertrauensbeziehung zwischen den Netzwerkmitgliedern bzw. eine hohe Reputation der Kooperationspartner. Durch die Informationsdiffusion werden vormals Informations-*outsider* zu Informations-*insider*. Die *insider* können unter Umständen die von vertikalen Kooperationspartnern gewonnenen Informationen hinsichtlich ihrer Konkurrenten in horizontaler Marktdimension vorteilhaft nutzen. Die Tatsache, dass ein Abnehmer einen Informationsvorsprung gegenüber Unternehmen auf der gleichen Produktionsstufe besitzt, bedeutet in der Regel auch einen entsprechenden Wettbewerbsvorteil, der wiederum negative Effekte auf das Allokationsergebnis eines Marktes haben kann, wenn Marktmacht über Kooperationspartner seitens bestimmter Anbieter auf andere Marktsegmente ausgeweitet wird.

Durch den Einsatz technologischer und kommunikativer Netzwerke im Produktionsprozess wird das Produktivitätspotenzial der *value chains* gesteigert.[22] Dabei kommen netzwerkorientierte Produktionssysteme in Form von Kapital sowie entsprechende Anwendungs- und Kommunikationskompetenzen entlang der gesamten innerbetrieblichen oder zwischenbetrieblichen Wertschöpfungskette zum Einsatz. Das Aufkommen der netzwerkökonomischen Querschnittstechnologie ist ein technologischer und organisatorischer Fortschritt im Produktionsprozess. Auch hierbei stehen die digitalen und kommunikativen Netzwerke sowie die software-basierten Produktionssteuerungen im Mittelpunkt der netzwerkökonomischen Betrachtung. Auf diesen Überlegungen wird in der Untersuchung der netzwerkökonomischen Allokationswirkungen des Sozialkapitals in Abschnitt 5.3 aufgebaut.

---

21 Im Extremfall kann die Arbeitsteilung so intensiv sein, dass ein Unternehmen gelieferte Teile nur noch zusammensetzen muss. Unter Umständen besteht die Funktion der Unternehmen am Ende der Wertschöpfungskette lediglich darin, ein Firmenlogo auf dem bereits fertiggestellten Produkt anzubringen. Der Wert dieses Unternehmens wird demnach nur noch durch den Wert des Markennamens bestimmt. Vgl. PRINZ (2000), S. 598.

22 Vgl. u.a. GLOTZ (1999), S. 89-91.

### 4.2.2 Horizontale Unternehmensnetzwerke

In horizontaler Marktdimension ergeben verschiedene Endprodukte aufgrund ihrer komplementären Güterbeziehung ein Leistungssystem, das aus verschiedenartigen Systemkomponenten besteht. Die Komponenten können sowohl Sachgüter als auch Dienstleistungen sein.[23] Die Produktbündelung besitzt weitreichende Folgewirkungen für unternehmerische Kooperationsbeziehungen und Marktverknüpfungen. Diese technologischen und güterbasierten Beziehungen führen auch zu Neuausrichtungen von Unternehmensorganisationen hinsichtlich der Kontaktintensität zwischen und der Kooperationsintensität mit anderen Unternehmen.

Durch Kooperationsformen wie strategische Allianzen lassen sich präferenznahe Leistungssysteme entwickeln, die aufgrund ihrer tendenziellen Bedürfnisnähe einen Wettbewerbsvorteil gegenüber Anbietern isolierter Leistungskomponenten besitzen. Horizontale Kooperationsformen bedürfen einer abgestimmten Produktionsentwicklung und eines gemeinsamen Auftretens gegenüber Kunden. Insofern wird auch die eigene Reputation von der des Kooperationspartners abhängen. Aufgrund der hohen Spezifität und Abhängigkeit der Produkte entsteht ein hohes Risiko des einzelnen Anbieters, das zudem ein hohes Maß an Vertrauen zwischen den Kooperationspartnern erfordert.

Voraussetzung für eine effiziente Unternehmenskooperation auf horizontaler Ebene ist die gegenseitige Bereitstellung von Informationen. Die hierzu notwendigen Beziehungen müssen auf hohem Vertrauensniveau existieren, da ein Kooperationspartner Informationen über den Produktionsprozess eines Unternehmens an dessen Konkurrenten weitergeben könnte, um sich hierdurch ökonomische Vorteile zu verschaffen. Dieser Vertrauensmissbrauch würde jedoch die Reputation des Kooperationspartners nachhaltig senken. Darüber hinaus kann auch die netzwerkökonomische Infrastruktur einen unerwünschten Informationszugang für Außenstehende ermöglichen. Die Datensicherheit als Reputationsaspekt der digitalen Netzwerke ist eine zentrale Frage bei der Entscheidung über virtuelle Kooperationen von Unternehmen. Im Extremfall

---

23 Derartige Leistungssysteme werden auch mit der Wortneuschöpfung „*compacks*" bezeichnet, die sich aus dem Begriff der *complex packages* ergibt. Vgl. STAROSKE (1995), S. 156ff., KLODT, MAURER und SCHIMMELPFENNIG (1997), S. 67 und S. 255-256 sowie KRÄMER (1999), S. 10; zitiert in KNOTTENBAUER (2000), S. 108.

kommt es zu einer Virtualisierung des Betriebs oder der Kooperation von Betrieben. BÜHL unterscheidet hierbei zwischen den Virtualisierungsinhalten:[24]

- ausschließlich virtuelles Unternehmen ohne Zeitbegrenzung
- temporäres virtuelles Unternehmen
- virtuelle Projektstruktur eines Unternehmens
- Kombination von räumlich gebundenen Unternehmensaufgaben und Telearbeit

### 4.2.3 Die digitale Infrastruktur

Die infrastrukturelle Grundlage der *business to business*-Beziehungen in der Netzwerkökonomik ist ein elektronisches Netzwerk, in welchem Informationen und Daten in dematerialisierter Form übertragen und abgerufen werden können. Dieses Netzwerk muss neben Anforderungen der Datensicherheit ebenso den kommunikativen Anforderungen unternehmerischer Kooperationen genügen.

Mit dem Aufkommen des *world wide web* (WWW) als einem benutzungsfreundlichen Internetdienst erfährt das „Netz der Netze" eine explosionsartige Verbreitung in der Gesellschaft. Durch die Verknüpfung des WWW mit komplementären Internetdiensten wie der *email*-Übertragung und dem Datei-Transfer (*file transfer protocol*, FTP) wurden die Kommunikationsbedingungen für die nachhaltige Entwicklung einer Netzwerkökonomik geschaffen. Dabei spielte die Entwicklung der *hypertext markup language* (HTML) und des grafischen *browsers* von ROBERT CAILLIAU und TIM BERNERS-LEE am CERN eine zentrale Rolle.[25]

Die Festlegung von HTML als Sprachstandard des WWW ermöglichte die rasante Entwicklung von verbesserten *browser*-Generationen in der Folgezeit. Die Anwendungskompetenz dieser benutzerfreundlichen Kommunikationstechnologien wurde vorübergehend zum Engpassfaktor bei der Verbreitung des Internets, da auch die *business to business*-Netzwerke zwischen kleinen Anbietern mit geringerem quantitativem Arbeitskräftepotenzial ökonomisch interessant wurden. Diese Anbieterkategorie stellt heute einen Großteil der virtuellen Kooperationspartner dar.

---

24 Vgl. BÜHL (1997), S. 51.

25 Nach CAILLIAU (1998; S. 72) hätte es ohne dieses Hypertext-Projekt fünfmal so lange gedauert, das WWW in dieser Weise funktionsfähig zu machen.

Die Bedeutungszunahme der elektronischen Infrastruktur und deren Anwendungsausweitung im Produktionsprozess ziehen Folgen hinsichtlich der Bedeutung des Raumes, der Zeit, der Diffusionsfunktion von Technologien und der Technologiewahl nach sich:

- Der **räumlichen Dimension** kommt eine weit geringere Bedeutung im Wertschöpfungsprozess zu als in der Zeit vor dem verstärkten Aufkommen der Netzwerktechnologien. Die Transportkosten werden insbesondere durch eine verbesserte Logistik in der Beschaffung und Distribution von Leistungen reduziert. Aufgrund der Bedeutungszunahme von Informationen und Daten im Produktionsprozess agieren *business to business*-Netzwerke überregional und auch transkontinental effizienter als früher. Bereits an dieser Stelle ist absehbar, dass aufgrund des räumlichen Bedeutungswandels Standortfaktoren weniger vom geographischen als vom sozialen Ort abhängen. Schließlich sind es vorwiegend Akteure, die als Netzknoten die Merkmale und damit die Qualität eines für ökonomische Zwecke verwendeten Netzwerks bestimmen.

- Trotz des **beschleunigten Informationstransfers** wird die zeitliche Dimension des Produktionsprozesses nicht vernachlässigbar. Vielmehr wird diese verstärkt zu einem Wettbewerbsfaktor. Es findet ein *just in time*-Wettlauf zwischen den Unternehmen statt.[26] Die digitalen Netzwerke besitzen das Potenzial, nahezu Echtzeitkommunikation und –datentransfer zu ermöglichen. Diese Entwicklung hat produktionsorganisatorische Auswirkungen. TAPSCOTT bezeichnet diesen Trend als „*immidiacy*“, dessen zentrale Konzeption *real time enterprise* ist.[27] Die organisatorischen Anforderungen führen zu komparativen Vorteilen von dauerhaften Vertrauensbeziehungen, die im Vergleich zu idealtypischen, anonymisierten Marktkontakten derartige offene Kommunikationsstrukturen ermöglichen, da die zwischenbetrieblichen Transaktionen auf organisatorischen Lerneffekten beruhen.[28]

- Die digitale Infrastruktur einer Volkswirtschaft erhöht die **Diffusionsgeschwindigkeit** von Informationen. Aus diesem Grund ist die Internettechnologie eine Querschnittstechnologie. Die Übertragung von Informationen per *email* und die Bereitstellung von Daten im WWW erzeugt eine sekundenschnelle, weltweite

---

26 Vgl. u.a. KEEN (1988).

27 Vgl. TAPSCOTT (1995), S. 63.

28 Die Zeitverzögerungen im kommunikativen Austauschprozess sind in der Regel eher in individuellen Kompetenzschwächen oder in Mängeln in der sozialen Organisation zu suchen als in der technologischen Netzwerkstruktur.

Verbreitung des Produktionsfaktors Wissen. Damit ist die Digitalisierung die zentrale Determinante für netzwerkökonomisches Wachstum und Effizienzsteigerung.[29] Daten und Informationen erfahren hierdurch einen Globalisierungsprozess.

- Die Netzwerkeigenschaften bestimmter Güter und Technologien in der Netzwerkökonomik sorgen für ein quantitativ und qualitativ hohes Maß an **Netzwerkexternalitäten** und deren Folgewirkungen.[30] Insbesondere in Verbindung mit Nutzungsnetzwerken und mit den daraus resultierenden Lerneffekten kommt es zu positiven *feed backs* bei der Nutzung und der Produktion von Produktsystemen.[31]
- Zunehmend gibt es auch eine Ausschreibung von Aufträgen im Internet. Dies gilt auch für den öffentlichen Sektor.

### 4.2.4 Konvergenzprozesse bei Informationsgütern

Die *business to business*-Netzwerke auf der Basis von Leistungssystemen ziehen ökonomische Effekte nach sich: die Standardisierung von Gütersystemen, von kommunikativen Austauschsystemen und von Systemelementen sowie die Kooperation von Unternehmen, die komplementäre Systemelemente anbieten.[32]

Die steigende Bedeutung der *value chains* und der Produktkomplementaritäten für die Wettbewerbsfähigkeit ist eine Notwendigkeit für die Neuausrichtung produktionsorganisatorischer Netzwerke in der Netzwerkökonomik. Die Netzwerkökonomik verändert die produktionsorganisatorischen Strukturen. Innerhalb des Unternehmens findet eine Molekularisierung bzw. Modularisierung im Wertschöpfungsprozess statt.[33] Extern ermöglichen digitale Netzwerke neue Formen der virtuellen Kooperation und führen zu technologischen Konvergenzen.[34] Die Ausbreitung der Netzwerkökonomik besitzt zudem die Tendenz zur vollständigen Umstrukturierung der Intermediation.

Hinsichtlich der Überlegungen zu den Konvergenztendenzen sind insbesondere die vier komplementären Leistungskategorien ***content*, *commerce*, *context* und *connecti-***

---

29 Siehe auch die Abschnitte 5.1 und 5.3.

30 Die Verwendung produktionstechnischer Netzwerke führt zu steigenden Skalenerträgen (*internal economies of scale*).

31 Siehe Exkurs in Unterabschnitt 4.4.3.

32 Während die Standardisierungsprozesse erst in Unterabschnitt 4.4.3 erörtert werden, wird die Konvergenz im Folgenden behandelt.

33 Siehe GLOTZ (1999), S. 101-103.

34 Siehe GLOTZ (1999), S. 41-42.

***on*** zu unterscheiden: Der *content*-Produzent ist für die Sammlung, Selektion, systematische Aufarbeitung und Bereitstellung von Informationsinhalten verantwortlich. Der Bereich „*commerce*" besteht in der Anbahnung und Abwicklung ökonomischer Transaktionen. Unternehmen, die sich auf *context* konzentrieren, klassifizieren und verfügbare (externe) Informationen systematisieren. *Connection*-Anbieter ermöglichen den Zugang zum Internet und dadurch die Voraussetzung zum Informationsaustausch.[35]

In der Anfangsphase des Internets war die Arbeitsteilung zwischen *content*, *commerce*, *context* und *connection* gering. Ein Anbieter leistete alle Systemkomponenten. Danach entwickelten sich spezialisierte Angebote, die von unterschiedlichen Anbietern geleistet wurden. Der Trend der zunehmenden Arbeitsteilung hält bis heute an. Allerdings wird diese Entwicklung überlagert von einem zunehmenden Wettbewerbsdruck in der Netzwerkökonomik. Dadurch steht der Nutzen der Nachfragerseite im Mittelpunkt der Marktstrategie. Zentrale Größe sind die Netzwerkexternalitäten im ARTHUR'schen Sinn: Es liegt in der Natur der Sache, dass es insbesondere im Bereich von Multimedia zu strategischen Allianzen zwischen Unternehmen kommt, die eine der vier genannten Leistungskomponenten anbieten.[36] Eine vertikale Integration auf dem Kommunikationsmarkt ist unter Wettbewerbsdruck nahezu zwangsläufig. Ein *online*-Dienst braucht Inhalte, die mediale Aufbereitung dieser Informationsinhalte, Übertragungsmöglichkeiten für den Datentransfer sowie die Bereitstellung von Endgeräten beim Verbraucher.[37]

Dabei bieten sich die oben erörterten netzwerkökonomischen Leistungskategorien an. So ist es beispielsweise für einen *context*-Anbieter von Vorteil, wenn er komplementäre Geschäftsfelder durch Kooperationspartner strategisch besetzt. Dadurch leistet die Anbieter-Allianz dem Endverbraucher ein ganzheitliches Leistungssystem, das zum einen den Kunden bindet und zum anderen – je nach Modifikationsmöglichkeiten der einzelnen Leistungselemente – durch versunkene Kosten auf der Abnehmerseite eine gegenseitige Hilfe bei der Kundenakquisition und –pflege bedeutet.

Ein signifikantes Beispiel für die Konvergenz von *context* auf der einen Seite sowie *content*, *commerce* und *connection* auf der anderen Seite ist die Geschäftsfelderweiterung des *context*-Anbieters *Yahoo! Inc*. Im Jahr 1994 startete das Unternehmen als Suchmaschine und Suchkatalog im Internet. Bereits im Jahr 2000 umfasste das

---

35 Vgl. WIRTZ und KLEINEICKEN (2000), S. 629.

36 Insbesondere gilt es hierbei, zukünftige Entwicklungen hinsichtlich des Bedeutungswandels der Leistungselemente zu antizipieren.

37 Vgl. WÖSSNER (1995), S. 10.

Leistungsspektrum sämtliche genannten netzwerkökonomischen Leistungselemente. Während ein Teil dieser Leistungen vom Unternehmen selbst erstellt werden (Internetauktionen und virtueller Marktplatz als *commerce* sowie *online*-Kommunikation und Internetzugang als *connection*), greift das Unternehmen auch auf Kooperationen zurück, um weitere Leistungselemente anzubieten. Einige der ehemaligen Kooperationspartner sind jedoch inzwischen Tochterunternehmen von Yahoo! Inc. Dies ist im *connection*-Bereich unter anderem GeoCities und im *content*-Geschäftsfeld unter anderem broadcast.com.[38]

Die virtuelle Kooperation ist als Geschäftsgemeinschaft eine Form der virtuellen Gemeinschaft, die finanziell orientierte Ziele gemeinsam verfolgt. Instrument der Kooperation ist die gemeinsame Erstellung von Gütern.[39] Die Mitglieder übernehmen dabei komplementäre – wie beispielsweise die oben beschriebenen – Aufgaben in der Wertschöpfungskette. Neben virtuellen Kooperationen bezüglich medialer Leistungskomponenten existieren auch virtuelle Kooperationen als Handelsgemeinschaften,[40] als Transaktionsgemeinschaften[41] und als *electronic malls* im Sinne verkaufsorientierter Eingangsportale im Internet.[42] Diese können durch die Produzenten direkt betrieben werden.

Einer großen ökonomischen Herausforderung sieht sich deshalb der Zwischenhandel gegenüber. Da die Trennung zwischen Produktion und Distribution aufgehoben wird, fällt die Aufgabe des Zwischenhandels weg. Im Informationssektor kaufen Softwareunternehmen Vertriebswegeanbieter auf, während sich gleichzeitig Netzanbieter an Softwareentwicklern beteiligen.[43] In den USA ist bereits die Folge, dass sich das Oligopol verengt und damit der Wettbewerb an Schärfe gewinnt.[44] Die Intermediäre der physischen Distribution werden durch Informations- und Vertrauensintermediäre ersetzt. Ihre Funktion ist die Reduzierung von Komplexität im LUHMANN'schen

---

38 Vgl. Yahoo! (2000); zitiert in WIRTZ und KLEINEICKEN (2000), S. 634-635.

39 Vgl. DILLS (1997); zitiert in SCHUBERT (1999), S. 33.

40 MARSHAK (1998) bezeichnet die Handelsgemeinschaften als Value Webs. Zitiert in SCHUBERT (1999), S. 34.

41 Siehe Abschnitt 4.4.

42 Siehe u.a. SCHMID (1995) sowie ZIMMERMANN (1996).

43 So übernimmt beispielsweise Walt Disney Capital Cities, während Time Warner Turner kauft. Vgl. WÖSSNER (1995), S. 10.

44 Vgl. WÖSSNER (1995), S. 11. Eine spezielle Form der Konvergenz im Zentrum der Netzwerkökonomik ist die Allianz von TV-Programm- und *content*-Anbietern im Internet. ATTLFELLNER (2000; S. 3) definiert Konvergenz im engen Sinn plakativ, „wenn der Fernseher Interaktivität und der PC bewegte Bilder bekommt.“ In diesem Zusammenhang ist auch die Fusion von Time Warner und AOL zu sehen.

Sinn.[45] Auf der Basis dieser Notwendigkeit entsteht ein neuer Informationsmarkt. Die Bedeutung dieser neuen Form von Intermediären wird in Unterabschnitt 4.5.4 erläutert.

Zentrale Aufgabe und ökonomische Motivation der Bildung von *business to business*-Netzwerken ist demnach die Diffusion von Informationen insbesondere hinsichtlich der Steuerung von Wertschöpfungsketten sowie der Performanz von Leistungssystemen über mehrere Unternehmen bzw. Unternehmensteile. Hierfür stellt die netzwerkökonomische Technologie die idealen Rahmenbedingungen bereit. Die zentralen Engpassfaktoren der Leistungsfähigkeit der Netzwerkökonomik liegen demnach auf der Ebene der sozialen Netzwerke zwischen den Akteuren. Diese gesellschaftlichen Variablen werden als argumentative Schnittmenge zwischen der Netzwerkökonomik und der Sozialkapitaltheorie in Abschnitt 4.5 erörtert.

## 4.3 Consumer to consumer-Netzwerke

*„Der Kaffeeklatsch wird vom chat room abgelöst."*

*HEIDE SIMONIS*[46]

Analog zu den *business to business*-Netzwerken auf der Marktangebotsseite schließen sich die Endverbraucher zu *consumer to consumer*-Netzwerken zusammen, um zu einer größeren Marktmacht zu gelangen. Die *consumer to consumer*-Netzwerke sind keinesfalls identisch mit der vereinfachten, betriebswirtschaftlichen Definition, nach der *consumer to consumer*-Kontakte lediglich im Güteraustausch zwischen Privatpersonen bestehen.[47] In Geschäftsmodellen mit derartiger Begriffstypologie wird unterstellt, dass mindestens ein Endverbraucher die Rolle eines Anbieters übernimmt, wodurch die *consumer to consumer*-Typologie paradox wäre. In der vorliegenden Untersuchung handelt es sich bei den *consumer to consumer*-Netzwerken um Zusammenschlüsse von Akteuren auf der Nachfragerseite. Die digitalen Kommunikationsnetzwerke ermöglichen derartige Zusammenschlüsse zu minimalen Transaktionskos-

---

45 Vgl. STOHR und VISWANATHAN (1998).
46 Simonis (2000)
47 Das sind z.B. *online*-Auktionen.

ten, wodurch auch Güterbeschaffungen von relativ niedrigem Wert durch entsprechende kollektive Verhaltensweisen optimiert werden können.

Der **Zusammenschluss der Endverbraucher** kann zwei Ziele verfolgen: (a) Die Konsumenten schließen sich zusammen, um als Marktakteure im engen Sinne gegenüber der Anbieterseite mehr Macht auszuüben, (b) die Konsumenten tauschen Informationen über die Qualitätsmerkmale angebotener Güter oder die Anbieter aus, (c) die Kunden unterstützen sich gegenseitig bei der Anwendung komplexer Produkte bzw. der Nutzung von Leistungssystemen.

(a) Ziel des Zusammenschlusses auf der Marktnachfrageseite ist eine Preissenkung und/oder eine Verbesserung der Konditionen. Im Extremfall kann das *consumer to consumer*-Netzwerk ein Nachfragemonopol sein. Im Monopson besitzt die Nachfrageseite eine strukturbedingte Marktmacht.

(b) Der Informationsaustausch zwischen Konsumenten wird in erster Linie für Güter oder Leistungen vorgenommen, die Erfahrungs- und Vertrauenseigenschaften besitzen. Da sich die Erfahrungseigenschaften von Gütern erst nach der Transaktion ermitteln lassen,[48] versuchen die Konsumenten ihre Unsicherheit durch den Gewinn von Informationen über die entsprechenden Erfahrungen von „langjährigen Konsumenten" zu reduzieren.

    Hinsichtlich der Vertrauenseigenschaften ist die Reduktion der Entscheidungsunsicherheit in der Regel eine Illusion, da die Eigenschaften per Definition auch nach der Transaktion dem Konsumenten nicht zugänglich sind. In diesem Fall ist die Reputation des Leistungsanbieters ein Indikator für die Qualität seiner Angebote. Die Information über die Reputation eines Produzenten kann ebenso in einem *consumer to consumer*-Netzwerk verbreitet werden. Der Anbieter von Gütern mit Vertrauenseigenschaften erhält seine Reputation durch die Einhaltung seiner Qualitätsversprechen hinsichtlich der Erfahrungseigenschaften seiner Leistungen.

(c) Sobald der Nutzen aus einem Gut oder einer Technologie von der Anzahl der Nutzer abhängig ist, entstehen Netzwerkexternalitäten. Diese können zum einen in Form von Unterstützungsnetzwerken zwischen den Nutzern existieren, was in der Regel für die Kategorie der Erfahrungsgüter und bei komplexen Anwendungen zutrifft. Zum anderen treten Netzwerkexternalitäten auf, wenn das relevante Gut

[48] NELSON (1970; S. 312-320 und 1974; S. 738) entwickelt die informationsökonomische Eigenschaftstypologie, indem er zwischen Such- und Erfahrungseigenschaften unterscheidet. DARBY und KARNI (1973; S. 68-69) erweitern dieses Konzept, indem sie die Vertrauenseigen-

bzw. die Technologie die Komponente eines Informations- bzw. Kommunikationsnetzwerkes[49] oder von komplementären Leistungssystemen ist.[50] Diese Zusammenhänge und deren Folgewirkungen werden in Abschnitt 4.4 erörtert.

Eine notwendige Voraussetzung für die Leistungsfähigkeit der Netzwerkökonomie ist deshalb die Fähigkeit der Gesellschaftsmitglieder soziale Kontakte in einer Form zu knüpfen, dass Informationsübertragung und Wissenstransfer effizient vonstatten gehen. Hierzu gehört die Fähigkeit zur ständigen Reorganisation, was FUKUYAMA als spontane Soziabilität und als zentralen sozialkapitaltheoretischen Aspekt bezeichnet.[51]

Die Vorstellungen von FUKUYAMAs vorbildlichen Wirtschaftsprozessen decken sich somit zu einem weiten Teil mit den Möglichkeiten, welche die netzwerkökonomische Entwicklung den Wirtschaftssubjekten bietet. Die ökonomischen Netzwerkstrukturen einer Volkswirtschaft werden durch die technologischen Kommunikationsoptionen in einer Weise verändert, dass diese Strukturen den sozialkapitaltheoretischen Vorbildökonomien FUKUYAMAs nahe kommen.[52]

---

schaften berücksichtigen, die weder vor noch nach der Transaktion vom Konsumenten beurteilt werden können.

49 Als Beispiele können hierbei das Telefon oder der PC mit Netzanschluss dienen.

50 Die Komplementarität ist dabei weit gefasst. Sie beinhaltet sowohl die Komponenten von Gütersysteme wie CD-*player* und CDs als auch Güter-Anwendungs-Systeme wie eine Anordnung der Tastaturzeichen eines PCs und deren Bedienungskompetenz.

51 Siehe Unterabschnitt 2.3.3.

52 Es wurde bereits erörtert, wie das *bridging social capital* die zentrale Rolle in der Sozialkapitaltheorie Fukuyamas spielt. Die Netzwerkökonomik fördert insbesondere diese Form der Netzwerkbeziehungen und trägt damit zur Erleichterung der Reorganisationsprozesse in einer Volkswirtschaft bei.

## 4.4 Business to consumer-Netzwerke

*"Life is a network."*

*BARRY WELLMAN*[53]

Die Existenz von *business to consumer*-Netzwerken bedeutet, dass zwischen den Anbietern und den Nachfragern eines Marktes eine längerfristige Beziehung besteht. Reine Marktkontakte reichen hierzu nicht aus. Damit geht die Sichtweise über eine reine marktliche Verbindung von Anbietern und Nachfragern per Internet hinaus, was eine Abgrenzung zur Begriffstypologie von WIRTZ bedeutet.[54] Die notwendige Perspektive der Netzwerkökonomik muss ebenso über organisationstheoretische und systemtheoretische Sichtweisen hinausgehen, die in der Nachfrageseite stets nur eine Masse von Akteuren erkennt, die nicht eigeninitiativ agiert. In der vorliegenden Arbeit werden die Akteure als eigennutzorientierte Individuen angesehen. Daher steht diese Sichtweise dem Konzept der „kommunikativen Öffentlichkeit" von BUß näher.[55]

Die **Kommunikation** zwischen den Akteuren beider Marktseiten wird durch die netzwerkökonomischen Technologien erleichtert. Der Informationsaustausch zwischen Anbietern und Nachfragern erhöht den möglichen Wohlfahrtsgewinn beim Leistungstausch. Der Grund hierfür liegt im Anreiz der konkurrierenden Anbieter, insbesondere durch Produktdifferenzierung möglichst präferenznahe Sachgüter und Dienstleistungen bereitzustellen. Einen weiteren positiven Effekt der *business to consumer*-Beziehungen stellen die Lerneffekte der Anbieter durch Konsumentenrückmeldungen dar.

Eine negative Wirkung der kommunikativen *business to consumer*-Interaktionen für die Nachfrageseite ist das Ausschöpfen unterschiedlicher Zahlungsbereitschaften. Die Strategie der Preisdifferenzierung wird insbesondere durch netzwerkökonomische Technologien wie *consumer tracking* ermöglicht. Mit dieser Vorgehensweise lassen sich Kaufverhalten und Zahlungsbereitschaften einzelner Nachfrager von Anbietern durch die Aufzeichnung und Aufarbeitung digitaler Daten beobachten.

---

53 WELLMAN (1999), S. 94
54 Vgl. WIRTZ (2000), S. 13.
55 Siehe BUß (1983), S. 39-60.

Als unbewertete Wirkung der *business to consumer*-Netzwerke kann der *lock in*-Effekt angeführt werden. Aufgrund von Netzwerkexternalitäten ist eine Situation denkbar, in der die *switching costs* beim Wechsel der Güternutzung für den einzelnen Nachfrager größer sind als die entgangenen Nutzenpotenziale einer Alternative.

Diese drei genannten Wirkungsaspekte der *business to consumer*-Netzwerke werden im Folgenden erläutert.

### 4.4.1 Produktdifferenzierung

*Business to consumer*-Netzwerke besitzen grundsätzlich das Potenzial, die Sachgüter und Dienstleistungen aufgrund von Kommunikationsbeziehungen zwischen Angebots- und Nachfrageseite den Präferenzen der potenziellen Konsumenten anzupassen. Die Präferenzen der Nachfrager sind jedoch in der Expansionsphase der netzwerkökonomischen Technologien und dem sich beschleunigten Wertewandel in der Gesellschaft durch globale Kommunikationsnetzwerke einem stetigen Wandlungsprozess unterworfen. Insbesondere die fortschreitende Individualisierung spielt eine große Rolle beim gesellschaftlichen Wandel. Die Individualisierung drückt sich sowohl auf der sozialbürgerlichen als auch auf der ökonomischen Ebene der Produzenten-Kunden-Beziehung aus.[56] Die Individualisierung der Konsumenten bedeutet bei einem hohen Grad an Anbieterwettbewerbsintensität eine Individualisierung der Produzenten-Kunden-Beziehung, die grundsätzlich durch die modernen Informations- und Kommunikationstechnologien ermöglicht wird. Komplexe, umfangreiche und interaktionsfähige Datenbanken in Verbindung mit intelligenten, digitalen Informationsagenten liefern die dafür erforderlichen technischen Voraussetzungen. Ökonomisch bedeutet dies einerseits eine Befriedigung der Konsumentenbedürfnisse auf hohem Präferenzniveau mit höherer ökonomischer Macht des Nachfragers, andererseits besteht damit grundsätzlich die Gefahr des gläsernen Kunden und damit der Möglichkeit der Preisdifferenzierung von Seiten der Anbieter.

Die wachsende Bedeutung der *business to consumer*-Netzwerke beruht in erster Linie auf der ökonomischen Bedeutung der Individualisierungstendenz für die Marktbeziehungen bei gleichzeitiger Verschärfung des Wettbewerbs. Sowohl aus Sicht des Anbieters als auch aus Sicht des Nachfragers spielen Netzwerkeffekte und damit die

---

[56] Erstere Ebene wird an späterer Stelle in Verbindung mit den Konsequenzen der Netzwerkökonomik im Rahmen der Sozialkapitaltheorie untersucht.

Frage einer kritischen Masse in deren Beziehungen eine Rolle. Dies kann sowohl für die Kommunikationsbeziehungen als auch für die ausgetauschten Güter gelten.

Innerhalb der *business to consumer*-Netzwerke sind aufgrund der netzwerkökonomischen Technologien individuelle Kundenbeziehungen möglich und aufgrund der steigenden Wettbewerbsintensität zwischen den Anbietern auch nötig. Den Anbietern ist eine individuelle und direkte Kundenansprache möglich, was dazu führt, dass sich Marketingstrategien mehr und mehr zu Kommunikationsstrategien entwickeln. Aufgrund hoher Einstiegsinvestitionen und um Nutzungsvorteile zu erhalten[57] ist das Erreichen einer kritischen Masse auf längere Frist notwendig. Nur auf diese Weise lässt sich der Marktanteil erhöhen und die Kundenbeziehung stabilisieren. Die generelle Strategie zielt auf Kundenbeziehungen ab, in die auch der Konsument investiert, und die somit – analog zu versunkenen Kosten auf der Produzentenseite – einen Marktpartnerwechsel erschweren. Mögliche Instrumente sind hierfür die Gewohnheiten des Kunden als Trägheitsmoment auszunutzen, dem Kunden einen Erstellungs- oder Installationsaufwand zuzuweisen,[58] komplementäre Güter kostenlos zur Verfügung zu stellen,[59] die Nutzung verbreiteter Güter zu ermöglichen oder die Verfügbarkeit von Inhaltsgefäßen zu gewährleisten. Als Beispiel sind hier Internetplattformen zu nennen, die unter anderem kostenlose *email*-, Kalender oder Adressbuchnutzung erlauben. WEB.DE und *Yahoo! Inc.* sind beispielhafte Anbieter, die diese Strategie anwenden. Ein Beispiel, die Kundengewohnheit auszunutzen ist der Versuch von Anbietern, im Internet Nutzer dazu zu bewegen, ihre Seite als Einstiegsportal zu nutzen, um damit Kunden zu gewinnen. Zu nennen sind hierbei die großen Portalanbieter wie *Yahoo! Inc.* oder *T-Online.*

### 4.4.2 Preisdifferenzierung

Die *business to consumer*-Netzwerke bedeuten jedoch auch, dass die einzelnen Nachfrager zu gläsernen Kunden werden, deren Zahlungsbereitschaften möglicherweise ausgeschöpft werden. Massenproduktion lässt sich in der Netzwerkökonomik mit *face to face*-Marketing verbinden, da Kundendaten mit niedrigen Kosten beschafft,

---

57 Andernfalls besteht die Gefahr, dass ein potenzieller Newcomer bei niedrigen Nutzungsvorteilen einer etablierten Technologie durch unterschiedliche Preisstrategien auf den Markt drängt, um ihrerseits die kritische Masse zu erreichen und die Etablierten von diesem Markt zu verdrängen.

58 Dies gilt insbesondere für Anwendungs-Software-Programme.

59 Siehe unten die Unternehmensstrategie „*follow the free*".

verarbeitet, gespeichert und abgerufen werden können. Des Weiteren lassen sich durch *customer tracking* die Kaufgewohnheiten einzelner Kunden nachvollziehen.[60] Dies ist eine Voraussetzung für eine stabile *business to consumer*-Beziehung. Die Verknüpfung von Kundendatenbanken und Produktionsprozessen ermöglicht den Aufbau eines *business to consumer*-Netzwerks, das im Idealfall für beide Seiten vorteilhaft ist. Der Anbieter erlangt einen Wettbewerbsvorteil, während die Endverbraucher präferenznah ihre Bedürfnisse befriedigen können.

Die Strategie der Preisdifferenzierung orientiert sich jedoch aufgrund veränderter Rahmenbedingungen in der Netzwerkökonomik nicht mehr unbedingt an der vollständigen Ausschöpfung der Zahlungsbereitschaften der Nachfragerseite. Vielmehr steht mit der zunehmenden Bedeutung des hohen Marktanteils für die ökonomische Entwicklung eines Unternehmens oder seiner vertretenen Technologie die Preisdifferenzierung hinsichtlich der Netzwerkausdehnung im Vordergrund. In einer ersten Phase gilt es deshalb, durch eine Niedrigpreispolitik ein Nutzernetzwerk zu schaffen, um den Nutzen der entsprechenden Netzwerkgüter zu erhöhen. Im Extremfall kann mit der *follow the free*-Strategie das Netzwerkprodukt kostenlos an eine limitierte Anzahl von Erstnutzern ausgegeben werden. Eine ähnliche Strategie ist mittels Komplementärgütern denkbar, denn wenn ein Gut kostenlos abgegeben wird, dann erhöht der steigende Nutzerkreis den Nutzen des komplementären Gutes. Das Unternehmen Adobe verfolgt beispielsweise diese Strategie erfolgreich, indem der Dokumenten-*reader* unentgeltlich aus dem Internet heruntergeladen werden kann, während der Dokumenten-*writer* nur gegen Entgelt bezogen werden kann.

In einer späteren Expansionsphase des Nutzerkreises existiert aufgrund der wachsenden Größe dieses Netzwerks eine höhere Zahlungsbereitschaft,[61] die durch eine *versioning*-Produktstrategie ausgeschöpft werden kann.[62]

---

60 Vgl. PEPPERS und ROGERS (1997), S. 11-13.

61 Aus dieser Überlegung wird auch die netzwerkökonomische Bezeichnung des „Werts des digitalen Kunden" abgeleitet. Siehe u.a. HAGEL und SINGER (1999).

62 Vgl. auch die weitergehenden Überlegungen zu Marktgleichgewichten bei Hegner und Schechler (2000; S. 506-510), wenn zudem Pioniernachfrager berücksichtigt werden. Siehe auch Unterabschnitt 4.4.3.

### 4.4.3 Lock in-Effekt

Die dritte Wirkungsdimension der Bildung von *business to consumer*-Netzwerken neben Produkt- und Preisdifferenzierung ist der mögliche *lock in*-Effekt bei Netzwerkgütern. Diesen Überlegungen liegt das Modell der Netzwerkexternalitäten durch positive Rückkopplungen von ARTHUR zugrunde, das im folgenden Exkurs erläutert wird. Im Anschluss wird die Bedeutung dieser Zusammenhänge für die Netzwerkökonomik diskutiert.

**Exkurs: Netzwerkexternalitäten**

Das Beziehungsnetzwerk zwischen Produzenten und Konsumenten in Verbindung mit netzwerkökonomischen Produkten bzw. Leistungssystemen ist eng verknüpft mit den Netzwerkexternalitäten in Form positiver *feed backs* und den daraus resultierenden Prozesseigenschaften **„Pfadabhängigkeit"** und **„*lock in*"**.

ARTHUR zeigt in seinem Grundmodell über die Netzwerkeffekte, dass bei Gütern und Technologien, deren Nutzen von der Nutzerzahl abhängt, nachfrageseitige, steigende Skalenerträge existieren.[63] Allerdings entstehen diese *economies of scale* nicht vollständig innerhalb eines Unternehmens.[64] Vielmehr existieren in diesem Fall externe Effekte, die als Netzwerkexternalitäten bezeichnet werden[65] und als spezifische Form der Netzwerkeffekte gelten.[66] Durch derartige Netzwerkwirkungen kann ein Anbieter zum Monopolisten werden.[67] Entscheidend für den Erfolg von Gütern bzw. Technologien sind unter bestimmten Umständen anfängliche Nutzenvorsprünge dieses Anbieters, die im Basisnutzen der Technologie oder der Erlangung eines größeren Nutzerkreises zu Beginn der Marktdurchdringungsphase begründet sind.[68] Aufgrund unterschiedlicher Nutzenentwicklung bei den konkurrierenden Angeboten kann eine ineffiziente Situation im Sinne eines suboptimalen Gleichgewichts entstehen, wenn ein Gut bzw. eine Technologie aufgrund der aktuellen Nutzerzahl einen Nutzenvor-

63 Der Begriff geht auf KATZ und SHAPIRO (1986; S. 824) zurück.

64 Vgl. KÖSTER (1999), S. 10.

65 Vgl. KATZ und SHAPIRO (1986); zitiert in KÖSTER (1999), S. 10.

66 Vgl. LIEBOWITZ und MARGOLIS (1994), S. 135.

67 Durch Produktbündelung kann ein Monopolist seine Machtstellung auf weitere Marktsegmente übertragen (*leveraging*) und dadurch unter Umständen weitere suboptimale *lock in*-Situationen hervorrufen. Vgl. REBACK et al. (1994 und 1995).

68 Vgl. ARTHUR (1988a, 1988b, 1989 und 1990).

sprung erringt obwohl eine alternative Technologie bei gleicher potenzieller Nutzerzahl einen höheren Nutzen garantiert hätte. Es resultiert ein *lock in*-Effekt, da sich ein neuer Nachfrager aus individuellem Nutzenkalkül für jene Technologie entscheidet, welche zwar die inferiore darstellt, jedoch aufgrund des hohen Marktanteils einen höheren Nutzen verspricht.[69]

Eine Entscheidung für jene Technologie, die gegenwärtig einen geringeren Nutzerkreis erreicht, ist nur möglich, wenn der technologische Nutzenvorteil in Verbindung mit der Präferenz seitens des aktuellen Nachfragers den Nutzennachteil durch die geringere Verbreitung kompensiert.[70] Diese Modellerweiterung in Form von unterschiedlichen Präferenzen und Basisnutzen der Technologien erhöhen zwar unter Umständen die kritische Masse als Marktanteilsbarriere für den *lock in*-Effekt, bewirken jedoch keine grundlegenden Änderungen am Gesamtergebnis des pfadabhängigen Prozesses der Technologiediffusion.[71]

Neben den bisher erörterten direkten Netzwerkexternalitäten bewirken auch Komplementärbeziehungen zwischen Produkten bzw. Einzelkomponenten von Leistungssystemen durch indirekte Netzwerkexternalitäten den oben beschriebenen pfadabhängigen Prozess einer Technologiediffusion.[72] Die Anzahl der Komplementärbeziehungen zu anderen Gütern und Technologien ist dann eine zusätzliche Nutzendeterminante eines Gutes oder einer Technologie. Handelt es sich um Netzwerkgüter oder –technologien, dann muss der jeweilige Nutzen aus der Güterbeziehung mit der entsprechenden Netzwerkgröße multipliziert werden.[73]

**Exkurs Ende**

Wird die modelltheoretische Betrachtung ARTHURs auf die *business to consumer*-Netzwerke angewendet, dann stehen insbesondere die „versunkenen Aufwendungen" der Haushalte und der nachfragenden Unternehmen im Mittelpunkt der Betrachtung.

---

69 GRÖHN (1999; S. 48) bezeichnet diesen Entwicklungsprozess als inferiore Standardisierung.

70 Vgl. ARTHUR (1989), S. 119 sowie HEIMER (1993), S. 149-152.

71 Vgl. ARTHUR (1989), S. 120. Auch Modellerweiterungen hinsichtlich eines unterschiedlichen Entstehungszeitpunkts der relevanten Technologien (FARRELL und SALONER, 1986) und Technologie-*sponsoring* als Unternehmensstrategie (KATZ und SHAPIRO, 1986 und 1994) lassen die Grundaussagen aus ARTHURs Modell unberührt.

72 Vgl. CHURCH und GANDAL (1993), S. 239.

73 Dies entspricht dem „Hardware/Software-Paradigma" von KATZ und SHAPIRO (1994; S. 97-100). Siehe auch GANDAL (1995), S. 599.

Arten dieser Aufwendungen sind der Kaufpreis für das Netzwerkgut, die Lernzeit zum Aufbau von Anwendungskompetenz des Gutes und gewohnheitsbedingtes Verhalten. Darüber hinaus sind die Lerneffekte der Anbieter auf der Basis kommunikativer Netzwerke mit der Nachfrageseite von hoher Relevanz. Sämtliche Aspekte führen zu einem *lock in*-Effekt.

Wesentlich für die netzwerkökonomische Betrachtung im Rahmen der *business to consumer*-Netzwerke sind die Lerneffekte seitens der Anbieter von Leistungssystemen oder Netzwerkgütern. Sie werden ausgelöst durch die positiven *feed backs* aus dem Nutzerkreis dieser Produkte, der in einer kommunikativen Beziehung mit dem Produzenten steht. Informationen über qualitative Mängel wie Kompatibilitätsprobleme von Netzwerkgütern, technische Verbesserungspotenziale oder unbefriedigende Präferenzorientierungen werden von den Nutzern an den Produzenten weitergegeben.

Die netzwerkökonomischen Zusammenhänge führen zu veränderten Unternehmensstrategien. Dies gilt insbesondere für die Preispolitik, was bereits in Unterabschnitt 4.4.2 angesprochen wurde. Hierbei ergänzen sich die *follow the free*-Strategie, der Einsatz von so genannten Beta-Versionen sowie das *versioning*-Konzept. Ziel der ***follow the free*-Strategie** ist es, möglichst rasch einen hohen Marktanteil zu erreichen, indem der Anbieter ein (Teil-)Gut scheinbar verschenkt. Erst nachdem stabile Kundenbeziehungen entstanden sind, werden entweder entsprechende Komplementärgüter angeboten, aus denen die Erlöse an die Produzentenseite fließen, oder das gleiche Gut wird zu einem späteren Zeitpunkt zu einem höheren Preis angeboten, da mit fortschreitender Netzwerkgröße auch der Nutzen des Gutes und damit die Zahlungsbereitschaft steigt. Um mit den Lerneffekten ein effizientes Qualitätsmanagement aufzubauen, werden die Anwendungserfahrungen von Erstnutzern herangezogen. Indem versierten Nachfragern[74] Beta-Versionen eines Netzwerkgutes kostenlos angeboten werden, sollen entsprechende Mängel von den Nutzern erkannt und Informationen darüber an die Produzenten weitergegeben werden.

Mit der ***versioning*-Strategie** erreicht der Anbieter mehrere Ziele gleichzeitig: die Verbesserung der Produkte durch Einbeziehung der Konsumentenseite als Qualitätskontrolleur, die Stabilisierung der Kundenbeziehung durch Komplementärbeziehung von nutzbaren Gütern bei gleichzeitiger Preisdifferenzierung – insbesondere in zeitlicher Hinsicht.

---

[74] Nach HEUß (1965) können diese Nachfrager als Pioniernachfrager bezeichnet werden.

Die oben beschriebenen Netzwerkexternalitäten werden durch Standardisierungsmaßnahmen[75] verstärkt. Sowohl die Nutzensteigerung durch Netzwerkkompatibilitäten als auch die Lerneffekte bei der Anwendung werden durch Standards positiv beeinflusst. Informations- und Kommunikationstechnologien sowie die zunehmende Bedeutung komplementärer Güterbeziehungen verstärken die Notwendigkeit von Standardisierungen sowohl für das Verknüpfen dezentraler Netze als auch für die effiziente Nutzung einer Technologie. Voraussetzung dafür ist entweder eine zentrale Entscheidungsinstanz oder aber ein Verhandlungsprozess. Die folgenreichsten Standardisierungen in der Netzwerkökonomik sind die der digitalen Datenübertragung im Internet: TCP (*Transmission Control Protocol*) und IP (*Internet Protocol*). Diese Übertragungsstandards ermöglichen den Zusammenschluss vieler lokaler Datennetzwerke zum weltumspannenden Internet. Ebenso wie Netzwerke sind auch Standards keine neue Ausprägung der Ökonomie, wie folgendes Beispiel zeigt: So konnte im Jahr 1904 in Baltimore ein Großfeuer nicht effektiv bekämpft werden, weil die Löschschläuche auswärtiger Feuerwehreinheiten nicht mit den Hydranten der Stadt kompatibel waren.[76] Die relevanten Güter waren nicht vereinheitlicht worden.

Standards bewirken prinzipiell steigende Skalenerträge, sie schaffen die Voraussetzungen für eine kostengünstige Massenproduktion durch Reduktion der Produktvielfalt.[77] Ferner führt die Standardisierung von Netzwerkprodukten in Verbindung mit den positiven *feed backs* zu steigenden Skalenerträgen durch Netzwerkeffekte.[78] Dies beeinflusst das Marktentwicklungspotenzial positiv. *Business to consumer*-Netzwerke verstärken diese Marktentwicklungseigenschaften, weil positive Informations-Feedbacks zwischen den Marktseiten existieren. Allerdings resultiert aus den Theorien von LIEBOWITZ und MARGOLIS, dass *lock in*-Effekte lediglich ein Technologie- bzw. Netzwerkwechsel verzögern, nicht aber verhindern.[79] Ursache dafür sind zum einen die rationalen Erwartungen einzelner Akteure, die zu einem Netzwerkwechsel führen, wenn die Nutzungsvorteile groß genug sind. Erwartet wird, dass auch andere Nutzer ihre finanziellen Mittel zukunftsorientiert – und damit für die effizientere Technologie – verwenden.[80] Zum anderen findet ein Netzwerkwechsel in der Regel nicht unkoordi-

---

75 Standards umfassen „alle Formen der kollektiven Vereinheitlichung, also der Auswahl einiger Varianten aus einem Pool von Möglichkeiten." KLEINEMEYER (1998), S. 52.

76 Vgl. Zeitungsbericht vom 8.2.1904; abgedruckt in POWELL (1912), S. 343 sowie WARREN und WARREN (1983), S. 125.

77 Vgl. ENGLMANN (1989), S. 155.

78 Siehe Abschnitt 4.4.

79 Vgl. LIEBOWITZ und MARGOLIS (1994).

80 Vgl. KLODT, MAURER und SCHIMMELPFENNIG (1997), S. 119.

niert statt. Die netzwerkökonomischen Kommunikationsmittel fördern hierbei das kollektive Handeln von Anwendern.[81] Ein Wechsel durch eine Gruppe von Nutzern bedeutet jedoch einen starken relativen Nutzenzuwachs der „neuen" Technologie, wodurch die Wahrscheinlichkeit eines suboptimalen *lock in*-Effektes verringert wird. Daher bedeutet die kommunikative Nutzung digitaler Netzwerke, die zu einer Kooperation hinsichtlich der Anwendungs- und Nachfragestrategie führt, unter Umständen eine ökonomische Effizienzsteigerung.

## 4.5 Netzwerkökonomische Wirkungen auf gesellschaftliche Prozesse

*„Warum sollte durch hohe kommunikative Qualität des Internet nicht so etwas wie virtuelles Sozialkapital entstehen?"*

*HEIDE SIMONIS*[82]

Kontaktaufnahmen zwischen den Akteuren auf kommunikativer Basis werden in sämtlichen Netzwerkdimensionen durch die netzwerkökonomischen Technologien erleichtert. Insbesondere die Internettechnologie stellt daher eine **Querschnittstechnologie** dar, die weitreichende Folgen für ökonomische Entwicklungsprozesse und Handlungsstrategien einzelner Akteure nach sich zieht.

Die neuen Wirkungszusammenhänge unterliegen neuen Regeln. Dies bedeutet aber nicht, dass die bisherigen ökonomischen Regeln vollständig außer Kraft getreten sind.[83] Neue Regeln sind in erster Linie im Bereich der Aktivitäten, Zielsetzungen und Strategien der Anbieter zu beobachten. Aufgrund des wettbewerblichen Anpassungsdrucks, den technologischen Möglichkeiten in einer Netzwerkökonomik und den veränderten Nutzerpräferenzen sind die Produzenten zu neuen Preis- und Erlösmodellen gezwungen, in denen die kurzfristige Gewinnmaximierung keine geeignete Strategie mehr darstellt, vielmehr sogar kontraproduktiv wirkt. Insbesondere die Komplementärbeziehungen von Gütern und die nutzungsorientierten Netzwerkeffekte

---

81 Dies widerspricht jedoch den Annahmen des Modells von FARRELL und SALONER (1985). Vgl. KLODT, MAURER und SCHIMMELPFENNIG (1997), S. 119.

82 SIMONIS (2000)

83 Die Missachtung dieser Tatsache ist nach BUCHHORN, MÜLLER und RICKENS (2000; S. 155) eine der Hauptgründe für das hohe Maß an Insolvenzverfahren unter den *„Dotcom"*-Firmen.

tragen dazu bei, dass Gewinne nur bei hohen Marktanteilen möglich sind. Demnach muss das kurzfristige Ziel die Marktanteilsmaximierung bzw. die (Teil-)Monopolstellung sein.[84]

Die Wirkungszusammenhänge innerhalb und zwischen den oben erörterten sozio-ökonomischen Netzwerken sowie die Einflüsse auf diese Wirkungszusammenhänge und die Auswirkungen auf ökonomische Variablen sind äußerst komplex. Die Gründe hierfür sind vielschichtig: Erstens ist der strukturelle Veränderungsprozess in Form einer zunehmenden Bedeutung von technologischen und sozio-kommunikativen Netzwerken noch nicht abgeschlossen. Zweitens existieren vielfache Wechselabhängigkeiten und *feed backs* zwischen Determinanten, Teilmerkmalen und Ergebnisvariablen der Netzwerkökonomik. Und drittens fehlen bisher aussagekräftige empirische Daten, um mögliche unbekannte Wirkungszusammenhänge zu lokalisieren bzw. vermutete theoretische Verknüpfungen kritisch auf diese Weise zu überprüfen.

Die netzwerkökonomischen Interaktionen haben sich im Vergleich zur Situation vor der Expansion des Internets deutlich verändert. Für die Kontaktknüpfung, Beziehungspflege und Netzwerksteuerung ergeben sich Veränderungen hinsichtlich der Kommunikation, der örtlichen Notwendigkeit, der Gemeinschaftlichkeit und des Aufbaus von Vertrauensbeziehungen. Im Folgenden werden deshalb netzwerkökonomische Auswirkungen auf gesellschaftliche Aspekte untersucht, die im Hinblick auf die sozialkapitaltheoretischen Wirkungsmechanismen von Relevanz sind: Die Netzwerkökonomik verändert die Kommunikationsstrukturen und –prozesse (Unterabschnitt 4.5.1). Dabei erfährt auch der Standort von Organisationen und Akteuren durch die Netzwerkökonomik eine neue Bedeutung (Unterabschnitt 4.5.2). Virtuelle Gemeinschaften werden durch die sozio-ökonomischen Netzwerkoptionen an volkswirtschaftlicher Bedeutung gewinnen (Unterabschnitt 4.5.3). Diese Virtualität der sozialen Beziehungen zieht jedoch neue Anforderungen an die Vertrauens- und Reputationsvermittlung zwischen den Akteuren nach sich (Unterabschnitt 4.5.4).

---

84 Das führt jedoch zu hohen Einstiegsinvestitionen, denn die notwendigen Strategien sind u.a. *follow the free*, *versioning*.

### 4.5.1 Netzwerkökonomische Auswirkungen auf Kommunikationsprozesse und Organisationsstrukturen

Zentraler Verknüpfungspunkt zwischen digitalen und sozialen Netzwerken ist die Kommunikation. Die Expansion digitaler Netzwerke führt dazu, dass ein wachsender Anteil sozialer Austauschprozesse mittels dieser Netzwerke durchgeführt wird.[85] Die Nutzung digitaler Netzwerke verändert jedoch sowohl die Kommunikationsstruktur als auch die Kommunikationsprozesse. Als wesentliche Determinante für die Bildung sozialer Beziehungen und Netzwerke werden veränderte Kommunikationsbedingungen die sozialen Austauschprozesse modifizieren. Dabei spielt die (a) Beschleunigung und (b) Vermassung der Kommunikation, (c) der spontane und unmittelbare Zugang zur Öffentlichkeit sowie die (d) Vermengung beruflicher und privater Kommunikationsmethoden und –inhalte eine Rolle.[86]

(a) Durch die netzwerkökonomische Kommunikationstechnologie und –struktur des Internet können in der Regel Nachrichten in digitaler Form in Sekundenschnelle in alle Kontinente der Erde gesendet werden.

(b) Die Nachrichten können während des Sendens in beliebiger Anzahl kopiert und an verschiedene Empfänger gleichzeitig gesendet werden.

(c) Durch die Bereitstellung von Daten und Informationen im WWW können potenziell alle Nutzer des Internet diese Daten abrufen. Somit besteht ein unmittelbarer Zugang zur Öffentlichkeit.

(d) Durch den privaten und beruflichen Zugang zum Internet können die Akteure in der Regel während der beruflichen Tätigkeit private Kommunikation betreiben und umgekehrt. Diese Zeitgleichheit der Kommunikation wird zudem überlagert, wenn in kurzen *email*-Nachrichten mit Interaktionspartnern, mit welchen eine multidimensionale Beziehung besteht, sowohl Persönliches als auch Geschäftliches ausgetauscht wird.

Die Kommunikation mittels elektronischer Netzwerke ist nicht virtuell, sondern real.[87] Dabei spielen soziale Beziehungen, individuelle Werteeinstellungen, gewohnheitsori-

---

[85] Siehe Abbildung 1-1 auf Seite 14.

[86] Vgl. RHEINGOLD (1993) sowie NEGROPONTE (1995).

[87] Virtuell bedeutet grundsätzlich der Kraft und Möglichkeit nach vorhanden. Virtualität spezifiziert somit ein konkretes Objekt über Eigenschaften, die zwar nicht physisch, aber doch in ihrer Funktionalität vorhanden sind. Eine Kommunikation über das Internet findet jedoch tatsächlich statt und ist damit nicht virtuell, sondern real.

entierte Verhaltensweisen und Vertrauenseinschätzungen eine Rolle bei der Interaktionsentscheidung. Dennoch ist die Nutzung von *emails* als wichtigstes Kommunikationsinstrument in der Netzwerkökonomik mit vielschichtigen Auswirkungen auf die sozialen Interaktionen verbunden. So besteht beispielsweise eine Tendenz seitens der Nutzer, bei der Verwendung von *emails* leichtfertig mit heiklen Inhalten umzugehen.[88] Des Weiteren werden Hierarchien in sozialen Organisationen unterminiert, da es bei der Kommunikation mittels digitaler Netzwerke an nonverbalen Statussignalen fehlt. Diese Problematik ist für die Existenz und Funktionsfähigkeit von Organisationen nicht zu unterschätzen. VON MISES wies bereits vor nahezu 80 Jahren auf die Notwendigkeit von Informationsasymmetrien in der Organisationssteuerung hin.[89] Mit dem Absinken von Informationszugangsbarrieren rückt das Informationsmanagement in Organisationen wieder in den Vordergrund, da die Informationsdiffusion unter den Mitgliedern für die Wettbewerbsfähigkeit der gesamten Organisation von zentraler Bedeutung ist.[90]

Nach SPROULL und KIESLER liegen die Gründe für den tendenziellen Abbau von Hierarchien durch netzwerkökonomische Kommunikationsprozesse im Aufbau von kommunikativen Querbeziehungen über Hierarchiestufen hinweg sowie in der Intransparenz der Organisationsstruktur beim gegenwärtigen Stand der Kommunikationsprozesse per *email*.[91] KLING kommt zu dem Ergebnis, dass die Kommunikation in der Netzwerkökonomik Außenseiter in einer Organisation sichtbarer macht und daher die Voraussetzung für eine mögliche soziale Integration verbessert.[92]

Das Besondere an der elektronischen Kommunikation ist **das Fehlen des physiosensoriellen Kontextes**, wie sehen, hören, riechen.[93] Dadurch ist der Kommunikationskanal auf die verbale Dimension beschränkt. Wenn Informationen aufgrund fehlender komplementärer, nonverbaler Signale falsch interpretiert werden, sind die Folgen möglicherweise kommunikative Missverständnisse. Ferner müssen Informatio-

---

88 Vgl. SCHUBERT (1999), S. 55. Die Kommunikation mittels *email* erscheint einem Großteil von Nutzern als kurzlebige Nachrichteninhalte. Dadurch werden häufig Nachrichteninhalte dokumentiert, die ein Nutzer niemals auf Papier geschrieben hätte. Allerdings existieren gerade bei der digitalen Kommunikation eine Vielzahl von Sicherungskopien, welche mit Sicherheit eine langfristigere Haltbarkeit als Printdokumente aufweisen.

89 Vgl. VON MISES (1922) und siehe auch VON HAYEK (1945).

90 In diesem Zusammenhang kann der Netzwerk-Begriff auch als Abgrenzung zur hierarchischen Organisationsstruktur verstanden werden.

91 SPROULL und KIESLER (1991) bezeichnen diese Veränderungsprozesse in der Kommunikation als Demokratisierung einer Organisation.

92 Vgl. KLING (1996), S. 432.

93 Vgl. SCHUBERT (1999), S. 56.

nen über den Kommunikationspartner – wie Identität und Reputation – auf andere Weise als bei sichtbarer, ganzheitlicher Kommunikation herangezogen werden. Diese Problematik, die durch die „Illusion der Semi-Anonymität"[94] in der netzwerkökonomischen Kommunikation verstärkt wird, ist auch Gegenstand des Unterabschnitts 4.5.4.

### 4.5.2 Netzwerkökonomische Auswirkungen auf Lokalisierung und Globalisierung

Seit McLUHANs Begriffsschöpfung des „***global village***" im Kontext der massenmedialen Expansion,[95] wird die medien-ökonomische Entwicklung nicht nur als reiner Globalisierungsprozess betrachtet. Auch die interaktiven Kommunikationsnetzwerke der Gegenwart besitzen eine ambivalente Wirkung auf die Verortung sozialer Beziehungen und Gemeinschaften. Die Netzwerkökonomik führt – wie im Folgenden erörtert wird – sowohl zu Globalisierungs- als auch zu Lokalisierungstendenzen. Diese ambivalente Entwicklung wird als Glokalisierung bezeichnet.[96] In der Realität sind sowohl ökonomische, gesellschaftliche und insbesondere politisch-institutionelle Globalisierungs- als auch Lokalisierungstendenzen deutlich sichtbar. In Europa entwickelt sich die Europäische Union mehr und mehr zu einer politischen Union, in der die Regionen jedoch gestärkt werden sollen. Die Europäische Union verhandelt mit verschiedenen europäischen Staaten bezüglich eines Beitritts, während sich beispielsweise auf dem Balkan Kleinststaaten herausbilden. Multinationale Unternehmen bauen Kooperationsformen in einem Großteil der Länder der Welt auf, während - nur um wenige Beispiele zu nennen – in Nordirland, in Spanien, im Nahen Osten, in Indien, in Russland, in Indonesien, in Kanada, in Brasilien und in vielen afrikanischen Ländern Unabhängigkeits- bzw. Abspaltungsbestrebungen beobachtbar sind.

Zwischen den zunächst scheinbaren Gegensätzen[97] der Globalisierungs- und Lokalisierungstendenz existiert offensichtlich eine enge, interdependente Beziehung. Analog der übertriebenen Dichotomie zwischen mikro- und makroökonomischen Theorien hält ROBERTSON die Spannungsthese für falsch, dass zwischen Globalisierungs- und

---

94 SCHUBERT (1999), S. 56

95 Siehe McLUHAN und FIORE (1968).

96 Die Begriffe „*glocal*" und „*glocalization*" wurden bereits im Jahr 1991 in das Oxford Dictionary of New Words aufgenommen und als „*telescoping global and local to make a new blend*" beschrieben. Vgl. Oxford Dictionary of New Words (1991), S. 134.

97 BARBER bezeichnet die beiden Entwicklungen als gegensätzlich. Seiner Meinung nach existiert eine Spannung zwischen diesen Entwicklungsprinzipien. Vgl. BARBER (1992), S. 54.

Lokalisierungsprozessen negative Wechselwirkungen bestehen. Vielmehr zeigt der Globalisierungsprozess besondere lokale Wirkungen auf. Lokalisierungseffekte können sogar noch verstärkt werden. Erfolgreiche ökonomische und politisch-institutionelle Expansionsprozesse zeichnen sich gerade dadurch aus, dass diese Besonderheiten berücksichtigt werden.[98]

Zur Begriffsdefinition und –abgrenzung von „Globalisierung" im sozialwissenschaftlichen Kontext unterscheidet ULRICH BECK zwischen Globalismus, Globalität und Globalisierung. Globalismus bezeichnet demnach die Auffassung der Verdrängung bzw. Substitution des politischen Handelns durch den Weltmarkt. Diese Sichtweise reduziert einen vieldimensionalen Prozess auf die ökonomische Dimension. Ökologische, kulturelle, politische und zivilgesellschaftliche Ebenen bleiben unberücksichtigt.[99] Globalität sagt aus, dass wir uns bereits in einer „Weltgesellschaft" befinden, in der ökonomische, kulturelle und politische Vorstellungen aufeinandertreffen und eine Art Rechtfertigungswettbewerb zwischen den unterschiedlichen Formen existiert.[100]

Globalisierung selbst ist nach BECK ein dialektischer Prozess, „der transnationale soziale Bindungen und Räume schafft, lokale Kulturen aufwertet und dritte Kulturen" entstehen lässt.[101] Das explizite Merkmal des aktuellen Globalisierungsprozesses ist ein neues Maß an Dichte und Stabilität der transnationalen Beziehungsnetzwerke. Dies wird durch mediale Verknüpfungstechniken erst möglich. Trotz dieser überstaatlichen ökonomischen und sozialen Aktivitäten bleibt die Staatlichkeit und ihre Regierung national bestehen. Somit lässt sich die gegenwärtige Situation als „Weltgesellschaft ohne Weltstaat und ohne Weltregierung" bezeichnen.[102]

Hinsichtlich der Konvergenz der Kulturen entwickelte APPADURAI ein vieldimensionales Konzept der globalen Kulturökonomie,[103] das eindimensionale Ansätze der Vergangenheit – wie das *push-pull*-Modell der Migrationstheorie, traditionelle Handelsbilanzansätze und neo-marxistische Entwicklungskonzepte – in einem ganzheitlichen Ansatz integriert. Seine Theorie baut auf dem Konzept „imaginärer

---

98 Vgl. ROBERTSON (1995), S. 34-35.
99 Vgl. BECK (1997), S. 26.
100 Vgl. BECK (1997), S. 27-28.
101 BECK (1997), S. 30.
102 BECK (1997), S. 32
103 Vgl. APPADURAI (1990).

Welten" auf,[104] die er als Landschaften bezeichnet (*mediascapes, ideoscapes, ethnoscapes, finanscapes* und *technoscapes*), zwischen welchen starke Bindungen existieren.

- *Mediascapes* treten in erster Linie durch Bilder, Bildabfolgen und Symbole in Erscheinung, wodurch Sinnzusammenhänge verkürzt werden. Diese Landschaft steht in engem Zusammenhang mit den Kommunikationspotenzialen der Netzwerkökonomik.
- Unter *ideoscapes* wird der Bezug zu Ideologien von Staaten und Bewegungen verstanden. Sie bilden sich in der Regel aus Begriffen wie „Freiheit", „Rechte", „Souveränität" und „Demokratie".
- *Ethnoscapes* entwickeln sich aus den internationalen Wanderbewegungen der Menschen, wobei die Ursachen keine Rolle spielen.
- *Finanscapes* sind die virtuellen Netzwerkstrukturen zwischen Unternehmen(steilen) sowie deren Beziehungen (Kooperation und Konkurrenz), die über den „realen Markt" hinausgehen. Hier lassen sich Querverbindungen zu den erörterten *business to business*-Netzwerken ziehen.
- *Technoscapes* repräsentieren die Konfiguration und Bewegungen von Technologien, die Informations- und Geldströme ermöglichen.

Zwischen diesen Landschaften, die grundsätzlich eine „technologiegestützte Entörtlichung"[105] bedeuten, bestehen sowohl Wechselabhängigkeiten als auch Vorleistungsbeziehungen. Die Konvergenz der Kulturen schafft somit eine zutiefst fragmentierte, dezentrale Welt, in der die unterschiedlichsten Akteure wie Menschen, Nationalstaaten, Konzerne, Religionen oder nichtstaatliche Organisationen (NGO) interagieren.

Die nun zu erörternde Frage ist, welche Auswirkungen diese Entwicklung bzw. Fragmentierung in einer globalen Gesellschaft für den Bestand an Sozialkapital hat. Von den herkömmlichen Bedeutungen von Gemeinschaft und Nachbarschaft im Sinne von stabilen Beziehungen und damit auch einer stabilen Basis von Sozialkapital im PUTNAM'schen Sinn unterscheidet sich die Sichtweise von APPADURAI grundlegend, weil sie die Beziehungsinhalte und nicht die Alltagsinteraktionen beleuchtet. ALBROW schlägt in diesem Zusammenhang eine individuumszentrierte ***socioscape*** als Erweite-

---

104 APPADURAI baut hierbei auf den Begriff der „imaginären Gemeinschaften" auf, der von ANDERSON (1991) stammt.

105 GUGGENBERGER (1999), S. 81

rung zum oben genannten Konzept von APPADURAI vor.[106] Jedes Individuum ist demnach in unterschiedlicher Intensität in soziale Netzwerke eingebunden, die sich ihrerseits in Zielsetzung und Ausdehnung in extremer Weise voneinander unterscheiden. Diese Netzwerke sind jedoch keine Gemeinschaften im Sinne TÖNNIES',[107] sondern stellen lediglich eine Art temporär begrenzten Berührungspunkt dar.[108] Trotzdem bildet jedes Individuum gleichsam einen lokalen Berührungspunkt von seiner Sozialsphäre zur realen Welt. In der Lokalität überkreuzen sich die Beziehungslinien der sozialen Netzwerke, auch wenn diese Relationen von der Lokalität weitgehend unberührt bleiben.[109]

PUTNAMs Indikatoren für Sozialkapital müssten demnach in der Netzwerkökonomik modifiziert werden, da ein Sinken von Vereinsmitgliedschaften in einer Volkswirtschaft dann nicht unbedingt mit einer Bestandsreduzierung von Sozialkapital gleichzusetzen ist. Vielmehr wird die Sozialkapitalbestandsentwicklung von den Veränderungen der sozialen Verpflichtungen und der Treuewahrscheinlichkeiten zwischen den Akteuren abhängen. Inwieweit die Gesellschaft der Netzwerkökonomik fähig sein wird, entsprechende Steuerungs- und Kontrollmechanismen zu entwickeln, ist zwar anzunehmen, da die Sozialverbände dieses Ziel stets erreicht haben. Wie jedoch der „Zement der Gesellschaft" aussehen wird, d.h. wie soziale Verpflichtungen in einer kommunikationsorientierten Gesellschaft aufgebaut werden, ist zur Zeit nicht prognostizierbar. Sehr wahrscheinlich ist, dass es gesellschaftliche Interaktionsregeln bzw. -normen sind, die zu einem Großteil aus vergangenen Entwicklungsstadien der Gesellschaft stammen.

In diesem Zusammenhang sind die ***industrial districts*** als *„networks of place"*[110] zu nennen. Die im weiteren Verlauf der Untersuchung wiederholt als Referenz für die sozialkapitaltheoretische Argumentation dienen.[111] Hierbei stehen kleine, dezentrale

---

106 Vgl. ALBROW (1997), S. 51.

107 Siehe TÖNNIES (1887).

108 Siehe Unterabschnitt 4.5.3.

109 Vgl. ALBROW (1997), S. 52-53.

110 POWELL und SMITH-DOERR (1994), S. 385

111 Das Konzept der *industrial districts* geht auf MARSHALL (1919) zurück. Danach geriet diese Form der Wirtschaftskoordination nahezu in Vergessenheit. Seit Beginn der 1980er Jahre gewinnt dieses Konzept in abgewandelter Form wieder Interesse in den Wirtschaftswissenschaften. Es stehen insbesondere lokal begrenzte Industriezonen im Mittelpunkt des Interesses, die vorwiegend aus Kleinbetrieben bestehen. Beobachtet wurde hierbei, dass derartige Regionen eine erfolgreiche Bilanz hinsichtlich Beschäftigungs- und Innovationsökonomie aufweisen können. Darüber hinaus zeichnen sich die *industrial districts* durch ein hohes Lohnniveau – trotz Wettbewerbsdruck – und durch eine Schlüsselstellung für die regionale Entwicklung aus. Vorbildlich werden in diesem Zusammenhang die italienischen Regionen im Herzen der Toskana und die Emilia

Produzenten in einer sozialen Beziehung zueinander. Durch vertrauensbasierte Kooperationen zwischen den Akteuren der Angebotsseite erhalten die Regionen durch *economies of scope* – statt durch economies of scale wie bei großen Unternehmen – relative Wettbewerbsvorteile.[112] Die *industrial districts* beruhen auf historisch gewachsenen Sozialstrukturen, die zum Teil hierarchischer Natur sind und sich aus einer spätfeudalen-frühindustriellen Entwicklungsphase der italienischen Ökonomie entwickelt haben.

### 4.5.3 Netzwerkökonomische Auswirkungen auf Gemeinschaften

Wie bereits in Abschnitt 4.1 erörtert, bildet die Netzwerkökonomik eine Vielzahl von virtuellen Gemeinschaften und Beziehungen heraus. Im Hinblick auf die sozialkapitaltheoretische Sichtweise der vorliegenden Untersuchung stellt sich dabei die Frage, ob oder inwieweit die sozialen Kontakte der ***virtual communities***[113] als Sonderform der *socioscape* die Bildung von Sozialkapital fördern. Für die Funktionsfähigkeit einer virtuellen Gemeinschaft von Bedeutung ist der Organisationsaufbau in Form von Rollen und Rechten, die Organisationsprozesse in Form von Interaktionen und Informationsflüssen sowie die Normsetzung und Normdurchsetzung.

Zunächst werden insbesondere virtuelle Gemeinschaften untersucht, die auf der Marktnachfrageseite existieren und unter Umständen *consumer to consumer*-Netzwerken generieren oder als solche fungieren – ein Tatbestand, den COLEMAN im sozialkapitaltheoretischen Kontext als übereignungsfähige Organisationen bezeichnet.[114] Virtuelle Gemeinschaften lassen sich auch mit herkömmlichen Vereinsnetzwer-

---

Romagna genannt. Außerhalb Italiens wird unter anderem immer wieder Baden-Württemberg als *industrial district* bezeichnet. Siehe u.a. BECATTINI (1978), BRUSCO (1982 und 1990), PIORE und SABEL (1984) sowie BECATTINI, PYKE und SENGENBERGER (1990).

112 Vgl. u.a. BECATTINI (1978), BRUSCO (1982), SABEL und ZEITLIN (1985) sowie HERRIGEL (1990).

113 DYSON (1997) definiert den *community*-Begriff als Beziehungsnetz. FERNBACK und THOMPSON (1995) gehen darüber hinaus, indem sie Gemeinschaften eine Komplexität auf der Basis eines institutionellen Rahmens und gemeinsamen Zielvorstellungen auf moralischer Grundlage zuweisen. Dieser Sichtweise wird in der vorliegenden Untersuchung prinzipiell entsprochen. In der SCHULER'schen Systematik von Gemeinschaftsformen können virtuelle Gemeinschaften entweder Interessengemeinschaften oder der Zusammenhalt von Gruppenmitgliedern durch ein Gemeinschaftsgefühl sein. Vgl. SCHULER (1996). Diese Sichtweise widerspricht somit der Perspektive DRUCKERs, der die „Organisation" unter anderem von der „Gemeinschaft" abgrenzt, weil sie auf keiner „biologischen Notwendigkeit" beruht. Vgl. DRUCKER (1993), S. 77.

114 Siehe Unterabschnitt 2.3.4.

ken vergleichen, die in PUTNAMs sozialkapitaltheoretischem Konzept eine zentrale Rolle spielen. Durch die netzwerkökonomischen Kommunikationsweisen findet eine Dishierarchisierung statt. Die (vermeintlich) horizontalen Beziehungen sind demnach die Interaktionspotenziale, in welchen gegenseitige Verpflichtungen entstehen und in denen die Akteure den Anreiz besitzen, vor einer Kontaktaufnahme in ihre eigene Reputation zu investieren, um sich geeignete Kooperations- oder Austauschpartner auswählen zu können.

Nach PUTNAMs These hängt die Bestandsminderung des sozialen Kapitals in den USA in erster Linie von den sinkenden Vereinsmitgliederzahlen ab.[115] Doch der Aufbau sozialer Kontakte in Vereinen wird in der Netzwerkökonomik mehr und mehr durch die Expansion virtueller Gemeinschaften kompensiert, so dass sich die Frage nach der Sinnhaftigkeit des PUTNAM'schen Sozialkapitalindikators stellt.

Das **Interaktionsbedürfnis** der Menschen, sich mit anderen zu verbinden, die sich in einer ähnlichen Lebenssituation befinden sowie das Bedürfnis Informationen auszutauschen und Probleme zu diskutieren, erfährt durch die digitalen und globalen Kommunikationsstrukturen der Netzwerkökonomik für nahezu jede Interessendimension eine Befriedigung in der Bildung virtueller Gemeinschaften. Jede Gemeinschaft bildet in der Regel eine eigene Agenda, eigene Gewohnheiten und Interaktionsprozesse heraus. Diese virtuellen Sphären sind mit den *socioscapes* von ALBROW vergleichbar.[116]

Auf der Mikroebene sind durch die modernen Informations- und Kommunikationstechnologien soziale Handlungen möglich, die neue Beziehungstypen hervorrufen. Ökonomische Ziele werden durch veränderte ökonomische und technologische Wirkungszusammenhänge neu definiert. Allerdings hat sich in Internetgemeinschaften als Verhaltenskodex die so genannte *netiquette* herausgebildet. Verstöße gegen Normen wie Meinungsunterdrückung, persönliche Angriffe, antisoziales Verhalten und Vorgabe falscher Identitäten werden sowohl vom Betreiber der virtuellen Gemeinschaft als auch von den Mitgliedern geahndet.

Virtuelle Gemeinschaften bilden Rituale heraus, um gemeinschaftsförderndes Verhalten zu belohnen und gegenteilige Handlungsweisen zu sanktionieren.[117] Hierdurch werden sowohl Treuewahrscheinlichkeiten erhöht als auch Interaktionen gepflegt, was zu gegenseitigen Verpflichtungsempfindungen führen kann. Virtuelle

---

115 Siehe Unterabschnitt 2.3.2.

116 Siehe Unterabschnitt 4.5.2.

117 Vgl. HEUSER (1996), S. 128.

Gemeinschaften, in denen dieser Verhaltenskodex greift, bilden demnach Sozialkapital. Gleichzeitig besitzen die Gemeinschaftsmitglieder durch die Meinungsfreiheit einen hohen Handlungsspielraum.

RHEINGOLD ist in diesem Zusammenhang der Überzeugung, dass virtuelle Gemeinschaften Menschen auf eine Weise zusammenbringen, die einen längst fälligen sozialen Wandel hin zu mehr selbstorganisierter, gegenseitiger Hilfe abseits staatlicher Verordnungen fördern.[118] Auch dieser Lerneffekt bedeutet ein höheres Potenzial an Sozialkapital.

Die **Virtualisierung der Gemeinschaft** und der Organisationen mittels moderner Informations- und Kommunikationstechnologien ermöglichen die Gemeinschaftsbildung über weite Distanzen hinweg.[119] Neben den kommunikativen Interaktionen findet auch eine Wertehomogenisierung in den einzelnen virtuellen Gemeinschaften statt. Dabei können zu diesen Gemeinschaften auch Mitglieder aus unterschiedlichen Kulturkreisen zählen. Die Mitglieder globaler virtueller Gemeinschaften müssen aufgrund ihrer unterschiedlichen kulturellen Herkunft eine Umstrukturierung von Wertebündeln vornehmen. Hierdurch wird der Wertewandelprozess beschleunigt, der bereits vor der Expansion netzwerkökonomischer Rahmenbedingungen entstanden ist.[120]

Die Präferenzen der Konsumenten ändern sich u.a. durch den Wertewandel. Aus virtuellen Gemeinschaften – insbesondere im Sinne von Interessengemeinschaften – können sich aufgrund ähnlicher Präferenzen und Konsumgewohnheiten leicht *consumer to consumer*-Netzwerke herausbilden. Interessengemeinschaften, die sich auf der Basis gemeinsamer Freizeitziele gebildet haben, können ihre Erfolgsfaktoren auf ökonomische Interessen übertragen.[121] Virtuelle Gemeinschaften erfüllen vor diesem Hintergrund eine dynamische Allokationsfunktion.

Im Gegensatz zum *broad casting* der herkömmlichen Massenmedien, in denen ein Sender vielen Empfängern gegenübersteht, handelt es sich bei den virtuellen Gemein-

---

118 Vgl. RHEINGOLD (1993). Dabei wird von der Technik der virtuellen Realität wie Immersion, Multidimensionalität, Multisensorik und Begehbarkeit virtueller Räume abstrahiert. Zur Erläuterung dieser Eigenschaften siehe BÜHL (1997), S. 50.

119 Siehe Unterabschnitt 4.5.2.

120 Die Zielsetzung der Einkommensmaximierung verschiebt sich zur Einkommensoptimierung. Der Grund liegt in erster Linie im zunehmenden Pro-Kopf-Einkommen durch Erbe und Vermögensbildung. Nach HEHENBERGER würden im Jahr 2000 in Deutschland ca. 130 Mrd. DM vererbt und ca. 95 Mrd. DM Erlebnisversicherungen ausgeschüttet. Vgl. HEHENBERGER (1995), S. 47.

121 Dies entspricht der Übertragung sozialer Kompetenzen des bürgerschaftlichen Engagements auf die Leistungsfähigkeit einer Demokratie bei PUTNAM.

schaften der Netzwerkökonomik um ***net casting***.[122] Das heißt, es findet ein überwiegend horizontaler Informations- und Wissensaustausch von einer Vielzahl von Sendern an eine Vielzahl von Empfängern statt, der in eine soziale (virtuelle) Umgebung eingebettet ist. Durch kommunikative Austauschprozesse entstehen gegenseitige Verpflichtungen. Bei der Bewertung der ausgetauschten Informationen spielt die Reputation von Akteuren eine Rolle. Da über die Treuewahrscheinlichkeit eines potenziellen Austausch- oder Kooperationspartners ebenfalls Informationen eingeholt werden, und da in virtuellen Gemeinschaften gemeinschaftsbildende Normen existieren, ist eine grundsätzliche Erhöhung der Markttransparenz beobachtbar. Durch Vorabinformationen werden tendenziell jene Güter und Leistungen von den Austauschpartnern ausgewählt, die den Nutzerpräferenzen eher entsprechen. Dadurch erhöht sich nach Ansicht des Sachverständigenrats die Konsumentensouveränität.[123]

### 4.5.4 Netzwerkökonomische Auswirkungen auf Vertrauen und Reputation

Wie bereits erörtert, besitzt die Netzwerkökonomik ein hohes Potenzial zur Herausbildung neuer Organisations- und Institutionsformen. Auch wenn innovative Handelsplattformen geschaffen werden und Marktzutrittsbarrieren in erster Linie von der Zeitstrategie eines Unternehmens abhängig sind, existieren dennoch Grenzen für die Entwicklung neuer ökonomischer und sozialer Austauschprozesse. Die digitalen Netzwerke stellen eine Komponente kommunikativer Kapazität einer Volkswirtschaft dar. Der Auslastungsgrad dieses Wirtschaftsfaktors zur Wissens- und Informationsdiffusion ist jedoch abhängig von der Fähigkeit der Gesellschaftsmitglieder zur Knüpfung sozialer Kontakte und zur Reorganisationsfähigkeit sowie vom Vertrauensniveau innerhalb virtueller Gemeinschaften. Das Vertrauensniveau besteht in erster Linie in der Einschätzung der Vertrauenswürdigkeit des potenziellen Kooperationspartners. Vertrauen ist auf der einen Seite das konstituierende Element der virtuellen Kooperati-

---

122 Vgl. BONCHEK (1997), HEHENBERGER (1995) sowie BLANCHARD und HORAN (2000).

123 Vgl. Sachverständigenrat (2000), S. 182. Allerdings sind an dieser Stelle auch negative Auswirkungen der Bildung von virtuellen Gemeinschaften zu nennen: Die Akteure empfinden einen zunehmenden Zeitdruck, obwohl die Kommunikations- und Informationsnetzwerke eine Zeitersparnis bedeuten. Der Grund liegt darin, dass nahezu sämtliche Ressourcen außer der Zeit vermehrbar und lagerbar bzw. flexibel einsetzbar sind. Dadurch wird die Zeit zum Engpassfaktor vieler Aktivitäten. Doch Zeit ist gerade für die Bildung von Sozialkapital nicht substituierbar.

on und auf der anderen Seite der zentrale Engpassfaktor im Hinblick auf die Nutzung der netzwerkökonomischen Potenziale.[124]

Beim Aufbau einer virtuellen Kooperationsbeziehung, die aufgrund sozialer Verpflichtungen entsteht, werden im Vergleich zu *face to face*-Interaktionen physio-sensorielle Merkmale des potenziellen Kooperationspartners nicht als Reputationsindikatoren herangezogen.[125] Diese zweite Determinante der Sozialkapitalbildung erfährt demnach durch die netzwerkökonomisch bedingte Veränderung der Kommunikationsprozesse eine besondere Bedeutung, da sie einen Engpassfaktor darstellt. Insbesondere durch den Austausch von Informationen über Erfahrungsgüter und Reputationen zwischen den Akteuren sowie durch die wirtschaftliche Notwendigkeit zu kooperativem Handeln der Angebotsseite, ist die spontane Knüpfung von sozialen und ökonomisch orientierten Beziehungen erforderlich. Aufgrund des hohen Investitionsrisikos vonseiten der Produzenten und wegen des kommunikativen Austausches von Informationen über Erfahrungsgüter auf der Nachfrageseite, ist die Einschätzung der Treuewahrscheinlichkeit des Kooperations- bzw. Austauschpartners von großer Bedeutung.

Die **Reputation** stellt dabei den entscheidenden Faktor zur Bestimmung der Treuewahrscheinlichkeit dar. Deshalb steht die Ermittlung der Identität des Akteurs[126] und von reputationsrelevanten Informationen im Mittelpunkt der Sozialkapitalbildung in der Netzwerkökonomik. In der Netzwerkökonomik existieren mit (a) der gegenseitigen Bewertung von Interaktionspartnern, (b) den Meinungsbörsen und (c) den Beziehungsnetzwerken drei Grundkonzeptionen zur Signalisierung von Reputation.[127]

(a) Ein Reputationsaufbau von potenziellen Transaktionspartnern wird in erster Linie bei Tauschplattformen und *online*-Auktionshäusern vorgenommen. Die Akteure werden durch Transaktionspartner bewertet. Eine entsprechende Statistik ist für alle weiteren Akteure einsehbar. Je mehr Transaktionen ein Akteur zur Zufriedenheit seiner Partner durchgeführt hat, um so besser wird der Akteur bewertet. Dadurch gewinnt dieser Akteur an Reputation. Potenzielle Transaktionspartner schätzen diesen Akteur folglich als vertrauenswürdig ein. Die Beziehung besitzt demnach Sozialkapital. Die Bewertung des Akteurs durch tatsächliche Transaktions-

---

124 Vgl. REICHWALD et al. (2000) sowie KOCH, MÖSLEIN und WAGNER (2000), S. 69.

125 Siehe Unterabschnitt 4.5.1.

126 Insbesondere die Wahl einer bestimmten Internet-Domäne erlaubt das Vortäuschen einer falschen Identität. Beispiele hierfür sind die Wahl einer Domäne, die ähnlich klingt, wie die eines anderen Anbieters, und durch Tippfehler beim Abrufen des Seiteninhalts häufig erreicht wird sowie das so genannte *web spoofing*, wodurch Verweise durch Fälschung zu anderen Internet-Seiten umleiten. Vgl. FELTEN et al. (1997) sowie SCHUBERT (1999), S. 61.

127 Vgl. KOCH, MÖSLEIN und WAGNER (2000), S. 75-79.

partner bildet immer dann Sozialkapital, wenn die Vertrauenswürdigkeit des Akteurs steigt, d.h. wenn die vorgenommene Bewertung höher ist als der bisherige Durchschnitt der vergangenen Bewertungen durch Tauschpartner.[128]

Diese Sicherung der Identifikation und die Bewertung der Treuewahrscheinlichkeit sind eine soziale Maßnahme, die jedoch ein Mindestmaß an Reputation der Organisation voraussetzt, die diese Bewertungen verwaltet und veröffentlicht. In der Systematisierung von SALAM, RAO und PEGELS, die zwischen Ratgebern, Garanten und Unternehmen als Vertrauensintermediären unterscheiden, spielt demnach der Netzwerkorganisator als Garant die entscheidende Rolle.[129]

(b) Das Ziel von *online*-Meinungsbörsen ist die Bewertung von Waren und Dienstleistungen. Damit wird nicht zwingend die Reputation des potenziellen Transaktionspartners, sondern im Fall der Warenbewertung die Reputation des Herstellers beeinflusst. Allerdings wird die Reputations- bzw. Vertrauenswürdigkeitsproblematik auf die Meinungsgeber als Informationsintermediäre verschoben.[130]

(c) Die Methode der Beziehungsnetzwerke zielt nicht auf das Sammeln von Güter- oder Akteursbewertungen ab, sondern sucht nach Akteuren, die zu zwei potenziellen Transaktionspartnern eine soziale Beziehung besitzen. Durch eine Befragung dieses sozialen Intermediärs über die Vertrauenswürdigkeit der Partner steht die Informationsvermittlung und deren Voraussetzung der Schließung des Netzwerks im Vordergrund dieser Konzeption.[131] Die *„missing actors"* schließen Vertrauenslücken und fördern die Bildung von Sozialkapital. Im Gegensatz zu den oben beschriebenen Informationsintermediären sind die Informationsleistungen dieser *missing actors* ein Kuppelprodukt ihres eigentlichen Produktionszwecks. Aus diesem Grund ist die Reputation dieser Akteure hinsichtlich der gefragten Information höher als bei unternehmerischen Vertrauensintermediären.[132]

Das Vertrauen in den Geschäftspartner hängt damit zum größten Teil vom Vertrauen in die Träger von Informationen über diesen Akteur ab. Gleichzeitig kommt dem

---

128 Das Online-Auktionshaus Ebay (http://www.ebay.de) erlaubt diese Bewertungsmethode.

129 SALAM, RAO und PEGELS (1998; S. 336) vergleichen die Reputationswirkung der Garanten mit dem des „institutionellen Vertrauens".

130 Unter http://www.dooyoo.com ist eine entsprechende Meinungsbörse zu finden.

131 KAUTZ, SELMAN und SHAH (1997a und 1997b) nennen diese Konzeption ReferralWeb. Sie ist unter http://www.cs.washington.edu/homes/kautz/referralweb (Stand Mai 2001) zu erreichen.

132 Dieser Vergleich zielt auf die Unterscheidung von SALAM, RAO und PEGELS (1998) hinsichtlich „Ratgebern" und „Unternehmen" als Intermediäre ab.

Vertrauensniveau in das netzwerkökonomische Medium selbst eine hohe Bedeutung zu.[133]

Die Bildung von Sozialkapital in der Netzwerkökonomik beruht demnach auf der Vertrauenswürdigkeit von jenen Akteuren, welche die Reputation des Mediums sichern, auf der Reputation der Leistungsanbieter (*content*, *commerce*, *context* und *connection*) sowie auf der Reputation der Informations- und Vertrauensintermediäre, die Informationen über die Vertrauenswürdigkeit von Akteuren und Leistungen besitzen.

Vertrauen zwischen den Akteuren von sozialen einschließlich ökonomischen Netzwerken bzw. Reputation von Anbietern – oder allgemein von den Vertrauensvorschussgebern – ist eine notwendige Voraussetzung für die Funktionsfähigkeit der Netzwerkökonomik und gleichzeitig ein **Engpassfaktor**. Die Netzwerkökonomik erlaubt soziale Bindungen und Marktbeziehungen zwischen Akteuren, die sich nicht kennen und nicht sehen. Diese Form der Interaktion existierte zwar bereits vor dem Aufkommen digitaler Kommunikationsnetzwerke, allerdings haben Netzwerke wie das Internet den Bedarf an Systemvertrauen und die Frage der Reputation auf ein neues qualitatives Niveau gehoben. Über ein Medium wie das Internet ist ein Vertrauensaufbau grundsätzlich schwieriger als in „realen" sozialen Netzwerken. Dies liegt auch an der Erfahrungseigenschaft der Informationsgüter, die übertragen und ausgetauscht werden. Die Problematik dieser Güter besteht darin, dass ihr Wert vor ihrem Erwerb unbekannt ist, gleichzeitig jedoch die Zahlungsbereitschaft nach Erhalt des Informationsinhaltes gleich Null ist, da die Information dann bereits bekannt ist und verwendet werden kann. Beide Partner müssen demnach einen Vertrauensvorschuss leisten. Der Informationsempfänger baut auf die Zusage des Informationsgebers, dass er durch die Information einen (Zusatz-)Nutzen erhält. Dieser kann in inhaltlicher oder zeitlicher Hinsicht existieren. Gleichzeitig vertraut der Informationsgeber darauf, dass der Informationsempfänger seinen Zahlungsverpflichtungen nachkommt, obwohl er nach Erhalt der Informationsleistung in der Regel nicht mehr durch Leistungsausschluss in Form von Leistungsrückgabe sanktioniert werden kann.

---

133 Dabei ist der Schutz vor Lauschangriffen, der Passwortschutz sowie die Verhinderung von Datenmanipulation zu nennen. Vgl. BHIMANI (1996).

## 4.6 Zwischenfazit

Die Kommunikationsnetzwerke der Netzwerkökonomik besitzen grundsätzlich das Potenzial zur Erleichterung der sozialen Kontaktknüpfung und -pflege. Aber die Interaktionswahl hängt – wie in realen sozialen Netzwerken – von der Treuewahrscheinlichkeit der Akteure ab. Diese wird jedoch in virtuellen Kontakten in der Regel auf eine Weise ermittelt, bei der die Reputation der Akteure eine wesentliche Rolle spielt. Die Gesellschaft erfährt durch die Zunahme virtueller Gemeinschaften einerseits eine zunehmende Vernetzung, andererseits ist die Qualität der ausgetauschten Güter durch die Netzwerkökonomik nicht *per se* gewährleistet. Es sind soziokommunikative Strategien notwendig, um das vorhandene technologische Netzwerk in effizienter Form nutzen zu können. Besitzt die Netzwerkökonomik nicht die Leistungsfähigkeit, durch Reputationssignale die Treuewahrscheinlichkeitseinschätzungen zwischen den Akteuren positiv zu beeinflussen, so kommt es zu Vertrauenslücken, die mit den in Kapitel 3 erörterten Beziehungslücken in fragmentierten Gesellschaftsstrukturen vergleichbar sind.

# 5 Netzwerkökonomische Wirkungsmechanismen von Sozialkapital

*„One can plausibly maintain that most of the world's backwardness can be explained by the lack of mutual trust."*

*Kenneth Arrow*[1]

In den Kapiteln 2 und 3 wurden die sozialkapitaltheoretischen Grundlagen für die Untersuchung der Wirkungsmechanismen des Sozialkapitals auf makroökonomische Größen einer Volkswirtschaft gelegt. Mit Hilfe des Drei-Ebenen-Modells lassen sich direkte und indirekte Effekte der tatsächlichen Handlungen zwischen den Akteuren als Ausdruck dieser Kapitalform auf das Wirtschaftswachstum, die Beschäftigung, die Ressourcenallokation und die Einkommensverteilung analysieren.

Die **wachsende Bedeutung der netzwerkökonomischen Zusammenhänge**, die im vorangegangenen Kapitel erläutert wurden, bilden die Basis für die Untersuchung der sozialkapitaltheoretischen Wirkungsmechanismen. Die Verknüpfung der sozialkapitaltheoretischen Wirkungsmechanismen mit der Netzwerkökonomik in diesem Kapitel setzt sich zum Ziel, netzwerkökonomische Zusammenhänge als Grundlage für die sozialkapitaltheoretische Perspektive zu ziehen. Darüber hinaus dient die Netzwerkökonomik als Ergänzung der herkömmlichen wirtschaftswissenschaftlichen Sichtweise. Hierfür gibt es zwei wesentliche Gründe: Erstens wird die Berücksichtigung netzwerkökonomischer Zusammenhänge dem Anspruch gerecht, realitätsnahe Studienergebnisse zu erlangen. Zweitens sind aktuelle Entwicklungen hinsichtlich der Aussagekraft von Prognosen zu berücksichtigen. Die politischen Implikationen, die in Kapitel 6 erörtert werden, sind aufgrund des hohen Zeitbedarfs bei der Sozialkapitalbildung langfristig orientiert. Aus diesem Grund dürfen aktuelle volkswirtschaftliche Entwicklungen und Trends jedoch nicht vernachlässigt werden, wenn die Formulierung von Handlungsanweisungen für die politischen Entscheidungsträger erfolgversprechend sein sollen.

---

1 ARROW (1972), S. 343.

## 5.1 Wachstumswirkungen der Sozialkapitalbildung

Eine zentrale Herausforderung der ökonomischen Wachstumstheorie ist die Identifikation der Wachstumsdeterminanten.[2] In den Kapiteln 2 und 3 wurde bereits gezeigt, dass Sozialkapital neben Humankapital, Sachkapital und technischem Fortschritt eine zentrale Wachstumsdeterminante ist.[3] Nach dieser Identifikation wird im Folgenden erörtert, auf welche Weise Sozialkapital in entsprechende Wachstumsmodelle plausibel eingebunden werden kann.[4]

Empirisch ist die Analyse der Wirkungsrichtung und -stärke des Sozialkapitals auf das ökonomische Wachstum nicht eindeutig, wie die Vielzahl von Kritikpunkten am PUTNAM'schen Ansatz in Unterabschnitt 2.3.2 in dieser Hinsicht gezeigt hat. Es wurden in der Vergangenheit teilweise widersprüchliche Ergebnisse festgestellt: Während HELLIWELL und PUTNAM in italienischen Regionen eine positive Korrelation zwischen Sozialkapital im PUTNAM'schen Sinne[5] und Wirtschaftswachstum feststellen,[6] hält dieses Ergebnis den empirischen Regionalstudien von HELLIWELL über kanadische und US-amerikanische Regionen nicht stand.[7] Ein zentraler Grund hierfür ist die Tatsache, dass Sozialkapital stark in die kulturellen und konzeptionell schwierig erfassbaren gesellschaftlichen Dimensionen einer Volkswirtschaft eingebunden ist. Allerdings sind regionale Wachstumsraten aufgrund der binnenwirtschaftlichen Verflechtungen und interregionalen Umverteilungsmaßnahmen häufig nicht aussage-

---

2 Vgl. TEMPLE (2000), S. 32.

3 Insbesondere sind hierzu empirische Studien zu nennen, die bereits in Unterabschnitt 2.3.2 aufgeführt wurden. Darüber hinaus weist FUKUYAMA (siehe Unterabschnitt 2.3.3) mit Hilfe seines kulturökonomischen Ansatzes auf die Bedeutung des sozialen Kapitals für die Wettbewerbsfähigkeit einer Volkswirtschaft und damit deren ökonomischen Wachstumschancen hin. Im Drei-Ebenen-Modell des Kapitels 3 wurden dabei die ökonomischen Wirkungen des Sozialkapitals systematisiert. Siehe hierzu insbesondere Abschnitt 3.4.

4 Während die traditionellen ökonomischen Wachstumstheorien, sei es in neoklassischen Gleichgewichtsmodellen mit Stabilitätsoptimismus – siehe v.a. SOLOW (1956), SWAN (1956) und MEADE (1961) – oder in postkeynesianischen Modellen mit Stabilitätspessimismus – siehe v.a. HARROD (1939 und 1948) – grundsätzlich die Rate des Wirtschaftswachstums exogen erklären, setzt sich die Neue Wachstumstheorie die Endogenisierung des technischen Fortschritts und der ökonomischen Wachstumsrate zum Ziel. In der traditionellen Wachstumstheorie wird zwar die Wachstumsrate der Bevölkerung an die Entwicklung der Subsistenzlöhne (NIEHANS, 1963) oder an die Kapitalakkumulation (STEINMANN, 1974) geknüpft. Der technische Fortschritt bleibt jedoch eine exogene Determinante des Wirtschaftswachstums. SEITER (1997) gibt zur Entwicklung der Neuen Wachstumstheorie einen ausführlichen Überblick. Vgl. auch STOLPE (1992) sowie SCHNEIDER und ZIESEMER (1995).

5 Vgl. auch Unterabschnitt 2.3.2.

6 Vgl. HELLIWELL und PUTNAM (1995).

7 Vgl. HELLIWELL (1996).

kräftig. Deshalb ist eine Untersuchung von Volkswirtschaften auf makroökonomischer Ebene in diesem Zusammenhang sinnvoller.

KNACK und KEEFER entscheiden sich für folgende Vorgehensweise: Sie untersuchen den empirischen Zusammenhang zwischen dem generellen Vertrauensniveau als ein zentrales sozialkapitaltheoretisches Phänomen und der ökonomischen Wachstumsrate.[8] Aus den Daten der beiden *World Value Surveys* von 1981 und 1990 ermitteln KNACK und KEEFER das jeweilige Vertrauensniveau eines OECD-Landes. Die Ergebnisse werden in Tabelle 5-1 dargestellt. Das Vertrauensniveau wurde per Umfrage ermittelt. Die entsprechende Fragestellung lautet: „Allgemein gesprochen, würden Sie sagen, dass den meisten vertraut werden kann, oder dass man beim Umgang mit den Menschen nicht vorsichtig genug sein kann?"[9]

**Tabelle 5-1: Generelles Vertrauensniveau in OECD-Ländern**

| Land | Vertrauens-niveau in Prozent | Land | Vertrauens-niveau in Prozent |
|---|---|---|---|
| Norwegen | 61,2 | Irland | 40,2 |
| Finnland | 57,2 | Korea | 38,0 |
| Schweden | 57,1 | Spanien | 34,5 |
| Dänemark | 56,0 | Österreich | 31,8 |
| Kanada | 49,6 | Belgien | 30,2 |
| Australien | 47,8 | Deutschland | 29,8 |
| Niederlande | 46,2 | Italien | 26,3 |
| USA | 45,4 | Frankreich | 24,8 |
| Großbritannien | 44,4 | Portugal | 21,4 |
| Schweiz | 43,2 | Mexiko | 17,7 |
| Island | 41,6 | Türkei | 10,0 |
| Japan | 40,8 | | |

Quelle: KNACK und KEEFER (1997), S. 1268

Bei der Untersuchung der entsprechenden ökonomischen Wachstumsraten wurde für den Zeitraum von 1980 bis 1992 folgender Zusammenhang festgestellt: Ein um zehn Prozentpunkte höheres Vertrauensniveau korrespondiert mit einer um 0,8 Prozent-

8 Vgl. KNACK und KEEFER (1997).

9 Vgl. KNACK und KEEFER (1997); eigene Übersetzung.

punkte höheren Wachstumsrate des Bruttoinlandsprodukts.[10] Damit ist eine Regressionsfunktion ableitbar, wie sie in Gleichung (22) und in Abbildung 5-1 dargestellt wird.

$$(22) \qquad \gamma_Y = 0{,}08T + b$$

Die Rate des Wirtschaftswachstums $\gamma_Y$ hängt linear vom relativen Niveau des generellen Vertrauens $T$ – ausgedrückt in Prozent[11] – ab. Der Lageparameter $b$ kennzeichnet die ökonomische Wachstumsrate ohne Existenz eines generellen Vertrauens. Der Parameterwert ist realistischerweise negativ.[12] Inwieweit sich dieser lineare Zusammenhang auch bei sehr hohem und sehr niedrigem Vertrauensniveau rechtfertigen lässt, ist allerdings spekulativ. Jedoch lässt sich der sozialkapitaltheoretische Aspekt des Vertrauens eindeutig als Wachstumsfaktor identifizieren. Dieser Zusammenhang wird im Folgenden auf der Theorie-Ebene zu erörtern sein.

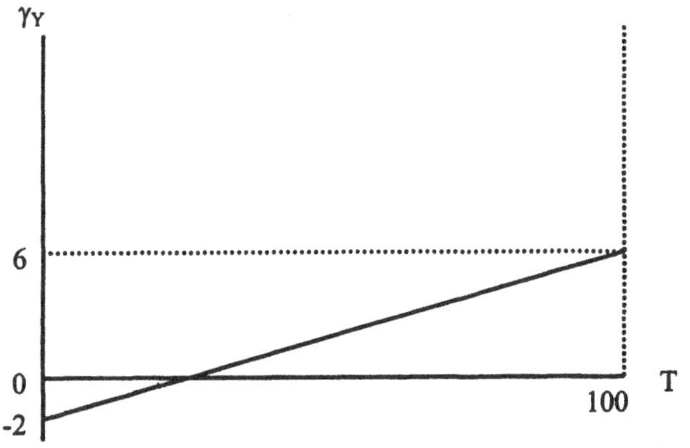


**Abbildung 5-1: Vertrauen und Wirtschaftswachstum**

Quelle: eigene Darstellung

---

[10] Vgl. KNACK und KEEFER (1997), S. 1260. Die Signifikanzkriterien sind nach Aussage der Autoren erfüllt.

[11] Die Variable $T$ kann daher einen maximalen Wert von 100 und einen minimalen Wert von 0 annehmen.

[12] Dieses Ergebnis ermitteln auch ZAK und KNACK (2001; S. 308-309) in ihrer *cross country*-Analyse.

Für die vorliegende Untersuchung der sozialkapitaltheoretischen Wirkungsmechanismen im netzwerkökonomischen Wachstumsprozess sind insbesondere drei Aspekte der Neuen Wachstumstheorie relevant.[13] Diese Aspekte werden im Folgenden überblickend genannt, um danach in den folgenden Unterabschnitten diskutiert zu werden.

(a) Wesentlich für die Einbindung des Sozialkapitals in die Wachstumsmodelle ist zumindest eine **partielle Nichtrivalität** in der Nutzung von Produktionsfaktoren. Analog zum Grundlagenwissen besitzt auch Sozialkapital die Eigenschaften eines quasi-öffentlichen Gutes. Träger dieser Kapitalform kann niemals ein Akteur allein sein. Vielmehr basiert Sozialkapital stets auf sozialen Beziehungen bzw. Interaktionen zwischen einzelnen Akteuren.

(b) Auf der Meso-Ebene produzieren Unternehmen und andere soziale Organisationen zwar mit sinkenden Grenzerträgen des Kapitals und mit konstanten Skalenerträgen. Werden jedoch zwischen den Unternehmen bzw. zwischen einem Unternehmen und dem Nutzerkreis der Produkte (*business to consumer*-Netzwerk) **positive externe Effekte** bzw. Netzwerkexternalitäten erzeugt, so entstehen in der makroökonomischen Produktionsfunktion steigende Skalenerträge.[14]

(c) Des Weiteren ist **technologischer und organisatorischer Fortschritt** ohne Interaktionen und Kommunikation der Akteure nicht denkbar, da ansonsten keine Externalitäten bei der Humankapitalbildung existieren. Diese Externalitäten sind jedoch ein wesentliches Element in der Neuen Wachstumstheorie. Die kommunikativen Austauschprozesse können durch die Informations- und Kommunikationspotenziale der Netzwerkökonomik verstärkt werden. Aus diesem Grund sind entsprechende Verhaltensweisen eine notwendige Voraussetzung für diesen Fortschritt, der wiederum als zentrale Wachstumsdeterminante gilt.

Aus diesen Überlegungen ergeben sich drei Vorgehensweisen, das Phänomen Sozialkapital in wachstumstheoretische Konzeptionen einzubinden, welche in den folgenden Unterabschnitten erörtert werden:

---

13 Vgl. SEITER (1997; S. 67-68) zu den wesentlichen Aspekten der Neuen Wachstumstheorie. Siehe auch ROMER (1994), S. 12-13.

14 Ein weiterer Aspekt zur Einbindung des Sozialkapitals in die ökonomische Wachstumstheorie geht auf MARSHALL (1920) zurück. ROMER berücksichtigt die MARSHALL'schen Überlegungen in seinem Wachstumskonzept. Siehe ROMER (1986) und vgl. STOLPE (1992), S. 10.

(a) Technologischer und organisatorischer Fortschritt lässt sich als Ergebnis der Sozialkapitalbildung in der Netzwerkökonomik darstellen.

(b) Sozialkapital lässt sich als eine Determinante des Effizienzkoeffizienten bei der Humankapitalakkumulation formulieren, durch welche die Rate des Wirtschaftswachstums ebenfalls positiv beeinflusst wird.

(c) Sozialkapital lässt sich neben physischem Kapital und Humankapital als gleichberechtigte Kapitalform im volkswirtschaftlichen Produktionsprozess modellieren. Dabei sind insbesondere die sozialkapitaltheoretischen externen Effekte auf der Meso-Ebene und die Netzwerkexternalitäten zu beachten, die auf der Makro-Ebene Skalenerträge hervorrufen.

### 5.1.1 Technologischer und organisatorischer Fortschritt: Ergebnis der Sozialkapitalbildung

Nach DASGUPTA ist der Entwicklungspfad einer Volkswirtschaft von der Ausstattung mit Sozialkapital abhängig.[15] Seiner These nach ist diese Kapitalform keine Teilkomponente der totalen Faktorproduktivität, sondern stellt eine Skalenvariable dar, die das Niveau der maximal möglichen Produktion $Y$ einer Volkswirtschaft bestimmt. Letzteres ist damit eine Funktion des Sozialkapitals $SK$, der Humankapitalausstattung $HK$ sowie des vorhandenen physischen Kapitals $PK$:

$$Y = SK \cdot f(HK, PK) \qquad (23)$$

Diese Modellierung findet analog zur Integration von exogenem, HICKS-neutralem technischen Fortschritt in die neoklassische Produktionsfunktion statt. Daher wirkt Sozialkapital als ob technologischer oder organisatorischer Fortschritt symmetrisch die Produktivität der Produktionsfaktoren Humankapital und physisches Kapital erhöhen würde.[16]

Die Sozialkapitalbildung in Form von Bruttoinvestitionen in diese Kapitalform manifestiert sich vor allem in fortschrittsorientierten Interaktionen zwischen Akteuren. Es stellt sich hier die Frage nach jenen sozialkapitaltheoretischen Handlungen, die dem

---

15 DASGUPTA orientiert sich bei seiner Vorstellung über das Phänomen Sozialkapital an PUTNAMs Definition. Allerdings betont er den Einzelaspekt des Vertrauens als zentrale Determinante dieser Kapitalform. Vgl. DASGUPTA (1999), S. 327 und 329.

16 Dieser Sichtweise liegt das sozialkapitaltheoretische Fortschrittsmodell von DASGUPTA (1999) zugrunde.

technologischen und organisatorischen Fortschritt förderlich sind. Dabei steht das Lernen und die Informationsallokation im Vordergrund. Nicht nur im FuE-Bereich, sondern auch in operativen Geschäftsbereichen von Unternehmen und anderen Organisationen existiert ein fortschrittsfördernder *learning by interacting*-Prozess. Unter ***learning by interacting*** wird eine Kombination aus dem passiven *learning by watching* und dem aktiven, aber isolativen *learning by doing* verstanden.

Die Informationsdiffusion spielt als Fortschrittsfunktion ebenso im Produktionsprozess eine große Rolle. Informationen sind erforderlich, um existierende Problemfelder zu identifizieren, Problemlösungen zu finden und die Lösungsergebnisse zu verteilen. In der Informationsgewinnung spielen die netzwerkökonomischen Informationskanäle zwischen Kooperationspartnern eine wichtige Rolle. Die Überlassung von Informationen kann aufgrund von Nicht-Tausch-Situationen ein solidarisches Motiv besitzen. Gleichzeitig unterstützen stabile formale und insbesondere informelle Institutionen den Informationsfluss, da dieser auf Gewohnheitsritualen beruht. In der Netzwerkökonomik werden Informationen nicht nur von Netzwerkknoten zu Netzwerkknoten gesendet. Ein Großteil der verfügbaren Daten wird wie in einem globalen dezentralen Archiv im Internet bereitgestellt.[17]

Derartige Rituale dürfen jedoch nicht zu stark ausgeprägt sein, bzw. die bereitgestellten Informationen müssen stets aktualisiert werden, damit innovative Handlungen und Reorganisationsprozesse zur Realisierung des technologischen und organisatorischen Fortschritts nicht gehemmt werden. Das Wettbewerbsprinzip sollte innerhalb der relevanten Informationsbeziehung eine untergeordnete Rolle spielen. Wettbewerb zwischen Organisationen und Kooperationsnetzwerken dient zwar der Anreizsteigerung, doch der Wettbewerb innerhalb von Organisationen oder unternehmerischen Leistungsnetzwerken wirkt auf die Bereitschaft zur Informationsweitergabe kontraproduktiv. Damit kann – im Sinne der in Unterabschnitt 3.3.5 erörterten realtypischen Verhaltensweisen – fortschrittsförderndes Verhalten innerhalb von virtuellen Gemeinschaften im Idealfall folgendermaßen dargestellt werden:

[17] Dies ist die eigentliche Funktion des Internetdienstes WWW.

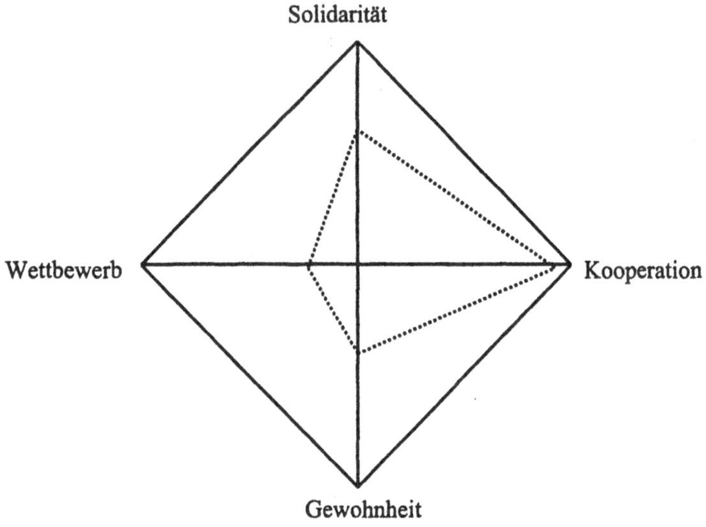


**Abbildung 5-2: fortschrittsförderndes Handeln**

Quelle: eigene Darstellung

Das realtypische Handlungsmuster in Abbildung 5-2 fördert die Sozialkapitalbildung, die wiederum technologischen und organisatorischen Fortschritt unterstützt. Die Ausprägungsmerkmale einer derartigen Handlung – hohe Kooperations- und Solidaritätsanteile, ein Mindestmaß an Gewohnheit sowie ein geringes Maß an Konkurrenzorientierung – senken die Transaktionskosten der Informationsgewinnung und -weitergabe sowie der Reorganisationsprozesse. Wird dieses Handlungsmuster von entsprechenden Organisationskulturen normativ flankiert, dann werden eine optimale Informationsallokation sowie positive Lerneffekte erreicht.

Die ökonomische Wachstumsrate $\gamma_Y$ hängt damit im DASGUPTA-Modell letztlich von der Veränderungsrate des Sozialkapitals (im Sinne der Veränderung der Interaktionstypen) $\gamma_{SK}$ und den Produktionselastizitäten *E* der Faktoren *HK* und *PK* ab:

$$(24) \qquad \gamma_Y = \gamma_{SK} + E_{Y,HK} + E_{Y,PK}$$

In diesem Modell hat allerdings ein hohes, aber konstantes Niveau an Sozialkapital keinen Einfluss auf die ökonomische Wachstumsrate. Es muss eine entsprechende Bestandszunahme des Sozialkapitals vorliegen, damit die Wachstumsrate des

Inlandsprodukts steigt. Unter der Annahme einer Obergrenze des Sozialkapitalbestandes in einer Gesellschaft sind nur zeitlich begrenzte Phasen der Veränderung der Wachstumsrate des gesamtwirtschaftlichen Produktionsergebnisses denkbar, die durch Bestandsveränderungen beim Sozialkapital hervorgerufen werden. Wie Tabelle 5-1 auf Seite 213 zeigt, besteht für viele Länder ein **hohes Wachstumspotenzial** bzw. *catching up*-Potenzial des Sozialkapitals.

Der Ansatz, **Sozialkapital als Skalenvariable** in die ökonomische Produktionsfunktion einzubinden, impliziert, dass diese Kapitalform keine notwendige Voraussetzung für erfolgreiche Prozesse einer Volkswirtschaft ist. Diese Annahme stimmt allerdings nicht mit den Ergebnissen der vorangegangenen Kapitel 2 und 3 sowie den Schlussfolgerungen von KNACK und KEEFER überein, aus denen die Notwendigkeit des Sozialkapitals für wirtschaftliche Abläufe hervorgeht. So bestimmen die Merkmale der tatsächlich vorgenommenen Interaktionen maßgeblich die Quantität und Qualität der Wirtschaftsprozesse. Daher sind die Produktionsmöglichkeiten zu jeder Zeit vom gegenwärtigen Bestand des Sozialkapitals abhängig. DASGUPTAs Ansatz stimmt folglich weder mit dem Drei-Ebenen-Modell noch mit den sozialkapitaltheoretischen Ansätzen aus Abschnitt 2.3 überein. Insbesondere bei einem relativ niedrigen Sozialkapitalbestand ist eine Auswirkung auf die ökonomische Wachstumsrate zu erwarten. Der folgende schwellentheoretische Ansatz verdeutlicht darüber hinaus, dass ein sinkender Bestand an sozialem Kapital in einer Volkswirtschaft durch selbstverstärkende Prozesse unter Umständen weiter bis auf ein Minimum sinken kann, so dass eine sich zunächst abschwächende Wachstumsrate,[18] die eine sozialkapitaltheoretische Ursache besitzt, im folgenden zeitlichen Verlauf durch den fortschreitenden Sozialkapitalverlust weiter schrumpft.

Die **Schwellenwerttheorie** zeigt auf, dass bei der Existenz selbstverstärkender Prozesse aufgrund positiver *feed back*-Effekte drei Situationsgleichgewichte $S_1$, $S_2$ und $S_3$ existieren können, wie die Abbildung 5-3 verdeutlicht.

---

[18] Dies gilt selbst im DASGUPTA-Modell.

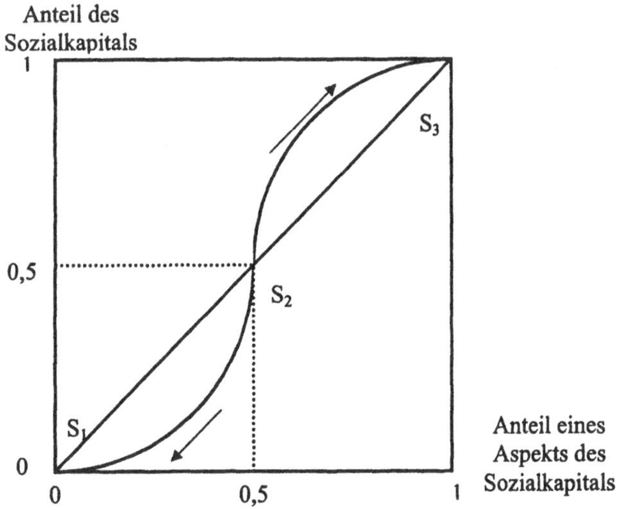


**Abbildung 5-3: Sozialkapitalentwicklung durch positive *feed backs***

Quelle: in Anlehnung an SCHELLING (1978), S. 91-110, THUM (1995), S. 170 sowie CUSACK (1997), S. 5.

Auf der Abszisse wird der Anteil eines Sozialkapitalaspekts (Determinante oder Ausprägung) aufgezeigt, wie generelles Vertrauen in der Gesellschaft, bzw. eine eindeutig Sozialkapital fördernde Handlung, wie die Vergabe eines Vertrauensvorschusses. Auf der Ordinate ist der Anteil des tatsächlichen Sozialkapitalbestandes am potenziellen Sozialkapitalbestand ablesbar. Demnach führt eine Erhöhung eines sozialkapitaltheoretischen Aspekts ab einem relativen Bestandsanteil von beispielsweise 0,5 zu einer gleichgerichteten Veränderung des gesamten Bestandes dieser Kapitalform. Dieser Prozess kommt erst zum Stillstand, wenn der Gleichgewichtspunkt $S_3$ erreicht wird.[19] Unterhalb der 0,5-Schwelle löst eine Reduzierung des Sozialkapitalaspekts eine abwärtsgerichtete Entwicklung des Sozialkapitalanteils aus. Gleichzeitig ist der Aufbau von Sozialkapital auf niedrigem Niveau äußerst schwierig,

19 Auf der Basis von institutionellen Zusammenhängen zwischen verschiedenen Regionen weltweit zeigt dies CHHIBBER (1999) von der Weltbank deutlich auf.

da Investitionen in diese Kapitalform nahe dem Minimalpunkt $S_l$ aufgrund des niedrigen Vertrauensniveaus im sozialen Umfeld stärker risikobehaftet sind. Aus diesen Zusammenhängen lässt sich schlussfolgern, dass aufgrund der vielen instabilen Niveau-Werte eine beliebig limitierte Veränderung des Sozialkapitalbestandes nicht immer denkbar ist.

Die oben erörterte Schwäche des DASGUPTA-Modells, dass unterschiedlich hohe, konstante Sozialkapitalniveaus *ceteris paribus* zu gleichen Wachstumsraten führen, kann beseitigt werden, indem nicht die Nettoinvestitionen in Sozialkapital, sondern die Bruttoinvestitionen für die positive Beeinflussung der ökonomischen Wachstumsrate verantwortlich gemacht werden. Auf diese Weise werden auch soziale Interaktionen, die dazu führen, dass Verpflichtungen und Treuewahrscheinlichkeiten beibehalten werden, als wachstumsfördernd verstanden. In dieser Sichtweise bestimmen sowohl Sozialkapitalbestandserhöhungen als auch sozialkapitaltheoretische Ersatzinvestitionen den technologischen und organisatorischen Fortschritt. Die Potenziale innovativen Handelns beruhen dabei in erster Linie auf der Optimierung von Kommunikationsbeziehungen und Informationskanälen, wie bereits oben erörtert wurde. Organisatorische Innovationen entstehen vor allem in der Optimierung der netzwerkökonomischen Organisations- und Kooperationsstruktur sowie der kommunikativen Prozesse mit dem Ziel der Reduzierung von Transaktionskosten und allokativen Ineffizienz bei der Informationsdiffusion. Zudem können Lerneffekte durch Interaktionen (*learning by interacting*) als Wachstumsdeterminante identifiziert werden.

In Kapitel 3 wurde die Sozialkapitalbildung als interaktive Verhaltensweise definiert, die Verpflichtungen und Handlungstreue verstärkt. Die Bildung von Sozialkapital erleichtert den technologischen und organisatorischen Fortschritt. Dabei steht insbesondere die Senkung der **Transaktionskosten** im Vordergrund. Durch vertrauensvolle, kooperative und solidarisch orientierte Interaktionen, aber auch durch gewohnheitsbedingte sozialkapitaltheoretische Determinanten, wie informelle Institutionen, lassen sich nahezu sämtliche Transaktionskostenformen reduzieren. Die Netzwerkökonomik bietet hierzu ein enormes Potenzial.

- Die **Suchkosten** bezüglich des Kooperations- bzw. Tauschpartners sind gering, sofern sich der Interaktionspartner innerhalb eines Vertrauenskreises bzw. eines sozialen Netzwerks mit geringen bzw. ohne Vertrauenslücken befindet.
- Die Informationsbeschaffungs- bzw. **Kommunikationskosten** sind gering, falls von Seiten des potenziellen Interaktionspartners die kooperative Bereitschaft zur Informationsweitergabe besteht, und wenn die Reputationssignale des Informationsgebers effizient vermittelt werden.

- Die **Kosten der Leistungsüberbringung** sind gering, wenn durch die Vergabe eines Vertrauensvorschusses die geeigneten zeitlichen und räumlichen Aspekte des Leistungstausches allokativ optimal angepasst werden können.
- Die **Kontrollkosten** sind gering, sofern eine gewohnheitsbedingte Akzeptanz an informellen und/oder eine rational bedingte Akzeptanz an formalen oder netzwerkökonomisch-informalen Normen seitens der Akteure besteht.

Je nach Organisationsstruktur oder –größe sind auch wettbewerbliche Strukturprozesse innerhalb einer Organisation mit dem Ziel der Reduzierung von Transaktionskosten denkbar. So existieren vielfach Matrix-Organisationsstrukturen in Unternehmen, die eine marktwirtschaftliche Koordination simulieren sollen. Die digitalen Kommunikations- und Informationsnetzwerke reduzieren die Organisationskosten in der Datenverarbeitung und Datenvermittlung in erheblichem Ausmaß. Die entscheidungsrelevanten Kosten bestehen damit auf der sozio-kommunikativen Ebene. Insbesondere die Gleichzeitigkeit von wettbewerblichen und kooperativen Verhaltensweisen der Organisationsmitglieder erfordert hohe Schulungskosten, wenn entsprechende Handlungsweisen von den Akteuren nicht bereits vor dem Organisationsbeitritt beherrscht werden.

Neben den unternehmensinternen Konkurrenzbeziehungen zwischen Produkt- und Bereichsmanagern existiert jedoch weiterhin das gemeinsame Interesse am gemeinsamen Unternehmenserfolg. Demnach ist auch hier ein hohes Maß an kooperativem Verhalten notwendig. Eine Koordinationsstruktur, wie die Matrix-Organisation, stellt deshalb hohe Anforderungen an seine Mitglieder, diese Normenvielfalt zu akzeptieren.[20] Diese Verknüpfung von wettbewerblichen und kooperativen Verhaltensmustern in Organisationen auf der Meso-Ebene wird nur dann transaktionskostenarm funktionieren, wenn es sich entweder um eine Organisation mit hohem Geschlossenheitsgrad und einem geringen Bestand an *bridging social capital* handelt, oder wenn die Organisationsstruktur mit den sozio-kulturellen Normen auf der Makro-Ebene nahezu kongruent ist.

---

20 Diese Überlegung der gleichzeitigen Verhaltensprinzipien von Kooperation und Wettbewerb ist auf die Akteure einer marktwirtschaftlich orientierten Volkswirtschaft übertragbar, die sich in den Marktbeziehungen einerseits sowie dem kollektiven Handeln und der Bereitstellung öffentlicher Güter andererseits einem vielschichtigen Norm- und Institutionengefüges gegenübersehen. In Unterabschnitt 5.3.2 wird auch der Zusammenhang zwischen *co-opetition* und Sozialkapital erörtert.

Das DASGUPTA-Modell ist demnach lediglich in stark modifizierter Form geeignet, den technologischen und organisatorischen Fortschritt als Ergebnis der Sozialkapitalbildung in einem netzwerkökonomischen Kontext zu erklären.[21]

### 5.1.2 Sozialkapitalbildung als Humankapitaldeterminante

COLEMAN sieht in seinen Frühschriften die Aufgabe des Sozialkapitals in der Bildung von Humankapital.[22] Die Akkumulation von Humankapital ist im LUCAS'schen Ansatz innerhalb der Neuen Wachstumstheorie die zentrale Determinante der ökonomischen Wachstumsrate.[23] Die Produktionsfunktion lautet:

$$(25) \qquad Y = A \cdot PK^{\beta} \cdot (u \cdot hk \cdot L)^{1-\beta} \cdot hk_a^{\varepsilon}$$

Das Produktionsergebnis hängt damit sowohl vom physischen Kapital *PK* als auch von der Arbeit *L* ab, wobei das durchschnittliche Humankapital *hk*, die Arbeitszeit *u* sowie der positive externe Effekt der Wissensbildung $hk_a$ berücksichtigt werden.[24] Die individuell isolierte Wirkung der Wissensakkumulation würde zu konstanten Skalenerträgen führen. Erst die Diffusion individuell akkumulierten Wissens in der Gesellschaft bewirkt, dass die ökonomische Wachstumsrate $\gamma_Y$ durch die Humankapitalbildungsrate $\gamma_{hk}$ mitbestimmt ist:

$$(26) \qquad \gamma_Y = \gamma_{hk}$$

Statt einer *learning by doing*-Perspektive entscheidet sich LUCAS für eine zeitlich strikte Trennung von Arbeitszeit *u* und Lern-Zeit *(1-u)*. In diesem Modell wird technologischer Fortschritt nicht als „Mischung aus theoretischem Wissen und praktischer Erfahrung verstanden."[25] Humankapital kann demnach nur in ihrem Teil der „Nicht-Freizeit" akkumuliert werden, in welchem nicht gearbeitet wird. LUCAS bezeichnet die individuelle Produktivitäts- und Einkommenserhöhung als internen Effekt der Humankapitalbildung.[26] Die zeitliche Veränderung des individuellen

---

21 Eine Endogenisierung der Sozialkapitalbildung ist jedoch in diesem Modell nicht denkbar, da das sozialkapitaltheoretische Drei-Ebenen-Modell Rückkopplungen von sozialen Mechanismen erst nach Beendigung eines Modellzyklus vorsieht.

22 Vgl. COLEMAN (1988), aber auch COLEMAN und HOFFER (1987).

23 Vgl. LUCAS (1988), der sich zum Teil auf die Thesen von UZAWA (1965) stützt.

24 Die These, dass das Wissen stets in gemeinsamem Besitz der Gesellschaft steht, geht auf VEBLEN zurück. Vgl. VEBLEN (1994), S. 328.

25 HOFMAN und KOOP (1991), S. 89.

26 Vgl. LUCAS (1988), S. 18.

Wissens hängt von der Lern-Zeit *(1-u)*, dem bereits vorhandenen Wissen hk und einem Effizienzparameter des Lernens θ ab:

$$(27) \quad \dot{hk} = \theta \cdot hk \cdot (1-u)$$

Die Rate des individuellen Wissenszuwachses $\gamma_{hk}$ lautet daher:

$$(28) \quad \gamma_{hk} = \theta \cdot (1-u)$$

Da die Möglichkeit der Zeitverwendung für die Akteure begrenzt ist, hängt die Rate des individuellen Wissenszuwachses in erster Linie vom Effizienzparameter der Lernaktivitäten ab.[27] Demnach gilt für die ökonomische Wachstumsrate eine zentrale Abhängigkeit von diesem Bildungsparameter:[28]

$$(29) \quad \gamma_{Y} = \gamma_{hk} = \theta \cdot (1-u)$$

An dieser Stelle kann die Sozialkapitaltheorie ansetzen: COLEMAN sieht den Einfluss des Sozialkapitals auf die **Effizienz der Humankapitalakkumulation** vor allem in der Unterstützungsfähigkeit der Familie[29] und in der Schulbildung.[30] Die Bildungsfunktion der Familie besteht demnach in erster Linie in einer einseitigen Unterstützungsleistung. Die Handlungen der Familienmitglieder sind in diesem Fall überwiegend solidarischer Natur. Da auf Seiten der Unterstützten jedoch auch ein Mindestmaß an Lernbereitschaft existieren muss, sind weitere Aspekte innerfamiliärer Beziehungen, wie Beziehungsstärke und Vertrauen notwendig, damit eine interessenkonforme Kooperation stattfinden kann. Sobald durch die selektive Wirkung des Situationsmechanismus eine normgebundene Motivation bei den Akteuren zum Lernen besteht, wie in konfuzianisch orientierten Kulturkreisen, existiert sowohl vom Unterstützenden als auch vom Unterstützten eine transaktionskostenarme und damit effiziente Kooperati-

27 Wird sämtliche Nicht-Freizeit zur Wissensakkumulation verwendet, ist die maximal erreichbare ökonomische Wachstumsrate erreicht. Sie entspricht dann exakt dem Effizienzparameter des Lernens bzw. des Bildungssystems. In diesem Extremfall würde jedoch keine Wirtschaftsproduktion mehr stattfinden, da die Arbeitszeit Null wäre.

28 Das Ziel der Endogenisierung der Wachstumsrate wurde in diesem Modell letztlich nicht erreicht.

29 Als interessantes Beispiel für die Relevanz familiärer Unterstützungsleistungen in der Wissensakkumulation beschreibt COLEMAN (2000; S. 30) den jungen JOHN STUART MILL, der bereits im Vorschulalter mit seinem Vater JAMES MILL und mit JEREMY BENTHAM über Manuskriptentwürfe seines Vaters diskutierte.

30 Hier führt COLEMAN (2000; S. 30) beispielhaft das große Interesse asiatischer Familien in den USA an einer guten Schulbildung ihrer Kinder an. So bemerkt er, dass Kinder und Jugendliche asiatischer Herkunft häufig zwei gleiche Schulbücher bestellen, damit andere Familienmitglieder mitlernen können, um den Schülern zu helfen.

onshandlung, die sich positiv auf den wachstumsrelevanten Effizienzparameter $\theta$ auswirkt.[31]

Auch außerhalb der Familie sind Auswirkungen des Sozialkapitals auf die Effizienz der Humankapitalakkumulation denkbar. So beschreibt LOURY den Zusammenhang zwischen dem sozialen Umfeld und der für Bildung notwendigen kognitiven und sozialen Entwicklung eines Heranwachsenden.[32] Je höher der Sozialkapitalbestand ist, um so höher ist sein Lebenseinkommen über den Einsatz des gewonnenen Humankapitals.

Die Humankapitalakkumulation erfordert ebenso den **Zugang zu relevanten Informationen**. Dieser Aspekt wurde bereits im vorangegangenen Unterabschnitt in Verbindung mit der Konzeption, die Sozialkapitalbildung als Determinante des technologischen und organisatorischen Fortschritts zu verstehen, ausführlich erörtert. Dieser Informationszugang kann sowohl über Literatur, über Mensch-Maschine-Beziehungen oder über Beziehungen zu anderen Personen erfolgen. Auch hier bieten die netzwerkökonomischen Digitalisierungsprozesse eine rasante Ausweitung der Informationspotenziale an. In diesem Zusammenhang erforschen BURT und BAKER die sozialkapitaltheoretisch optimalen Beziehungen und Netzwerkstrukturen. Strukturelle Löcher im egozentrierten sozialen Netzwerk bedeuten einen relativen Informationsvorsprung, da in diesen Fällen nur wenige Redundanzen vorliegen.[33] Bereits GRANOVETTER hat die Beziehungstypen hinsichtlich ihrer Verwertbarkeit bei der Zielerreichung eines Akteurs untersucht.[34] Dabei sind es gerade die schwachen, eindimensionalen Beziehungen, welche die ökonomisch verwertbaren Informationen verfügbar machen. Auf diese Konzeption wird im nächsten Abschnitt bei den Untersuchungen der Beschäftigungswirkungen des Sozialkapitals einzugehen sein.

Investitionen in Sozialkapital erhöhen damit über die Humankapitalakkumulation letztlich nicht nur das eigene, sondern auch das Einkommen anderer Akteure. Diese Investitionen verbessern den Effizienzparameter bei der Humankapitalakkumulation. Somit kann in der Sichtweise, dass Sozialkapital als förderliche Determinante für die Humankapitalakkumulation indirekt auf die ökonomische Wachstumsrate wirkt, auf

---

31 COLEMAN (2000; S. 32) unterstreicht seine Thesen durch empirische Daten: So führt das Fehlen derartiger Unterstützungsleistungen zu deutlich mehr Schulabbrüchen.

32 Vgl. LOURY (1977).

33 Siehe BURT (1992) und BAKER (1994).

34 Siehe GRANOVETTER (1973) und Unterabschnitt 5.2.1. Insbesondere das Erlangen eines Arbeitsplatzes steht in seiner Studie im Vordergrund.

der Basis von Modellen der Neuen Wachstumstheorie, wie dem Modell von LUCAS,[35] ein grundsätzlich positiver Zusammenhang zwischen den Variablen Sozialkapital und Wirtschaftswachstum identifiziert werden, der durch die Informationspotenziale der Netzwerkökonomik weiter verstärkt wird.[36]

### 5.1.3 Sozialkapital als gleichberechtigte Kapitalform in der Wachstumstheorie

Sowohl Kapitel 2 als auch Kapitel 3 haben verdeutlicht, dass das Sozialkapital zwar als sozialwissenschaftliches Phänomen schwer zu konzeptionalisieren ist, jedoch als Gesamtheit der Interaktionen, die verpflichtungs- und treuebildend sind, im Wirtschaftsprozess eine bedeutende Rolle spielt. Daher ist es nur konsequent, diese Kapitalform in die Reihe der ökonomischen Produktionsfaktoren einzugliedern. In diesem Unterabschnitt wird folglich zunächst in kurzer Form erörtert, welche Argumente dafür sprechen, Sozialkapital neben Humankapital und physischem Kapital in gleichberechtigter Weise in die Produktionsfunktion zu integrieren.

Angesichts der vielschichtigen Erweiterungserfordernisse des Kapitalbegriffs mit dem Ziel Sozialkapital als Kapitalgut anzuerkennen, stellt sich die Frage, ob dies überhaupt eine notwendige Voraussetzung für die inhaltlichen Zusammenhänge und Ergebnisse der Sozialkapitaltheorie ist. Diese Frage ist zu verneinen. Vor dem Hintergrund der Bevorzugung des methodologischen Nominalismus in den Erfahrungswissenschaften, der in Unterabschnitt 1.2.2 erörtert wurde, ist das positive Ergebnis einer kapitaltheoretischen Diskussion bezüglich der Frage, inwieweit es sich bei Sozialkapital letztlich um eine Kapitalform im ökonomischen Sinn handelt, von nachrangiger Bedeutung. Auch die Humankapitaltheorie hat gezeigt, dass sich das Humankapital ebenso in ökonomischen Theorien und Modelle einbinden lässt, obwohl einige der oben genannten Kapitalerfordernisse auch auf das Humankapital nicht zutreffen. Letztlich wurde bereits bei der Berücksichtigung dieser Kapitalform beispielsweise in der Neuen Wachstumstheorie der Kapitalbegriff implizit auf einen sozialwissenschaftlichen Kontext erweitert. Sozialkapital unterliegt einer starken Bewertungsproblematik, beim Produktionseinsatz sind in der Regel soziale Beziehungen vonnöten (um durch die externen Effekte beispielsweise zwischen Unternehmen steigende Skalenerträge auf der Makro-Ebene zu erzielen), Humankapital umfasst auch angeborene Fähigkeiten (also nicht produzierte), bei der Humankapitalakkumulation liegt nicht immer eine

---

[35] LUCAS (1988)

Absichtlichkeit vor und Humankapital geht beim Einsatz in den Produktionsprozess nicht notwendigerweise unter.[37]

Eine Vielzahl von Überlegungen deutet darauf hin, dass die **Entwicklung der Sozialkapitaltheorie** analog zu jener der Humankapitaltheorie verlaufen könnte.[38] Der weitreichende Emanzipationsprozess der Humankapitaltheorie könnte sich dabei in ähnlicher Form durchaus auch für die Sozialkapitaltheorie vollziehen. LUCAS räumt ein, dass er zu Beginn der Entwicklung der Humankapitaltheorie den Humankapitalbegriff nicht ernst nahm: „*The idea of human capital may have seemed etheral when it was first introduced – at least, it did to me – but after two decades of research applications of human capital theory we have learned to ‚see' it in a wide variety of phenomena.*"[39] Die hohe Relevanz von Kommunikations- und Informationsnetzwerken in der Netzwerkökonomik, welche die sozialen Beziehungsstrukturen und entsprechende Austauschprozesse in den Vordergrund der Wirtschaftstheorie stellen, sind in der Lage eine analoge Entwicklung der Sozialkapitaltheorie zu beschleunigen.

Vor dem Hintergrund der LUCAS'schen Aussage steht im Folgenden die „**Kapitalfrage**" im Mittelpunkt. Das Zentrum aller vorgenannten Überlegungen bildet die Annahme, dass es sich bei Sozialkapital tatsächlich um eine Kapitalform im ökonomischen Sinn handelt und der Begriff nicht nur metaphorisch verwendet wird.[40] Gegenstand der Kapitaltheorie sind sowohl die produktionstechnische Verwendung des Kapitals im Herstellungsprozess als auch der Profit des Kapitals sowie das Zinsphänomen. Damit konzentriert sich der erste Bereich auf die „naturalökonomische" und der zweite Bereich auf die „sozialökonomische" Sichtweise der kapitaltheoretischen Zusammenhänge.[41] Die Berücksichtigung des Sozialkapitals im produktionstechnischen Bereich überwindet diese Dichotomie.[42] Sozialökonomische Aspekte spielen in der Sozialkapitaltheorie sowohl während als auch vor dem Produktionsprozess eine Rolle. Dies erfordert eine Diskussion des Kapitalbegriffs in vielerlei Hinsicht. Die relevanten Aspekte sind: (a) Abschwächung der Eigentumsrestriktion, (b) Akzeptanz einer bestehenden Bewertungsproblematik des Kapitals, (c) Erweiterung der Her-

[36] Dies gilt unter der Annahme, dass die Humankapitalbildung konstanten Grenzerträgen unterliegt.

[37] ROSEN (1988) bietet einen Überblick über die Humankapitaltheoretischen Ansätze.

[38] Vgl. TEMPLE (2000), S. 32.

[39] LUCAS (1988), S. 35

[40] Dies würde nach PASINETTI und SCAZZIERI (1987; S. 523-525) zu theoretischen Irrtümern führen.

[41] Vgl. FEHL und SCHREITER (1996), S. 196. Auch HAGEMANN (1990; S. 123) konzentriert sich auf die technologischen Merkmale der Kapitalgüter als Produktionsfaktoren.

[42] Bereits die Berücksichtigung des Humankapitals löst diese Dichotomie bis zu einem gewissen Grad auf.

kunftsmöglichkeiten des Kapitals, (d) Aufhebung des Anspruchs auf Intentionalität der Kapitalbildung sowie (e) Aufhebung der Notwendigkeit des Verbrauchs bzw. des Untergangs von Kapitalgütern im Produktionsprozess.

(a) Der Kapitalbegriff der Gegenwart ist maßgeblich von MARX geprägt,[43] der im Kapitalismus das **Eigentum an Produktionsmitteln** als Grundlage für eine gesellschaftlich legitimierte Verfügungsgewalt über Produktionsmittel und Arbeitskräfte erachtet.[44] Eine Perspektivenerweiterung ist unabdingbar. Die MARX'sche These, dass im Kapitalismus Produktionsmittel Eigentum bestimmter Individuen sein müssen, um als legitimer Anspruch am Ergebnisanteil der Produktion zu fungieren,[45] ist in der Sozialkapitaltheorie durch die Berücksichtigung gesellschaftlicher Komponenten im produktionstechnischen Bereich nicht haltbar. Basis des Sozialkapitals ist eine Beziehung bzw. eine interaktive Handlung, die ohne einen Beziehungspartner respektive Interaktionspartner nicht existieren kann. Eine individuelle Eigentümerschaft ist aufgrund dieser sozialen Abhängigkeit nicht denkbar. Eine gewisse Aufweichung dieser Individualeigentümerrestriktion ist daher notwendig.

(b) Wird unterstellt, dass der volkswirtschaftliche Kapitalstock eine Vielzahl heterogener Produktionsgüter umfasst, womit nach HICKS'scher Terminologie die materialistische Perspektive der Kapitaltheorie eingenommen wird,[46] so besteht seit der **Cambridge-Cambridge-Kontroverse** eine bis heute ungelöste Messproblematik des aggregierten Sachkapitalstocks.[47] Bereits VEBLEN hat in diesem Zusammen-

---

43 Siehe MARX (1867).

44 Auch HABERMAS überträgt den Kapitalbegriff auf nicht-ökonomische Bereiche einer kapitalistisch geprägten Gesellschaft. Vgl. HABERMAS (1981), S. 549-551 und siehe Abschnitt 2.1.1. Sozialer Austausch funktioniert demnach auch nach ökonomischen Prinzipien. Vgl. HABERMAS (1981) und BOURDIEU (1983). Kapital existiert, wenn dessen Bestand zukünftiges Einkommen generiert.

45 Vgl. MARX (1986), Bd. II, S. 228 sowie HAGEMANN (1977), S. 2.

46 Vgl. HICKS (1974), S. 309; zitiert in HAGEMANN (1977), S. 3.

47 Vgl. HAGEMANN (1990), S. 123. Die von JOAN ROBINSON ausgehend von Cambridge (Großbritannien) in den 1950er Jahren ausgelöste Kritik an der von neoklassischen Ökonomen in Cambridge (Mass., USA) vertretenen makroökonomischen Produktionsfunktion, war der Zirkelschluss in der Bewertung des Sachkapitals. Wenn der aggregierte Sachkapitalstock – in der Empirie zwingend – als Wertgröße definiert wird als Summe aus den mit den jeweiligen Preisen bewerteten Mengen an unterschiedlichen Maschinen, dann sind die Maschinenpreise Determinanten der Höhe des Sachkapitals. Da in den Preis einer Maschine aber (neben Lohnsatz und anderen Größen) auch die Profitrate als Determinante eingeht, die nach der Grenzproduktivitätstheorie wiederum der Grenzproduktivität des Kapitals entspricht, ergibt sich ein unlösbarer Zirkelschluss: Zur Bewertung des Kapitalstocks sind Profitraten notwendig, die wiederum eine Bewertung des Kapitalstocks bereits voraussetzen. Insbesondere die Aussage, dass die Grenzproduktivität des

hang auf die unterschiedlichen Bewertungsmöglichkeiten von tangiblem und intangiblem Kapital hingewiesen: Tangibles Kapital wird beim Produktionseinsatz pekuniär bewertet. Aus dem ebenso pekuniär bewertbaren Produktionsergebnis ergibt sich die Rendite. Die Bewertung von intangiblem Kapital erfordert jedoch – soweit das Produktionsergebnis bewertet werden kann – eine Kapitalisierungsrate.[48] Diese Operationalisierungsproblematik betrifft sowohl das Human- als auch das Sozialkapital. Die Problematik wird weiter verschärft, wenn auch das Produktionsergebnis intangibel ist.

(c) Kapital gilt in der ökonomischen Sichtweise neben seiner funktionalen Eigenschaft als Produktionsfaktor gleichzeitig als **Ergebnis vorgelagerter Produktionsprozesse.**[49] Soziale Interaktionen als Voraussetzung der Sozialkapitalbildung basieren allerdings nicht immer auf ökonomischen Produktionsprozessen. Wird die Perspektive ökonomischer Produktionsaktivitäten jedoch im BOURDIEU'schen Sinne auf die gesellschaftliche Untersuchungsebene erweitert, so sind soziale Austauschprozesse als Produktionsprozesse zu verstehen. Damit existieren lediglich natürliche Verwandtschaftsbeziehungen, die nicht durch soziale Interaktionsprozesse entstanden sind.

(d) Während physisches Kapital in der Regel absichtlich unter Zeiteinsatz zur Einkommenserzielung gebildet wird, ist die Akkumulation von Humankapital zum Teil und von Sozialkapital in den meisten Fällen ein **Nebenprodukt** anderer Aktivitäten.[50] Sozialkapital unterscheidet sich zudem in folgenden zentralen Punkten von physischem Kapital: Die Abschreibungsrate von Sozialkapital steigt nicht mit dem Gebrauch, sondern mit der Nicht-Nutzung dieser Kapitalform. Darüber hinaus ist Sozialkapital weitaus schwieriger zu messen als physisches Kapital. Ferner ist die Akkumulation von sozialem Kapital durch politische Maßnahmen äußerst problematisch.[51]

(e) Eine These der traditionellen Kapitaltheorie ist die **begrenzte physische Lebensdauer** des Kapitals im Produktionsprozess. Immaterielle Faktoren, wie Informationen oder Daten, gehen jedoch in der Regel nicht unter. Auch andere Faktoren nehmen quantitativ und/oder qualitativ beim Produktionseinsatz nicht ab. So

Kapitals die Profitrate bestimmt, ist damit bedeutungslos. Vgl. insbesondere ROBINSON (1953) sowie für einen Überblick zur Cambridge-Cambridge-Kontroverse KURZ und SALVADORI (1995).

48 Vgl. VEBLEN (1909), S. 105.

49 Vgl. HAGEMANN (1990), S. 123.

50 Vgl. OSTROM (1999), S. 174 und siehe Kapitel 6.

51 Vgl. OSTROM (1999), S. 179-182.

schrumpft der Humankapitalbestand nicht. Die Gründe hierfür liegen in Erfahrungsgewinnen bzw. in *learning by doing*-Aspekten. Sozialkapital geht ebenso im Produktionsprozess nicht unter, wenn die qualitativen Beziehungsstrukturen verbessert werden, weil beispielsweise ein Vertrauensvorschuss bestätigt wird und sich dadurch die Treuewahrscheinlichkeit erhöht. Darüber hinaus existieren unter Umständen positive externe Effekte auf andere (soziale) Produktionsprozesse.

Wird Sozialkapital als ökonomische Kapitalform akzeptiert, dann lässt sich nach der Aggregation des Sozialkapitals[52] die makroökonomische Produktionsfunktion grundsätzlich folgendermaßen darstellen:

$$(30) \quad Y = f(PK, HK, SK)$$

Die Produktionsmöglichkeit einer Volkswirtschaft $Y$ hängt neben dem physischen Kapital $PK$ und dem Humankapital $HK$ auch vom Sozialkapital $SK$ ab. Wird dabei der Stand der Technologie $A$ im Sinne REBELOs berücksichtigt,[53] so ist das Sozialkapital ein Bestandteil des zusammengefassten Kapitalstocks K:

$$(31) \quad Y = AK$$

Das AK-Modell bietet sich als Erklärungsinstrument an, wenn konstante Skalenerträge bei der Produktion vorliegen. Sobald jedoch steigende oder sinkende Skalenerträge existieren, ist Gleichung (30) geeigneter.

Aufgrund der Ergebnisse der Kapitel 2 und 3 wird angenommen, dass externe Effekte bei den ökonomischen Handlungen – insbesondere auf der Meso-Ebene – existieren. Jede soziale Organisation, wie ein Unternehmen, produziert demnach $Y_U$ mit konstanten Skalenerträgen, was am Beispiel einer COBB-DOUGLAS-Produktionsfunktion folgendermaßen dargestellt werden kann:

$$(32) \quad Y_U = PK^{\alpha} \cdot HK^{\beta} \cdot SK^{\chi}$$

$$(33) \quad \text{mit: } \alpha + \beta + \chi = 1$$

Durch die sozialkapitaltheoretischen Wirkungsmechanismen $C_2$ und $C_3$ der Abbildung 2-1 auf Seite 42 unter Berücksichtigung der Strukturkomponenten des Drei-Ebenen-Modells und den externen Effekten, die von der Größe der Vertrauenslücken auf der Meso-Ebene im negativen Sinne und vom *bridging social capital* im positiven Sinne

52 Die Aggregationsproblematik wird in Abschnitt 5.3 ausführlich erörtert.

53 Siehe REBELO (1991), S. 501.

beeinflusst werden, können auf der gesamtgesellschaftlichen Ebene auch sinkende oder steigende Skalenerträge vorliegen. **Steigende Skalenerträge** haben folgende Auswirkung auf die Summe der Produktionselastizitäten:

$$(34) \quad \alpha + \beta + \chi > 1$$

Steigende Skalenerträge können durch externe Effekte hervorgerufen werden. Mit der Berücksichtigung der externen Effekte steht der Öffentliche-Gut-Charakter des Sozialkapitals als Produktionsgut im Mittelpunkt des Interesses. In diesem Zusammenhang typisiert Stolpe Produktionsgüter nach ihren technologischen Eigenschaften (Rivalität, partielle Rivalität und Nicht-Rivalität) sowie nach ihren juristisch-technologischen Eigenschaften (Ausschließbarkeit, partielle Nicht-Ausschließbarkeit und Nicht-Ausschließbarkeit).[54] Demnach besitzen Clubgüter als Kombination der Eigenschaften partielle Rivalität und partielle Nicht-Ausschließbarkeit keine langfristigen Wachstumseffekte. Wie Abbildung 5-4 verdeutlicht, entsprechen Clubgüter als Produktionsgüter einer Sozialkapitalstruktur auf der Meso-Ebene, in der das *bonding social capital* vergleichsweise hoch ist. Dementsprechend können Vertrauenslücken zwischen den Mitgliedern unterschiedlicher sozialer Netzwerke existieren, die auch nicht durch die technologischen Potenziale der Netzwerkökonomik geschlossen werden können.

Die **Vertrauenslücken** drücken einen gewissen, aber keinen vollkommenen Grad an Nicht-Ausschließbarkeit aus. Gleichzeitig existiert durch die Geschlossenheit der sozialen Gruppen ein gewisses Maß an Rivalität, da beim Aufbau einer vertrauensvollen Außenbeziehung durch einen Akteur eine Konkurrenz zwischen Innen- und Außennormen zustande kommen würde. Diese Situation entspricht einem geschlossenen Unternehmensnetzwerk, das brisante Informationen auf Vertrauensbasis untereinander austauscht, wobei das Kommunikationsnetzwerk sowohl in sozialer als auch in sicherheitstechnologischer Hinsicht geschlossen ist.

---

[54] Vgl. STOLPE (1992), S. 20-22.

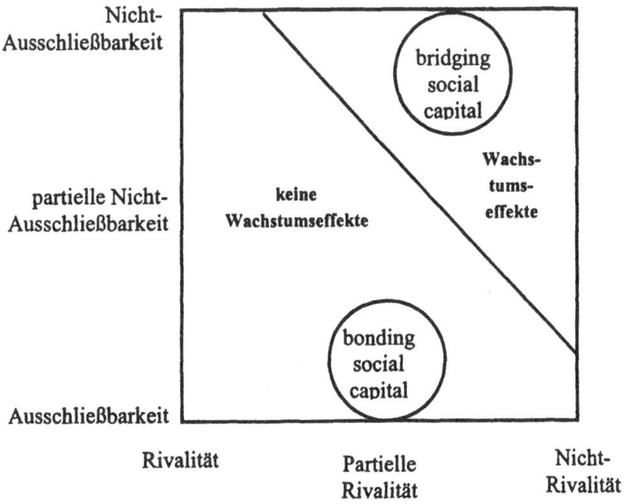


**Abbildung 5-4: Sozialkapitaltypen und Wachstumseffekte**

Quelle: in Anlehnung an STOLPE (1992), S. 21

Sobald nur kleine oder keine Vertrauenslücken zwischen den Akteuren unterschiedlicher sozialer Netzwerke existieren und demnach das *bridging social capital* überwiegt, handelt es sich beim Sozialkapital als Produktionsgut um ein **öffentliches Gut,** das sich aus überwiegend kooperativen, solidarischen Handlungen in einem homogenen Normenumfeld ergibt. Dies sind in der Netzwerkökonomik offene Diskussionsforen (*newsgroups*), welche vorwiegend auf der Nachfrageseite existieren. Damit kann das Sozialkapital positive und langfristige Wachstumseffekte erzeugen. Das Produktionsgut „soziale Sicherheit“ auf der Makro-Ebene ist ein Beispiel für ein sozialkapitaltheoretisches öffentliches Gut. Es bewirkt die Existenz eines hohen generellen Vertrauensniveaus, das die Treuewahrscheinlichkeit bei vertrauensabhängigen Interaktionen erhöht.[55]

---

[55] Siehe Unterabschnitt 3.3.1.

Eventuelle ***crowding*-Effekte**, die zu „Vertrauenslöchern" und fallweise zu Grenzmoralverhalten, wie *free rider*-Verhalten, führen, schwächen den Wachstumseffekt zwar möglicherweise ab, bleiben jedoch nach STOLPE grundsätzlich erhalten.[56] Die Netzwerkökonomik hat in diesem Zusammenhang einen selbstregulierenden Gruppenallokationsmechanismus herausgebildet: Werden beispielsweise Diskussionsforen zu groß, spalten sie sich in kleinere Gruppen auf, die weitere Unterscheidungsmerkmale wie Expertengrad oder Problemspezifität trennen. Dieser Umstrukturierungsprozess zeigt das Bedürfnis der Mitglieder dieser virtuellen Gemeinschaft nach Vertrauensbeziehungen auf.

Als konstante Merkmale für die Existenz externer Effekte gelten Nicht-Rivalität im Konsum bzw. bei der Nutzung und zumindest eine partielle Nicht-Ausschließbarkeit. Die externen Effekte bei der Sozialkapitalbildung entstehen entweder durch Handlungen in Verbindung mit kleinen oder keinen Vertrauenslücken auf der Meso-Ebene oder durch das Bereitstellen öffentlicher Güter, etwa einem hohen Niveau des generellen Vertrauens.

Nicht-Rivalität bei den Produktionsgütern ist damit grundsätzlich keine hinreichende Bedingung für steigende Skalenerträge in der Produktion. Allerdings führt Nicht-Rivalität in Verbindung mit Nicht-Ausschließbarkeit, sowohl des Wissens als Komponente des Produktionsfaktors Humankapital, aber auch eines hohen Bestandes an generellem Vertrauen auf der Makro-Ebene als Komponente des Produktionsfaktors Sozialkapital, zu steigenden Skalenerträgen. Dabei steht jedoch der fehlende Investitionsanreiz bei Nicht-Ausschließbarkeit der Produktionsgüter dem positiven Wachstumseffekt durch steigende Skalenerträge diametral gegenüber. Die partielle Nicht-Ausschließbarkeit kann eine Lösung dieses Zieldilemmas sein: Hinsichtlich des Produktionsgutes wird dies durch einen gewissen Geschlossenheitsgrad des sozialen Netzwerks erreicht.

Grundsätzlich kann festgehalten werden, dass das soziale Kapital vorwiegend dann Wachstumseffekte erzeugt, wenn es als Produktionsfaktor bezüglich juristisch-technologischer Merkmale möglichst viele Ähnlichkeiten zu einem öffentlichen Gut aufweist. Damit schließt sich jedoch konsequenterweise die Frage nach der Allokationswirkung des Sozialkapitals als öffentliches Gut an, das in Unterabschnitt 5.3.3 erörtert wird. In Abschnitt 5.2 stehen zunächst die Beschäftigungswirkungen dieser Kapitalform im Vordergrund.

---

56 Vgl. STOLPE (1992), S. 21.

### 5.1.4 Zwischenfazit zu den Wachstumswirkungen

Die in diesem Abschnitt diskutierten Möglichkeiten zur Integration von Sozialkapital und Wachstumsmodellen vor dem Hintergrund der Netzwerkökonomik haben die Erwartungen grundsätzlich bestätigt, dass sowohl die Sozialkapitalbildung positiv auf das Wirtschaftswachstum wirkt als auch die Netzwerkökonomik enorme Wachstumspotenziale insbesondere in Form von Produktivitätssteigerungsmöglichkeiten besitzt.

Empirisch lässt sich der **positive Zusammenhang** zwischen der Netzwerkökonomik und der Arbeitsproduktivität am besten in den USA aufzeigen. Seit 1996[57] hat sich dort die Produktivitätssteigerung auf durchschnittlich 2,5 Prozent erhöht, während der Durchschnitt der zwei vorangegangenen Dekaden bei nur 1,4 Prozent lag. Die durchschnittlichen ökonomischen Wachstumsraten erhöhten sich hierbei in den entsprechenden Zeiträumen von 2,5 auf 3,0 Prozent.[58]

Der Engpassfaktor der wirtschaftlichen Entwicklung wird vor diesem Hintergrund mehr und mehr vom „Technologischen" hin zum „Organisatorischen" des technologischen und organisatorischen Fortschritts verschoben. Nicht die Technologie, sondern die Akteure mit ihrer Fachkompetenz und ihrer sozialen Kompetenz werden als *bottleneck* der ökonomischen Entwicklung identifiziert. Hierbei sind insbesondere die steigenden Anforderungen an das Humankapital in Form von Anwendungs- und Produktionskenntnissen der Informations- und Kommunikationstechnologien sowie an das Sozialkapital in Form von Reorganisationsfähigkeit im Sinne FUKUYAMAs zu nennen.[59] Auch die OECD lokalisiert die direkte Wirkung der netzwerkökonomischen

---

57 Das Jahr 1996 gilt als Beginn der Auswirkungen der Netzwerkökonomik auf makroökonomische Größen. Vgl. Sachverständigenrat (2000), S. 127.

58 Der Sachverständigenrat (2000; S. 127) bezieht sich dabei auf die Daten der OECD, Bureau of Labour Statistics. Im Zentrum stehen nicht die Informations- und Kommunikationstechnologien isoliert, sondern auch deren Anwendung als Netzwerkökonomik. Eine Isolierung eines dieser Wirkungszusammenhänge ist jedoch empirisch äußerst schwierig. Nach Kenntnisstand des Verfassers liegen hierzu bisher keine Studien vor. Bezüglich der Debatte zum Produktivitätsparadoxon ergreift die OECD eindeutig Partei für die Optimisten. Ihrer Ansicht nach sind Messprobleme bezüglich der qualitativen Outputsteigerung von informationsbasierten Gütern und Dienstleistungen für eine systematische Unterbewertung des Produktivitätswachstums verantwortlich. Vgl. OECD (1996), zitiert in OECD (2000b), S. 54.

59 Diese Sichtweise des Sozialkapitals nach FUKUYAMA ist nach Ansicht des Sachverständigenrats (2000; S. 131) empirisch schwer zu erfassen. Dagegen sind empirische Zusammenhänge zwischen den Humankapitalanforderungen und der Anwendung von Informations- und Kommunikationstechnologien auf der einen Seite und Produktivitätseffekten auf der anderen Seite erfasst worden. Daher werden die qualifikatorischen Anforderungen in die Fachkompetenz der Arbeitskräfte als Indikator für die einhergehenden Erfordernisse in sozialer Kompetenz im weitesten

Anwendung der Informations- und Kommunikationstechnologien in erster Linie auf der Unternehmensebene in Form einer Innovationsfunktion für effizientere Organisationsstrukturen und Reorganisationsprozesse, die vor allem in Kombination mit Investitionen in das Sozialkapital auf dieser Ebene erfolgreich ist. Koordination und Austausch von Informationen sowie Verschlankung der Organisationsstruktur, mit dem Ziel, durch Konzentration auf die Kernkompetenzen eine höhere Effizienz zu erreichen, sind dabei die zentralen Determinanten.[60]

## 5.2 Beschäftigungswirkungen der Sozialkapitalbildung

*„With a little help from my friends."*

*JOHN LENNON und PAUL MCCARTNEY*

Seit mehreren Jahrzehnten gilt die Reduzierung der Arbeitslosigkeit als dringendes, zentrales wirtschaftspolitisches Ziel. Die Sozialkapitaltheorie kann hinsichtlich des Beschäftigungszieles allerdings nicht mit einem direkten Wirkungszusammenhang dienen.[61] Sie muss sich auf die beschäftigungsfördernde Reduzierung des *mismatch* auf dem Arbeitsmarkt beschränken. In der Gegenwart existiert jedoch auf dem

Sinne angesehen, um entsprechende Aussagen über die Reorganisationsfähigkeit der Akteure zu treffen. Es zeigt sich dabei auf der Unternehmensebene eine positive Korrelation zwischen den Investitionen in Informations- und Kommunikationstechnologien und Aus- und Weiterbildungsmaßnahmen einerseits und Produktivitätssteigerungen andererseits.

60 Vgl. LIPSEY (1999) sowie MALONE und LAUBACHER (1998), zitiert in OECD (2000b), S. 55.

61 Auf die Wirkungszusammenhänge der Zunahme der Telearbeit durch die Netzwerkökonomik wird in der vorliegenden Arbeit nur am Rande eingegangen. Unter anderem MELZIG-THIEL (2000; S. 178-186) analysiert in diesem Zusammenhang die Entwicklung der Tätigkeitsstruktur in dieser neuen technologisch-ökonomischen Umgebung. Aufgrund des wachsenden Einsatzes von Informations- und Kommunikationsnetzwerken nimmt die Notwendigkeit für die Arbeitnehmer, gemeinsam und zur gleichen Zeit an einem Ort produktiv tätig zu sein, immer weiter ab. Der durch den Kollegenkreis gemeinschaftsbildende Arbeitsplatz wird zunehmend durch Telearbeitsplätze ersetzt. Hierbei besteht allerdings trotz der digitalen Kommunikationsmöglichkeiten mit den Arbeitskollegen und -kolleginnen die Gefahr der sozialen Disintegration. Erfährt diese Arbeitsweise eine zunehmende Verbreitung in der Gesellschaft, so entstehen familien- und nachbarschaftsnahe Beziehungsnetzwerke, die durch mehrdimensionale soziale Beziehungen gekennzeichnet sind, wohingegen reine Kollegenkontakte überwiegend eindimensionaler Natur sind. Mehrdimensionale Beziehungen bedeuten wiederum eine Zunahme von nicht aufrechenbaren gegenseitigen Verpflichtungen. Der Sozialkapitalbestand kann deshalb auf stabile Weise erhöht werden.

Arbeitsmarkt ein ausgeprägtes *matching*-Problem. Der aktuell hohen Arbeitslosenquote steht eine Vielzahl an freien Stellen gegenüber. Im April des Jahres 2001 existierten beispielsweise in Deutschland einerseits über drei Millionen Erwerbslose[62] und andererseits gleichzeitig etwa 527.000 offene Stellen.[63] Die Gründe hierfür sind die Nicht-Teilbarkeit der zu tauschenden Einheiten, das hohe Maß an Heterogenität der Arbeitsleistungen sowie mögliche Fehlinformationen über das Erfahrungsgut Arbeit bei Vertragsabschluss.

Das Beschäftigungsniveau in einer vom Strukturwandel geprägten Volkswirtschaft hängt demnach in wachsendem Maße von der Leistungsfähigkeit der staatlichen und privaten Arbeitsvermittlungsinstitutionen und deren allokativer Leistungsfähigkeit ab. Die netzwerkökonomischen Medien konnten dabei ihr Potenzial hinsichtlich einer effizienten Allokation von Informationen zur Besetzung freier Arbeitsplätze nicht halten. So existiert noch keine Totalerfassung hinsichtlich Angebot und Nachfrage des Arbeitsmarktes, obwohl die technologischen Voraussetzungen geschaffen sind.

Dabei ist festzuhalten, dass in COLEMANs *rational choice*-Ansatz – wie in Unterabschnitt 2.3.4 ausführlich erörtert wurde – das **Informationspotenzial** der sozialen Umgebung eine Determinante des Sozialkapitals darstellt.[64] Dies ist unter der Annahme einer funktionalen Definition von Sozialkapital zwar legitim, birgt jedoch die mehrfach angesprochene Tautologiegefahr der theoretischen Argumentation in sich. Aus diesem Grund wird das Informationspotenzial der Beziehungspartner im vorliegenden Konzept als sozialkapitaltheoretisches Ausprägungsmerkmal sozialer Netzwerke angesehen und nicht als Einflussgröße des Sozialkapitalbestands.

Neben den formalen Vermittlungsprozessen von Arbeitsplätzen kommt den informellen sozialen Beziehungen, die als Basis für Sozialkapital bildende Verhaltensweisen gelten, ein hohes Maß an Bedeutung zu. Verschiedene Untersuchungen in westlichen Volkswirtschaften ergeben hinsichtlich der Bedeutung derartiger Beziehungen für die Erlangung eines Arbeitsplatzes Anteile zwischen 30 und 60 Prozent. Die früheste Studie wurde bereits im Jahr 1951 von MYERS und SHULTZ durchgeführt. Sie kommen zum Ergebnis, dass 62 Prozent der befragten Arbeiter in der US-amerikanischen Textilbranche ihre erste Stelle durch die Hilfe von Freunden oder Verwandten erhalten

---

62 Definition nach EU und ILO

63 Vgl. Deutsche Bundesbank (2001), S. 28.

64 Siehe Gleichung (13) auf Seite 101.

haben. Den aktuellen Arbeitsplatz erreichten noch 36 Prozent der Befragten auf diese Weise.[65]

Aus wirtschaftstheoretischer und -politischer Sicht ist daher die Sozialkapitaltheorie ein erfolgversprechender Ansatz, um in diesem Zusammenhang Lösungsansätze anzubieten. Damit besitzt die Bildung von Sozialkapital in Form bestimmter interaktiver Verhaltensmuster, mit denen soziale Beziehungen durch Verpflichtungsaufbau oder Erhöhung reputativer Merkmale gebildet oder gepflegt werden, für den Arbeitsmarkt und die Beschäftigungspolitik eine hohe Relevanz.

Die Sozialkapitalbildung wirkt durch zwei indirekte soziale Mechanismen auf das Beschäftigungsniveau einer Volkswirtschaft: Sozialkapital löst (a) über andere ökonomische Variablen wie Wirtschaftswachstum auf der Makro-Ebene Beschäftigungseffekte aus. Zudem bewirkt diese Kapitalform (b) über soziale Beziehungen innerhalb einer Netzwerkstruktur auf der Meso-Ebene positive Beschäftigungsimpulse.

(a) Das Sozialkapital zieht makroökonomische Beschäftigungswirkungen in dem Sinne nach sich, dass Sozialkapitalbildung in Form bestimmter Verhaltensweisen zum technologischen und organisatorischen Fortschritt und damit das Potenzial für Steigerungen der ökonomischen Wachstumsrate erhöht. Es wird unterstellt, dass das Wirtschaftswachstum in der Regel **positive Wirkungen auf die Beschäftigungssituation** einer Volkswirtschaft besitzt,[66] wenn die Rate des Wirtschaftswachstums über der Steigerungsrate der Arbeitsproduktivität liegt.[67] Die sozialkapitaltheoretischen Wirkungsmechanismen auf das Beschäftigungsniveau auf der Makro-Ebene finden demnach indirekt statt. Diese Zusammenhänge zwischen der Sozialkapitalbildung und der ökonomischen Wachstumsrate wurden bereits in Abschnitt 5.1 erörtert.

(b) Im vorliegenden Abschnitt steht die soziostrukturelle Umgebung der Akteure sowie deren **Informationspotenzial** als beschäftigungsfördernde Reduzierung der *mismatch*-Arbeitslosigkeit im Vordergrund. Dabei stehen Akteure im Mittelpunkt der Betrachtung, die ihre sozialen Beziehungen strategisch zur Informationsge-

---

65 Vgl. MYERS und SHULTZ (1951); zitiert in MONTGOMERY (1991), S. 1409. Weitere Untersuchungen – auch in anderen Branchen – weichen von diesen Ergebnissen kaum ab. Einen Überblick über diese Studien geben PREISENDÖRFER und VOSS (1988).

66 Siehe insbesondere den VERDOORN-Zusammenhang, der in SEITER (1997) ausführlich dargestellt wird.

67 Unter der Annahme, dass Arbeitszeit und Erwerbsquote konstant bleiben.

winnung einsetzen.[68] Zudem konzentrieren sich die folgenden beiden zu erörternden Konzeptionen – die Kontaktnetztheorie sowie die Konzeption der strukturellen Löcher – auf die Merkmale sozialer Beziehungen (Unterabschnitt 5.2.1) und die Ausgestaltung der Netzwerkstruktur (sowohl Unterabschnitt 5.2.1 als auch 5.2.2). Methodisch sind beide zu behandelnden Forschungsgebiete dem Neo-Strukturalismus zuzuordnen,[69] dessen Kernaussage darin besteht, dass ökonomische Handlungen stets in ein soziales Beziehungsumfeld eingebettet sind.[70] Doch gerade die Hauptvertreter der zu erörternden Konzeptionen, GRANOVETTER und BURT, zeigen auch eine Annäherung an den *rational choice*-Ansatz,[71] ohne dabei die Annahme der vollkommenen Transparenz auf dem Arbeitsmarkt zu übernehmen.

### 5.2.1 Die Stärke schwacher sozialer Beziehungen

Sowohl in der GRANOVETTER- als auch in der im nachfolgenden Unterabschnitt zu erörternden BURT-Studie wird Sozialkapital in Form von sozialen Kommunikationsnetzwerken konzipiert. Beim Netzwerkkonzept handelt es sich um eine Verknüpfung der handlungs- und der strukturtheoretischen Perspektive, da neben den Verhaltensweisen der Akteure auch die Beziehungsstruktur des sozialen Netzwerks eine ausschlaggebende Rolle für das beschäftigungsökonomische Ergebnis spielt.[72] GRANOVETTERs *embeddedness*-Ansatz wählt als Ausgangspunkt das Eingebundensein von Akteuren in Form von Vertrauens- und Erwartungsbeziehungen in einem Umfeld persönlicher Beziehungen sowie normgebundener Verhaltensweisen.[73]

---

68 Eine derartige Sichtweise wird im Rahmen der Sozialkapitaltheorie auch von einer Vielzahl anderer Autoren eingenommen. Siehe auch u.a. LOURY (1977 und 1987), BOURDIEU (1983), FLAP und DE GRAAF (1986), BAKER (1994) sowie PODOLNY und BARON (1997).

69 Neben den Neo-Strukturalisten wie GRANOVETTER (1973), ZUKIN und DIMAGGIO (1990) sowie BURT (1992) können auch die Transaktionisten, insbesondere BOISSEVAIN (1974), als erste Vertreter der Sichtweise des sozialen Kapitals als soziales Netzwerk gesehen werden, auch wenn nicht alle genannten diesen Kapitalbegriff verwenden. Siehe auch FLAP (1995); zitiert in HAUG (1997), S. 12.

70 Vgl. u.a. HAUG (1997), S. 12.

71 Siehe GRANOVETTER (1985) und BURT (1992); zitiert in HAUG (1997), S. 12.

72 Vgl. MAYR-KLEFFEL (1991), S. 24.

73 Vgl. GRANOVETTER (1985), S. 491. Dabei kritisiert GRANOVETTER die extremen über- und untersozialisierten Konzeptionen ökonomischer Verhaltensweisen. Übersozialisiert nennt er die Perspektive, in welcher sich der soziale Akteur ausschließlich an gesellschaftlichen oder Gruppennormen orientiert. Untersozialisiert nennt GRANOVETTER insbesondere neoklassische Metho-

Nach GRANOVETTER können bestimmte soziale Beziehungen durch Informationsaustauschprozesse bei der Arbeitsplatzvermittlung förderlich sein. Überraschenderweise stellt er dabei fest, dass es nicht die starken Beziehungen, sondern die schwachen sozialen Beziehungen sind, welche das Erreichen eines individuellen Beschäftigungsziels erleichtern.[74] Dies erscheint zunächst paradox, da starke Beziehungen aufgrund hoher Verpflichtungen als soziale und ökonomische Unterstützungsbeziehungen gelten. Die Beziehungsstärke hängt nach GRANOVETTER im positiven Sinn von der gemeinsam verwendeten Zeit der Beziehungspartner, von der affektiven Bedeutung des Gegenübers, vom gegenseitigen Verständnis und von den vorgenommenen reziproken Diensten in der Beziehung ab.[75] Im Fall starker Beziehungen liegen hohe Treuewahrscheinlichkeiten und zahlreiche Verpflichtungen zwischen den Akteuren vor.

Demgegenüber sind unter schwachen Beziehungen **lose soziale Kontakte** zu Personen zu verstehen. Insbesondere der sozialkapitaltheoretische Aspekt der Verpflichtung bleibt bei flüchtigen Bekanntschaften auf niedrigem Niveau. Gleichzeitig existiert in einem Netzwerk schwacher Beziehungen eine geringere Netzwerkdichte als in einem Freundeskreis oder innerhalb einer Verwandtschaft,[76] wodurch scheinbar weniger Informationen aufgrund geringerer Verpflichtungen weitergegeben werden. Aber gerade in der Bedeutung des Informationsflusses in und zwischen den sozialen Netzwerken liegt nach GRANOVETTER die Ursache für den Trugschluss, dass starke, verpflichtungsreiche Beziehungen und dichte Unterstützungsnetzwerke für die Arbeitsplatzfindung vorteilhafter sind. Vielmehr kommt es darauf an, dass sich der Akteur in einer Netzwerkposition befindet, in welcher er Zugriff auf möglichst viele Informationen hat. Diese Informationen erhält der Akteur jedoch nicht unbedingt aus seinem nahen sozialen Umfeld.

Die Informationsgewinnung ist eine notwendige Voraussetzung bei der Arbeitsplatzsuche. Die erforderlichen Informationen erhält der Akteur nach GRANOVETTER am ehesten, wenn er (a) schwache soziale Beziehungen zu Akteuren anderer Netzwerke besitzt, welche sich (b) auf möglichst unterschiedlichen Statusniveaus befinden, und wenn (c) die Dichte der sozialen Netzwerke, welchen der Akteur angehört, nicht zu hoch ist.

---

den, in welchen soziale Beziehungen vollständig ausgeblendet werden. Seinen *embeddedness*-Ansatz ordnet er zwischen diesen Extremen ein. Vgl. GRANOVETTER und SWEDBERG (1992), S. 54-56.

74 Vgl. GRANOVETTER (1973), S. 1361-1363.

75 Vgl. GRANOVETTER (1973), S. 1361.

76 Vgl. WEGENER (1987), S. 279.

Dies spricht für virtuelle Gemeinschaften, insbesondere *newsgroups* als geeignete Kommunikationsnetzwerke zur Beseitigung beschäftigungsökonomischer *matching*-Probleme, da die sozialen Kontakte in dieser Beziehungsform den Anforderungen aus GRANOVETTERs Studie entsprechen. Durch die Überregionalität des Internets werden informelle Informationen über den sozialen Kreis starker Beziehungen hinaus zugänglich. Aber auch die *newsgroup*-unabhängige Kommunikation mittels *email* unterstützt die Bildung schwacher Beziehungen. Hierfür ist insbesondere die Demokratisierungsfunktion dieses Kommunikationsmittels eine Ursache.

(a) Schwache Beziehungen können hinsichtlich des Informationspotenzials mehr leisten als starke Beziehungen. Sie besitzen eine „**Brückenfunktion**“[77] zwischen sozialen Gruppen, die ihrerseits durch starke soziale Bindungen gekennzeichnet sind. Nach GRANOVETTER können starke Beziehungen niemals diese Brückenfunktion erfüllen, da angrenzende Beziehungen stets eine Neigung haben, ein geschlossenes Netzwerk zu bilden.[78] Nach GRANOVETTER wächst die Informationsmenge proportional mit der Anzahl von Beziehungen, mit denen der betrachtete Akteur verknüpft ist.[79] Damit kommt einem *gatekeeper* eines sozialen Netzwerks, der als einziger Ausgangsknotenpunkt aus einem Netzwerk in ein anderes Netzwerk gilt und in einer so genannten Brückenbeziehung zu einem *gatekeeper* eines anderen Netzwerks steht, eine hohe Bedeutung hinsichtlich des Informationsflusses zu. In Abbildung 5-5 sind dies die Akteure *i* und *j*. Die Inhaber derartiger Brückenbeziehungen profitieren in hohem Maße davon, dass sie über einen ständigen Informationsvorsprung verfügen. Diese Akteure besitzen „damit eine Ressource für die Einflussnahme weit jenseits [der] eigenen Lebenssphäre.“[80] In diesem Sinne besitzt jeder Akteur, der Zugang zu einer Gemeinschaft hat, eine derartige Netzwerkposition.[81]

---

77 PARK (1999), S. 102

78 Vgl. GRANOVETTER (1973), S. 1364 sowie HEIDER (1958) und NEWCOMB (1961), S. 4-23; zitiert in GRANOVETTER (1973), S. 1362. Dies ist die positive Formulierung der „Vertrauenslücken“, die als sozialer Abstand zwischen Netzwerken verstanden werden. BURT schränkt in seinem Ansatz der strukturellen Löcher, der im folgenden Unterabschnitt erörtert wird, diese These ein. Seiner Ansicht nach können auch starke soziale Beziehungen Brückenbeziehungen sein. Vgl. BURT (1992), S. 29. Auch durch Reziprozitätsprozesse kommt es zu indirekten und gegenseitigen Erwartungen und Verpflichtungen, die zu einer höheren Netzwerkdichte führen können.

79 Vgl. GRANOVETTER (1973), S. 1365.

80 SCHEUCH (1993), S. 112

81 Dies gilt nur nicht für den Fall, dass die virtuelle Gemeinschaft zum Großteil aus Personen besteht, zu denen der Akteur auch ohne die netzwerkökonomischen Kommunikationsmedien Kontakt hätte.

(b) Personen, zwischen welchen eine starke Beziehung existiert, weisen in der Regel einen gleichen oder ähnlichen Status auf. Derartige Beziehungen und informative Austauschprozesse können für den beruflichen Aufstieg selten hilfreich sein. Dies liegt einerseits an der Informationsredundanz verschiedener Kommunikationskanäle und andererseits an der hohen Korrelation von gesellschaftlichem Status und sozialer Netzwerkbildung.[82] Diese Erkenntnis impliziert jedoch, dass sich der soziale Status zu einem Großteil aus der Berufstätigkeit ergibt. Dies gilt demnach auch für primäre soziale Gruppen wie die Familie.[83] Die Enthierarchisierungswirkung der netzwerkökonomischen Kommunikationsprozesse fördert tendenziell den von GRANOVETTER geforderten Status übergreifender Kontakte.

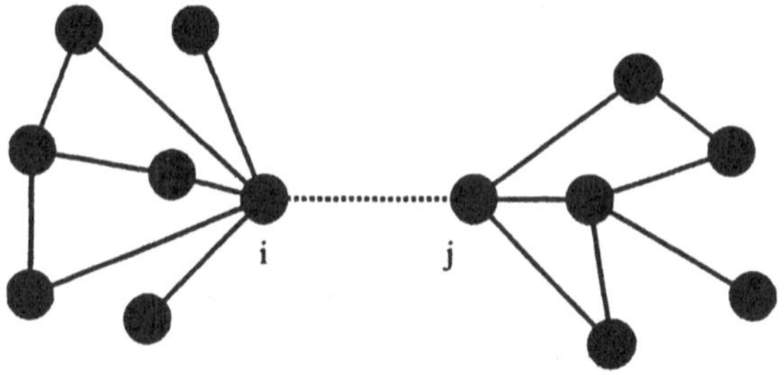


**Abbildung 5-5: Brückenbeziehung**

Quelle: in Anlehnung an GRANOVETTER (1973), S. 1365

(c) Allerdings ist dabei zu berücksichtigen, dass der Vorteil aus einer Brückenposition abnimmt, je länger – im Sinne von Indirektheit – ein Beziehungspfad zwischen Akteuren ist. Sobald demnach der *gatekeeper* viele direkte Beziehungen in „seinem" Netzwerk oder weitere Brückenbeziehungen besitzt, um so wahrscheinlicher handelt es sich um kurze Beziehungspfade.[84] Auch hier besitzt eine *newsgroup* eine den Beziehungspfad verkürzende Wirkung, da die Netzwerkdichte in der

---

82 Darüber hinaus sind höhere Kompetenzen beim Beziehungspartner wünschenswert.

83 Dies gilt jedoch nur, wenn es sich bei der primären Gruppe nicht um sozial weit gespannte Sippen handelt, die sich hierarchisch gliedern und dadurch über verschiedene Statusebenen in der Gesellschaft erstrecken.

84 GRANOVETTER (1973; S. 1364-1366) bezieht sich dabei auch auf Untersuchungen von HARARY, NORMAN und CARTWRIGHT (1965), insbesondere S. 158-159 sowie DAVIS (1969), S. 549.

Regel 1 beträgt. Jeder *newsgroup*-Teilnehmer kann mit jedem anderen Informationen austauschen.

Aus diesen Überlegungen lassen sich folgende Schlussfolgerungen ableiten:[85]

- Je stärker die Beziehungen sind, um so größer ist die Bereitschaft bzw. das Verpflichtungsgefühl, Informationen weiterzugeben.
- Im Fall starker Beziehungen und hoher Netzwerkdichte existiert jedoch sowohl eine Informationsredundanz als auch eine starke Zugangsbeschränkung zu neuen Informationen, welche die Arbeitsplatzsuche erleichtern können.
- Neue Informationen werden eine größere Zahl von Akteuren eher dann erreichen, wenn die soziale Distanz kürzer ist, was durch eine hohe Zahl an Brückenbeziehungen erreicht wird.
- Je zahlreicher die schwachen Beziehungen eines Akteurs sind, desto mehr Informationen erhält dieser Akteur, da es sich bei den schwachen Beziehungen in der Regel um Brückenbeziehungen handelt.[86] Im Extremfall konzentriert sich ein Akteur auf Informationskontakte zu möglichst vielen *newsgroups*, in welchen er beschäftigungsökonomische Informationen vermutet.

Die Bildung von Sozialkapital manifestiert sich in diesem Konzept in der **Weitergabe von Informationen**, die einen sozialen Austausch darstellt. Hierbei entsteht eine Verpflichtung von Seiten des Informationsempfängers gegenüber dem Informationsgeber. Diese Verpflichtung ist um so höher, je wahrscheinlicher die weitergeleitete Information zum beschäftigungsökonomischen Erfolg führen kann.

Empirisch belegt GRANOVETTER seine Thesen mit der *Getting a Job*-Studie aus dem Jahr 1974. Hierbei stellt er fest, dass schwache Beziehungen hinsichtlich der Arbeitsplatzsuche ungefähr doppelt so effizient sind wie starke Beziehungen.[87] Allerdings ist hier anzumerken, dass diese Studie zeitlich vor den Expansionsentwicklungen der Netzwerkökonomik durchgeführt wurde. Insofern ist dieses Ergebnis auf seine Anwendbarkeit auf den netzwerkökonomisch gestützten Arbeitsmarkt zu überprüfen.

---

85 Vgl. GRANOVETTER (1973), S. 1368-1369. Empirisch werden diese Thesen unterstützt durch Studien von GRANOVETTER (1974), WEIMAN (1982) sowie MARSDEN und CAMPBELL (1984)

86 An diese Überlegung knüpft BURT mit seinem Konzept der strukturellen Löcher an. Siehe BURT (1992) und Unterabschnitt 5.2.2.

87 Dabei bildet GRANOVETTER (1974) einen Beziehungsstärke-Index aus Kontaktdauer, Kontaktfrequenz und emotionaler Nähe.

SCHEUCH wendet in diesem Zusammenhang ein, dass nicht die Beziehungsstärke bzw. die –schwäche für die Arbeitsplatzsuche ausschlaggebend ist. Vielmehr steht die Heterogenität der sozialen Beziehungen als Beschäftigungsdeterminante im Mittelpunkt. Beziehungen zu Brückenpersonen, die nach GRANOVETTERs Studie die höchste Effizienz bei der Arbeitsplatzsuche aufweisen, bedeuten für SCHEUCH, dass der Heterogenitätsgrad relevant ist, da die Beziehungen zu anderen sozialen Netzwerken gerade auf derartigen Brückenbeziehungen beruhen.[88]

**Tabelle 5-2: Merkmale starker und schwacher Beziehungen**

| Schwache Beziehungen | Starke Beziehungen |
|---|---|
| Heterogenität der Gruppe | Homogenität der Gruppe |
| Erweiterter Zugang zu Informationen und kulturellen Ressourcen | Geringe Zugangschancen zu Informationen der Umwelt |
| Umwelt tritt permanent in den betrachteten Akteur ein | Unterstützung des betrachteten Akteurs durch Mitglieder |
| Integration durch Intergruppenverbindungen | Intragruppenverbindung bei hoher Informationsdichte und –redundanz |
| Funktionalisierung der Beziehungen | Traditionalisierung der Beziehungen |

Quelle: in Anlehnung an DEDERICHS (1999), S. 53

DEDERICHS versucht, diese theoretischen Erklärungen zu einer Synthese zusammenzufassen, die – wie in Tabelle 5-2 dargestellt – neben dem Heterogenitätsgrad weitere Beziehungseigenschaften berücksichtigt, die mit der Stärke-Schwäche-Dichotomie sozialer Beziehungen korrespondieren.[89] In dieser Tabelle ließe sich die Überschrift der linken Spalte durch den Begriff „*newsgroup*" oder „*email*-Netzwerk" ersetzen, da diese Kommunikationsform alle von DEDERICHS aufgeführten Beziehungseigenschaften der schwachen sozialen Beziehungen aufweisen kann.

GRANOVETTERs Verdienst ist zweifelsohne, dass er auf die ökonomische Bedeutung schwacher Beziehungen aufmerksam macht. Dennoch besitzen auch starke soziale Beziehungen nicht substituierbare Funktionen, die sich vor allem in der wechselseiti-

---

[88] Vgl. SCHEUCH (1993), S. 113. SCHENK (1995; S. 100-101) weist in diesem Zusammenhang darauf hin, dass Homogenität und Dichte eines sozialen Netzwerks korrelieren.

[89] Vgl. DEDERICHS (1999), S. 53.

gen Motivation zu Unterstützungsleistungen niederschlagen.[90] Diese heterogenen Beziehungen, die in der Regel durch gegenseitige Verpflichtungen gekennzeichnet sind, stellen den Brennpunkt des sozialen Lernens dar und leisten einen wichtigen Beitrag zum Aufbau von Vorleistungsbereitschaften in schwachen, homogenen Beziehungen, die das *bridging social capital* ausmachen. Beschäftigungsökonomisch äußert sich diese Bereitschaft zur Informationsweitergabe von einem sozialen Netzwerk zum anderen in einer Reduzierung der *mismatch*-Problematik auf dem Arbeitsmarkt.[91]

Diese Ausführungen verdeutlichen, dass die in Tabelle 5-2 dargestellten Beziehungstypen aus sozialkapitaltheoretischer Perspektive komplementär zu sehen sind. Mit dem Aufbau eines persönlichen Portfolios an sozialen Beziehungstypen steigen die Handlungsmöglichkeiten eines Akteurs: In ökonomischen Notlagen erfährt dieser Akteur Unterstützung von Seiten der Partner aus starken Beziehungen mit hoher Treuewahrscheinlichkeit. Bei Interesse an einem Arbeitsplatz- oder Statuswechsel kann er auf Informationen aus schwachen Beziehungen zurückgreifen und sich in andere soziale Netzwerke integrieren. Letzteres spielt insbesondere dann eine Rolle, wenn seitens der „alten" Netzwerke die Gefahr einer Sanktionierung wegen Normabweichung – auch in Form eines Statuswechsels – droht.

Der Akteur erhöht seine Arbeitsplatzchancen immer dann, wenn er sich um ein **ausgewogenes Beziehungsgeflecht** hinsichtlich der komplementären Funktionen der unterschiedlichen Beziehungstypen bemüht. Durch Vorleistungen an Akteure anderer sozialer Netzwerke schafft er Verpflichtungen, mit dem Ziel, einen gewissen Integrationsgrad zu erreichen, damit er mit Informationen aus diesem Netzwerk versorgt wird. Diese Beziehungspflege entspricht der Bildung von Sozialkapital. In diesem Fall handelt es sich um die Entstehung bzw. Erhöhung von *bridging social capital*, das hinsichtlich der Überbrückung von Vertrauenslücken zwischen sozialen Netzwerken

---

90 Vgl. DIEWALD (1990), S. 102.

91 Aus sozialkapitaltheoretischer Perspektive spielen die virtuellen Job-Datenbanken im Internet prinzipiell keine Rolle. Der Haupteffekt dieser Form der Informationsbereitstellung liegt in erster Linie in einer Kostensenkung bezüglich der Aufarbeitung und Selektion von Informationen. Eine Ausnahme bilden Internetplattformen, welche durch ihre bewertende Selektion von Informationen bzw. Informationsträgern mittels bestimmter Merkmalskriterien eine Reputationssteigerung bei den Datenbankteilnehmern erreichen. Dies gilt insbesondere dann, wenn die Reputation der Plattform durch glaubwürdige Institutionen gesichert ist. So stellt beispielsweise die Universität Hohenheim in Stuttgart mit dem CareerCenter Hohenheim unter anderem eine Bewerbungsdatenbank für die Absolventen dieser Hochschule zur Verfügung. Durch diese Teilnehmerbeschränkung sowie durch die qualitative Überprüfung der Bewerbungsinhalte werden Reputationseffekte genutzt, um eine hohe Vermittlungsquote bei hoher Allokationsleistung zu erreichen. Vgl. http://www.career.uni-hohenheim.de.

und damit der Reduzierung der Gefahr einer kontraproduktiven Wirkungsweise des Sozialkapitals auf makroökonomische Zielgrößen hilfreich ist.[92] Denn je einseitiger das egozentrierte Netzwerk eines Akteurs ist, um so geringer sind seine Handlungsoptionen, da er entweder auf die Versicherungsfunktion durch starke Beziehungen oder auf die Informations- und Ausweichfunktion durch schwache Beziehungen verzichtet.

Im Rahmen der Existenz einer entsprechenden Anzahl schwacher Beziehungen besteht somit kein Konflikt zwischen den Sozialkapitalbeständen auf den verschiedenen Aggregationsebenen. Sobald sich die Gesellschaft aus einzelnen sozialen Netzwerken zusammensetzt, die in ausreichender Form und Menge durch schwache Brückenbeziehungen miteinander verknüpft sind (*bridging social capital*), werden die Informationen über Angebot und Nachfrage auf dem Arbeitsmarkt rasch in der Volkswirtschaft diffundieren. Hierdurch wird die *mismatch*-Problematik erheblich reduziert. Der Erreichung des Beschäftigungsziels steht somit eine Barriere weniger entgegen.

### 5.2.2 Beschäftigung und strukturelle Löcher

Ein weiteres sozialkapitaltheoretisches Konzept, das sich mit den beschäftigungsökonomischen Auswirkungen sozialer Beziehungen und Interaktionen auseinandersetzt, ist die Theorie der strukturellen Löcher von BURT.[93]

Nach BURT stellt sich bei der Wahl der sozialen Kontakte nicht die Frage, **ob** jemandem vertraut werden kann, sondern **wem** Vertrauen entgegengebracht werden kann.[94] Beim Aufbau eines sozialen Netzwerks knüpft der betrachtete Akteur zunächst tendenziell mit den Menschen seiner Umgebung Kontakte, die ähnliche Attribute besitzen wie er selbst.[95] In Abbildung 5-6 wird BURTs These verdeutlicht.

---

92 Siehe Abschnitt 3.5.

93 Vgl. BURT (1992). Im Folgenden wird in der Regel die *paperback*-Ausgabe von 1995 zitiert.

94 Vgl. BURT (1995), S. 15.

95 Vgl. u.a. FISCHER (1982) und MARSDEN (1987); zitiert in BURT (1995), S. 16.

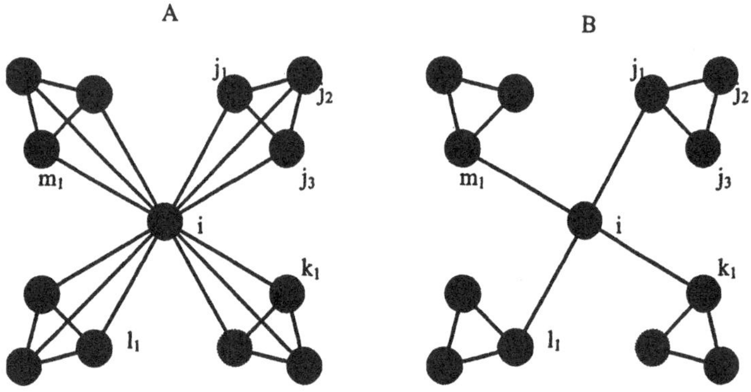


**Abbildung 5-6: Strukturelle Löcher**

Quelle: in Anlehnung an BURT (1995), S. 17 und 20

Zunächst bildet der ***central player*** *i* ein Netzwerk, indem er Kontakte zu $j_1$, $k_1$, $l_1$ und $m_1$ knüpft. Dadurch ergibt sich unter anderem die soziale Beziehung $ij_1$. Durch die jeweiligen sozialen Netzwerke der Kontaktpersonen – wie das Netzwerk $j_1j_2j_3$ – erweitert sich auch das Netzwerk von *i* in direkter Weise, indem er zu den anderen Personen $j_1$ und $j_2$ Kontakt aufnimmt, die unter Umständen abweichende Attribute besitzen. Diese Beziehungsnetzwerkexpansion erscheint zunächst auch sinnvoll, da hierdurch sowohl die Unterstützungswahrscheinlichkeit als auch die Anzahl der Informationskanäle erhöht wird.[96] Sein erweitertes soziales Netzwerk kann der Figur A in Abbildung 5-6 entsprechen. Die Expansion eines sozialen Netzwerks gleicht demnach einem „*snowballing*",[97] da $j_2$ und $j_3$ in der Regel auch Mitglieder anderer Netzwerke sind, in die *i* im Zeitablauf integriert werden kann. Da die Netzwerkexpansion in Form einer Herausbildung neuer Beziehungen sowohl soziale Verpflichtungen bildet als auch die Treuewahrscheinlichkeiten der Beteiligten erhöht, bedeutet eine derartige Ausdehnung des sozialen Umfelds die Bildung von Sozialkapital.

Allerdings stößt diese Art der Netzwerkausdehnung und damit die Sozialkapitalbildung an ihre Grenzen: Zum einen existiert eine Kapazitätsgrenze in Form von

96 Vgl. BURT (1995), S. 16.
97 BURT (1995), S. 16

Zeitaufwendungen und soziopsychischen Fähigkeiten zur Pflege direkter sozialer Beziehungen. Zum anderen stellt sich vor dem Hintergrund des Informationszugangs als beschäftigungsökonomischer Determinante die Frage der Effizienz einer Vielzahl direkter Beziehungen. Besteht von Seiten des Akteurs *i* in Abbildung 5-6 in der ersten Phase der Netzwerkerweiterung nur die Beziehung $ij_1$ zu der Gruppe $j_1j_2j_3$, so bedeutet die Knüpfung sozialer Beziehungen zu $j_2$ und $j_3$ die Bildung informationsredundanter Beziehungen, da der Informationszugang zur Gruppe $j_1j_2j_3$ durch die Beziehung $ij_1$ ausreichend ist. Die eingesparten Kosten in Form von beispielsweise zeitlichen Aufwendungen können in die Bildung weiterer nicht-redundanter Beziehungen zu Mitgliedern anderer sozialer Netzwerke investiert werden. Dadurch maximiert *i* seine nicht-redundanten Kontakte.[98] Die in Figur B der Abbildung 5-6 nicht existierenden Beziehungen $ij_2$ und $ij_3$ stellen die bereits oben angesprochenen strukturellen Löcher dar.

Als ertragsrelevante Merkmale zeichnen sich die strukturellen Löcher durch eine fehlende soziale Kohäsion im Sinne einer geringen Netzwerkdichte aus. Demnach existieren hierbei weder starke Beziehungen im GRANOVETTER'schen Sinn noch überlappende soziale Kontakte. Positiv formuliert bedeutet dies, dass ein Akteur in einer Position des strukturellen Loches nur nicht-redundante Beziehungen besitzt.[99]

BURTs Herangehensweise knüpft im Vergleich zur Untersuchung GRANOVETTERs nicht an der Beziehungsstärke zwischen Akteuren an, sondern an deren spezifischen Positionen in ihrem egozentrierten Netzwerk und den daraus resultierenden Handlungsoptionen. Dies sind – hier gleichen sich die beiden Ansätze – wie bei GRANOVETTER Brückenbeziehungen zwischen sozialen Gruppen.[100] BURTs Hauptthese besagt, dass es in einem sozialen Netzwerk verschiedene Positionen unterschiedlicher sozialer Ressourcenausstattung bzw. Handlungsoptionen gibt. Dabei sind es nach BURT insbesondere die „strukturellen Löcher“ in der Beziehungsstruktur eines sozialen Netzwerks, die hohe Erträge für bestimmte Positionsträger innerhalb dieses Netzwerks erwarten lassen. Die Akteure, die diese vorteilhaften Positionen einnehmen, bezeichnet BURT als *central players*.[101] Der ökonomische Vorteil manifestiert sich nach BURT vorwiegend in Informationsvorsprüngen und in Aspekten sozialer Kontrolle über Beziehungspartnern. Hinsichtlich der Informationsdimension sind

98 Vgl. BURT (1995), S. 20-22.
99 Vgl. BURT (1995), S. 20-21.
100 Die BURT'sche Perspektive ist eine Erweiterung des *embeddedness*-Ansatzes von GRANOVETTER, wobei insbesondere an Punkt (c) des vorangegangenen Unterabschnitts angeknüpft wird.
101 Vgl. BURT (1995), S. 22.

neben dem Informationszugang und dem Informationszeitpunkt auch die Bezugspersonen als Informationsträger von Relevanz.[102] Kontrolle wird vom „lachenden Dritten" (*tertius gaudens*) ausgeübt, indem er nach dem Prinzip „*divide et impera*" Akteure in seinem sozialen Netzwerk bewusst auseinander hält, um dadurch Informationsredundanzen zu vermeiden.[103]

Die Position eines Akteurs mit strukturellen Löchern in seinem egozentrierten Netzwerk ist vergleichbar mit der eines **Maklers**, der Beziehungen zu Akteuren besitzt, die beabsichtigen, einen Interessenaustausch vorzunehmen, jedoch keine direkte Beziehung zueinander besitzen. Aus der möglichen Kontrolle der Informationen zwischen den Parteien schöpft der Makler seinen Ertrag.[104]. Preistheoretisch ausgedrückt ist der Wohlfahrtsgewinn in Form von Produzenten- und Konsumentenrente das Ertragspotenzial des Maklers. Dieses Ertragspotenzial wird vervielfacht, wenn es sich bei den zu verbindenden Parteien um jeweils abgeschlossene soziale Einzelnetzwerke handelt. In diesem Fall fließen sämtliche Informationen aus den Netzwerken über den *central player* als einzigem Verbindungsglied zwischen den Netzen. Dabei existiert trotz hoher Informationsmenge für den betrachteten Akteur keine Redundanz.

Der Nutzen dieses zentralen Akteurs besteht in Informationsgewinnen zeitlicher und qualitativer Natur, die dieser als erweiterte Handlungsoption nutzen oder gegen Zahlung weiterleiten kann.[105] Der Informationsvorsprung hängt von der Anzahl der primären strukturellen Löcher zwischen den Kontaktpersonen ab. Von Bedeutung sind darüber hinaus auch die sekundären strukturellen Löchern, die auf der Ebene der sozialen Beziehungen der Beziehungspartner in einem egozentrierten Netzwerk zu finden sind.[106] Hierdurch wird das Ertragspotenzial des *central players* weiter erhöht, wenn es sich bei den *secondary holes* ebenso um Redundanz vermindernde soziale Beziehungen handelt.

BURT wendet diese **Informationsvorsprünge** auf die Erreichung von Karriereschritten an. Dabei bezieht er die Informationsasymmetrie auf einen bestimmten Zeitpunkt. Nach BURT ist der zeitliche Vorsprung des Informationszugangs entscheidend für die Erweiterung von Handlungsmöglichkeiten. Dies gilt für den Arbeitsplatzwechsel und

---

102 Vgl. BURT (1995), S. 13-15.

103 Vgl. SIMMEL (1902a), S. 185-186 und BURT (1995), S. 30-31.

104 Diese Perspektive wurde bereits von BOISSEVAIN (1974) untersucht. Vgl. HAUG (1997), S. 14, Fußnote 9.

105 Vgl. BURT (1992), S. 47.

106 Vgl. BURT (1992), S. 46.

vor allem für den beruflichen Aufstieg. Insbesondere für den Statuswechsel sind häufig Gerüchte für die Aufstiegsaspiranten von höherer Bedeutung als die formalisierte Weitergabe von Informationen. Dies liegt in erster Linie an der höheren potenziellen Diffusionsgeschwindigkeit informeller Daten, bzw. der höheren Flexibilität informeller sozialer Austauschprozesse. Besitzt ein Akteur eine Vielzahl an nichtredundanten sozialen Kontakten, so wird er sowohl mit höherer Wahrscheinlichkeit als auch effizienter an entsprechende Informationen gelangen als ein konkurrierender Akteur mit weniger strukturellen Löchern in seinem egozentrierten Netzwerk.[107] Das bedeutet, dass nicht jede Form der Sozialkapitalbildung beschäftigungsökonomisch erfolgreich ist. Vielmehr ist die Struktur des egozentrierten Netzwerks eines Akteurs für dessen Karrierechancen von Bedeutung.

Hinsichtlich der netzwerkökonomischen Rahmenbedingungen ist BURTs Konzept der strukturellen Löcher nicht eindeutig anwendbar. Dies liegt in erster Linie daran, dass die netzwerkökonomischen Kommunikationsstrukturen zwar einen raschen Informationszugang ermöglichen und mit einer Verkürzung der Beziehungspfade einhergehen. Der Informationszugang ist jedoch aufgrund der Enthierarchisierungswirkung in der Regel nicht mehr mit einem Informationsvorsprung vor anderen Akteuren verbunden, da die Information zeitgleich an alle *newsgroup*-Mitglieder versendet wird. Auch ist eine Optimierung der sozialen Kontakte hinsichtlich einer Erhöhung der Anzahl nichtredundanter Informationskontakte beispielsweise durch den Strukturcharakter von *newsgroups* nicht möglich, da der Beitritt zu einem entsprechenden Forum stets mit einer Informationsredundanz verbunden ist. Statt einer vollständigen, quantitativen Ausschöpfung der potenziellen Kontakte wäre für einen *central player* nach BURTs Konzept der Kontakt zu einem *newsgroup*-Mitglied ausreichend. Demnach werden die möglichen strategischen Verhaltensweisen dieses Akteurs, der beschäftigungsökonomische Informationsvorsprünge zu kumulieren beabsichtigt, in einem netzwerkökonomischen Umfeld untergraben.

Allerdings dürften beschäftigungsökonomische Informationen von hochbezahlten Positionen selten in breit angelegten Diskussionsforen diffundieren. Hier werden strategisch Informationsintermediäre eingesetzt. Dies erfolgt in der Regel in Form von Beratungsunternehmen.

Das Konzept der strukturellen Löcher von BURT unterscheidet sich demnach von GRANOVETTERs Ansatz der Stärke schwacher Beziehungen im Wesentlichen in folgenden drei Punkten:

---

[107] Vgl. BURT (1995); S. 115-116.

(a) BURT legt seinen Forschungsschwerpunkt nicht auf die Stärke der sozialen Beziehungen, sondern auf die **Position eines Akteurs** in einem sozialen Netzwerk. Unabhängig von der Stärke der sozialen Beziehungen dieses Akteurs sind für BURT jedoch auch – wie bereits bei GRANOVETTER – die Brückenbeziehungen bzw. –positionen von strategischer Bedeutung, da derartige Kontakte den Zugang zu nicht-redundanten Informationen bedeuten.[108] Für BURT sind schwache Beziehungen lediglich eine Begleiterscheinung struktureller Löcher und keine Ursache für beruflichen Erfolg.

(b) Über die Informationsfunktion von Beziehungen hinaus spielt bei BURT die Kontrollposition eines Akteurs eine maßgebliche Rolle für dessen Nutzengewinn. Als *tertius gaudens*[109] kann der Akteur seine **Verhandlungsposition** vorteilhaft nutzen.[110]

(c) Während in Granovetters Ansatz für die Sozialkapitalbildung eine Beziehung zu einer **Brückenperson** ausreicht, um das Informationspotenzial nutzen zu können, ist in BURTs Ansatz die Brückenposition selbst eine Voraussetzung für die Bildung dieser Kapitalform.[111]

Insbesondere der Unterscheidungspunkt (c) ist ausschlaggebend dafür, dass in der Konzeption der strukturellen Löcher weder eine einfache Aggregation des Sozialkapitals noch eine eindeutige Wirkungsweise auf die Beschäftigungssituation höherer Aggregationsebenen möglich ist. Vielmehr kommt es sowohl auf der Meso- als auch auf der Makro-Ebene zu kontraproduktiven Wirkungszusammenhängen bei der Bildung von Sozialkapital.

So existiert grundsätzlich die Tendenz zu selbstverstärkenden Prozessen auf der Mikro-Ebene in der Form, dass die BURT'schen *central players* ihre Netzwerkpositionen mit Hilfe der erlangten Auszahlungsgewinne der Vergangenheit in ihrem Sinn ausbauen können. Auf den ersten Blick scheinen die *central players* als Inhaber von Brückenpositionen jene Akteure zu sein, die Beziehungen zwischen den verschiedenen sozialen Gruppen herstellen und damit für die Existenz von *bridging social capital* und für die Minderung von Vertrauenslücken zwischen diesen Gruppen verantwortlich sind. Allerdings handelt es sich bei den im BURT'schen Konzept rational-strategisch

---

108 Vgl. BURT (1992), S. 27-28; zitiert in HAUG (1997), S. 15.

109 der „lachende Dritte"

110 Vgl. BURT (1995), S. 46.

111 Vgl. HAUG (1997), S. 15.

orientierten *central players* aufgrund ihrer Eigennutzorientierung nicht unbedingt um Personen, deren Informationsweitergabe als vertrauenswürdig eingeschätzt werden kann.

Wenn die Brückenbeziehungen zwischen Netzwerken von Eigennutz maximierenden Einzelpersonen kontrolliert werden, ist erstens die Informationsdiffusion tendenziell zu unflexibel und zu ineffizient, um die *mismatch*-Problematik zu reduzieren. Zweitens kann kein *bridging social capital* zwischen den Netzwerken entstehen, da die Brückenpersonen dann keinen Informationsvorsprung mehr hätten. Der *central player* wird nur dann Informationen ungefiltert und zeitnah von einem Netzwerk zum anderen weiterleiten, wenn er entweder ein entsprechendes Entgelt erhält, oder wenn er darin einen Nutzengewinn für seine Person sieht. Letzteres ist insbesondere dann der Fall, wenn er durch die Informationsweitergabe Verpflichtungen beim Informationsempfänger erzeugt und unter Umständen seine Reputation in Form einer Treueeinschätzung erhöht. Das bedeutet, die Sozialkapitalbildung besitzt zwar *per se* positive Beschäftigungswirkungen; diese Investitionen erfolgen aber nur, wenn sich der *central player* in der Phase des Netzwerkaufbaus befindet.

Allerdings wird dieser Akteur dazu neigen, sein Netzwerk in Richtung jener Netzwerke auszuweiten, die sich auf einem höheren Statusniveau befinden. Dadurch existiert eine Tendenz zur sozialen Gravitation. Diese Form der Sozialkapitalbildung führt demnach unweigerlich zu einer Ungleichverteilung des Sozialkapitals, der Informationszugänge und damit der Arbeitsplätze und des Einkommens. Die Verteilungswirkungen der Sozialkapitalbildung werden ausführlich in Abschnitt 5.4 behandelt.

### 5.2.3 Zwischenfazit zu den Beschäftigungswirkungen

Die erörterten Konzeptionen lösen demnach die beschäftigungsökonomische *mismatch*-Problematik unterschiedlich effizient. Der Grund dafür liegt in der unterschiedlichen Leistungsfähigkeit der Netzwerke zur Informationsdiffusion. Hinzu kommt die besondere Machtposition der Brückenpersonen.

In den beiden erörterten Konzepten steht die Vermittlung von Informationen über Arbeitsplatzchancen als Hauptdeterminante der Arbeitsplatzfindung und damit der Beschäftigungswirkung im Vordergrund. Allerdings liegt aus sozialkapitaltheoretischer Sicht bei den Ansätzen von GRANOVETTER und BURT ein unterschiedlicher Grad an Beschäftigungsoptimismus vor. Während in GRANOVETTERS *embeddedness*-Ansatz die Inhaber schwacher Beziehungen zu anderen sozialen Netzwerken Informationsvermittler ohne eigennützige Strategien darstellen, hängt die Informationsdiffusion in BURTs Konzept der strukturellen Löcher vom ***good will*** und der strategischen Ausrichtung der *central players* ab. Daraus lässt sich schließen, dass die Existenz einer sozialen Beziehung nicht *per se* zum individuellen Beschäftigungserfolg führt. Vielmehr kommt es auf die Position innerhalb der Netzwerkstruktur an, wobei ebenso die Beziehungsstärke, die Beziehungsheterogenität sowie die Möglichkeiten der Kontaktknüpfung zu statushöheren Netzwerkmitgliedern relevant sind.

Allerdings schwächt die Netzwerkökonomik durch ihre horizontalen Kommunikationsstrukturen die Positionsstärke der BURT'schen *central players* deutlich ab, so dass die netzwerkökonomischen Kommunikationsprozesse zu einer Annäherung der Ergebnisse der beiden diskutierten Ansätze führen. Aufgrund der Bedeutung der Informationsweitergabe für die Beschäftigungswirkung sind jedoch grundsätzlich Sozialkapital bildende Interaktionen notwendig, da durch die Weiterleitung von Informationen sowohl eine Verpflichtung beim Informationsempfänger entstehen kann als auch eine Erhöhung der Treuewahrscheinlichkeit möglich ist. GRANOVETTERs uneigennützige Brückenakteure erscheinen zunächst unrealistisch. Dies gilt jedoch in erster Linie für die Verhaltensmotivation. Die Verhaltensweise der ungefilterten Weitergabe beschäftigungsökonomischer Informationen kann allerdings als normatives Referenzmodell dienen. So ist es Aufgabe einer beschäftigungsorientierten Wirtschaftspolitik, die formalen und informellen Brückenpositionsträger durch entsprechende Anreize dazu zu bewegen, sich stets sozialkapitalbildend zu verhalten. Diese Überlegungen werden ausführlich in Kapitel 6 erörtert.

## 5.3 Allokationswirkungen der Sozialkapitalbildung

> *„...nur Personen, denen eine Identitätsbildung gelingt, sind kooperationsfähig."*
>
> *Josef Wieland*[112]

Hinsichtlich der Allokationswirkungen der Sozialkapitalbildung ist grundsätzlich zwischen privaten und öffentlichen Gütern, aber auch zwischen entstehungs- bzw.

[112] WIELAND (2000), S. 112

produktionstechnischen und verwendungs- bzw. tauschtheoretischen Effizienzaspekten zu unterscheiden.

Tabelle 5-3 zeigt eine Systematisierung der möglichen sozialkapitaltheoretischen Allokationswirkungen hinsichtlich dieser Unterscheidungsmerkmale. In Unterabschnitt 5.3.1 wird die sozialkapitaltheoretische Auswirkung auf kooperationsbasierte Wertschöpfungsprozesse untersucht. Dabei stehen insbesondere die Wettbewerbsvorteile von Kooperationen zwischen Produzenten komplementärer Leistungen im Vordergrund. Inwieweit sozialkapitaltheoretische Aspekte Einfluss auf die allokative Effizienz bei privaten Tauschbeziehungen besitzen, wird in Unterabschnitt 5.3.2 erörtert. Die Unterabschnitte 5.3.3 und 5.3.4 konzentrieren sich auf den Bereich des öffentlichen Sektors. Hier werden sozialkapitaltheoretische Wirkungsmechanismen sowohl auf die bürgerorientierte Leistungsfähigkeit des öffentlichen Sektors als auch auf die Finanzierungs- und Bereitstellungsproblematik der öffentlichen Güter analysiert.[113]

Tabelle 5-3: Kategorisierung der sozialkapitaltheoretischen Allokationswirkungen

| | **Entstehung / Produktion** | **Verwendung / Austausch** |
|---|---|---|
| **privater Sektor** | Unternehmerisch-kooperativer Wertschöpfungsprozess | private Tausch-beziehungen |
| **öffentlicher Sektor** | Bürgerorientierte Leistungsfähigkeit des öffentlichen Sektors | Finanzierung und Bereitstellung öffentlicher Güter |

Quelle: eigene Darstellung

[113] Die sozialkapitaltheoretische Allokationsfrage des Arbeitsmarktes wurde im vorangegangenen Abschnitt 5.2 behandelt. Die Allokation der Ressourcen zwischen privatem und öffentlichem Sektor werden in diesem Abschnitt ausgeblendet. Siehe hierzu grundlegend SAMUELSON (1954 und 1955). Die öffentliche-Gut-Problematik ist in Kapitel 6 in Verbindung mit den politischen Implikationen der Sozialkapitaltheorie zu erörtern. Die grundlegende Unterscheidung von Produktion und Bereitstellung öffentlicher Güter wird im Sinne von MUSGRAVE, MUSGRAVE und KULLMER (1994; S. 9) vorgenommen.

### 5.3.1 Kooperative Wertschöpfungsprozesse im privaten Sektor

Auf der Basis der zunehmend positiv zu bewertenden Kooperationsbeziehungen zwischen Akteuren in einer netzwerkökonomischen Umgebung aufgrund der wachsenden Bedeutung von Komplementaritätsbeziehungen in angebotenen Leistungssystemen steht insbesondere die Frage der Kooperationsform im Mittelpunkt der Betrachtung dieses Unterabschnitts. Dabei wird in erster Linie aufgrund des Transaktionsmerkmals der Spezifität in netzwerkökonomischen Interaktionen die **Koordinationsform *co-opetition*** zu diskutieren sein.

Im Zentrum der Frage der Effizienz bei der Produktion privater Güter steht die Minimierung der Stückkosten. Eine Reduzierung dieser Kostenart ist langfristig durch die Realisierung technologischen und organisatorischen Fortschritts zu erreichen.[114] Kurzfristig ist die Kostenminimierung durch die optimale Kombination von Produktionsfaktoren unter Berücksichtigung vorhandener Kapazitäten zu verfolgen. Aus sozialkapitaltheoretischer Perspektive sind hierbei vor dem Hintergrund netzwerkökonomischer Entwicklungen die für die Produktionsprozesse relevanten intraorganisatorischen sozialen Beziehungen des Unternehmens und die *business to business*-Netzwerke von Bedeutung. In diesem Unterabschnitt stehen die Kooperationsbeziehungen von Unternehmen im Mittelpunkt der Betrachtung. Erfolgreiche Kooperationen zwischen Gliedern der Wertschöpfungskette sind Ressourcen, welche den gesamten Herstellungsprozess beeinflussen. Kooperationen werden hierbei im weitesten Sinne verstanden und umfassen neben gleichgerichteten Interaktionen auf einer Marktseite ebenso – wie in Unterabschnitt 3.3.1 ausführlich erörtert wurde – ökonomische Tauschhandlungen zwischen Akteuren beider Marktseiten.

Die Zunahme von Produkten als Komponenten eines Leistungssystems in der Netzwerkökonomik lassen diese Kooperationserfordernisse nicht nur entlang der Wertschöpfungskette, sondern auch in horizontaler Marktausrichtung steigen. Wie in Unterabschnitt 5.1.1 gezeigt wurde, spielen in Wirtschaftsorganisationen, etwa Unternehmensnetzwerken, insbesondere kommunikationsfördernde Organisationsstrukturen für einen innovationsfreundlichen Informationsfluss eine Rolle. Gleichzeitig sollte die Kooperationsstruktur kurzfristig an neue wirtschaftliche Rahmenbedingungen angepasst werden können, um etwaige Wettbewerbsnachteile gegenüber anderen Unternehmen zu vermeiden.

---

[114] Die sozialkapitaltheoretischen Wirkungsmechanismen wurden in diesem Zusammenhang bereits in Unterabschnitt 5.1.1 erörtert.

Vor dem Hintergrund der bereits angesprochenen Fragestellung „*make or buy or cooperate*" in diesem Zusammenhang ist die Wahl der geeigneten Koordinationsform ein wichtiges ökonomisches Konzept. Dabei existieren neben den idealtypischen Alternativen der Markt als horizontale und Hierarchie als vertikale Koordinationsform auch Hybridformen, welche im transaktionskostentheoretischen Ansatz als Netzwerke bezeichnet werden. Auf diese Weise werden soziale Beziehungen – insbesondere kooperative Beziehungen – in die Konzeption einbezogen.[115] Aus dem vormals dichotomischen Transaktionskostenkonzept entwickelt sich dadurch ein Spektrum an Beziehungsformen, die je nach Ausgestaltung der Transaktionsmerkmale aus allokationsoptimierenden Gesichtspunkten zu wählen sind. Zentrale Transaktionsmerkmale sind hierbei die Häufigkeit und die Spezifität der Transaktion. Während eine hohe Transaktionsspezifität und häufige Transaktionen eine hierarchische Koordination favorisieren, ist im umgekehrten Extremfall die marktliche Koordinationsform von Vorteil. Sind die genannten Merkmale jedoch nur in mittlerer Ausprägung existent, werden netzwerkorientierte Kooperationsformen als transaktionskostenminimal genannt.[116] Hinzu kommen Vertrauensaspekte, welche die Transaktionskosten – insbesondere die Kontrollkosten – senken können.

Diese Erweiterung der Transaktionskostentheorie überschneidet sich inhaltlich mit der Sozialkapitaltheorie. Dabei spielen sowohl die sozialkapitaltheoretische Komponente des Vertrauens als auch die idealtypischen Verhaltensweisen des Kooperierens und des gewohnheitsorientierten Handelns eine zentrale Rolle. Gewohnheitsorientierte Handlungen werden durch die Transaktionshäufigkeit gefördert. So wird im Laufe der Zeit die Treuewahrscheinlichkeit der Kooperationspartner erhöht. Das sich aufbauende Vertrauen wirkt nach einer gewissen Anzahl von Transaktionen gewohnheitsorientiert wie ein „Schmiermittel" für die Transaktionen.[117]

Ebenso spielt der **Spezifitätsgrad** der Transaktionen aus sozialkapitaltheoretischer Perspektive für die Kooperationsbeziehungen eine große Rolle. Die Digitalisierung sehr vieler Wertschöpfungsprozesse ermöglicht neue Formen der Spezialisierung und Arbeitsteilung.[118] Die netzwerkökonomischen Anforderungen an Systemangebote erfordert Kooperationsbeziehungen zwischen Unternehmen von hoher Spezifität. Die

---

115 Siehe hierzu v.a. DEMSETZ (1968), OUCHI (1980) sowie WILLIAMSON (1979, 1986 und 1989).

116 Vgl. u.a. BÜCHS (1991).

117 FUKUYAMA (1999), S. 32

118 Ein Großteil an Routinetätigkeiten wird von Anwendungen der Informations- und Kommunikationstechnologie durchgeführt. Unternehmen haben bessere Möglichkeiten zum Direktkontakt mit den Marktpartnern, die gesamte Kommunikationsstruktur ändert sich, was wiederum Einfluss auf die Organisationsstruktur und –prozesse hat.

damit verbundenen versunkenen Kosten setzen zum einen ein Mindestmaß an Vertrauen voraus.[119] Zum anderen entstehen zwischen den Transaktionspartnern starke gegenseitige Verpflichtungen. Die zunehmende Bedeutung von Leistungskomplementaritäten in der Netzwerkökonomik verstärkt die Relevanz des Aspektes der Spezifität. Die Zunahme von Verpflichtungen und die Erhöhung von Treuewahrscheinlichkeiten bedeutet eine Erhöhung des Sozialkapitalbestandes. Beispielsweise sind in einer Vielzahl asiatischer, afrikanischer und auch lateinamerikanischer Volkswirtschaften soziale Netzwerke, die ausschließlich ökonomischen Transaktionen dienen, allgemein akzeptierte Institutionen. Dabei sind diese Netzwerke in der Regel mit Sippennetzwerken kongruent. Innerhalb des Netzwerks herrscht ein hohes Vertrauensniveau sowie eine starke Neigung zu tradiertem Handeln. Dies fördert Transaktionen durch Kostenminderung in oben genannter Hinsicht.[120] Allerdings sind hierbei zwei Gefahren zu nennen: In netzwerkexterner Hinsicht besteht die Gefahr erheblicher Vertrauenslücken zwischen den einzelnen Netzwerken, welche durch die Multidimensionalität der sozialen Beziehungen in verwandtschaftlicher und ökonomischer Hinsicht gegeben ist. Dadurch kommt es unter Umständen zu starken negativen externen Effekten auf der Meso-Ebene und zu ökonomisch kontraproduktiven sozialkapitaltheoretischen Wirkungen auf der Makro-Ebene.[121] Aber auch in netzwerkinterner Hinsicht besteht die zweite Gefahr negativer Allokationswirkungen durch diesen Typus des Sozialkapitals. Sie können durch einen überhöhten Anteil an solidarischem Handlungsprinzip in den tatsächlichen Handlungen hervorgerufen werden, wie dies Abbildung 5-7 darstellt.

---

[119] Voraussetzung für diese Kooperationsprozesse ist ein Mindestmaß an *bridging social capital*, da andernfalls die Kooperationspartnerwahl durch Beziehungsdimensionen überlagert werden können, die nicht durch ökonomische Entscheidungskriterien bestimmt sind.

[120] Siehe hierzu u.a. FUKUYAMA (1995), HAMILTON (1996), REDDING (1996) und SIU-LUN (1996).

[121] Siehe u.a. Abschnitt 3.4.

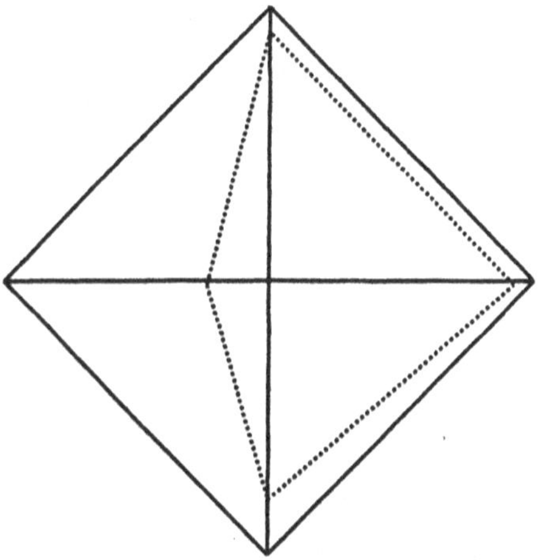


**Abbildung 5-7: Netzwerkinternes fehlallokatives Handeln**

Quelle: eigene Darstellung

Die solidarischen Handlungen der Akteure gegenüber anderen Sippenmitgliedern können dazu führen, dass diese Mitglieder trotz relativer Leistungsmängel in Positionen der Leistungsorganisationen eingesetzt werden, obwohl es außerhalb des Netzwerks geeignetere Personen geben würde. Durch die Vermengung von Unterstützungsleistungen nach dem Solidaritätsprinzip und von gegenseitigen Leistungstransaktionen nach dem Äquivalenzprinzip kommt es – meist für den Unterstützenden – zu suboptimalen Leistungsergebnissen.

Im Extremfall existieren reine Familien- oder Sippenunternehmen. Im chinesischen Kulturkreis ist diese Überschneidung sozialer und ökonomischer Beziehungen weit verbreitet. Insbesondere in China bestehen vielfach keine schriftlich fixierten Verträge über ökonomische Transaktionen. Vielmehr basieren die Abmachungen zwischen Kaufleuten auf *xinyong*, was einem *gentleman's agreement* entspricht.[122] Diese

---

[122] Vgl. CHEE KIONG (1996), S. 138.

Verhaltensweise funktioniert jedoch nur in sozialen Netzwerken mit hohem interpersonalem Vertrauen oder mit hohem Vertrauen in sanktionskräftige Institutionen innerhalb des Netzwerks. Dies führt dazu, dass ökonomische Transaktionen in der Regel mit sozialen Austauschprozessen einhergehen. In einer konfuzianisch orientierten Gesellschaft wie der Chinas ist dies mit zementierten Hierarchiebeziehungen und Traditionen verbunden, welche die Interaktionen sowohl inflexibel als auch sippenlastig gestalten.

Auch in westlich orientierten Volkswirtschaften existieren ähnliche **Effizienzrisiken**. So ist es bei KMU üblich, das Unternehmen innerhalb der Familie zu vererben. Die Generationsbeziehungen bergen jedoch grundsätzlich ähnliche Gefahren der Vermengung des Solidaritäts- und des Äquivalenzprinzips.

Ferner ist auf die Kooperationsform der *industrial districts* als regionales Netzwerk hinzuweisen.[123] Auch hier existieren soziale und ökonomische Beziehungen zwischen den Kooperationspartnern. Im Unterschied zu den verwandtschaftsorientierten Unternehmensnetzwerken ist das Solidaritätsprinzip bei den *industrial districts*-Partnern jedoch geringer ausgeprägt. Vielmehr ist die Kooperations- und Transaktionsentscheidung der Akteure überwiegend ökonomisch motiviert. Dabei spielen die transaktionskostenminimierende Vertrautheit und die geographische Nähe eine entscheidende Rolle. Aus sozialkapitaltheoretischer Perspektive ist die Treuewahrscheinlichkeit innerhalb eines *industrial districts* höher als außerhalb. Zudem existieren unter Umständen interne gegenseitige Verpflichtungen aus vergangenen Transaktionen, die nicht vollständig abgegolten wurden.

Moderne, netzwerkökonomische Kommunikationsstrukturen können dieser sippenbedingten Fehlallokation von Ressourcen entgegenwirken, da sie das Potenzial zu so genannten virtuellen Gemeinschaften bereitstellen.[124] Durch die netzwerkökonomische Entwicklung in modernen Volkswirtschaften ergeben sich sowohl verstärkte Kooperationserfordernisse als auch zunehmende Kooperationspotenziale. Aufgrund des steigenden internationalen Wettbewerbs,[125] der sinkenden Transaktionskosten digitaler Netzwerke[126] und der Zunahme an Komplementärprodukten in der Netzwerkökonomik erhöht sich die Kooperationsbereitschaft der Unternehmen. Den Unternehmen, die

---

[123] Siehe auch Fußnote 111 auf Seite 201.

[124] Siehe Unterabschnitt 5.2.3.

[125] Der globale Informations- und Kommunikationsnetzwerke sorgen für eine zunehmende Markttransparenz, welche wiederum die Konkurrenzbeziehungen intensivieren. Vgl. Sachverständigenrat (2000), S. 182.

[126] Vgl. u.a. DURTH (2000).

nicht kooperieren, drohen Wettbewerbsnachteile, die eine substanzielle Bedrohung bedeuten. Die Kommunikationspotenziale der Netzwerkökonomik bieten aber auch eine erweiterte Option der Kooperationspartnersuche.[127] Die entscheidende Frage der Netzwerkökonomik lautet deshalb nicht **ob**, sondern **wie** und **mit wem** kooperiert wird.[128]

Die Frage des geeigneten Kooperationspartners wird durch Reputation oder Informationsintermediäre beantwortet. Diese Fragestellung wird in Unterabschnitt diskutiert. Hinsichtlich der Frage der Kooperationsform bleiben neben den bereits erörterten sozialkapitaltheoretischen Allokationswirkungen die *co-opetition*-Effekte zu analysieren.

Abbildung 5-8 verdeutlicht die Handlungsweise des *co-opetition* als **Simultanität von Wettbewerb und Kooperation**. In diesem Zusammenhang spielen die idealtypischen Handlungsprinzipien der Solidarität und der Gewohnheit eine untergeordnete Rolle. Allerdings fördert ein Mindestmaß an Gewohnheitsorientierung *co-opetition*-Verhalten.[129]

Nach WIELAND erfährt sowohl das Wettbewerbs- als auch das Kooperationsprinzip durch die netzwerkökonomischen Rahmenbedingungen eine zunehmende Relevanz für den ökonomischen Erfolg eines Unternehmens.[130] Die Wettbewerbsintensität erhöht sich durch die steigende Markttransparenz und die weltweite informative Vernetzung. Ursache hierfür sind die digitalen Kommunikationsnetzwerke. Die Notwendigkeit zur Kooperation ergibt sich aus den Regeln der pfadabhängigen Marktentwicklung von Netzwerkgütern. Die sich beschleunigende Dynamik technologischer Entwicklung und die hohe Diskrepanz zwischen Entwicklungs- und Grenzkosten netzwerkökonomischer Produkte führt zu einer Unternehmensstrategie der *co-opetition* in dem Sinne, dass im FuE-Bereich Kooperationspartner und in der Marktexpansionsphase Konkurrenzbeziehungen die Wettbewerbsfähigkeit eines Unternehmens fördern.

---

127 So existieren beispielsweise keine räumlichen Restriktionen. Vgl. u.a. Sachverständigenrat (2000), S. 182.

128 Siehe insbesondere Abschnitt 4.2, in welchem die netzwerkökonomischen Effekte der *business to business*-Netzwerke erörtert werden.

129 An dieser Stelle erfolgt lediglich eine Einordnung dieses Phänomens in die sozialkapitaltheoretischen Allokationswirkungen vor dem Hintergrund netzwerkökonomischer Entwicklungen.

130 Vgl. WIELAND (2000), S. 117.

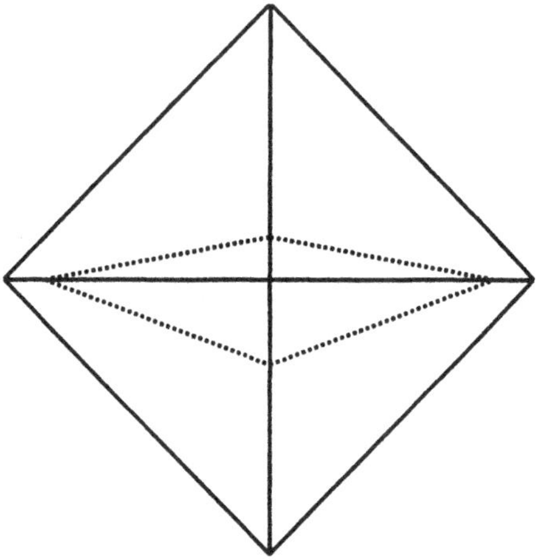


**Abbildung 5-8:** ***co-opetition*-Verhalten**

Quelle: eigene Darstellung

Dabei sind die Handlungsprinzipien keineswegs als zeitlich abgeschlossene bzw. klar abgegrenzte Phasen anzusehen. Vielmehr baut sich ein erfolgreiches Unternehmen ein Portfolio von Produkten auf, die sich in unterschiedlichen Marktphasen befinden.[131] Dadurch befindet sich das Unternehmen zu jeder Zeit in einer Produktentwicklungsphase und gleichzeitig in Konkurrenzbeziehungen bezüglich ausgereifter Produkte. Die Strategie des *versioning* im Sinne einer stetigen Weiterentwicklung des eigenen Leistungsangebots wirkt weiter verstärkend auf die zunehmende Überlappung der Marktentwicklungsphasen.

Ferner werden in der Netzwerkökonomik Kooperationsbeziehungen auch in einer **fortgeschrittenen Marktentwicklungsphase** relevant, wenn es sich um Systemangebote handelt, welche sich aus Leistungskomponenten zusammensetzen, die von Kooperationsnetzwerken hergestellt werden. In diesem Fall wird das Verhältnis von Konkurrenz- und Kooperationsverhalten noch komplexer, da dann Kooperationsnetz-

[131] Diese Überlegung lehnt sich an die Produktmatrix an, die im Jahr 1970 von der Boston Consulting Group, Inc. Entwickelt wurde.

werke zueinander in Konkurrenzbeziehung stehen. Die einzelnen Netzwerke streben die Marktdominanz ihres Technologiestandards an. Sobald sich ein Systemanbieter mittels eines hohen Marktanteils ökonomisch durchgesetzt hat, kann es unter Umständen für die anderen Anbieter sinnvoll sein, den erfolgreichen Anbieter als Standardsetzer zu akzeptieren.

Insbesondere aufgrund der Komplementäreigenschaften sind Unternehmenskooperationen hinsichtlich der Verteilung der Marktanteile keinesfalls Nullsummenspiele. Dies gilt neben den horizontalen auch für die vertikalen Unternehmensnetzwerke. Die Netzwerkökonomik erreicht mittels ihrer digitalen Querschnittstechnologien eine Erweiterung der Gewinnpotenziale. Den Konkurrenzbeziehungen zwischen den einzelnen Unternehmensnetzwerken verbleibt weiterhin die Anpassungs- und Fortschrittsfunktion in der Volkswirtschaft.

Die sozialkapitaltheoretischen Allokationswirkungen lassen sich mit Hilfe der von JANSEN vorgenommenen Typologie des *co-opetition* unterteilen:[132]

In Tabelle 5-4 unterscheidet JANSEN sowohl nach der Dynamik der *co-opetition*-Modelle als auch nach der Koordinationsrichtung als *co-opetition*-Motiv. Dabei knüpft er mit seiner Typologisierung an der Meso-Ebene an. Aus sozialkapitaltheoretischer Perspektive ist jedoch die Verortung der Sozialkapitalbildung auf der Mikro-Ebene existent. Aus diesem Grund sind die sozialkapitaltheoretischen Wirkungsmechanismen erst dann vollständig vorhanden, wenn der auslösende Moment eines Effekts auf der Mikro-Ebene lokalisiert wird.[133] Die Simultanität von wettbewerblichem und kooperativem Verhalten liegt beim individuellen Akteur. Insofern verlagert sich vor dem sozialkapitaltheoretischen Hintergrund die Fragestellung auf die individuelle Handlungsebene. POWELL stellt in diesem Zusammenhang die Frage, wie die Akteure Situationen verarbeiten können, in welchen Beziehungen sowohl kollaborativen als auch wettbewerblichen Charakter besitzen.[134]

---

[132] Vgl. JANSEN (2000), S. 48-51.
[133] Siehe auch Abbildung 3-5 auf Seite 159.
[134] Vgl. POWELL (1996), S. 258.

**Tabelle 5-4: *co-opetition*-Typologie**

| | **negative Koordination als *co-opetition*-Motiv** | **positive Koordination als *co-opetition*-Motiv** |
|---|---|---|
| **dynamische *co-opetition*-Modelle** | • „Web-Bewerb“<br>• horizontale Optimierung | • horizontale Symbiose<br>• prä-kompetitive Netzwerke |
| **statische *co-opetition*-Modelle** | • Standardentwicklung<br>• Kartelle<br>• Verbände | • Intra-*co-opetition*<br>• Fusion |

Quelle: JANSEN (2000), S. 49

Moderne Organisationsformen auf der Produktionsseite privater Unternehmen müssen die Herausforderung der wachsenden netzwerkökonomischen Komplexität annehmen. Gleichgültig, ob sich kleine Unternehmen zu Leistungsnetzwerken zusammenschließen, oder ob größere Betriebe eine Matrix-Organisationsstruktur wählen; letztlich ist eine sinnvolle Verknüpfung von kooperativen und wettbewerblichen Verhaltensmustern bei den Akteuren innerhalb einer Produktionseinheit erforderlich. JANSEN beschreibt diese Entwicklung als Organisationsversagen: Es existieren „Vermarktlichungstendenzen“ in bestehenden „Organisationsverwaltungen“.[135]

Diese Situation der veränderten Erfordernisse eines Organisationsaufbaus und –ablaufs stellt hohe Anforderungen an das Personal, das in Zusammenarbeit mit Team-Kollegen auf Problemlösungen hinarbeiten muss und zur gleichen Zeit diese Lösungen gegenüber anderen Mitarbeitern durchsetzen muss. Diese Verhaltensmuster setzen eine komplexe Mischung aus formellen und informellen Spielregeln voraus, die ein Unternehmen selbst nicht in diesem Ausmaß aufstellen kann. Vielmehr bedarf es einer

135 JANSEN (2000; S. 20) weist in diesem Zusammenhang auf die Management-Vokabeln „interne Märkte“ und „interne Kunden“ hin. Weiterhin spielt JANSEN (2000; S. 20 und 32) mit dem Begriff des Organisationsversagens auf die Perspektive von COASE und auch von WILLIAMSON an, welche die Organisation als eine Art des Marktversagens konzipieren. Vgl. COASE (1937) und WILLIAMSON (1985).

Unternehmenskultur, die mit den gesellschaftlichen Normen und Wertevorstellungen der Mitarbeiter in hohem Maße übereinstimmt.

Umgekehrt kann die These formuliert werden, dass es Volkswirtschaften gibt, in welchen das Sozialkapitalniveau und die Sozialkapitalstruktur die effektive Herausbildung von Unternehmenskulturen fördert, welche wiederum einen Organisationsaufbau und Organisationsprozesse erlaubt, die dem Unternehmen Wettbewerbsvorteile ermöglichen.

**Exkurs: *co-opetition* und Marktmechanismus**

In einer Marktwirtschaft konzentriert sich die Frage der effizienten Allokation beim Gütertausch auf das Funktionieren des Marktmechanismus, welcher ein Mindestmaß marktkonformer Normen voraussetzt.[136] Das Mindestmaß gemeinsamer Normen ist im Gewaltverzicht bei den sozialen und ökonomischen Austauschprozessen zu sehen. Darüber hinaus würde ebenso ein übermäßiges, defektierendes Verhalten die Volkswirtschaft in den HOBBES'schen Naturzustand zurückkatapultieren.[137] Ein Mindestmaß an Sozialkapital ist demnach die notwendige Voraussetzung für einen funktionierenden Marktmechanismus. Die Existenz von Wettbewerb ist danach eine hinreichende Bedingung dafür.

Hinsichtlich der Prognosen dieser notwendigen Voraussetzung ist SCHUMPETER pessimistisch: Seiner These nach funktioniert die kapitalistische Gesellschaft nur deshalb, weil entsprechende Moralvorstellungen und Normen aus dem vorindustriellen Gesellschaftssystem dessen Ende überdauerten. Dieser Bestand an Moral- oder Sozialkapital wird jedoch aufgebraucht, so dass die Instabilität des marktwirtschaftlichen Systems zunimmt.[138] BRIEFS prognostiziert eine ähnliche Entwicklung, indem er mit dem Phänomen der Grenzmoral argumentiert.[139]

Bezüglich der Wirkungsmechanismen des Sozialkapitals auf die Allokation von Privatgütern stellt sich somit die Frage, ob und inwieweit diese Kapitalform marktkonforme Normen und Wettbewerb unterstützt. Hinsichtlich des Wettbewerbs ist zusätzlich zu untersuchen, in welchem Verhältnis kooperierende

136 Hierauf weisen auch FELS (1992; S. 109) und PUTNAM (1999; S. 21) hin. Siehe auch Unterabschnitt 2.3.2.

137 In der Gegenwart existieren immer noch die „Grundsätze eines ehrbaren Kaufmanns" in den Bilanzierungsvorschriften und wird von den Schuldnern eine „anständige Zahlungsmoral" abverlangt.

138 Vgl. SCHUMPETER (1950), S. 219-222.

Handlungsmechanismen wie beispielsweise solidarisches oder vertrauensvolles Verhalten, aber auch Nepotismus und Korruption mit dem Wettbewerbsmechanismus stehen. Darüber hinaus spielt die Reputation eine allokativ wirkungsvolle Rolle beim Gütertausch.

Da Märkte ohne sichere Eigentumsrechte nicht funktionsfähig sind, stehen als marktkonforme Normen die Gesetze und informellen Normen im Mittelpunkt der Betrachtung, welche die Sicherung des Eigentums unterstützen.

Eine den Marktmechanismus unterstützende Funktion des Sozialkapitals ist die Versicherung bzw. die aufgeschobene Äquivalenz. Bei nicht zeitgleichem Leistungsaustausch muss der Akteur, der die Marktvorleistung erbringt, die Sicherheit haben, dass eine Gegenleistung erfolgt. Diese Zusammenhänge wurden bereits ausführlich in Unterabschnitt 3.3.1 erörtert. Ein Mindestmaß an Sozialkapital ermöglicht demnach erst die ökonomischen Austauschprozesse.

Sozialkapital in Form von Vertrauensbeziehungen lässt vermuten, dass wettbewerbliches Verhalten stattfindet, da die Akteure an die Einhaltung der normativen Spielregeln durch die Interaktionspartner glauben. Hier ist demnach auf die generelle gesellschaftliche und ökonomische Bedeutung von Vertrauen einzugehen. In neoklassischen Grundmodellen eines perfekten Marktes erzeugen Transaktionen keinerlei Kosten. Vertreter der Transaktionskostentheorie, die teilweise deren Kostenanteil auf 70 Prozent bis 80 Prozent des Bruttosozialprodukts schätzen,[140] erweitern deshalb ihre Annahmen realistischerweise um diesen Faktor. Sie nehmen nun explizit Informationsasymmetrien und das zeitliche Auseinanderfallen von ökonomischen Transaktionen an. Die entsprechenden Wirkungsweisen und Entscheidungsgrundlagen wurden bereits in Unterabschnitt 3.3.1 ausführlich erörtert.

Eine weitere Überlegung hinsichtlich der Allokationswirkungen von sozialen Beziehungen ist die Anwendung dieser auf die Marktgleichgewichtstheorie des heterogenen Polypols, das durch Präferenzen seitens der Nachfrager bezüglich Anbieter und/oder der angebotenen Güter gekennzeichnet ist. Diese Präferenzen sind in der Regel sachlicher, zeitlicher, räumlicher und persönlicher Natur.[141] Aus sozialkapitaltheoretischer Perspektive sind hierbei insbesondere die persönlichen Präferenzen von Interesse. Je stärker die persönlichen Präferenzen sind,

139 Vgl. BRIEFS (1980), S. 51.
140 Vgl. COASE (1937).
141 Vgl. u.a. HERDZINA (2001), S. 151.

um so unelastischer reagieren die Nachfrager auf Preisänderungen. Dadurch erhöht sich der preispolitische Spielraum der Anbieter. Gleichzeitig kann ein zu starkes Ausnutzen der persönlichen Präferenzen zu einem nachhaltigen Schaden der sozialen Beziehung zwischen Anbieter und Nachfrager führen. Je langfristiger demnach die ökonomische Zielsetzung des Anbieters ist, desto eher investiert er in die Kundenbeziehung, indem er seinen preispolitischen Spielraum nicht hinsichtlich einer kurzfristigen Gewinnmaximierung ausnützt.

SCHUMPETERs These der Notwendigkeit vorindustrieller Normen für die Funktionsfähigkeit der Marktwirtschaft greift ebenso die Entwicklung von überwiegend kooperativen hin zu überwiegend wettbewerblichen Handlungsweisen auf. Abbildung 5-9 zeigt hierbei, dass mit der zunehmenden Bedeutung von zweckrationalem Verhalten auch solidarische und tradierte Verhaltensweisen an Bedeutung verlieren.[142]

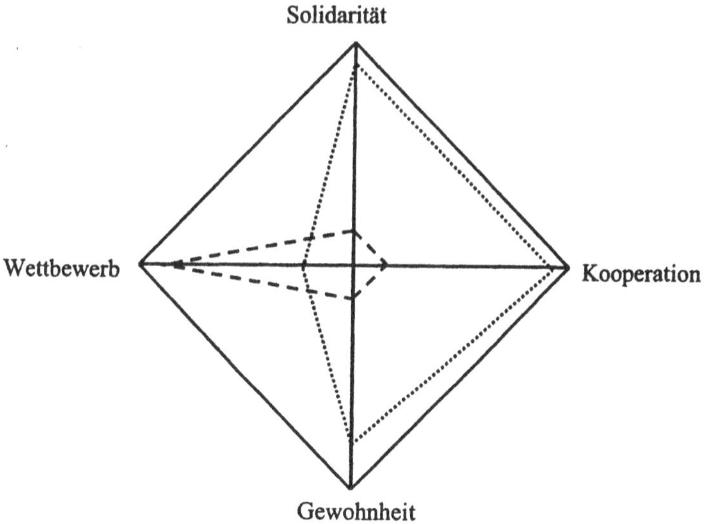


**Abbildung 5-9 Handlungsprinzipien und Konkurrenzexpansion**

Quelle: eigene Darstellung

142 Vgl. PARK (1999), S. 76.

In der Abbildung wird dieser Prozess als ein Übergang von der gepunkteten zur gestrichelten Linienfigur dargestellt. Eine trendmäßige Fortentwicklung in dieser Hinsicht würde tatsächlich die Unterhöhlung der SCHUMPETER'schen vorindustriellen Normen und damit die Reduzierung der Basis für das Marktwirtschaftssystem bedeuten. Andererseits ist die Expansion des Zweckrationalismus in vielen gesellschaftlichen Bereichen nicht aufzuhalten. Insofern ist es eine besondere Herausforderung der wirtschaftlich orientierten Gesellschaft, *governance*-Strukturen zu entwickeln, die ein stabiles Substitut für die schwindenden Normen der vorindustriellen Zeit sind und gleichzeitig auf zweckrationaler Basis beruhen.

**Exkurs-Ende**

### 5.3.2 Private Tauschbeziehungen

Während im neoklassischen Grundmodell der vollkommenen Konkurrenz die Güterpreise die transaktionsrelevanten Informationen besitzen[143] und im Konkurrenzgleichgewicht eine PARETO-effiziente Allokation hervorbringen, können bei Berücksichtigung von Informationsasymmetrien die Preise diese Funktion nicht erfüllen. Der idealtypische Marktprozess wird durch Aktivitäten zur Überwindung dieser Informationsasymmetrie überlagert.[144] Aus neoklassischer Perspektive sind *screening*[145] und *signalling*[146] marktendogene Verhaltensweisen, welche die Informationsineffizienzproblematik lösen können.

Die etwaigen Effizienzgewinne werden nach Ansicht der OECD[147] durch Einsparungen der direkten Verkaufskosten, bei den Serviceleistungen nach dem Verkauf, [148] bei

---

143 Vgl. MILGROM und ROBERTS (1992), S. 55-58.

144 Vgl. SPREMANN (1990), S. 575.

145 STIGLITZ (1974) beschreibt mit diesem Begriff Aktivitäten der schlechter informierten Akteure zur Überwindung ihres Informationsnachteils.

146 SPENCE (1973) führt diesen Begriff in die Wirtschaftstheorie ein, um die Handlungen der Informationsanbieter zusammenzufassen.

147 Vgl. OECD (1999) und OECD (2000b).

148 Vgl. MARGHERIO et al. (1998), zitiert nach OECD (2000b), S. 61.

der Abwicklung des internen Zahlungsverkehrs,[149] bei den Lagerkosten[150] und bei der Marktforschung[151] erzielt.

Die Netzwerkökonomik führt zu einer grundlegenden Umstrukturierung der Distributionskanäle: Während bisher der Zwischenhandel eine maßgebliche Rolle zwischen Herstellern und Endverbrauchern gespielt hat, stehen in der Netzwerkökonomik Informationsintermediäre im Blickpunkt der Untersuchung über die allokative Effizienz bei privaten Tauschbeziehungen. BAILEY und BAKOS identifizieren in diesem Zusammenhang vier zentrale Funktionen netzwerkökonomischer **Intermediäre**:[152]

- Die Intermediäre fassen erstens zusammengehörende Leistungskomponenten zusammen. Mit diesen Leistungsbündeln treten sie den Endverbrauchern gegenüber.
- Zweitens reduzieren sie die Transaktionskosten im engeren Sinn. Hierbei können die Intermediäre die Kontakt- und Informationsredundanz zwischen den Marktakteuren senken. Hinzu kommen Kommunikationsunterstützungsleistungen wie semantische Übersetzungs- und Wissensdienste.
- Als dritte Aufgabe nennen BAILEY und BAKOS die eigentliche Zusammenführung von Anbietern und Nachfrager. Die Lösung dieses *matching*-Problems erfordert von den Intermediären Wissen über die Preisbildung eines bestimmten Marktes, über die Präferenzentwicklungen auf diesem Markt und die entsprechenden Technologietrends. Insbesondere vor dem Hintergrund der pfadabhängigen Marktentwicklung bei Netzwerkgütern sind die Anforderungen an die Intermediäre sehr hoch, da vor allem die Nachfrageseite einen Nutzen aus diesen Gütern zieht, der wiederum größtenteils vom erworbenen Marktanteil dieser Technologie abhängt.[153]

---

149 Vgl. MARGHERIO et al. (1998), DAVIS (1998) und GIRISHANKAR (1997); zitiert nach OECD (2000b), S. 61.

150 Vgl. TAYLOR (1997), zitiert nach OECD (2000b), S. 61.

151 Vgl. Ministry of International Trade and Industry (1998), zitiert nach OECD (2000b), S. 61.

152 Vgl. BAILEY und BAKOS (1997).

153 Was die Allokationswirkungen eines netzwerkökonomischen *lock in*-Effektes betrifft, ist zwar die Tendenz zur Marktdominanz eines Anbieters bzw. zu einem hohen Marktkonzentrationsgrad durch Netzwerkeffekte nicht *per se* negativ zu bewerten, da einerseits auf der Angebotsseite Skaleneffekte zu realisieren sind und andererseits Standards und technische Normen bei den Anwendern Kosten vermeiden. Vgl. Sachverständigenrat (2000), S. 140. Jedoch besteht aus volkswirtschaftlicher Sicht die direkte und indirekte Gefahr der allokativen Ineffizienz. Durch historische Ereignisse können zufällige Marktanteilsvorsprünge einen Anbieter durch Netzwerk-

- Als letzte der vier Aufgaben nennen BAILEY und BAKOS die Vermittlung von Informationen über die Einschätzung der Treuewahrscheinlichkeit von Akteuren. Intermediäre fungieren hierbei als Vertrauensdienstleister.

Durch die Leistungsbündelungen bzw. die Gruppierung von Anbietern oder Nachfragern werden *economies of scale* und *economies of* scope realisiert.[154] Transaktionskostensenkend und förderlich für die Informationsdiffusion wirkt der Intermediär durch die Verringerung von Informationsredundanzen und durch Kommunikationshilfen. Eine erfolgreiche Lösung des *matching*-Problems wirkt sowohl kostensenkend als auch wohlfahrtssteigernd, da eine ökonomische Transaktion ohne den Informationsintermediär unter Umständen nicht zustande gekommen wäre.

Für die Allokationswirkungen aus sozialkapitaltheoretischer Perspektive steht die Vertrauensbildungsfunktion des Intermediärs im Zentrum der Analyse. Wie bereits in Unterabschnitt 4.5.4 erörtert wurde, ist das Zustandekommen von Transaktionen in digitalen Kommunikationsnetzwerken in erster Linie von der Einschätzung der Treuewahrscheinlichkeit des potenziellen Tauschpartners abhängig. Mögliche Instrumente zur Vermittlung von Reputationssignalen sind dabei die Schaffung einer Plattform gegenseitiger Reputationsbewertungen über und durch die Akteure, die Veranstaltung von Meinungsbörsen sowie die Schließung offener Beziehungsnetzwerke.[155]

Der Vertrauensengpass verschiebt sich damit in der Netzwerkökonomik hin zur Reputationsfrage der Informationsintermediäre. Diese erhalten ihre Reputation in der Regel von Organisationen und Institutionen, deren Reputation außerhalb der „Internetwelt" bereits besteht. Etablierte Unternehmen und öffentliche Institutionen können derartige *rating*-Aufgaben oder Zertifizierungsfunktionen erfüllen. Für positive Allokationswirkungen im Bereich der privaten Austauschprozesse besteht demnach politischer Handlungsbedarf. Hierauf ist in Kapitel 6 einzugehen.

---

effekte auf der Konsumentenseite bevorteilen, obwohl alternative Anbieter bzw. Technologien bei höheren Absatzzahlen eine effizientere Option gewesen wären. Die Marktdominanz ruft aus wettbewerbstheoretischer Sicht weitere Problemfelder hervor, die eine suboptimale Allokation bedeuten. Siehe auch Sachverständigenrat (2000), S. 140-141. Die Netzwerk- bzw. Standardeffekte sind daher bezüglich ihrer Effizienzwirkung ambivalent. Jedoch wäre es äußerst unvernünftig, deshalb Standards bzw. die daraus erwachsenen Marktprozesse zu unterbinden, da diese als Kern der Netzwerkökonomik unabdingbar sind. Vielmehr gilt es, diese Zusammenhänge in ihrer Bedeutung bei wirtschaftpolitischen Entscheidungen zu berücksichtigen.

154 Vgl. CROSON (1995); zitiert in LINDEMANN (2000), S. 55.

155 Vgl. hierzu die Erläuterungen in Unterabschnitt 4.5.4.

Damit ist **Reputation** die zentrale Variable bei den sozialkapitaltheoretischen Allokationswirkungen hinsichtlich privater Austauschprozesse. Reputation ist das Komplement zu Vertrauen als Handlungsgrundlage bei sozialen Interaktionen. Dabei haftet Reputation als Merkmal einer Person oder einer Gruppe von Akteuren an. Allerdings wird dieses Charakteristikum durch den potenziellen Interaktionspartner bewertet. Demnach beruht Reputation auf sozialen Beziehungen. Reputation entsteht durch die Erfahrung des Partners über das bisherige Verhalten des Reputationsträgers bzw. durch die Erlangung von entsprechenden Informationen von Dritten, die jedoch ebenfalls ein Mindestmaß an Reputation besitzen müssen. Das Besitzen einer positiven Reputation erhöht die Wahrscheinlichkeit eines potenziellen Interaktionspartners, einen Vertrauensvorschuss zu leisten, da die Reputation einen Anspruch auf Vorleistungen darstellt, und in welche durch die Handlungen der Vergangenheit investiert wurde.[156] Beruht die reputative Bewertung eines Akteurs auf Erfahrung, sind die Interaktionen gewohnheitsorientiert.

Wenn Akteure auf Ressourcen eines Interaktionspartners zur beiderseitigen Nutzenerhöhung zurückgreifen können, dann verfügen sie über Sozialkapital. Reputation ist somit ein Anspruch auf Sozialkapital und kann demnach als eine abgeleitete Kapitalform des Sozialkapitals angesehen werden.[157]

Reputation besitzt weitreichende Auswirkungen auf die Allokation in einer Volkswirtschaft. Allerdings hängt die Wirkungsrichtung vom Reputationsträger ab. Im negativen Sinne kann ein Monopolist, der den allokativ ineffizienten COURNOT-Preis festlegt, durch seine Reputation glaubhaft einen eintrittsverhindernden Marktpreis gegenüber potenziellen Newcomern androhen.[158] Auf der anderen Seite wirkt Reputation effizienzsteigernd, wenn es zu ökonomischen Markttauschprozessen kommt, die entweder ohne die Reputationswirkung nicht oder nur mit hohen Transaktionskosten zustande gekommen wäre. Dies gilt insbesondere für den Erfahrungsgütermarkt. Reputation erhöht demnach die Wahrscheinlichkeit, dass sich der Reputationsträger erwartungsgemäß verhalten wird.

Reputationssignale erhöhen letztlich den Effizienzgrad sozialer und ökonomischer Tauschhandlungen. Sie wirken sich somit positiv auf die volkswirtschaftliche

---

156 Siehe hierzu die spieltheoretischen Konzeptionen von AXELROD (1984), SELTEN (1978) sowie RAUB und WEESIE (1991).

157 In analoger Weise bedeutet Geld einen Anspruch auf physisches Kapital und ist deshalb „abgeleitetes“ physisches Kapital.

158 Vgl. u.a. HERDZINA (2001), S. 148.

Leistungsfähigkeit aus. Daraus ergibt sich die Vermutung zu politischem Handlungsbedarf, was in Unterabschnitt 6.2.5 zu erörtern sein wird.

### 5.3.3 Bürgerorientiertes Leistungsmanagement des öffentlichen Sektors

Im vorliegenden Unterabschnitt wird in kurzer Form die Bedeutung der Effizienz und Bürgernähe des Leistungsmanagements politischer Institutionen und der öffentlichen Verwaltung beschrieben:[159] Ein effektives und effizientes Leistungsmanagement der politischen Institutionen drückt sich nach PUTNAM aus in der Stabilität des Kabinetts, der Rechtzeitigkeit der Verabschiedung des Budgets, im Bestand an verlässlichen statistischen Informationen über die Region, in den Institutionenkapazitäten zur Informationsbeschaffung, in qualitativen Beurteilungen von Reformgesetzen und gesetzgeberischer Innovationen, in der Ansprechbarkeit der Bürokratie sowie in der Leistungsfähigkeit spezifischer Politiken.[160] Dieses Leistungsmanagement ist abhängig von der internen Effizienz, der Transparenz der Verwaltung, der korrekten Ergebnismessung sowie einer systematischen Berücksichtigung dieser Ergebnisse in der Politik. PUTNAM stellt insbesondere den sozialkapitaltheoretischen Aspekt des *bridging social capitals*, das für die Reduzierung von Vertrauenslücken verantwortlich ist, als Hauptdeterminante der Leistungsfähigkeit der politischen Institutionen dar, was sich seiner Ansicht nach in der Anzahl der freiwilligen Vereinigungen und den Normen[161] generalisierter Reziprozität[162] ausdrückt.[163] Sozialkapital stärkt die politische Leistungsfähigkeit einer Demokratie. Diese wiederum ist das politische Komplement zu einer funktionierenden Marktwirtschaft. Damit besitzt Sozialkapital auch mittelbar eine positive Wirkung auf die allokative Effizienz einer Volkswirtschaft.

Leistungsmanagement in Form einer **lernenden Organisation** mit intelligenten Verwaltungsprozessen ist in der Lage, die oben genannten Erfordernisse zu erfüllen. Dies hat die Vorteile, dass genügend Spielraum für Prozessinnovationen innerhalb der Verwaltung sowie zwischen ihr und den privaten und politischen Anspruchsgruppen

---

159 Eine ausführliche Diskussion über die Verwaltungseffizienz würde den Rahmen der vorliegenden Arbeit sprengen.

160 Vgl. PUTNAM (1993a), S. 63-65; zitiert in PANTHER (1998), S. 85.

161 Vgl. hierzu Unterabschnitt 2.3.2 und insbesondere die Gleichungen (1) bis (9).

162 Siehe Unterabschnitt 3.3.1.

163 Vgl. PUTNAM (1993a), S. 181-185.

besteht. Zudem müssen entsprechende Evaluierungsergebnisse berücksichtigt werden. Leistungsmanagement heißt demnach Innovations- und Ergebnismanagement.

### 5.3.4 Finanzierung und Bereitstellung öffentlicher Güter

Hinsichtlich der Finanzierung öffentlicher Güter stehen insbesondere die Steuereinnahmen im Vordergrund. Während öffentliche Gebühren dem Äquivalenzprinzip entsprechen und Beiträge durch die Identifikationsmöglichkeit einer abgegrenzten Gruppe von Beitragszahlern grundsätzlich dem Leistungsprinzip nahe kommen, verlangt die Steuerfinanzierung von öffentlichen Gütern als dritte Finanzeinnahmeart des Staates den Steuerzahlern eine Beteiligungsbereitschaft ab, die nicht zu jeder Zeit selbstverständlich erscheint und deshalb in der Realität mit hoheitlichen Maßnahmen verknüpft ist. Demzufolge existieren Probleme wie Steuerausweichung und Steuerhinterziehung.

Während in neoklassischen Ansätzen zur Steuerhinterziehung in diesem Zusammenhang die Determinanten Strafmaß und Entdeckungswahrscheinlichkeit genannt werden, weisen die Ergebnisse von Studien von POMMEREHNE, FREY u.a. darauf hin, dass interaktive Handlungen sowie beziehungsorientierte Beteiligungen der Akteure weitaus bedeutendere Determinanten darstellen.[164]

Damit gelangen informelle Institutionen und die Einbindung des Steuerzahlers in die Normenwelt eines sozialen Netzwerks, das keine Neigung zur Steuerverwendung im illegalen Sinn besitzt und effizienter für die Finanzierung öffentlicher Güter ist.[165] Dies kann in erster Linie daran liegen, dass entsprechende Sanktionen auf der Ebene multifunktionaler Beziehungen, wie sie in einem sozialen Netzwerk existieren, kostenintensiver sind als eine anonyme Bußgeldzahlung. Diekmann weist darauf hin, dass es häufig ein „gewisses Toleranzniveau gegenüber defektierenden Mit-Akteuren“ gibt.[166] Die Berücksichtigung dieser Tatsache verändert jedoch den Aussagegehalt der oben erörterten Thesen nicht. Das Toleranzniveau bestimmt sich demnach nach den Kosten-Nutzen-Abwägungen der betroffenen Akteure. Allerdings ist hierbei eine kollektive Wahrnehmung der Defektionen und ihrer Folgen vorauszusetzen.

---

164 Vgl. LESCHKE (1997).
165 Vgl. LESCHKE (1998), S. 95.
166 DIEKMANN (1993), S. 134.

Die Bedeutung des Sozialkapitals für die effiziente Bereitstellung öffentlicher Güter liegt in erster Linie in der Beseitigung von Kollektivgutproblematiken, wie ***free rider*-Verhalten** und die Existenz nicht-privilegierter Gruppen im OLSON'schen Sinn.[167] Zur Illustration wird im Folgenden auf das *rational choice*-Modell von SCHELLING zurückgegriffen.[168]

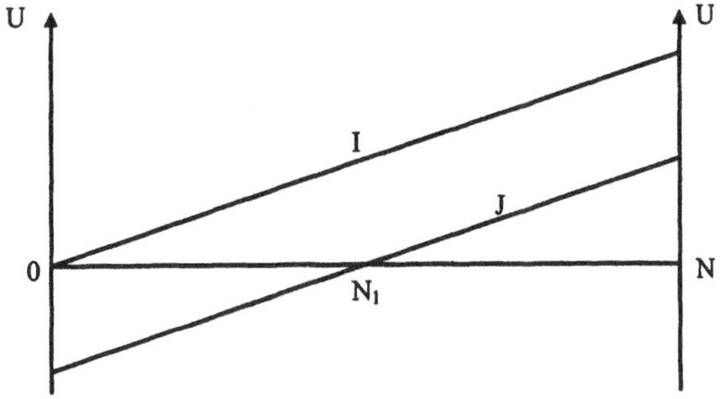


**Abbildung 5-10 Kollektivhandlung und Nutzenmaximierung**

Quelle: in Anlehnung an SCHELLING (1978) und ELSTER (1989), S. 28.

In SCHELLINGs Modell existiert ein soziales Netzwerk mit $(N+1)$ Akteuren, die sich zwei Handlungsalternativen gegenübersehen: Sie haben die Wahl, im Sinne einer Mitwirkung an der Bereitstellung des öffentlichen Guts zu kooperieren oder im Sinne von Trittbrettfahren zu defektieren. Abbildung 5-10 zeigt den Nutzen $U$ der Handlung eines Akteurs in Abhängigkeit der Handlungsentscheidungen der restlichen $N$ Netzwerkteilnehmer. Der Abszissenwert stellt den Anteil der kooperierenden Akteure in der Gruppe dar. Die $I$-Linie zeigt den jeweiligen Nutzen $U$ eines *free riders*, während die $J$-Linie den eines Kooperierenden aufzeigt. Als Trittbrettfahrer erlangt der Akteur keinen Nutzengewinn, wenn alle anderen Akteure sich nicht an der Bereitstellung des öffentlichen Gutes beteiligen. In sämtlichen anderen Fällen hat er

---

[167] Siehe OLSON (1965) und vgl. PANTHER (1998).

[168] Vgl. SCHELLING (1978).

einen zusätzlichen Nutzen aus der Situation gewonnen. Dieser steigt mit der Anzahl der kooperierenden Akteure, da das bereitgestellte Gut an Nutzenpotenzial gewinnt.

Der kooperierende Akteur ist zunächst mit einem autonomen Kostenbetrag konfrontiert, der seinen Beitrag zur Bereitstellung des öffentlichen Guts repräsentiert. Er erlangt deshalb erst ab einem bestimmten Schwellenwert von kooperierenden Gruppenmitgliedern $N_l$ einen positiven Nettonutzen.[169]

Unter diesen Voraussetzungen ist die dominante Strategie für den Akteur zu defektieren, da die *I*-Linie unabhängig von der Handlungsentscheidung der übrigen Akteure stets das Erreichen eines höheren Nutzenniveaus bedeutet als die Kooperation.[170]

Die Vermeidung bzw. **Reduzierung von Trittbrettfahren** kann allerdings durch wirksame Sanktionen bzw. deren glaubhaften Androhung bei Norm abweichenden Handlungen erreicht werden. Sobald ein hoher Anteil an Mitgliedern eines sozialen Netzwerks normkonform agiert, besitzen diese Normen eine hohe Akzeptanz. Sie werden gegen eine defektierende Minderheit leichter durchgesetzt, da durch eine entsprechende Unterstützung zwischen den sanktionswilligen Akteuren deren Kosten der Sanktionshandlung niedrig sind. Gleichzeitig hätte diese Personengruppe hohe (versunkene) Kosten durch eine Normänderung im gesamten Netzwerk zu tragen, da die individuellen Handlungsmuster jeweils bereits zu einem früheren Zeitpunkt auf ein entsprechendes Zielsystem ausgelegt sind.

Vor dem Hintergrund der Berücksichtigung von sanktionsfähigen Normen muss SCHELLINGs Modell modifiziert werden, um die Akteure nicht als isolierte Individuen, sondern als soziale Interakteure darzustellen. In Abbildung 5-11 verändert sich deshalb die *I*-Linie als Nutzenfunktion der Trittbrettfahrer in der Weise, dass sie in bestimmten Situationen sanktioniert werden und damit auf ein niedrigeres Nutzenniveau kommen.

---

169 Sowohl Linearität als auch Parallelität der Kurven in Abbildung 5-10 werden aus Vereinfachungsgründen angenommen, was jedoch den Erklärungsgehalt des Modells nicht reduziert. Des Weiteren wird eine Gleichverteilung von potenziellen Handlungsbeiträgen und Nutzengewinnen unterstellt.

170 Dies entspricht dem einfachen Gefangenendilemma. Vgl. ELSTER (1989), S. 27-28.

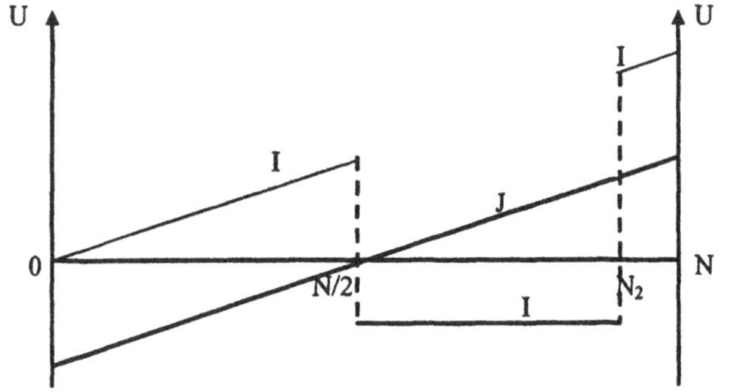


**Abbildung 5-11 Kollektivhandlung und Sanktionsnormen**

Quelle: eigene Darstellung

Sobald eine Mehrheit des sozialen Netzwerks Interesse an der Bereitstellung des öffentlichen Guts besitzt, werden Trittbrettfahrer bestraft, indem ihnen ein Nutzenverlust aufgezwungen wird. Deshalb besitzt die *I*-Linie an der Stelle ($N/2 + 1$) eine Sprungstelle in den negativen Nutzenbereich. Eine geringe Restanzahl von defektierenden Akteuren wird es realistischerweise in jeder Gesellschaft geben, da es stets Akteure gibt, die sich den Bereitstellungsbeiträgen trotz Sanktionsandrohung entziehen wollen. Hinzu kommen Akteure, die eine entsprechende Leistungsfähigkeit besitzen. Aus diesem Grund kann bzw. muss sich die Gesellschaft ($N - N_2$) Akteure leisten. Unter Umständen kann dieser vermeintliche Nutzenverlust auch ein Vorteil für die Gesellschaft insgesamt sein, da durch exemplarische Sanktionshandlungen die Glaubwürdigkeit der Normen stabilisiert wird.

Unter Berücksichtigung derartiger Normen und deren Durchsetzbarkeit ist **Defektion nicht mehr die dominante Strategie**. Vielmehr kommt es nur auf die Handlungsentscheidung der anderen Mitglieder an. Unter der Annahme, dass nicht alle Akteure zur gleichen Zeit ihre Entscheidung fällen, existiert in diesem Modell Pfadabhängigkeit.

Solange weniger als ($N/2 + 1$) Akteure kooperieren, werden der Entscheider und alle Folgenden defektieren. Kooperieren jedoch mehr als $N/2$ und weniger als $N_2$ Akteure, ist die Beteiligung an der Bereitstellung des öffentlichen Guts die rationale Entscheidung. Damit existieren zwei Gleichgewichte in diesem Modell: 0 und $N_2$.

Die Kooperationshandlung in diesem Modell bildet Sozialkapital, wenn sie zur Bereitstellung des öffentlichen Guts beiträgt, da in diesem Fall der Akteur sowie die übrigen Gruppenmitglieder einen Nutzengewinn verzeichnen können. Diese Überlegung in Verbindung mit der erörterten Pfadabhängigkeit des Modells führen dazu, dass in einem sozialen Netzwerk mit dieser Sanktionsanwendung das öffentliche Gut entweder nicht oder aber in hohem Maße bereitgestellt wird.

Werden die von den Akteuren des sozialen Netzwerks erlernten Handlungsmuster auf weitere Handlungsentscheidungen übertragen, die kooperatives, solidarisches oder vertrauensvolles Interagieren notwendig machen, so kann auch die Pfadabhängigkeit einschließlich der handlungstheoretischen Verallgemeinerung auf den Sozialkapitalbestand einer Gruppe angewendet werden. Die entsprechenden Anpassungsprozesse wurden bereits in Abbildung 5-3 dargestellt. Diese Verhaltensweisen erhöhen sowohl die Treuewahrscheinlichkeit als auch die sozialen Verpflichtungen zwischen den Akteuren. Somit wird die Sozialkapitalbildung in einer Volkswirtschaft gefördert. Unter der Bedingung der Existenz ausreichender *bridging*-Beziehungen besitzt die Sozialkapitalbildung positive externe Effekte.[171]

OHLEMACHER untersucht in diesem Zusammenhang die Auswirkung von starken und schwachen Beziehungen auf die **Effizienz des kollektiven Handelns**. Demnach dienen schwache Beziehungen im Sinne einer Monofunktionalität vorwiegend der Informationsvermittlung und –gewinnung über mögliche kollektive Aktivitäten, während starke Beziehungen eine normative und kognitive Unterstützungsleistung hinsichtlich der Teilnahmebereitschaft an derartigen Handlungen bieten.[172] Deshalb sind in diesem Zusammenhang beide Beziehungstypen von allokativer Bedeutung bei der Bereitstellung öffentlicher Güter.

Grundsätzlich bedeutet eine Reduzierung der Bereitstellungsproblematik öffentlicher Güter durch die Existenz von Sozialkapital eine Vermeidung der Neigung zur Unterinvestition. Damit besitzt Sozialkapital bezüglich des direkten Wirkungsmechanismus (Pfeil $C_1$ in Abbildung 2-1 auf Seite 42) einen positiven Effekt auf die allokative Effizienz öffentlicher Güter.

Dennoch können auf der Meso-Ebene soziale Netzwerke existieren, die den indirekten Wirkungsmechanismen von Sozialkapital (Pfeile $C_2$ und $C_3$ in Abbildung 2-1) auf die volkswirtschaftliche allokative Effizienz eine umgekehrte Wirkungsrichtung verleihen. Dies hängt – analog zu den Ausführungen der Allokationswirkungen im privaten

171 Siehe auch Abschnitt 3.4.
172 Vgl. OHLEMACHER (1993), S. 42-51.

Sektor in den Unterabschnitten 5.3.1 und 5.3.2 – von der Größe der Vertrauenslücken und den Normabweichungen zwischen den einzelnen sozialen Gruppen in der Gesellschaft ab, denn hierin ist die Ursache für die Eigenschaften der externen Effekte zu finden.

Das Ausmaß der öffentlichen Güter ist letztlich vom Bestand an Sozialkapital abhängig. Während OLSON in seinem neoklassischen Ansatz mit seinem isolativen Menschenbild große Gruppen prinzipiell als nicht-privilegiert ansieht, die nicht in der Lage sind, kollektiv zu handeln,[173] ist in der Realität dennoch kooperatives Verhalten auch in größeren Gruppen beobachtbar.[174] Gerade diese **OLSON'sche Erklärungslücke** ist das soziale Kapital dieser Gruppe.

Die Beseitigung von Kollektivgutproblematiken stellt jedoch selbst ein öffentliches Gut dar. Der Sanktionierende trägt individuelle Kosten, während alle potenziellen Tauschpartner des Sanktionierten einen sicherheitssteigernden Nutzen erfahren. Damit ist ein Teil des gesamtwirtschaftlichen Sozialkapitalbestandes denselben Problematiken unterworfen wie ein öffentliches Gut.

### 5.3.5 Zwischenfazit zu den Allokationswirkungen

Grundsätzlich kann ein positiver Wirkungszusammenhang zwischen der Sozialkapitalbildung und der allokativen Effizienz einer Volkswirtschaft festgestellt werden. Dies gilt sowohl für den privaten als auch für den öffentlichen Sektor.

Vor dem Hintergrund der netzwerkökonomischen Entwicklung stellen sich kooperative Wirtschaftsprozesse im privaten Sektor als effizient heraus. Die Aufweichung der Grenzen eines Unternehmens aufgrund der kooperativ-kommunikativen Optionen einer Internet-Gesellschaft sowie der zunehmende Wettbewerbsdruck erfordern von den Akteuren erweiterte Kompetenzen im sozialen Verhalten. *Co-opetition*-Situationen sind in der Netzwerkökonomik nicht mehr die Ausnahme, sondern die Regel. Soziale Verpflichtungen und hohe Treuewahrscheinlichkeiten werden damit zu zentralen Determinanten für den wirtschaftlichen Erfolg von Unternehmen, Unternehmensgruppen und damit der gesamten Volkswirtschaft.

Über die erörterten Überlegungen hinaus wird die allokative Effizienz hinsichtlich der privaten Tauschbeziehungen in einer Netzwerkökonomie insbesondere durch die

---

[173] Vgl. OLSON (1965).

Reputationsvermittlung von Akteuren beeinflusst. Auch hier existiert ein eindeutig positiver Zusammenhang zwischen der Sozialkapitalbildung und der Allokationswirkung auf der Makro-Ebene. Soziale Verpflichtungen und Treuewahrscheinlichkeiten zwischen den Akteuren führen zu einer Vermittlung von Reputationssignalen, welche die gesellschaftlichen und ökonomischen Transaktionen erleichtern.

Hinsichtlich des öffentlichen Sektors stehen das bürgerorientierte Leistungsmanagement und die Effizienz der Finanzierung und Bereitstellung öffentlicher Güter im Zentrum der Untersuchung. Während die Leistungsfähigkeit der öffentlichen Verwaltung sowohl mittelbare als auch unmittelbare Auswirkungen auf die Allokation auf der Makro-Ebene besitzt, ist bei der Finanzierung und Bereitstellung öffentlicher Güter die Problematik des Kollektivhandelns zu berücksichtigen. Die Existenz von sozialen Verpflichtungen und Treuewahrscheinlichkeiten vermindert die Wahrscheinlichkeit des Trittbrettfahrens einzelner Akteure. Das Bestehen von *bridging social capital* vermindert zudem das Risiko, dass auf der Meso-Ebene die positiven Wirkungsimpulse der Mikro-Ebene umgekehrt werden. Andernfalls ist die allokative Effizienz in einer Volkswirtschaft von geschlossenen sozialen Netzwerken bedroht, die durch korruptes Verhalten eine Grenzmoralorientierung aller Akteure hervorrufen. Dadurch würde die Volkswirtschaft auf einen selbstverstärkenden Entwicklungspfad gelangen, der eine kontinuierliche Abnahme des Sozialkapitalbestands impliziert.

---

[174] Vgl. DIEKMANN (1993), S. 139.

## 5.4 Verteilungswirkungen der Sozialkapitalbildung

> *„Auf jeden Fall wäre es soziologisch naiv anzunehmen, dass nationale Gesellschaften in Bezug auf das Niveau des jeweils verfügbaren Sozialkapitals intern eine Gleichverteilung und nur im Vergleich mit anderen Gesellschaften Unterschiede zu finden sind."*
>
> *CLAUS OFFE und SUSANNE FUCHS*[175]

Die Analyse der Verteilungswirkungen von Sozialkapital[176] stellt sich äußerst komplex dar, da in diesem Zusammenhang vier Dimensionen von Wirkungszusammenhängen existieren: (a) Zunächst ist die Frage zu klären, ob es sich beim Verteilungsobjekt um Chancen, Einkommen oder Vermögensbestände handelt. (b) Des Weiteren ist zwischen der Verteilung von Sozialkapital einerseits und ökonomisch-monetären Vermögens- und Einkommenswerten andererseits zu unterscheiden. (c) Gleichzeitig stehen sich die statische Sichtweise im Sinne einer Bestandsbetrachtung und die dynamische Sichtweise im Sinne der Generierung potenzieller Einkommens- und Vermögenswerte gegenüber. (d) Darüber hinaus ist der Aggregationsgrad der Handlungsebene entscheidend für die Vorgehensweise in diesem Abschnitt.

(a) Im Zentrum der Verteilungswirkungen des Sozialkapitals steht die Verteilung von Vermögensbeständen.[177] Aus sozialkapitaltheoretischer Sicht bildet das Sozialkapital zusammen mit anderen Kapitalformen einen Vermögensbestand, der die Hauptursache für das erzielte Einkommen und auch für die weitere Bildung von Sozialkapital darstellt. Aus diesem Grund wird grundsätzlich ein ausreichendes Maß an Korrelation zwischen den Größen **Einkommen und Vermögen** angenommen. Außerdem spielen aus sozialkapitaltheoretischer Sicht **ebenso die Chancen** in Form von Handlungsoptionen eine Rolle für potenzielles Einkommen und Vermögen. Hierbei ist die Sozialkapitalstruktur von Bedeutung.

---

[175] OFFE und FUCHS (2001), S. 418

[176] Die Verteilungswirkungen von sozialen Netzwerken sind ein langjähriges Forschungsfeld der Sozialwissenschaften. Traditionelle Vertreter sind hierbei SCHWEINETZ (1932), REYNOLDS (1951) sowie PARNES (1954).

[177] Siehe hierzu die in Unterabschnitt 2.3.1 in kurzer Form erläuterte vermögenstheoretische Gegenposition zur einkommensorientierten Neoklassik.

(b) Eine ähnliche Sichtweise der grundsätzlichen, positiven Korrelation auf der Basis von Interdependenzen zwischen zwei Größen wird bei der Frage impliziert, inwieweit die Verteilung von Sozialkapital oder anderen Kapitalformen als **Bemessungsgrundlage** für die Verteilung in einer Volkswirtschaft herangezogen werden soll. Zwar steht als Wirkungsadressat das ökonomisch-monetäre Vermögen im Mittelpunkt der Betrachtung. Doch mit der Annahme einer weitestgehenden Kompatibilität zwischen den Kapitalformen lässt sich auch die Verteilung des Sozialkapitals als Indikator für die „allgemeine" Vermögensverteilung heranziehen.

(c) Auf der Basis der Annahme, dass Vermögen die Voraussetzung für die Einkommenserzielung ist, wird die potenzielle Entwicklung der Einkommensverteilung in dieser Analyse berücksichtigt. Damit bedeutet die zeitpunktbezogene Vermögensanalyse gleichzeitig eine potenzial-dynamische Einkommensanalyse. Darüber hinaus existiert eine dynamische Perspektive hinsichtlich der Reproduktions- bzw. **Vererbungsprozesse** des Sozialkapitals.

(d) Grundsätzlich ist hinsichtlich der sozialkapitaltheoretischen Verteilungswirkungen auch die **Sozialstruktur** einer Volkswirtschaft betroffen. Hierbei steht das handelnde Individuum im Rahmen seiner sozialen Umgebung als Ausgangspunkt der Untersuchung im Mittelpunkt. Im folgenden Unterabschnitt wird aus diesem Grund die sozialkapitaltheoretische Verteilungswirkung verhaltenstheoretisch beleuchtet.

Empirische Ergebnisse hinsichtlich der Verteilungswirkungen von Sozialkapital sind in der Literatur kaum zu finden. Hier besteht explizit hoher Forschungsbedarf. KLOCKE hat den Zusammenhang zwischen der sozialen Ungleichheit und der Existenz einer Mitgliedschaft in einem Verein untersucht.[178] Demnach existiert eine positive Korrelation zwischen dem Sozialkapitalbestand eines Akteurs und seinem Einkommensniveau: Während das untere Quintil der Einkommensverteilung eine Vereinsmitgliedschaft von 51 Prozent besitzt, verzeichnet das obere Quintil 81 Prozent.[179] Ähnliches gilt für die Mitgliedschaft in einer Clique und für den Integrationsgrad in der Freundesgruppe.

Diese positive Korrelation zwischen den Kapitalarten Sozialkapital und physisches Kapital lässt sich durch die Kapitalform des Humankapitals erweitern: Während das

[178] Nach PUTNAM gilt die Anzahl der Vereinsmitgliedschaften als Sozialkapitalindikator. Vgl. Unterabschnitt 2.3.2.

[179] Vgl. KLOCKE (1998), S. 221.

untere Quintil der Einkommensverteilung in Gymnasien mit nur 16 Prozent vertreten ist, beläuft sich der Anteil der gymnasialen Ausbildung im oberen Quintil auf 71 Prozent. Damit lassen sich durch die Ergebnisse von KLOCKE selbstverstärkende Kapitalbildungsprozesse in der Gesellschaft bzw. Tendenzen zur Reproduktion sozialer Ungleichheiten vermuten. Die Erkenntnisse von BOURDIEU aus Unterabschnitt 2.3.1 werden hierdurch unterstrichen.

### 5.4.1 Mikro-Ebene: Der verhaltensorientierte Gravitationsansatz

Rationale Entscheidungen auf der Individualebene besitzen aus sozialkapitaltheoretischer Sicht potenzielle Verteilungswirkungen. Nach Beendigung der Selektionsmechanismen ist gemäß des Drei-Ebenen-Modells die Sozialkapitalbildung zu verorten. Sozialkapitalbildendes Verhalten kann dazu führen, dass die Ungleichverteilung zwischen den Individuen verstärkt wird. Ein kooperativ und solidarisch handelnder Akteur ermöglicht eher anderen, ihre Ziele zu erreichen. Dieses typisch Sozialkapital bildende Verhalten führt jedoch zu einer Einkommensungleichverteilung, wie Abbildung 5-12 auf Seite 284 zeigen wird.

Das folgende Gravitationsmodell unterstreicht diesen Sachverhalt: Der Adressat der Unterstützungshandlung eines rationalen Akteurs ist ein weiterer Akteur, der bereits ein Mindestmaß an Vermögenswerten besitzt. Dieses Vermögen drückt sich unter anderem in einer hohen Handlungsfreiheit aus. Dazu gehören alle Formen von Ressourcen einschließlich der sozialen Beziehungen. Damit besitzt dieser Adressat Status und Macht durch Vermögen. Er bildet den Mittelpunkt eines sozialen Gravitationsfeldes. Dieser Aspekt wird bereits in den fünfziger Jahren von MORENO als soziale Gravitation[180] bezeichnet. Sozialvermögen erleichtert demnach nicht nur die Bildung anderer Vermögensformen, sondern verbessert ebenso die eigene Reproduktion. Das liegt in erster Linie daran, dass Akteure, die Sozialvermögen besitzen – also eine gewisse Anzahl an ressourcenträchtigen Beziehungen haben – attraktiver sind als andere Personen. Es besteht für zunächst „Außenstehende" ein höherer Anreiz, eine Beziehung zu einer Person aufzunehmen, die sich in einem entsprechend großen oder qualitativ hochwertigen Beziehungsgeflecht befindet, da der Newcomer dann unter Umständen von diesem etablierten Netzwerk profitiert.

---

[180] Vgl. MORENO (1954).

Machtsituationen – auch auf der Basis von Informationsvorsprüngen – erweitern das Spektrum der Handlungsoptionen. Macht wird dabei im WEBER'schen Sinn definiert als „Chance, innerhalb einer sozialen Beziehung den eigenen Willen auch gegen Widerstreben durchzusetzen."[181] Nach FRENCH und RAVEN existieren fünf Grundlagen für die Machtposition eines Akteurs: (a) Belohnungen, (b) Bestrafungen, (c) Expertentum, (d) Identifikation und (e) Legitimität.[182]

(a) Die Macht hängt positiv von der Verfügbarkeit über Ressourcen seitens des Machtinhabers ab, die für die übrigen Akteure eine **Belohnung** bedeuten.

(b) Der Machtstatus hängt von der Verfügbarkeit über **sanktionsfähige Ressourcen** ab. Dies umschließt die Entzugsmöglichkeit von Ressourcen, die grundsätzlich den übrigen Akteuren zugeordnet sind.

(c) Die Macht eines Akteurs hängt von der Einschätzung der übrigen Akteure ab, inwieweit das **überlegene Wissen** und die Informationen des Machtinhabers von Nutzen sind, deren Ziele zu erreichen.

(d) Macht wird von der zugewiesenen Attraktivität des Machtinhabers seitens des sozialen Umfelds bestimmt, deren Akteure den **Wunsch zur Identifikation** besitzen. Hierbei spielt die ungleiche Ressourcenausstattung eine maßgebliche Rolle.

(e) Macht ist abhängig von der **Akzeptanz der Position des Machtinhabers**. Diese Akzeptanz ist um so höher, je besser es gelingt, anerkannte Werteeinstellungen zu signalisieren.

Der Machtinhaber selbst sucht sich ertragreiche Beziehungen aus,[183] indem er tendenziell Kontakte zu Trägern mit hohen sozialen Ressourcen knüpft. Somit besitzt ein Akteur mit hohem Sozialvermögen keinerlei Anreiz, eine soziale Beziehung zu einem Akteur zu pflegen, der wiederum keinerlei Vermögensform besitzt.[184] Letztlich existiert eine Tendenz der sozialen Schichtung auf der Basis von Statusmerkmalen wie Vermögen und Sozialvermögen. Dadurch kommt es zu Konzentrationseffekten von Sozialkapital, so dass die selbständige Entwicklung eines aus verteilungspolitischer

181 WEBER (1922)

182 Vgl. FRENCH und RAVEN (1959); zitiert in MATIASKE (1999), S. 175.

183 Typische Beispiele für diese Entwicklung sind Vereine und Vereinigungen wie der Rotari-Club oder der Lions-Club.

184 Eine Ausnahme bildet das Merkmal von Potenzialvermögen, wie es in Mentor-Protegé-Beziehungen der Fall ist.

Sicht sinnvollen Unterstützungsnetzwerk erschwert wird. Es bilden sich Milieus, die im nachfolgenden Unterabschnitt erörtert werden.

BOURDIEU führt als Beispiel Individuen an, die einen berühmten **Familiennamen** tragen. Sie können unter Umständen Gelegenheitsbekanntschaften leicht in dauerhafte Beziehungen umwandeln. Aufgrund des hohen Bekanntheitsgrades müssen sie weniger Beziehungsarbeit leisten als Akteure ohne derartige Vermögensmerkmale. Die Tatsache, dass Individuen mit Sozialkapital einen Vorteil gegenüber Personen ohne Sozialkapital besitzen, führt unter der Annahme rationaler Akteure und einem gewissen Grad an Transparenz quasi-automatisch zu einer Konzentration dieser Kapitalform unter allen Akteuren.[185] In diesem Zusammenhang ist die Sozialkapitalstruktur die entscheidende Größe für die Chancenungleichheit in einer Gesellschaft. BOURDIEU und andere sozialkapitaltheoretischen Analytiker unterstellen hierbei realistischerweise eine signifikante Korrelation zwischen der Verteilung von Sozialkapital und anderen Kapitalformen, was auch die empirischen Ergebnisse von *Klocke* im vorangegangenen Unterabschnitt unterstrichen haben.

Im folgenden *rational choice*-Modell[186] kann zunächst auf der Mikro-Ebene gezeigt werden, wie es zu den oben beschriebenen Konzentrationseffekten kommt. Es existieren zwei unterschiedliche Akteurtypen. Akteur $i$ besitzt einen niedrigen Vermögensbestand. Akteur $j$ ist dagegen vermögend. Akteur $i$ besitzt einen Anreiz, mit Akteur $j$ eine soziale Beziehung aufzubauen, um mittels Unterstützungsleistungen aus $j$'s Vermögen zu profitieren. Hierzu ist er bereit, Vorleistungen für potenzielle Austauschhandlungen zu erbringen. Er setzt damit einen Teil seines Einkommens $W_i$ dazu ein. Dadurch erhöht sich das Einkommen $W_j$ des Akteurs $j$.

Im vorliegenden Modell setzt sich der Akteur $i$ das Ziel, seinen Nutzen $U_i$ zu maximieren. Dieser Nutzen hängt von seinem Einkommen $W_i$ und – aufgrund der potenziellen Unterstützungsleistungen von Akteur $j$ – dem Einkommen $W_j$ eines Interaktionspartners ab. Die Beziehung zwischen $i$ und $j$ ist auf eine Weise ausgestaltet, dass der Akteur $i$ in gewissem Maße auf das Einkommen (als Indikator für dessen Ressourcen) von $j$ in Form von empfangenen Unterstützungsleistungen zurückgreifen kann. Akteur $j$ verhält sich in dieser Phase gegenüber Akteur $i$ passiv. Sein Einkommen $W_j$ kommt lediglich ihm zugute, da er keinerlei Unterstützung gegenüber dem Akteur $i$ leistet. Das Einkommenstransfermaß hängt von der Qualität der sozialen Beziehung $sk_{ij}$ zwischen Akteur $i$ und Akteur $j$ ab. Damit lautet die Nutzenfunktion:

185 Vgl. BOURDIEU (1988), S. 193.

$$(35) \quad U_i = f(W_i, sk_{ij} W_j)$$

Abbildung 5-12, in der auf der Ordinate das Einkommen $W_i$ des Akteurs $i$ und auf der Abszisse das Einkommen $W_j$ des Akteurs $j$ abgetragen ist, zeigt die Nutzenfunktion $U_i$ sowie die mögliche Einkommensverteilung $T_1T_2T_3$ der beiden Akteure. Dabei wird angenommen, dass sich Akteur $j$ lediglich auf die Maximierung des eigenen Einkommens konzentriert. Dagegen besitzt Akteur $i$ grundsätzlich die Entscheidungsfreiheit, seine Zeit zur eigenen Einkommenserzielung einzusetzen oder sie als Unterstützungsleistung für $j$ zu verwenden. Dies entspricht dem Teil der Einkommensmöglichkeitenkurve $T_2T_3$. Ersteres erhöht das eigene Einkommen und letzteres das Einkommen von $j$. Bei der Einkommenserzielung werden jeweils sinkende Grenzerträge des zeitlichen Arbeitseinsatzes unterstellt, wodurch die konkave Transformationskurve zustande kommt. Sie zeigt die möglichen Einkommen der Akteure $i$ und $j$ an, wenn Akteur $i$ seine zur Verfügung stehende Zeit vollständig in die eigene Einkommenserzielung oder in die Unterstützungsleistung in $j$'s Einkommen verwendet.

Als Nutzenmaximierer wird sich Akteur $i$ für eine Zeitallokation entscheiden, welche zu einem eigenen Einkommen in Höhe von $W_{i,O}$ und einen Beitrag von $(W_{j,O} - W_{j,A})$ für das Einkommen von $j$ führt. Für die Einkommenserzielung von $W_{j,A}$ ist der Akteur $j$ selbst verantwortlich. Der Akteur $i$ erreicht durch seine Unterstützungsleistung für den Akteur $j$ ein höheres Nutzenniveau als ohne diese. Zudem profitiert Akteur $i$ auch vom Einkommen des Interaktionspartners zu dem Teil von $j$'s Einkommen, der durch den Qualitätskoeffizienten der Beziehung $sk_{ij}$ bestimmt wird und das dieser ohne $i$'s Unterstützungsleistung erlangt hat. Der Koeffizient hängt seinerseits von den vergangenen Unterstützungsleistungen von Akteur $i$ an Akteur $j$ ab. Damit besteht ein Anreiz für Akteur $i$, eine Unterstützungsleistung für Akteur $j$ zu erbringen, da er vom gesamten Einkommen $j$'s anteilmäßig einen potenziellen Nutzen zieht.

[186] Das Modell ist an SCHMIDs sozialkapitaltheoretischen Experimentalmodellen angelehnt. Vgl. SCHMID (1994), S. 3-4.

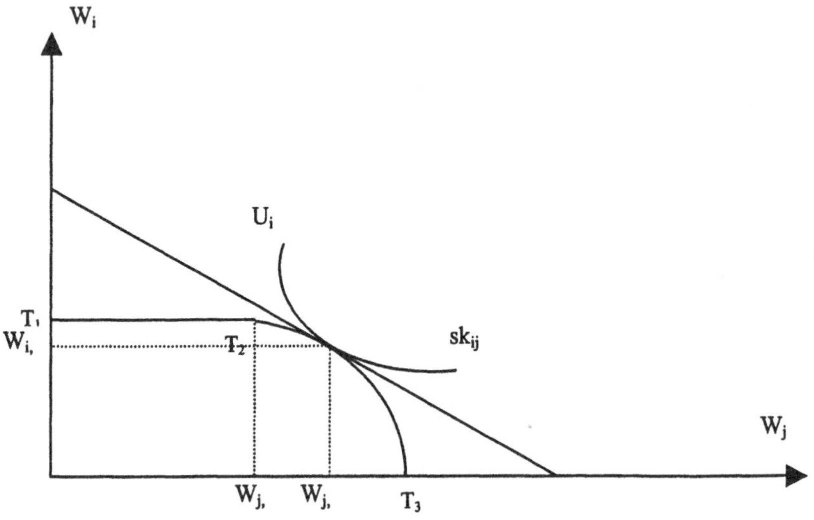


**Abbildung 5-12: Sozialkapitaltheoretische Allokationswirkungen**

Quelle: eigene Darstellung

Unter der Annahme, dass zwischen den beiden Akteuren Reziprozitätsnormen zustande kommen, wird Akteur *i* aus rationalen Gründen seine Unterstützungsleistungen umso höher ansetzen, je höher das (zu erwartende) Einkommen von Akteur *j* ist, da sich hierdurch der Qualitätskoeffizient $sk_{ij}$ erhöht. In Abbildung 5-12 bedeutet dies eine Verschiebung des Optimums (Berührungspunkt der Transformationskurve mit der Nutzenindifferenzkurve von $T_2$ nach $T_3$. Gleichzeitig liegt bei höheren Einkommen von Akteur *j*, das er selbst erzielt, $W_{i,A}$ weiter rechts auf der Abszisse. Dadurch gelangt Akteur *i* auf eine höhere Nutzenfunktion. Die anfängliche Ungleichverteilung wird intensiviert.

Grundsätzlich lässt sich aus diesem Modell schließen, dass unter bestimmten Bedingungen ein Anreiz zur Pflege der Beziehung durch Unterstützungsleistungen besteht. Diese Zusammenhänge existieren unter der Annahme, dass das Einkommen von *j* positiv auf *i* wirkt, oder dass Akteur *i* erwartet, dass seine Vorleistungen in eine

Unterstützungsbeziehung mit Akteur *j* münden. Dann wären seine Investitionen in Sozialkapital erfolgreich. Sobald jedoch Akteur *i* erwartet, dass seine eventuellen Vorleistungen nicht zu dem gewünschten Ergebnis führen, wird er keine Investitionshandlungen tätigen. Letzterer Fall ist mit großen Vertrauenslücken zwischen Akteuren gleichzusetzen, die verschiedenen sozialen Gruppen angehören, welche wiederum abweichende Wertvorstellungen und Zielsetzungen besitzen. Ist demnach $sk_{ij}$ größer Null, dann existiert eine Kooperations- bzw. Solidaritätsbeziehung. Im umgekehrten Fall besteht ein Konkurrenzverhältnis zwischen den Akteuren *i* und *j*.[187]

Sozialkapitaltheoretisch interessant sind in diesem Zusammenhang zwei Erweiterungsmöglichkeiten des Konzepts der strukturellen Löcher, das in Unterabschnitt 5.2.2 erörtert wurde. Zum einen stellt sich die Frage, ob oder inwieweit sich eine bestimmte Gruppenzugehörigkeit auf die Erreichung von beruflichen Zielen auswirkt. Zur Diskussion stehen vor allem lokale Netzwerke, ethnische Gruppen und geschlechtsspezifische Aspekte. Zum anderen ist auch die Dauer von scheinbar vorteilhaften sozialen Beziehungen für den beruflichen Aufstieg von Bedeutung. Hierbei steht die besondere Beziehung zwischen Mentor und Protegé im Zentrum der Analyse.

BURT kommt zu dem Ergebnis, dass Akteure, die an „sozialen Grenzen" agieren, ihre strukturellen Löcher weitaus besser nutzen. Unter sozialen Grenzen versteht BURT die Randposition in einem sozialen Netzwerk und die damit verbundenen Kontakte zu Akteuren unterschiedlicher Attribute.[188] Soziale Grenzen existieren in erster Linie zwischen den unternehmensinternen Hierarchieebenen, aber auch zwischen den

---

[187] Eine besondere Beziehung besteht zwischen Stars aus Unterhaltung, Sport und Politik und deren Anhänger. Ebenso ist die freiwillige Machtvergabe – wie in Unterabschnitt 2.3.4 von COLEMAN beschrieben – eine besondere Ursache der Verstärkung von Ungleichverteilung; insbesondere hinsichtlich der Vermögensform Sozialkapital. Die Tendenz der Ungleichverteilung verstärkt sich durch das Delegieren bestimmter (Entscheidungs-)Aufgaben innerhalb von Gruppen, bzw. durch das Repräsentieren einer Gruppe durch einzelne Gruppenmitglieder, was umso sinnvoller scheint, je größer die Gruppe ist. Eine derartige Kapitalkonzentration auf einzelne Gruppen oder Subgruppen führt zu einer Machtasymmetrie, der stets eine Gefahr des Missbrauchs innewohnt. Sozialkapital kann auf diese Weise zweckentfremdet werden, d.h. gegen die Zielsetzungen der Mitglieder gerichtet sein. Vgl. BOURDIEU (1988). Derartige Zielkonflikte können ebenso zwischen Sozialkapitalbeständen auf der Meso-Ebene und auf der Makro-Ebene zustande kommen. Diese Problematik wird im Verlauf der Arbeit eine wichtige Rolle spielen. Häufig sind die Personen, auf die Vermögen delegiert wird, gerade die in der Gruppe bekannten Mitglieder, die also bereits einen relativ höheren Vermögensbestand besitzen. Diese Tendenz zur Ungleichverteilung sieht BOURDIEU (1988; S. 194) nicht nur im gegenwärtigen Gesellschaftssystem, sondern wird von ihm als prinzipielle Handlungstendenz von Menschen („Logik der Repräsentation") erachtet. Damit besitzt Sozialkapital *per se* eine Tendenz zur Ungleichverteilung von Sozialvermögen. Durch die Konvertierbarkeit in andere Vermögensformen bedeutet dies c.p. eine Tendenz zur Ungleichverteilung sämtlicher Vermögensformen. Vgl. BOURDIEU (1988), S. 99-108.

[188] Vgl. BURT (1995), S. 133.

Geschlechtergruppen. So können Frauen auf stärkere Effekte von strukturellen Löchern zurückgreifen, da sie tendenziell ab einer bestimmten Hierarchieebene in der Minderheit sind. Minderheiten nutzen ihre Netzwerkbeziehungen grundsätzlich bewusster und effizienter.[189]

BURTs Konzept ist zu erweitern hinsichtlich des sozialen Status, in welchem sich der Akteur befindet, der einen (neuen) Arbeitsplatz sucht. OOKA und WELLMAN finden heraus, dass intra-ethnische Kontakte in erster Linie Arbeitssuchenden helfen, die Mitglieder von Gruppen mit höherem sozialen Status sind. Dagegen sind für Mitglieder von Gruppen mit niedrigerem sozialen Status eher inter-ethnische Beziehungen hilfreich.[190]

Eine weitere Determinante der Bildung von Sozialkapital ist die Dauer der Beziehungen. So ist davon auszugehen, dass das langfristige Positionieren in vorteilhaften Beziehungen der Sozialkapitalbildung dienlich ist.[191] Dies gilt insbesondere für die besondere Stellung eines Protegés, der von einem oder mehreren Mentoren unterstützt und mit Informationen versorgt wird.[192] Darüber hinaus signalisiert eine Unterstützungsleistung den hohen Wert des Protegés für den Mentor und damit – soweit der Mentor in der sozialen Umgebung Akzeptanz findet – auch für das soziale Netzwerk von **Mentor und Protegé**. Allerdings bestehen sowohl (a) in der Informationsleistung als auch (b) in der Signalfunktion Gefahren für die Bildung des Sozialkapitals.

(a) Die Nutzung des Sozialkapitals des Mentors durch den Protegé bedeutet zwar kurzfristig einen vermehrten Zugang zu Informationen höherer Hierarchiestufen,[193] jedoch sinkt die Motivation, eigenständig ein soziales Netzwerk aufzubauen, da eine Fixierung auf den Mentor besteht.[194] Daher wächst der Bestand des Sozialkapitals des Protegés langfristig weniger als ohne einen Mentor.[195]

(b) Darüber hinaus kann der Protegé weder eine eigenständige Reputation hinsichtlich seiner Kompetenzen aufbauen noch ist sein beruflicher Werdegang von dem des Mentors zu lösen.[196]

---

189 Vgl. BURT (1995), S. 163.
190 Vgl. OOKA und WELLMAN (1999); S. 12.
191 Siehe u.a. PHILLIPS-JONES (1982), ZEY (1984) und KRAM (1985).
192 Vgl. KRAM (1985), S. 53 sowie HIGGINS und NOHRIA (1999), S. 162.
193 Vgl. BURT (1997); zitiert in HIGGINS und NOHRIA (1999), S. 164.
194 Vgl. FAGENSON (1994), S. 56.
195 Vgl. HIGGINS und NOHRIA (1999), S. 165. Verstärkt wird dieser Effekt durch das Risiko den Protegé zu früh an Aufgaben zu führen, denen er nicht gewachsen ist. Vgl. NOE (1988), S. 475.
196 Vgl. HIGGINS und NOHRIA (1999), S. 164.

Demnach erscheint die Kombination aus starken, langfristigen und statusübergreifenden sozialen Beziehungen als kontraproduktiv für die beschäftigungsökonomischen Ziele eines Akteurs. Allerdings können durch derartige Mentor-Protegé-Beziehungen die Grenzen der sozialen Schichtung überwunden werden, da der Mentor sein Augenmerk nicht auf die aktuelle ökonomisch-monetäre Vermögenslage des Protegés richtet, sondern auf das Einkommens- bzw. Entwicklungspotenzial beispielsweise auf der Basis von hohem Humankapital bzw. -vermögen.

### 5.4.2 Idealtypische soziale Netzwerke

Im Extremfall führen die sozialen Gravitationseffekte, die im vorangegangenen Unterabschnitt erörtert wurden, zu einer Milieu-Gesellschaft. Existiert eine Gesellschaft aus eigenständigen, isolierten sozialen Schichten bzw. Milieus, so ist ein idealtypischer Zustand erreicht, in welchem zwischen den Milieus keinerlei sozialer Auf- oder Abstieg denkbar ist. Eine derartige Sozialstruktur mit ausschließlich horizontal verlaufenden sozialen Netzwerken – wie Abbildung 5-13 zeigt – bedeutet einen grundsätzlichen Mangel an *bridging social capital.* Indiens Kastengesellschaft kommt diesem Zustand sehr nahe.

In einer derart extremen Milieustruktur wird Sozialkapital innerhalb der horizontal verlaufenden Netzwerke „vererbt". Dieser Vererbungsmechanismus wurde in Unterabschnitt 2.3.1 ausführlich erörtert.[197] Durch das immanente Trägheitsmoment des Sozialkapitals beschreibt BOURDIEU die Entwicklung dieser Kapitalform als ständigen Reproduktionsprozess. Dabei wird „die zu einem bestimmten Zeitpunkt gegebene Verteilungsstruktur verschiedener Arten und Unterarten von Kapital" über Generationen – insbesondere innerhalb von abgegrenzten Milieus – vererbt.[198] Bereits vor dem Aufkommen der Sozialkapitaltheorie analysierten Vertreter der schichtspezifischen Sozialisationsforschung in den 1960er und 1970er Jahren dieses Phänomen.[199] STECHER argumentiert in diesem Zusammenhang mit einem Zwei-Phasen-Modell, das auf ZINNECKERs Sozialisationsmodell[200] aufbaut. Demnach ist in der ersten Phase der

197 Vgl. auch u.a. BOURDIEU (1988).

198 Vgl. BOURDIEU (1983), S. 183.

199 Sie u.a. BRONFENBRENNER (1977) sowie RODAX und SPITZ (1978). Aber auch LOURY (1977) als „Pionier" der Sozialkapitaltheorie kann hierbei aufgeführt werden.

200 Siehe u.a. ZINNECKER (1998).

junge Mensch durch Interaktionen mit den Eltern und weiteren nahen Bezugspersonen einem Sozialisationsprozess unterworfen. Diese Interaktionen werden ihrerseits jedoch durch die soziale Lage der Familie geprägt. Die zweite Phase ist vor allem geprägt von der sozialen Unterstützung beim Bildungserwerb des Akteurs, wobei der Kreis der „Sozialisationsagenten" weiter gezogen ist.[201]

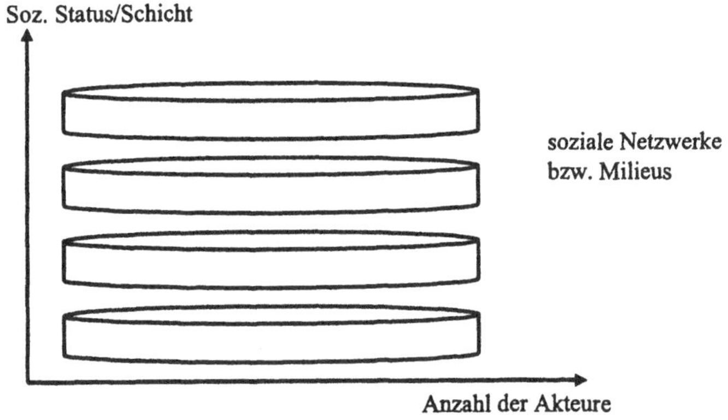


**Abbildung 5-13: Idealtyp: horizontale, soziale Netzwerke**

Quelle: eigene Darstellung

In diesen Ansätzen sind Milieugruppen ein ausschlaggebender Faktor für das Sozialkapitalniveau innerhalb dieser Gruppen. Darüber hinaus ist die Milieustruktur einer Gesellschaft für die Sozialkapitalstruktur dieser Volkswirtschaft entscheidend. Eine positive Verteilungswirkung im Sinne einer Minderung der Ungleichverteilung zwischen den sozialen Schichten ist allerdings nur bei einer Verringerung des schließenden Verhaltens (Ein- und Ausschließung) von sozialen Gruppen denkbar, die einen höheren sozialen Status bzw. höhere Einkommens- und Vermögenswerte besitzen als der Durchschnitt der Gesellschaft.

Hinsichtlich der Verteilungswirkungen des Sozialkapitals durch Gruppenverhalten ist deshalb zwischen (a) einschließendem und (b) ausschließendem Verhalten zu

---

201 Vgl. STECHER (2000), S. 126-128.

unterscheiden. Während einschließende Handlungsstrategien die Schließung von Akteurgruppen bedeutet, werden beim ausschließenden Verhalten von Akteuren Einzelne aus dem Gruppenverband vollständig oder hinsichtlich eines Teils der Interaktionen ausgeschlossen.

(a) **Einschließendes Gruppenverhalten** liegt in der Regel dann vor, wenn sozial knappe Güter im Mittelpunkt des Interesses stehen. HIRSCH definiert diese Güterart durch den sinkenden konsumtiven Nutzen bei der Produktion.[202] Positionen und Statussymbole sind typische Merkmale für sozial knappe Güter. Eine Entwertung dieser Güter durch ihre Vermehrung bewirkt tendenziell eine sozialen Schließung.[203] Auf diese Weise wird die Exklusivität und damit der Wert der Güter beibehalten.[204]

Die Funktion derartiger Verhaltensweisen ist die Normsetzung innerhalb einer Gruppe[205] sowie der Schutz vor Diskriminierung von außerhalb der Gruppe. Allerdings besteht stets die Gefahr einer hohen sozialen Kontrolle verbunden mit der Einschränkung persönlicher Freiheit.[206] Deshalb ist die Rolle des *gate keepers* als Informations- und Beziehungshalter zu anderen Gruppen besonders wichtig.

(b) **Ausschließendes Gruppenverhalten** besitzt grundsätzlich die gleiche Wirkung auf den Isolationsgrad der Milieugruppen wie einschließendes Verhalten. Die in Abschnitt 3.2 erörterten Selektionswirkungen der Situationsmechanismen im Sinne einer normorientierten Einschränkung von Handlungsoptionen wirken nicht auf alle Akteure in gleichem Maße. Außenseiter bzw. stigmatisierte Akteure besitzen eine geringere Zahl an Handlungsoptionen.[207] Diese relative Einschränkung entsteht durch Sanktionsverhalten seitens anderer Akteure und durch Ausgrenzung aus Interaktionen. Auf diese Weise kommt der Außenseiter in eine grundsätzlich

---

202 Vgl. HIRSCH (1980), S. 41.

203 BOURDIEU erörtert dies am Beispiel der Vermehrung von Bildungstiteln. Vgl. BOURDIEU (1982), S. 171-173.

204 ELIAS und SCOTSON beschreiben am Beispiel einer kleinen englischen Vorortgemeinde, wie es eine Gruppe etablierter Familien gelingt, wichtige kommunale Entscheidungspositionen unter sich aufzuteilen und dadurch Neuankömmlingen den Zugang zu diesen Positionen zu verwehren. Vgl. ELIAS und SCOTSON (1993); zitiert in STECHER (2000), S. 52.

205 Vgl. COLEMAN (1995), Bd. 1, S. 333-334.

206 Vgl. PORTES und LANDOLT (1996), S. 3.

207 WORMS (2001) beschreibt die Ausschließungsproblematik als zentrales sozialkapitaltheoretisches Verteilungsproblem in Frankreich.

schlechtere Verhandlungsposition, gewöhnt sich an Außenseiterverhaltensweisen und lernt nie Kompetenzen des gleichberechtigten Aushandelns.[208]

Durch die enthierarchisierenden Kommunikationsstrukturen der Netzwerkökonomik werden Außenseiter leichter in gesellschaftliche Verbände integriert. Dies geschieht insbesondere dann, wenn die kommunikationskanalreduzierenden Interaktionen der Netzwerkökonomik gerade jene Merkmale dieser Akteure ausblenden, die für deren Außenseiterrolle verantwortlich sind. Lediglich Kommunikationsdefizite führen in diesem Zusammenhang zu einer desintegrativen Wirkung.

Es besteht von Seiten einzelner Akteure grundsätzlich ein Anreiz Mitglied in bestimmten Gruppen zu sein. Dadurch gewinnt ein Akteur zusätzliche Merkmale, die als Reputationssignale in gesellschaftlichen und ökonomischen Interaktionen vorteilhaft eingesetzt werden können. Die Folge ist, dass derjenige, der keinen Status bzw. keine Reputation besitzt, dies durch die Zugehörigkeit zu einer Gruppe erlangt. Hierfür muss er Beiträge leisten,[209] die einerseits den „Gruppenfunktionären" mehr Status oder einen höheren Bestand anderer Kapitalformen bringen. Gleichzeitig verliert der einzelne Akteur durch die Abgabe von Ressourcen an Vermögens- und Einkommenspotenzial. Akteure, die Reputation als allgemeinen Anspruch auf Sozialkapital bzw. Sozialkapital selbst besitzen, sind in der Regel von diesen Abgaben befreit, da es für die Gruppe von Vorteil ist, wenn „sozialvermögende" Akteure dem sozialen Verband beitreten. Hierdurch kommt es zu einer Verstärkung der Ungleichverteilung von Ressourcen.

An der tendenziell negativen Verteilungswirkung von Sozialkapital kann auch die Versicherungsfunktion dieser Kapitalform nichts ändern. Es handelt sich dabei lediglich um eine „aufgeschobene Äquivalenz", die sich trotz zeitlicher Verzögerung an erbrachten Leistungen orientiert. Solidarische Austauschakte fallen deshalb nicht darunter. Damit entfällt auch eine positive Verteilungswirkung.[210]

Als gegensätzlicher Idealtyp zu den horizontalen, sozialen Netzwerken gelten die in Abbildung 5-14 dargestellten vertikalen, sozialen Netzwerke. Hierbei sind die Akteure in einer Volkswirtschaft unabhängig ihrer Zugehörigkeit zu einer sozialen Schicht

---

208 Vgl. KRAPPMANN und OSWALD (1995), S. 80-83.

209 Vgl. UHLANER (1989); zitiert in PANTHER (1998 ).

210 Unterstützt wird die Tendenz der Sozialkapitalbildung zu negativen Verteilungswirkungen durch die Untersuchung des Zusammenhangs zwischen dem Humankapitalbestand und der Sozialkapitalbildung von Akteuren. PREISENDÖRFER und VOSS stellen beispielsweise fest, dass Personen mit hohem Bildungsstand schwache soziale Beziehungen häufiger nutzen als Personen mit niedriger Bildung. Siehe PREISENDÖRFER und VOSS (1988), S. 116; zitiert in PARK (1999), S. 103.

miteinander in Gruppen verbunden. Entsprechende Unterstützungsleistungen innerhalb der einzelnen Netzwerke führen zu einer hohen Gleichverteilung von Chancen.

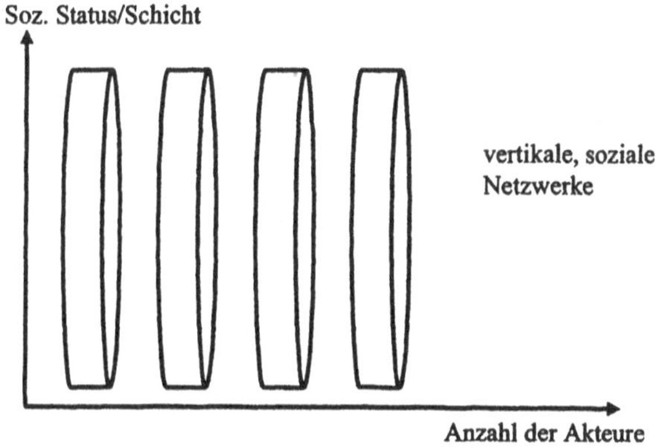


**Abbildung 5-14: Idealtyp: vertikale, soziale Netzwerke**

Quelle: eigene Darstellung

### 5.4.3 Netzwerkökonomik als Verteilungsdeterminante

In diesem Unterabschnitt wird die Frage erörtert, inwieweit die Netzwerkökonomik den negativen Wirkungszusammenhang zwischen der Sozialkapitalbildung und dem politischen Verteilungsziel verstärkt, bremst oder gar umkehrt.

Argumente für einen verstärkenden Wirkungsprozess finden sich in der Literatur insbesondere bei BÜHL, HEUSER, GLOTZ sowie MARTIN und SCHUMANN: BÜHL geht davon aus, dass die Virtualisierung gesellschaftlicher Strukturen die unterschiedliche Verteilung technologischer Fertigkeiten vertieft.[211] HEUSER argumentiert aus einem institutionellen Blickwinkel: Seiner Ansicht nach existiert eine Auflösungsphase gemeinschaftsbildender Institutionen, die den Individualisierungstrend verstärkt. Das

[211] Vgl. BÜHL (1997), S. 55.

führt zu einer tendenziellen Entsolidarisierung und Fragmentarisierung der Gesellschaft.[212]

Ein Schlagwort, das seit der intensiven Entwicklung der Netzwerkökonomik kursiert, ist die **20-80-Gesellschaft**, in welcher der kleinere Teil der Bevölkerung die größeren Vorteile der Wohlstandssteigerung unter sich aufteilt.[213] Hierbei wird die Gefahr aufgezeigt, dass durch eine Beschränkung der Akteure bezüglich des Informationszugangs lediglich eine Art Informations- oder Humankapitalelite in den Genuss ökonomischer Wohlfahrt der Netzwerkökonomik gelangt. Eine derartige Vermögensungleichverteilung hätte jedoch starke gesellschaftliche Spannungen zur Folge. Der Informations- und damit Wissens- sowie Bildungszugang spielt deshalb aus verteilungspolitischer Perspektive eine zentrale Rolle.[214]

In der Realität bilden sich – im Gegensatz zu den beiden Idealtypen des vorangegangenen Unterabschnitts – soziale Netzwerke heraus, die einen Neigungsgrad zwischen 0 und 90 Grad besitzen. Abbildung 5-15 stellt einen derartigen realtypischen Fall dar: Je höher der Neigungswinkel ist, um so positiver wirkt sich dies auf die Gleichverteilung in einer Gesellschaft aus, da entsprechende Unterstützungsleistungen innerhalb dieser Verbände über eine entsprechend große Spanne sozialer Schichten hinweg stattfindet.

Die Kommunikationsstrukturen der Netzwerkökonomik führen zu einer tendenziellen Erhöhung des Neigungsgrades der sozialen Netzwerke in einer Volkswirtschaft. Dies führt zu zwei Effekten: (a) Erweiterung der sozialen Netzwerke über soziale Schichten hinweg; (b) zahlenmäßige Erweiterung der sozialen Netzwerke.

---

212 HEUSER (1996; S. 88) schließt jedoch nicht aus, dass nach einer Phase des gesellschaftlichen Umbruchs neue Institutionen entstehen, die diese Funktion wieder erfüllen.

213 Siehe GLOTZ (1999) sowie MARTIN und SCHUMANN (1996).

214 Siehe Abschnitt 6.3.

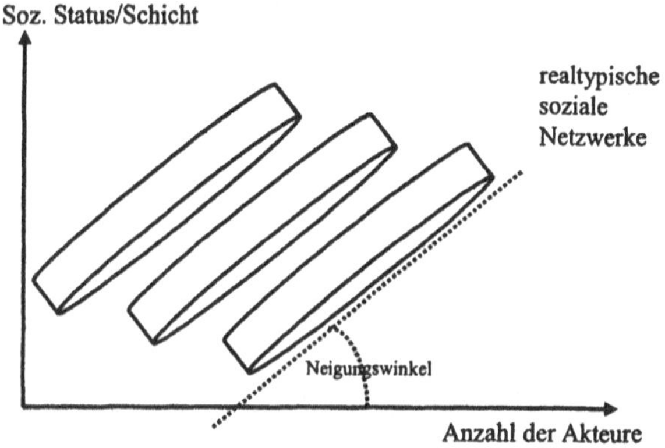


**Abbildung 5-15: Realtyp: soziale Netzwerke**

Quelle: eigene Darstellung

(a) Die virtuellen **Kommunikationsbeziehungen** zu Personen außerhalb der eigenen sozialen Schicht nehmen zu: Der verteilungspessimistischen Sichtweise, die im vorangegangenen Unterabschnitt angesprochen wurde, stehen die Erkenntnisse aus Abschnitt 4.5 diametral gegenüber. Die netzwerkökonomischen Kommunikationsstrukturen führen demnach zu einer prinzipiellen Demokratisierung der Gesellschaft. Dafür sind in erster Linie die Erleichterung der Kontaktaufnahme über soziale Schichten hinweg und der Wegfall von Signalmöglichkeiten über den sozialen Status durch die kommunikationskanalreduzierenden Interaktionen verantwortlich. Insoweit besteht eine hohe Wahrscheinlichkeit, dass – wie in Abbildung 5-15 dargestellt wird – die Neigung der Netzwerke hinsichtlich ihrer Status-Isolation zunehmen wird.

(b) Die technologischen Möglichkeiten der Netzwerkökonomik erlauben dem einzelnen Akteur eine quantitative Zunahme an Kontaktoptionen. Dabei wird die Isolationsthese von verschiedenen Autoren nicht akzeptiert,[215] die eine **Substitution sozialer Kontakte** in der Realitätssphäre durch soziale Beziehungen in der

[215] Siehe u.a. BAERENREITER, FUCHS-HEINRITZ und KIRCHNER (1990), DÖRING (1995) sowie PIEL (1996). Vertreter der Isolationsthese sind dagegen u.a. RAMMERT (1990) und HÖFLICH (1996).

virtuell-sozialen Umgebung konstatiert. Vielmehr ermöglicht die netzwerkökonomische Kommunikationsstruktur die Kontaktknüpfung im Fernbereich, die keinen Ersatz räumlicher Beziehungsnähe leisten kann.[216] Nahkontakte werden deshalb weiter angestrebt und gepflegt. Das soziale Netzwerk eines Individuums vergrößert sich demnach und die interne Dichte des egozentrierten Netzwerks reduziert sich. Gleichzeitig besitzt dieses Netzwerk keine klaren Grenzen mehr, was die Bildung von *bridging social capital* begünstigt.[217]

Das soziale Netzwerk eines Individuums vergrößert sich auch deshalb, weil Kontakte früherer Lebensphasen durch die netzwerkökonomischen Kommunikationsmittel leichter gepflegt werden können. Dadurch werden soziale Beziehungen über gesellschaftliche Schichten hinweg wahrscheinlicher, weil der soziale Mobilitätsgrad von Akteuren unterschiedlich ist.

Ein Beispiel für derartige Kontaktnetzwerke sind Alumni-Vereinigungen von Universitäten. Hierbei kommt es in der Regel zu schwachen Beziehungen zwischen den Ehemaligen im Sinne GRANOVETTERs, die sich aus dem Zusammengehörigkeitsgefühl zu einer Universität bzw. einer gemeinsamen Lebensphase ergibt. Die daraus resultierenden schwachen Beziehungen sind für die Gruppenmitglieder von Vorteil, da sowohl *knowledge support* möglich ist als auch Informationen und Hilfestellungen bei der Arbeitsplatzsuche gegeben werden kann.[218]

Diese Effekte werden durch die Eigenschaften einer Querschnittstechnologie erstens in nahezu allen Branchen einer Volkswirtschaft auftreten und zweitens durch Rückkopplungseffekte der technologischen Anwendungen beschleunigt. Dabei werden den Arbeitskräften nicht nur höheres Fachwissen abverlangt. Vielmehr werden aufgrund der immer intensiveren Nutzung von Kommunikationsnetzwerken und projektorientierten, dynamisch-flexiblen Organisationsstrukturen und –prozesse so genannte *soft skills* wie soziale Kompetenz und emotionale Intelligenz erwartet. Diejenigen Akteure, die diese Qualifikationen und Fähigkeiten besitzen, werden wohl geringe Probleme haben, erfolgreich am Arbeitsmarkt zu agieren. Die Konvertierbarkeit der Kapitalformen nimmt daher zu. Damit kommt dem Bildungssystem im weiteren Sinn die zentrale Aufgabe zu, die Volkswirtschaft vor einer „digitalen Ungleichheit" zu

216 Vgl. GRÄF (1997), S. 114.
217 Vgl. GRÄF (1997), S. 115.
218 Vgl. SMITH (1993) und siehe Abschnitt 5.3.

bewahren, wie es bereits oben in Verbindung mit einer 20-80-Gesellschaft angesprochen wurde.[219]

Der Begriff der **„digitalen Ungleichverteilung“** deutet darauf hin, dass zwar innerhalb der Gruppe der Akteure, die einen Netzzugang besitzen, eine Tendenz zur Gleichverteilung besteht, jedoch eine erhebliche Ungleichverteilung von Chancen, Einkommen und Vermögen zwischen jenen Akteuren vorliegt, die an der virtuellen Sphäre teilnehmen, und denen, die davon ausgeschlossen sind.[220]

Abbildung 5-16 zeigt die Gefahr, dass zwar einerseits die Teilnehmer am globalen Informations-*pool* Internet die Möglichkeit besitzen, an vertikalen, sozialen Netzwerken zu partizipieren. Andererseits gibt es jedoch ebenso Akteure, denen dies aus unterschiedlichsten Gründen verwehrt ist.

Die Aufgabe einer sozialkapitaltheoretisch orientierten Politik muss daher sein, eine Verknüpfung zwischen den Akteuren mit Netzzugang und denen ohne Netzzugang zu schaffen. SOBCHAK geht davon aus, dass die Herausbildung einer Internet-Elite durch die Vermeidung von Ausbildungsprivilegien verhindert werden kann.[221] Im Vordergrund der Politik steht daher der Aufbau einer medialen Kompetenz auf breiter Basis der Bevölkerung. Dabei ist zu beachten, dass die Erlernung technischer Qualifikationen lediglich eine notwendige Voraussetzung für die Teilnahme an der virtuellen Welt darstellt. Die hinreichende Bedingung für den globalen Informationszugang stellt nach wie vor der soziale und bürgerschaftliche Einsatz des Mediums sowie der Umgang mit der Informationsflut dar.[222]

219 Sachverständigenrat (2000), S. 185
220 Vgl. u.a. BRANSCOMB (1995), S. 29 und BUCHSTEIN (1996), S. 591.
221 Vgl. SOBCHAK (1993), S. 581.
222 Vgl. u.a. STEGBAUER (1996), S. 90 und WINTERHOFF-SPURK (1996), S. 181-183.

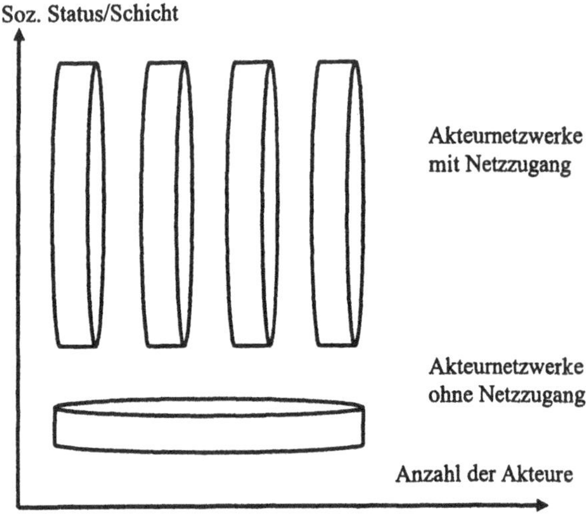


**Abbildung 5-16: digitale Ungleichverteilung**

Quelle: eigene Darstellung

### 5.4.4 Zwischenfazit zu den Verteilungswirkungen

Die sozialkapitaltheoretischen Verteilungswirkungen sehen sich einem wachsenden Interesse gegenüber. Regionen und Volkswirtschaften lassen sich auf den zweiten Blick nicht durch ein bestimmtes Sozialkapitalniveau markieren. Das Sozialkapital ist keineswegs homogen in Volkswirtschaften verteilt. Die wissenschaftstheoretische Entwicklung von der Nivellierung zur Strukturierung der Sozialkapitalausstattung lässt sich beispielsweise an den Untersuchungen von ROBERT PUTNAM festmachen, der zu Beginn seiner sozialkapitaltheoretischen Untersuchungen italienische Regionen miteinander verglichen hat, indem er ihnen ein bestimmtes Niveau an Sozialkapital unterstellt hat,[223] ohne die heterogene, interne Struktur zu berücksichtigen. Im Jahr 2001 ist PUTNAM nun Herausgeber einer vergleichenden Länderstudie, die jedoch nicht mehr das jeweilige Sozialkapitalniveau der untersuchten Volkswirtschaften

---

223 Siehe u.a. PUTNAM 1993a und 1993b.

gegenüberstellt, sondern deren besondere Situation und die Struktur bzw. Verteilung dieser Kapitalform innerhalb der Gesellschaften.[224]

Gleichzeitig verschiebt sich der Besorgnisschwerpunkt des Forschungszweigs. Während Mitte der 1990er Jahren noch das sinkende Niveau des Sozialkapitalbestandes im Vordergrund stand,[225] so unterstreicht PUTNAM zu Beginn des neuen Jahrtausends „die Besorgnis über die Ungleichheiten – vor allem über wachsende Ungleichheiten im Bereich des Sozialkapitals".[226] Dies hängt mit Sicherheit mit der zunehmenden Ungleichverteilung des Einkommens in vielen Volkswirtschaften der Welt in den 1990er Jahren zusammen.

Wie die vorangegangenen Unterabschnitte gezeigt haben, besitzt das soziale Kapital eine immanente Tendenz zur Konzentration. Eine Ungleichverteilung des Sozialkapitalbestandes bedeutet eine Verstärkung der Ungleichverteilung sämtlicher Ressourcen. Dadurch ist auch die Einkommensverteilung betroffen. Allerdings ist anzunehmen, dass eine negativ gerichtete Wechselwirkung zwischen Gleichheit und Solidarität existiert: Solidarisches Handeln ist nur möglich, wenn es auf der einen Seite Akteure gibt, die zu unterstützen sind, und auf der anderen Seite Akteure existieren, die entsprechende Unterstützungsleistungen erbringen. Insbesondere die netzwerkökonomische Entwicklung bietet eine Chance, der Ungleichverteilung durch die Sozialkapitalbildung entgegenzuwirken. Eine flankierende Verteilungspolitik ist dennoch vonnöten.

---

224 In PUTNAM (2001) werden die sozialkapitaltheoretischen Problemfelder von Großbritannien, Schweden, Australien, Japan, Frankreich, Deutschland, Spanien und den USA erörtert.

225 Siehe u.a. PUTNAM (1995 und 1996b).

226 PUTNAM (2001), S. 787

## 5.5 Zwischenfazit zu den ökonomischen Wirkungen des Sozialkapitals

> *„Denn ohne Austausch gäbe es keine Gemeinschaft, ohne Gleichheit keinen Austausch und ohne Messbarkeit keine Gleichheit."*
>
> *ARISTOTELES*[227]

Die Bildung von Sozialkapital wirkt sich grundsätzlich positiv auf die ökonomischen Größen Wachstum, Allokation und Beschäftigung aus. Dies gilt ebenso vor dem Hintergrund netzwerkökonomischer Entwicklungen. Die Erhöhung sozialer Verpflichtungen und Treuewahrscheinlichkeiten zwischen den Akteuren besitzt jedoch eine negative Verteilungswirkung, die zwar von der Netzwerkökonomik gemildert, aber nicht verhindert werden kann.

Entsprechend dieser positiven Wirkungszusammenhänge wird im folgenden Kapitel erörtert, ob und wie die Wirtschaftspolitik zur Förderung der Sozialkapitalbildung beizutragen hat. Darüber hinaus muss auch die Frage der Realisierbarkeit einer Sozialkapitalpolitik gestellt werden.

227 Zitiert in MATIASKE (1998), S. 133.

# 6 Politische Implikationen

*„Der Mensch ist ein soziales Wesen."*

SENECA[1]

Das vorangegangene Kapitel hat gezeigt, dass Sozialkapital prinzipiell positive Wirkungen auf einige relevante makroökonomische Größen besitzt. Sowohl das Wirtschaftswachstum und die allokative Leistungsfähigkeit als auch die Beschäftigungsökonomie verfügen über Sozialkapital als eine Determinante mit einer positiven Wirkungsrichtung. Dabei intensiviert die Netzwerkökonomik diesen Wirkungszusammenhang. Die Verteilungswirkungen von Sozialkapital sind dagegen prinzipiell negativer Natur in dem Sinne, dass Sozialkapital die Ungleichverteilung in einer Volkswirtschaft fördert. Die Netzwerkökonomik schwächt jedoch diesen negativen Wirkungszusammenhang merklich ab. Folglich ist die Förderung der Sozialkapitalbildung in Verbindung mit einer verteilungspolitischen Flankierung wünschenswert. Dabei wirkt die Förderung der Netzwerkökonomik stets zielkonform auf alle genannten makroökonomischen Größen.

Die politische Förderung der Sozialkapitalbildung ist nur dann **legitim**, wenn zuvor konstatiert wurde, dass der Privatsektor lediglich einen suboptimalen Bestand an Sozialkapital hervorbringt. Somit ist zunächst die Frage der Rechtfertigung politischen Handelns im Rahmen der Sozialkapitaltheorie in Abschnitt 6.1 zu klären. Abschnitt 6.2 erörtert die grundsätzlichen Fördermöglichkeiten der Sozialkapitalbildung, während sich Abschnitt 6.3 auf die Besonderheiten der Wirkungszusammenhänge und das Spannungsfeld von Sozialkapital, Netzwerkökonomik und Verteilung konzentriert. Inwieweit die in den vorangegangenen Abschnitten formulierten politischen Handlungsanweisungen realisierbar sind, wird schließlich in Abschnitt 6.4 hinterfragt.

---

[1] Zitiert nach GARY S. BECKER (1993), S. 282.

## 6.1 Rechtfertigung politischen Handelns aus sozialkapitaltheoretischer Sicht

In den Kapiteln 3 und 5 dieser Arbeit wurde Sozialkapital als unabhängige Variable betrachtet. Mit der Erkenntnis, dass diese Kapitalform bedeutende volkswirtschaftliche Effekte besitzt, wird nun danach gefragt, auf welche Weise Sozialkapital gebildet werden kann. Im vorliegenden Kapitel wird demnach Sozialkapital als abhängige Variable[2] konzipiert. Die Determinanten des Sozialkapitals sind wiederum Zielgrößen einer sozialkapitalorientierten Wirtschaftspolitik.

Zunächst stellt sich jedoch die Frage, ob der Staat hinsichtlich der Sozialkapitalbildung überhaupt tätig werden sollte. Aus ökonomischer Sicht ist diese Frage zu bejahen, wenn (a) Sozialkapital in unzureichendem Maße existiert und zudem (b) bei der Bildung dieser Kapitalform Marktversagen vorliegt sowie (c) kein Staatsversagen zu erwarten ist.

(a) In den entwickelten Volkswirtschaften zeigen empirische Studien eine deutliche Tendenz zur **Verringerung des Sozialkapitalbestands**, obwohl auch zu vermuten gewesen wäre, dass aufgrund der hohen Kontakthäufigkeit in arbeitsteiligen Ökonomien die soziale Integration ein zunehmendes Verdichtungsniveau aufweist. Insbesondere in Unterabschnitt 2.3.2 wurde der kontinuierliche Abbau von Sozialkapital ausführlich diskutiert. PUTNAM identifiziert in erster Linie die wachsende Frauenerwerbsquote, die steigende örtliche Mobilität, die Wandlungen in den Familienstrukturen und im Freizeitverhalten sowie die allgemeinen Individualisierungstendenzen als Ursachen für die Senkung des Sozialkapitalbestandes. Insbesondere werden weniger dauerhafte soziale Kontakte gepflegt, und das soziale Engagement wird reduziert.[3] Da sich das Sozialkapital und die Bildung dieser Kapitalform positiv auf die politische und ökonomische Leistungsfähigkeit einer Volkswirtschaft auswirken, besteht die Notwendigkeit diesem suboptimalen Entwicklungspfad entgegenzuwirken.

(b) Da Sozialkapital den **Charakter eines öffentlichen Gutes** aufweist und positive externe Effekte erzeugt, liegt ein grundsätzliches Marktversagen hinsichtlich Sozi-

---

2 Vgl. HAUG (1997), S. 26. HAUG (2000; S. 69) nennt hierzu vier Kategorien von Einflussgrößen für Sozialkapital: historisch-kulturelle Traditionen der Regierungsführung (u.a. PUTNAM 1993), demographische und sozioökonomische Merkmale (KELLY 1994 sowie BOISJOLY, DUNCAN und HOFFERTH 1995), Partizipation und Zugehörigkeitsgefühle zu übergeordneten Gesellschaftsstrukturen (u.a. WHITELEY 1999) sowie unterstützende Beziehungsnetze (u.a. BROWNELL und SHUMAKER 1984, HÖLLINGER 1989 sowie IMMERFALL 1993).

3 Vgl. PUTNAM (1995), S. 74-75.

alkapital vor. Die liberalistische Ansicht, dass alle zwischenmenschlichen Probleme im Wirtschaftsbereich durch Marktkoordination und Verträge gelöst werden können, vernachlässigt die beiden sozialkapitaltheoretischen Aspekte der Treuewahrscheinlichkeit und der sozialen Verpflichtungen. Insoweit besteht grundsätzlich die Notwendigkeit von Koordinationsmechanismen und Steuerungsprinzipien, die über die Marktkoordination hinausgehen.

(c) Das Vorhandensein von Marktversagen ist jedoch noch keine hinreichende Bedingung für die Rechtfertigung staatlicher Eingriffe.[4] Gleichzeitig ist zu hinterfragen, inwieweit nicht auch **Staatsversagen** bei der Bildung von Sozialkapital vorliegt. So darf vermutet werden, dass beispielsweise umfassende Wohlfahrtsprogramme nicht nur ehrenamtliche Organisationen, sondern auch andere Formen informeller Beziehungen in einer Volkswirtschaft aushöhlen. Es stellt sich die Frage, ob staatliche Sozialprogramme das private Engagement einer Bürgergesellschaft verdrängen?[5] So kann nach der Direkteffekt-These vermutet werden, dass eine nachhaltige Verbesserung des individuellen Wohlbefindens nur durch eine soziale Einbindung der Person in ein soziales Beziehungsnetzwerk erfolgen kann.[6] Die anonymisierte staatliche Unterstützung kann jedoch gerade eine derartige soziale Einbettung verhindern. Ein derartiger ***crowding out*-Effekt** kann beispielsweise in Familien beobachtet werden, wenn Eltern Geldbeträge an Kinder für bestimmte Hilfsleistungen im Haushalt bezahlen. Dadurch wird die unentgeltliche Hilfsbereitschaft der Kinder untergraben. Die Vermutung, dass bestehende politische Maßnahmen nicht sozialkapitalfördernd sind, führt zu entsprechenden Änderungsvorschlägen für die Politik. Hierauf konzentriert sich das vorliegende Kapitel.

---

4 Vor dem Hintergrund der Gefahr von gleichzeitigem Markt- und Staatsversagen sollte ein Effizienzvergleich vorgenommen werden oder nach neuen Steuerungs- bzw. Koordinationsprinzipien gesucht werden. Wenn beispielsweise der Marktmechanismus zu einer suboptimalen Bildung von Sozialkapital führt und die entsprechenden Korrekturkosten durch Staatseingriffe äußerst hoch sind, ist eine vergleichende Kosten-Nutzen-Analyse auf volkswirtschaftlicher Ebene erforderlich.

5 Vgl. ROTHSTEIN (2001), S. 116.

6 DIEWALD (1991; S. 91) beruft sich hierbei auf CAPLAN (1974) und BADURA (1981).

Aufgrund der oben ausgeführten Erkenntnisse ist die prinzipielle Notwendigkeit der außermarktlichen Aktivität zur Erhöhung des Sozialkapitalbestandes unumstritten. Nun stellt sich die Frage, auf welche Weise eine sozialkapitalbildende Politik ansetzen kann. Eine rationale wirtschaftspolitische Vorgehensweise setzt zunächst bei der Diagnose an. Hierbei existieren grundsätzlich folgende Fragen: Wie bemisst sich Sozialkapital? Wie und wo wird es geschaffen? Im Anschluss an die Beantwortung dieser Fragen lassen sich entsprechende Therapie-Instrumente entwickeln, die in den Abschnitten 6.2 und 6.3 erörtert werden.

Die in der Literatur diskutierten gegensätzlichen Mess- und Operationalisierungskonzepte der Sozialkapitaltheorie sowie die uneinheitliche Identifikation von Indikatoren von Sozialkapital wurde bereits in Kapitel 2 diskutiert. In der vorliegenden Untersuchung wird Sozialkapital an den sozialen Verpflichtungen und Treuewahrscheinlichkeiten zwischen den Akteuren einer Volkswirtschaft gemessen.[7] Aus diesem Grund muss eine sozialkapitalorientierte Politik primär an diesen sozialkapitaltheoretischen Aspekten ansetzen. Dabei wird an dieser Stelle noch einmal betont, dass die Verortung der Sozialkapitalbildung auf der individuellen Handlungsebene stattfindet. Gerade dieser Umstand bedeutet jedoch auch eine zentrale Schwierigkeit für Effizienz, Effektivität und Realisierbarkeit sozialkapitalfördernder Politikmaßnahmen, denn entsprechende Instrumente müssen sich daher mittelbare Wirkungszusammenhänge und Zwischenziele berücksichtigen.

Die Argumentation zur Rechtfertigung sozialkapitalorientierter Politik lässt sich ebenso vor dem Hintergrund netzwerkökonomischer Entwicklungen aufrecht erhalten.[8] Der Schwerpunkt der Gestaltungsoptionen netzwerkökonomischer Entwicklungen verlagert sich derzeit von Regulierungsmaßnahmen hin zur Sicherung einer

---

7 Vgl. Abschnitt 3.5.

8 Die geschichtliche Entwicklung zeigt, dass die Netzwerkökonomik und insbesondere das zentrale Netzwerk Internet historisch gesehen ohne staatliche Mitgestaltung nicht existieren würden. Als zunächst militärisch genutzte Infrastruktur wurde die zivile Nutzung des Internets durch die US-Regierung ermöglicht. Nachdem die US-Regierung als Reaktion auf den Erfolg der sowjetischen Raumfahrtkapsel Sputnik den technologischen Vorsprung der USA durch die Organisation ARPA (*Advanced Research Projects Agency*) sichern wollte, finanzierte diese im Jahr 1965 das „*Experimental Network*". In dieser „Geburtsstunde" des Internets wurden zunächst drei Computer zusammengeschlossen. Über den Zwischenschritt der Zulassung amerikanischer Universitätsrechenzentren wurden letztlich auch private Computer und Netzwerke zu einem Netz verbunden, das fortan als „Internet" bezeichnet wurde. Darüber hinaus ist dieses Netzwerk in seiner gegenwärtigen Ausgestaltung das Ergebnis nationaler und transnationaler Industrie- und Technologiepolitik und bis heute sind staatliche Instanzen als „Regulierer und Kontrolleure" des Internets aktiv. Dabei stehen insbesondere die Grundversorgung mit Informationen sowie die Möglichkeit eines Netzzugangs für alle bei gleichzeitigem Datenschutz im Vordergrund der politischen Zielsetzung.

weitgehenden Chancengleichheit im Wettbewerb.[9] Aus sozialkapitaltheoretischer Sicht ist die Chancengleichheit allerdings das schwierigste politische Handlungsfeld. In Abschnitt 6.3 wird daher die Chancengleichheit im Spannungsfeld von Sozialkapital, Netzwerkökonomik und Verteilungspolitik erörtert.

## 6.2 Sozialkapitalpolitik im engeren Sinn

*„Technische Systeme brauchen Wartung – soziale Systeme brauchen Pflege."*

*HEINRICH FALLNER und MICHAEL POHL*[10]

### 6.2.1 Ansatzpunkte sozialkapitalorientierter Politik

Vor dem Hintergrund des sozialkapitaltheoretischen Drei-Ebenen-Modells können politische Maßnahmen zur Förderung der Bildung von Sozialkapital an den Selektionsmechanismen ansetzen, wie Abbildung 6-1 verdeutlicht. Während ordnungspolitische Maßnahmen die Situationsmechanismen $A_1$, $A_2$ und $A_3$ betreffen, besitzt die Prozesspolitik im Mechanismus zur Handlungsbildung $B_1$ lediglich einen Ansatzpunkt. Grundsätzlich setzen damit die politischen Therapieinstrumente an den Selektionsmechanismen $A_1$, $A_2$, $A_3$ und $B_1$ an. Die Bildung von Sozialkapital ist die politische Zielgröße.

Die politischen Maßnahmen, welche die Situationsmechanismen bei der Bildung von Sozialkapital betreffen, werden aus sozialkapitaltheoretischer Sicht danach systematisiert, welche Situationsmechanismen zwischen den einzelnen Ebenen berührt werden. Grundsätzlich – so konstatiert die OECD – besitzen Entscheidungsträger der öffentlichen Hand lediglich mittelbare, dafür aber vielschichtige Einflussmöglichkeiten hinsichtlich der Bildung von Sozialkapital.[11] So kann (a) die Situation des Individuums vor dem Hintergrund der Rahmenbedingungen auf der Makro-Ebene,[12] (b) die

9 Vgl. L'HOEST und SCHÖNIG (2000), S. 280.

10 FALLNER und POHL (2001), S. 13

11 Vgl. OECD (2001), S. 6. Hervorgehoben werden hierbei die Politikfelder Bildung, Kommune, Ehrenamt, Familie und Kriminalität.

12 Dies bezieht sich auf den Situationsmechanismus $A_1$ in Abbildung 6-1.

Situation von Vereinigungen auf der Meso-Ebene vor dem gleichen Hintergrund,[13] aber auch (c) die individuelle Situation im Rahmen von verschiedenen gesellschaftlichen Gruppierungen ordnungspolitisch beeinflusst werden.[14] Dabei ist stets zu berücksichtigen, dass einzelne politische Maßnahmen häufig nicht nur eine, sondern mehrere der genannten Situationen beeinflussen. Die folgenden Überlegungen sind deshalb als eine Idealtypisierung zu verstehen.

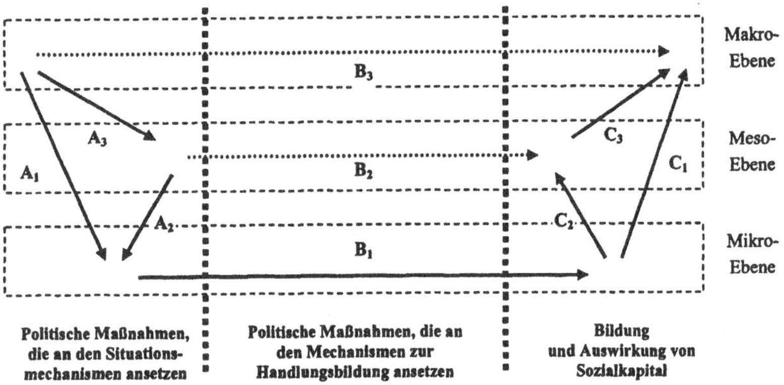


**Abbildung 6-1: sozialkapitalpolitische Ansatzpunkte im Drei-Ebenen-Modell**

Quelle: eigene Darstellung

(a) In modernen Volkswirtschaften sind die ökonomischen, politischen und gesellschaftlichen Koordinationsmechanismen derart komplex, dass die kulturell-informellen Normen und **Sanktionsmechanismen einer Gesellschaft** bzw. einzelner Gesellschaftsgruppen nicht (mehr) effizient sind. Sowohl als partieller Ersatz als auch als Ergänzung zu den informellen Normen ist es Aufgabe der Politik, die kulturelle Normumgebung der Akteure durch formal-rechtliche Normen zu erweitern, um entsprechende Transaktionen gesellschaftlicher und ökonomischer Natur kostengünstig zu halten.

13 Dies bezieht sich auf den Situationsmechanismus $A_3$ in Abbildung 6-1.

14 Dies bezieht sich auf den Situationsmechanismus $A_2$ in Abbildung 6-1.

Dabei ist prinzipiell die Widerspruchslosigkeit zwischen den kulturell gewachsenen Normen und der staatlichen Gesetzgebung zu beachten. Andernfalls treten ähnlich kontraproduktive Wirkungszusammenhänge bei der Sozialkapitalbildung auf wie im Falle der Unterversorgung mit *bridging social capital*. Aus diesem Grund ist es prinzipiell von Vorteil, das politische Maßnahmensystem subsidiär auszurichten.[15] Auf diese Weise wird einer möglichen Entfernung der politischen Entscheidungen von den Normen und Wertvorstellungen der Bevölkerung vorgebeugt. Insbesondere vor dem Hintergrund der gesellschaftlichen Individualisierung, der netzwerkökonomischen Entwicklung und der damit verbundenen Auseinanderentwicklung von Generationskulturen, welche für neue Spannungsfelder in der Volkswirtschaft verantwortlich sind, ist der Grundsatz der Subsidiarität aus sozialkapitaltheoretischer Sicht eine notwendige Voraussetzung für die Leistungsfähigkeit der Politik.

(b) Der Pfeil $A_2$ in Abbildung 6-1 repräsentiert die ***bridging*-Problematik** auf der situativen Entstehungsseite der Sozialkapitalbildung im Drei-Ebenen-Modell. Hierbei bestimmen gesellschaftliche, politische und ökonomische Rahmenbedingungen auf der Makro-Ebene die Struktur der sozialen Verbände auf der Meso-Ebene in Anlehnung an den Sozialkapitalansatz von FUKUYAMA.[16] Aus sozialkapitaltheoretischer Sicht haben die politischen Maßnahmen demnach die Aufgabe, Subkulturen, die auf der Makro-Ebene kontraproduktive Normen und Wertvorstellungen herausbilden, entweder zu verhindern oder normativ an die Gesamtgesellschaftsnormen heranzuführen.

Eine offene, demokratische Gesellschaft kann dabei nicht auf Zwangsmaßnahmen zurückgreifen, sondern muss mit ihren Vorzügen überzeugen. Andernfalls würde die Glaubwürdigkeit des Staates als korporativer Akteur den Bestand an Sozialkapital erheblich dezimieren.[17]

(c) Hinsichtlich der ordnungspolitischen Eingriffsmöglichkeiten zur Beeinflussung der Situation einer Person in einer Vereinigungsstruktur ist zwischen der Bildung formeller und informeller sozialer Netzwerke zu unterscheiden.

---

15 Dieses Prinzip, nach welchem der Staat kleineren sozialen Einheiten den Vorrang einräumt, findet seine prägenden Wurzeln in der Soziallehre der römisch-katholischen Kirche.

16 Siehe Unterabschnitt 2.3.3.

17 Durch die Terroranschläge vom 11. September 2001 in den USA steht gerade die zukünftige Entwicklung des Sozialkapitalbestandes vor einem Scheideweg zwischen einer offenen Zivilgesellschaft und einer misstrauensorientierten Gesellschaft. Die Entwicklungsrichtung kann maßgeblich durch die politischen Entscheidungsträger beeinflusst werden.

Insbesondere vor dem Hintergrund aktueller fiskalischer Sparnotwendigkeiten, wodurch die wohlfahrtsstaatlichen Leistungen der vergangenen Jahrzehnte nicht mehr im bisherigen Ausmaß erbracht werden können, sind uneffektive bzw. teilweise kontraproduktive Politikmaßnahmen auf den Prüfstand zu stellen. Die Sozialkapitaltheorie trägt dazu bei, die Diskussion um die Höhe der sozialpolitischen Leistungen in eine Debatte über neue Maßnahmen der Sozialpolitik überzuführen. Dadurch wird dogmatischen Argumentationsweisen entgegengetreten. Aus sozialkapitaltheoretischer Sicht ist ein Netz aus „Geld und Recht"[18] unzureichend, um die Chancen und Handlungsoptionen von bedürftigen Akteuren zu erhöhen. Vielmehr sind die Ursachen dieser Problematik zu bekämpfen.[19] Diese liegen – wie insbesondere Abschnitt 5.4 gezeigt hat – in der sozialen Schichtung der Gesellschaft, der Reproduktion von ökonomischen Ungleichheiten und den daraus resultierenden Zugangsbarrieren zu Gesellschafts- und Informationsnetzwerken für einzelne Akteure. Daher ist eine Förderung von sozialkapitalbildenden Netzwerken und Einrichtungen die effektivere Sozialpolitik.

Ein **ausufernder Sozialstaat** fördert eher die Isolation des einzelnen und schwächt die individuelle Verantwortung für das Allgemeine. Bürokratie und Gesetze auf formaler Ebene ersetzen nach und nach den Schwund an privater, informeller Verantwortung, um weiterhin die Funktionsfähigkeit der Gesellschaft in ihrer Komplexität zu gewährleisten. Hierdurch werden Transaktionskosten vermieden und die ökonomische Leistungsfähigkeit der Volkswirtschaft gestärkt.

In informellen sozialen Netzwerkbeziehungen sollte der Staat die Vermittlung von Kognitionen und Emotionen fördern.[20] Aus politischer Sicht steht hierbei insbesondere die Identifikation jener Gruppierungen im Vordergrund, die eine entsprechende sozialkapitaltheoretische Wirkung entfalten. Aus diesem Grund ist die lokale Nähe der Politik von entscheidender Bedeutung für die Effektivität einer Sozialkapitalpolitik.

Die politischen Maßnahmen, welche die Mechanismen zur Handlungsbildung von Akteuren bei der Generierung von Sozialkapital betreffen, setzen an den Interaktionsentscheidungen der Akteure und damit auf der Mikro-Ebene an. Dabei stehen –

---

[18] DETTLING (1985), S. 59

[19] Vgl. KEUPP (1987), S. 43-44.

[20] DIEWALD (1991; S. 70-77) nennt die persönliche Wertschätzung, die soziale Orientierung und das Zugehörigkeitsbewusstsein als Aspekte der Kognition. Entsprechende Emotionen umfassen in diesem Zusammenhang Geborgenheit, Liebe und Zuneigung sowie motivationale Unterstützung.

aufgrund der Handlungsnähe zur Verortung der Sozialkapitalbildung – die Erhöhung der Treuewahrscheinlichkeit und der sozialen Verpflichtungen im Vordergrund. Sozialkapital entsteht in all jenen Situationen, in denen Akteure mit anderen interagieren. Dies reicht von der Familie bis zum Arbeitsplatz und von Freundeskreisen bis zu Parteien. Eine besondere Aufgabe der Politik ist es, Engpassfaktoren in diesen Situationen zu eliminieren.

Das politische Problemfeld liegt hierbei in der Überforderung der politischen Entscheidungsträger und Einrichtungen hinsichtlich einer sozialkapitalorientierten Sozialisierung. Anstrengungen dieser Art müssen in Zukunft von der kulturellen Ebene der Gesellschaft ausgehen. Eine politische Unterstützung kann lediglich dezentral erfolgen. Diese Überlegungen werden in den folgenden Unterabschnitten weiterentwickelt.

### 6.2.2 Systematisierung sozialkapitalorientierter Politikfelder

Rationale wirtschaftspolitische Aktivitäten setzen eine Zielfestlegung und eine Überprüfung der Wirksamkeit der Instrumente voraus. In der Zielfestlegung stellen aus sozialkapitaltheoretischer Sicht insbesondere die Verteilungs- und die Bildungspolitik besondere Herausforderungen dar, da hier teilweise keine Zielkongruenz besteht. Aus diesem Grund wird die verteilungspolitische Problematik der Sozialkapitaltheorie in Abschnitt 6.3 gesondert erörtert.

Hinsichtlich der Wirksamkeit der staatlichen Eingriffe stehen zwei Problemfelder im Vordergrund. Zum einen kennt die Netzwerkökonomik keine staatspolitischen Grenzen. Mit dem Einsatz von restriktiven oder lenkenden Maßnahmen von staatlicher Seite können die Adressaten stets auf Angebote aus dem Ausland ausweichen.[21] Zum anderen kann der Staat die gesellschaftliche und ökonomische Entwicklung der Netzwerkökonomik nur bedingt, d.h. nur innerhalb eines sehr kurzen Zeithorizonts prognostizieren. Damit besteht die Gefahr, dass Maßnahmen, die einen zu großen *time lag* besitzen, wirkungslos sind oder gar kontraproduktiv wirken.

---

[21] Die meisten Problemfelder in der Netzwerkökonomik entsprechen in ihren geographischen Auswirkungen immer weniger dem Wirkungskreis eines Nationalstaats. So werden lokale und regionale Probleme beispielsweise von Bürgerinitiativen, privaten Netzwerken etc. angegangen. Globale Probleme wie Klimaschutz etc. werden von internationalen Nicht-Regierungsorganisationen erfasst. Die entsprechende Kommunikationsstruktur passt sich an.

**Tabelle 6-1: Systematisierung sozialkapitalorientierter Politikfelder**

| Wirtschaftspolitische Zielgrößen auf der Makro-Ebene | Sozialkapitaltheoretische Politikziele |
|---|---|
| Wachstum | Erhöhung der Effizienz der Humankapitalbildung<br>Erhöhung des generellen Vertrauensniveaus<br>Förderung der Diffusion von Wissen |
| Beschäftigung | Förderung der Diffusion arbeitsmarktrelevanter Informationen<br>Verhinderung von horizontalen Statusnetzwerken<br>Förderung sozialer Verbände mit überwiegend schwachen Beziehungen unter den Teilnehmern |
| Allokation | Förderung von *co-opetition*-Verhalten<br>Aufwertung des bürgerschaftlichen Engagements<br>Förderung der Diffusion von Reputationssignalen |

Quelle: eigene Darstellung

In Tabelle 6-1 sind die in den folgenden Unterabschnitten zu erörternden politischen Handlungsfelder der Sozialkapitaltheorie systematisch dargestellt. In der sozialkapitalorientierten Wachstumspolitik stehen die Maßnahmen zur Erhöhung der Effizienz der Humankapitalbildung, die Erhöhung des generellen Vertrauensniveaus (insbesondere *bridging social capital*) und die Verbesserung der Wissensdiffusion zwischen den Akteuren einer Volkswirtschaft im Vordergrund (Unterabschnitt 6.2.3). Vor dem Hintergrund der gegenwärtigen Beschäftigungsproblematik werden in Unterabschnitt 6.2.4 die sozialkapitalpolitischen Maßnahmen der Verbesserung der Informationsdiffusion auf dem Arbeitsmarkt, die Verhinderung der Bildung horizontaler Statusnetzwerke und die Förderung sozialer Verbände mit schwachen Beziehungen zwischen den jeweiligen Mitgliedern formuliert. Unterabschnitt 6.2.5 diskutiert die allokativen Wirkungen der politischen Maßnahmen *co-opetition*-Förderung, Aufwertung des bürgerschaftlichen Engagements und die Unterstützung des Reputations-*signalling*.[22]

22 Die verteilungspolitischen Maßnahmen aus sozialkapitaltheoretischer Sicht werden in Abschnitt 6.3 gesondert diskutiert.

### 6.2.3 Sozialkapitaltheoretische Wachstumspolitik

Zu den wachstumspolitischen Maßnahmen gehören aus sozialkapitaltheoretischer Sicht in erster Linie die Erhöhung der Effizienz des Aus- und Weiterbildungssystems, die Förderung des generellen Vertrauensniveaus in der Volkswirtschaft sowie die Gewährleistung einer optimalen Diffusion des vorhandenen Wissens.

**Erhöhung der Effizienz der Humankapitalbildung**

In Unterabschnitt 5.1.2 wurde bereits die Sozialkapitalbildung als mittelbare Wachstumsdeterminante identifiziert. Auf der Basis des LUCAS'schen Ansatzes innerhalb der Neuen Wachstumstheorie ist der Effizienzparameter der Humankapitalbildung eine zentrale Bestimmungsgröße der ökonomischen Wachstumsrate. Die Sozialkapitaltheorie geht davon aus, dass das Sozialkapital eine wichtige Determinante für diesen Bildungsparameter ist. Insofern ist die Erhöhung der Effizienz der Humankapitalbildung ein explizites sozialkapitalpolitisches Zwischenziel.

Für die Aus- und Weiterbildung der Akteure sind sowohl staatliche Einrichtungen als auch private Akteure verantwortlich. Dabei spielen die Unternehmen bei der Berufs- und Aufgabenorientierung der Wissensvermittlung eine herausragende Rolle.

Die Effizienz im Bildungssektor hängt neben dem Wissensangebot auch von der Bereitschaft der Akteure ab, Zeit- und Finanzressourcen in die eigene Humankapitalbildung zu investieren. Eine entsprechende Wissenskultur fördert ebenso die Bereitschaft für langfristige Investitionen in Humankapital. Eine Effizienzsteigerung im Bildungssystem kann deshalb insbesondere durch die gesellschaftliche Aufwertung der Humankapitalbildung erreicht werden, da hierdurch die Wissenskultur gefördert wird. So kann sich auch die Lernbereitschaft weiter Bevölkerungsteile erhöhen.

Auch vor dem Hintergrund netzwerkökonomischer Entwicklungen und den dadurch veränderten Anforderungen des Arbeitsmarktes an die Qualifikationsstruktur der Humankapitalträger sind so genannte Schlüsselqualifikationen wichtiger als Fachkompetenzen. Folglich muss das Bildungssystem an notwendige intellektuelle Fähigkeiten wie analytisches Denken, strukturelle Persönlichkeitsmerkmale und soziale Kompetenzen angepasst werden.[23]

---

[23] Dabei muss nicht auf jeder Bildungsebene die Ökonomie als konzeptionelle Beratungsinstanz fungieren. Aus sozialkapitaltheoretischer Sicht sind die genannten humankapitaltheoretischen

Aufgrund des Nachfrageüberschusses an Hochqualifizierten in bestimmten Segmenten des Arbeitsmarktes ist die Bildung von adäquaten „Umzugsketten"[24] notwendig. Der Bildungsweg von den herkömmlichen Ausbildungsberufen hin zu den Berufsbildern der Netzwerkökonomik, sollte institutionell begleitet werden. Relevante Institutionen sind in erster Linie Fach- und Hochschulen sowie Berufsakademien. Diese sollten in enger Zusammenarbeit mit den Unternehmen als Bedarfsträger entsprechende Studiengänge konzipieren, die jedoch auch in Zukunft flexibel genug sind, dass sie den veränderten Erfordernissen auf dem Arbeitsmarkt angepasst werden können. Überdacht werden sollte auch die Relation von Lerninhalten zu Fachwissen, sozialen Kompetenzen und emotionaler Intelligenz. In einer Netzwerkökonomik sind die beiden letztgenannten Aspekte von wachsender Bedeutung.

Da soziale Kompetenzen und emotionale Intelligenz Bestandteile des Humankapitals sind, trägt die Humankapitalbildung auch zur Sozialkapitalbildung bei. Humankapitalaspekte – insbesondere so genannte *soft skills* wie Teamfähigkeit und Kommunikationskompetenzen – fördern die Bildung von Sozialkapital.[25] Auf diese Weise sind selbstverstärkende Prozesse zu einer nachhaltigen Pfadentwicklung denkbar, die sich in einer Erhöhung des Niveaus an Sozialkapital und Humankapital niederschlagen.

Vor dem Hintergrund der netzwerkökonomischen Entwicklung ist eine der zentralen Voraussetzungen für diese Entwicklung die Förderung von Medienkompetenzen und die Bereitstellung bzw. Subventionierung eines Netzzugangs für breite Bevölkerungsschichten.

### Erhöhung des generellen Vertrauensniveaus

Abschnitt 5.1 (insbesondere Tabelle 5-1 auf Seite 213) hat gezeigt, dass die ökonomisch entwickelten Volkswirtschaften ein enormes Wachstumspotenzial besitzen. Durch die empirisch festgestellten Wirkungszusammenhänge zwischen dem generellen Vertrauensniveau und der ökonomischen Wachstumsrate in einem Land kann beispielsweise Deutschland mit einem Vertrauensniveau von unter 30 Prozent durch eine Erhöhung dieses Niveaus eine deutliche Verbesserung der ökonomischen Leistungsfähigkeit erreichen.

---

Aspekte für die Bildung von Sozialkapital und damit auch für nicht-ökonomische Bereiche von großer Bedeutung.

24 PRINZ (2000), S. 596

25 Vgl. OECD (2001), S. 5. und siehe auch u.a. MELLO (2000).

Für das generelle Vertrauensniveau in einer Volkswirtschaft ist in erster Linie die *bridging*-Form des Sozialkapitals verantwortlich. Die Schaffung eines allgemeinen Vertrauensklimas ist deshalb ein vorrangiges sozialkapitalpolitisches Ziel. Dieses Ziel wird erreicht, wenn der Isolationsgrad von Subgruppen vermindert wird, wenn der Neigungsgrad der sozialen Netzwerke erhöht wird,[26] und wenn Institutionen gefördert werden, die entsprechende soziale Beziehungen hervorbringen, die wiederum das *bridging social capital* erhöhen.

Der Neigungsgrad der sozialen Verbände wird durch die Förderung netzwerkökonomischer Kommunikationsprozesse erhöht, wie bereits in Unterabschnitt 5.4.3 ausführlich erörtert wurde. Die angesprochene Institutionenförderung wird unten in Unterabschnitt 6.2.4 diskutiert. Darüber hinaus ist PUTNAM der Ansicht, dass insbesondere freiwillige soziale Netzwerke diese Aufgabe erfüllen können. Diese Argumentation wurde bereits in Unterabschnitt 2.3.2 dargestellt. Zudem ist auf die politische Maßnahme der Aufwertung des bürgerschaftlichen Engagements in Unterabschnitt 6.2.5 noch näher einzugehen.

Der Mechanismus zur Vertrauensbildung und die politischen Implikationen aus dem Drei-Ebenen-Modell lassen sich wie folgt beschreiben: Der Bestand an Sozialkapital auf den verschiedenen Ebenen beeinflusst die Wahrscheinlichkeit der Vertrauenswürdigkeit. Der Parameter $p$ aus den Gleichungen (16) bis (19) und der Abbildung 3-2 auf der Seite 133 bewegt sich zwischen den Werten 0 und 1. Sind in einer Kultur Normen, welche die Interaktionen betreffen, so ausgestaltet, dass sie in erheblichem Maße gegenseitiges Vertrauen unterstützen, erhöht sich der Spielraum für Investitionen in Sozialkapital; das Verhältnis von Gewinn und Verlust wird relevanter. Sowohl ökonomische als auch nicht-ökonomische Kooperationen werden mit einer höheren Wahrscheinlichkeit eingegangen. Das Niveau des Sozialkapitals in einer Kultur wird in Abbildung 3-2 durch eine Art Kapazitätsgrenze von $p$ dargestellt.

Neben den informellen Institutionen existieren weitere Kapazitätsgrenzen im Hinblick auf die Vertrauenswürdigkeit der Treuhänder. Die möglichen Bestandshöhen von Sozialkapital auf der Grundlage formaler Institutionen wie dem Geldsystem und auf der Basis von Zweierbeziehungen können sich voneinander und ebenso von der Kapazitätsgrenze des kulturell gewachsenem Vertrauens unterscheiden. Insgesamt ist die am höchsten liegende Grenze ausschlaggebend. Fehlendes Vertrauen aufgrund institutioneller Rahmenbedingungen kann beispielsweise durch Vertrauen innerhalb einer Zweierbeziehung kompensiert werden. Gesetze können fehlende kulturelle

---

[26] Siehe Abbildung 5-15 auf Seite 295.

Institutionen ersetzen. Da die informellen Institutionen jedoch als Meta-Institutionen gelten können, existiert keine vollständige Substituierbarkeit zwischen den Formen des Sozialkapitals.[27]

Die Kritik an PUTNAM und FUKUYAMA, die in den Unterabschnitten 2.3.2 und 2.3.4 formuliert wurden, hat folgendes gezeigt: Um die wohlfahrtsökonomischen Auswirkungen von Sozialkapital auf eine Volkswirtschaft analysieren zu können, ist eine Unterscheidung des Vertrauensbedarfes verschiedener Gruppen bzw. Beziehungen notwendig. Je höher die möglichen Verluste aus einer Beziehung sind, desto größer muss die Vertrauenswürdigkeit für den Investierenden der sein. Dies gilt in erster Linie für ökonomisch relevante Kooperationen auf allen Ebenen der Wertschöpfung. Eine bloße Analogisierung von Gemeinschaftsverhalten zwischen Gruppen, in denen hohe Verluste bei Vertrauensmissbrauch entstehen und Organisationen, in denen lediglich geringe oder keine Verluste entstehen, kann unter der Annahme rational handelnder Akteure nicht akzeptiert werden.[28]

Zwischen verschiedenen Formen des Sozialkapitals existieren enorme Wechselwirkungen in deren Entwicklung. Oftmals versuchen die Akteure den Mangel an

---

27 In einer arbeitsteiligen, komplexen Gesellschaft sind in erster Linie die institutionellen Determinanten für die Erleichterung von Sozialkapitalinvestitionen relevant. In den wenigsten Fällen sowohl sozialer, politischer als auch ökonomischer Aktivitäten existiert ein starkes Vertrauensverhältnis zwischen Treugeber und Treuhänder. Die Kapazitätslinie des Sozialkapitals aus der Zweierbeziehung liegt deshalb wohl bei vielen Handlungen unterhalb der alternativen Grenzlinien. Die Zweierbeziehung ist auch die flexibelste, da sie am stärksten Vertrauensschwankungen ausgesetzt ist. Insofern ist eine moderne Ökonomie auf vertrauensbildende Institutionen angewiesen. Doch besitzen auch die formalen Institutionen einer Volkswirtschaft nur in begrenztem Maße Glaubwürdigkeit. Die Kapazitätslinie der formalen Institutionen ist daher ebenso mobil; allerdings nicht in dem Maße wie die Vertrauensbasis einer Zweierbeziehung. Beispielsweise kann durch einen Bankenzusammenbruch die Glaubwürdigkeit des Finanzsystems sehr rasch abgebaut werden. Kulturbasiertes Sozialkapital ist über Generationen hinweg gewachsen. Diese Form des Sozialkapitals ist oftmals in Gewohnheiten verkörpert, denen sich die Individuen überhaupt nicht bewusst sind. Ein Beispiel für eine derart verwurzelte Kulturnorm ist die Reziprozität, welche die entscheidende Grundlage für Investitionen in Sozialkapital auf der Ebene von Zweierbeziehungen darstellt.

28 Eine relevante Kategorisierung von Formen des Sozialkapitals scheint vor dem Hintergrund der Komplexität der Problematik zwingend notwendig. In diesem Papier wird Sozialkapital nach dem Treuhänder in einem Vertrauensprozess systematisiert. Der Treuhänder ist eine natürliche Person; Im einfachsten Fall eine einzelne Person. Denkbar sind jedoch ebenso informelle Netzwerke von Personen. Der Treuhänder ist eine formale Institution. Dies können organisierte Personengruppen sein, wie beispielsweise der Staat, aber auch abstrakte Institutionen, wie beispielsweise das Finanz- oder das Rechtssystem einer Ökonomie. Als Abgrenzung dieser Metaebene zu den formalen Basen von Sozialkapital kann gerade die Nicht-Formalität dienen. Kulturelle Normen bestehen neben geschriebenen Gesetzen. Kultur spielt sich unbewusst in jedem einzelnen ab.

Sozialkapital auf einer Ebene durch andere Formen von Sozialkapital zu kompensieren. Dies funktioniert jedoch nur bis zu einem gewissen Grad.

**Förderung der Wissensdiffusion**

Neben der oben angesprochenen erforderlichen Lernbereitschaft der Akteure für eine effiziente Humankapitalbildung ist von Seiten der Humankapitalträger eine hohe Bereitschaft zur Weitergabe von Wissen notwendig, um den volkswirtschaftlichen Humankapitalstock auf ein wettbewerbsfähiges Niveau zu heben. Die Bereitschaftsproblematik wurde bereits in Abschnitt 5.2 diskutiert. Aus sozialkapitaltheoretischer Sicht ist bei der Humankapitalbildung insbesondere die Wissens- und Informationsweitergabe zwischen den Akteuren relevant. Diese Bereitschaft ist um so größer, je höher das generelle Vertrauensniveau in der Gesellschaft ist.

Auf Unternehmensebene werden deshalb Wissensmanagementsysteme entwickelt und installiert, um die existierenden Kapitalbestände einer Vollauslastung zuzuführen. Hierbei wurde erkannt, dass nicht der Bestand an Humankapital der Engpassfaktor in der Wertschöpfungskette in einem Unternehmen ist, sondern die Diffusion des Wissens innerhalb der Organisation. Letztlich ist die Effizienz eines Wissensmanagementsystems eine Frage des Anreizes für den einzelnen Akteur, sein Wissen in eine entsprechende Wissensbank einzugeben und damit an einen generalisierten Dritten weiterzugeben. Dabei existieren grundsätzlich drei Möglichkeiten, dieses Ziel zu erreichen: (a) automatisierte Wisseneingabe, (b) Wisseneingabe durch Belohnung und (c) Aufbau einer Wissenskultur.

(a) Bei der automatisierten Wisseneingabe werden bestimmte Arbeitsschritte bzw. Arbeitsprozesse in einer Weise gestaltet, dass eine Wisseneingabe eine notwendige Voraussetzung für die Vervollständigung der Gesamtaufgabe ist.

(b) Die Wisseneingabe durch Belohnung zielt auf ein extrinsisches Motivationssystem ab, in welchem die Weitergabe von *know how* beispielsweise finanziell honoriert wird.

(c) Der Aufbau einer Wissenskultur in einem Unternehmen ist der effektivste Weg zur Bereitschaftsbildung des Wissensaustauschs zwischen den Akteuren. Hierbei ist die Norm der Wissensweitergabe von den Akteuren weitgehend internalisiert.

Auf volkswirtschaftlicher Ebene kann lediglich der Aufbau einer Wissenskultur die Lösung für eine sozialkapitalorientierte Bildungspolitik im weitesten Sinne sein.

### 6.2.4 Sozialkapitaltheoretische Beschäftigungspolitik

> *„Die Arbeit von anderen Aktivitäten des Lebens zu trennen und sie dem Gesetz des Marktes zu unterwerfen, bedeutet alle organisatorischen Formen des Seins auszulöschen."*
>
> *Karl Polanyi*[29]

Im Vordergrund der Beschäftigungsproblematik aus sozialkapitaltheoretischer Sicht steht die unzureichende Diffusion von Informationen über Angebot und Nachfrage auf dem Arbeitsmarkt. Damit wird in erster Linie an der *mismatch*-Arbeitslosigkeit angesetzt. Hierzu ist als *first best*-Lösung die Schaffung einer zentralen Informationsstelle zu nennen, welche die volkswirtschaftliche Arbeitsmarktsituation und –struktur darstellt. Bis zur Installation einer derartigen Einrichtung muss die Politik die Entstehung horizontaler Statusnetzwerke, die den Akteuren den Informationszugang zu einer Vielzahl von Beschäftigungspositionen verwehrt, verhindern. Des Weiteren sind im Sinne GRANOVETTERs soziale Verbände zu fördern, die zum großen Teil aus schwachen Beziehungen zwischen den jeweiligen Teilnehmern bestehen.

#### Förderung der Diffusion arbeitsmarktlicher Informationen

Ein sozialkapitalpolitisches Eingreifen in die Beschäftigungssituation wäre grundsätzlich nicht erforderlich, wenn mit Hilfe des netzwerkökonomischen Instrumentariums eine zentrale ‚Informationsbank' geschaffen würde, welche die Arbeitsmarktsituation und –struktur vollständig abbildet, und zu der alle Akteure uneingeschränkten Zugang hätten. Der Arbeitsmarkt zeigt jedoch aktuell erhebliche Informationsasymmetrien auf. Die entsprechenden Beziehungskonstellationen zwischen den Akteuren mit und ohne Informationen wurden bereits in Abschnitt 5.2 dargestellt. Es wurde gezeigt, dass eine sozialkapitaltheoretische Beschäftigungspolitik horizontale Statusnetzwerke vermeiden sollte und gleichzeitig soziale Verbände, die vorwiegend aus schwachen Beziehungen bestehen, fördern sollte.

---

29 Siehe ZINNECKER und STECHER (1996).

**Verhinderung horizontaler Statusnetzwerke**

Sowohl die Unterabschnitte 5.2.1 und 5.2.2 als auch die Netzwerkbetrachtung in Abschnitt 5.4 haben gezeigt, dass Informationskontakte in erster Linie dann positive Auswirkungen auf die Beschäftigung besitzen, wenn sie unabhängig vom sozialen Status bzw. der beruflichen Position zustande kommen. Aus diesem Grunde sollte eine beschäftigungsorientierte Sozialkapitalpolitik horizontale Statusnetzwerke verhindern. Dies kann zum einen mittels Förderung netzwerkökonomischer Kommunikationsprozesse erreicht werden, da diese eine Enthierarchisierung der Positionen der Kommunikationspartner einleitet und den Neigungsgrad der sozialen Netzwerke erhöht. Zum anderen können derartige Informationskontakte durch soziale Verbände erreicht werden, was im Folgenden zu erörtern ist.

**Förderung sozialer Verbände mit schwachen Beziehungen**

Insbesondere GRANOVETTER erkennt die zentrale Bedeutung von schwachen sozialen Beziehungen für den individuellen Beschäftigungserfolg. In Abschnitt 5.2 wurde sowohl dieses beschäftigungsökonomische Konzept der *weak ties* als auch das Konzept der *structural holes* von BURT aus sozialkapitaltheoretischer Sicht beleuchtet. Übereinstimmend ist das Ergebnis dieser beiden Forschungsansätze, dass starke und dichte Unterstützungsnetzwerke bei der Suche nach einer geeigneten Beschäftigungsposition nicht von Vorteil sind. Der Grund liegt zum größten Teil in der Milieu-Korrelation dieser Unterstützungsnetzwerke und der damit verbundenen Informationsredundanz. Vielmehr sind milieuübergreifende, schwache Beziehungen bzw. Brückenbeziehungen die geeigneten Informationskanäle für den Beschäftigungserfolg. Diese Form von Beziehungsnetzwerken gilt es deshalb aus sozialkapitalpolitischer Sicht zu fördern. Dabei ist zu beachten, dass die Voraussetzung für ein derartiges Informationsnetzwerk ein gemeinsames Merkmal der teilnehmenden Akteure sein muss. Aus diesem Grund ist die Installation eines „schwachen Netzwerks" aus Effizienzgründen dezentral und auf privater Initiative beruhend vorstellbar. Die sozialkapitaltheoretische Beschäftigungspolitik kann jedoch unterstützend bzw. subventionierend einwirken.

Ein Beispiel für einen schwachen sozialen Verband zur Vermittlung von beschäftigungsökonomischen Informationen sind Ehemaligenvereine von Schulen und Hochschulen. Die gemeinsame Lebensphase bedeutet hierbei das gemeinsame Merkmal der Teilnehmer. Von Vorteil ist im Fall der Hochschul-Alumni-Vereinigungen die bereits getroffene Berufsorientierung in dieser Lebensphase. Einschränkend hinsichtlich der Beschäftigungs- und auch der Verteilungswirkungen ist jedoch die eventuelle Selektion der Teilnehmer durch Zutrittsbeschränkungen, die unter Umständen mit der sozialen Schicht korreliert. Deshalb muss hierbei eine flankierende Unterstützung des Bildungsbedarfs der gesamten Gesellschaft stattfinden.

### 6.2.5 Sozialkapitaltheoretische Allokationspolitik

Zur Erhöhung der allokativen Effizienz in einer Volkswirtschaft stehen aus sozialkapitaltheoretischer Sicht die Förderung von *co-opetition*-Verhalten, die gesellschaftliche Aufwertung von bürgerschaftlichem Engagement und die Förderung von Reputations-*signalling* im Mittelpunkt der Betrachtung.

#### Förderung von *co-opetition*-Verhalten

Unterabschnitt 5.3.1 hat gezeigt, dass *co-opetition*-Verhalten einerseits die Sozialkapitalbildung fördert, aber gleichzeitig einen Mindestbestand an Sozialkapital voraussetzt: *Co-opetition*-Verhalten als zeitgleiches Konkurrieren und Kooperieren beruht auf hohen Treuewahrscheinlichkeiten zwischen den Akteuren. Die sozialen Verpflichtungen werden dabei nachhaltig vertieft.

Üblicherweise wird kooperierendes Verhalten den Akteuren innerhalb von Unternehmen und Haushalten zugeschrieben, während wettbewerbliches Verhalten grundsätzlich den Aktivitäten auf dem Markt zugewiesen werden.[30] Doch derzeit wird in einer Vielzahl von Unternehmen beispielsweise mittels einer Matrix-Organisation eine Wettbewerbssituation zwischen einzelnen Akteuren bzw. zwischen Gruppen von Akteuren in einem Unternehmen erzeugt. Gleichzeitig existieren auch planerisch-kooperative Beziehungen innerhalb des Unternehmens. Daneben zwingen die technologisch-ökonomischen Rahmenbedingungen Unternehmen zum Anbieten von Systemleistungen. Dies erfordert oftmals kooperatives Verhalten gegenüber anderen Anbietern, um gemeinsam einen wirtschaftlichen Erfolg zu erzielen.[31] Gleichzeitig existiert zwischen den Anbietern eine Konkurrenzbeziehung um Budgetsummen der Marktgegenseite. Mit dem Begriff der *co-opetition* wird diese Simultanität von Konkurrenz und Kooperation ausgedrückt. Die Fähigkeit einer sozialen Organisation

---

[30] Auch in der Soziologie wird beispielsweise von LUHMANN gefordert, dass Personen, mit denen man konkurriert, nicht identisch sein dürfen mit Personen, mit denen man kooperiert. Vgl. LUHMANN (1987), S. 522.

[31] Vgl. WIELAND (1998), S. 23.

zu *co-opetition*-Verhalten ist eng mit FUKUYAMAs spontaner Soziabilität verknüpft. Dieselbe Fähigkeit auf Akteursebene ist von der sozialen Kompetenz eines Individuums abhängig.

Die Zunahme von *co-opetition*-Verhalten in der Ökonomie ist eine Konsequenz der fortschreitenden funktionalen Differenzierung der Gesellschaft. Die hierarchischen Strukturen werden von vernetzten *governance*-Strukturen abgelöst. THOMPSON bezeichnet den hierarchischen Strukturmechanismus als „oben/unten"-Unterscheidung und den vernetzten Strukturmechanismus als „innen/außen"-Unterscheidung.[32] Die Entscheidung für einen bestimmten Steuerungsmechanismus in der Gesellschaft fällt in einem Verhandlungsprozess zwischen den einzelnen Funktionssystemen, wie Politik, Wissenschaft, Wirtschaft etc.

Die Gleichzeitigkeit von kooperativem und wettbewerblichem Verhalten ist jedoch nicht *per se* positiv zu bewerten. Eine weitere Bedingung hierfür wäre die Übereinstimmung grundlegender Normen. Andernfalls existiert die Gefahr der allokativen Ineffizienz durch Nepotismus und Korruption. YI und PARK stellen in diesem Zusammenhang die These auf, dass diese aus allokativer Sicht negativ zu bewertenden Handlungsweisen und Strukturkomponenten auf der Meso-Ebene deshalb existieren, weil Solidarität und Kooperation in einer Zweck-Mittel-Kette der rationalen Entscheidungen nicht mehr Zweck, wie in Gesellschaftsformen der Vergangenheit, sondern Mittel sind.[33] Die Fokussierung der Akteure auf ökonomisch-materialistische (Wachstums-)Ziele fördert demnach Nepotismus in familistisch orientierten Gesellschaften. Ebenso kommt es leichter zu Korruptionshandlungen, wenn sich Gütertausch und soziale Austauschprozesse überschneiden.

Die Schwierigkeit des *co-opetition*-Verhaltens liegt insbesondere in der Gleichzeitigkeit der beiden Verhaltensaspekte. So ist es wünschenswert, wenn konkurrierende Akteure einen gewissen Grad an kooperativem Verhalten aufweisen und kooperierende Akteure auch im Wettbewerb miteinander stehen. Während letztere Problematik einerseits die Angebotsseite des Marktes[34] und die Gewohnheitsorientierung von

---

32 Vgl. THOMPSON (1957); zitiert in JANSEN (2000), S. 16.

33 Vgl. YI (1994), S. 85ff; zitiert in PARK (1999), S. 79.

34 Dieses Problemfeld wird von der Theorie der Wettbewerbspolitik ausführlich behandelt. Siehe u.a. HERDZINA (1999).

Teamkollegen innerhalb einer Organisation[35] betrifft, ist im ersten Fall Kooperationsförderung vonnöten.

Eine kooperationsfördernde Politik besteht insbesondere aus einer (a) regionalen, einer (b) branchenspezifischen und einer (c) kommunikativen Kooperationsförderung.

(a) Vor dem Hintergrund der positiven ökonomischen Wirkungen regionaler Netzwerk-Konzepte[36] wie dem Konzept der Produktions-*cluster*,[37] der *industrial districts*[38] sowie dem Milieu-Ansatz[39] kann auch aus sozialkapitaltheoretischer Sicht die Förderung von regionalen Kooperationen befürwortet werden. Die Netzwerkökonomik wird die Bedeutung der regionalen Beschränkung weiter vermindern.

(b) Je nach Produktlebenszyklusphase ist im Entwicklungsstadium eine kooperative Zusammenarbeit zwischen den Produzenten sinnvoll, während ab der Markteinführungsphase Konkurrenzbeziehungen zwischen den Anbietern wohlfahrtssteigernd sind.

(c) Die Normierung computervermittelter Kommunikation bezieht sich nicht nur auf den technischen Aspekt, sondern betrifft auch die sozio-kommunikative Ebene. Die Herausbildung neuer Kommunikationstechniken ruft zunächst Unsicherheiten auf der Basis fehlender non-verbaler Signalnormierungen hervor.[40] Da dies die Verständlichkeit der Kommunikation verringert und die Wahrscheinlichkeit der Missverständnisse erhöht,[41] wird die Kommunikation ineffizient.

### Aufwertung von bürgerschaftlichem Engagement

Die Natur des bürgerschaftlichen Engagements weist dem Staat lediglich eine mittelbare Rolle bei der Bildung von Sozialkapital zu. BLANKE und SCHRIDDE verwenden deshalb in diesem Zusammenhang den Begriff des „Aktivierenden

---

35 Dabei entwickelt sich unter Umständen bei einzelnen Team-Mitgliedern kein Ehrgeiz, eine höhere Position innerhalb der Gesamtorganisation zu erreichen, was dem Leistungsniveau eventuell nicht förderlich ist.

36 Siehe bezüglich der gegenseitigen Abhängigkeit der Produktionsfaktoren MYRDAL (1957) und HIRSCHMAN (1958).

37 Siehe u.a. KILPER und REHFELD (1992).

38 Siehe Fußnote 111 auf Seite 206.

39 Siehe u.a. CAMAGNI (1991).

40 Vgl. HÖFLICH (1996), S. 86.

41 Im Extremfall kommt es zu beleidigenden Internetauftritten oder Emails; den so genannten *flames*.

Staats".[42] Das Vertrauensklima einer Volkswirtschaft wird maßgeblich von den institutionellen Rahmenbedingungen von Staat und Gesellschaft geprägt. Durch ein hohes Vertrauensklima werden insbesondere die Transaktionskosten zwischen den Akteuren gesenkt, so dass die allokative Effizienz der Volkswirtschaft steigt. Dieser Effekt ist nicht zu unterschätzen, da das Vertrauen eine Querschnittsfunktion innerhalb und zwischen Organisationen besitzt.

Als Konzepte des bürgerschaftlichen Engagements gelten (a) die Lokale Agenda, (b) Selbsthilfenetzwerke, (c) das Ehrenamt und (d) das *corporate citizenship*.

(a) Die **Lokale Agenda** 21 baut auf einem Papier auf, das im Jahr 1992 im Rahmen einer Konferenz der Vereinten Nationen für Umwelt und Entwicklung (UNCED) in Rio de Janeiro entwickelt wurde. Dieses völkerrechtlich nicht verbindliche Paper wird nach Ansicht der UNO zu wenig beachtet. Lediglich die lokale Dimension findet weltweit in der Regel von Nichtregierungsorganisationen und kommunalen Einrichtungen Beachtung. Das „Kehren vor der eigenen Haustüre" funktioniert demnach. Kritisch zu dieser Ableitung lässt sich jedoch anmerken, dass das Kapitel 28 der Agenda 21 lediglich formuliert, dass die „angesprochenen Probleme und Lösungen auf Aktivitäten der örtlichen Ebene zurückzuführen sind". Deshalb sei „die Beteiligung und Mitwirkung der Kommunen ein entscheidender Faktor bei der Verwirklichung der in der Agenda enthaltenen Ziele". Die Kommunalverwaltungen sollen dabei „gemeinsam mit ihren Bürgern" einen „Konsens hinsichtlich einer Lokalen Agenda 21 für die Gemeinschaft erzielen". Demnach gibt es **die** „Lokale Agenda" nicht. Vielmehr ist jede Kommune der Welt aufgefordert, ein eigenes Programm zu einer „nachhaltigen" Stadtentwicklung aufzustellen. Beteiligt sollten sein: Kommunalverwaltung, Bürger, örtliche Organisationen sowie die Privatwirtschaft. Die Bedeutung des Konsenses beim Beschluss zur Lokalen Agenda 21 wird dabei besonders hervorgehoben. Der Begriff der Nachhaltigkeit steht im Mittelpunkt sowohl der Agenda 21 als auch der Lokalen Agenda 21. Im so genannten BRUNDTLAND-Bericht wird nachhaltige Entwicklung (*sustainable development*) definiert als „Entwicklung, welche die Bedürfnisse der Gegenwart befriedigt, ohne zu riskieren, dass künftige Generationen ihre eigenen Bedürfnisse nicht befriedigen können". Mit dem Motto „Lokale Agenda 21" sind eine wachsende Zahl von Initiativen gemeint, die auf kommunaler Ebene verwirklicht werden sollen. Im Mittelpunkt steht dabei die Koordinierung und Vernetzung dieser vielfältigen Vorhaben. Das traditionelle Konzept der nachhaltigen Entwick-

[42] BLANKE und SCHRIDDE (1999)

lung wurde bereits im oben genannten „Erdgipfel von Rio“ auf drei Aspekte erweitert. Neben der Ökologie werden in der dort verabschiedeten „Agenda 21“ auch die Zielebenen Soziales und Ökonomie aufgeführt.[43]

(b) **Selbsthilfenetzwerke** stellen eine kollektive Eigenarbeit dar, die in der Regel auf regionaler oder örtlicher Zugehörigkeit basiert. An dieser Stelle werden in kurzer Form beispielhaft lokale Tauschringe und bürgerschaftliche Dienstleistungsgenossenschaften erörtert und diskutiert.

In einem lokalen Tauschring werden Waren und/oder Dienstleistungen mittels eines Verrechnungssystems getauscht. In der Regel existiert dabei kein Umrechnungsverhältnis zu der gesetzlichen Währung.[44] Tauschringe bzw. Tauschbörsen dieser Art vereinfachen die Kontaktaufnahme zwischen potenziellen Tauschpartnern. Außerdem ermöglichen sie komplexe Ringtausche.[45] Prinzipiell handelt es sich bei derartigen Einrichtungen um leistungsorientierte lokale Märkte. Durch die Knüpfung der Verrechnungseinheiten an den unmittelbaren zeitlichen Aufwand bei der Leistungserstellung kann das Äquivalenzprinzip jedoch auf eine Weise modifiziert werden, dass herkömmliche Marktpositionen nicht mehr bzw. nur abgeschwächt gelten. So ist der Tausch einer Stunde „Kehrwochenhilfe“ gegen eine Stunde Beratung in steuerlichen Angelegenheiten äquivalent.

Eine weitere Möglichkeit der kollektiven Eigenarbeit ist die bürgerschaftliche Dienstleistungsgenossenschaft. Hierbei erwerben die Mitglieder Bonuspunkte für Hilfsleistungen an Bedürftige der Genossenschaft. Mit ihrem Bestand an Bonuspunkten erwerben die Mitglieder einen Anspruch auf Hilfsleistungen zu ihren Gunsten in der Zukunft. Damit erfüllt diese Form der kollektiven Eigenarbeit eine Versicherungsfunktion, die mit Hilfe einer aufgeschobenen Äquivalenz das Risiko einer mittellosen Bedürftigkeit reduziert.[46]

Auf den ersten Blick erscheinen derartige Selbsthilfenetzwerke sozialkapitalfördernd, denn durch die Kontaktknüpfung entstehen soziale Beziehungen. Allerdings besitzen diese Einrichtungen aus sozialkapitaltheoretischer Sicht auch kontraproduktive Aspekte: So werden Hilfsleistungen in der Regel zeitnah abgegolten, wodurch die Entstehung sozialer Verpflichtungen unterbunden wird. Inwieweit eine Erhöhung von Treuewahrscheinlichkeiten zwischen Akteuren durch Selbsthil-

---

43 Vgl. deutsche Fassung Bundesministerium für Umwelt, Naturschutz und Reaktorsicherheit (o.J.).
44 Dies hat sowohl rechtliche als auch idealistische Gründe.
45 Vgl. u.a. BORCHARD und WIRTZ (1996).

fenetzwerke im Vergleich zu herkömmlichen Marktbeziehungen existiert, ist fraglich. Damit erweisen sich Tauschringe und bürgerschaftliche Genossenschaften als lediglich begrenzt effektiv für die Sozialkapitalbildung.

(c) Am 14. Februar 2000 wurde die Enquête-Kommission „Zukunft des **Bürgerschaftlichen Engagements**“ des Deutschen Bundestages konstituiert. Diese konkrete Maßnahme seitens der Politik zeigt die zunehmende Wertschätzung der politischen Entscheidungsträger für sozialkapitaltheoretische Aspekte. Dabei wird mit der Bezeichnung einer der drei Berichterstattergruppen der Kommission „Bürgerschaftliches Engagement und Erwerbsarbeit“ ein direkter Wirkungszusammenhang zwischen Sozialkapital und der makroökonomischen Größe Beschäftigung angenommen.

Bürgerschaftliches Engagement besitzt viele Facetten. PUTNAM bringt dieses Phänomen als erster in einen expliziten Zusammenhang mit der Sozialkapitaltheorie. In Unterabschnitt 2.3.2 wurde dieser Aspekt einer Zivilgesellschaft deshalb bereits im Zusammenhang mit PUTNAMs Sozialkapitalansatz diskutiert. Letztlich dient das bürgerschaftliche Engagement der zivilen Schulung der Akteure und ist damit Teil des Sozialisierungsprozesses.

Aus sozialkapitalpolitischer Sicht deckt das bürgerschaftliche Engagement gerade jenen Bereich der Förderung von Sozialkapitalbildung ab, der für den formalen Staat unerreichbar bleibt, da er vollständig auf Freiwilligkeit beruht. Die Politik muss sich aus diesem Grunde mit der mittelbaren Förderung des bürgerschaftlichen Engagements begnügen. Ein wesentlicher Aspekt ist dabei die gesellschaftliche Aufwertung derartiger solidarischer Verhaltensweisen.[47]

(d) Unter ***corporate citizenship*** wird die Übernahme gesellschaftlicher Verantwortung von Unternehmen verstanden. Dabei wird angenommen, dass Unternehmen insbesondere in das regional-gesellschaftliche Umfeld eingebunden und damit von ihm abhängig sind. HABISCH beschreibt ein derart vertrauensvolles Kooperationsverhältnis als ein Selbststeuerungspotenzial, das die soziale Marktwirtschaft nachhaltig stützt.[48] Die Anreize zu diesen Engagements stecken in der Aufwertung des Unternehmens bzw. der Marke sowie in der Erlangung von Feedback und marke-

---

46 SIMONIS (2000) formuliert dies plakativ: „Wer nichts auf sein Sozial-Konto einzahlt, kann später auch nichts abheben.“

47 In Deutschland engagieren sich etwa zwölf Millionen Bürgerinnen und Bürger ehrenamtlich in Sportvereinen, Wohlfahrtsverbänden, Kirchen, Stiftungen und Parteien. Vgl. ADLER (1996).

48 Vgl. HABISCH (2000), S. 32.

tingorientiertem Informationsinput von Zielgruppen während der bürgerschaftlichen Aktivitäten.[49]

**Förderung von Reputations-*signalling***

Nach OHLEMACHER spielen vermittelnde Institutionen zunehmend eine wesentliche Rolle bei der Verringerung der Kosten persönlicher Kontaktaufnahmen. Dabei nennt er beispielhaft Kirchen,[50] Universitäten und Betriebe.[51] Eine Erhöhung der Reputation einer Institution bedeutet eine Erhöhung des Sozialkapitalbestands, wenn die mit dieser Einrichtung in Verbindung gebrachten Akteure eine höhere Treuewahrscheinlichkeit hinsichtlich ihrer Handlungen erlangen. Soweit diese Akteure zentrale Positionen in der Volkswirtschaft besetzen, ist diese Form der Sozialkapitalinvestition besonders wirksam.[52]

Hinsichtlich der netzwerkökonomischen Entwicklung moderner Volkswirtschaften kommt der Reputation von Akteuren in virtuellen Interaktionsräumen eine zentrale Rolle zu. In Unterabschnitt 4.5.4 wurde bereits erörtert, dass Reputationsmerkmale für netzwerkökonomische Kontakte eine weitaus größere Rolle spielen als bei herkömmlichen *face to face*-Interaktionen. Während in Gesellschaften mit niedriger Kommunikationsrate die Reputation eines Leistungsanbieters lediglich für dauerhafte und kooperative Tauschbeziehungen erforderlich ist, spielt die Reputation in der informationsdichten Netzwerkökonomik für nahezu jeden Interaktionstypus eine wichtige Rolle.

## 6.3 Politik im Spannungsfeld von Sozialkapital, Netzwerkökonomik und Verteilung

Im Gegensatz zu den positiven Wirkungszusammenhängen zwischen der Sozialkapitalbildung einerseits und den gesamtwirtschaftlichen Größen Wachstum, Beschäftigung und allokative Effizienz andererseits besteht eine prinzipiell negative Wirkungs-

---

49 Vgl. RAMTHUN (2000), S. 47.

50 HIRSCH (1980; S. 31 und 202) sowie KOSLOWSKI (1988; S. 49) vermuten in diesem Zusammenhang die religiösen Bindungen anonymer Gesellschaftssysteme der modernen Marktwirtschaft als bedeutsamer für das Funktionieren einer Gesellschaft als im Feudalsystem.

51 Siehe OHLEMACHER (1993).

52 Als Negativbeispiel dienen Volkswirtschaften, deren behördliche Vertreter korrupt sind. Siehe auch Abschnitt 3.4.

richtung von der Sozialkapitalbildung auf dier Verteilungsgerechtigkeit. In Abschnitt 5.4 wurde bereits erörtert, dass die netzwerkökonomischen Effekte diese negative Wirkung zwar abmildern, aber nicht kompensieren oder gar umkehren können. Eine verteilungspolitische Flankierung ist deshalb erforderlich, um den negativen Verteilungseffekten entgegenzuwirken. Die Notwendigkeit verteilungspolitischen Eingreifens verstärkt sich zudem durch die eventuellen sozialkapitalpolitischen Maßnahmen, die im vorangegangenen Abschnitt empfohlen wurden. Daher ergeben sich folgende Fragen bei der systematischen Entwicklung eines verteilungspolitischen Maßnahmenkatalogs:

- Welche politischen Maßnahmen sind erforderlich, um den negativen Verteilungswirkungen des Sozialkapitals entgegenzuwirken bzw. die positiven Verteilungswirkungen der Netzwerkökonomik zu unterstützen?
- Welche dieser Maßnahmen werden bereits durch die sozialkapitalpolitischen Maßnahmen hinsichtlich anderer wirtschaftspolitischer Ziele erreicht?
- Welche dieser Maßnahmen stehen im Widerspruch zu den bisherigen Handlungsempfehlungen?

### 6.3.1 Verteilungspolitische Maßnahmen aus sozialkapitaltheoretischer Sicht

Die verteilungspolitischen Maßnahmen intendieren, eine oder mehrere der Bemessungsgrundlagen der Verteilung zu verändern. Dabei wird der bereits zu Beginn des Unterabschnitts 2.3.1 erörterten vermögenstheoretischen Sichtweise von ADAM SMITH und PIERRE BOURDIEU Rechnung getragen, nach der das Vermögen die entscheidende Quelle von Einkommen und Chancen ist.

Abbildung 6-2 verdeutlicht die zentrale Stellung des Vermögens: Die unterschiedlichen Vermögensformen als Handlungsoptionen im BOURDIEU'schen Sinn (Sachvermögen, Humanvermögen und Sozialvermögen) generieren das Einkommen der Gegenwart und bestimmen – ebenso aus der gegenwärtigen Sicht – die Chancen auf zukünftiges Einkommen.[53]

---

[53] Dabei wird die Vermögensposition durch entsprechende *feed back*-Effekte durch das Einkommen beeinflusst, was in der Abbildung aus Vereinfachungsgründen jedoch nicht eingezeichnet ist.

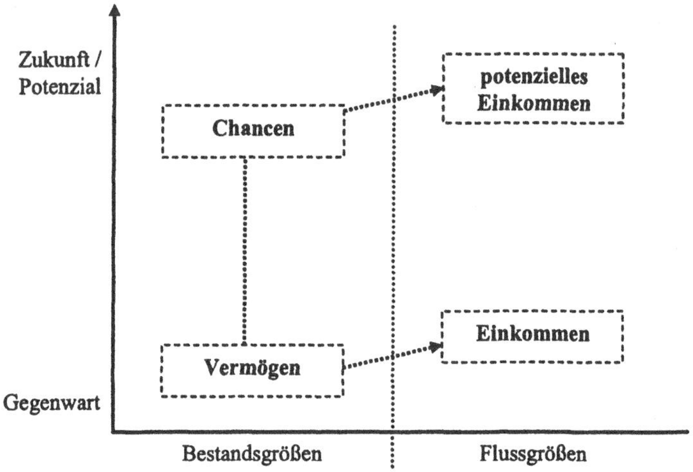


**Abbildung 6-2: Vermögen, Einkommen und Chancen**

Quelle: eigene Darstellung

Die vorgestellte Sichtweise impliziert eine Prioritätensetzung jener verteilungspolitischen Maßnahmen, welche auf die Bestandsgrößen Chancen und insbesondere Vermögen einwirken. Abbildung 6-3 zeigt die verteilungspolitischen Maßnahmen aus sozialkapitaltheoretischer Sicht und erstellt eine wirkungsseitige Rangfolge.

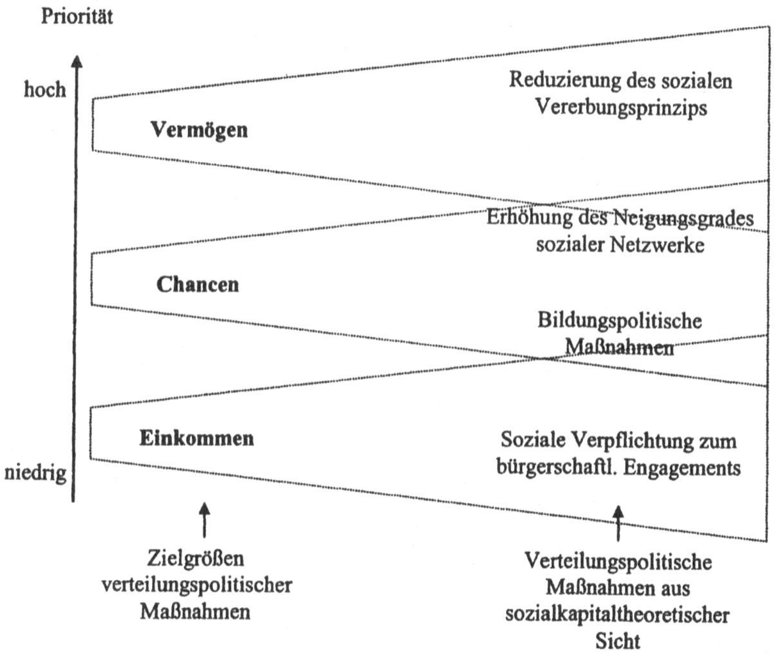


**Abbildung 6-3: Priorität verteilungspolitischer Maßnahmen**

Quelle: eigene Darstellung

Die Reduzierung des sozialen Vererbungsprinzips wirkt dabei direkt auf die Verteilungsstruktur des Vermögens in der Gesellschaft und besitzt damit den höchsten Zielerreichungsgrad hinsichtlich der Verteilungsgerechtigkeit. Die Erhöhung des Neigungsgrades sozialer Netzwerke sowie die bildungspolitischen Maßnahmen für die breite Bevölkerung zielen in erster Linie auf die Chancenangleichung in der Bevölkerung. Die Förderung des bürgerschaftlichen Engagements bzw. eine einkommensorientierte Sanktionierung entsprechender Vermeidungsstrategien von Seiten der Akteure wirkt sich lediglich auf die Einkommensverteilung der Akteure aus und besitzt daher den geringsten verteilungspolitischen Wirkungsgrad. Im folgenden Unterabschnitt werden die genannten verteilungspolitischen Maßnahmen hinsichtlich ihrer Zielbeziehungen zur sozialkapitalpolitischen Gestaltung beleuchtet.

### 6.3.2 Zielbeziehungen zwischen verteilungspolitischen Maßnahmen und der Sozialkapitalpolitik

Da kontraproduktive Effekte innerhalb des sozialkapitalpolitischen Instrumentariums vermieden werden sollten, sind die Maßnahmen zur Reduzierung des Vererbungsprinzips, zur Erhöhung des Neigungsgrades der sozialen Netzwerke, zur Verbesserung des Bildungssystems für die breite Bevölkerung und zur Förderung des bürgerschaftlichen Engagements auf Zielkonflikte mit den in Abschnitt 6.2 erörterten Politikempfehlungen zu überprüfen.

**Reduzierung des Vererbungsprinzips**

Die Reduzierung des Vererbungsprinzips setzt an allen Vermögensformen an: Sachvermögen, Humanvermögen und Sozialvermögen. Aus sozialkapitaltheoretischer Sicht steht allerdings die Vererbung des Sozialvermögens im Mittelpunkt der Diskussion.[54] Auf den Vererbungs-*bias* des Sozialvermögens wurde bereits in Unterabschnitt 2.3.1 im Rahmen der Erörterung des vermögenstheoretischen Sozialkapitalansatzes von BOURDIEU eingegangen. Dabei identifiziert BOURDIEU bei der Vererbung von Sozialkapital das Trägheitsmoment als grundsätzliches Prinzip der gesellschaftlichen Entwicklung. Vor dem Hintergrund der sozialen Gravitationsmechanismen bei Interaktionen innerhalb einer Generation, wie sie in Unterabschnitt 5.4.1 erörtert wurden, impliziert dieses Trägheitsmoment eine kurzfristig wie langfristig zunehmende Ungleichverteilung in der Gesellschaft.

Das Sozialvermögen aus der Sicht eines Akteurs beruht auf personen- oder gruppenspezifischen Reputations- und Identifikationsmerkmalen sowie auf dem Wert egozentrierter sozialer Netzwerke. Beide Aspekte sind jedoch von wesentlicher sozialkapitaltheoretischer Bedeutung für die Wirkungsmechanismen auf andere

---

[54] Die Debatte um die Reduzierung des Vererbungsprinzips hinsichtlich des Sachvermögens deckt sich mit der Diskussion um die Vermögens-, Schenkungs- und Erbschaftsteuer, die im Rahmen dieser Arbeit allerdings nicht erörtert wird. Von der generationsübergreifenden Weitergabe von Humanvermögenswerten wird ebenso an dieser Stelle abstrahiert, da die Weitergabe von Wissen als Humankapitalaspekt im engeren Sinn grundsätzlich erwünscht ist und die Weitergabe von Humankapital im weiteren Sinne von politischer Seite nicht beeinflusst werden kann.

ökonomische Größen, so dass sich eine entsprechende verteilungspolitische Maßnahme kontraproduktiv auswirken würde.

Reputations- und Identitätssignale sind für die allokative Leistungsfähigkeit von zentraler Bedeutung, da sie die Grundlage für die Bildung von Vertrauen und Treuewahrscheinlichkeiten zwischen den Akteuren und damit für die Bildung von Sozialkapital sind.[55]

Des Bestehen von egozentrierten sozialen Netzwerken ist zudem die notwendige Voraussetzung für die Existenz von Sozialkapital. Dabei ist aus verteilungspolitischer Sicht jedoch darauf zu achten, dass diese Netzwerke einen möglichst hohen Neigungsgrad hinsichtlich ihrer Statusorientierung besitzen. Dies wird unten zu diskutieren sein.

Ein weiterer Grund spricht dagegen, das Vererbungsvolumen zu reduzieren: Die verteilungspolitische Maßnahme der Reduzierung dieses Volumens müsste konsequenterweise einem Teil dieser sozialen Verbände absprechen – eine Vorgehensweise, die nicht mit dem Freiheitspostulat vereinbar ist. Dies wäre einerseits ein staatliches Eingreifen in teilweise staatlich geschützte Strukturen und andererseits würden staatliche Handlungen nicht mehr mit gesellschaftlichen Normen übereinstimmen, was jedoch aus sozialkapitaltheoretischer Perspektive eine Grundvoraussetzung für sozialkapitalpolitische Effizienz ist.

**Erhöhung des Neigungsgrades sozialer Netzwerke**

Der Neigungsgrad sozialer Netzwerke hinsichtlich der Statusorientierung, wie in Abbildung 5-15 auf Seite 293 dargestellt, ist ein Indikator für die soziale Mobilität in einer Volkswirtschaft. Mit einer Erhöhung des Neigungsgrads sozialer Netzwerke werden die Chancen für die Akteure, höhere zukünftige Einkommen zu erlangen, nachhaltig verbessert.

Während aus sozialkapitaltheoretischer Sicht die soziale Gravitation zu einer tendenziellen Senkung des Neigungsgrades führt, sind die netzwerkökonomischen Kommunikationsstrukturen und Austauschprozesse in der Lage diesen Neigungswinkels zu erhöhen.[56] Die sozialkapitalpolitischen Maßnahmen zur Unterstützung der Erhöhung des Neigungsgrades und damit der sozialen Mobilität können in Gestalt einer Förderung der netzwerkökonomischen Kommunikationsinfrastruktur bestehen. Dabei existiert keinerlei Zielkonflikt mit alternativen sozialkapitalpolitischen Maßnahmen.

---

55 Siehe Unterabschnitt 6.2.5.
56 Siehe Unterabschnitt 5.4.3.

Das Beschäftigungsziel und die Verteilungsgerechtigkeit lassen sich auf diese Weise gleichermaßen angestreben.

Bei der Förderung der Chancengleichheit der Akteure mittels einer Verbesserung der netzwerkökonomischen Kommunikationsmöglichkeiten sollte gewährleistet sein, dass diese Handlungs- und Kommunikationsoptionen der gesamten Bevölkerung zur Verfügung stehen. Andernfalls besteht die Gefahr, dass nur jener Teil der Akteure einer Volkswirtschaft gefördert wird, der die ökonomischen Voraussetzungen für einen Zugang zum digitalen Kommunikationsnetzwerk besitzt. Die möglichen Folgen einer Vernachlässigung dieser Problematik wurde bereits in Unterabschnitt 5.4.3 aufgezeigt; es besteht die Gefahr einer 20-80-Gesellschaft. Damit hätte diese Form der Verteilungspolitik eine kontraproduktive Wirkung erzielt. In einer Netzwerkökonomie sind die Überlegungen zur Chancengleichheit und zur Netzzugangspolitik nahezu identisch, da letzteres eine notwendige Bedingung zur Akkumulation von Human- und Sozialkapital ist, um diese Ressourcen im weiteren Verlauf des Lebens zum weiteren Vermögensaufbau einsetzen zu können. Simonis bezeichnet dies als die bedeutendste politische Herausforderung in der Wissensgesellschaft. [57] Auch die OECD verweist immer wieder auf die Gefahr der sozialen Ausgrenzung und der damit verbundenen Problematik der zunehmenden Ungleichverteilung durch fehlende netzwerkökonomische Kommunikationszugangsmöglichkeiten.[58]

### Verbesserung des Bildungssystems

Die Verbesserung des Bildungssystems ist aus verteilungspolitischer Sicht nicht identisch mit der wachstumspolitischen Forderung der Erhöhung des Effizienzparameters des Bildungssystems, wie es in Unterabschnitt 6.2.3 formuliert wurde. So sagt die Effizienz eines Bildungssystems nichts über den Grad der Bildungsversorgung aus. Insofern kann die verteilungspolitische Maßnahme der Versorgung von Bildung in den breiten Bevölkerungsschichten als Ergänzung zu einem wachstumspolitischen Instrumentarium zur Effizienzsteigerung im Bildungssystem angesehen werden.

Der erste Armuts- und Reichtumsbericht der Bundesregierung zeigt auf, dass dem sozialkapitalpolitischen Ziel der Chancengleichheit durch eine Verbesserung des Bildungs- und Ausbildungssystems für die Gesamtheit der Bevölkerung ein enormes verteilungspolitisches Potenzial innewohnt. So besaßen beispielsweise im Dezember

---

[57] Vgl. SIMONIS (2000).

[58] Vgl. u.a. OECD (2000), S. 6.

des Jahres 1998 52,8 Prozent der Sozialhilfebezieher keinen Berufsabschluss.[59] Da bei einer finanziellen Sozialunterstützung die Gefahr der Reduzierung des Sozialkapitalbestandes besteht,[60] führt eine intensivere Bildungspolitik im oben genannten Sinne zu einer finanziellen Entlastung der direkten Sozialhilfeleistungen.

Die Ausgestaltung des Bildungssystems sollte grundsätzlich zukunftsorientiert sein und damit den netzwerkökonomischen Anforderungen gerecht werden. Diese Forderung stimmt mit der wachstumspolitischen Notwendigkeit der Effizienzsteigerung im Bildungssystem überein.[61] Zum einen lässt sich eine weitere Qualifikationsverschiebung in der Netzwerkökonomik prognostizieren, und zum anderen wird sich das Verhältnis von Lernen und Arbeiten prinzipiell verändern.[62] Die Bildung und Ausbildung darf sich nicht nur auf die Fachkompetenzen beschränken. Sie sollte vielmehr ein breites Spektrum von Kompetenzen wie Problemlösefähigkeit, Vermittlungskompetenz, Fähigkeit zur Eigenmotivation, Medien- und Kooperationskompetenz umfassen. Im Arbeitsprozess sind demnach sowohl *learning by doing* als auch *learning by interacting* Erfolgsfaktoren, welche eine breit angelegte Bildungspolitik zu berücksichtigen hat. Lernförderliches Arbeiten sollte daher nicht die Ausnahme, sondern die Regel der Arbeitstätigkeit sein.

**Förderung des bürgerschaftlichen Engagements**

Da das bürgerschaftliche Engagement naturgemäß nicht entlohnt wird, besteht vor dem Hintergrund eines fixen Zeitbudgets für die Akteure ein grundsätzlicher Einkommensnachteil für diejenigen, die sich für derartige Tätigkeiten entscheiden. Außer dem Solidaritätsprinzip existiert demnach kaum ein Motiv für das bürgerschaftliche Engagement.[63] Damit werden zivilgesellschaftliche Verhaltensweisen systematisch sanktioniert. Eine konsequente Einkommensverteilungspolitik aus Sicht der Sozialkapitaltheorie besteht daher aus einer finanziellen Subventionierung dieses Engagements bzw. einer finanziellen Belastung derjenigen Akteure, welche derartige Aktivitäten vermeiden. Die verteilungspolitischen Handlungsoptionen reichen hierbei von der

---

59 Vgl. Bundesministerium für Arbeit und Sozialordnung (2001), S. 83.

60 Dies wurde zu Beginn des Kapitels 6 erörtert.

61 Siehe Unterabschnitt 6.2.3.

62 Vgl. WELSCH (1999), S. 28-30.

63 Zwar können durch die sozialen Kontakte, die durch die Interaktionen des bürgerschaftlichen Engagements entstehen, mittelbar ein Informationspotenzial aufgebaut werden, das zu einer Erleichterung bei der Arbeitsplatzsuche führt, jedoch steht an dieser Stelle die unmittelbare Einkommenseinbuße im Vordergrund.

Einführung eines Sozialkontos für alle Akteure bis hin zu Steuerentlastungen für Tätigkeiten im Bereich der Zivilgesellschaft.

Allerdings bergen derartige politische Maßnahmen die Gefahr der Unterminierung der Sozialkapitalbildung, da durch eine direkte oder mittelbare Entgeltung von Solidaritätshandlungen keine dauerhaften Verpflichtungen entstehen. Diese Problematik wurde bereits in den Unterabschnitten 2.3.2, 3.3.2 und 6.2.5 erörtert. Das bürgerschaftliche Engagement ist gerade deshalb zivilgesellschaftlich und daher sozialkapitalbildend, weil es als dritter Sektor vom gewerblichen und vom öffentlichen Sektor getrennt ist. Daher kann eine sozialkapitalpolitische Verteilungspolitik auf diese Weise nicht stattfinden. Die Förderung von bürgerschaftlichem Engagement kann lediglich in einer Bereitstellung und Förderung einer geeigneten Infrastruktur bestehen, die eine zivilgesellschaftliche Struktur aufbaut, deren Vorteile aber ein einzelner Akteur nicht allein internalisieren kann.

### 6.3.3 Zwischenfazit

Soziale Beziehungen und Netzwerke stellen die Schnittstelle zwischen dem individuellen Akteur bzw. seinem Handeln und der daraus resultierenden Sozialstruktur einer Volkswirtschaft dar. Diese Sozialstruktur ist die Grundlage für die Verteilung von Chancen, Einkommen und Vermögen in einer Gesellschaft. Eine verteilungspolitische Einflussnahme auf dieser Ebene ist mit Schwierigkeiten verbunden, weil teilweise Konflikte mit anderen wirtschaftspolitischen Zielen existieren oder die Sozialkapitalbildung durch bestimmte Maßnahmen explizit unterminiert wird. Aus den oben diskutierten sozialkapitalpolitischen Verteilungsmaßnahmen lassen sich deshalb in erster Linie die Förderung netzwerkökonomischer Kommunikationsstrukturen, eine breit angelegte und netzwerkökonomisch ausgerichtete Bildungspolitik sowie eine infrastrukturelle Unterstützung bürgerschaftlichen Engagements ableiten.

Inwieweit diese Politikmaßnahmen mit dem Ziel der Verteilungsgerechtigkeit und auch die zuvor genannten sozialkapitalpolitischen Instrumente realisierbar sind, wird im folgenden Abschnitt erörtert.

## 6.4 Realisierbarkeit der Sozialkapitalpolitik

> *„Dass Steuerung notwendig ist, heißt noch nicht, dass sie auch machbar ist."*
>
> HELMUT WILLKE[64]

Die Problemfelder der Realisierung der sozialkapitalpolitischen Maßnahmen sind in erster Linie die Operationalisierbarkeit von Sozialkapital sowie das Politikversagen aufgrund fehlender Gestaltungskompetenzen, wozu ebenso die Begrenzung des Handlungsspielraums der nationalen Politik gehört.[65]

### 6.4.1 Operationalisierung von Sozialkapital

Eine zentrale Schwäche der Sozialkapitaltheorie ist die schwer zu handhabende Operationalisierung. Sozialkapital ist naturgemäß nicht zu beobachten. Soziale Verpflichtungen und die Treuewahrscheinlichkeiten zwischen Akteuren sowie die dazugehörigen Bestandsänderungen sind nicht sichtbar, wodurch Indikatoren für eine politische Bestandsaufnahme erforderlich werden. In den verschiedenen sozialkapitaltheoretischen Ansätzen werden unterschiedliche Messkonzepte und Indikatoren vorgeschlagen. Die konzeptionelle Diversifikation der Operationalisierung ist dabei eng mit dem breiten Spektrum an Sozialkapital-Explikationen in der Literatur verbunden. Diese Schwäche der Sozialkapitaltheorie wurde bereits in den Kapiteln 2 und 3 erörtert.

Im Rahmen der vorliegenden Arbeit wurde in Abschnitt 3.5 eine Definition von Sozialkapital präsentiert. Aus dieser Definition sind nun Indikatoren abzuleiten, aus denen wiederum operationalisierbare Phänomene herzuleiten sind. Abbildung 6-4 verdeutlicht diese Vorgehensweise.

---

64 WILLKE (1992), S. 111

65 Von den politökonomischen Anreizproblematiken der politischen Entscheidungsträger wird im Folgenden abstrahiert, da diese Problematik grundsätzlich für die Umsetzung wirtschaftspolitischer Implikationen gilt.

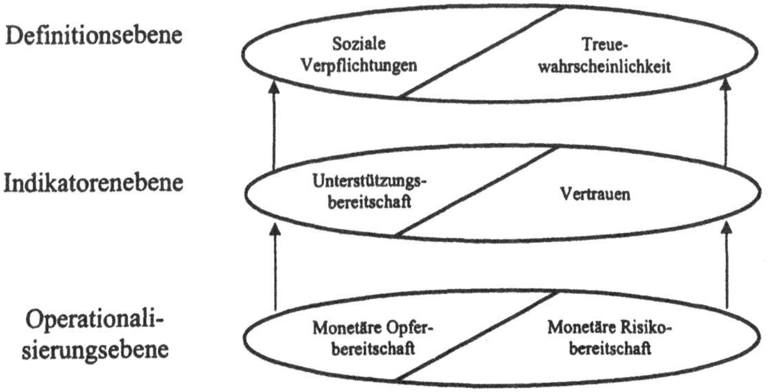


**Abbildung 6-4: Operationalisierung von Sozialkapital**

Quelle: eigene Darstellung

Die Hauptindikatoren für das Vorhandensein von Sozialkapital aus Sicht des Drei-Ebenen-Modells sind (a) das gegenseitige Vertrauen als Indikator für die Treuewahrscheinlichkeit eines Akteurs und (b) die generelle Unterstützungsbereitschaft als Indikator für soziale Verpflichtungen von Akteuren.

(a) Vertrauen ist eng mit der Höhe von Treuewahrscheinlichkeiten zwischen den Akteuren verknüpft. Im Rahmen der Diskussion über das idealtypische Handlungsprinzip der Kooperation wurde dies in Unterabschnitt 3.3.1 mit Hilfe eines Modells zur rationalen Vertrauensvergabe erörtert.[66] Die Treuewahrscheinlichkeit ist wiederum eine unmittelbare Sozialkapital-Komponente. Vertrauen wird von nahezu allen sozialkapitaltheoretischen Vertretern als zentraler Aspekt des Sozialkapitals identifiziert. Sowohl die Handlungsprinzipien der Kooperation als auch die der Gewohnheit sind eng mit dem Vertrauensphänomen verknüpft. Darüber hinaus generieren Wechselwirkungen zwischen dem Vertrauen und der generellen Reziprozität pfadabhängige Entwicklungen des Sozialkapitalbestandes.[67] Auch aus empirischer Sicht erscheint der Vertrauensaspekt als wesentlicher sozialkapitaltheoretischer Wirtschaftsfaktor. So haben KNACK und KEEFER große Wachs-

66 Siehe insbesondere Abbildung 3-2 auf Seite 135 sowie die Gleichungen (16) bis (19) in jenem Unterabschnitt.

67 Siehe Abbildung 5-3 auf Seite 222.

tumspotenziale von Volkswirtschaften innerhalb der OECD identifiziert, die auf ein ausbaufähiges Niveau des generellen Vertrauens zurückzuführen sind.[68]

Vertrauen von Akteur *A* in Akteur *B* kann grundsätzlich durch die Höhe der Risikobereitschaft operationalisiert werden. So kann beispielsweise die maximale Höhe einer Kreditvergabe, die Akteur *A* bereit ist, Akteur *B* zu gewährleisten, ein Maß für das geschenkte Vertrauen sein.

(b) Die zweite Sozialkapital-Komponente besteht in dauerhaften sozialen Verpflichtungen zwischen den Akteuren. Das Verpflichtungsgefühl eines Akteurs kann mit Hilfe des Indikators Unterstützungsbereitschaft beobachtet und mittels der Opferbereitschaft gemessen werden. Die Problematik der Operationalisierbarkeit ähnelt dabei derjenigen der monetären Zahlungsbereitschaft in der mikroökonomischen Theorie. Die Opferbereitschaft eines Akteurs, der eine dauerhafte soziale Verpflichtung gegenüber einem anderen Akteur empfindet, lässt sich anhand eines monetären Äquivalents der Opferbereitschaft messen. So könnte der Fall konstruiert werden, dass Akteur *A* Akteur *B* unterstützt, indem er im Zeitraum einer längeren Abwesenheit regelmäßig dessen Wohnung versorgt. Die Unterstützung seitens Akteur *A* verlangt von diesem eine Opferbereitschaft in Form von Fahrt- und Zeitaufwendungen. Wird Akteur *A* beispielsweise mit der Frage konfrontiert, wie weit die Wohnung von Akteur *B* maximal entfernt sein dürfte, damit er diese Unterstützungsleistung weiterhin erbringt, lässt sich durch eine Ermittlung des monetären Äquivalents von Zeit- und Fahrtaufwendungen der Wert der sozialen Verpflichtung messen.

Grundsätzlich besteht neben der Problematik der Identifikation von Indikatoren und deren Messung die Schwierigkeit der Aggregation des ermittelten Sozialkapitals. Insbesondere hier konzentriert sich der sozialkapitaltheoretische Forschungsbedarf der Zukunft.

### 6.4.2 Mangelnde Gestaltungskompetenzen des Staates

Die Frage der Realisierbarkeit knüpft an die in diesem Kapitel bereits angesprochene Möglichkeit des Staatsversagens bei der Bildung von Sozialkapital an. MOHN spricht

---

68 Vgl. KNACK und KEEFER (1997) und siehe die Erläuterungen zu Beginn des Kapitels 5.

sogar der Politik die (Um-)Gestaltungsfähigkeit vollkommen ab. Seiner Ansicht nach werden die Defizite der Veralterung der Wertevorstellungen und die damit verbundene Beschränkung der Problemlösungsfähigkeit nur in der „Mitte unserer Gesellschaft" empfunden. Daher prognostiziert MOHN, dass die Suche nach geeigneteren Steuerungspotenzialen auch aus dieser Mitte und nicht aus der Politik kommen werde.[69]

Die Gestaltungsunfähigkeit seitens des Staates trifft jedoch nicht auf sämtliche sozialkapitalpolitischen Maßnahmen zu. Die sozialkapitalpolitischen Handlungsfelder finden sich einerseits konkret im Aus- und Weiterbildungsbereich, in der Förderung netzwerkökonomischer Kommunikationsstrukturen sowie im Bereich der sozialen Verbände und des bürgerschaftlichen Engagements. Andererseits existieren jedoch ebenso Handlungsempfehlungen, welche nicht ohne Weiteres konkret umgesetzt werden können. Dazu gehören beispielsweise die Erhöhung des generellen Vertrauensniveaus oder die Verhinderung horizontaler Statusnetzwerke. Zudem steht über den genannten bürgerschaftspolitischen Maßnahmen stets die Notwendigkeit der Internalisierung der kulturellen und rechtsstaatlichen Normen durch die Akteure. Diese Sozialisierung kann nicht von staatlichen Instanzen vorgenommen werden.

Die politischen Gestaltungskompetenzen erfahren häufig auch dann ihre Grenzen, wenn sich der Anknüpfungspunkt der erforderlichen Maßnahmen im so genannten Dritten Sektor befindet, der sich aus *non profit*-Organisationen und privaten sozialen Verbänden als Zwischenformen von Staat und Markt zusammensetzt. In diesem sensiblen Bereich der staatlichen Eingriffe besteht die prinzipielle Gefahr, dass die Maßnahmen nicht den Normen und Wertevorstellungen der Betroffenen entsprechen. Der Grund hierfür liegt häufig im Mangel an individuellen Eingriffsverfahren, da die politischen Entscheidungsträger aus Effizienzgründen auf pauschale Instrumentarien zurückgreifen. PUTNAM fordert deshalb eine grundsätzliche Delegation von ökonomischen, politischen und gesellschaftlichen Entscheidungen auf die niedrigeren Regierungsebenen und plädiert darüber hinaus für die grundsätzliche Umsetzung des Subsidiaritätsprinzips. Dabei bezieht er sich auf die Beobachtungen TOCQUEVILLEs, der in der Vitalität lokaler Verwaltungen den Haupterfolgsfaktor für die Bildung von Sozialkapital sieht.[70]

Der kommunitaristische Politikansatz geht in diesem Zusammenhang noch einen Schritt weiter. Er delegiert nicht nur die Therapie politischer Probleme auf die verwaltungstechnische Ebene der Problementstehung, sondern fordert eine Rücküber-

69 Vgl. MOHN (1996), S. 11.
70 Vgl. PUTNAM (1996b), S. 76.

tragung gesellschaftspolitischer Aufgaben auf den privaten Sektor. Diese Vorgehensweise erzeugt zwar Sozialkapital, setzt jedoch im Vorfeld einen hohen Bestand an Sozialkapital voraus.

**Exkurs: Abgrenzung der Sozialkapitaltheorie vom Kommunitarismus**

Da die Untersuchungsbereiche der Sozialkapitaltheoretie und des Kommunitarismus weitgehend übereinstimmen, existiert eine gewisse Verwechslungsgefahr dieser Konzeptionen. Im Folgenden wird deshalb eine Abgrenzung der sozialkapitaltheoretischen und der kommunitaristischen Sichtweise vorgenommen. Unter Kommunitarismus ist sowohl eine gesellschaftspolitische Bewegung als auch eine theoretische Debatte zu verstehen, welche den Gemeinschaftsgedanken in der modernen Gesellschaft wiederbeleben möchte.[71]

Die beiden zentralen Unterschiede zwischen dem sozialkapitaltheoretischen und dem kommunitaristischen Ansatz liegen in der Methodik und in der Zielsetzung der Handlungsempfehlungen: Während die Sozialkapitaltheorie soziale Beziehungsmuster wissenschaftlich analysiert und damit einen positiven Ansatz darstellt, werden die Gemeinschaftsbezüge von den kommunitaristischen Vertretern normativ verstanden.[72] Des Weiteren nehmen die sozialkapitaltheoretischen Vertreter für sich in Anspruch einen wissenschaftlichen Theoriekomplex zu entwickeln, wohingegen das kommunitaristische Denkmodell bewusst simpel gehalten wird. Die kommunitaristische Bewegung hat sich die Aufgabe gestellt, mit Hilfe einer „Legitimierung von Transferzahlungen durch Eigenaktivität (...) der Zahlungsempfänger“ sowie einer „Dezentralisierung der Verantwortlichkeit zugunsten von basisnäheren Bereichen“ „heterogene soziale Interessen politisch handlungsrelevant und mehrheitsbildend zusammenzubringen“.[73]

**Exkurs Ende**

---

71 Vgl. REESE-SCHÄFER (1996), S. 3. Aktivster Vertreter ist AMITAI ETZIONI, der innerhalb weniger Jahre sowohl eine Vielzahl von Publikationen zu dieser Thematik veröffentlicht hat als auch ein weltweites Kommunitarier-Netzwerk errichtet hat, zu dem sich eine Vielzahl hochrangiger Politiker aus überwiegend westlichen Nationen zählen. Stellvertretend für die Vielfalt an Veröffentlichungen von ETZIONI seien an dieser Stelle *The Moral Dimensions* (1988) und *Die Entdeckung des Gemeinwesens* (1995) genannt. Das Kommunitarier-Netzwerk nutzt in erster Linie die netzwerkökonomischen Kommunikationsmittel, wird aber von der Print-Zeitschrift *The Responsive Community* begleitet.

72 Siehe u.a. ETZIONI (1988 und 1993) sowie WOLFE (1989).

Die sozialkapitalpolitischen Gestaltungsmöglichkeiten werden darüber hinaus ebenso durch die Handlungsbegrenzung der nationalen Wirtschaftspolitik eingeengt: Vor dem Hintergrund einer Virtualisierung der Gesellschaft im Rahmen der netzwerkökonomischen Entwicklung steht die Infragestellung der Nation und damit des Handlungsspielraums der nationalen Politik. Die Intensivierung der ökonomischen und gesellschaftlichen Vernetzung auf internationaler Ebene führt zu einer Reduzierung nationalpolitischer Machtmittel. COY sieht die Steuerungsfähigkeit politischer Entscheidungsinstanzen auf nationaler Ebene schwinden.[74]

## 6.5 Zwischenfazit

Sozialkapital ist für das ökonomische Wachstum, eine effektive Beschäftigungspolitik und die allokative Effizienz von hoher Bedeutung. Hinsichtlich der Verteilungseffekte ist es jedoch Aufgabe der Wirtschaftspolitik, flankierende politische Maßnahmen zu ergreifen, um eine verstärkte Ungleichverteilung der individuellen Vermögensbestände zu vermeiden.

Aufgrund der verteilungspolitisch höheren Bedeutung des Vermögens im Vergleich zu den Chancen und dem Einkommen der Akteure wären entsprechende vermögensorientierte Politikmaßnahmen vorzuziehen. Allerdings bestehen hierbei Konflikte mit anderen politischen Zielen, so dass die sozialkapitaltheoretische Verteilungspolitik am Einkommen und an den Chancen der Akteure ansetzen muss. Hierbei sollten sich die Anstrengungen auf die Erhöhung des Neigungsgrades sozialer Netzwerke, die Verbesserung des Bildungssystems sowie die Förderung des bürgerschaftlichen Engagements konzentrieren.

Neben den politökonomischen Problemfeldern ist die Realisierbarkeit der Sozialkapitalpolitik in erster Linier von der Lösung des Operationalisierungsproblems und der Verbesserung der Gestaltungskompetenzen des Staates abhängig. Während die Frage der Messbarkeit des Sozialkapitals eine grundsätzliche Lösung gefunden hat und lediglich einer detaillierten Umsetzungsstrategie bedarf, erscheinen die Gestaltungsbarrieren einer umfassenden effektiven Sozialkapitalpolitik höher zu sein.

---

73 REESE-SCHÄFER (1996), S. 6

74 Vgl. COY (1996), S. 50-51.

# 7 Fazit und Ausblick

> *„Social capital is a concept with a short and already confused history."*
>
> JOSEPH E. STIGLITZ[1]

Der Nobelpreisträger des Jahres 2001, JOSEPH STIGLITZ, steht zwar mit seiner oben zitierten Aussage nicht allein; allerdings besitzt der Autor den Optimismus, dass die vorliegende Arbeit dem Konfusionspfad der Sozialkapitaltheorie entgegenwirkt. Im Übrigen schreibt STIGLITZ in den Schlussfolgerungen desselben Artikels: *„Social capital is a very useful concept, but an extremely complex one, in which different perspectives have much to contribute."*[2]

Im Folgenden wird darüber hinaus aufgezeigt, dass die Entwicklung der Sozialkapitaltheorie auch als Fortschreibung eines wissenschaftlichen Pfades angesehen werden kann, der mit der klassischen Nationalökonomie seinen Anfang nahm.

## 7.1 Fazit

ADAM SMITH stellt in seinen beiden Hauptwerken eine Entwicklung von der feudalen Gesellschaft, in der die persönlichen Beziehungen und das Interesse für andere im Mittelpunkt stehen, hin zu einer rationalistischen und eigennutzorientierten Marktwirtschaft dar. Diese Entwicklung ist bis heute nicht abgeschlossen.

Die klassischen Ökonomen identifizierten Boden, Arbeit und physisches Kapital als die drei grundlegenden Faktoren für Wohlstand und wirtschaftliches Wachstum. Im Zuge der industriellen Revolution einhergehenden Strukturwandel des ausgehenden 18. Jahrhunderts verlor der Faktor Boden mehr und mehr an Bedeutung und ging in der Wirtschaftstheorie als Teilkomponente im Faktor des physischen Kapitals auf. In den 1960er Jahren erkannten neoklassisch orientierte Sozialwissenschaftler das Humankapital als eine wesentliche ökonomische Wachstumsdeterminante an.[3] Als konsequente Weiterführung der Identifikation von Wohlstandsursachen entwickelte

---

1 STIGLITZ (1999), S. 59

2 STIGLITZ (1999), S. 67

3 Zu nennen sind hier v.a. GARY S. BECKER (1962) und SCHULTZ (1963).

sich ab 1961[4] – zunächst noch sehr verhalten – der Forschungszweig der Sozialkapitaltheorie, der jedoch erst im Laufe der vergangenen Dekade seinen Durchbruch erreichte.[5] Nach einer diversifizierenden Entwicklung des Forschungszweigs[6] stehen in der Gegenwart in erster Linie die zivilgesellschaftliche Frage und die Einbindung des Konzepts in die Ökonomik im Vordergrund.

Im Rahmen dieser Arbeit wurden die Fragen diskutiert, inwieweit sich soziale Beziehungen auf die ökonomische Leistungsfähigkeit auswirken, welche Veränderungen diese Wirkungszusammenhänge durch die Netzwerkökonomik unterliegen und welche politischen Schlussfolgerungen sich daraus ziehen lassen. Die noch junge Sozialkapitaltheorie rückt den sozioökonomischen Aspekt der gesellschaftlichen Relationen auf der individuellen Handlungsebene in das wissenschaftstheoretische Rampenlicht. Die ausschließliche Konzentration auf physisches Kapital und Humankapital als Wirtschaftsfaktoren erzeugt nach Ansicht der Vertreter der Sozialkapitaltheorie einen *missing link* im Erklärungsgerüst des Wirtschaftsprozesses. Mit dem Begriff Sozialkapital erhebt die Sozialkapitaltheorie den Anspruch, dass soziale Beziehungen als wesentlicher Wirtschaftsfaktor zu berücksichtigen sind.

Die vorliegende Untersuchung erreichte vier Ziele: Erstens wurde ein Überblick über die aus ökonomischer Sicht wichtigsten sozialkapitaltheoretischen Aspekte gegeben. Dabei wurden neben den soziologischen und sozioökonomischen auch die wissenschaftstheoretischen Wurzeln dieser Konzepte erläutert. Aufbauend auf diesen Erläuterungen und der Kritik an den verschiedenen Ansätzen wurden zweitens diese Theorien in ein arbeitsfähiges sozialkapitaltheoretisches Modell integriert, das die Schwächen des noch jungen Theoriekomplexes weitgehend reduziert. Darüber hinaus wurden drittens die Auswirkungen des Sozialkapitals auf die ökonomischen Größen Wachstum, Beschäftigung, allokative Effizienz und Verteilungsgerechtigkeit unter Berücksichtigung der netzwerkökonomischen Entwicklungen untersucht. Aus den Erkenntnissen der Sozialkapitaltheorie und den Ergebnissen der Analyse der Wirkungszusammenhänge zwischen Sozialkapital als Wirtschaftsfaktor und der ökonomi-

---

4 JANE JACOBS (1961) erkannte in sozialen Netzwerken das Sozialkapital einer Stadt. Siehe Kapitel 2. Anzumerken sei an dieser Stelle noch einmal, dass bereits im Jahr 1920 HANIFAN (1920; S. 78) den Begriff „*social capital*" verwendete. Diese isolierte Begriffsverwendung spielte allerdings in der sozialkapitaltheoretischen Entwicklung keine Rolle.

5 Insbesondere COLEMAN (1988 und 1990) und PUTNAM (1993a, 1993b, 1995 und 1996) zeichnen sich für die wissenschaftliche und politische Popularitätsgewinnung verantwortlich. Zur Dreiteilung des Kapitals siehe Kapitel 2 und vgl. OSTROM (1999), S. 174-176.

6 Vgl. Unterabschnitt 2.1.1 und insbesondere Unterabschnitt 2.1.2.

schen Leistungsfähigkeit wurden viertens politische Handlungsempfehlungen formuliert.

Den Ausgangspunkt der Arbeit bildete die Identifikation der bereits angesprochenen *missing links*, denn bestimmte Fragen – wie sie eingangs in Kapitel 1 formuliert wurden – sind mit der herkömmlichen Wirtschaftstheorie nicht zu beantworten. Die Art der sozialen Beziehungen trägt entscheidend dazu bei, derartige Phänomene zu erklären – *relationship matters* ist die zentrale Aussage der Sozialkapitaltheorie. Soziale Verpflichtungen und Treuewahrscheinlichkeiten als wesentliche Definitionsmerkmale des Sozialkapitals wirken sich sowohl auf die individuelle Einkommens- und Vermögenssituation als auch auf die wirtschaftliche Leistungsfähigkeit von sozialen Verbänden, Organisationen und Volkswirtschaften aus.

Die Sozialkapitaltheorie hat ihre Wurzeln in der klassischen Nationalökonomie sowie in verschiedenen soziologischen und sozioökonomischen Forschungsrichtungen. Mit JAMES COLEMANs *rational choice*-Ansatz und ROBERT PUTNAMs empirischem Konzept erlebte die Sozialkapitaltheorie zu Beginn der 1990er Jahre sowohl im wissenschaftlichen als auch im populärwissenschaftlichen Bereich eine Renaissance. Neben diesen beiden Konzepten sind der vermögenstheoretische Ansatz von PIERRE BOURDIEU und der kulturökonomische Ansatz von FRANCIS FUKUYAMA entscheidende moderne Beiträge der Sozialkapitaltheorie. Im Hinblick auf das zu entwickelnde integrative Sozialkapital-Modell war sowohl ein inhaltlicher und methodischer Vergleich als auch eine kritische Bewertung dieser vier unterschiedlichen Ansätze erforderlich.

Das in der vorliegenden Arbeit entwickelte Drei-Ebenen-Modell diskutiert Ergebnisse und Erkenntnisse der erörterten sozialkapitaltheoretischen Konzepte und stellt im Wesentlichen eine Erweiterung des COLEMAN'schen Makro-Mikro-Makro-Modells um die Meso-Ebene als weitere Handlungsebene dar. Auf diese Weise wurden verschiedenartige soziale Verbände und Organisationen sowie deren Rolle in den Bildungs- und Wirkungsprozessen von Sozialkapital erfasst. Mit Hilfe von sozialen Mechanismen ließen sich die Wirkungszusammenhänge sowohl zwischen den Handlungsebenen als auch auf der individuellen Handlungsebene erklären. Die Systematisierung und Identifikation von Situationsmechanismen, Mechanismen zur Handlungsbildung und Wirkungsmechanismen haben den Vorteil, einerseits Ansatzpunkte für politische Maßnahmen zu umschreiben und andererseits die Entstehung und Bildung von Sozialkapital zu erklären und zu verorten. Des Weiteren wurden durch den Modellaufbau auf der Basis von Handlungsebenen und sozialen Mechanismen sozialkapitaltheoretische Schwächen wie Tautologien, Methodendiversifikation und

Definitionsunklarheiten reduziert. Während sich die Situations- und Wirkungsmechanismen des Drei-Ebenen-Modells auf die sozialkapitaltheoretischen Problemfelder der Meso-Handlungsebene konzentrierten, wurden mit den Mechanismen zur Handlungsbildung die idealtypischen Handlungsprinzipien Kooperation, Solidarität, Wettbewerb und Gewohnheit aufgearbeitet. Hieraus resultieren als Mischform realtypische Handlungen, welche die Bildung von Sozialkapital im Wesentlichen beeinflussen. Die Entstehung von Sozialkapital findet dabei ausschließlich auf der individuellen Handlungsebene statt. Sozialkapital erhöht sich durch jene interaktiven Verhaltensweisen, durch die entweder bewusst oder unbewusst dauerhafte soziale Verpflichtungen von mindestens einem Interaktionspartner entstehen bzw. zunehmen und/oder die Treuewahrscheinlichkeit eines Akteurs steigt.

Vor dem Hintergrund der netzwerkökonomischen Entwicklungen in der jüngsten Vergangenheit – insbesondere im Bereich der digitalen Informations- und Kommunikationstechnologien sowie deren Auswirkungen als Querschnittstechnologie auf ökonomische, politische und soziale Interaktionen – wurden die Rahmenbedingungen der Sozialkapitaltheorie überprüft. Da die Netzwerkökonomik selbst auch ein relativ neues Forschungsgebiet darstellt, welches mit ähnlichen Diversifikationstendenzen und Begriffsproblematiken zu kämpfen hat wie die Sozialkapitaltheorie, war eine kurze systematische Aufarbeitung der technologischen, ökonomischen und gesellschaftlichen Zusammenhänge aus sozialkapitaltheoretischer Sicht erforderlich. Das in der Netzwerkökonomik bedeutsamste Strukturprinzip „Netzwerk“ generiert neue Chancen und Notwendigkeiten in der Kommunikationsstruktur und in den Kommunikationsprozessen. Hierdurch stehen sich die ökonomischen Akteure beider Marktseiten mit veränderten Nutzenkalkülen gegenüber, nach welchen die Gleichzeitigkeit von Konkurrenz und Wettbewerb, die Vereinbarkeit von Lokalität und Globalität sowie die wachsende Bedeutung von Vertrauen und Reputation als sozialkapitaltheoretische Notwendigkeiten an Bedeutung gewinnen.

Die Wirkungsweise von Sozialkapital auf die ökonomischen Größen Wachstum, Beschäftigung, allokative Effizienz und Verteilungsgerechtigkeit wird demnach von der netzwerkökonomischen Entwicklung beeinflusst. Zwischen der Bildung von Sozialkapital und dem Wirtschaftswachstum besteht ein prinzipiell positiver Zusammenhang. Dies ist einerseits auf die Bedeutung von Vertrauen als wichtigstem sozialkapitaltheoretischer Aspekt und andererseits auf die effiziente Bildung von Humankapital zurückzuführen.

Beschäftigungsökonomische Effekte des Sozialkapitals ergeben sich vor allem durch den Austausch von Informationen über freie Arbeitsplätze. Eine Steigerung des

Sozialkapitals fördert den Informationsaustausch über Beschäftigungsmöglichkeiten und reduziert die Anzahl der freien Stellen. Auf diese Weise liefert die Sozialkapitaltheorie einen entscheidenden Ansatzpunkt zur Reduzierung der *mismatch*-Arbeitslosigkeit. Die beiden konkurrierenden Ansätze von MARK GRANOVETTER und RONALD BURT identifizieren schwache soziale Beziehungen zwischen den Akteuren bzw. so genannte strukturelle Löcher in den egozentrierten Netzwerken der Akteure als erfolgversprechende Informationsquellen.

Die allokative Effizienz wird auf gesamtwirtschaftlicher Ebene von Sozialkapital ebenfalls im positiven Sinne beeinflusst. Während im privaten Sektor die *co-opetition*-Anforderungen an die Akteure für eine Leistungssteigerung aus sozialkapitaltheoretischer und netzwerkökonomischer Sicht verantwortlich sind, garantieren im öffentlichen Sektor effektive Sanktionsnormen und Kooperationsverhalten die allokative Leistungsfähigkeit einer Volkswirtschaft.

Während sich Sozialkapital positiv auf Wirtschaftswachstum, Beschäftigung und allokative Effizienz auswirkt, ist der Einfluss von Sozialkapital auf die Verteilungsgerechtigkeit negativer Natur. Eine Erhöhung des Sozialkapitals führt tendenziell zu einer zunehmenden Ungleichverteilung von Chancen, Einkommen und Vermögen. Der verhaltensorientierte Gravitationsansatz zeigt eine generelle Tendenz zu milieuorientierten sozialen Netzwerken, welche eine geringe soziale Mobilität zulassen. Hierdurch erreicht die Gesellschaft ein Trägheitsmoment, welches der Vererbung der Sozialstruktur Rechnung trägt. Die Veränderungen der Kommunikationsstrukturen – insbesondere die Enthierarchisierung der Kommunikation – vermindern zwar diesen negativen Verteilungseffekt, können ihn jedoch weder kompensieren noch umkehren.

Für die sozialkapitaltheoretische Wirtschaftspolitik ergibt sich daher die grundsätzliche Entscheidung für eine Förderung der Sozialkapitalbildung. Diese sollte allerdings durch eine flankierende Verteilungspolitik begleitet werden. Sozialkapitalpolitische Ansatzpunkte sind auf der Entstehungsseite des sozialkapitaltheoretischen Drei-Ebenen-Modells zu finden: Sowohl die Situationsmechanismen als auch die Mechanismen zur Handlungsbildung stellen hierbei geeignete Eingriffsbereiche der Politik dar. Hinsichtlich des Wachstumsziels sind deshalb die Effizienzverbesserung der Humankapitalbildung, die Erhöhung des generellen Vertrauens und die Förderung der Wissensdiffusion als sozialkapitaltheoretische Politikziele anzustreben. Aus beschäftigungsökonomischer Sicht steht die Förderung der Diffusion arbeitsmarktrelevanter Informationen, die Verhinderung horizontaler Statusnetzwerke und die Förderung sozialer Verbände mit überwiegend schwachen sozialen Beziehungen im Mittelpunkt der Wirtschaftspolitik. Eine Verbesserung der allokativen Effizienz wird durch die

Förderung von *co-opetition*-Verhalten zwischen den Akteuren, der Aufwertung des bürgerschaftlichen Engagements und der Förderung der Diffusion von Reputationssignalen erreicht.

Die erforderlichen verteilungspolitischen Maßnahmen sollten aus sozialkapitaltheoretischer Sicht an den Vermögenspositionen ansetzen. Aufgrund von schwer zu lösenden Konflikten mit anderen Politikzielen, müssen die sozialkapitalpolitischen Verteilungsmaßnahmen am Einkommen und an den Chancen der Akteure ansetzen. Diese *second best*-Lösung fordert die Erhöhung des Neigungsgrades sozialer Netzwerke, die Verbesserung des Bildungssystems sowie eine strukturelle Förderung des bürgerschaftlichen Engagements.

Neben den politökonomischen Problemfeldern ist die Realisierbarkeit der Sozialkapitalpolitik in erster Linier von der Lösung des Operationalisierungsproblems und der Verbesserung der Gestaltungskompetenzen des Staates abhängig. Während die Frage der Messbarkeit des Sozialkapitals eine grundsätzliche Lösung gefunden hat und lediglich einer detaillierten Umsetzungsstrategie bedarf, erscheinen die Gestaltungsbarrieren einer umfassenden effektiven Sozialkapitalpolitik höher zu sein.

Als Gesamtergebnis kann festgehalten werden, dass Sozialkapital ein Wirtschaftsfaktor ist, den die wirtschaftspolitischen Entscheidungsträger berücksichtigen sollten, wenn der effiziente Einsatz eines Maßnahmenkatalogs konzipiert wird.

## 7.2 Ausblick

Ein Ausblick am Ende einer Untersuchung über Sozialkapital sollte sowohl eine Prognose zur Entwicklung des Sozialkapitalbestands in der Netzwerkökonomik als auch eine Voraussage zum zukünftigen Stellenwert der Sozialkapitaltheorie in den Wirtschaftswissenschaften beinhalten.

### 7.2.1 Entwicklungspotenzial des Sozialkapitals

Hinsichtlich einer Prognose über die zukünftige Bestandsentwicklung von Sozialkapital herrscht Uneinigkeit zwischen den Vertretern dieses Forschungszweigs. An dieser Stelle wird deshalb in kurzer Form die Entwicklung von zwei Sozialkapitaldeterminanten ausgeführt: persönliches Zeitbudget und kulturelle Konvergenz.

Eine zentrale Determinante dafür, wie sich der Bestand an Sozialkapital in der Zukunft entwickeln wird, ist die Art und Weise, wie die einzelnen Akteure mit ihrem Zeitbudget umgehen (können). PUTNAM hat diesen Wirkungszusammenhang zwischen Zeitverwendung und Sozialkapitalbestand bereits erkannt. Dabei nennt er beispielsweise die zunehmende Frauenerwerbsquote und den hohen Zeitbedarf für den TV-Konsum als Ursache für die fehlenden Zeitressourcen, sich bürgerschaftlich zu engagieren, aktives Mitglied eines Vereins zu sein oder sich „nur" mit Freunden zu treffen. Somit wird weniger neues Sozialkapital gebildet, was für das schwindende Sozialkapital in den USA – aber auch in anderen Volkswirtschaften – vorwiegend verantwortlich ist. Eine Zunahme des fremdbestimmten Anteils der Lebenszeit bedeutet eine verringerte Möglichkeit der Beziehungspflege. Damit nehmen die Investitionen in Sozialkapital ab.[7]

Neben der beschriebenen Gefahr der abnehmenden Investitionen in Sozialkapital besteht eine weitaus pessimistischere Prognose hinsichtlich einer drastischen Reduzierung des Sozialkapitalbestands durch Bedrohungen, mit welchen jede offene Gesellschaft konfrontiert ist: Nach den Ereignissen des 11. September 2001 in New York, Washington D.C. und Pennsylvania gewinnen Ansichten an Bedeutung, die einem „Kampf der Kulturen" vorhersagen.[8] Moderne, offene Gesellschaften sind jedoch gerade darauf angewiesen, dass *bridging social capital* zwischen den Kulturen sowohl innerhalb einer Gesellschaft als auch zwischen den Gesellschaften besteht. Die oben angesprochenen Terroranschläge haben sowohl die Verletzlichkeit westlicher Ökonomien verdeutlicht als auch die Gefahren eines niedrigen Niveaus an generellem Vertrauen aufgezeigt. Dies würde nachhaltige negative Auswirkungen auf die gesamte Leistungsfähigkeit der Volkswirtschaft nach sich ziehen.[9]

Zwar besitzen moderne Gesellschaften grundsätzlich einen hohen Bestand an Sozialkapital, diesen langfristig zu erhalten, stellt sich als äußerst schwierig dar. So

---

7 Vor dem Hintergrund netzwerkökonomischer Entwicklungen – insbesondere in Bezug auf neue Arbeitsformen – wird die für die Sozialkapitalbildung erforderliche Privatzeit weiter abnehmen. Die Arbeitsflexibilität wird durch den erhöhten Wettbewerbsdruck auf dem Arbeitsmarkt tendenziell weiter zunehmen. Lediglich in vereinzelten Branchen und Aufgabenbereichen wird der Arbeitnehmer eine Marktposition besitzen, die ihm erlaubt, entsprechende Forderungen auf mehr Privatzeit zu stellen. Der Beschleunigung der ökonomischen und gesellschaftlichen Prozesse sind allerdings biologische und soziopsychische Grenzen gesetzt. Bei einer Überbewertung der quantitativen Dimension von Informationen besteht die Gefahr der Reizüberflutung und Übersättigung auf der Nachfragerseite sowie der amoralischen Handlungen und ineffizienter, künstlicher Verkürzung der Produktlebenszyklen auf der Anbieterseite.

8 Siehe u.a. HUNTINGTON (1994).

9 Die Argumentationen in Kapitel 5 müssten lediglich mit umgekehrten Vorzeichen geführt werden.

dürften die Terroranschläge den Bestand an Sozialkapital und Humankapital weitaus härter getroffen haben als die ohnehin katastrophalen Einbußen im Bestand an physischem Kapital.

### 7.2.2 Entwicklungspotenzial der Sozialkapitaltheorie

Die Sozialkapitaltheorie besitzt nach Ansicht des Autors sowohl ein hohes theoretisches als auch öffentlichkeitswirksames Entwicklungspotenzial. Mit dem Schlagwort *„America's declining social capital"* erlangte die Sozialkapitaltheorie schon einmal einen Popularitätsschub.

Dabei kann dieser Forschungszweig innerhalb der Wirtschaftswissenschaften eine ähnliche Entwicklung entfalten, wie sie von der Humankapitaltheorie vollzogen wurde.[10] Insbesondere vor dem geschichtlichen und politischen Hintergrund der Notwendigkeit von mehr „innerer Sicherheit" dürften sozialkapitaltheoretische Aspekte in den Wirtschaftswissenschaften eine größere Rolle spielen als bisher.

[10] Eine ähnliche Einschätzung formuliert LUCAS, was in Unterabschnitt 5.1.3 bereits erörtert wurde.

## Literaturverzeichnis


ABB, FRITZ (1989): Systeme sozialer Indikatoren. In: Wirtschaftswissenschaftliches Studium (WiSt), Nr. 4. S. 239-243.

ABRAMOVITZ, MOSES (1986): Catching up, Forging ahead, and Falling behind. In: Journal of Economic History, Vol. 46. S. 385-406..

ABRAMOVITZ, MOSES und DAVID, PAUL A. (1996): Technical Change, Intangible Investments and Growth in the Knowledge-Based Economy: The US Experience, Paper presented at Conference on Employment in the Knowledge-Based Economy, Copenhagen.

ADELMAN, IRMA und MORRIS CYNTHIA TAFT (1967): Society, Politics and Economic Development, Baltimore.

ADLER, KATRIN (1996): Dank für gelebte Solidarität. In: Das Parlament Nr. 51. S. 1.

ALBROW, MARTIN (1997): Travelling beyond Local Cultures: Socioscapes in a Global City. In EADE, JOHN (Hrsg.): Living the Global City. Globalization as Local Process, London und New York. S. 37-55.

ALCHIAN, ARMEN A. und WOODWARD, SUSAN (1988): The Firm is Dead; Long Live the Firm – A Review of Oliver E. Williamson's The Economic Institutions of Capitalism. In: Journal of Economic Literature, No. 26. S. 65-79.

ALDERFER, CLAYTON P. (1972): Human Needs in Organizational Settings, New York.

ALEXANDER, JEFFREY C. (1993): Soziale Differenzierung und kultureller Wandel. Essays zur neofunktionalistischen Gesellschaftstheorie, Frankfurt am Main u.a.

ALT, CHRISTIAN (1994): Reziprozität von Eltern-Kind-Beziehungen in Mehrgenerationen-netzwerken. In: BIEN, WALTER (Hrsg.): Eigeninteresse oder Solidarität. Beziehungen in modernen Mehrgenerationenfamilien, Opladen. S. 197-222.

ANDERSON, BENEDICT (1991): Imagined Communities: Reflections on the Origin and Spread of Nationalism, London. Überarbeitete Ausgabe.

ANHEIER, HELMUT K.; GERHARDS, JÜRGEN und ROMO, FRANK P. (1995): Forms of Capital and Social Structure in Cultural Fields: Examining Bourdieu's Social Topography. In: American Journal of Sociology. S. 859-903.

ANHEIER, HELMUT K., SALAMON, LESTER M. und ARCHAMBAULT, EDITH (1997): Ehrenamtlichkeit und Spendenverhalten in Deutschland, Frankreich und den USA. In: ANHEIER, HELMUT K. (Hrsg.): Der dritte Sektor in Deutschland. Organisationen zwischen Staat und Markt im gesellschaftlichen Wandel, Berlin. S. 197-209.

ANTONUCCI, TONI C. und JACKSON, JAMES S. (1986): Social Support, Interpersonal Efficacy, and Health: A Life Course Perspective. In: CARSTENSEN, LAURA und EDELSTEIN, BARRY A. (Hrsg.): Handbook of Clinical Gerontology, New York.

APPADURAI, ARJUN (1990): Difference in the Global Cultural Economy. In: Theory, Culture & Society, Vol. 7. S. 311-328.

ARENDT, HANNAH (1948): The Origins of Totalitarism, New York.

ARISTOTELES (1963): The Philosophy of Aristotle, New York.

ARNDT, HELMUT (1976): Kapitalismus, Sozialismus, Konzentration und Konkurrenz, Tübingen.

ARROW, KENNETH J. (1962): The Economic Implications of Learning by Doing. In: Review of Economic Studies, Vol. 29. S. 155-173.

ARROW, KENNETH J. (1972): Gifts and Exchanges. In: Philosophy and Public Affairs, Vol. 1. S 343-362.

ARROW, KENNETH J. (1999): Observations on Social Capital. In: DASGUPTA, PARTHA und SERAGELDIN, ISMAIL (Hrsg.): Social Capital. A Multifaceted Perspective. The World Bank, Washington, D.C. S. 3-5.

ARTHUR, W. BRIAN (1988a): Competing Technologies: An Overview. In: DOSI, GIOVANNI et al. (Hrsg.): Technical Change and Economic Theory, London und New York. S. 590-607.

ARTHUR, W. BRIAN (1988b): Self-Reinforcing Mechanisms in Economics. In: ANDERSON, PHILIP W.; ARROW, KENNETH J. und PINE, DAVID (Hrsg.): The Economy as an Evolving Complex System, New York. S. 9-31.

ARTHUR, W. BRIAN (1989): Competing Technologies, Increasing Returns, and Lock-in by Historical Events. In: Economic Journal, No. 99. S. 116-131.

ARTHUR, W. BRIAN (1990): Positive Rückkopplung in der Wirtschaft. In: Spektrum der Wissenschaft. S. 122-129.

ATTLFELLNER, RUDOLPH (2000): Kontroverse um Konvergenz. In: <e>MARKET, Nr. 49, S. 3.

AXELROD, ROBERT (1984/2000): The Evolution of Cooperation, New York. Hier: Deutsche Ausgabe (2000): Die Evolution der Kooperation, München u.a. 5. Auflage.

BACKMAN, ELAINE B. und SMITH, STEVEN RATHGEB (2000): Healthy Organizations, Unhealthy Communities? In: Nonprofit Management and Leadership, Vol. 10,4. S. 355-373.

BADURA, BERNHARD (1981): Zur sozialepidemiologischen Bedeutung sozialer Bindung und Unterstützung. In: BADURA, BERNHARD (Hrsg.): Soziale Unterstützung und chronische Krankheit, Frankfurt am Main. S. 13-39.

BAECKER, DIRK (2000): Wozu Kultur? Berlin.

BAERENREITER, HARALD; FUCHS-HEINRITZ, WERNER und KIRCHNER, ROLF (1990): Jugendliche Computer-Fans: Stubenhocker oder Pioniere? Biographieverläufe und Interaktionsformen, Opladen.

BAILEY, JOSEPH P. und BAKOS, J. YANNIS (1997): An Exploratory Study of the Emerging Role of Electronic Intermediaries. In: International Journal of Electronic Commerce, Vol. 1,3. S. 7-20.

BAKER, WAYNE E. (1994): Networking Smart: How to Build Relationships for Personal and Organizational Success, New York.

BAKER, WAYNE E. (2000): Achieving Success Through Social Capital. Tapping the Hidden Resources in Your Personal and Business Networks, San Francisco.

BALKE, KLAUS (1999): Gesunder Eigensinn. Zur Bedeutung von Selbsthilfegruppen als zivilgesellschaftliches Sozialkapital. In: KISTLER, ERNST; NOLL, HEINZ-HERBERT und PRILLER, ECKHARD (Hrsg.): Perspektiven gesellschaftlichen Zusammenhalts. Empirische Befunde, Praxiserfahrungen, Messkonzepte, Berlin. S. 245-250.

BANKS, ERIK (1997): The Social Capital of Self-Help Mutual Aid Groups. In: Social Policy, S. 30-38.

BANKSTON III, CARL L.; CALDAS, STEPHEN J. und ZHOU, MIN (1997): The Academic Achievement of Vietnamese American Students: Ethnicity as Social Capital. In: Sociological Focus, Nr. 30, 1. S. 1-16.

BARBER, BENJAMIN R. (1983): The Logic and Limits of Trust. New Brunswick, NJ.

BARBER, BENJAMIN R. (1992): Jihad vs. McWorld. In: The Atlantic, Vol. 269,3. S. 53-65.

BARRY, BRIAN (1970): Sociologists, Economists, and Democracy, Chicago und London.

BAUKHAGE, MANON und WENDL, DANIEL (1998): Tauschen statt Bezahlen. Die Bewegung für ein Leben ohne Geld und Zinsen, Hamburg.

BAZAN, LUIZA und SCHMITZ, HUBERT (1997): Social Capital and Export Growth: An Industrial Community in Southern Brazil. IDS Discussion Paper No. 361. University of Sussex, Brighton.

BECATTINI, GIACOMO (1978): The Development of Light Industry in Tuscany: An Interpretation. In: Economic Notes 2, No. 3. S. 107-123.

BECATTINI, GIACOMO; PYKE, FRANK und SENGENBERGER, WERNER (1990) (Hrsg.): Industrial Districts and Inter-Firm Cooperation in Italy, Genf.

BECK, ULRICH (1986): Risikogesellschaft. Auf dem Weg in eine andere Moderne, Frankfurt am Main.

BECK, ULRICH (1993): Die Erfindung des Politischen, Frankfurt am Main.

BECK, ULRICH (1997): Was ist Globalisierung? Frankfurt am Main.

BECK, ULRICH (1998): Weltbürger aller Länder, vereinigt Euch. In: Die Zeit Nr. 30. S. 43.

BECKER, GARY S. (1957): The Economics of Discrimination, Chicago.

BECKER, GARY S. (1962): Investment in Human Capital: A Theoretical Analysis. In: Journal of Political Economy, Vol. 70. S. 9-49.

BECKER, GARY S. (1964): Human Capital, New York.

BECKER, GARY S. (1976): The Economic Approach of Human Behavior, Chicago.

BECKER, GARY S. (1993): Der ökonomische Ansatz zur Erklärung menschlichen Verhaltens. Tübingen, 2. Auflage.

BECKER, GARY S. (1996): Staat soll aufhören, Familien zu schaden. Interview mit BRIGITTE WETTWER. In: Wirtschaftswoche Nr. 50. S. 30.

BELLAH, ROBERT N. et al. (1987): Gewohnheiten des Herzens. Individualismus und Gemeinsinn in der amerikanischen Gesellschaft, Köln.

BEN-PORATH, YORAM (1980): The F-Connection: Families, Friends, and Firms and the organization of exchange. In: Population and Development Review, No. 6. S. 1-30.

BHIMANI, ANISH (1996): Securing the Commercial Internet. In: Communications of the ACM, Vol. 39,6. S. 29-35.

BIERHOFF, HANS WERNER; BUCK, ERNST und SCHREIBER, CHRISTA (1983): Vertrauen und soziale Interaktion: Einflüsse von interpersoneller Orientierung, Bekanntheit und Machtbalance in Rollenspielen. In: Berichte aus dem Fachbereich der Philipps-Universität Marburg/Lahn, Nr. 81.

BIERHOFF, HANS WERNER und BUCK, ERNST (1984): Vertrauen und soziale Interaktion: Alltägliche Bedeutung des Vertrauens. In: Berichte aus dem Fachbereich der Philipps-Universität Marburg/Lahn, Nr. 83.

BIERVERT, BERND und HELD, MARTIN (1994): Veränderungen im Naturverständnis der Ökonomik. In: BIERVERT, BERND und HELD, MARTIN (Hrsg.): Das Naturverständnis der Ökonomik. Beiträge zur Ethik-Debatte in den Wirtschaftswissenschaften, Frankfurt und New York. S. 7-29.

BLANCHARD, ANITA und HORAN, TOM (2000): Virtual Communities and Social Capital. In: LESSER, ERIC L. (Hrsg.): Knowledge and Social Capital: Foundations and Applications, Boston u.a. S. 159-177.

BLANKE, BERNHARD und SCHRIDDE, HENNING (1999): Bürgerengagement und aktivierender Staat. In: Aus Politik und Zeitgeschichte, Nr. 24/25. S. 3-12.

BLAU, PETER MICHA (1964): Exchange and Power in Social Life, New York.

BÖHME, GERNOT (1998): Trau, schau, wem! In: Die Zeit, Nr. 52. S. 45.

BOEHNKE, KLAUS, MERKENS, HANS und HAGAN, JOHN (1996): Rechtsextremismus bei Jugendlichen: Analysen im Rahmen des Sozialkapital-Ansatzes. In: CLAUSEN, LARS (Hrsg.): Gesellschaften im Umbruch, Frankfurt am Main. S. 818-836.

BOHLE, HANS HARTWIG (1981): Soziale Probleme und Soziale Indikatoren, Berlin.

BOISJOLY, JOHANNE; DUNCAN, GREG und HOFFERTH, SANDRA (1995): Access to Social Capital. In: Journal of Family Issues, Vol. 16,5. S. 609-631.

BOISSEVAIN, JEREMY F. (1974): Friends of Friends. Networks, Manipulators, and Coalitions, Oxford.

BONCHEK, MARK SETH (1997): From Broadcast to Netcast: The Internet and the Flow of Political Information, Cambridge, Mass.

BORCHARDT, WOLFGANG und WIRTZ, JOACHIM (1996): Geldloser Ressourcenaustausch für Vereine, Betriebe und Projekte, Bonn.

BOUDON, RAYMOND (1987): The Individualistic Tradition in Sociology. In: ALEXANDER, JEFFREY C. et al. (Hrsg.): The Micro-Macro-Link, Berkeley. S. 45-70.

BOULDING, KENNETH E. (1950): A Reconstruction of Economics, New York.

BOULDING, KENNETH E. (1992): Abseits des „Mainstreams“: Bekenntnisse eines abtrünnigen Ökonomen. In: HANUSCH, HORST und RECKTENWALD, HORST CLAUS: Ökonomische Wissenschaft in der Zukunft, Ansichten führender Ökonomen, Düsseldorf. S. 38-52.

BOURDIEU, PIERRE (1972): Esquisse d'une theorie de la pratique. Precedée de trois études d'ethnologie kabyle. Genève: Droz. S. 227-243.

BOURDIEU, PIERRE (1982/1999): Die feinen Unterschiede. Zur Kritik der gesellschaftlichen Urteilskraft, Frankfurt am Main. 11. Auflage.

BOURDIEU, PIERRE (1983): Ökonomisches Kapital, kulturelles Kapital, soziales Kapital. In: KRECKEL, REINHARD (Hrsg.): Soziale Ungleichheiten, Göttingen, Soziale Welt, Sonderband 2, S. 183-198. Wiederabdruck (1988) in: Soziale Welt, Supplement Nr. 2. S. 183-198.

BOURDIEU, PIERRE (1986): The forms of social capital. In: RICHARDSON, JOHN G. (Hrsg.): Handbook of theory and research for the sociology of education, Greenwood. S. 241-258.

BOURDIEU, PIERRE (1992): Die verborgenen Mechanismen der Macht. In: Schriften zur Politik und Kultur 1; MARGARETA STEINRÜCKE (Hrsg.), Hamburg.

BOURDIEU, PIERRE; BOLTANSKI, LUC und DE SAINT MARTIN, MONIQUE (1981): Kapital und Bildungskapital. Reproduktionsstrategien im sozialen Wandel. In: BOURDIEU, PIERRE et al. (Hrsg.): Titel und Stelle: Über die Reproduktion sozialer Macht. S. 23-87..

BOXMAN, EDWARD A.W., GRAAF, PAUL M. DE und FLAP, HENDRIK DERK (1991): The Impact of Social and Human Capital on the Income Attainment of Dutch Managers. In: Social Networks, Vol. 13. S. 51-73.

BOYLE, TOM (1999): Präsentation am Institute for Knowledge Management Member Forum, Nizza.

BRANSCOMB, LEWIS M. (1995): Balancing the Commercial and Public-Interest Visions of the NII. In: KAHIN, BRIAN und KELLER, JAMES (Hrsg.): Public Access to the Internet, Cambridge und London.

BRAUN, NORMAN (1998): Der Rational-choice-Ansatz in der Soziologie. In: PIES, INGO und LESCHKE, MARTIN (Hrsg.): Gary Beckers ökonomischer Imperialismus, Tübingen. S. 147-173.

BREHM, JOHN und RAHN, MICHAEL RAINER W. (1997): Individual-level evidence for the causes and consequences of social capital. In: American Journal of Political Science, Vol. 41. S. 999-1023.

BRIEFS, GOETZ (1980): Ausgewählte Schriften, Band 1, Berlin.

BRONFENBRENNER, URIE (1977): Toward an Experimental Ecology of Human Development. In: American Psychologist, No. 32. S. 513-531.

BROSCH, ARMIN (1995): Formen bürgerschaftlichen Engagements. In: HUMMEL, KONRAD (Hrsg.): Bürgerengagement: Seniorengenossenschaften, Bürgerbüros und Gemeinschaftsinitiativen. Freiburg im Breisgau.

BROWN, THOMAS FORD (2000): Theoretical Perspectives on Social Capital. http://jhunix.hcf.jhu.edu/~tombrown /Econsoc/soccap.html (Stand März 2000).

BROWNELL, ARLENE und SHUMAKER, SALLY ANN (1984): Social Support: An Introduction to a Complex Phenomenon. In: Journal of Social Issues, Vol. 40, 4. S. 1-9.

BRUSCO, SEBASTIANO (1982): The Emilian Model: Productive Decentralization and Social Integration. In: Cambridge Journal of Economics, No. 6. S. 167-184.

BRUSCO, SEBASTIANO (1990): Small Firms and the Provision of Real Service. Discussion Paper of International Conference on Industrial Districts and Local Economic Regeneration. 18./19.10.1990, Genua.

BUCHANAN, JAMES M. (1965): An Economic Theory of Clubs. In: Economica, No. 32. S. 1-14.

BUCHHORN, EVA; MÜLLER, HENRIK und RICKENS, CHRISTIAN (2001): Die Internet-Lüge. In: Manager Magazin, Nr. 1/01. S. 155-168.

BUCHSTEIN, HUBERTUS (1996): Bittere Bytes: Cyberbürger und Demokratietheorie. In: Deutsche Zeitschrift für Philosophie, Nr. 44. S. 583-607.

BUCKLEY, STEPHEN (1996): Somalis Make City Thrive amid Anarchy – Amid Anarchy in Somalia, Port City Thrives on Community Efforts. In: Washington Post, 3.3.1996. S. A01.

BÜCHS, MATTHIAS J. (1991): Zwischen Markt und Hierarchie. Kooperation als alternative Koordinationsform. In: Zeitschrift für Betriebswirtschaft, Nr. 1 (Ergänzungsheft).

BÜHL, ACHIM (1997): Die virtuelle Gesellschaft – Ökonomie, Politik und Kultur im Zeichen des Cyberspace. In: GRÄF, LORENZ und KRAJEWSKI, MARKUS (Hrsg.): Soziologie des Internet: Handeln im elektronischen Web-Werk, New York. S. 39-59.

Bundesministerium für Arbeit und Sozialordnung (2001): Lebenslagen in Deutschland. Der erste Armuts- und Reichtumsbericht der Bundesregierung, Berlin. http://www.bma.de .

Bundesministerium für Umwelt, Naturschutz und Reaktorsicherheit (o.J.): Konferenz der Vereinten Nationen für Umwelt und Entwicklung im Juni 1992 in Rio de Janeiro – Dokumente – Agenda 21, Bonn.

BURGHARDT, ANTON (1979): Einführung in die Allgemeine Soziologie, München, 3. Auflage.

BURT, RONALD S. (1992/1995): Structural Holes. The Social Structure of Competition, Cambridge, Mass. u.a. Hier Paperback-Ausgabe (1995).

BURT, RONALD S. (1997): The Contingent Value of Social Capital. In: Administrative Science Quarterly, No. 42,2. S. 339-365.

BURT, RONALD S.; HOGARTH, ROBIN M. und MICHAUD, CLAUDE (2000): The Social Capital of French and American Managers. In: Organization Science, Vol. 11,2. S. 123-147.

BUSH, GEORGE W. (2001): Inaugral Address, 20.1.2001. http://www.whitehouse.gov/news/inaugral-address.html (Stand Juni 2001).

BUß, EUGEN (1983): Markt und Gesellschaft. Eine soziologische Untersuchung zum Strukturwandel der Wirtschaft, Berlin.

BUß, EUGEN (1985): Lehrbuch der Wirtschaftssoziologie, Berlin u.a.

BUß, EUGEN (1993): Das neue Zeitbewusstsein der Deutschen. In: Trend-Bericht: Deutschland im Wandel, Heft 1, Stuttgart-Hohenheim.

BUTLER FLORA, CORNELIA (1995): Social Capital and Sustainability: Agriculture and Communities in the Great Plains and Corn Belt. In: Iowa Agriculture and Home Economics Experiment Station, Ames, Iowa. Project No. 3281.

CAILLIAU, ROBERT (1998): Zur Technikgeschichte des Internet. Stichworte eines Surf-Pioniers. In: LEGGEWIE, CLAUS und MAAR, CHRISTA (Hrsg.): Internet & Politik. Von der Zuschauer- zur Beteiligungsdemokratie, Köln. S. 70-81.

CAMAGNI, ROBERTO P. (1991): Innovation Networks. Spatial Perspectives, London.

CAPLAN, GERALD (1974): The Family as a Support System. In: CAPLAN, G. (Hrsg.): Support Systems and Community Mental Health, New York. S. 19-36.

CHEE KIONG, TONG (1996): Centripetal Authority, Differenciated Networks: The Social Organization of Chinese Firms in Singapore. In: HAMILTON, GARY G. (Hrsg.): Asian Business Networks, Berlin. S. 133-156.

CHEN, EDWARD und HAMILTON, GARY G. (1996): Introduction: Business Groups and Economic Development. In: HAMILTON, GARY G. (Hrsg.): Asian Business Networks, Berlin. S. 1-6.

CHEN, GAVIN M. (1993): Minority Business Development: Where Do We Go from Here? In: Review of Black Political Economy; No. 22,2. S. 5-10.

CHENG-SHU, KAO (1996): "Personal Trust" in the Large Business in Taiwan: A Traditional Foundation for Contemporary Economic Activities. In: HAMILTON, GARY G. (Hrsg.): Asian Business Networks, Berlin. S. 59-70.

CHHIBBER, AJAY (1999): Social Capital, the State, and Development Outcomes. In: DASGUPTA, PARTHA und SERAGELDIN, ISMAIL (Hrsg.): Social Capital. A Multifaceted Perspective. The World Bank, Washington, D.C. S. 297-309.

CHURCH, JEFFREY und GANDAL, NEIL (1993): Complementary Network Externalities and Technological Adoption. In: International Journal of Industrial Organization, No. 11. S. 239-260.

CHIRINKO, ROBERT S. (1990): Altruism, Egoism, and the Role of Social Capital in the Private Provision of Public Goods. In: Economics and Politics, No. 2. S. 275-290.

CLARK, JOHN (1996): Shifting Engagements: Lessons from the ‚Bowling Alone' Debate. In: Hudson Briefing Papers, No. 196.

CLARK, JOHN MAURICE. (1961): Competition as a Dynamic Process, Washington, D.C.

COASE, RONALD H. (1937): The Nature of the Firm. In: Econometrica, Vol. 4. S. 386-405.

COHEN, DONALD und PRUSAK; LAURENCE (2001): In Good Company. How Social Capital Makes Organizations Work, Boston.

COHEN, JOSHUA und ROGERS, JOD (1992): Secondary Associations in Democratic Governance. In: Politics and Society, Vol. 20. S. 393-472.

COLEMAN, JAMES S. (1986): Social Theory, Social Research, and a Theory of Action. In: American Journal of Sociology, Vol. 91. S. 1309-1335.

COLEMAN, JAMES S. (1988): Social Capital in the Creation of Human Capital. In: American Journal of Sociology, Vol. 94 Supplement. S. S95-S120. Wiederabdruck in LESSER, ERIC L. (Hrsg.) (2000): Knowledge and Social Capital: Foundations and Applications, Boston u.a. S. 17-41.

COLEMAN, JAMES S. (1990/1991/1995): Foundations of Social Theory. Cambridge, Mass. Deutsche Ausgabe (1991): Grundlagen der Sozialtheorie. Band 1: Handlungen und Handlungssysteme. Band 2: Körperschaften und die moderne Gesellschaft. Band 3: Die Mathematik der sozialen Handlung. München. Hier: Studienausgabe von 1995.

COLEMAN, JAMES S. und HOFFER, THOMAS B. (1987): Public and Private High Schools: The Impact of Communities, New York.

COMMONS, JOHN R. (1934): Institutional Economics, Madison, Wisconsin.

COOPER, BARBARA M. (1993): Cloth, Commodity Production, and Social Capital: Women in Maradi, Niger 1890-1989. In: African Economic History, Nr. 21. S. 51-71.

CORNELL, STEPHEN und HARTMANN, DOUGLAS (1998): Ethnicity and Race. Making Identities in a Changing World, Thousand Oaks.

COX, EVA (1995): Did we, do we, will we have a problem with social capital in Australia? In: COX, EVA (Hrsg.): A Truly Civil Society.

COY, WOLFGANG (1996): Bauelemente der Turingschen Galaxis. In: BULMANN, EDELGARD u.a. (Hrsg.): Informationsgesellschaft – Medien – Demokratie, Marburg. S. 45-53.

CRANE, JONATHAN (1991): Effects of Neighborhoods on Dropping out of School and Teenage Childbearing. In: JENCKS, CHRISTOPHER und PETERSON, PAUL (Hrsg.): The Urban Underclass, Washington.

CRÈVECOEUR, J. HECTOR ST. JOHN DE (1782/1957): Letters from an American Farmer, New York.

CRICK, FRANCIS (1989): What Mad Pursuit: A Personal View of Scientific Discovery, London.

CROISET, ALFRED (1902): Essai d'une philosophie de la solidarité, Paris.

CROSON, DAVID C. (1995): A New Role for Middlemen – Centralizing Reputation in Repeated Exchange, Philadelphia.

CUSACK, THOMAS R. (1997): Social Capital, Institutional Structures, and Democratic Performance: A Comparative Study of German Local Governments. Working Paper des Wissenschaftszentrums Berlin für Sozialforschung 97-201.

DAHRENDORF, RALF (1979): Lebenschancen. Anläufe zur sozialen und politischen Theorie, Frankfurt.

DALY, HERMAN E. und COBB, JOHN B. JR. (1990): For the Common Good. Redirecting the Economy towards Community, the Environment and a Sustainable Future, London.

DARBY, MICHAEL R. und KARNI, EDI (1973): Free Competition and the Optimal Amount of Fraud. In: Journal of Law and Economics, No. 16. S. 67-88.

DASGUPTA, PARTHA (1999): Economic Progress and the Idea of Social Capital. In: DASGUPTA, PARTHA und SERAGELDIN, ISMAIL (Hrsg.): Social Capital. A Multifaceted Perspective. The World Bank, Washington, D.C. S. 325-424.

DAVID, PAUL A. (1997): Path Dependence, its Critics, and the Quest for "Historical Economics". A Keynote Address to the European Association for Evolutionary Political Economy Athens Meeting, 7-9 November 1997.

DAVIS, BETH (1998): In Certificates We Trust. In: http://www.techweb.com (Stand 25. März).

DAVIS, JAMES A. (1969): Social Structures and Cognitive Structures. In: ABELSON, ROBERT P. et al. (Hrsg.): Theories of Cognitive Consistency: A Sourcebook, Chicago.

DAWKINS, RICHARD (1988): Das egoistische Gen, Heidelberg.

DEDERICHS, ANDREA MARIA (1997): Vertrauen als affektive Handlungsdimension: Ein emotionssoziologischer Bericht. In: SCHWEER, MARTIN K.W. (Hrsg.): Vertrauen und soziales Handeln. Facetten eines alltäglichen Problems, Neuwied u.a. S. 62-77.

DEDERICHS, ANDREA MARIA (1999): Das soziale Kapital der Leistungsgesellschaft. Emotionalität und Moralität in „Vetternwirtschaften", Münster u.a.

DEMSETZ, HAROLD (1968): The Cost of Transacting. In: Quarterly Journal of Economics, No. 82. S. 33-53.

DETTLING, WARNFRIED (1985): Jenseits von Markt und Macht. Die Krise des Menschen in der Wirtschaftsgesellschaft. In: OLK, THOMAS und OTTO, HANS-UWE (Hrsg.): Der Wohlfahrtsstaat in der Wende, Weinheim und München.

DEUTSCH, MORTON (1958): Trust and Suspicion. In: Journal of Conflict Resolution, No. 2. S. 265-279.

DEUTSCH, MORTON (1973): The Resolution of Conflict: Constructive and Destructive Processes, New Haven.

Deutsche Bundesbank (2001): Saisonbereinigte Wirtschaftszahlen. Stand 8.5.2001. http://www.bundesbank.de /de/statistik/zeitreihen/tagwidat/pdf/i428.pdf.

DIEKMANN, ANDREAS (1993): Sozialkapital und das Kooperationsproblem in sozialen Dilemmata. In: Analyse und Kritik, Nr. 1/15. Sonderheft. S. 22-35.

DIEWALD, MARTIN (1991): Soziale Beziehungen: Verlust oder Liberalisierung? Soziale Unterstützung in informellen Netzwerken, Berlin.

DIIULIO, JOHN J. (1996): Help Wanted: Economists, Crime and Public Policy. In: Journal of Economic Perspectives, Vol. 10,1. S. 3-24.

DILLS, JIM (1997): Community of Interest Network (COIN) Business Models. http://wwwcommerce.net/research /pw/bulletin/97_19_n.html. Stand: Juni 1998.

DÖRING, NICOLA (1995): Isolation und Einsamkeit am Computer. ftp://ftp.uni-stuttgart.de/pub/doc/networks/ misc/netz_und_einsamkeit.

DORE, RONALD P. (1983): Goodwill and the Spirit of Market Capitalism. In: British Journal of Sociology, No. 34. S. 459-482.

DRUCKER, PETER F. (1993): Die postkapitalistische Gesellschaft, Düsseldorf u.a.

DURKHEIM, EMILE (1893/1977): The Division of Labour in Society, New York. Hier: deutsche Übersetzung (1977): Über die Teilung der sozialen Arbeit, Frankfurt am Main.

DURKHEIM, EMILE (1973): Der Selbstmord, Frankfurt am Main.

DURTH, RAINER (2000): Transaktionskosten und "Neue Ökonomie". In: Das Wirtschaftsstudium (wisu), Nr. 11. S. 637-639.

DYSON, ESTHER (1997): Release 2.0 – A Design for Living in the Digital Age, New York.

ECHTER, REINHOLD (1977): Soziale Indikatoren und Technology Assessment als Forschungsansätze gesamtgesellschaftlicher Planung, Dissertation an der Ruhr-Universität Bochum.

EKEH, PETER P. (1974): Social Exchange Theory: The Two Traditions, Cambridge, Mass.

ELIAS, NORBERT und SCOTSON, JOHN L. (1993): Etablierte und Außenseiter, Frankfurt am Main.

ELDER, GLEN (1974): Children of the Great Depression: Social Change in Life Experience, Chicago.

ELSTER, JON (1989): The Cement of Society, Cambridge u.a.

EMERSON, RICHARD M. (1972): Exchange Theory, Part II: Exchange Relations and Networks. In: BERGER, JOSEPH; ZELDITCH, MORRIS und ANDERSON, BO (Hrsg.): Sociological Theories in Progress, Vol. 2, Boston. S. 58-87.

EMERSON, RICHARD M. (1981): Social Exchange Theory. In: ROSENBERG, MORRIS und TURNER, RALPH H. (Hrsg.): Social Psychology: Sociological Perspectives, New York. S. 30-65.

EMNID (1992): Vertrauen in die Institutionen. In: Umfrage & Analyse, Nr. 11/12. S. 82-91

ENGEL, UWE und HURRELMANN, KLAUS (1987): Bildungschancen und soziale Ungleichheit. Zur Bedeutung des Statusstruktur der Herkunftsfamilie für den Bildungsstatus der Kinder. In: MÜLLER-ROLLI, SEBASTIAN (Hrsg.): Das Bildungswesen der Zukunft, Stuttgart. S. 77-97.

ENGLMANN, FRANK (1989): Technischer Fortschritt: Diffusion, Erträge und Beschäftigung, Tübingen.

ESSER, HARTMUT (1993): Soziologie: Allgemeine Grundlagen, Frankfurt am Main und New York.

ESSER, HARTMUT (1996): Unveröffentlichtes Manuskript, Mannheim. Insbesondere Kapitel 12: Güter und soziale Situationen. Und Kapitel 17: Das Kapital der Akteure.

ETZIONI, AMITAI (1988): The Moral Dimension: Towards a New Economics, New York.

ETZIONI, AMITAI (1993): Jenseits des Egoismus-Prinzips, Stuttgart.

ETZIONI, AMITAI (1995): Die Entdeckung des Gemeinwesens: Ansprüche, Verantwortlichkeiten und das Programm des Kommunitarismus. Stuttgart

EVANS, RHIAN L. und NORTHWOOD, LAWRENCE K. (1979): The Utility of Natural Help Relationships. In: Social Science and Medicine, No. 13. S. 789-795.

EVENSKY, JERRY (1992): The Role of Community Values in Modern Classical Liberal Economic Thought. In: Scottish Journal of Political Economy, Vol. 39,1. S. 21-38.

EVENSKY, JERRY (1993): Ethics and the Invisible Hand. In: Journal of Economic Perspectives, Vol. 7,2. S. 197-205.

FAGENSON , ELLEN A. (1994): Women in Management: Trends, Issues and Challenges in Management Diversity, Newbury Park.

FAIST, THOMAS (1995): Sociological Theories of International Migration: The Missing Meso-Link. Paper presented at the Meeting of the Theory Group of Migration and Development (MAD) Project, Hamburg.

FALLNER, HEINRICH und POHL, MICHAEL (2001): Coaching mit System. Die Kunst nachhaltiger Beratung, Opladen.

FARKAS, GEORGE (1996): Human Capital or Cultural Capital? Ethnicity and Poverty Groups in an Urban School District, New York.

FARRELL, JOSEPH und SALONER, GARTH (1985): Standardization, Compatibility, and Innovation. In: RAND Journal of Economics, Vol. 16,1. S. 70-83.

FARRELL, JOSEPH und SALONER, GARTH (1986): Installed Base and Compatibility: Innovation Product Preannouncements, and Prediation. In: American Economic Review, Vol. 76,5. S. 940-955.

FEHL, ULRICH und SCHREITER, CARSTEN (1996): Zu den kapitaltheoretischen Vorstellungen Thorstein Veblens. In: PENZ, REINHARD und WILKOP, HOLGER (Hrsg.): Zeit der Institutionen – Thorstein Veblens evolutorische Ökonomik, Marburg. S. 183-218.

FELS, GERHARD (1992): Sackgasse oder Silberstreif: Thesen zur neuen Wirtschaftswelt, Köln.

FELTEN, EDWARD; BALFANZ, DIRK; DEAN, DREW und WALLACH, DAN (1997): Web Spoofing: An Internet Con Game. In: Proceedings of the 20th National Information Systems Security Conference in Baltimore; Oktober 1997.

FERNANDEZ-KELLEY, M. PATRICIA (1995): Social and Cultural Capital in the Urban Ghetto: Implications for the Economic Sociology of Immigration. In: PORTES, ALEJANDRO (Hrsg.): The Economic Sociology of Immigration, New York.

FERNBACK, JAN und THOMPSON, BRAD (1995): Virtual Communities: Abort, Retry, Failure? http://www.well .com/user/hlr/texts/Vccivil.html. Stand: Juli 1998.

FINE, BEN (2001): Social Capital versus Social Theory. Political Economy and Social Science at the Turn of the Millennium, London.

FISCHER, CLAUDE S. (1982): To Dwell among Friends, Chicago.

FLAP, HENDRIK DERK (1988): Conflict, Loyalty, and Violence. The Effects of Social Networks on Behaviour, Frankfurt am Main.

FLAP, HENDRIK DERK (1995): No Man is an Island. The Research Program of a Social Capital Theory. Paper presented at the Workshop on Rational Choice and Social Networks. January 26 to 28, Nias, Wassenaar.

FLAP, HENDRIK DERK und DE GRAAF, NAN D. (1986): Social Capital and Attained Occupational Status. In: Netherlands' Journal of Sociology, Vol. 22,2. S. 145-161.

FORSGREN, MATS et al. (1995): Firms in Networks. A New Perspective on Competitive Power, Uppsala.

FRENCH, JOHN R.P. JR. und RAVEN, BERTRAND (1959): The Bases of Social Power. In: CARTWRIGHT, DORWIN (Hrsg.): Studies in Social Power, Ann Arbor. S. 150-167.

FRIEDMAN, DAVID (1999): Der ökonomische Code. Wie wirtschaftliches Denken unser Handeln bestimmt, Frankfurt am Main.

FUKUYAMA, FRANCIS (1995): Trust: The social virtues and the creation of prosperity, New York. Hier deutsche Ausgabe: Konfuzius und Marktwirtschaft. Der Konflikt der Kulturen, München.

FUKUYAMA, FRANCIS (1999): The Great Disruption, New York. Hier deutsche Ausgabe: Der große Aufbruch. Wie unsere Gesellschaft eine neue Ordnung erfindet, Wien.

FUKUYAMA, FRANCIS (2000): Social Capital and Civil Society. In: IMF Working Paper; No. 74.

FURSTENBURG, FRANK F. und HUGHES, M.E. (1995): Social Capital and Successful Development among At-risk Youth. In: Journal of Marriage and the Family, Vol. 57/August. S. 580-592.

GANDAL, NEIL (1995): Competing Compatibility Standards and Network Externalities in PC Software Market. In: Review of Economics and Statistics, Vol. 77,4. S. 599-608.

GAMBETTA, DIEGO (1988a): Can We Trust Trust? In: GAMBETTA, DIEGO (Hrsg.): Trust. Making and Breaking Cooperative Relations, New York. S. 213-237.

GAMBETTA, DIEGO (1988b): Mafia: The Price of Distrust. In: GAMBETTA, DIEGO (Hrsg.): Trust. Making and Breaking Cooperative Relations, New York. S. 158-175.

GARGIULO, MARTIN und BENASSI, MARIO (2000): Trapped in Your Own Net? Network Cohesion, Structural Holes, and the Adaption of Social Capital. In: Organization Science, Vol. 11,2. S. 183-196.

GEIGER, THEODOR (1964): Vorstudien zu einer Soziologie des Rechts, Neuwied am Rhein und Berlin.

GIDE, CHARLES und RIST, CHARLES (1923): Geschichte der volkswirtschaftlichen Lehrmeinungen, Jena.

GIRISHANKAR, SAROJA (1997): Feds Get Down to Business with Latest E-commerce Push. In: http://www .techweb.com (Stand 3. November).

GITTELL, ROSS und VIDAL, AVIS (1998): Community Organizing. Building Social Capital as a Development Strategy, Thousand Oaks, California.

GLOTZ, PETER (1999): Die beschleunigte Gesellschaft. Kulturkämpfe im digitalen Kapitalismus, München.

GOLDBERG, ELLIS (1996): Thinking about how Democracy Works. In: Politics and Society, Vol. 24,1. S. 7-18.

GOULD, DAVID M. (1994): Immigrant Links to the Home Country: Empirical Implications for U.S. Bilateral Trade Flows. In: Review of Economics and Statistics, No. 76. S. 302-316.

GOULDNER, ALVIN W. (1960): The Norm of Reciprocity: A Preliminary Statement. In: American Sociological Review, Vol. 25. S. 161-178.

GOULDNER, ALVIN W. (1984): Etwas gegen nichts. Reziprozität und Asymmetrie. In GOULDNER, ALVIN W. (Hrsg.): Reziprozität und Autonomie, Frankfurt.

GOWDY, J.M. (1992): Higher Selection Processes in Evolutionary Economic Change. In: Journal of Evolutionary Economics, No. 2. S. 1-16.

GRÄF, LORENZ (1997): Locker verknüpft im Cyberspace – Einige Thesen zur Änderung sozialer Netzwerke durch die Nutzung des Internet. In: GRÄF, LORENZ und KRAJEWSKI, MARKUS (Hrsg.): Soziologie des Internet. Handeln im elektronischen Web-Werk, Frankfurt am Main und New York. S. 99-124.

GRANOVETTER, MARK S. (1973): The Strength of Weak Ties. In: American Journal of Sociology, Vol. 78,6. S. 1360-1380.

GRANOVETTER, MARK S. (1974): Getting a Job, Cambridge, Mass.

GRANOVETTER, MARK S. (1985): Economic Action and Social Structure: The Problem of Embeddedness. In: American Journal of Sociology, Vol. 91,3. S. 481-510.

GRANOVETTER, MARK S. und SWEDBERG RICHARD (1992): The Sociology of Economic Life, Boulder, Col.

GRANTHAM, CHARLES und NICHOLS, LARRY (1993): The Digital Workplace, New York.

GREELEY, ANDREW (1997): The Other Civic America: Religion and Social Capital. In: The American Prospect, Vol. 32,5. S. 68-73.

GREIF, AVNER (1997): Microtheory and Recent Developments in the Study of Economic Institutions Through Economic History. In: KREPS, DAVID MARC und WALLIS, KENNETH F. (Hrsg.): Advances in Economics and Econometrics. Theory and Applications. Proceedings of the Seventh World Congress of the Econometric Society, Band 3, Cambridge. S. 79-113.

GRÖHN, ANDREAS (1999): Netzwerkeffekte und Wettbewerbspolitik. Eine ökonomische Analyse des Softwaremarktes, Tübingen.

GROSS, STEFAN F. (1997): Beziehungsintelligenz. Talent und Brillanz im Umgang mit Menschen, Landsberg/Lech.

GUGGENBERGER, BERND (1980): Bürgerinitiativen in der Parteiendemokratie. Stuttgart.

GUGGENBERGER, BERND (1999):Das digitale Nirwana. Vom Verlust der Wirklichkeit in der schönen neuen Online-Welt, Reinbek.

HABERMAS, JÜRGEN (1981): Theorie kommunikativen Handelns. Zur Kritik der funktionalistischen Vernunft, Frankfurt am Main.

HABERMAS, JÜRGEN (1992): Faktizität und Geltung. Beiträge zur Diskurstheorie des Rechts und des demokratischen Rechtsstaates, Frankfurt am Main.

HABISCH, ANDRÉ (1998): ‚Extending Capital Theory' – gesellschaftliche Implikationen eines theoretischen Forschungsprogramms. In: PIES, INGO und LESCHKE, MARTIN (Hrsg.): Gary Beckers ökonomischer Imperialismus, Tübingen. S. 31-50.

HABISCH, ANDRÉ (2000): Wohl und Wehe. Über Corporate Citizenship und die Weiterentwicklung der sozialen Marktwirtschaft. In: Wirtschaftswoche, Nr. 51. S. 32.

HAGAN, JOHN, MERKENS, H. und BOEHNKE, KLAUS (1995): Delinquency and Disdain – Social Capital and the Control of Right-Wing Extremism Among East and West-Berlin Youth. In: American Journal of Sociology, Vol. 100,4. S. 1028-1052.

HAGEL, JOHN und SINGER, MARC (1999): Net Value. Der Wert des Digitalen Kunden, Wiesbaden.

HAGEMANN, HARALD (1977): Rate of Return und Profitrate. Eine kapitaltheoretische Kontroverse zwischen Neoklassikern und Postkeynesianern im Rahmen der Cambridge-Debatte, Meisenheim am Glan.

HAGEMANN, HARALD (1990): Capital Goods. In: EATWELL, JOHN; MILGATE, MURRAY und NEWMAN, PETER (Hrsg.): The New Palgrave: Capital Theory, London und Basingstoke. S. 123-127.

HAMILTON, GARY G. (1989): Patterns of Asian Capitalism: The Cases of Taiwan and South Korea. Program in East Asian Culture and Development Research Working Paper Series, No. 28. Institute of Governmental Affairs, University of California.

HAMILTON, GARY G. (1996): The Theoretical Significance of Asian Business Networks. In: HAMILTON, GARY G. (Hrsg.): Asian Business Networks, Berlin. S. 283-298.

HAMILTON, WILLIAM D. (1964): The Genetic Evolution of Social Behavior. In: Journal of Theoretical Biology, No. 7. S. 17-52.

Handbuch der Wirtschaftsethik (1999) in 4 Bänden. Gütersloh.

HANIFAN, LYDA JUDSON (1916): The Rural School Community Center. In: Annals of the American Academy of Political and Social Science, Vol. 66. S. 130-138.

HANIFAN, LYDA JUDSON (1920): The Community Center, Boston.

HARARY, FRANK; NORMAN, ROBERT Z. und CARTWRIGHT, DORWIN (1965): Structural Models: An Introduction to the Theory of Directed Graphs, New York.

HARRISON, LAWRENCE (1985): Underdevelopment is a State of Mind: The Latin American Case, New York.

HARROD, ROY F. (1939): An Essay in Dynamic Theory. In: Economic Journal, No. 49. S. 14-33.

HARROD, ROY F. (1948): Towards a Dynamic Economics, London und New York.

HAUG, SONJA (1997): Soziales Kapital - Ein kritischer Überblick über den aktuellen Forschungsstand. Arbeitspapier Nr. 15 des Mannheimer Zentrums für Europäische Sozialforschung, Arbeitsbereich II.

HAUG, SONJA (2000): Soziales Kapital und Kettenmigration. Italienische Migranten in Deutschland, Opladen.

HAYEK, FRIEDRICH A. (1945): The Use of Knowledge in Society. In: American Economic Review, No. 35. S. 519-530.

HAYEK, FRIEDRICH A. (1973): Law, Legislation, and Liberty. Vol. I, Rules and Order, Chicago.

HEDSTRÖM, PETER und SWEDBERG, RICHARD (1998): Social Mechanisms: An Introductory Essay. In: HEDSTRÖM, PETER und SWEDBERG, RICHARD (Hrsg.): Social Mechanisms. An Analytical Approach to Social Theory, Cambridge. S. 1-31.

HEGNER, STEPHANIE und SCHECHLER, JÜRGEN M. (2000): Über das Verhältnis von Innovatoren und Imitatoren in der Internet-Ökonomie. In: WALTER, HELMUT; HEGNER, STEPHANIE und SCHECHLER, JÜRGEN M. (Hrsg.): Wachstum, Strukturwandel und Wettbewerb. Festschrift für KLAUS HERDZINA, Stuttgart. S. 493-518.

HEHENBERGER, CHRISTIAN (1995): Die Zukunft fest im Griff, Wien.

HEIDER, FRITZ (1958): The Psychology of Interpersonal Relations, New York.

HEIMER, THOMAS (1993): Zur Ökonomik der Entstehung von Technologien, Marburg.

HEINZE, ROLF G. und OFFE, CLAUS (Hrsg.) (1990): Formen der Eigenarbeit. Theorie, Empirie, Vorschläge, Opladen.

HELLIWELL, JOHN F. (1996): Economic Growth and Social Capital in South Asia, Cambridge, Mass.

HELLIWELL, JOHN F. und PUTNAM, ROBERT D. (1995): Economic Growth and Social Capital in Italy. In: Eastern Economic Journal, Vol. 21,3. S. 295-307.

HERDER-DORNEICH, PHILIPP (1994): Sozialökonomik. Angewandte

HERDZINA, KLAUS (1999): Wettbewerbspolitik, Stuttgart. 5. Auflage.

HERDZINA, KLAUS (2001): Einführung in die Mikroökonomik, München. 7. Auflage.

HERRIGEL, GARY (1990): Industrial Organization and the Politics of Industry: Centralized and Decentralized Production in Germany. Department of Political Science, MIT.

HERRMANN-PILLATH, CARSTEN (2000): Social Capital and Networks: A Proposal for Conceptual Integration. Diskussionspapier Nr. 63 der Universität Witten/Herdecke.

HERRMANN-PILLATH, CARSTEN und LIES, JAN J. (2001): Sozialkapital, Begriffsbestimmung, Messung, Bereitstellung. In: Wirtschaftswissenschaftliches Studium (WiSt), Nr. 7. S. 362-366.

HERZINGER, RICHARD (1997): In der Gemeinschaftsfalle. In: Die Zeit, Nr. 15. S. 45.

HERZOG, ROMAN (1997): Aufbruch ins 21. Jahrhundert. Ansprache von Bundespräsident Roman Herzog im Hotel Adlon am 26.4.1997. („Berliner Rede“)

HEUSER, UWE JEAN (1996): Tausend Welten: Die Auflösung der Gesellschaft im digitalen Zeitalter, Berlin.

HEUSER, UWE JEAN (1999): Vorbilder aus der Provinz. In: Die Zeit, Nr. 16. S. 39.

HEUß, ERNST (1965): Allgemeine Markttheorie, Tübingen.

HICKS, JOHN R. (1974): Capital Controversies: Ancient and Modern. In: American Economic Review, Papers and Proceedings, Vol. LXIV. S. 307-316.

HIGGINS, MONICA und NOHRIA, NITIN (1999): The Sidekick Effect: Mentoring Relationships and the Development of Social Capital. In: LEENDERS, ROGER TH.A.J. und GABBAY, SHAUL M. (Hrsg.): Corporate Social Capital and Liability, Norwell, Mass. S. 161-179.

HINTE, WOLFGANG (1988): Mit Bürgern gemeinwesenbezogen arbeiten: Perspektiven statt Visionen. In: WENDT, WOLF RAINER (Hrsg.): Zivilgesellschaft und soziales Handeln. Bürgerschaftliches Engagement in eigenen und gemeinschaftlichen Belangen. Freiburg.

HIRSCH, FRED (1980): Die sozialen Grenzen des Wachstums. Eine ökonomische Analyse der Wachstumskrise, Reinbek.

HIRSCHMAN, ALBERT O. (1958): The Strategy of Economic Development, New Haven und London.

HOBBES, THOMAS (1651): Leviathan, or the Matter, Form, and Power of a Common-wealth Ecclesiastricaland Civil, London.

HÖFLICH, JOACHIM R. (1996): Technisch vermittelte interpersonale Kommunikation. Grundlagen, organisatorische Medienverwendung, Konstitution ‚elektronischer Gemeinschaften', Opladen.

HÖLLINGER, FRANZ (1989): Familie und Soziale Netzwerke in fortgeschrittenen Industriegesellschaften. In: Soziale Welt, Vol. 40, ½. S. 513-537.

HOFFMANN, GÜNTER (1998): Tausche Marmelade gegen Steuererklärung. Ganz ohne Geld – die Praxis der Tauschringe und Talentbörsen, München und Zürich.

HOFMAN, BERT und KOOP, MICHAEL J. (1991): Die „Neue Wachstumstheorie" und ihre Bedeutung für die Wirtschaftspolitik. In: Die Weltwirtschaft, Heft 1, Institut für Weltwirtschaft, Kiel.

HOFMANN, ULRICH (2001): Netzwerk-Ökonomie, Heidelberg.

HOFSTADTER, RICHARD (1962): The American Political Tradition and the Men Who Made it, New York.

HOMANN, KARL und KIRCHNER, CHRISTIAN (1995): Ordnungsethik. In: Jahrbuch für Neue Politische Ökonomie, Nr. 14. S. 189-211.

HOMANS, GEORGE C. (1950/1960/1978): The Human Group, New York. Deutsche Übersetzung (1960): Theorie der sozialen Gruppe, Köln und Opladen. Hier: 7. Auflage (1978), Opladen.

HOMANS, GEORGE C. (1961): Social Behavior: Its Elementary Forms, New York.

HONDRICH, KARL OTTO und KOCH-ARZBERGER, CLAUDIA (1992): Solidarität in der modernen Gesellschaft, Frankfurt am Main.

HOTTINGER, OLAF (1998): Eigeninteresse und individuelles Nutzenkalkül in der Theorie der Gesellschaft und Ökonomie von Adam Smith, Jeremy Bentham und John Stuart Mill, Marburg.

HSIEH, CHING-YAO und YE, MENG-HUA (1991): Economics, Philosophy, and Physics, Armonk und London.

HUME, DAVID (1739-1740/1978): A Treatise of Human Nature. SELBY-BIGGE, LEWIS A. (Hrsg.), Oxford.

HUNTINGTON, SAMUEL P. (1994): The Clash of Civilization. In: Foreign Affairs, Vol. 72. S. 22-49.

HYDEN, GORAN (1997): Civil Society, Social Capital, and Development: Dissection of a Complex Discourse. In: Studies in Comparative International Development, Vol. 32,1. S. 3-30.

IMHOF, ANNEMARIE (1998): Korruption, Dissertation, Zürich.

IMMERFALL, STEFAN (1993): Social Networks and Cultural Discount Rates: A Cross-National Discussion on the Community Question. Paper presented at the 3rd European Conference on Social Network Analysis, München.

IMMERFALL, STEFAN (1999): Sozialkapital in der Bundesrepublik. Thesen zu Konzept und Größenordnung. In: KISTLER, ERNST; NOLL, HEINZ-HERBERT und PRILLER, ECKHARD (Hrsg.): Perspektiven gesellschaftlichen Zusammenhalts. Empirische Befunde, Praxiserfahrungen, Messkonzepte, Berlin. S. 121-128.

JACOBS, JANE (1961): The Death and Life of Great American Cities. New York. Deutsche Übersetzung: JACOBS, JANE (1966): Tod und Leben großer amerikanischer Städte, Frankfurt.

JACOBSEN, EVA und SADRIEH, ABDOLKARIM (1996): Experimental Proof for the Motivational Importance of Reciprocity, Diskussionspapier, Universität Bonn.

JANSEN, STEPHAN A. (2000): Konkurrenz der Konkurrenz! Co-opetition: Die Formen der Konkurrenz – Typen, Funktionen und Voraussetzungen von paradoxen Koordinationsformen. In: JANSEN, STEPHAN A. und SCHLEISSING, STEPHAN (Hrsg.): Konkurrenz und Kooperation. Interdisziplinäre Zugänge zur Theorie der Co-opetition, Marburg. S. 13-64.

KALETSCH, STEFAN (1998): Menschenbild, Moral und wirtschaftliche Entwicklung, Münster.

KAPPELHOFF, PETER (1989): Persönliche Netzwerke als soziales Kapital. In: PAPPI, FRANZ URBAN (Hrsg.): Frauen in Beruf, Haushalt und Öffentlichkeit: Ergebnisse des Schleswig-Holstein-Surveys 1989, Kiel. S. 38-52.

KARSTEDT, SUSANNE (1997): Recht und soziales Kapital im Wohlfahrtsstaat. In: Zeitschrift für soziale Probleme und soziale Kontrolle, Nr. 8,2. S. 103-137.

KASEMIR, HELGA (1997): Aktuelle Probleme bei der Bildung von Sozialkapital. Ein Interview. In: CLAR, GÜNTER; DORÉ, JULIA und MOHR, HANS (Hrsg.): Humankapital und Wissen. Grundlagen einer nachhaltigen Entwicklung, Berlin. S. 97-101.

KATZ, MICHAEL L. und SHAPIRO, CARL (1986): Technology Adoption in the Presence of Network Externalities. In: Journal of Political Economy, Vol. 94,4. S. 822-841.

KATZ, MICHAEL L. und SHAPIRO, CARL (1994): Systems Competition and Network Effects. In: Journal of Economic Perspectives. Vol. 8,2. S. 93-115.

KATZ, STANLEY N. (1997): Soziales Engagement in den USA. Vieles regelt die offene Gesellschaft selbst. In: Das Parlament, Nr. 17.

KAUTZ, HENRY; SELMAN, BART und SHAH, MEHUL (1997a): Referral Web: Combining Social Networks and Collaborative Filtering. In: Communication of the ACM, Vol. 40,3. S. 63-65.

KAUTZ, HENRY; SELMAN, BART und SHAH, MEHUL (1997b): The Hidden Web. In: Artificial Intelligence Magazine, Vol. 18,2. S. 27-36.

KEEN, PETER G.W. (1988): Competing in Time: Using Telecommunications for Competitive Advantage, New York.

KELLEY, HAROLD H. (1972): Attribution in Social Interaction. In: JONES, EDWARD E. et al. (Hrsg.): Attribution: Perceiving the Causes of Behavior, Morristown. S. 1-26.

KELLY, KEVIN (1998): New Rules for the New Economy. 10 Radical Strategies for a Connected World, New York.

KENWORTHY, LANE (1995): In Search of National Economic Success. Balancing Competition and Cooperation, Thousand Oaks, California.

KENWORTHY, LANE (1997): Civic Engagement, Social Capital, and Economic Cooperation. In American Behavioral Scientist, Vol. 40,5. S. 645-656.

KEUPP, HEINER (1987): Ein Streifzug durch Netzwerkszenen: Ein dürres Konzept mit der Last der großen Hoffnungen. In: KEUPP, HEINER und RÖHRLE, BERND (Hrsg.): Soziale Netzwerke. Eine Metapher des gesellschaftlichen Umbruchs? Frankfurt am Main. S. 11-53.

KILPER, HEIDEROSE. und REHFELD, DIETER (1992): Vom Konzept der Agglomerationsvorteile zum Industrial District. Überlegungen zur Bedeutung interregionaler Verflechtungen und Kooperationsbeziehungen für die Stabilität von Regionen. Arbeitspapier IAT-Ps 03 „Graue Reihe" des Instituts für Arbeit und Technik, Gelsenkirchen.

KLEINEMEYER, JENS (1998): Standardisierung zwischen Kooperation und Wettbewerb. Eine spieltheoretische Betrachtung, Frankfurt am Main.

KLING, ROB (1996): Social Relationships in Electronic Forums: Hangouts, Salons, Workplaces, and Communities. In: KLING, ROB (Hrsg.): Computerization and Controversy, San Diego. S. 426-454.

KLOCKE, ANDREAS (1998): Reproduktion sozialer Ungleichheit in der Generationenfolge. In: BERGER, PETER A. und VESTER, M. (Hrsg.): Alte Ungleichheiten – Neue Spaltungen, Opladen. S. 211-229.

KLODT, HENNING; MAURER, RAINER und SCHIMMELPFENNIG, AXEL (1997): Tertiarisierung in der deutschen Wirtschaft, Kiel.

KLUCKHOHN, CLYDE und KELLY, WILLIAM H. (1945): The Concept of Culture. In: LINTON, RALPH (Hrsg.): The Science of Man in the World Crisis, New York.

KNACK, STEPHEN und KEEFER, PHILIP (1997): Does Social Capital Have an Economic Payoff? A Cross-Country Investigation. In: Quarterly Journal of Economics, Vol. 112,4. S. 1251-1288.

KNIGHT, JACK (1992): Institutions and Social Conflict, Cambridge.

KNOKE, DAVID und KUKLINSKI, JAMES H. (1982): Network Analysis. Quantitative Applications in the Social Sciences, Beverly Hills.

KNOTTENBAUER, KARIN (2000): Theorien des sektoralen Strukturwandels, Marburg.

KOCH, MICHAEL; MÖSLEIN, KATHRIN und WAGNER, MICHAEL (2000): Vertrauen und Reputation in Online-Anwendungen und virtuellen Gemeinschaften. In: ENGELIEN, MARTIN und NEUMANN, DETLEF (Hrsg.): Virtuelle Organisation und Neue Medien 2000. Workshop GeNeMe2000 Gemeinschaften in Neuen Medien, TU Dresden, 5. und 6. Oktober 2000, Lohmar und Köln. S. 69-84.

KÖSTER, DIETER (1999): Wettbewerb in Netzproduktmärkten, Wiesbaden.

KOGUT, BRUCE; SHAN, WEIJIAN und WALKER, GORDON (1992): The Make-or-Cooperate Decision in the Context of an Industry Network. In: NOHRIA, NITIN und ECCLES, ROBERT G. (Hrsg.): Networks and Organizations. Structure, Form, and Action, Boston, Mass. S. 348-365.

KOLANKIEWICZ, GEORGE (1994): Elites in Search of a Political Formula. In: Daedalus, Vol. 123,3. S. 143-157.

KOLLER, MICHAEL (1988): Risk as a Determinant of Trust. In: Basic and Applied Social Psychology, No. 9. S. 265-276.

KOLLOCK, PETER (1994): The Emergence of Exchange Structures: An Experimental Study of Uncertainty, Commitment, and Trust. In: American Journal of Sociology, Vol. 100. S. 313-345.

KONDRATIEFF, NIKOLAI D. (1926): Die langen Wellen der Konjunktur. In: Archiv für Sozialwissenschaft und Sozialpolitik, Band 56, Stuttgart. S. 573-609.

KORCZAK, DIETER (1995): Lebensqualität-Atlas. Umwelt, Kultur, Wohlstand, Versorgung, Sicherheit und Gesundheit in Deutschland, Opladen.

KORFF, WILHELM. (1985): Norm und Sittlichkeit. Untersuchungen zur Logik der normativen Vernunft, Freiburg i.Br. und München. 2. Auflage.

KOSLOWSKI, PETER (1988): Prinzipien der ethischen Ökonomie. Grundlegung der Wirtschaftsethik und der auf die Ökonomie bezogenen Ethik, Tübingen.

KRÄMER, HAGEN (1999): Dienstleistungen: Motor für Wachstum und Beschäftigung in Deutschland? In: Schriftenreihe des Promotionsschwerpunkts Makroökonomische Diagnosen und Therapien der Arbeitslosigkeit, Nr. 5; Stuttgart-Hohenheim.

KRAM, KATHY E. (1985): Mentoring at Work: Developmental Relationships in Organizational Life, Glenview, IL.

KRAPPMANN, LOTHAR und OSWALD, HANS (1995): Alltag der Schulkinder. Beobachtungen und Analysen von Interaktionen und Sozialbeziehungen, Weinheim und München.

KRAUS, MARGIT (1999): Interdisziplinäre Produktionsmodelle und umweltinduzierter Strukturwandel. Ein Beitrag zur Ökologischen Ökonomik industrialisierter Volkswirtschaften, Aachen.

KREPS, DAVID M. (1990): Corporate Culture and Economic Theory. In: ALT JAMES E. und SHEPSLE, KENNETH A. (Hrsg.): Perspectives on Positive Political Economy, Cambridge.

KRISHNA, ANIRUDH (1999): Creating and Harnessing Social Capital. In: DASGUPTA, PARTHA und SERAGELDIN, ISMAIL (Hrsg.): Social Capital. A Multifaceted Perspective. The World Bank, Washington, D.C. S. 71-93.

KRÜSSELBERG, HANS-GÜNTER (1979): Vitalvermögenspolitik und die Einheit des Sozialbudgets: Die ökonomische Perspektive der Sozialpolitik für das Kind. In: LÜSCHER, KURT (Hrsg.): Sozialpolitik für das Kind, Stuttgart. S. 143-180.

KRÜSSELBERG, HANS-GÜNTER (1988): Das handelnde Subjekt in der Wirtschafts- und Sozialwissenschaft. In: Theologische Aspekte der Wirtschaftsethik IV, Loccum. S. 13-29.

KRÜSSELBERG, HANS-GÜNTER (1989): Ordnungstheorie – Zur Konstituierung und Begründung der Rahmenbedingungen. In: BIEVERT, BERND und HELD, MARTIN (Hrsg.): Ethische Grundlagen der ökonomischen Theorie. Eigentum, Verträge, Institutionen, Frankfurt am Main und New York. S. 100-133.

KRÜSSELBERG, HANS-GÜNTER (1994a): Humanvermögen in der Sozialen Marktwirtschaft. In: KLEIN, WERNER; PARASKEWOPOULOS, SPIRIDON und WINTER, HELMUT (Hrsg.): Soziale Marktwirtschaft. Ein Modell für Europa, Berlin. S. 31-54.

KRÜSSELBERG, HANS-GÜNTER (1994b): Einige ordnungstheoretische Thesen zum Thema ‚Eigentum und/oder Verfügungsrechte (Vermögen)'. In: HENSBACH SJ, FRIEDHELM und MÖHRING-HESSE, MATTHIAS (Hrsg.): Eigentum und/oder Verfügungsrechte. Thesen zur Nachbereitung einer Fachkonferenz, Frankfurt am Main. S. 8-14.

KURZ, HEINZ D. und SALVADORI, NERI (1995): Theory of Production, Cambridge.

LAWSON, TONY (1997): Ecomonics and Reality, London.

LEIPOLD, HELMUT (2000): Die kulturelle Einbettung der Wirtschaftsordnungen: Bürgergesellschaft versus Sozialstaatsgesellschaft. In: WENTZEL, BETTINA und WENTZEL, DIRK (Hrsg.): Wirtschaftlicher Systemvergleich Deutschland-USA anhand ausgewählter Ordnungsbereiche, Stuttgart. S. 1-52.

LENCI, SERGIO (1997): 'Social Capital? From Pizza Connection to Collective Action'. An Inquiry into Power, Culture and Civil Society. Working Paper of the Institute of Social Studies, The Hague.

LESCHKE, MARTIN (1997): Das Problem der Steuerhinterziehung. Eine moralökonomische Analyse. In: LOHMANN, REINHARD K. und PRIDDAT, BIRGER P. (Hrsg.): Ökonomie und Moral – Beiträge zur Theorie ökonomischer Rationalität, München. S. 157-174.

LESCHKE, MARTIN (1998): Informelle Institutionen und die Logik individuellen Handelns in der Gesellschaft. In: PIES, INGO und LESCHKE, MARTIN (Hrsg.): Gary Beckers ökonomischer Imperialismus, Tübingen. S. 94-97.

LESSER, ERIC L. (2000): Leveraging Social Capital in Organizations. In: LESSER, ERIC L. (Hrsg.): Knowledge and Social Capital: Foundations and Applications, Boston u.a. S. 3-16.

LEU, HANS RUDOLF (1997): Anerkennungsmuster als ‚soziales Kapital' von Familien. In: Diskurs, Nr. 1. S. 32-39.

LEVI, MARGARET (1996): Social and Unsocial Capital: A Review of Robert Putnam's Making Democracy Work. In: Politics & Society, Vol. 24,1. S. 45-55.

LEVINE, ROBERT (1998): Eine Landkarte der Zeit. Wie Kulturen mit Zeit umgehen, München und Zürich. 2. Auflage.

L'HOEST, RAPHAEL und SCHÖNIG, WERNER (2000): Die Internet-Wirtschaft als Reformmotor der Wirtschafts- und Sozialpolitik. In: Wirtschaftsdienst, Nr. 2000/V. S. 277-283.

LIANG, ZOU (1994): Social Contact, Social Capital, and the Naturalization Process. In: Social Science Research, Vol. 23,4. S. 407-437.

LIEBOWITZ, STAN J. und MARGOLIS, STEPHEN E. (1994): Network Externality: An Uncommon Tragedy. In: Journal of Economic Perspectives, Vol. 8,2. S. 133-150.

LIN, NAN (1982): Social Resources and Instrumental Action. In: MARSDEN, PETER V. und LIN, NAN (Hrsg.): Social Structure and Network Analysis, Beverly Hills. S. 131-145.

LIN, NAN; ENSEL, WALTER M. und VAUGHN, JOHN C. (1981): Social Resources and Strength of Ties: Structural Factors in Occupational Status Attainment. In: American Sociological Review, Vol. 46. S. 393-405.

LINDBECK, ASSAR (1995): Welfare State Disencentives with Endogenous Habits and Norms. In: Scandinavian Journal of Economics, Vol. 97. S. 477-494.

LINDEMANN, MARKUS A. (2000): Struktur und Effizienz elektronischer Märkte, Lohmar und Köln.

LINDENBERG, SIEGWART (1986): The Paradox of Privatization. In: DIEKMANN, ANDREAS und MITTER, P. (Hrsg.): Paradoxical Effects of Social Behavior. Essays in Honor of Anatol Rapoport, Heidelberg. S. 297-310.

LIPSET, SEYMOUR MARTIN (1998): American Exceptionalism. A Double-Edged Sword, New York.

LIPSEY, RICHARD G. (1999): Sources of Continued Long-run Economic Dynamism in the 21st Century. In: OECD (Hrsg.): The Future of the Global Economy, Paris.

LOCKE, JOHN (1690): Two Treatises of Government. Deutsche Ausgabe (1974): Über die Regierung, Stuttgart.

LÖSCHE, PETER (1989): Amerika in Perspektive. Politik und Gesellschaft der Vereinigten Staaten, Darmstadt.

LOURY, GLENN C. (1977): A Dynamic Theory of Racial Income Differences. In: WALLACE, PHYLLIS A. und LE MUND, A. (Hrsg.): Women, Minorities, and Employment Discrimination. Lexington, Mass.: Lexington Books.

LOURY, GLENN C. (1987): Why should we care about group inequality? In: Social Philosophy and Policy, Vol. 5. S. 249-271.

LOWE, ADOLPH (1937): The Price of Liberty. A German on Contemporary Britain, London.

LUCAS, ROBERT E. JR. (1988): On the Mechanics of Economic Development. In: Journal of Monetary Economics, Vol. 22,1. S. 3-42.

LUDWIG, MARC ALEXANDRE (2000): Beziehungsmanagement im Internet, Köln.

LUHMANN, NIKLAS (1971): Politische Planung: Aufsätze zur Soziologie von Politik und Verwaltung, Opladen.

LUHMANN, NIKLAS (1973): Vertrauen. Ein Mechanismus zur Reduktion sozialer Komplexität, Stuttgart.

LUHMANN, NIKLAS (1987): Soziale Systeme. Grundriss einer allgemeinen Theorie, Frankfurt am Main.

LUHMANN, NIKLAS (1988): Familiarity, Confidence, Trust: Problems and Alternatives. In: GAMBETTA, DIEGO (Hrsg.): Trust: Making and Breaking Cooperative Relations, Oxford. S. 94-107.

MACMILLAN, ROSS (1995): Changes in the Structure of Life Courses and the Decline of Social Capital in Canadian Society: A Time Series Analysis of Property Crime Rates. In: Canadian Journal of Sociology, Vol. 20,1. S. 51-79.

MAI, JOCHEN (2000): Boom aus dem Bauch. In: Wirtschaftswoche Nr. 14 vom 30.3.2000. S. 128-132.

MALONE, THOMAS W. und LAUBACHER, ROBERT J. (1998): The Dawn of the E-Lance Economy. In: Harvard Business Review, 76, Sept.-Okt. S. 144-153.

MANNHAUPT, GERD (1996): Unterstützt oder allein gelassen? Eine empirische Studie zum Zusammenhang von Lehrkraftverhalten und Lernschwierigkeiten in den ersten Grundschuljahren. In: MANSEL, JÜRGEN (Hrsg.): Glückliche Kindheit – Schwierige Zeit? Über die veränderten Bedingungen des Aufwachsens, Opladen. S. 128-148.

MANSEL, JÜRGEN (1993): Zur Reproduktion sozialer Ungleichheit. Soziale Lage, Arbeitsbedingungen und Erziehungsverhalten der Eltern im Zusammenhang mit dem Schulerfolg des Kindes. In: Zeitschrift für Sozialisationsforschung und Erziehungssoziologie. S. 36-60.

MARGHERIO, LYNN; HENRY, DAVE, COOKE, SANDRA und MONTES, SABRINA (1998): The Emerging Digital Economy. In: http://www.ecommerce.gov (Stand 1998). US Department of Commerce, Washington, D.C. April.

MARSDEN, PETER V. (1987): Core Discussion Networks of Americans. In: American Sociological Review, No. 52. S. 122-131.

MARSDEN, PETER V. und CAMPBELL, KAREN E. (1984): Measuring Tie Strength. In: Social Forces, No. 63. S. 482-501.

MARSDEN, PETER V. und HURLBERT, JEANNE S. (1988): Social Resources and Mobility Outcomes: A Replication and Extension. In: Social Forces, Vol. 59. S. 1038-1059.

MARSHAK, DAVID (1998): Pondering the Value Web. http://www.commerce.net/research/pw/bulletin /98_22_n.html. Stand: November 1998.

MARSHALL, ALFRED (1890): Principles of Economics, London. Hier: 8. Auflage (1920), London.

MARSHALL, ALFRED (1919): Industry and Trade. A Study of Industrial Technique and Business Organization; and of Their Influences on the Conditions of Various Classes and Nations, London.

MARTIN, HANS-PETER und SCHUMANN, HARALD (1996): Die Globalisierungsfalle. Der Angriff auf Demokratie und Wohlstand, Reinbek.

MARX, KARL (1867/1993): Das Kapital. Kritik der politischen Ökonomie. Erster Band, Marx Engels Werke 23, Hamburg. Hier (1993): 18. Auflage, Berlin.

MARX, KARL (1893/1986): Das Kapital. Kritik der politischen Ökonomie. Zweiter Band, Marx Engels Werke 24, Hamburg. Hier (1986): 11. Auflage, Frankfurt am Main.

MASLOW, ABRAHAM A. (1977): Motivation und Persönlichkeit, Freiburg i.Br.

MATIASKE, WENZEL (1999): Soziales Kapital in Organisationen. Eine tauschtheoretische Studie, München und Mering.

MAYR-KLEFFEL, VERENA (1991): Frauen und ihre sozialen Netzwerke, Opladen.

MCADAM, DOUG und PAULSEN, RONELLE (1993): Specifying the Relationship between Social Ties and Activism. In: American Journal of Sociology, No. 99. S. 640-667.

MCLANAHAN, SARA und SANDEFUR, GARY (1994): Growing Up with a Single Parent: What Hurts, What Helps, Cambridge, Mass.

MCLUHAN, MARSHALL und FIORE, QUENTIN (1968): War and Peace in the Global Village, New York.

MEADE, JAMES E. (1961): A Neo-classical Theory of Economic Growth; New York.

MEIER, BERND (1996): Sozialkapital in Deutschland. Eine empirische Skizze. In: Beiträge zur Wirtschafts- und Sozialpolitik, Nr. 231, Institut der Deutschen Wirtschaft, Köln.

MELLO, LUIZ DE (2000): Can Fiscal Decentralization Strengthen Social Capital? IMF Working Paper, No. WP/00/129.

MELZIG-THIEL, BERTRAM (2000): Arbeit in der Informationsgesellschaft. Chancen und Risiken neuer Informations- und Kommunikationstechnologien für die Beschäftigung, Frankfurt am Main u.a.

MESSNER, JOHANNES (1929): Sozialökonomik und Sozialethik, Studie zur Grundlegung einer systematischen Wirtschaftsethik, Paderborn. 2. Auflage.

MILGROM, PAUL R. und ROBERTS, JOHN D. (1992): Economics, Organization & Management, Prentice Hall, NJ.

MILL, JOHN STUART (1831/1975): Three Essays, Oxford.

MILL, JOHN STUART (1969): Collected Works of John Stuart Mill. Band 10: Essays on Ethics, Religion and Society, hrsg. v. ROBSON, JOHN M., Toronto und London.

Ministry of International Trade and Industry (MITI), Japan (1998): Interim Report by the Study of Group on the Impact of Informatisation on Industry. Draft, Juli.

MINKOFF, DEBRA C. (1997): Producing Social Capital: National Social Movements and Civil Society. In American Behavioral Scientist, Vol. 40,5. S. 606-619.

MISES, LUDWIG VON (1922): Die Gemeinwirtschaft: Untersuchungen über den Sozialismus, Jena.

MISHLER, WILLIAM und ROSE, RICHARD (1994): Support for Parliaments and Regimes in Transition towards Democracy in Eastern Europe. In: Legislative Studies Quarterly, Vol. 19,1. S. 5-32.

MISHLER, WILLIAM und ROSE, RICHARD (1995): Trust, Distrust and Skepticism about Institutions of Civil Society. In: Studies in Public Policy, Vol. 252, Glasgow.

MISZTAL, BARBARA A. (1996): Trust in Modern Societies. The Search for the Bases of Social Order, Cambridge.

MITCHELL, WESLEY CLAIR (1969): Types of Economic Theory. From Mercantilism to Institutionalism, Vol. II, New York.

MITCHELL, WILLIAM C. (1935): Commons on Institutional Economics. In: American Economic Review, No. 25. S. 635-652.

MOHN, REINHARD (1996): Gemeinschaftsfähigkeit als Brücke zwischen dem einzelnen und der Gesellschaft, Gütersloh.

MONTESQUIEU, CHARLES-LOUIS DE SECONDAT, BARON DE (1748): De l'Esprit des Lois, Genf. Hier: deutsche Übersetzung (1965): Vom Geist des Gesetze, Stuttgart.

MONTGOMERY, JAMES D. (1991): Social Networks and Labor-Market Outcomes. Toward an Economic Analysis. In: American Economic Review, December. S. 1408-1418.

MORENO, JACOB L. (1954): Die Grundlagen der Soziometrie. Wege zur Neuordnung der Gesellschaft, Opladen.

MULLER, JERRY (1993): Adam Smith in his Time and Ours: Designing the Decent Society, New York.

MUSGRAVE, RICHARD A.; MUSGRAVE, PEGGY B. und KULLMER, LORE (1994): Die öffentlichen Finanzen in Theorie und Praxis, Band 1, Tübingen; 6. Auflage.

MYERS, CHARLES A. und SHULTZ, GEORGE P. (1951): The Dynamics of a Labor Market, New York.

MYRDAL, GUNNAR (1944): An American Dilemma, New York.

MYRDAL, GUNNAR (1957): Economic Theory and Under-Developed Regions, London.

NALEBUFF, BARRY J. und BRANDENBURGER, ADAM A. (1996): Co-opetition, New York.

NARAYAN, DEEPA (1997): Voices of the Poor: Poverty and Social Capital in Tanzania. Environmentally and Socially Sustainable Development Network, Studies and Monographs Series No. 20, World Bank, Washington, D.C.

NARAYAN, DEEPA (1998): Social Capital and Poverty. Paper presented at Research Workshop at the World Bank, June 1998.

NARAYAN, DEEPA (1999): Bonds and Bridges: Social Capital and Poverty. World Bank Working Paper 2167.

NEGROPONTE, NICHOLAS (1995): Total digital: Die Welt zwischen 0 und 1 oder Die Zukunft der Kommunikation, München.

NEIDHARDT, FRIEDHELM (1980): Innere Prozesse und Außenweltbedingungen sozialer Gruppen. In: SCHÄFERS, BERNHARD (Hrsg.): Einführung in die Gruppensoziologie, Heidelberg.

NELSON, PHILLIP (1970): Information and Consumer Behavior. In: The Journal of Political Economy, No. 78. S. 311-329.

NELSON, RICHARD R. und WINTER SIDNEY G. (1982): An Evolutionary Theory of Economic Change, Cambridge, Mass.

NEUGARTEN, BERNICE; MOORE, JOAN und LOWE, JOHN (1965): Age Norms, Age Constraints, and Adult Socialization. In: American Journal of Sociology, Vol. 70. S. 710-717.

NEWCOMB, THEODORE M. (1961): The Acquaintance Process, New York.

NIEHANS, JÜRG (1963): Economic Growth with Two Endogenous Factors. In: Quarterly Journal of Economics, No. 77. S. 349-371.

NIEMEIER, JOACHIM (2000): Communities im geschäftlichen Umfeld: Kunden binden, Kooperationen ermöglichen, Mitarbeiter qualifizieren. In: ENGELIEN, MARTIN und NEUMANN, DETLEF (Hrsg.): Virtuelle Organisation und Neue Medien 2000. Workshop GeNeMe2000 Gemeinschaften in Neuen Medien, TU Dresden, 5. und 6. Oktober 2000, Lohmar und Köln. S. 1-12.

NOE, RAYMOND A. (1988): An Investigation of the Determinants of Successful Assigned Mentoring Relationships. In: Personnel Psychology, No. 41. S. 457-479.

NORTH, DOUGLAS C. (1981): Structure and Change in Economic History, New York.

NORTH, DOUGLAS C. (1990): Institutions, Institutional Change and Economic Performance, Cambridge.

OCKENFELS, AXEL (1999): Fairneß, Reziprozität und Eigennutz, Tübingen.

OECD (1982): The OECD List of Social Indicators, Paris.

OECD (1996): Industry Productivity: International Comparison and Measurement Issues. In: OECD Proceedings, Paris.

OECD (1999): The Economic and Social Impact of Electronic Commerce. Preliminary Findings and Research Agenda, Paris.

OECD (2000a): The Creative Society of the 21st Century, Paris.

OECD (2000b): A New Economy? The Changing Role of Innovation and Information Technology in Growth, Paris.

OECD (2001): The Well-being of Nations. The Role of Human and Social Capital. Executive Summary, Paris.

OFFE, CLAUS (1999): „Sozialkapital". Begriffliche Probleme und Wirkungsweise. In: KISTLER, ERNST; NOLL, HEINZ-HERBERT und PRILLER, ECKHARD (Hrsg.): Perspektiven gesellschaftlichen Zusammenhalts. Empirische Befunde, Praxiserfahrungen, Messkonzepte, Berlin. S. 113-120.

OFFE, CLAUS und FUCHS, SUSANNE (2001): Schwund des Sozialkapital? Der Fall Deutschland. In: PUTNAM, ROBERT D. (Hrsg.): Gesellschaft und Gemeinsinn. Sozialkapital im internationalen Vergleich, Gütersloh. S. 417-514.

OHLEMACHER, THOMAS (1993): Brücken der Mobilisierung, Wiesbaden.

OLSON, MANCUR (1965): The Logic of Collective Action, Cambridge, Mass. Hier: deutsche Übersetzung (1968): Logik des kollektiven Handelns, Tübingen.

OOKA, EMI und WELLMAN, BARRY (1999): Does Social Capital Pay off More Within or Between Ethnic Groups? Analyzing Job Searchers in Five Toronto Ethnic Groups. Working Paper, University of Toronto. Erscheint in: FONG, ERIC (Hrsg.): Inside the Mosaic.

OPP, KARL-DIETER (1993): Politischer Protest als rationales Handeln. In: RAMB, BERND-THOMAS und TIETZEL, MANFRED (Hrsg.): Ökonomische Verhaltenstheorie, München. S. 207-246.

OSTROM, ELINOR (1990): Governing the Commons: The Evolution of Institutions for Collective Action, New York.

OSTROM, ELINOR (1994): Constituting Social Capital and Collective Action. In: Journal of Theoretical Politics, Vol. 6,4. S. 527-562.

OSTROM, ELINOR (1999): Social Capital: A Fad or a Fundamental Concept? In: DASGUPTA, PARTHA und SERAGELDIN, ISMAIL (Hrsg.): Social Capital. A Multifaceted Perspective. The World Bank, Washington, D.C. S. 172-214.

OTT, ALFRED E. (1959): Marktform und Verhaltensweise, Stuttgart.

OUCHI, WILLIAM G. (1980): Markets, Bureaucraties and Clans. In: Administrative Science Quarterly, March. S. 129-141.

Oxford Dictionary of New Words (1991), compiled by SARA TULLOCH, Oxford.

PALDAM, MARTIN (2000): Social Capital: One or Many? Definition and Measurement. In: Journal of Economic Surveys, Vol. 14,5. S. 629-653.

PALDAM, MARTIN und SVENDSEN, GERT TINGGAARD (2000): An Essay on Social Capital: Looking for the Fire behind the Smoke. In: European Journal of Political Economy, Vol. 16. S. 339-366.

PANTHER, STEPHAN (1998): Soziale Netzwerke und die Logik kollektiven Handelns. In: PIES, INGO und LESCHKE, MARTIN (Hrsg.): Gary Beckers ökonomischer Imperialismus, Tübingen. S. 71-93.

PAPPI, FRANZ URBAN (1987): Die Netzwerkanalyse aus soziologischer Perspektive. In: KOOLWIJK, JÜRGEN VAN und WIEKEN-MAYSER, MARIA (Hrsg.): Methoden der Netzwerkanalyse. Techniken der empirischen Sozialforschung, Bd. 1, München. S. 11-38.

PARCEL, TOBY L. und MENAGHAN, ELIZABETH G. (1993): Family Social Capital and Children's Behavior Problems. In: Social Psychology Quarterly, Vol. 56,2. S. 120-135.

PARK, JEONG-SEOK (1999): Netzwerkgesellschaft im Wandel. Die Rolle des sozialen Kapitals zur primären kumulativen Kapitalbildung am Beispiel Südkoreas, Opladen.

PARNES, HERBERT S. (1954): Research on Labor Mobility. An Appraisal Research Findings in the United States, New York.

PARSONS, TALCOTT (1968): Utilitarianism: Sociological Thought. In: International Encyclopedia of the Social Sciences, No. 16. S. 229-236.

PASINETTI, LUIGI und SCAZZIERI, ROBERTO (1987): Capital Theory: Paradoxes. In: EATWELL, JOHN; MILGATE, MURRAY und NEWMAN, PETER (Hrsg.): The New Palgrave: A Dictionary of Economics, London u.a. S. 523-525.

PATEMAN, CAROLE (1970): Participation and Democratic Theory in Britain, Cambridge.

PATHAN, R.S., ARUL, N.J. und POFFENBERGER, MARK (1993): Forest Protection Committees in Gujarat – Joint Management Initiatives. Reference Paper No. 8 prepared for Sustainable Forest Management Conference, Delhi.

PENZ, REINHARD und WILKOP, HOLGER (1996): Einleitung: Einige Bemerkungen zu Thorstein Veblen und zum amerikanischen Institutionalismus. In: PENZ, REINHARD und WILKOP, HOLGER (Hrsg.): Zeit der Institutionen – Thorstein Veblens evolutorische Ökonomik, Marburg. S. 9-50.

PEPPERS, DON und ROGERS, MARTHA (1997): Enterprise One to One: Tools for Competing in the Interactive Age, New York.

PÉREZ-DÍAZ, VICTOR (2001): Vom Bürgerkrieg zur Bürgergesellschaft: Sozialkapital in Spanien von den 1930er bis zu den 1990er Jahren. In: PUTNAM, ROBERT D. (Hrsg.): Gesellschaft und Gemeinsinn. Sozialkapital im internationalen Vergleich, Gütersloh. S. 515-592.

PFENNING, UWE (1995): Soziale Netzwerke in der Forschungspraxis: zur theoretischen Perspektive, Vergleichbarkeit und Standardisierung von Erhebungsverfahren sozialer Netzwerke; zur Validität und Reliabilität von egozentrierten Netz- und Namensgeneratoren, Darmstadt.

PHILLIPS-JONES, LINDA L. (1982): Mentors and Protegés, New York.

PICOT, ARNOLD und NEUBURGER, RAHILD (2000): Die Bedeutung des Internet. Prinzipien der Internet-Ökonomie. In: Wirtschaftsdienst, Nr. 2000/X. S. 591-595.

PIEL, EDGAR (1996): Angst vor eigenem Schatten. Verändern Computer die Persönlichkeit? In: Das Parlament, Band 46;33-34. S. 6-24.

PIES, INGO (1993): Normative Institutionenökonomik. Zur Rationalisierung des politischen Liberalismus, Tübingen.

PIORE, MICHAEL J. und SABEL, CHARLES F. (1984): The Second Industrial Divide: Possibilities for Prosperity, New York.

PODOLNY, JOEL M. und BARON, JAMES N. (1997): Resources and Relationships: Social Networks and Mobility in Workplace. In: American Sociological Review, No. 62. S. 673-693.

POLANYI, KARL (1944/1978/1995): The Great Transformation. Politische und ökonomische Ursprünge von Gesellschaften und Wirtschaftssystemen, Frankfurt am Main. 3. Auflage 1995.

POPPER, KARL RAIMUND (1957/1958): Die offene Gesellschaft und ihre Feinde, Bern. Band I 1957 und Band II 1958.

POPPER, KARL RAIMUND (1971): Das Elend des Historizismus, Tübingen.

PORTA, PIER LUIGI und SCAZZIERI, ROBERTO (1997): Towards an Economic Theory of International Civil Society: Trust, Trade and Open Government. In: Structural Change and Economic Dynamics, Vol. 8. S. 5-28.

PORTA, PIER LUIGI und SCAZZIERI, ROBERTO (1998): Pietro Verri's Contribution to the Economic Theory of the 18th Century: Commercial Society, Civil Society and the Governance of Economy. Working Paper 09 Instituto di Economia Politica, Università degli Studi di Milano.

PORTER, MICHAEL E. (1990): The Competitive Advantage of Nations, London.

PORTES, ALEJANDRO (2000): Social Capital: Its Origins and Applications in Modern Sociology. In: LESSER, ERIC L. (Hrsg.): Knowledge and Social Capital: Foundations and Applications, Boston u.a. S. 43-67. Original (1998) in: Annual Review of Sociology, Vol. 24. S. 1-24.

PORTES, ALEJANDRO und LANDOLT, PATRICIA (1996): The Downside of Social Capital. In: The American Prospect, Vol. 26. S. 18-21 und 94.

POWELL, JOHN M. (1912): History of Baltimore 1870-1912. In HALL, CLAYTON COLMAN (Hrsg.): Baltimore – Its History and its People, New York, Vol. 1. S. 291-409.

POWELL, WALTER W. (1996): Weder Markt noch Hierarchie: Netzwerkartige Organisationsformen. In: KENIS, PATRICK und SCHNEIDER, VOLKER (Hrsg.): Organisation und Netzwerk: Institutionelle Steuerung in Wirtschaft und Politik, Frankfurt am Main. S. 213-271.

POWELL, WALTER W. und SMITH-DOERR, LAUREL (1994): Networks and Economic Life. In: SMELSER, NEIL J. und SWEDBERG, RICHARD (Hrsg.): The Handbook of Economic Sociology, Chichester. S. 368-402.

PREISENDÖRFER, PETER und VOSS, THOMAS (1988): Arbeitsmarkt und soziale Netzwerke. In: Soziale Welt, Nr. 39. S. 108-112.

PRINZ, ALOYS (2000): Die Folgen des Internet. In: Wirtschaftsdienst, Nr. 2000/X. S. 596-600.

PUTNAM, ROBERT D. (1993a): Making Democracy Work. Civic Traditions in Modern Italy, Princeton.

PUTNAM, ROBERT D. (1993b): The Prosperous Community. Social Capital and Public Life. In: The American Prospect, No. 21. S. 35-42.

PUTNAM, ROBERT D. (1995): Bowling Alone. America's Declining Social Capital. In: Journal of Democracy, 6,1. S. 65-78.

PUTNAM, ROBERT D. (1996a): The Strange Disappearance of Civic America. In: The American Prospect, No. 24. S. 34-48.

PUTNAM, ROBERT D. (1996b): Symptome der Krise – Die USA, Europa und Japan im Vergleich. In WEIDENFELD, W. (Hrsg.): Demokratie am Wendepunkt, Berlin. S. 52-80.

PUTNAM, ROBERT D. (1999): Demokratie in Amerika am Ende des 20. Jahrhunderts. In: GRAF, FRIEDRICH WILHELM; PLATTHAUS, ANDREAS und SCHLEISSING, STEPHAN (Hrsg.): Soziales Kapital in der Bürgergesellschaft. S. 21-70.

PUTNAM, ROBERT D. (2001) (Hrsg.): Gesellschaft und Gemeinsinn. Sozialkapital im internationalen Vergleich, Gütersloh.

PUTNAM, ROBERT D. et al. (1983): Explaining Institutional Success: The Case of Italian Regional Government. In: American Political Science Review, No. 77. S. 55-74.

PUTTERMAN, LOUIS (1995): Social Capital and Development Capacity. The Example of Rural Tanzania. In: Development Policy Review, Vol. 13. S. 5-22.

RAMB, BERND-THOMAS (1993): Die allgemeine Logik des menschlichen Handelns. In: RAMB, BERND-THOMAS und TIETZEL, MANFRED (Hrsg.): Ökonomische Verhaltenstheorie, München. S. 1-31.

RAMMERT, WERNER (1990): Computerwelten – Alltagswelten. Von der Kontrastierung zur Variation eines Themas. In: RAMMERT, WERNER (Hrsg.): Computerwelten – Alltagswelten. Wie verändert der Computer die soziale Wirklichkeit, Opladen.

RAMTHUN, CHRISTIAN (2000): Brücken bauen. In: Wirtschaftswoche, Nr. 48. S. 43-50.

RAUB, WERNER und WEESIE, JEROEN (1991): Reputation and Efficiency in Social Interactions: An Example of Network Effekts. In: ESSER, HARTMUT und TROITZSCH, KLAUS G. (Hrsg.): Modellierung sozialer Prozesse: neuere Ansätze und Überlegungen zur soziologischen Theoriebildung, Bonn. S. 735-772.

REBACK, GARY; CREIGHTON, SUSAN; KILLAM, DAVID und NATHANSON, NEIL (1994): Technological, Economic and Legal Perspectives Regarding Microsofts Business Strategy in Light of the Proposed Acquisition of Intuit, Inc. White Paper, Palo Alto, Cal.

REBACK, GARY; CREIGHTON, SUSAN; KILLAM, DAVID; NATHANSON, NEIL und GROSS, IRWIN (1995): Revised Joint Brief of Amici Curiae on Common Issues (Brief). United States of America vs. Microsoft Corp. Nos. 95-5037, 95-5039, Palo Alto, Cal. http://wsgrgate.wsgr.com/Resources/IntProp/Briefs (Stand Dez. 1999).

REBELO, SÉRGIO (1991): Long Run Policy Analysis and Long Run Growth. In: Journal of Political Economy, No. 99. S. 500-521.

REDDING, S. GORDON (1996): Weak Organizations and Strong Linkages: Managerial Ideology and Chinese Family Business Networks. In: HAMILTON, GARY G. (Hrsg.): Asian Business Networks, Berlin. S. 27-40.

REESE-SCHÄFER, WALTER (1996): Die politische Rezeption des kommunitaristischen Denkens in Deutschland. In: Aus Politik und Zeitgeschichte, Nr. B36 (Beilage zur Wochenzeitung Das Parlament). S. 3-11.

REHEIS, FRITZ (1998): Die Kreativität der Langsamkeit. Neuer Wohlstand durch Entschleunigung, Darmstadt. 2. überarbeitete Auflage.

REICH, HERMANN (1987): Müller, Adam Heinrich. In: EATWELL, JOHN; MILGATE, MURRAY und NEWMAN, PETER (Hrsg.): The New Palgrave: A Dictionary of Economics, London u.a. S. 560-561.

REICHWALD, RALF; MÖSLEIN, KATHRIN; SACHENBACHER, HANS und ENGLBERGER, HERMANN (2000): Telekooperation – Verteilte Arbeits- und Organisationsformen, 2. Auflage, Berlin u.a.

REMPEL, JOHN K.; HOLMES, JOHN G. und ZANNA, MARK P. (1985): Trust in Close Relationships. In: Journal of Personality and Social Psychology, No. 49. S. 95-112.

REYNOLDS, LLOYD G. (1951): The Structure of Labor Markets, New York.

RHEINGOLD, HOWARD (1993): The Virtual Community: Homesteading on the Electronic Frontier, Reading, Mass. Hier auch deutsche Ausgabe (1994): Virtuelle Gemeinschaft. Soziale Beziehungen im Zeitalter des Computers, Bonn u.a.

RIPPERGER, TANJA (1998): Ökonomik des Vertrauens, Tübingen.

ROBERTSON, ROLAND (1995): Glocalization: Time-Space and Homogeneity-Heterogeneity. In: FEATHERSTONE, MIKE; LASH, SCOTT und ROBERTSON, ROLAND (Hrsg.): Global Modernities, London et al. S. 25-44.

ROBINSON, JOAN (1953): The Production Function and the Theory of Capital. In: Review of Economic Studies, Vol. 21. S. 81-106.

RODAX, KLAUS und SPITZ, NORBERT (1978): Sozialstatus und Schulerfolg, Heidelberg.

ROGERS, TODD; HOWARD-PITNEY, BETH und LEE, HARVEY (1995): An Operational Definition of Local Community Capacity for Tobacco Prevention and Education, Palo Alto, CA.

ROLFF, HANS-GÜNTHER et al. (1995): Jahrbuch der Schulentwicklung. Daten, Beispiele und Perspektiven, Weinheim und München.

ROMER, PAUL M. (1986): Increasing Returns and Long-Run Growth. In: Journal of Political Economy, Vol. 94,5. S. 1002-1037.

ROMER, PAUL M. (1994): The Origins of Endogenous Growth. In: Journal of Economic Perspectives, Vol. 8,1. S. 3-22.

ROSE, RICHARD, MISHLER, WILLIAM und HAERPFER, CHRISTIAN (1997): Getting Real: Social Capital in Post-Communist Societies. In: Studies in Public Policy, Glasgow, No. 278.

ROSEN, SHERWIN (1988): Human Capital. In: EATWELL, JOHN; MILGATE, MURRAY und NEWMAN, PETER (Hrsg.): The New Palgrave: A Dictionary of Economics, London u.a. S. 681-690.

ROTHSTEIN, BO (2001): Sozialkapital im sozialdemokratischen Staat – das schwedische Modell und die Bürgergesellschaft. In: PUTNAM, ROBERT D. (Hrsg.): Gesellschaft und Gemeinsinn. Sozialkapital im internationalen Vergleich, Gütersloh. S. 115-198.

ROTTER, JULIAN B. (1967): A New Scale for the Measurement of Interpersonal Trust. In: Journal of Personality, No. 35. S. 651-655.

SABEL, CHARLES F. und ZEITLIN, JONATHAN (1985): Historical Alternatives to Mass Production: Politics, Markets and Technology in 19th Century Industrialization. In: Past and Present, No. 108. S. 133-176.

SACCO, PIER LUIGI und ZAMAGNI, STEFANO (1998): Civil Economy, Cultural Evolution and Participatory Development: A Theoretical Inquiry. Paper presented at the 2nd Annual Conference of the European Society for the History of Economic Thought in Bologna.

Sachverständigenrat (2000): Jahresgutachten 2000/01 des Sachverständigenrates zur Begutachtung der gesamtwirtschaftlichen Entwicklung. Drucksache 14/4792 des Deutschen Bundestages.

SAHLINS, MARSHALL DAVID (1965): On the Sociology of Primitive Exchange. In: BANTON, MICHAEL (Hrsg.): The Relevance of Models for Social Anthropology, London.

SALAM, AL F.; RAO, H. RAGHAV und PEGELS, C. CARL (1998): An Investigation of Consumer-perceived Risk on Electronic Commerce Transactions: The Role of Institutional Trust and Economic Incentive in a Social Exchange Framework. In: Proceedings of the 4th Conference of the Association for Information Systems in Baltimore. August 1998.

SAMPSON, ROBERT (1993): Linking Time and Place: Dynamic Contextualism in Criminal Statistics. In: Journal of Criminal Law and Criminology, Vol. 59. S. 29-36.

SAMUELSON, PAUL A. (1954): The Pure Theory of Public Expenditures. In: Review of Economics and Statistics, Vol. 36. S. 387ff.

SAMUELSON, PAUL A. (1955): Diagrammatic Exposition of a Theory of Public Expenditures. In: Review of Economics and Statistics, Vol. 37. S. 350ff.

SANDEFUHR, REBECCA L. und LAUMANN, EDWARD O. (1998): A Paradigm for Social Capital. In: Rationality and Society, Vol. 10,4. S. 481-501.

SANDERS, JIMY M. und NEE, VICTOR (1996): Immigrant self-employment: The Family as Social Capital and the Value of Human Capital. In: American Sociological Review, Vol. 61. S. 231-249.

SCHADE, CHRISTIAN und SCHOTT, EBERHARD (1993): Kontraktgüter im Marketing. In: Marketing – Zeitschrift für Forschung und Praxis, Nr. 15. S. 15-25.

SCHELLING, THOMAS (1978): Micromotives and Macrobehavior, New York.

SCHENK, MICHAEL (1995): Soziale Netzwerke und Massenmedien: Untersuchungen zum Einfluss der persönlichen Kommunikation, Tübingen.

SCHEUCH, ERWIN K. (1993): Netzwerke. In: REIGBER, DIETER (Hrsg.): Social Networks - Neue Dimensionen der Markenführung, Düsseldorf u.a. S. 95-130.

SCHIFF, MAURICE (1992): Social capital, labor mobility, and welfare. The impact of uniting states. In: Rationality and Society, Vol. 4. S. 157-175.

SCHMELTER, JÜRGEN (1991): Solidarität: Die Entwicklungsgeschichte eines sozialethischen Schlüsselbegriffs, München.

SCHMID, A. ALLAN (1994): Social Capital as a Factor of Production. Paper presented to International Association for Research in Economic Psychology / Society for the Advancement of Behavioral Economics Conference, Erasmus University, Rotterdam, July 10-13.

SCHMID, BEAT (1995): Electronic Mall: Banking und Shopping in globalen Netzen, Stuttgart.

SCHMIDTCHEN, DIETER (1978): Wettbewerbspolitik als Aufgabe, Baden-Baden.

SCHMOLLER, GUSTAV VON (1900): Grundriss der allgemeinen Volkswirtschaftslehre, München.

SCHNEIDER, JOHANNES und ZIESEMER, THOMAS (1995): What's New and What's Old in New Growth Theory: Endogenous Technology, Microfoundation and Growth Rate Predictions: a Critical Overview. In: Zeitschrift für Wirtschafts- und Sozialwissenschaften, Bd. 115. S. 429-472.

SCHNUR, OLAF (1999): Sozialkapital und Stadtentwicklung. Neue sozialwissenschaftliche Perspektiven – auch für die kommunale Praxis? In: RaumPlanung, Nr. 87. S. 255-262.

SCHRÖDER, HELMUT und DUTTENHÖFER, STEPHAN (1996). Die Wohlfahrtssurveys 1978 bis 1993. Tabellenstand zur Wohlfahrtsentwicklung in der Bundesrepublik Deutschland, Mannheim.

SCHUBERT, PETRA (1999): Virtuelle Transaktionsgemeinschaften im Electronic Commerce. Management, Marketing und Soziale Umwelt, Lohmar und Köln.

SCHULER, DOUGLAS (1996): New Community Networks – Wired for Change, New York.

SCHULER, HEINZ und BARTHELME, DOROTHEA (1995): Soziale Kompetenz als berufliche Anforderung. In: SEYFRIED, BRIGITTE (Hrsg.): „Stolperstein" Sozialkompetenz. Was macht es so schwierig, sie zu erfassen, zu fördern und zu beurteilen? Berlin und Bonn. S. 77-116.

SCHULTZ, THEODORE W. (1963): Investment in Human Capital. In: American Economic Review, Vol. 51. S. 1-17.

SCHULZE, GERHARD (1992): Die Erlebnisgesellschaft. Kultursoziologie der Gegenwart, Frankfurt am Main und New York.

SCHULZE, GERHARD (1995): Vernunft im nachtechnischen Zeitalter. In: Neue Zürcher Zeitung, Fernausgabe Nr. 303 vom 30./31.12. S. 47.

SCHUMPETER, JOSEPH A. (1942/1950): Capitalism, Socialism and Democracy, New York. Hier deutsche Ausgabe (1950): Kapitalismus, Sozialismus und Demokratie, München.

SCHUMPETER, JOSEPH A. (1961): Konjunkturzyklen. Eine theoretische, historische und statistische Analyse des kapitalistischen Prozesses, Göttingen.

SCHUMPETER, JOSEPH A. (1912/1964): Theorie der wirtschaftlichen Entwicklung. Eine Untersuchung über Unternehmergewinn, Kapital, Kredit, Zins und Konjunkturzyklus, Leipzig. Hier: 6. Auflage (1964): Berlin.

SCHUMPETER, JOSEPH A. (1989): Essays on Entrepreneurs, Innovations, Business Cycles, and the Evolution of Capitalism, New Brunswick.

SCHWEER, MARTIN und THIES, BARBARA (1999): Vertrauen. Die unterschätzte Kraft, Zürich und Düsseldorf.

SCHWEINETZ, D. DE (1932): How Workers Find Jobs, Philadelphia.

SEABROOK, JEREMY (1978): What Went Wrong? New York.

SEITER, STEPHAN (1997): Der Beitrag Nicholas Kaldors zur Neuen Wachstumstheorie, Frankfurt am Main u.a.

SELTEN, REINHARD (1978): The Chain Store Paradox. In: Theory and Decision, No. 9. S. 127-159.

SERAGELDIN, ISMAIL und GROOTAERT, CHRISTIAAN (1999): Defining Social Capital: An Integrating View. In: DASGUPTA, PARTHA und SERAGELDIN, ISMAIL (Hrsg.): Social Capital. A Multifaceted Perspective. The World Bank, Washington, D.C. S. 40-58.

SHAPIRO, CARL und VARIAN HAL R. (1999): Online zum Erfolg. Strategie für das Internet-Business, München.

SIMMEL, GEORG (1902a): The Number of Members as Determining the Sociological Form of the Group. In: American Journal of Sociology, No. 8. S. 158-196.

SIMMEL, GEORG (1902b/1964): The Metropolis and Mental Life. In: WOLFF, KURT HEINRICH (1964) (Hrsg.): The Sociology of Georg Simmel, New York. S. 409-424.

SIMMEL, GEORG (1992): Die Kreuzung sozialer Kreise. In: Soziologie. Suhrkamp Taschenbuch Wissenschaft, Nr. 811. S. 456-511.

SIMONIS, HEIDE (2000): Wissensgesellschaft und Sozialkapital – Folgerungen für die Praxis. Rede zum Thema „Die Gesellschaft der Zukunft gestalten – Zusammenhalt fördern" am 28.11. im Steigenberger Conti Hansa, Kiel.

SIU-LUN, WONG (1996): Chinese Entrepreneurs and Business Trust. In: HAMILTON, GARY G. (Hrsg.): Asian Business Networks, Berlin. S. 7-26.

SMALL, ALBION W. (1905): General Sociology: An Exposition of the Main Development in Sociological Theory from Spencer to Ratzenhofer, Chicago.

SMART, ALAN (1993): Gifts, Bribes, and Guanxi: A Reconsideration of Bourdieu's Social Capital. In: Cultural Anthropology, Vol. 8,3. S. 388-408.

SMELSER, NEIL J. und SWEDBERG, RICHARD (1994): The Handbook of Economic Sociology, Chichester.

SMITH, ADAM (1759/1994): Theorie der ethischen Gefühle. Nach der Auflage letzter Hand übersetzt und mit Einleitung, Anmerkungen und Registern hrsg. v. ECKSTEIN, WALTHER. Hamburg.

SMITH, ADAM (1776): an Inquiry into the Nature and Causes of the Wealth of Nations, Oxford.

SMITH, MARC A. (1993): Voices from the WELL: The Logic of Virtual Commons. http://www.sscnet.ucla.edu/ soc/csoc/virtcomm.htm .

SMITH, MARK H.; BEAULIEU, LIONEL J. und ISRAEL, GLENN D. (1992): Effects of Human Capital and Social Capital on Dropping out of High School in the South. In: Journal of Research in Rural Education, Vol. 8,1. S. 75-87.

SMITH, MARK H., BEAULIEU, LIONEL J. und SERAPHINE, ANNE (1995): Social Capital, Place of Residence, and College Attendance. In: Rural Sociology, Vol. 60,3. S. 363-380.

SMITH, TOM W. (1997): Factors Relating to Misanthropy in Contemporary American Society. In: Social Science Research, Vol. 26. S. 170-196.

SOLOW, ROBERT M. (1956): A Contribution to the Theory of Economic Growth. In: Quarterly Journal of Economics; Vol. 70,1. S. 65-94.

SOLOW, ROBERT M. (1999): Notes on Social Capital and Economic Performance. In: DASGUPTA, PARTHA und SERAGELDIN, ISMAIL (Hrsg.): Social Capital. A Multifaceted Perspective. The World Bank, Washington, D.C. S. 6-10.

SOBCHAK, VIVIAN (1993): New Age Mutant Ninja Hackers. Reading Mondo 2000. In: The South Atlantic Quarterly, No. 92. S. 581.

SOMBART, WERNER (1906): Warum gibt es in den Vereinigten Staaten keinen Sozialismus? Tübingen.

SPENCE, MICHAEL (1973): Job Market Signalling. In: Quarterly Journal of Economics, No. 87. S. 355-374.

SPREMANN, KLAUS (1990): Asymmetrische Information. In: Zeitschrift für Betriebswirtschaft, Nr. 60. S. 561-586.

SPROULL, LEE und KIESLER, SARA (1991): Connections: New Ways of Working in the Networked Organization, Cambridge, Mass.

STAROSKE, UWE (1995): Die Drei-Sektoren-Hypothese: Darstellung und kritische Würdigung, Regensburg.

STAUBMANN, HELMUT (1995): Die Kommunikation von Gefühlen. Ein Beitrag zur Soziologie der Ästhetik auf der Grundlage von Talcott Parsons Allgemeiner Theorie des Handelns, Berlin.

STECHER, LUDWIG (2000): Soziales Kapital und Habitusentwicklung. Eine empirische Untersuchung zur Bedeutung sozialer Beziehungen für die Entwicklung von Kindern und Jugendlichen. Dissertation an der Universität-Gesamthochschule Siegen.

STEGBAUER, CHRISTIAN (1996): Euphorie und Ernüchterung auf der Datenautobahn, Frankfurt am Main.

STEINMANN, GUNTER (1974): Bevölkerungswachstum und Wirtschaftsentwicklung. Neoklassische Wachstumsmodelle mit endogenem Bevölkerungswachstum, Berlin.

STIGLITZ, JOSEPH E. (1974): Information and Economic Analysis. In: PARKIN, MICHAEL und NOBAY, AVELINO ROMEO (Hrsg.): Current Economic Problems, Cambridge. S. 27-52.

STIGLITZ, JOSEPH E. (1999): Formal and Informal Institutions. In: DASGUPTA, PARTHA und SERAGELDIN, ISMAIL (Hrsg.): Social Capital. A Multifaceted Perspective. The World Bank, Washington, D.C. S. 59-68.

STINCHCOMBE, ARTHUR L. (1991): The Conditions of Fruitfulness of Theorizing about Mechanisms in Social Science. In: Philosophy of the Social Sciences, Vol. 21,3. S. 367-388.

STOHR, EDWARD und VISWANATHAN, SIVAKUMAR (1998): Recommendation Systems: Decision Support for the Information Economy. Working Paper No. IS-98-17, New York University, Stern School of Business, New York.

STOLPE, MICHAEL (1992): Ansätze der Neuen Wachstumstheorie – ein Literaturüberblick. Kieler Arbeitspapier, Nr. 508, Institut für Weltwirtschaft, Kiel.

STRAUBHAAR, THOMAS (2000): Internationale Migration. Gehen oder Bleiben: Wieso gehen wenige und bleiben die meisten? In: HWWA Discussion Paper, Nr. 111.

SWAN, TREVOR W. (1956): Economic Growth and Capital Accumulation. In: Economic Record, No. 32. S. 334-361.

SWEDBERG, RICHARD (1987): Economic Sociology: Past and Present. In: Current Sociology, Vol. 35,1. S. 1-215.

SWEDBERG, RICHARD (1990): Economics and Sociology. Redefining their Boundaries: Conversations with Economists and Sociologists, Princeton University Press.

SWEDBERG, RICHARD (1991): Major Traditions of Economic Sociology. In: Annual Review of Sociology. S. 251-276.

SZTOMPKA, PIOTR (1999): Trust. A Sociological Theory, Cambridge.

TAPSCOTT, DON (1995): The Digital Economy. Promise and Peril in the Age of Networked Intelligence, New York u.a.

TARDOS, ROBERT (1996): Ongoing Research: Some Remarks on the Interpretation and Possible Uses of the "Social Capital" Concept with Special Regard to the Hungarian Case. In: Bulletin de Méthologie Sociologique, Vol. 53. S. 52-62.

TARROW, SIDNEY (1996): Making Social Science Work Across Space and Time: A Critical Reflection on Robert Putnam's Making Democracy Work. In: American Political Science Review, Vol. 90,2. S. 389-397.

TAYLOR, MICHAEL (1988): Rationality and Revolutionary Collectice Action. In: TAYLOR, MICHAEL (Hrsg.): Rationality and Revolution, Cambridge. S. 63-97.

TAYLOR, MICHAEL (1993): Cooperation, Norms, and Moral Motivation. In: Analyse & Kritik, Nr. 15. S. 70-86.

TEMPLE, JONATHAN (2000): Growth Effects of Education and Social Capital in the OECD. Paper prepared for the OECD.

THIERSCH, HANS (1997): Zwischen Eigennutz und Gemeinsinn: Wenn Menschen sich engagieren in Selbsthilfe, Ehrenamt und Bürgerschaftlichem Engagement. In: Sozialministerium Baden-Württemberg (Hrsg.): Reihe Bürgerschaftliches Engagement 9: Zwischen Eigennutz und Gemeinsinn. Stuttgart.

THOMPSON, JAMES D. (1957): Organizations in Action, New York.

THUM, MARCEL (1995): Netzwerkeffekte, Standardisierung und staatlicher Regulierungsbedarf, Tübingen.

TILBURG, THEO G. VAN (1991): The Measurement of Reciprocity in Ego-centered Networks of Personal Relationships: A Comparison of Various Indices. In: Social Psychology Quarterly, Vol. 54,1. S. 54-66.

TOCQUEVILLE, ALEXIS DE (1835/1840/1994): Democracy in America, London. Deutsche Übersetzung (1976): Über die Demokratie in Amerika, München (Dünndruckausgabe).

TÖNNIES, FERDINAND (1887): Gemeinschaft und Gesellschaft, Leipzig.

TURNER, JONATHAN H. (1999): The Formation of Social Capital. In: DASGUPTA, PARTHA und SERAGELDIN, ISMAIL (Hrsg.): Social Capital. A Multifaceted Perspective. The World Bank, Washington, D.C. S. 94-146.

UELTZHÖFFER, JÖRG (1996): Wege zur Bürgerschaft: Die Geislingen-Studie. In: WENDT, WOLF RAINER (Hrsg.): Zivilgesellschaft und soziales Handeln. Bürgerschaftliches Engagement in eigenen und gemeinschaftlichen Belangen. Freiburg.

UHLANER, CAROLE JEAN (1989): ‚Relational Goods' and Participation: Incorporation Sociability into a Theory of Rational Action. In: Public Choice, Vol. 62. S. 253-285.

USLANER, ERIC M. (1993): The Decline of Comity in Congress, Ann Arbor.

USLANER, ERIC M. (1995): Faith, Hope and Charity: Social Capital, Trust and Collective Action, College Park, MD.

USLANER, ERIC M. (1996): Morality Plays: Social Capital and Moral Behavior in Anglo-American Democracies. Unpublished Paper, Conference on Social Capital in Europe, Milan.

UZAWA, HIROFUMI (1965): Optimum Technical Change in an Aggregative Model of Economic Growth. In: International Economic Review, No. 6. S. 18-31.

VALENZUELA, ANGELA und DORNBUSH, SANFORD (1994): Familism and Social Capital in the Academic Achievement of Mexican Origin and Anglo Adolescents. In: Social Science Quarterly, Vol. 75,1. S. 18-36.

VANBERG, VIKTOR (1998): Rationale Wahlhandlung, Regelorientierung und Institutionen. In: WEGNER, GERHARD und WIELAND, JOSEF (Hrsg.): Formelle und informelle Institutionen. Genese, Interaktion und Wandel, Marburg. S. 379-422.

VEBLEN, THORSTEIN B. (1898): Why is Economics not an Evolutionary Science. In: The Quarterly Journal of Economics, No. 12. S. 373-397. Wiederabdruck in: VEBLEN, THORSTEIN (Hrsg.) (1919): The Place of Science in Modern Civilization and Other Essays, New York. S. 56-81.

VEBLEN, THORSTEIN B. (1899/1997): Theorie der feinen Leute. Eine ökonomische Untersuchung der Institutionen, Berlin. Englischsprachige Originalausgabe (1899): The Theory of Leisure Class. An Economic Study of Institutions, New York.

VEBLEN, THORSTEIN B. (1909): On the Nature of Capital: Investment, Intangible Assets, and the Pecuniary Magnate. In: The Quarterly Journal of Economics, No. 23. S. 104-136.

VEBLEN, THORSTEIN B. (1994): The Place of Science in Modern Civilisation and Other Essays. The Collective Works of Thorstein Veblen, Vol. VIII, London.

VERBA, SIDNEY; NIE, NORMAN H. und KIM, JAE-ON (1978): Participation and Political Equality: A Seven-nation Comparison, Cambridge.

VERBA, SIDNEY, SCHLOZMAN, KAY und BRADY, HENRY (1995): Voice and Equality: Civic Voluntarism in American Politics, Cambridge.

WALKER, KENNETH N.; MACBRIDE, ARLENE und VACHON, MARY L.S. (1977): Social Support Networks and the Crisis of Bereavement. In: Social Science and Medicine, No. 11. S. 35-41.

WALLITZEK, EDGAR (1979): Die Einheit der Gesellschaft: ein Vergleich von Durkheim und Spencer zum Problem der Solidarität, Hamburg.

WARREN, MARION E. und WARREN, MAME (1983): Baltimore – When She Was What She Used to Be, 1850-1930, Baltimore.

WARREN, MARK R.; THOMPSON, J. PHILLIP und SAEGERT, SUSAN (1999): Social Capital and Poor Communities: a Framework for Analysis, Fordham University.

WARREN, RACHELLE B. und WARREN, DONALD I. (1977): The Neighborhood Organizers Handbook, South Bend, Ind.

WEBER, MAX (1905): Die protestantische Ethik und der Geist des Kapitalismus, Tübingen.

WEBER, MAX (1921-2/1978): Economy and Society: An Outline of Interpretive Sociology. In: ROTH, GÜNTHER und WITTICH, CLAUS (Hrsg.), Berkely.

WEBER, MAX (1922/1988): Gesammelte Aufsätze zur Wissenschaftslehre; hrsg. v. WINCKELMANN, JOHANNES; Tübingen.

WEBER, MAX (1946): From Max Weber: Essays in Sociology. In GERTH, HANS und MILLS, C. WRIGHT (Hrsg.), New York.

WEBER, MAX (1972): Die protestantischen Sekten und der Geist des Kapitalismus. In WEBER, MAX (Hrsg.): Gesammelte Aufsätze zur Religionssoziologie, 1. Bd., Tübingen. S. 207-236.

WEGENER, BERND (1987): Vom Nutzen entfernter Bekannter. In: Kölner Zeitschrift für Soziologie und Sozialpsychologie, Nr. 39. S. 278-301.

WEGGEL, OSKAR (1991): Die Geschichte Taiwans, Köln.

WEIMANN, GABRIEL (1982): The Two-Step Flow of Communication. In: American Sociological Review, No. 47. S. 764-773.

WEISE, PETER (1989): Homo oeconomicus und homo sociologicus. Die Schreckensmänner der Sozialwissenschaften. In: Zeitschrift für Soziologie, Nr. 18,2. S. 148-161.

WEIZSÄCKER, RICHARD VON (1990): Diskussionsbeitrag „Selbsthilfe – Bilanz und Perspektiven" des Paritätischen Wohlfahrtsverbandes am 25.10.1989 in Frankfurt. In: Der Paritätische, Nr. 42. S. 27.

WELLMAN, BARRY (1999): From Little Boxes to Loosely-Bounded Networks: The Privatization and Domestication of Community. In: ABU-LUGHOD, JANET (Hrsg.): Sociology for the Twenty-First Century: Continuities and Cutting Edges, Chicago. S. 94-114.

WELSCH, JOHANN (1999): Welche Bildung braucht die Informationsgesellschaft? In: Aus Politik und Zeitgeschichte (Beilage zur Wochenzeitung Das Parlament), Nr. 35-36. S. 25-38.

WENDT, WOLF RAINER (1996): Zivilgesellschaft und soziales Handeln. Bürgerschaftliches Engagement in eigenen und gemeinschaftlichen Belangen. Freiburg.

WENTOWSKI, GLORIA J. (1981): Reciprocity and the Coping Strategies for Older People: Cultural Dimensions of Network Building. In: The Gerontologist, No. 21. S. 600-609.

WHITELEY, PAUL F. (1999): The Origins of Social Capital. In: DETH, JAN W. VAN (Hrsg.): Social Capital and European Democracy, London. S. 25-44.

WIELAND, JOSEF (1998/2000): Kooperationsökonomie. Die Ökonomie der Diversifität, Abhängigkeit und Atmosphäre. In: JANSEN, STEPHAN A. und SCHLEISSING, STEPHAN (Hrsg.): Konkurrenz und Kooperation. Interdisziplinäre Zugänge zur Theorie der Co-opetition, Marburg. S. 103-127. Zuerst abgedruckt (1998) in: WEGNER, GERHARD und WIELAND, JOSEF (Hrsg.): Formelle und informelle Institutionen. Genese, Interaktion und Wandel, Marburg. S. 9-34.

WILLIAMSON, OLIVER E. (1979): Transaction-Cost Economics: The Governance of Contractual Relations. In: Journal of Law and Economics. S. 233-261.

WILLIAMSON, OLIVER E. (1985): The Economic Institutions of Capitalism. New York.

WILLIAMSON, OLIVER E. (1986): Economic Organization: Firms, Markets and Policy Control, Brighton.

WILLIAMSON, OLIVER E. (1989): Transaction Cost Economics. In: SCHMALENSEE, RICHARD und WILLIS, ROBERT D. (Hrsg.): Handbook of Industrial Organization, Vol. 1, North Holland, New York. S. 135-182.

WILLKE, HELMUT (1992): Die Ironie des Staates, Frankfurt am Main.

WIMMER, ANDREAS (1996): Kultur: Zur Reformulierung eines sozialanthropolischen Grundbegriffs. In: Kölner Zeitschrift für Soziologie und Sozialpsychologie, Nr. 48,3. S. 401.425.

WINTERHOFF-SPURK, PETER (1996): Individuelles Informationsmanagement: Psychologische Aspekte der Medienkompetenz. In: JÄCKEL, MICHAEL und WINTERHOFF-SPURK, PETER (Hrsg.): Mediale Klassengesellschaft? Politische und soziale Folgen der Medienentwicklung, München.

WIPPLER, REINHARD und LINDENBERG, SIEGWART (1987): Collective Phenomena and Rational Choice. In: ALEXANDER, JEFFREY C. et al. (Hrsg.): The Micro-Macro-Link, Berkeley. S. 135-152.

WIRTZ, BERND W. und KLEINEICKEN, ANDREAS (2000): Geschäftsmodelltypologien im Internet. In: Wirtschaftswissenschaftliches Studium (WiSt), Nr. 11. S. 628-635.

WIRTZ, BERND W. (2000): Electronic Commerce. Mittelstandsschriftenreihe der Deutschen Bank, Frankfurt am Main.

WÖSSNER, MARK (1995): Konvergenz – Kooperation – Konkurrenz. Zu den Ursachen der Allianzen auf dem internationalen Medienmarkt. In: Bundesministerium für Wirtschaft (Hrsg.): Die Informationsgesellschaft. S. 10-11.

WOLFE, A. (1989): Whose Keeper? Social Science and Moral Obligation, Berkely.

WOLFINGER, RAYMOND und ROSENSTONE, STEVEN (1980): Who Votes? New Haven, Conn.

WOOD, RICHARD L. (1997): Social Capital and Political Culture: God Meets Politics in the Inner City. In American Behavioral Scientist, Vol. 40,5. S. 595-605.

WOOLCOCK, MICHAEL (1998): Social Capital and Economic Development: Toward a Theoretical Synthesis and Policy Framework. In: Theory and Society, Vol. 27. S. 151-208.

WORMS, JEAN-PIERRE (2001): Alte und neue staatsbürgerliche und bürgergesellschaftliche Bindungen in Frankreich. In: PUTNAM, ROBERT D. (Hrsg.): Gesellschaft und Gemeinsinn. Sozialkapital im internationalen Vergleich, Gütersloh. S. 327-416.

YAHOO! (2000): Yahoo! Reports First Quarter 2000 Financial Results. http://docs.yahoo.com/docs/pr/1q00pr .

YAMAGISHI, TOSHIO und YAMAGISHI, MIDORI (1994): Trust and Commitment in the United States and Japan. In: Motivation and Emotion, Vol. 18. S. 129-166.

YI, JONG-HAN (1994): Negative Effect of Nepotism on the Development of Korean Society and an Exploration of an Alternative. In: Korean Journal of Psychology: Social Issues, Vol. 1,1. S. 83-94.

ZAK, PAUL J. und KNACK, STEPHEN (2001): Trust and Growth. In: The Economic Journal, Vol. 111, April. S. 295-321.

ZEY, MICHAEL G. (1984): The Mentoring Connection, Homewood, IL.

ZHOU, MIN und BANKSTON, CARL L. (1994): Social Capital and the Adaption of the 2nd Generation – The Case of Vietnamese Youth in New Orleans. In: International Migration Review, Vol. 28,4. S. 821-845.

ZIEGLER, ROLF (1998): Trust and the Reliability of Expectations. In: Rationality and Society, Vol. 10,4. S. 427-450.

ZIMMERMANN, HANS-DIETER (1996): Das Potential des elektronischen Handels am Beispiel des Electronic Mall Bodensee (EMB). In: Telematik Spektrum, Nr. 2. S. 32-34.

ZINNECKER, JÜRGEN (1998): Die Tradierung kultureller Systeme zwischen den Generationen. Die Rolle der Familie bei der Vermittlung von Religion in der Moderne. In: Zeitschrift für Soziologie der Erziehung und Sozialisation, Bd. 18,4. S. 343-356.

ZINNECKER, JÜRGEN und STECHER, LUDWIG (1996): Zwischen Lernarbeit und Erwerbsarbeit. Wandel und soziale Differenzierung im Bildungsmoratorium. In: SILBEREISEN, RAINER K.; VASKOVICS, LASZLO A. und ZINNECKER, JÜRGEN (Hrsg.): Jungsein in

Deutschland: Jugendliche und junge Erwachsene 1991 und 1996, Opladen. S. 165-184.

ZINTL, REINHARD (1993): Clubs, Clans und Cliquen. In: RAMB, BERND THOMAS und TIETZEL, MANFRED (Hrsg.): Ökonomische Verhaltenstheorie, München. S. 89-117.

ZUKIN, SHARON und DIMAGGIO, PAUL (1990): Introduction. In: ZUKIN, SHARON und DIMAGGIO, PAUL (Hrsg.): Structures of Capital. The Social Organization of the Economy, Cambridge. S. 1-36.

## HOHENHEIMER VOLKSWIRTSCHAFTLICHE SCHRIFTEN

Band 1 Walter Deffaa: Anonymisierte Befragungen mit zufallsverschlüsselten Antworten. Die Randomized-Response-Technik (RRT). Methodische Grundlagen, Modelle und Anwendungen. 1982.

Band 2 Thomas Michael Baum: Staatsverschuldung und Stabilisierungspolitik in der Demokratie. Zur neoinstitutionalistischen Kritik der keynesianischen Fiskalpolitik. 1982.

Band 3 Klaus Schröter: Die wettbewerbspolitische Behandlung der leitungsgebundenen Energiewirtschaft. Dargestellt am Beispiel der Fernwärmewirtschaft der Bundesrepublik Deutschland. 1986.

Band 4 Hugo Mann: Theorie und Politik der Steuerreform in der Demokratie. 1987.

Band 5 Max Christoph Wewel: Intervallarithmetische Dependenzanalyse in der Ökonometrie. Ein konjekturaler Ansatz. 1987.

Band 6 Heinrich Pascher: Die U.S.-amerikanische Deregulation Policy im Luftverkehrs- und Bankenbereich. 1987.

Band 7 Harald Lob: Die Entwicklung der französischen Wettbewerbspolitik bis zur Verordnung Nr. 86-1243 vom 01. Dezember 1986. Eine exemplarische Untersuchung der Erfassung der Behinderungsstrategie auf der Grundlage des Konzepts eines wirksamen Wettbewerbs. 1988.

Band 8 Ulrich Kirschner: Die Erfassung der Nachfragemacht von Handelsunternehmen. Eine Analyse der ökonomischen Beurteilungskriterien und der wettbewerbsrechtlichen Instrumente im Bereich der Verhaltenskontrolle.1988.

Band 9 Friedhelm Herb: Marktwirtschaftliche Innovationspolitik. 1988.

Band 10 Claus Schnabel: Zur ökonomischen Analyse der Gewerkschaften in der Bundesrepublik Deutschland. Theoretische und empirische Untersuchungen von Mitgliederentwicklung, Verhalten und Einfluß auf wirtschaftliche Größen. 1989.

Band 11 Jan B. Rittaler: Industrial Concentration and the Chicago School of Antitrust Analysis. A Critical Evaluation on the Basis of Effective Competition. 1989.

Band 12 Thomas Märtz: Interessengruppen und Gruppeninteressen in der Demokratie. Zur Theorie des Rent-Seeking. 1990.

Band 13 Andreas Maurer: Statistische Verfahren zur Ermittlung von oligopolistischen Strukturen. 1990.

Band 14 Peter Mendler: Zur ökonomischen und politisch-institutionellen Analyse öffentlicher Kredithilfen. 1992.

Band 15 Heinrich J. Engelke: Die Interpretation der Rundfunkfreiheit des Grundgesetzes: Eine Analyse aus ökonomischer Sicht. 1992.

Band 16 Thomas Fischer: Staat, Recht und Verfassung im Denken von Walter Eucken. Zu den staats- und rechtstheoretischen Grundlagen einer wirtschaftsordnungspolitischen Konzeption. 1993.

Band 17 Stefan Elßer: Innovationswettbewerb. Determinanten und Unternehmensverhalten. 1993.

Band 18 Reinhard Scharff: Regionalpolitik und regionale Entwicklungspotentiale. Eine kritische Analyse. 1993.

Band 19 Karin Beckmann: Probleme der Regionalpolitik im Zuge der Vollendung des Europäischen Binnenmarktes. Eine ökonomische Analyse. 1995.

Band 20 Bernd Nolte: Engpaßfaktoren der Innovation und Innovationsinfrastruktur. Eine theoretische und empirische Analyse für ländliche Wirtschaftsräume in Baden-Württemberg. 1996.

Band 21 Klaus-Rainer Brintzinger: Die Nationalökonomie an den Universitäten Freiburg, Heidelberg und Tübingen 1918 - 1945. Eine institutionenhistorische, vergleichende Studie der wirtschaftswissenschaftlichen Fakultäten und Abteilungen südwestdeutscher Universitäten. 1996.

Band 22 Steffen Binder: Die Idee der Konsumentensouveränität in der Wettbewerbstheorie. Teleokratische vs. nomokratische Auffassung. 1996.

Band 23 Alexander Burger: Deregulierungspotentiale in der Gesetzlichen Rentenversicherung. Reformnotwendigkeiten versus Reformmöglichkeiten. 1996.

Band 24 Burkhard Scherer: Regionale Entwicklungspolitik. Konzeption einer dezentralisierten und integrierten Regionalpolitik. 1997.

Band 25 Frauke Wolf: Lorenzkurvendisparität. Neuere Entwicklungen, Erweiterungen und Anwendungen. 1997.

Band 26 Hans Pitlik: Politische Ökonomie des Föderalismus. Föderative Kompetenzverteilung im Lichte der konstitutionellen Ökonomik. 1997.

Band 27 Stephan Seiter: Der Beitrag Nicholas Kaldors zur Neuen Wachstumstheorie. Eine vergleichende Studie vor dem Hintergrund der Debatte über den Verdoorn-Zusammenhang. 1997.

Band 28 André Schmidt: Ordnungspolitische Perspektiven der europäischen Integration im Spannungsfeld von Wettbewerbs- und Industriepolitik. 1998.

Band 29 Bernd Blessin: Innovations- und Umweltmanagement in kleinen und mittleren Unternehmen. Eine theoretische und empirische Analyse. 1998.

Band 30 Oliver Letzgus: Die Ökonomie internationalen Umweltschutzes. 1999.

Band 31 Claudia Hafner: Systemwettbewerb versus Harmonisierung in Europa. Am Beispiel des Arbeitsmarktes. 1999.

Band 32 Jürgen Kulle: Ökonomie der Musikindustrie. Eine Analyse der körperlichen und unkörperlichen Musikverwertung mit Hilfe von Tonträgern und Netzen. 1998.

Band 33 Michael Ganske: Intertemporale Aspekte von Staatsverschuldung und Außenhandel. 1999.

Band 34 Margit Ströbele: Die Deregulierungswirkungen der europäischen Integration. Das Beispiel der Sondermärkte. 1999.

Band 35 Marion Benesch: Devisenmarktinterventionen in Theorie und Praxis. Eine umfassende Analyse ihrer Zielsetzungen, Wirkungsweisen und wirtschaftspolitischen Bedeutung. 1999.

Band 36 Torsten Gruber: Unterschiedliche geldpolitische Transmissionsmechanismen und Stabilitätskulturen als mögliche Ursachen geldpolitischer Spannungen in der Europäischen Währungsunion. 2000.

Band 37 Bertram Melzig-Thiel: Arbeit in der Informationsgesellschaft. Chancen und Risiken neuer Informations- und Kommunikationstechnologien für die Beschäftigung. 2000.

Band 38 Annette Fritz: Die Entsorgungswirtschaft im Spannungsfeld zwischen Abfallpolitik und Kartellrecht. Eine industrieökonomische Branchenstudie. 2001.

Band 39 Harald Strotmann: Arbeitsplatzdynamik in der baden-württembergischen Industrie. Eine Analyse mit amtlichen Betriebspaneldaten. 2002

Band 40 Dietrich Benner: Qualitätsungewißheit bei Gütern mit Vertrauenseigenschaften. Entwicklung und Anwendung eines entscheidungstheoretisch fundierten Analyserahmens. 2002.

Band 41 Jürgen M. Schechler: Sozialkapital und Netzwerkökonomik. 2002.

Peter M. Schulze

# Regionales Wachstum und Strukturwandel

**Quantitative Analysen mit Regionaldaten für die Bundesrepublik Deutschland**
**Unter Mitarbeit von Christoph Balz**

Frankfurt/M., Berlin, Bern, Bruxelles, New York, Oxford, Wien, 2001.
XIV, 112 S., zahlr. Abb. und Tab.
Schriften zur empirischen Wirtschaftsforschung. Herausgegeben von Peter M. Schulze. Bd. 4
ISBN 3-631-37787-8 · br. € 25.10*

Durch das Zusammenwachsen Europas und die Wiedervereinigung Deutschlands stellen sich Fragen der Konvergenz und Anteilsveränderung der primären, sekundären und tertiären Wirtschaftsbereiche besonders dringlich, gerade in Hinblick auf Output, Beschäftigung und die Arbeitsproduktivität auf regionaler Ebene.
Hierzu werden für die genannten Größen quantitative Analysen mit Hilfe statistisch-ökonometrischer Verfahren durchgeführt, die theoretische Elemente der Regionalwirtschaftslehre einbeziehen. Diese Untersuchungen basieren auf Bundesländer- und Kreisdaten.

*Aus dem Inhalt*: Steigende Skalenerträge und regionales Wachstum · Rolle der Dienstleistungen für das regionale Wachstum · Regionale Konvergenz · Nationale, regionale und sektorale Einflüsse auf Output, Beschäftigung und Produktivität · Regionale Wirtschaftsstruktur und regionales Wachstum

FSC
www.fsc.org
MIX
Papier | Fördert gute Waldnutzung
FSC® C083411

Kolibri 360 GmbH
Ferdinand-Jühlke-Straße 7
99095 Erfurt, Deutschland
produktsicherheit@kolibri360.de

Druck:
CPI Druckdienstleistungen GmbH
im Auftrag der
Kolibri 360 GmbH
Ferdinand-Jühlke-Str. 7
99095 Erfurt